Domine Microsoft Office Professional

Versiones 2003/2002/2000

Nieves Meliá

Domine Microsoft Office Professional

Versiones 2003/2002/2000

Francisco Pascual González

Ra-Ma®

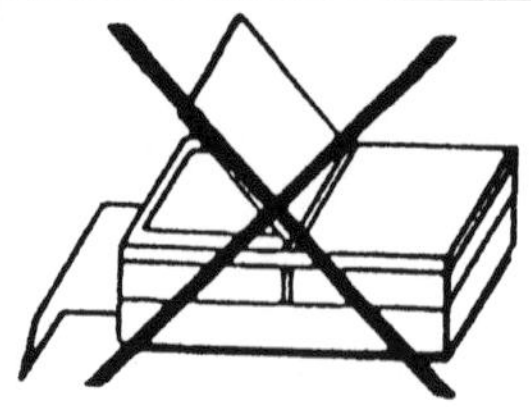

Editado por:
RA-MA Editorial
Calle Jarama, 3A - Polígono Industrial Igarsa
28860 PARACUELLOS DE JARAMA (Madrid)
Teléfono: 91 658 42 80
Telefax: 91 662 81 39
Correo electrónico: editorial@ra-ma.com
Internet: **www.ra-ma.es** y **www.ra-ma.com**
ISBN: 84-7897-606-X
Depósito Legal: M-5375-2004
Autoedición: Autor
Filmación e impresión: Closas-Orcoyen, S. L.
Impreso en España

Para mi preciosa nueva ahijada, Sara.
Y para sus padres, Inda e Inma, con cariño.

Visite el sitio Web del autor en Internet:

www.franciscopascual.com

Podrá encontrar información sobre otros libros de informática, obras en preparación, enlaces con sitios de utilidad, encontrar cursos de formación y la posibilidad de descargarse ejercicios de esos libros si los pierde o se estropean.

CONTENIDO

ÍNDICE

CAPÍTULO 30: FORMATOS 493

CAPÍTULO 31: HERRAMIENTAS MÁS ÚTILES DE POWERPOINT 511

INTRODUCCIÓN

NOTA **Podrá observar que hemos detallado el método de trabajo de Office con Windows XP. Sin embargo, debe tener en cuenta que, en lo que se refiere al manejo, el programa funciona de forma idéntica en cualquier otro Windows, aunque algunos elementos de las figuras que iremos mostrando a lo largo del libro puedan estar colocados de una forma ligeramente distinta o con colores diferentes.**

A día de hoy, resulta impensable disponer de un ordenador que no tenga instalado un paquete ofimático como Office. Es debido a que estos paquetes ofrecen varias aplicaciones muy prácticas para todas las facetas de gestión de una empresa u oficina.

El sistema Microsoft Office al que este libro está dedicado es uno de los programas que proporcionan varios tipos de utilidades para el trabajo completo con un ordenador:

1. **Procesador de textos**: Word.
2. **Hoja de cálculo**: Excel.
3. **Base de datos**: Access.
4. **Sistema de presentaciones**: PowerPoint.
5. **Organizador**: Outlook.

CÓMO USAR ESTE LIBRO

Vamos a comenzar por ver el funcionamiento básico de Windows para los menos expertos. Si domina el manejo de Windows, no será necesario que lea los primeros capítulos. Sería recomendable seguir todos los capítulos progresivamente sin saltarse nada, ya que el libro está pensado para que pueda consultarse casi cualquier capítulo sin necesidad de haber leído los anteriores, aunque es aconsejable leerlos secuencialmente.

Si dispone de ordenador, también le recomendamos que vaya comprobando paso a paso todo lo que vaya viendo en el libro, de modo que se familiarice con el programa, sus cuadros de diálogo y su manejo. Recuerde que toda práctica que realice siempre es buena.

Por otra parte, hemos utilizado dos iconos para atraer su atención sobre algo:

En lugares en los que se deba tener en cuenta un dato importante.

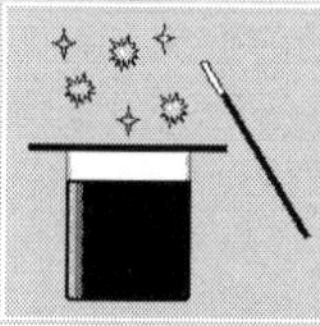

En lugares en los que le facilitamos un truco que pueda resultarle útil o que facilite su trabajo.

Debido a que Microsoft ha variado el aspecto de los botones de Office en sus barras de herramientas para sus distintas versiones, podrá observar a lo largo del libro que hemos incluido una muestra del botón en cada versión que sea diferente.

Al final del libro le ofrecemos varios ejercicios completos para que adquiera práctica en el manejo de los componentes de Office.

ARRANQUE DE LOS ELEMENTOS DE OFFICE

Cualquier aplicación Windows se pone en marcha seleccionando su correspondiente icono en el menú que aparece al pulsar el botón Inicio (o Inicio) de la barra de tareas. Este botón genera un menú cuya primera opción es **Todos los programas** o **Programas**.

Al seleccionar esta opción, aparece una lista de carpetas e iconos instalados en el disco duro. Entre ellos han de aparecer los de todos los elementos de Office que estén instalados en su ordenador. En las versiones 2000 y 2002 aparecen directamente en el menú **Todos los programas** (o **Programas**), mientras que la versión 2003 los ofrece incorporados en una carpeta intermedia etiquetada como **Microsoft Office**:

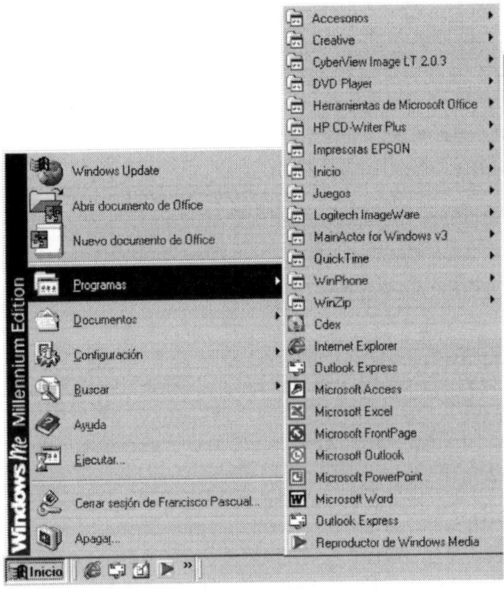

Versiones 2000 y 2002

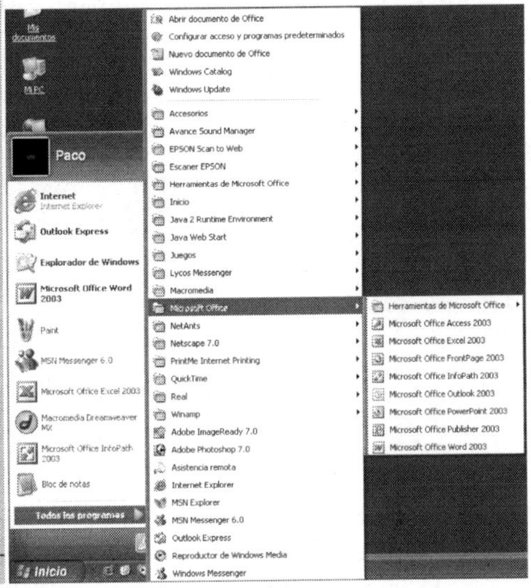

Versión 2003

Como vemos, en estos menús podemos localizar los elementos de Office: Access, Excel, FrontPage, Outlook, PowerPoint y Word. Además, hay una carpeta (**Herramientas de Microsoft Office**) que contiene otros como Photo Editor o la Barra de Microsoft Office. Bastará con hacer un clic sobre el elemento con el que deseamos trabajar en ese instante para que el programa se ponga en marcha.

Si alguno de estos iconos se encuentra en el escritorio de Windows, podemos hacer un doble clic sobre él para arrancar el programa desde allí. Sin embargo, para asignar iconos al escritorio será necesario que nosotros mismos lo hagamos, ya que Office no los situará allí.

Otra forma de ponerlos en marcha es empleando la ***Barra de Office*** —a la que hemos dedicado todo un capítulo—. Esta barra contiene varios botones representativos de los programas de Office a los que podremos añadir otros, también en forma de botones.

SALIDA DE LOS ELEMENTOS DE OFFICE

Igualmente necesario es saber cómo salir de los programas de Office. En casi todos los programas de Windows existe el menú **Archivo** en la barra del menú principal. Al activarlo, se despliega una lista de opciones entre las que se encuentra **Salir** —en último lugar generalmente—. Bastará con seleccionar esa opción utilizando el ratón o las teclas de movimiento del cursor del teclado (flechas) y pulsar la tecla INTRO.

> **Ojo**: La tecla INTRO puede recibir otros nombres como *Enter*, *Return*, *Entrar* o *Retorno*, pero en el teclado suele aparecer con el símbolo ↵.

En Windows la mayor parte de las ventanas tienen un botón para cerrarlas: ☒. Si pulsamos este botón, también podremos salir de la ventana en cuestión.

Si hemos añadido datos al programa (texto en Word, datos en Access, diapositivas en PowerPoint, etc.), al intentar salir se nos preguntará si deseamos almacenar en el disco dicha información añadida. Para ello, se nos ofrecerá el siguiente cuadro de diálogo:

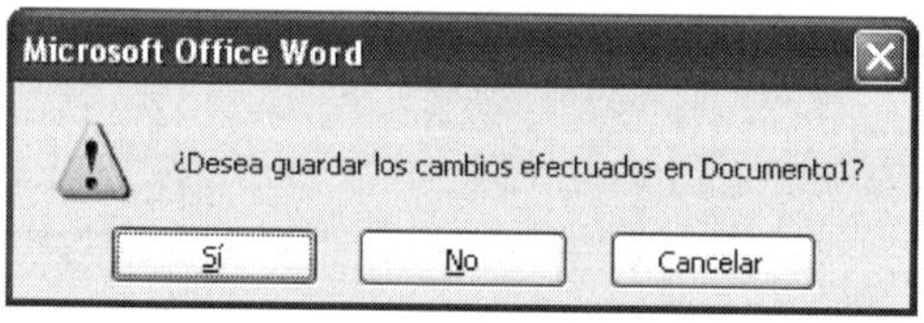

Como puede verse, hemos puesto el ejemplo según el cuadro que ofrece Word.

Si el archivo en que se va a almacenar la información posee un nombre, éste aparecerá en lugar de *Documento 1* (en caso de Word, ya que los demás elementos de Office mostrarán mensajes parecidos aunque no ese mismo). Bastará con pulsar el botón [Sí] para grabar el texto y salir, [No] si desea salir sin grabarlo y [Cancelar] para regresar al texto sin salir del programa, ya que esta última opción anula la petición de salida.

Si tiene activado el ayudante, el cuadro de diálogo anterior aparecerá de forma distinta. Los ayudantes tienen como finalidad facilitar el manejo del programa al usuario mediante un simpático sistema de ayuda.

El ayudante que aparece por defecto es *Clipo*:

Si tiene cualquier ayudante activo, será este quien ofrezca algunos de los cuadros de diálogo en lugar del programa en sí. Por ejemplo, en el caso que acabamos de ver, al intentar salir, en lugar de aparecer el cuadro de diálogo que hemos mostrado obtendríamos lo siguiente:

El cuadro de diálogo muestra el mismo mensaje y los botones tienen la misma finalidad.

WINDOWS
Y PARTES COMUNES EN
OFFICE

PARTE I

CAPÍTULO 1

NOCIONES BÁSICAS SOBRE EL MANEJO DE WINDOWS

Windows contiene una serie de funciones estándar que trabajan del mismo modo en todas las aplicaciones que hayan sido diseñadas para este entorno gráfico.

En este apartado, destinado a los usuarios menos experimentados en Windows, detallaremos algunas de las funciones estándar más empleadas en este sistema operativo.

TERMINOLOGÍA ACERCA DE WINDOWS

Antes de ver el manejo de Windows, vamos a describir brevemente la terminología más utilizada en cuanto a los elementos que podemos encontrar en este sistema operativo con el fin de que un usuario principiante aprenda a nombrarlos fácilmente.

En cualquier aplicación Windows existen una serie de elementos con nombre propio que vamos a exponer de forma sencilla y concisa. Para ello, vamos a presentarlos ayudándonos de una ventana Windows que contendrá gran parte de los elementos estándar —y su correspondiente nombre— que pueden encontrarse en una de ellas.

Esta nomenclatura, que puede verse en la figura que ofrecemos en la página siguiente, será la que utilicemos a lo largo del presente libro:

- **Cuadro de diálogo** o **Ventana de diálogo**. Es una ventana interactiva que ofrece y recibe información a través de sus elementos: botones, cuadros de texto, listas, etc. Cada ventana contiene los elementos adecuados al trabajo que debe realizar, por lo que suelen ser distintas unas de otras.

- **Botón de minimizar**. Puede verse en la parte superior derecha de la ventana.

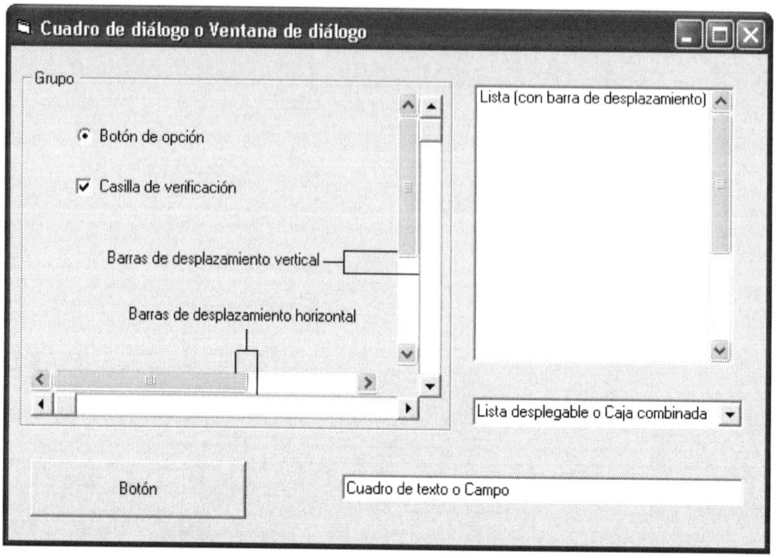

- **Botón de maximizar**. Si la ventana está maximizada, el botón presentará este otro aspecto: . Si la ventana tiene este último botón, bastará con pulsarlo para que la ventana recupere su tamaño normal.

- **Botón de cerrar** la ventana.

- **Hacer clic**: pulsar el botón izquierdo del ratón sobre un elemento (botón, icono, etc.).

- **Hacer doble clic**: pulsar dos veces el botón izquierdo del ratón con rapidez sobre un elemento de la pantalla. Es necesario no mover el ratón en el instante en que se hace el doble clic, ya que, de lo contrario, Windows no detectará que se está realizando esta operación.

- **Arrastrar**: pulsar el botón izquierdo del ratón sobre un elemento y moverlo sin soltarlo. Cuando se libera el botón, el elemento queda depositado en el punto de la pantalla en el que se encuentre el ratón en ese instante.

- **Tecla del tabulador**: sirve para desplazarse por los elementos de un cuadro de diálogo. Si se está en uno, bastará con pulsar esta tecla para acceder al siguiente elemento del cuadro. Si llegamos al último elemento y volvemos a pulsarla, el cuadro de diálogo cederá el control al primer elemento de nuevo. Si se desea pasar al elemento anterior en lugar de al siguiente, se pulsa esta tecla combinada con la de mayúsculas (no **BLOQ. MAYÚS.**).

TERMINOLOGÍA INFORMÁTICA

A continuación, vamos a describir otros términos de uso común relativos a la informática en general para aquellos lectores que se estén iniciando:

- **Archivo** (o **fichero**). Grupo de datos almacenados en el disco. Es la forma más común que utilizan los programas de ordenador para almacenar información. Por ejemplo, cuando se graba en el disco un texto escrito con Word éste queda registrado como un fichero que tiene un nombre y una extensión para identificarlo. En Windows se puede escribir un nombre de hasta 255 caracteres. Es recomendable que el nombre del archivo esté relacionado con los datos que contenga, ya que de esa manera reconoceremos rápidamente el contenido de un archivo.

> Los nombres de los archivos y directorios (carpetas), así como los de sus extensiones, no necesitan construirse con letras necesariamente, sino que pueden utilizarse números y otros caracteres como guiones o paréntesis; no obstante, **no** es recomendable utilizar caracteres no alfabéticos o no numéricos para los nombres, ya que ciertos caracteres no serán aceptados por el ordenador, como, por ejemplo, símbolos de interrogación o asteriscos. Por otro lado, pueden utilizarse espacios en blanco para los nombres, así como puntos, comas y otros signos de puntuación.

- **Carpetas**. Se emplean para mantener organizados los datos dividiendo el disco en apartados con nombre propio. Las carpetas se comportan como áreas del disco en las que podemos almacenar archivos por temas. Por ejemplo, si escribimos varios textos y los grabamos en el disco, resulta aconsejable crear una carpeta cuyo nombre sea **Textos** (o similar) para almacenarlos ahí, de este modo, cuando sea necesario buscar un texto, sabremos rápidamente cómo encontrarlo. Cada carpeta puede dividirse en otra infinidad de subcarpetas para hacer la organización más efectiva. Por ejemplo, si hemos creado la carpeta **Textos**, podríamos crear dentro de ella otras carpetas con tipos de textos como **Cartas**, **Apuntes**, **Formularios**, etc. Windows crea una carpeta denominada **Mis documentos** a la que nos lleva cada vez que vayamos a guardar un documento inicialmente.

- **Unidades de disco**. Representan los discos disponibles del ordenador. Las unidades tienen un nombre para identificarlas que consiste en una letra seguida de dos puntos (:). Se nombran alfabéticamente del siguiente modo: las unidades de disco flexible (dos como máximo) tienen los nombres **A:** y **B:**; el resto de las unidades de disco (duros, de red o CD-ROM) tendrán letras a partir de **C:**. De modo que siempre que se vaya a trabajar con un disco situado en una unidad será necesario especificarla primero con el fin de que el ordenador utilice esa unidad y no otra. Si se especifica una unidad errónea, el ordenador consultará una unidad en la que no se encuentra la información que se busca, o bien no la grabará en el sitio deseado, con lo que puede producirse cierta confusión en el usuario al pensar que la máquina no ha trabajado correctamente.

BARRA DE TAREAS

Como hemos dicho antes, la barra de tareas es el elemento distribuidor del trabajo en Windows. Vino a sustituir al administrador de programas que existía en las versiones anteriores a Windows 95 y se maneja como un menú desplegable. El aspecto que presenta la barra de tareas al arrancar Windows es el siguiente:

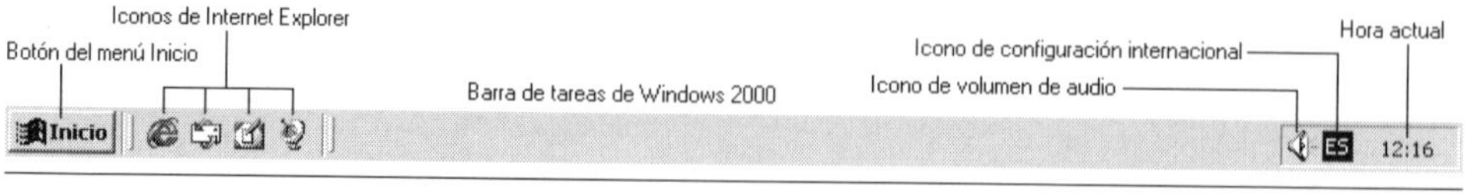

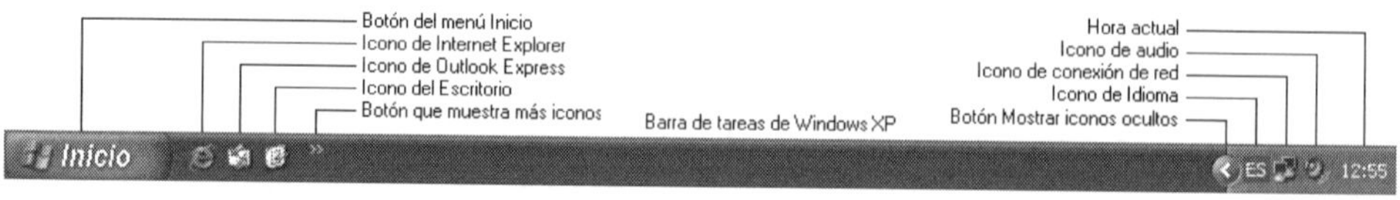

A la derecha en la barra podemos ver la hora actual y algunos iconos de programas. Junto a ellos, el botón **Mostrar iconos ocultos** (en XP) permite ver los iconos que no se utilicen habitualmente. Con respecto al recuadro que contiene la hora, hemos de decir que también puede verse la fecha sólo con llevar el puntero del ratón hasta él y esperar un instante.

Pero el principal elemento de trabajo de la barra de tareas es el botón  (o ) que despliega el menú que contiene todos los programas Windows instalados en nuestro equipo. Cuando se pulsa este botón, aparece el menú que permite el acceso a los programas y funciones de configuración de Windows:

Windows Millennium

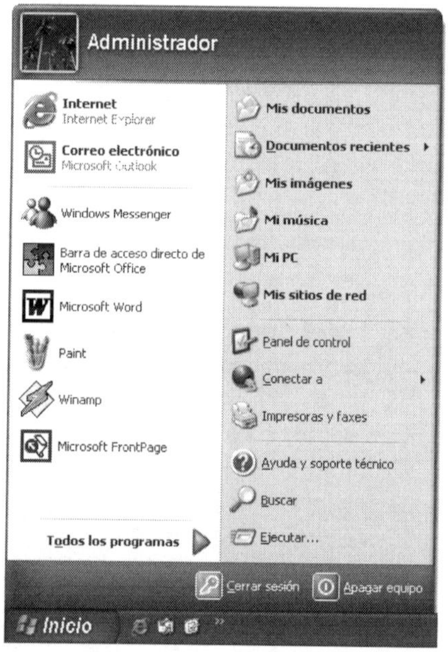

Windows XP

Para utilizar el menú bastará con desplazar el ratón sobre él. Al hacerlo, podremos observar cómo se van resaltando sus opciones según pasamos por ellas. Si situamos el puntero del ratón sobre aquellas que tienen el símbolo ▶ a su derecha, al cabo de un instante aparecerá un submenú con otros elementos relacionados con el actual.

Cuando activamos algún elemento del menú (o cuando ejecutamos un programa), obtenemos un nuevo botón con el nombre de esa aplicación añadido en la barra de tareas.

Por ejemplo, si en el caso que hemos expuesto en la figura anterior activásemos la opción **Panel de control**, su referencia se añadiría a la barra de tareas de este modo (la figura inferior corresponde a Windows XP):

Al mismo tiempo podremos ver una ventana que contiene todos los elementos del panel de control.

Supongamos que hemos abierto varios programas y que nuestra barra de tareas contiene lo siguiente (la figura inferior corresponde a Windows XP):

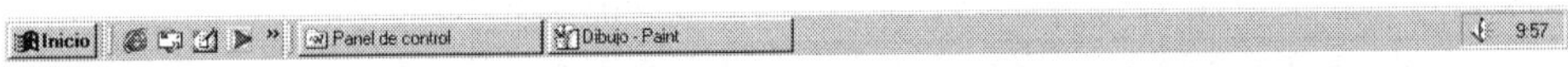

Si se desea pasar a *Paint*, bastará con pulsar el botón 

y, si después queremos volver al 

, haremos clic sobre ese botón.

Otra forma de pasar de un programa a otro consiste en pulsar las teclas **ALT** y el **Tabulador**:

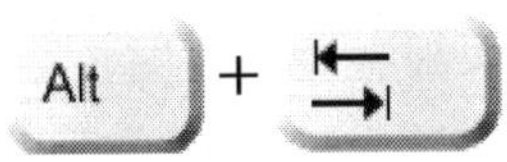

Si tenemos en marcha varias aplicaciones, una de las posibilidades es pulsar las teclas ALT + TABULADOR para pasar de una a otra. Se pulsa ALT y, sin soltarla, se pulsa el Tabulador. Debemos mantener la tecla ALT pulsada, ya que, si lo hacemos así, obtendremos un recuadro en el centro de la pantalla con los iconos de todas las aplicaciones abiertas. En nuestro ejemplo obtendríamos:

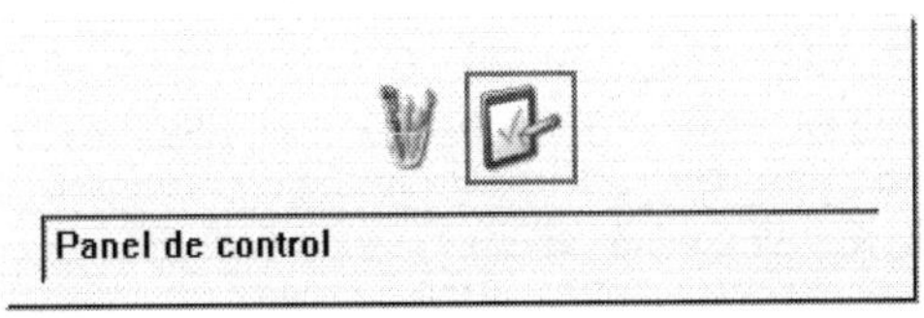

Si soltamos ALT, pasaremos al **Panel de Control**, puesto que es el que se ha elegido. Sin embargo, si en lugar de soltar ALT volvemos a pulsar el tabulador, seleccionaremos **Paint** de nuevo:

De este modo podríamos ir pasando de programa en programa pulsando el tabulador varias veces sin soltar ALT. En el momento en que soltemos ALT, accederemos a la aplicación que esté marcada en el recuadro.

MENÚ DE CONTROL

Algunas de las funciones que más se utilizan con Windows están en el **Menú de control** de cualquier ventana Windows. Como vamos a ver, este menú se utiliza para controlar la ventana de cualquier aplicación. Podemos obtenerlo al activar el icono situado a la izquierda del título en cualquier ventana estándar de Windows. La apariencia de este icono varía dependiendo de la ventana, ya que lo que aparece es el icono del programa. Una vez que se hace clic sobre el menú de control de una ventana, suele presentar este aspecto:

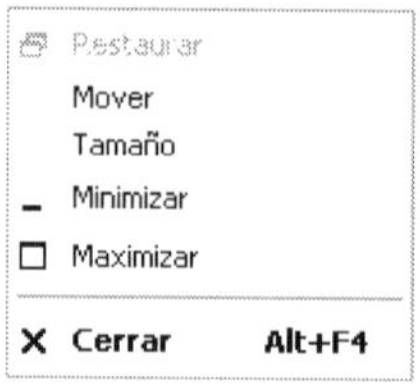

1. ***Restaurar*** devuelve a una ventana en su tamaño normal. Sólo estará disponible si una ventana ha sido maximizada o minimizada. Si en una ventana aparece el botón (o en Windows XP) y lo pulsa, restaurará la ventana.

2. ***Mover*** permite desplazar una ventana por la pantalla hasta colocarla en un lugar concreto. Cuando seleccione esta opción, el cursor del ratón cambiará mostrando este aspecto: . Entonces usaremos las teclas del cursor (flechas) en el teclado para mover la ventana. Cuando la hayamos situado donde deseemos, pulsaremos la tecla **INTRO** y la ventana quedará situada en ese punto.

3. ***Tamaño*** permite cambiar las dimensiones de la ventana. Si se activa esta opción, el cursor del ratón cambiará de aspecto: . Entonces, utilizaremos las teclas del cursor (flechas) en el teclado para ampliar en una de las cuatro direcciones que ofrecen según las veamos en la pantalla. Una vez ampliada o reducida en tamaño, pulsaremos la tecla **INTRO** y la ventana adoptará el nuevo tamaño.

4. ***Minimizar*** reduce automáticamente el tamaño de una aplicación al mínimo, es decir, a un botón en la barra de tareas. Minimizar una aplicación equivale a ponerla en estado de espera, dejándola abandonada momentáneamente pero con todos sus datos aún activos. También se minimiza una ventana con el botón (o en Windows XP).

5. ***Maximizar*** amplía automáticamente el tamaño de una ventana al máximo posible, generalmente toda la pantalla, aunque si se trata de una ventana dentro de un programa se amplía hasta abarcar la del programa. También se puede maximizar una ventana Windows haciendo un doble clic sobre su barra de título o pulsando sobre su botón (o en Windows XP).

6. ***Cerrar*** abandona un programa hasta que vuelva a ser ejecutado. Obsérvese que, a diferencia de *Minimizar*, cuando cerramos una aplicación ésta ya no sigue abierta y, por tanto, todos los datos que estuviesen manejando se perderán (salvo que se graben antes). En la mayor parte de los programas para Windows, una ventana puede cerrarse igualmente pulsando la combinación de teclas **ALT + F4** o pulsando su botón ☒ (o ☒ en Windows XP).

> OjO A lo largo del libro podrá ver combinaciones de teclas representadas con el signo (+) entre ambas, como ocurre ahora con **ALT + F4**. En estos casos será necesario pulsar la primera tecla que aparezca y, sin soltarla, la segunda.

PORTAPAPELES DE WINDOWS

Windows suministra una función para intercambiar información entre programas que estén funcionando al mismo tiempo. Se trata del *portapapeles*: una herramienta capaz de almacenar cualquier tipo de información soportada por Windows: texto, imágenes, sonido y mezclas de todos ellos. Para trabajar con él sólo hay que:

1. Seleccionar la información.
2. Pasarla al portapapeles.
3. Recuperarla en la aplicación de destino.

La mayor parte de los programas de Windows poseen un menú con el nombre **Edición** o **Editar** (o *Edit*). Este menú ofrece como mínimo tres opciones para el manejo del portapapeles: **Cortar** (o *Cut*), **Copiar** (o *Copy*) y **Pegar** (o *Paste*):

- **Cortar** elimina la información seleccionada del lugar original y la deposita en el portapapeles (la mueve). En muchos programas hay un botón que realiza esta operación; su aspecto podría ser éste: ✂. También puede realizar la misma operación pulsando las teclas **MAYÚSCULAS + SUPR**. Una vez que se encuentre la información en el portapapeles, podrá pedirse desde cualquier programa (incluido el mismo desde el que se cortó) mediante la opción *Pegar*.

- **Copiar** envía un duplicado exacto de la información elegida al portapapeles. Realiza la misma función que *Cortar* pero sin eliminar la información seleccionada del lugar original. En muchos programas hay un botón que realiza esta operación; su aspecto podría ser éste: 📋. También puede realizar la misma operación pulsando las teclas **CONTROL + INS**. Una vez que se encuentre la información en el portapapeles, podrá reclamarse en cualquier aplicación que la necesite (incluida la misma desde la que se copió) mediante la opción *Pegar*.

- **Pegar** extrae la información del portapapeles y la coloca en el programa desde el que se la reclame. En muchos programas hay un botón que realiza esta operación; su aspecto podría ser éste: 📋. También puede realizar la misma operación pulsando las teclas **MAYÚSCULAS + INS**. Una vez que se utiliza esta función, la información contenida en el portapapeles seguirá en él por si es necesario pegarla en algún otro lugar más. Dicha información permanece en el portapapeles hasta que se *Corta* o se *Copia* otra porción de información.

Los pasos que hay que seguir para llevar datos de un programa a otro serían éstos:

1. En primer lugar, deberá seleccionar la información que desea trasladar a otro programa para indicar exactamente qué datos vamos a utilizar. Esta tarea depende del tipo de información que necesite trasladar:

   - Si se trata de un texto, podrá hacer un clic con el ratón al principio del bloque y, sin soltar el botón, podrá arrastrar de manera que irá viendo claramente en pantalla el texto que va seleccionando. Cuando termine, libere el botón del ratón. También se pueden utilizar las teclas del cursor (flechas) manteniendo pulsada la tecla de **MAYÚSCULAS** durante el proceso.

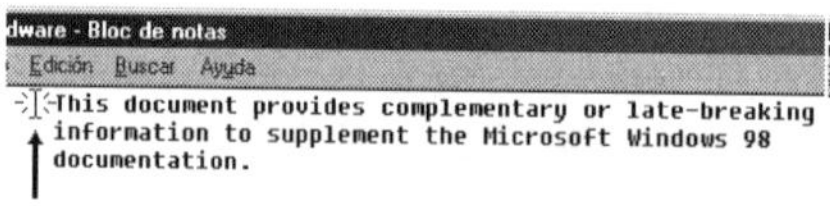

Haga clic en el lugar inicial del texto...

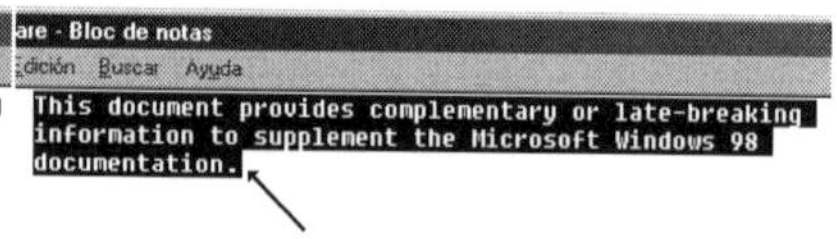

...y arrastre hasta completar la selección

   - Si se trata de una imagen, en ciertos casos basta con hacer clic sobre ella —por ejemplo, en un procesador de textos en el que haya una imagen—; sin embargo, en otras ocasiones deberá utilizar alguna función del programa para seleccionar imágenes y, después, englobar la imagen haciendo un clic fuera de ella y arrastrando hasta abarcarla completamente, momento en el que podremos liberar el ratón —por ejemplo, en el sistema de dibujo *Paint* que ofrece el propio Windows—.

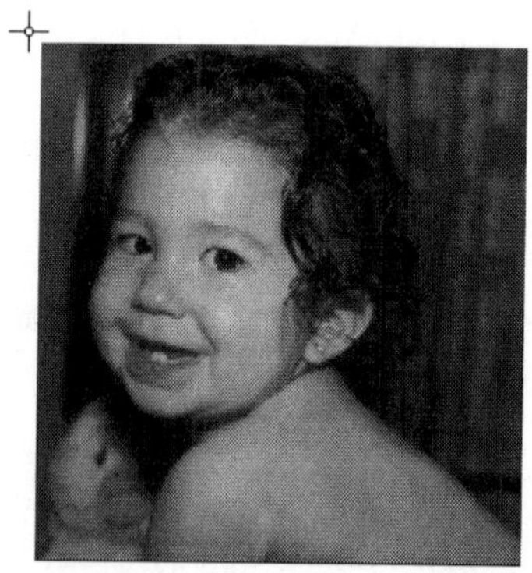

Haga clic en una esquina de la imagen...

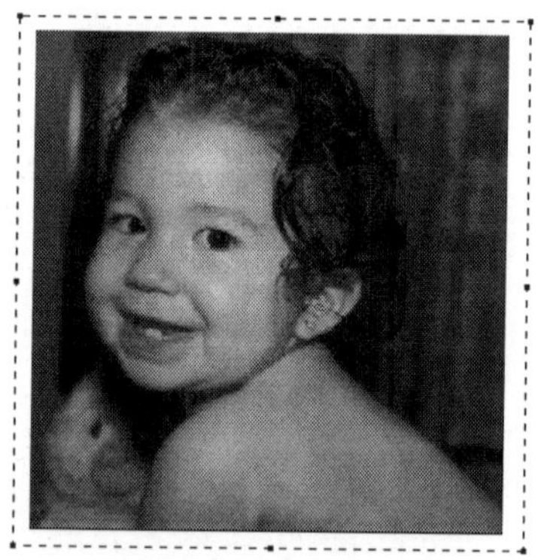

...y arrastre hasta completar la selección en la esquina opuesta

   - Si se trata de un sonido, deberá utilizar un programa que muestre su onda en pantalla y, una vez que la vea, deberá hacer clic con el ratón en el lugar del sonido donde desee que comience la selección y arrastrar, a izquierda o derecha, hasta que haya completado dicha selección, lugar en el cual podrá liberar el botón ratón —por ejemplo, en *WaveStudio*, programa perteneciente al software de la tarjeta de sonido Sound Blaster—.

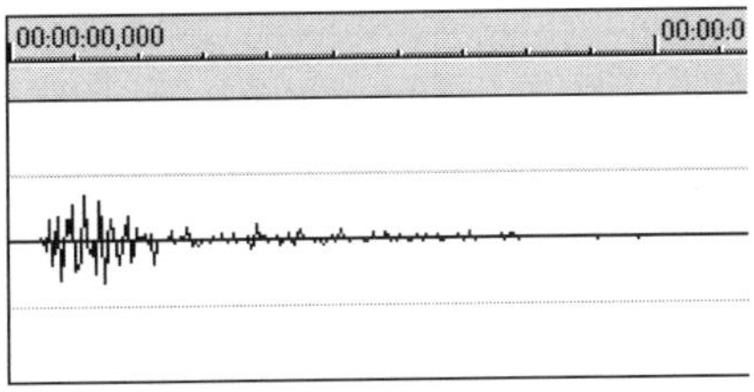

La onda de sonido original

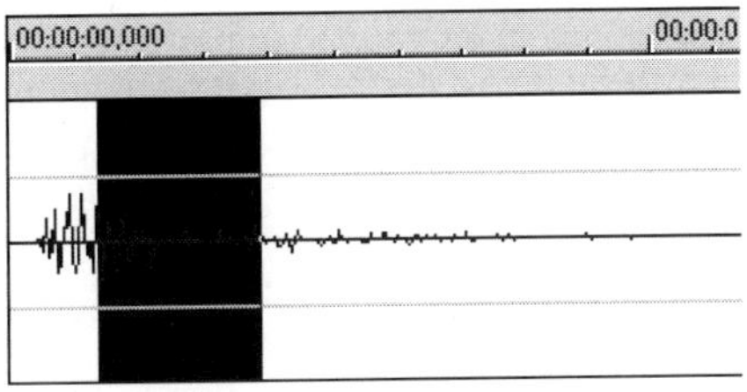

La misma onda con una parte seleccionada

2. Una vez que haya seleccionado la información que desea trasladar, es necesario indicar si va a moverla (eliminándola, por tanto, de su posición original), o bien, si va a copiarla (duplicándola). Si va a moverla, deberá activar **Cortar** en el menú **Edición**, mientras que si va a copiarla, deberá activar **Copiar** en el mismo menú.

3. Una vez cortada o copiada la información en el portapapeles, deberá acceder al programa que la recibirá y situarse en el lugar en el que deba aparecer dicha información. En ese sitio utilizará la opción **Pegar** del menú **Edición**, con lo que los datos deseados aparecerán automáticamente.

OjO Cuando tenga datos seleccionados y pulse cualquier tecla, desaparecerá todo lo que estuviese seleccionado y obtendrá en su lugar la tecla que pulse. Esta función resulta muy útil para reemplazar parte de un texto erróneo por otra que vaya a teclear en ese momento; no obstante, puede resultar "peligroso" si selecciona algo y, sin querer, pulsa alguna tecla, puesto que dicha tecla sustituirá todo lo seleccionado.

OLE: *OBJECT LINKING AND EMBEDDING*

OLE (enlace e incorporación de objetos) es una función que incorpora Windows cuando se llevan datos de un programa a otro, de modo que si esa información se modifica en el programa original, cambia igualmente en el documento que ahora la contiene. El trabajo con esta función puede realizarse mediante varios métodos:

1. La opción **Pegado Especial** del menú **Edición**.
2. La opción **Objeto** del menú **Insertar** (u otra equivalente).
3. Arrastrar datos de una ventana a otra.

Pegado especial

Cuando se ha cortado o copiado una información en el portapapeles, está disponible para ser pegada en cualquier otro programa. Sin embargo, el pegado puede realizarse no sólo con la opción **Pegar** del menú **Edición**, sino también mediante la opción **Pegado especial** del mismo menú.

Nos ayudaremos con un ejemplo. Supongamos que deseamos incorporar una imagen creada con el programa Paint (del mismo Windows) a un texto escrito con WordPad (también de Windows). Para realizar esta tarea activaremos Paint y crearemos (o abriremos) el dibujo, seleccionando la parte que de éste nos interese mediante el botón  y pasándolo al portapapeles con **Copiar** o **Cortar** del menú **Edición** de Paint.

Una vez hecho esto, el dibujo queda almacenado en el portapapeles. Acto seguido, pasaremos a WordPad y desde allí utilizamos la opción **Pegado Especial...** de su menú **Edición**. Al hacerlo, obtenemos un cuadro de diálogo en el que aparece una lista etiquetada con el título **Como**, cuyo fin es indicar la forma en la que deseamos pegar el dibujo en WordPad:

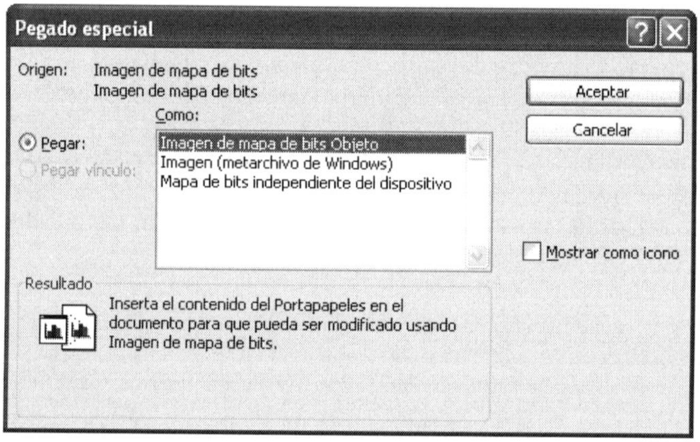

Podemos utilizar cualquiera de las tres opciones de la lista para pegar la imagen, aunque, si desea que se pegue siguiendo las normas de OLE, deberá elegir **Imagen de mapa de bits Objeto**. Después pulsamos el botón 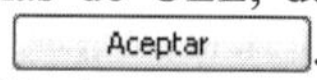

. Ahora ya tenemos una imagen OLE incorporada en WordPad, ya que el dibujo ha quedado incorporado al texto con su correspondiente reseña hacia Paint. Bastará con hacer un doble clic sobre el dibujo en WordPad para que se abra automáticamente Paint (dentro del mismo WordPad) con el dibujo preparado para ser modificado. Cualquier cambio que hagamos en el dibujo quedará registrado igualmente en el texto de WordPad.

Insertar objetos

En la mayor parte de los programas de Windows existe un menú **Insertar** entre cuyas opciones se encuentra **Objeto**. Si no es así, muy probablemente pueda encontrar la opción **Insertar objeto** en el menú **Edición**. En caso de que no exista ninguna de las dos posibilidades el programa no soportará la función OLE.

Cuando se selecciona una de esas dos opciones, se suele obtener un cuadro de diálogo similar al siguiente:

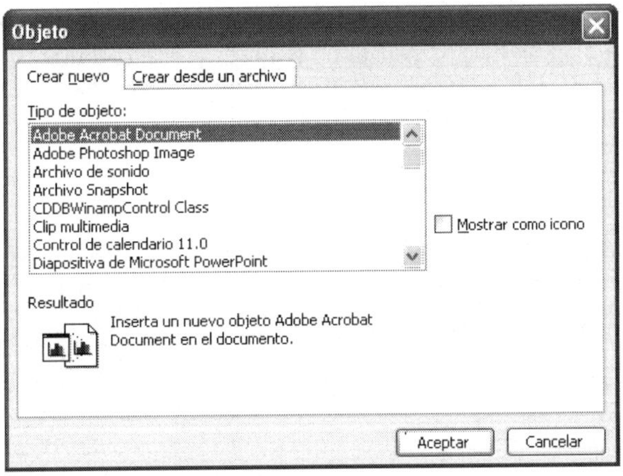

Este cuadro suele ofrecer dos fichas con las que podremos elegir si el objeto OLE será incorporado antes de construirse desde un programa (pestaña **Crear nuevo**), o bien, si el objeto ya está almacenado en disco y deseamos recuperarlo desde ahí (**Crear desde un archivo**).

Si va a crear un nuevo objeto OLE, la ficha que acabamos de mostrar es la correcta y, en ese caso, debe elegir en la lista el tipo de objeto que va a incorporar al programa. Por ejemplo, puede añadir un **Clip multimedia** (vídeo o sonido) mediante el elemento de la lista que lleva ese nombre. Debe tener claro que la lista del cuadro de diálogo depende de los programas que tenga instalados. Por ejemplo, en su lista aparecerá el elemento **Gráfico de Microsoft Excel** únicamente si tiene instalado en su equipo la hoja de cálculo Excel.

En cuanto pulse Aceptar, aparecerá un objeto insertado en su documento. En él deberá diseñar el elemento que desea y, para ello, la que hasta ahora era su ventana cambiará, mostrando los controles del programa original con el que se puede diseñar el objeto. En nuestro ejemplo anterior, la ventana de su documento será invadida temporalmente por los controles de Excel para que pueda crear el gráfico:

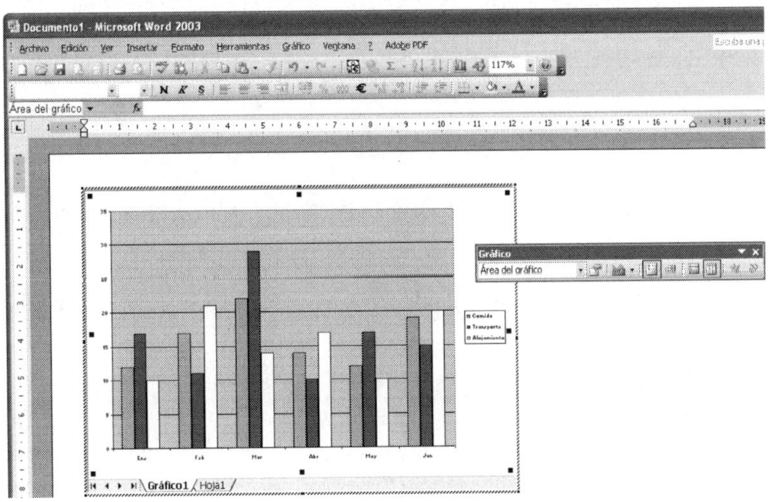

Observe que el título de la ventana es Microsoft Word (y que el área de trabajo es un texto de éste) y, sin embargo, la lista de botones y el menú que ofrece es el propio de Microsoft Excel que está insertado en Word para que pueda realizar el trabajo. Para terminar la creación del objeto, haga clic fuera del cuadro que contiene el objeto y volverá al programa anfitrión, que ahora contendrá el nuevo elemento.

Si el trabajo se trata de incorporar un objeto a partir de un archivo que ya esté guardado en el disco, al seleccionar la opción **Objeto** del menú **Insertar** (o alguna otra equivalente) deberemos activar la pestaña **Crear desde un archivo**:

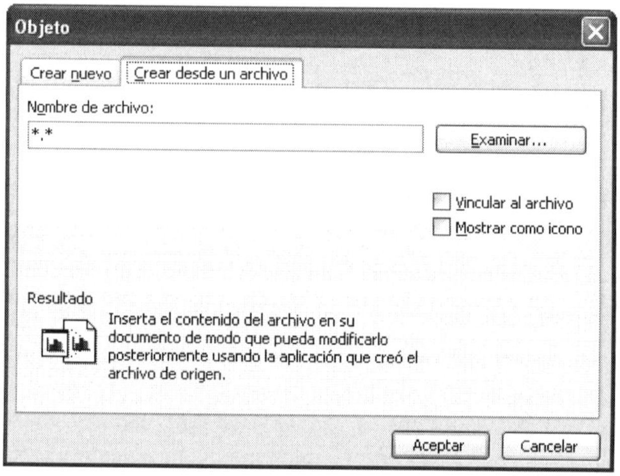

Lo único que debe hacer es establecer el nombre del archivo que contiene el objeto que se va a insertar, incluyendo el lugar donde se encuentra (carpeta y unidad de disco). Si lo prefiere, en lugar de teclear todo en el cuadro de texto **Nombre de archivo**, puede utilizar el botón 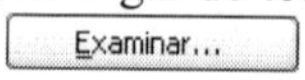 que permite localizar fácilmente el archivo.

Cuando el objeto ya se encuentre en el documento, puede modificarlo haciendo un doble clic sobre él, ante lo cual volverá a encontrarse en la situación anterior: el programa quedará invadido por los controles del huésped para que pueda alterar el objeto.

Arrastrar datos

Otro modo de utilizar OLE consiste en arrastrar el objeto de una ventana a otra. Por ejemplo, si desea llevar un archivo desde la ventana del Explorador de Windows para borrarlo, bastará con arrastrarlo hasta el icono de la papelera de reciclaje. Esto mismo puede hacerlo con objetos desde la ventana de un programa a otra que acepte OLE.

CONTROL DE LA IMPRESORA CON WINDOWS

Con Windows existe la posibilidad de controlar un **trabajo de impresión**: un documento que se está imprimiendo o esperando a ser impreso. Esta tarea pertenece al propio Windows y no al programa que ordene la impresión, puesto que Windows posee unos *administradores de impresión* que se encargan de gestionar todas las salidas impresas.

Cada programa se encarga siempre de enviar a la impresora la información completa con el formato adecuado para que el administrador de impresión lo pase por la impresora. Dicho proceso de impresión y el propio administrador de impresión se ponen automáticamente en funcionamiento al ordenar la impresión de cualquier documento (imagen, texto, etc.).

Vamos a detallar algunas de las funciones de estos administradores tan útiles como sencillas y que estarán disponibles cuando se haya enviado trabajo a la impresora.

Lo primero que hemos de hacer es acceder al administrador, para ello aparecerá en la parte derecha de la barra de tareas un icono que indica que la impresora está en marcha: . Debemos hacer un doble clic sobre este icono y así acceder al administrador de impresión de la impresora que esté trabajando en ese instante.

> **Ojo** Algunas impresoras incorporan su propio sistema de control de impresión sustituyendo al que estamos a punto de mostrarle, aunque sus funciones serán similares a las que vamos a describir.

El administrador presenta este aspecto genérico:

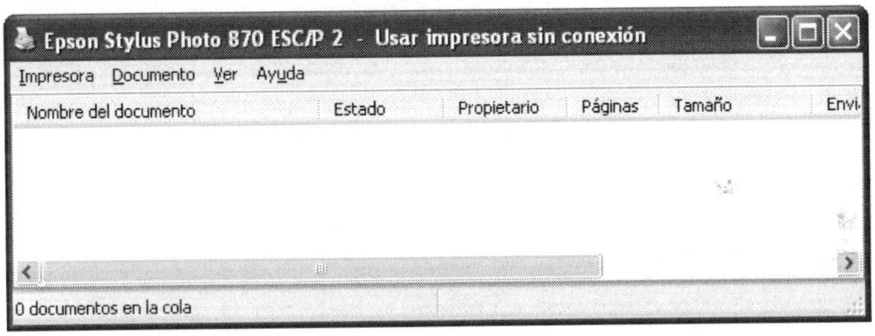

En la nueva ventana del administrador tendremos la lista de los trabajos que serán impresos y el estado en que se encuentra la impresora (**Inactiva, Imprimiendo, Bloqueada** o **En Pausa**). Con esta ventana podrá hacer lo siguiente:

1. Usando el menú **Impresora**:

   - **Cancelar todos los documentos**: anula todos los trabajos de impresión de la lista, vaciándola.

   - **Establecer como impresora predeterminada**: indica que esta impresora será la que reciba automáticamente los datos que se van a imprimir en las ocasiones en que no se especifique con qué impresora se va a trabajar.

   - **Propiedades**: permite modificar las características de la impresora (puerto al que está conectada, tiempo de respuesta antes de dar error, tipo de papel, nombre del controlador, etc.) que están distribuidas por varias fichas en el cuadro de diálogo. Dicho cuadro también contiene una función de prueba para comprobar si la impresora trabaja correctamente (para ello, pulse el botón Imprimir página de prueba en la ficha **General**).

2. Usando el menú **Documento**:

   - **Pausa**: detiene momentáneamente la impresión del documento con el que esté trabajando la impresora en ese instante. Bastará con seleccionar esta misma opción de nuevo para reanudar el trabajo.

   - **Cancelar**: anula un trabajo de impresión de la lista. Será necesario seleccionarlo primero (por ejemplo, haciendo un clic sobre él).

CAPÍTULO 2

SISTEMA DE AYUDA

Esta función puede resultar muy práctica cuando olvidemos algo y deseemos consultarlo rápidamente y sin recurrir a un manual.

La ayuda de cualquier elemento de Microsoft Office permite varias posibilidades por tratarse de un método muy flexible. Dicho método, por otra parte, es estándar para todas las aplicaciones Windows, por lo que si aprende a manejar la ayuda de Office, lo aprenderá para cualquier otro programa que funcione bajo Windows.

Para empezar, en cualquier momento podremos pulsar la tecla F1 con el fin de obtener ayuda sobre un tema concreto. Al pulsar esta tecla, aparecerá el panel de tareas (o el ayudante de Office, dependiendo de la versión) con el que podremos acceder a la información. Con ello solicitaremos la ayuda tecleando lo que necesitemos. De esto hablaremos en el apartado ***Ayuda en Office*** dentro de este mismo capítulo.

Primero veamos el sistema de ayuda general de Windows con lo cual conocerá el sistema de ayuda para (casi) cualquier programa diseñado para este entorno.

AYUDA EN WINDOWS

El sistema más común para entrar en la ayuda es seleccionar la opción **Ayuda** del menú que se genera al pulsar el botón Inicio (o Inicio) o elegir el menú **Ayuda** en cualquier programa de Windows que lo tenga.

La ventana de ayuda posee siempre varios elementos. Veamos el aspecto general al entrar en el sistema de ayuda:

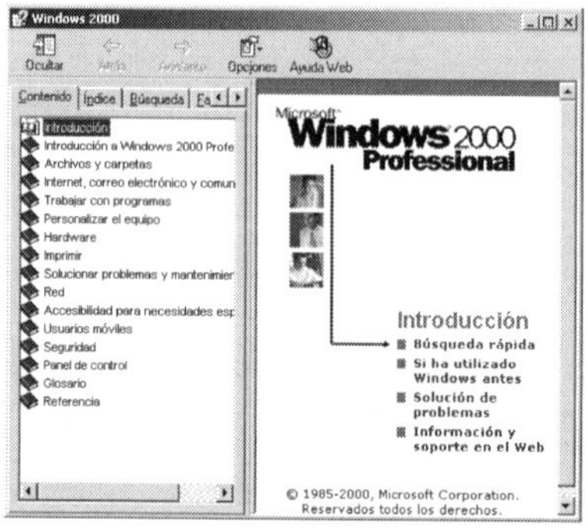

Pantalla de ayuda con Windows 2000

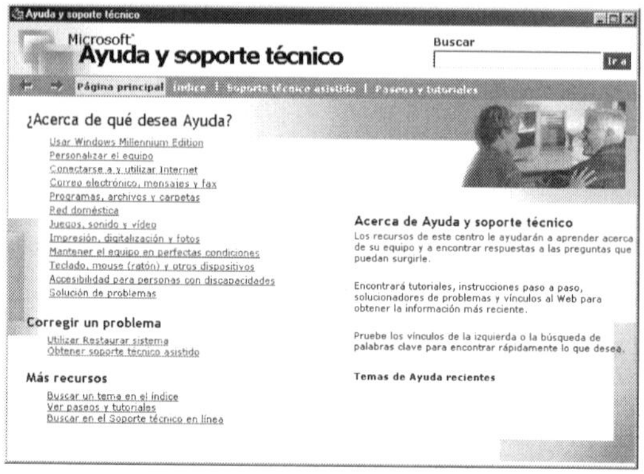

Pantalla de ayuda con Windows Millennium

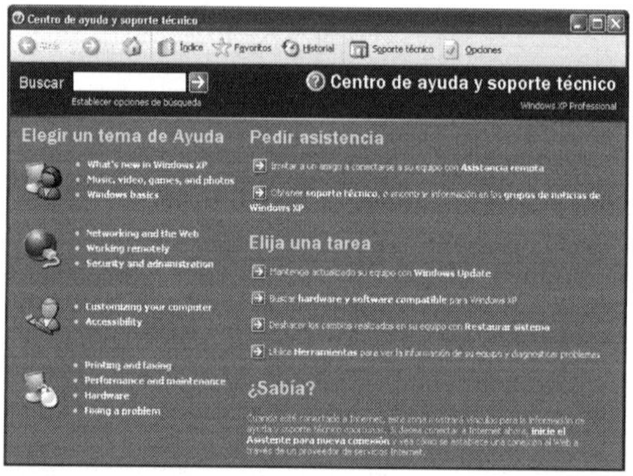

Pantalla de ayuda con Windows XP

Como puede apreciar, estas ventanas del sistema de ayuda se asemejan mucho más a un Web que al sistema clásico de Windows. Vamos a seguir el modo de trabajo con Windows XP, aunque el sistema es muy similar en las demás versiones:

1. Para empezar, observe que disponemos de un "menú principal" con las opciones más generales de la ayuda: se trata del grupo de opciones de **Elegir un tema de ayuda**.

2. Por otra parte, disponemos del cuadro de texto **Buscar** en la parte superior izquierda de la ventana de ayuda. Se trata de teclear en él aquel tema sobre el que buscamos ayuda y pulsar el botón ➔ (o, en su lugar, la tecla **INTRO**) y Windows le proporcionará una lista de coincidencias (datos encontrados en la lista que coinciden con lo que haya escrito).

Por ejemplo, si teclea la palabra *icono* en el sistema de ayuda de Windows, obtendrá un listado como el siguiente:

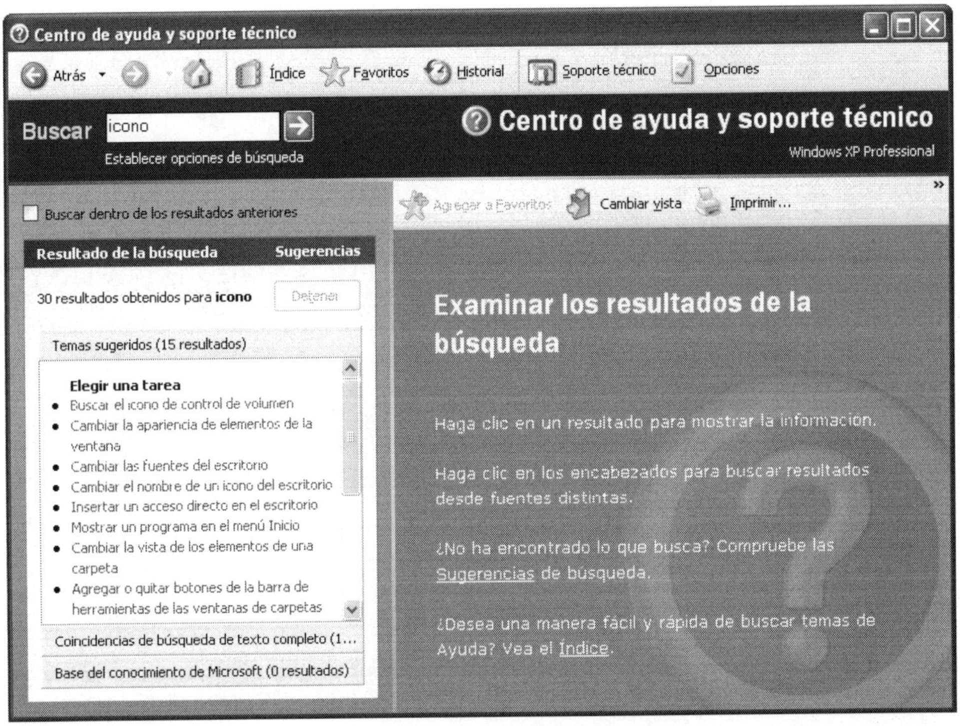

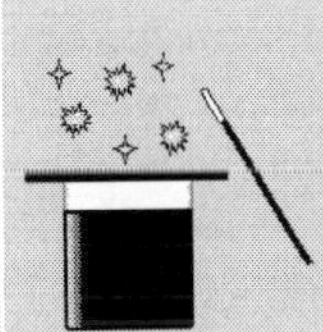

Observe que el cuadro de la derecha ofrece dos botones en su parte superior:

- 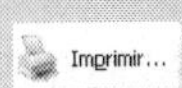 genera una copia de la información de ayuda obtenida en papel mediante la impresora.
-  cambia el aspecto de la ventana de ayuda, reduciéndolo (hace desaparecer el panel izquierdo). Para volver al modo de trabajo normal vuelva a pulsar el botón.

Cuando localice el dato que busca en la lista resultante (panel de la izquierda), haga clic sobre él y la información correspondiente aparecerá en el panel de la derecha.

3. La barra de herramientas contiene otras opciones cuyas funciones son muy similares a las del navegador:

- . Vuelve al anterior tema de ayuda consultado.
- . Si utilizó el botón , puede volver de nuevo al tema posterior con el botón .
- . Se emplea para acceder a la página inicial del sistema de ayuda.
- . Lleva a la página del índice de ayuda.

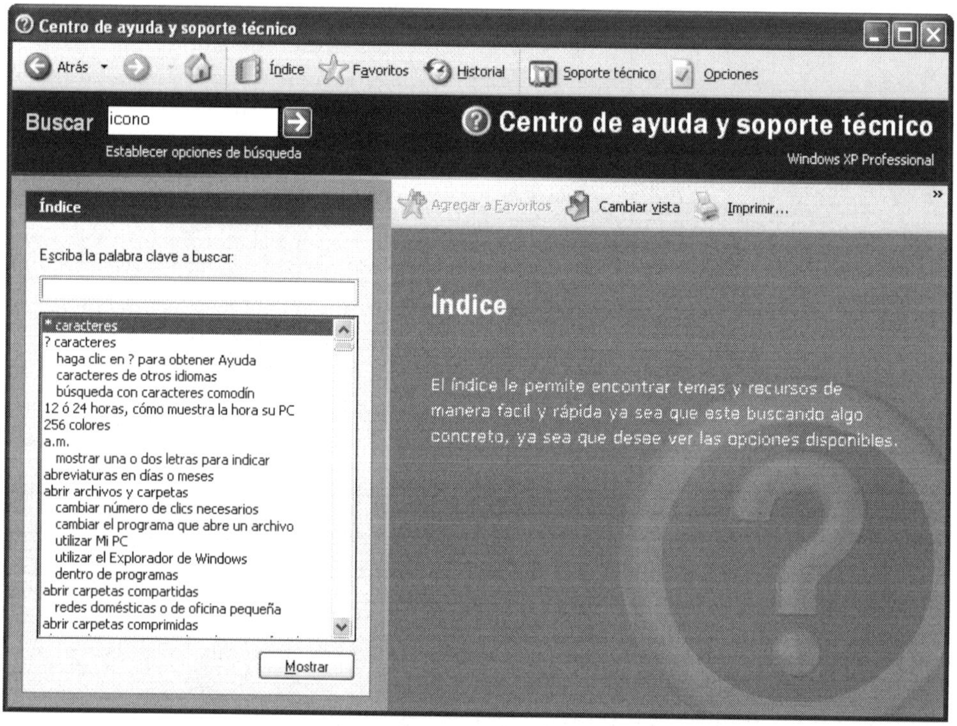

En esta pantalla debe teclear una palabra para localizar una explicación sobre ella en el sistema de ayuda. Dicha palabra (o expresión) se teclea en el cuadro de texto **Escriba la palabra clave a buscar**. La lista que se encuentra debajo de dicho cuadro llevará a los temas que comiencen por aquello que vaya tecleando y, cuando lo localice, haga clic sobre ello en la lista y pulse el botón Mostrar. El panel derecho mostrará la información que exista sobre ese tema.

- Favoritos. Abre un listado de temas de ayuda que se visiten con frecuencia en el panel de la derecha. Cada vez que acceda a un tema de ayuda, podrá pulsar el botón Agregar a Favoritos para que ese tema se registre en la lista de temas favoritos. Cuando desee consultar de nuevo ese tema, no necesitará buscarlo, puesto que lo puede activar fácilmente desde el botón Favoritos.

  Haciendo doble clic sobre uno de los temas de la lista, obtendrá la información en el panel derecho de la ventana; además, podrá utilizar los botones Cambiar no... (para cambiar el nombre del tema en la lista), Quitar (para eliminar el tema de la lista de favoritos), y Mostrar (para ver el tema de ayuda en el marco de la derecha de la ventana).

- Historial. Muestra un listado en el marco de la derecha con los temas de ayuda visitados recientemente. Si desea volver a visitar uno de ellos, sólo tendrá que hacer doble clic sobre él en la lista (o hacer clic sobre él y pulsar el botón Mostrar).

- Soporte técnico. Se trata de una página con varios enlaces a Internet que le pueden solucionar problemas de trabajo con Windows. Haga clic en uno de ellos (**Pedir ayuda a un amigo**, **Obtener ayuda de Microsoft** e **Ir al foro del sitio Web de Windows**) y obtendrá lo que necesita, si bien, deberá estar conectado a Internet en ese momento.

- Opciones. Ofrece una serie de datos con los que podremos modificar la forma de trabajo con la ayuda. Veamos su contenido.

AYUDA EN OFFICE

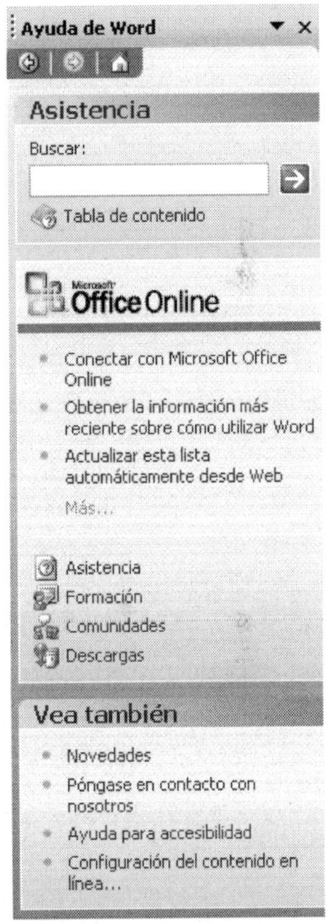

La ayuda de Office 2003 ha variado con respecto a las versiones anteriores. Para empezar, se maneja desde el panel de tareas y se ha simplificado su manejo. Hay tres métodos de trabajo:

1. Teclear una pregunta con la que solicitar ayuda y pulsar el botón, aunque eso también se puede hacer mediante la lista Escriba una pregunta que ofrecen los programas de Office en su esquina superior derecha. Si lo prefiere, puede hacer clic en **Tabla de contenido** (vea el panel junto al margen derecho) para buscar a modo de índice.

2. Utilizar los enlaces de **Office Online** para emplear ayuda en línea desde Internet.

3. Emplear los enlaces de la sección **Vea también** que ofrecen más ayuda complementaria en línea desde Internet.

En cualquier caso, puede emplear los botones, y para volver atrás, adelante o al menú inicial de la ayuda, respectivamente.

Una vez que el sistema localice ayuda con respecto a su petición, mostrará la información en el mismo panel.

En las versiones anteriores, al solicitar ayuda en Office el ayudante se encargará del trabajo, ofreciéndonos lo siguiente:

1. Utilice el cuadro de texto **¿Qué desea hacer?** para escribir una pregunta, lo más precisa posible, sobre la información que desea consultar en la ayuda.

2. Cuando la haya escrito, puse el botón Buscar (o la tecla INTRO) y el sistema se pondrá a buscar temas relacionados con ello.

3. El botón Opciones permite modificar las características del ayudante. En este cuadro el usuario debe elegir dichas características a su gusto.

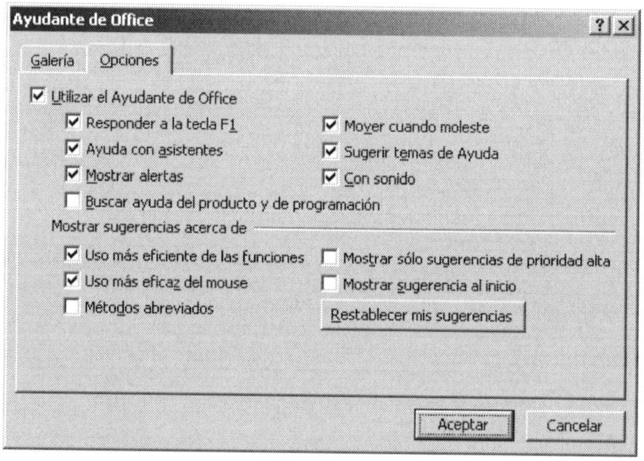

4. Cuando termine, puede pulsar la tecla **Escape** (ESC) para salir de la ayuda, o bien, hacer clic fuera del cuadro del ayudante.

En el cuadro de diálogo anterior puede desactivar la casilla de verificación **Utilizar el Ayudante de Office** si desea que, al solicitar la ayuda, no aparezca el ayudante, sino el sistema de ayuda clásico de Windows. Para volver a **Mostrar el ayudante de Office** seleccione la opción que lleva ese mismo nombre en el menú ?.

Una vez escrito el tema y pulsado el botón Buscar se le ofrece una lista de temas relacionados.

Si se desea consultar la ayuda de cualquier elemento de Office (por ejemplo, Word) según el método de Windows, deberá desactivar antes el ayudante, mediante la opción **Ocultar el Ayudante de Office** del menú ?.

MANEJO DE LOS AYUDANTES

Los programas integrantes de Office permiten elegir entre varios ayudantes para el trabajo con la ayuda. Aunque *Clipo* es el que aparece por defecto, el usuario puede elegir el que prefiera. Para hacer la elección, deberemos hacer clic con el botón derecho del ratón sobre el ayudante. Obtendremos un pequeño menú entre cuyas opciones se encuentra **Elegir ayudante**. Al seleccionarla, aparecerá un cuadro de diálogo:

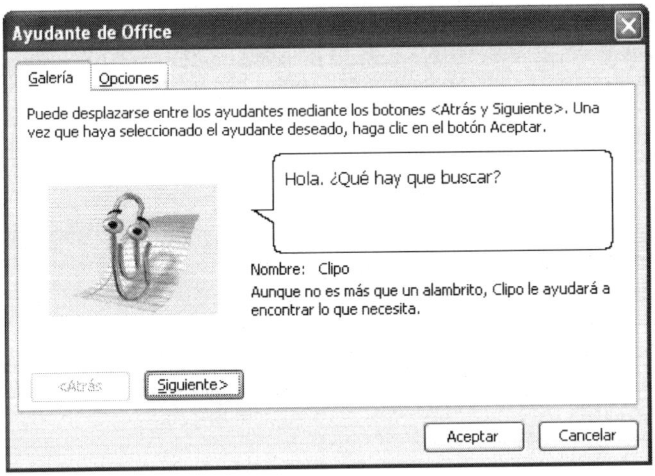

Utilice los botones <Atrás y Siguiente>, para ver los ayudantes disponibles en el asistente.

Cuando vea que el ayudante ofrece una bombilla sobre él, tendrá alguna sugerencia que ofrecerle, haga clic sobre el ayudante y se la mostrará.

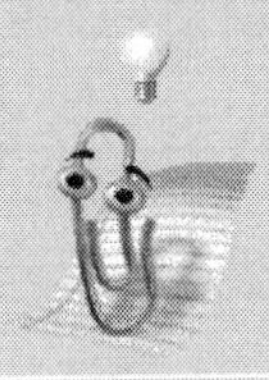

El ayudante de Office se puede ocultar y desactivar. Si se oculta, dejará de verse hasta que se solicite ayuda y si se desactiva el ayudante, no aparecerá más a menos que lo reactivemos. Para ocultarlo haga clic en el ayudante con el botón derecho del ratón y, en el menú que aparezca elija **Ocultar**; para desactivarlo deberá hacer lo mismo, pero, en el menú, elegir **Opciones**: esto le llevará a un cuadro de diálogo en el que deberá desactivar la casilla **Utilizar el ayudante de Office**.

En cualquier caso, puede volver a mostrar el ayudante seleccionando la opción **Mostrar el ayudante de Office** del menú **?**.

AYUDA EN CUADROS DE DIÁLOGO

Generalmente en los cuadros de diálogo de Windows (y de Office) puede obtenerse ayuda sobre cualquier elemento del cuadro del modo que vamos a exponer.

Si se pulsa el botón ? (situado arriba, a la derecha en la barra de título en el cuadro de diálogo), aparecerá el panel de tareas para ofrecerle información sobre el cuadro de diálogo. Ahora, bien, si se trata de las versiones anteriores a 2003, lo que obtendrá es que el cursor del ratón cambia de aspecto mostrando el siguiente: ?. Entonces, al hacer clic sobre un elemento del cuadro de diálogo en cuestión, Windows ofrecerá en un recuadro la información disponible acerca del elemento sobre el que se ha hecho clic y le permitirá conocer cuál es su utilidad. Esta misma función la tienen los cuadros de diálogo (o ventanas) que contengan el botón ¿Qué es esto?. En algunos casos, este botón puede obtenerse pulsando el botón derecho del ratón sobre un elemento cualquiera de un cuadro de diálogo de Windows.

En los programas de Office de las versiones anteriores a 2003 el menú de ayuda también tiene una opción con esa finalidad:

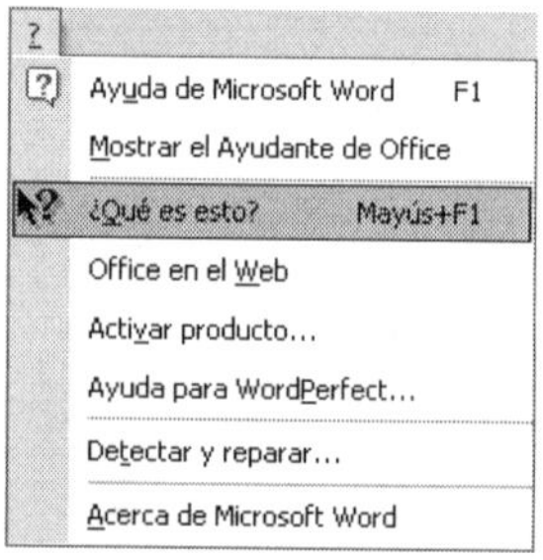

Utilice la opción **¿Qué es esto?** (o las teclas **MAYÚSCULAS + F1**) y después haga clic en el elemento de la barra de herramientas o del menú que desee consultar.

AYUDA EN LÍNEA DESDE INTERNET

Ya hemos visto que el panel de tareas (en el caso de la versión 2003) ofrece múltiples modos de obtener ayuda desde Internet, pero en las versiones anteriores, cualquier elemento de Office lleva una extensión especial para conectar con el servicio en línea de ayuda que ofrece Microsoft acerca de todo lo disponible sobre Office.

Cuando se activa el menú de ayuda (?) existe una opción cuyo nombre es **Office en el Web**. Esta opción lleva a Internet Explorer ofreciendo una página Web (si se está conectado en ese momento a la red). Seleccione el enlace al que pertenezca (**América Latina** o **España**) y una vez consultado su contenido, utilice las funciones que ahí se ofrezcan para sacar provecho de esta utilidad que le ofrece Microsoft.

Las opciones y enlaces de esta página le permiten navegar por el Web de la red para obtener amplia información sobre Office y otros productos de la misma compañía.

CAPÍTULO 3

BARRAS DE OFFICE Y DE HERRAMIENTAS

Algo que ya es clásico en los programas de Windows son las barras de botones. Se trata de recuadros alargados rellenos de botones que se pueden hacer aparecer y desaparecer, o bien, dejar fijos en una parte de la pantalla. Su función es contener los botones cuyas funciones son las más empleadas del programa. De este modo, no es necesario acceder a ningún menú o pulsar combinaciones de teclas difíciles de recordar, a menos que se manejen con mucha frecuencia.

En este capítulo, vamos a describir el manejo y edición de los dos tipos de barras que ofrece Office:

1. La barra de Office, diseñada para el acceso cómodo y rápido a los elementos de Office desde Windows.

2. Las barras de herramientas, barras con botones de los propios programas integrantes de Office.

BARRA DE OFFICE

Hasta la fecha en que se creó Office como tal, los programas que ahora lo componen eran aplicaciones independientes que tenían en común varias operaciones y la forma de trabajo con ellas. Pero, aunque entre todos ellos existía un fuerte lazo de unión a causa de las funciones comunes y la ventaja añadida que les suponía el poder intercambiar información de una forma fácil y rápida, Office seguía dando la impresión de tratarse de un conjunto de programas.

En la versión para Windows 95 se consiguió una mayor integración añadiendo un sistema que hacía las veces de menú principal, común a todas las aplicaciones que incorpora Office. Este menú principal ha estado incluido en todas las versiones posteriores de Office. Es la **Barra de Office**, que tiene un aspecto y unas características similares a la Barra de tareas de Windows.

Manejo de la barra

El aspecto que presenta la barra es el que puede ver junto al margen derecho, aunque su contenido puede variar en cada versión de Office. Ésa es la posición en la que suele aparecer la barra cuando se instala Office por primera vez. Si no es así, se puede activar mediante el botón Inicio (o Inicio), seleccionando las opciones, **Todos los programas** (o **Programas**), **Herramientas de Microsoft Office** y **Barra de acceso directo de Microsoft Office**.

En cualquier caso, esta barra puede moverse, llevándose a cualquier parte de la pantalla. De hecho, si se deja en alguna posición intermedia (flotante), y no en alguno de los bordes de la pantalla, la distribución de los botones será distinta, adquiriendo el aspecto de una pequeña ventana Windows:

Para mover la barra de Office por la pantalla, bastará con hacer un clic sobre cualquier parte de esta que no contenga botón alguno y, sin soltar el botón del ratón, arrastrar hasta alcanzar el lugar deseado.

Hemos presentado los botones que muestra la barra cuando Office se instala por primera vez; sin embargo, estos botones pueden eliminarse y, en su lugar, pueden incluirse otros con funciones distintas.

De hecho, la barra de Office puede contener varias listas diferentes de botones. Esto es, Microsoft ha predefinido varios grupos distintos con botones que pueden colocarse en la barra. Para poder estar activa, la barra debe contener, al menos, uno de los grupos. Generalmente, el grupo de botones que muestra es el que hemos presentado, pero, como vamos a ver más adelante, podremos incluir otro, otros e, incluso, todos.

Para cambiar el contenido de la barra, debemos hacer un clic con el botón derecho del ratón sobre cualquier parte de la superficie de la barra que esté libre de botones.

Cuando hacemos esto, obtenemos un menú con los siguientes elementos:

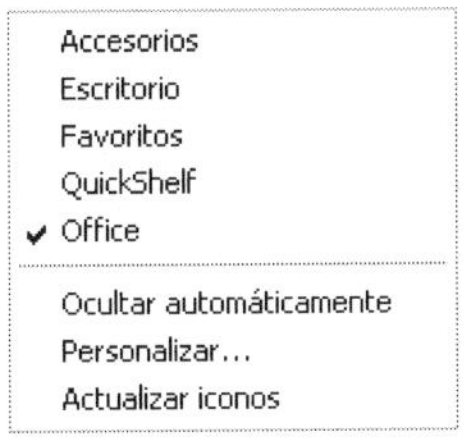

1. Las opciones **Accesorios**, **Escritorio**, **Favoritos**, **QuickShelf** y **Office** permiten mostrar grupos de botones al activarse y ocultarlos al desactivarse.

1. **Ocultar automáticamente** esconde la barra siempre que no se utilice. Para mostrarla de nuevo, bastará con acercar el cursor del ratón hasta ella: la barra se despliega mostrando sus botones para que se pueda trabajar con ella.

2. **Personalizar** permite añadir botones a la barra, así como eliminarlos. Esta función también puede realizarse haciendo un doble clic sobre la barra de Office (asegúrese de hacer el doble clic sobre un área de la barra que esté vacía, sin botones). De esto hablaremos en profundidad en el siguiente apartado ***Edición de la barra***.

3. **Actualizar iconos** restaura los botones originales si hemos modificado su contenido.

Todos los grupos de botones, de los que hemos hablado antes, pueden estar activos al mismo tiempo en la barra:

En ese caso, hay cinco botones para acceder a cada uno de los grupos. En el ejemplo que hemos mostrado, dichos botones aparecen en la parte izquierda de la barra:

Sin embargo, estos botones se desplazan a la derecha dependiendo del grupo que esté activo en la barra en ese momento. Por ejemplo, si pulsamos el botón **Escritorio** (que se encuentra en segundo lugar por la izquierda), los tres botones situados inmediatamente a su derecha se desplazarán al extremo derecho de la barra y entremedias aparecerán los botones correspondientes al grupo *Escritorio*:

Edición de la barra

Como decíamos antes, existe la posibilidad de incorporar botones a la barra de Office, así como también podremos retirar los que no usemos. Para ello, lo primero es seleccionar la barra de Office sobre la que deseamos trabajar y después activar el menú pulsando el botón derecho del ratón sobre alguna zona de la barra que no contenga botones:

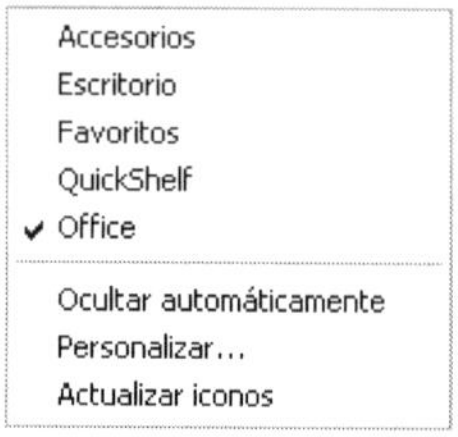

En él seleccionaremos la opción **Personalizar**. También podemos hacer esta operación haciendo un doble clic sobre la barra (asegúrese de hacer el doble clic sobre un área de la barra que esté vacía). Cuando se hace una de las dos cosas, se obtiene un cuadro de diálogo con cuatro fichas en el que podremos configurar las barras:

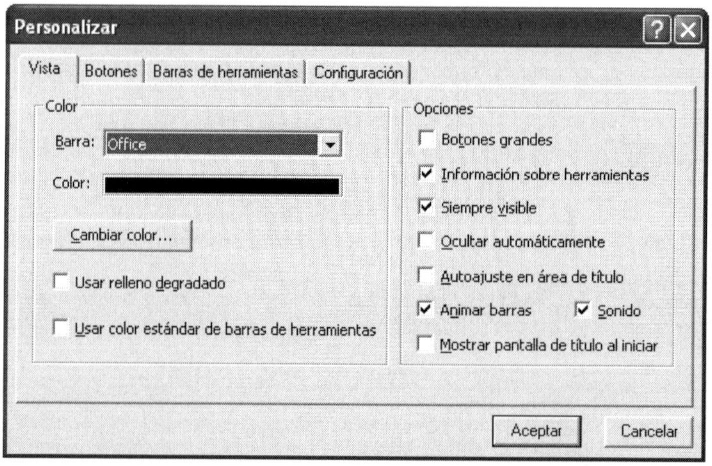

1. **Vista**: contiene datos sobre el aspecto que presentarán las barras.
2. **Botones**: contiene los datos para permitir el cambio de botones de las barras.
3. **Barras de herramientas**: permite elegir las barras a mostrar y a ocultar.
4. **Configuración**: con esta ficha estableceremos la situación en el disco de los archivos que manejan las barras.

Para la edición de las barras haremos clic sobre la segunda ficha: **Botones**. Cuando se activa esta ficha, el cuadro de diálogo cambia, mostrando este aspecto:

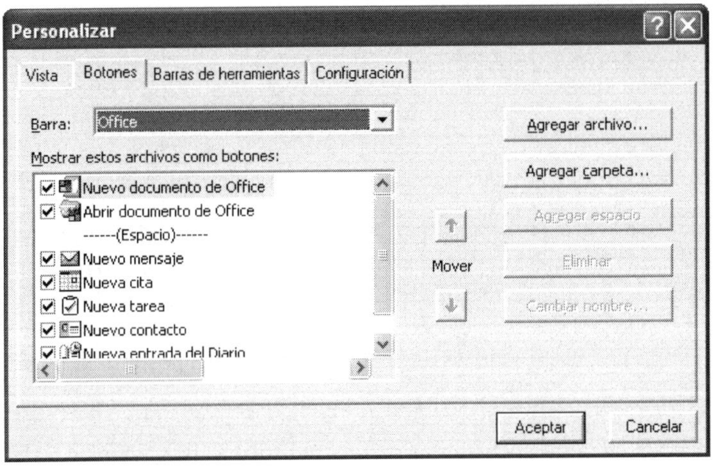

1. La lista desplegable **Barra** permite elegir el grupo de botones de la barra al que deseamos añadir o quitar botones.

2. La lista **Mostrar estos archivos como botones** expone una relación con los botones disponibles y una casilla de verificación a la izquierda de cada uno (☑). Si se activa una de estas casillas, el correspondiente botón aparecerá en la barra de Office. Si se desactiva, el botón desaparecerá de la barra.

3. Los botones para **Mover** (↑ y ↓) desplazan el archivo que seleccionemos hacia arriba o hacia abajo respectivamente. Los utilizaremos para colocar los botones en el lugar de la barra que deseemos.

4. El botón Agregar archivo... permite añadir un botón que representará un archivo en la barra. Cuando se pulse ese botón en la barra de Office, aparecerá el programa del archivo en cuestión. Al activar esta función, se le ofrecerá una lista con todas las unidades de disco, carpetas y archivos para que seleccione aquel que desea incorporar como botón a la barra.

5. El botón Agregar carpeta... permite añadir un botón que representará una carpeta en la barra. Al activar esta función, se le ofrecerá una lista con todas las unidades de disco, y carpetas para que seleccione aquella que desea añadir como botón a la barra.

6. El botón Agregar espacio asigna una separación entre dos botones. Dicho espacio aparecerá entre el botón elegido en la lista y el anterior.

7. El botón Eliminar borra un botón o una separación de barra de Office. Para ello, será necesario elegir el botón o la separación previamente.

8. El botón Cambiar nombre... permite modificar el nombre del botón que aparecerá en la barra. Para ello, será necesario elegir el botón previamente y teclear después el nombre en un cuadro de diálogo que se ofrece.

BARRAS DE HERRAMIENTAS

Una gran ayuda para el manejo de los elementos de Office, y en general de cualquier aplicación, son los botones. Windows proporciona botones que pueden utilizarse asociándose a una función, de modo que al pulsar el botón adecuado, la función a la que éste está asociada se pone en marcha realizando un trabajo para nosotros.

Este tema estará dedicado al manejo de las barras de herramientas que aparecen en la parte superior de las ventanas de las aplicaciones de Office (justo bajo la barra de menú). Estas barras de herramientas están compuestas por una gran cantidad de botones que iremos comentando a lo largo del libro. Lo que aquí vamos a describir es la forma de manejar en conjunto todas las barras de botones, así como su posible cambio de contenido.

Tomaremos como referencia la barra de botones de Word; sin embargo, el manejo de estas barras en cualquier elemento de Office es idéntico, por lo que la forma de tratar las barras por parte del usuario será la misma.

Activar barras

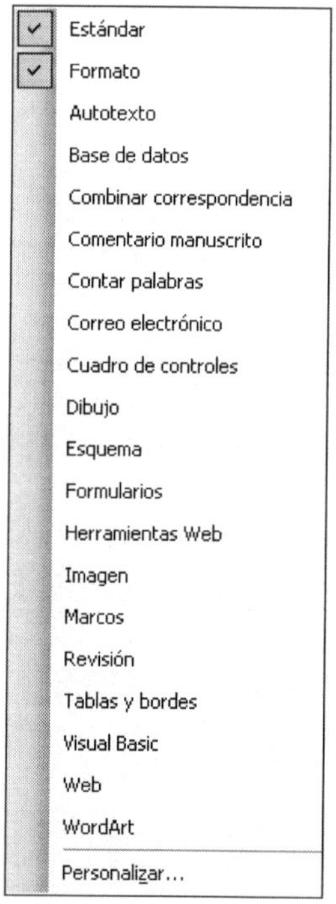

Existen en Word (y en los demás elementos de Office) varias barras de herramientas cuyos botones tienen funciones afines en cada caso. La excepción a esta regla la ofrece la barra *Estándar*, que posee botones con todo tipo de funciones mezcladas en la misma barra.

En cualquier caso, las barras de botones pueden activarse de dos o tres formas. La más sencilla consiste en utilizar el ratón: sitúe el cursor del ratón sobre cualquier parte de la superficie de una barra de botones y pulse el botón derecho del ratón. Aparecerá automáticamente un menú con las opciones que pueden verse junto al margen derecho.

En realidad, cada opción del primer grupo en este menú representa todas las barras de herramientas que aquí comentamos. Basta con seleccionar una opción y aparece el símbolo ✓ delante de él. Si así ocurre, la barra de herramientas correspondiente está activa y a la vista.

Para desactivar la barra bastará con repetir el proceso, es decir, al hacer clic sobre una opción del menú que ya esté activada, la barra correspondiente desaparece.

Algunas excepciones para este proceso son las barras de herramientas de *Dibujo*, que puede activarse con el botón de la barra de herramientas *Estándar*, y la barra de herramientas de *Tablas y bordes*, que se activa con el botón .

Editar barras

Las barras de herramientas son modificables hasta cierto punto. Existen ciertas funciones de Word (y de los otros programas de Office) que poseen un botón asociado, de modo que al pulsar el botón, la función actúa. Sin embargo, podremos añadir más botones a una barra que pueden situarse en cualquier parte de ésta. Para llevar a cabo la tarea hemos de pulsar nuevamente el botón derecho del ratón sobre cualquier parte de la superficie de una barra. Obtendremos el mismo menú que hemos presentado en la página anterior y en él elegiremos **Personalizar**, ante lo cual, aparecerá un cuadro de diálogo como el siguiente:

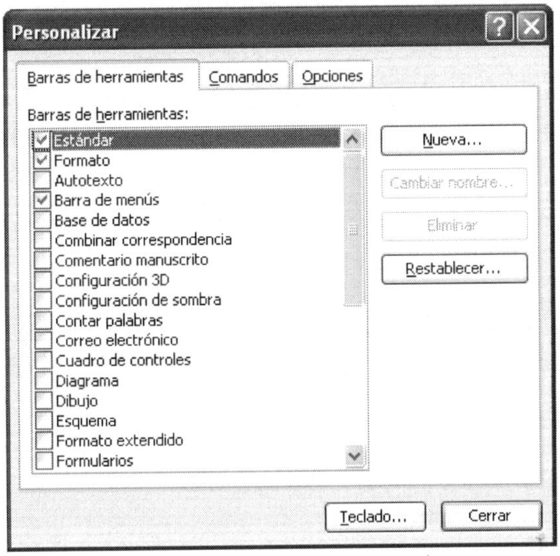

A primera vista, en la ficha **Barras de herramientas** nos encontramos una lista de barras de herramientas y, a su derecha, varios botones para modificarlas:

1. [Nueva...]. Permite crear una nueva barra de herramientas. Esta opción exige un nombre para la nueva barra en el siguiente cuadro de diálogo:

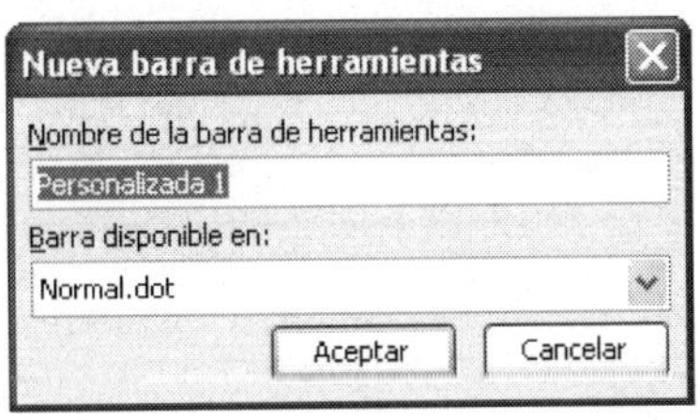

2. [Cambiar nombre...]. Permite cambiar el nombre a la barra que se haya seleccionado previamente. Esta función sólo estará disponible si elegimos una barra de creación propia (las barras de herramientas que vienen ya diseñadas por Microsoft no pueden modificarse en cuanto a su nombre).

3. Eliminar. Permite borrar una barra de herramientas que se haya seleccionado previamente. Esta función no estará disponible para las barras de herramientas que vienen ya diseñadas por Microsoft.

4. Restablecer... . Restaura la barra seleccionada previamente, asignándola sólo los botones que tenía originalmente (eliminando aquellos que le hayamos añadido nosotros y agregando aquellos que hayamos retirado de ella).

La lista que vemos no sólo contiene barras de herramientas, sino que también ofrece la posibilidad de modificar el menú principal y los menús del ratón (menús contextuales que aparecen al pulsar el botón derecho del ratón sobre un elemento). Para ello utilice, en la lista del cuadro de diálogo anterior, los siguientes elementos:

- Seleccione **Barra de menús** para activar o desactivar el menú principal (es posible que no le sea permitido desactivarla). También podrá alterar su contenido. Lo mismo ocurrirá con el elemento **Menús contextuales**.
- Una vez elegida la barra de herramientas (o el menú) que desea alterar, haga clic sobre la pestaña de la ficha **Comandos**. El cuadro mostrará, entonces, los siguientes elementos:

1. La lista de **Categorías** ofrece todos los apartados del programa que poseen comandos.
2. Cuando se elige una categoría, aparece en el grupo **Comandos** una relación gráfica de todas las funciones que posee la categoría en cuestión.
3. Para incorporar los botones a la barra basta con hacer un clic sobre cualquier comando que aparezca en la lista y, sin soltarlo, arrastrar hasta el lugar en que deseemos que aparezca (una barra de botones o el menú).

Si lo que desea es eliminar un comando de una barra de herramientas (o del menú), selecciónelo en la misma barra (o en el menú) y, sin soltar el botón del ratón, arrástrelo fuera (a un lugar de la pantalla que no contenga barras ni menús).

Algunas versiones de Office ofrecen inicialmente los menús completos y otras no. El modo de trabajo con los menús se puede manipular de modo que sólo ofrezcan inicialmente las opciones utilizadas más frecuentemente. Para ello, en el cuadro de diálogo anterior activaremos la pestaña **Opciones**, entre cuyas opciones se encuentra la casilla **Mostrar siempre los menús completos**: debemos desactivar esta casilla para conseguir el objetivo.

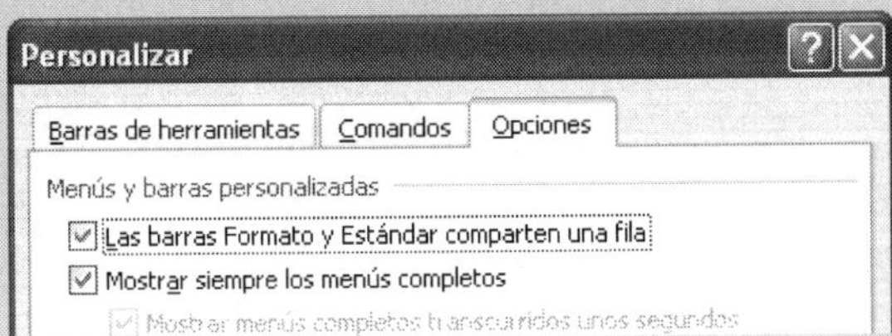

Cambio de posición y tamaño

Para terminar con el tema de las barras de herramientas, vamos a comentar cómo se pueden cambiar de lugar y de tamaño.

Para cambiar la posición de una barra basta con situarse sobre cualquier parte de su superficie (que no contenga botones) y pulsar el botón izquierdo del ratón sobre ella. Sin soltarlo, hemos de mover el ratón y la barra acompañará nuestro movimiento en la dirección que le demos hasta que liberemos el botón del ratón.

Si hace doble clic sobre el título (inicialmente gris oscuro) de una barra de herramientas, ésta se colocará automáticamente en su lugar original. Para esto la barra debe haberse movido antes a otro lugar en el que se vea dicho título.

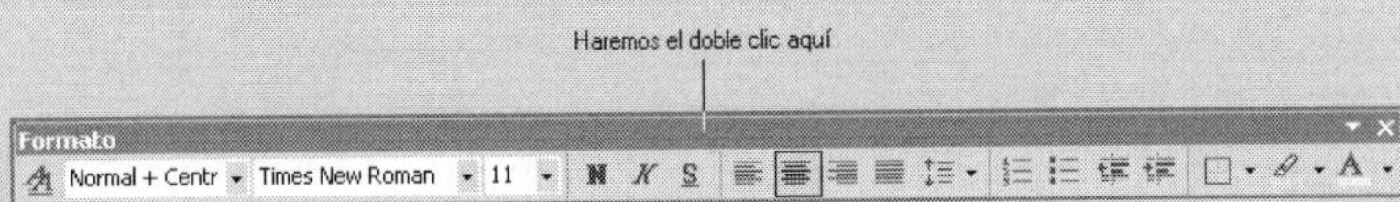

Dependiendo de la posición de la barra, podremos cambiar su tamaño. Si la barra presenta el aspecto de una ventanita, sus bordes nos permitirán llevar a cabo esta tarea.

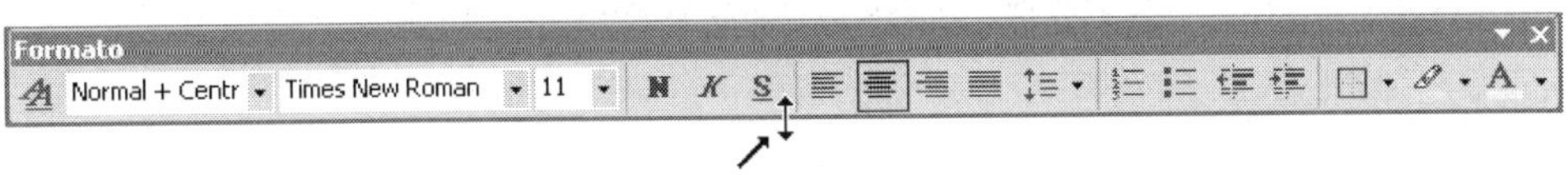

Sitúese, para ello, en uno de los bordes de la ventanita, y cuando el cursor del ratón tenga el aspecto de dos flechas que apuntan a direcciones opuestas (↕), puede pulsar con el ratón y arrastrarlo hasta la nueva posición, lo cual cambiará el tamaño de la barra.

Agregar y quitar botones

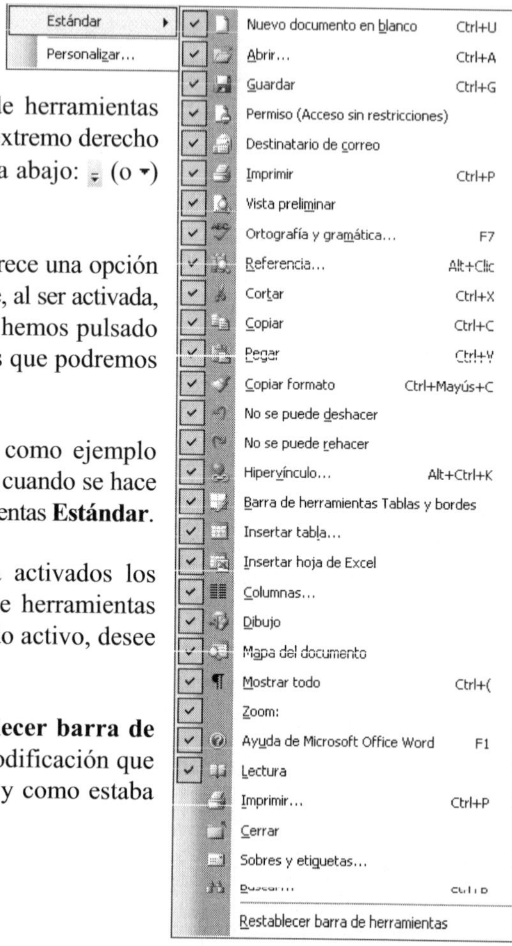

Observe que todas las barras de herramientas contienen siempre un último botón en su extremo derecho que muestra una flechita apuntando hacia abajo: ▾ (o ▾) (**Opciones de barra de herramientas**).

Cuando se pulsa este botón se ofrece una opción denominada **Agregar o quitar botones** que, al ser activada, ofrece el nombre de la barra cuyo botón hemos pulsado para poder desplegar una lista de botones que podremos añadir o eliminar de la barra.

La figura que hemos mostrado como ejemplo junto al margen derecho es la que aparece cuando se hace clic en el citado botón en la barra de herramientas **Estándar**.

Observe que esta lista muestra activados los botones que pueden verse en la barra de herramientas **Estándar**. Haga clic en aquel que, estando activo, desee desactivar y vivecersa.

Puede activar la opción **Restablecer barra de herramientas** para eliminar cualquier modificación que haya realizado en la barra, dejándola tal y como estaba originalmente.

CAPÍTULO 4

FUNCIONES ELEMENTALES Y COMPARTIDAS DE OFFICE

Existen ciertos elementos que se manejan de forma idéntica o similar en todos los componentes de Office. Vamos a dedicar este capítulo a verlos, ya que la mayor parte de ellos son realmente útiles e incluso básicos para el manejo de cualquiera de dichos componentes.

ARCHIVAR Y ABRIR DOCUMENTOS

Algo esencial en cualquier sistema informático es el almacenamiento de datos. Gracias a esta operación, los datos permanecen en un disco, CD-ROM, o en cualquier otro sistema de soporte, esperando a que posteriormente los utilicemos de nuevo, ya sea para modificar su contenido, para consultarlo o para imprimirlo.

Todos los elementos de Office (Word, Excel, PowerPoint, etc.) permiten almacenar en disco la información que se desarrolla con ellos. De este modo, podremos grabar textos, hojas de cálculo, etc., para, posteriormente, abrirlos y continuar trabajando con ellos.

Abrir documentos

Para abrir un documento de cualquier programa de Office, disponemos de varias posibilidades: pulsar las teclas **CONTROL + A**; seleccionar la opción **Abrir** del menú **Archivo**; o bien, desplazar el ratón a la barra de herramientas y seleccionar el botón .

Ante una de estas órdenes, el sistema nos mostrará un cuadro de diálogo en el que estableceremos claramente los datos del documento que deseamos abrir para continuar su trabajo. Éste es el cuadro:

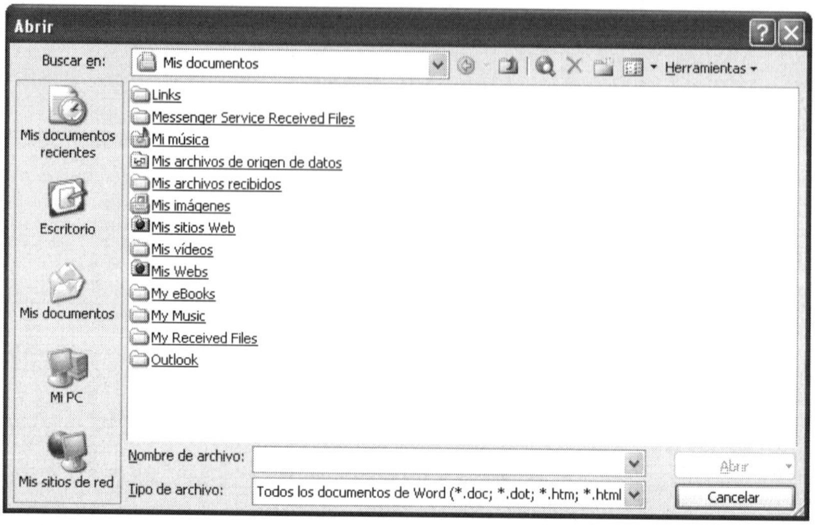

1. Despliegue la lista **Buscar en** para indicar dónde se encuentra el documento. Al hacerlo obtendrá las unidades de disco y carpetas especiales de su sistema. Cuando elija una, el cuadro situado inmediatamente debajo mostrará sus archivos y carpetas. Las carpetas pueden distinguirse porque aparecen junto al icono (en XP). En las carpetas puede hacerse un doble clic para acceder a su interior y ver, a su vez, los archivos y carpetas que haya en ella. En este sentido, observe que en la parte izquierda del cuadro de diálogo dispone de cinco botones que le llevan directamente a ciertas carpetas especiales del disco:

   - **Mis documentos recientes** (**Historial** en las versiones anteriores a 2003). Ofrece una lista con los últimos documentos abiertos y las carpetas que hemos utilizado para abrirlos.

   - **Escritorio**. Ofrece los documentos y carpetas que se encuentren en el escritorio.

   - **Mis documentos**. Ofrece el contenido de la carpeta **Mis documentos**.

   - **Favoritos** (sólo en las versiones anteriores a 2003). Ofrece la lista de lugares favoritos de Internet Explorer.

   - **Mi PC** (sólo en la versión 2003). Ofrece el contenido de la ventana **Mi PC**.

   - **Mis sitios de red**. Este botón ofrece una lista de ordenadores (y grupos de ordenadores) conectados en red al nuestro para que podamos abrir documentos de sus discos. Al activar esta opción aparecen los nombres de los grupos de trabajo de ordenadores que estén conectados en red: haga doble clic en uno de ellos para que aparezcan los ordenadores de ese grupo y luego, doble clic en el nombre de uno de esos ordenadores para ver sus discos disponibles. Así deberá seguir haciendo doble clic en cada disco o carpeta en la que desee entrar para llegar al archivo que necesite.

2. Puede utilizarse cualquier nombre de la lista para abrir el documento. Para ello, haga clic sobre el archivo deseado en dicha lista. Recuerde que si el elemento que seleccione tiene el icono, no está seleccionando un archivo de documento sino una carpeta, en cuyo caso, el botón Abrir le llevará a esa carpeta para que pueda abrir un archivo que haya grabado dentro de ella.

3. Si no se utiliza ningún nombre de la lista, deberá utilizarse **Nombre de archivo** para escribir el nombre del documento que deseamos abrir. En este caso, puede desplegarse la lista para obtener los últimos nombres de documentos archivados. De este modo, si desea abrir uno de esos documentos, bastará con elegirlo en la lista.

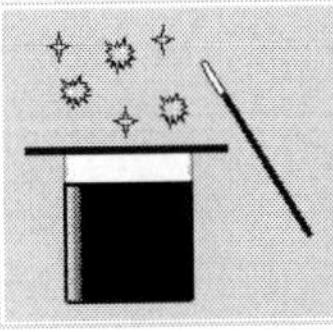

En cuanto teclee unas letras, Word mostrará otros archivos cuyo nombre comience con ellas de modo que podrá abrir un documento sin tener que terminar de teclearlo. Si no es ése el archivo que necesita, continúe tecleando su nombre hasta completarlo usted mismo.

4. Podemos indicar el formato en que está grabado el documento si utilizamos la lista **Tipo de archivo**. En la lista aparecen los nombres de otros programas cuyo formato es soportado por Office:

   - En el caso de Excel podrá abrir hojas de cálculo que se hayan almacenado, por ejemplo, con Lotus 1-2-3, Quattro Pro y versiones anteriores del propio Excel.
   - En el caso de PowerPoint podrá abrir presentaciones que se hayan grabado, por ejemplo, con Lotus Freelance, SPC Harvard Graphics y versiones anteriores del propio PowerPoint.
   - En el caso de Word podrá abrir textos que se hayan almacenado, por ejemplo, con WordPerfect, con formato HTML de Internet, con formato RTF y versiones anteriores del propio Word.

5. Una vez seleccionados esos datos debemos emplear el botón Abrir para mostrar el documento y poder manipularlo (añadir datos, modificarlos, borrarlos, etc.). Observe que este botón ofrece la posibilidad de ser desplegado:

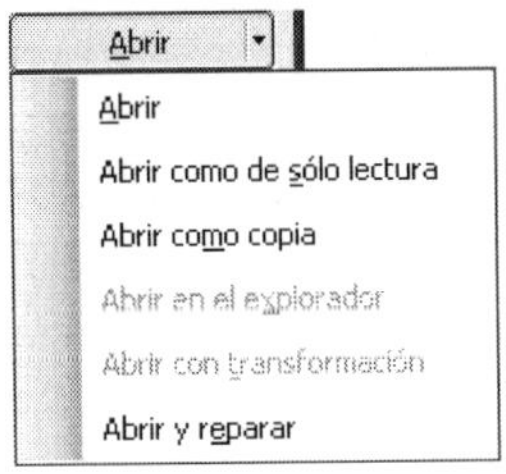

- **Abrir**: únicamente abre el documento.
- **Abrir como de sólo lectura**: abre el documento pero sin permitir grabar los cambios que hagamos en él (aunque sí podremos grabarlo con otro nombre).

- **Abrir como copia**: hace una copia del documento y la abre de modo que podremos modificar su información sin alterar el archivo original.
- **Abrir en el explorador**: se emplea únicamente con documentos HTML, ya que abre el documento en Internet Explorer.
- **Abrir con transformación** (sólo disponible en la versión 2003): permite abrir un documento XML que tenga transformaciones XSL sin emplear aquellas que no utilice. Esta función sólo está disponible al abrir un archivo XSL.
- **Abrir y reparar**: se emplea para abrir un documento reparando, dentro de lo posible, los errores que contenga.

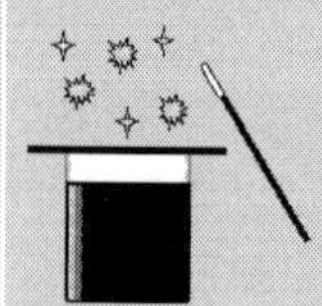

Puede seleccionar varios documentos para no tener que abrirlos uno a uno:

1. Haga clic sobre cada documento manteniendo pulsada la tecla **CONTROL** (o **CTRL**).
2. Seleccione un primer documento y, con la tecla de **MAYÚSCULAS** pulsada, seleccione otro: automáticamente quedarán seleccionados todos los archivos que se encuentren entre ambos.
3. Haga clic sobre cualquier parte de la lista en la que no haya un documento y, sin soltar el botón del ratón, arrastre abarcando tantos documentos como desee abrir.

Opciones de Abrir

Recordemos el cuadro de diálogo de Abrir documentos. En él veremos el resto de las opciones disponibles para esta operación:

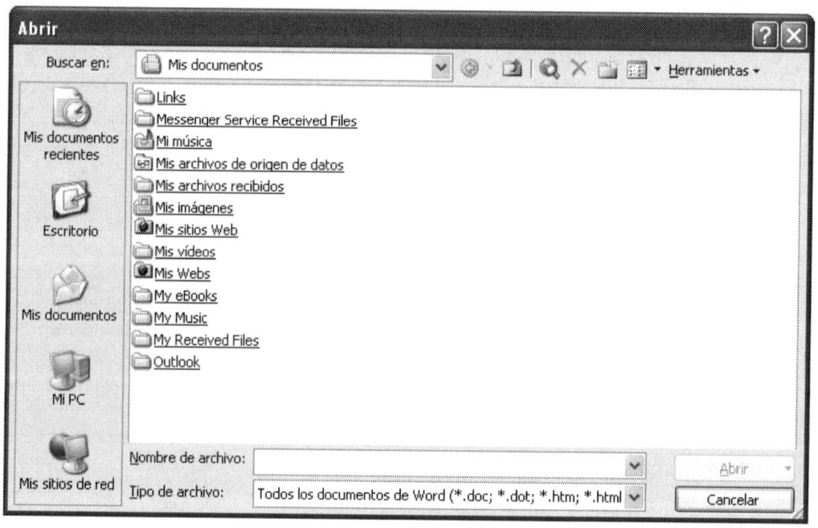

1. le lleva a la carpeta que haya visitado antes que la actual. Si despliega su flechita, podrá ver una lista de las carpetas que ha visitado antes y elegir una.

2. **Subir un nivel**: pasa a la carpeta que contiene a la actual.

3. **Buscar en el Web**: permite buscar en Internet el documento que se va a abrir.

4. **Eliminar**: borra del disco el archivo o carpeta que haya seleccionado en la lista previamente. Si dicho archivo se encuentra en el disco duro, pasará a la papelera de reciclaje de Windows, pero si se encuentra en un disquete o en un CD regrabable, el documento se eliminará definitivamente del disco.

5. **Crear nueva carpeta**: crea una nueva carpeta dentro de aquella en la que nos encontremos en ese instante.

6. **Vistas**: contiene varios modos de mostrar la lista de archivos y carpetas que se obtienen al desplegar la lista:

   - **Vista previa**: ofrece una muestra del documento que se selecciona para asegurarse de que es ése y no otro el que deseamos utilizar.

   - **Vistas en miniatura**: ofrece una muestra del documento en un tamaño pequeño. Sólo es útil si va a abrir una imagen, ya que podrá ver dicha imagen en miniatura antes de abrirla.

   - El resto de las opciones ofrecen varias formas de ver los archivos y carpetas con diferentes datos relativos a éstas. Los nombres de estas opciones varían en las distintas versiones de Office, pero sus funciones son siempre las mismas.

7. Herramientas: despliega un pequeño menú con utilidades para los archivos y carpetas de la lista:

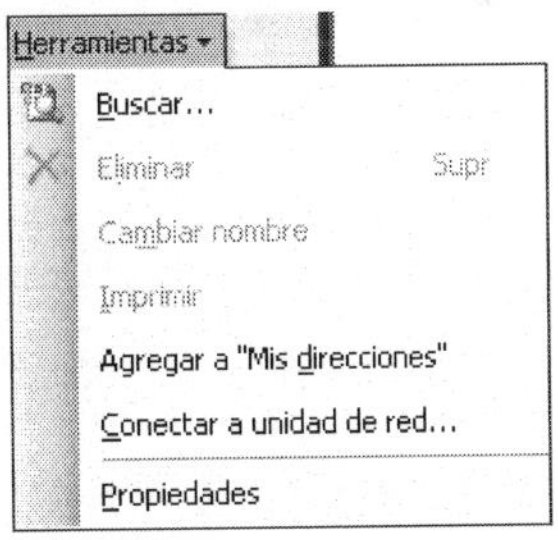

   - **Buscar**: permite encontrar archivos basándose en sus datos (una palabra que contengan, la fecha en la que se grabaron, etc.).

   - **Eliminar**: borra el archivo o carpeta del disco.

   - **Cambiar nombre**: permite asignar un nuevo nombre a un archivo o carpeta del disco.

   - **Imprimir**: permite imprimir el texto en papel mediante la impresora. De esto hablaremos más adelante.

   - **Agregar a favoritos**: permite añadir la carpeta actual o el documento seleccionado a la lista de favoritos.

- **Agregar a "Mis direcciones"**: añade el documento a la lista de **Mis direcciones**.
- **Conectar a unidad de red**: permite conectar con una unidad de la red ofreciendo en la lista su contenido. Así podremos abrir documentos que se encuentren en discos de otras estaciones (ordenadores) de la red.
- **Propiedades**: ofrece información sobre el archivo o carpeta.

Recuerde que cualquier programa de Office ofrece, al final del menú **Archivo**, una pequeña lista con los cuatro últimos archivos que haya empleado en ese programa.

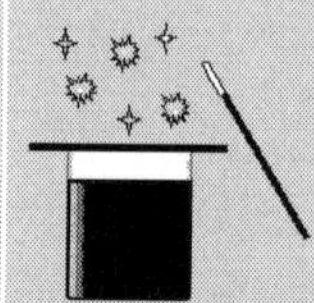

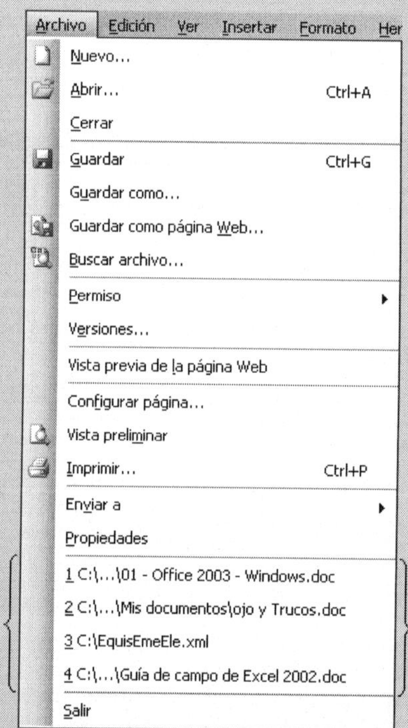

Archivar documentos

Con todos los elementos de Office, existe la posibilidad de almacenar los datos que se crean con ellos en un disquete o en el disco duro. Esto tiene como objetivo poder abrir posteriormente un documento determinado y modificarlo, sustituyendo parte de su contenido, añadiendo nueva información o borrándola. En nuestro caso, para almacenar un documento en un disco, ya sea duro o flexible, hemos de utilizar el botón de la barra de herramientas o activar la opción **Guardar** del menú **Archivo**.

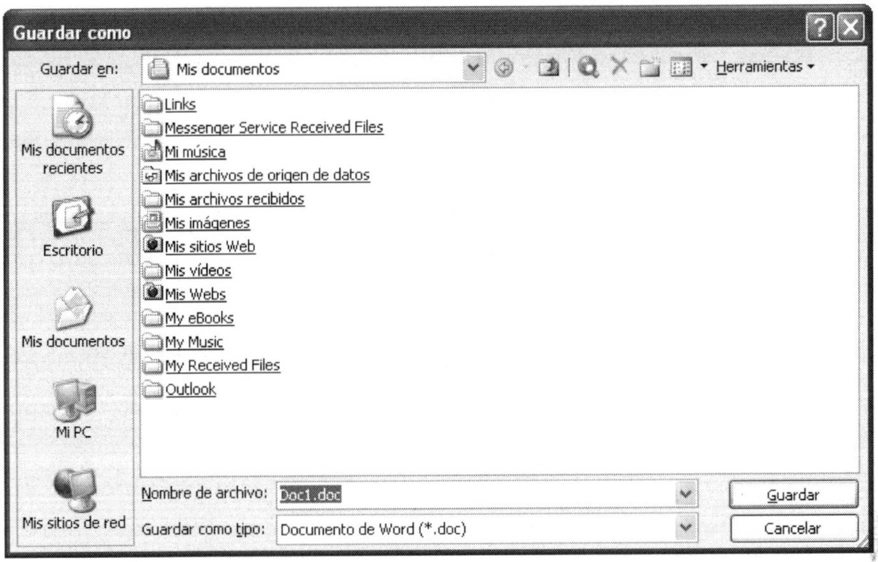

1. Si no es la primera vez que se archiva el documento, no es necesario hacer nada más: el documento se almacenará en el disco con el nombre que tuviera asignado la primera vez que se grabó (de hecho, ni siquiera aparecerá el cuadro de diálogo).

2. Si es la primera vez que se archiva, hay que asignarle un nombre. Para ello, puede utilizarse cualquiera de la lista para grabar el documento, pero si se hace así, el contenido del que ya estuviese grabado con ese nombre se perderá y en su lugar obtendrá el que vaya a grabar ahora. Si no se utiliza ningún nombre de la lista, se emplea el elemento **Nombre de archivo** para teclear el nombre del documento. Al tratarse de una lista, puede desplegarse para obtener los últimos nombres de documentos archivados. Así, si desea utilizar uno de esos nombres para almacenar el documento actual, bastará con elegirlo en la lista.

3. Podemos indicar el formato en que se almacenará el documento si utilizamos la lista **Guardar como tipo**. En la lista aparecen los nombres de otros programas cuyo formato es soportado por Office:

   - En el caso de Excel podrá grabar hojas de cálculo exactamente como si lo hiciera, por ejemplo, con Lotus 1-2-3, Quattro Pro o con alguna versión anterior del propio Excel.

   - En el caso de PowerPoint podrá grabar presentaciones exactamente como si lo hiciera, por ejemplo, con Lotus Freelance, SPC Harvard Graphics o con alguna versión anterior del propio PowerPoint.

   - En el caso de Word podrá grabar textos exactamente como si lo hiciera, por ejemplo, con WordPerfect, en formato HTML de Internet, en formato RTF o con alguna versión anterior del propio Word.

4. Para elegir la unidad de disco o la carpeta especial en la que se almacenará el archivo desplegaremos la lista **Guardar en**.

5. Observe, por otra parte, que también puede utilizar los botones que llevan las mismas funciones que hemos detallado para el cuadro de diálogo de Abrir documentos: **Subir un nivel**, **Buscar en el Web**, **Eliminar**, etc.

6. Una vez señalado todo lo necesario, bastará con pulsar el botón [Guardar] para que se almacene el documento en el disco.

Existe otra modalidad de almacenamiento del documento en el disco que ofrecen los elementos de Office en el menú **Archivo**. Se trata de la opción **Guardar como**, que puede utilizarse cuando se desea almacenar un documento con alguna variación respecto al modo en que se estaba grabando hasta ahora (por ejemplo, grabarlo con un nombre distinto).

PLANTILLAS

Cuando se va a emplear un mismo documento varias veces con ligeras variaciones suele resultar muy práctico crear una plantilla. Así al abrir un nuevo documento basado en esa plantilla únicamente necesitaremos modificar los cambios para terminar el nuevo documento sin tener que crearlo todo de nuevo. Imagine, por ejemplo, una factura. La factura siempre tiene la misma estructura y sólo varían los datos que añadamos sobre aquellos productos que nos compran. En este caso podríamos crear una plantilla de una factura vacía y grabarla como plantilla, de modo que, cuando fuésemos a rellenar una factura abriríamos un nuevo documento basado en esa plantilla y sólo tendríamos que rellenar con los datos de los productos que nos vayan a comprar.

Para crear una plantilla tendremos que empezar por diseñarla, es decir, tendremos que crear ese documento con la estructura básica (en nuestro ejemplo, la factura vacía). Luego, accederemos al menú **Archivo** y seleccionaremos **Guardar** como si fuésemos a grabar el documento en el disco. En el cuadro de diálogo que obtenemos manejamos sus elementos como vimos en el apartado anterior: sin embargo, desplegaremos la lista **Guardar como tipo** y seleccionaremos **Plantilla de documento**. De este modo el nombre que le demos al documento quedará como un archivo de plantilla en el disco.

A partir de entonces, cuando vayamos a crear un documento similar al de la plantilla (en nuestro ejemplo, una factura), en lugar de utilizar la opción **Abrir** del menú **Archivo**, seleccionaremos **Nuevo** en ese mismo menú. Según la versión de Word que utilice obtendrá un cuadro de diálogo (versión 2000) o el panel de tareas (versiones 2002 y 2003) para elegir la plantilla.

En la versión 2002 (XP) haremos clic en Plantillas generales... para que se nos ofrezca una lista con las plantillas disponibles en un cuadro de diálogo, mientras que en la versión 2003 activaremos En mi PC... para hacerlo (en esta versión también puede elegir Plantillas en Office Online y En mis sitios Web... para obtener plantillas desde Internet).

MANEJO DEL PANEL DE TAREAS

Cuando solicitamos ciertas funciones de cualquier programa de Office (a partir de la versión 2002) aparece automáticamente el panel de tareas. Este panel se muestra habitualmente en la parte derecha de la ventana del programa de Office en cuestión (Word, Excel, Access, etc.). Su finalidad es ofrecernos ciertas funciones simplificadas con un acceso fácil.

Aunque todas las funciones que activan el panel de tareas no tienen por qué tener nada que ver entre sí, existen ciertos elementos que aparecen en el panel que siempre son comunes y que pueden resultar muy prácticos. Para empezar, en cualquier momento podemos mostrar el panel de tareas aunque ninguna función concreta lo requiera en ese momento. Para ello, accederemos al menú **Ver** y seleccionaremos la opción **Panel de tareas**. Éste aparecerá mostrando las funciones del trabajo que se hayan utilizado con él la última vez que se empleó. Así, si el panel muestra una lista de formatos, es porque esa función de formatos fue la última que se utilizó con el panel.

Si volvemos a seleccionar la opción **Panel de tareas** del menú **Ver**, el panel desaparecerá de la vista, igual que si pulsamos el botón ☒ que ofrece el propio panel en su esquina superior derecha. Observe que junto a dicho botón ☒ disponemos de otro denominado **Paneles de tareas adicionales**.

Si pulsamos este botón, se desplegará una lista con todos los paneles con sus diferentes funciones en el programa en el que nos encontremos. Basta con elegir una opción de la lista para que el contenido del panel de tareas cambie adaptándose a la función elegida.

Por último, observe que la parte superior del panel, a la derecha del título muestra dos botones: (**Atrás**) y (**Adelante**). Estos botones estarán disponibles si utiliza más de un panel de tareas, puesto que en ese caso, podrá utilizar estos botones para ir a esos paneles: retroceder al anterior con el botón o volver al siguiente con el botón .

DESHACER Y REHACER

He aquí una función tan simple como útil. Cualquier programa de Office permite anular las operaciones que se vayan desarrollando. Generalmente, puede utilizarla para casos en los que, por equivocación, haya realizado una operación incorrecta o que no le satisfaga. En ese caso active la opción **Deshacer** del menú **Edición** (o bien pulse el botón de la barra de herramientas). Al activarla, lo último que haya hecho será anulado como si nunca lo hubiese realizado. Si a pesar de todo decide que lo primero estuvo bien, podrá volver a rehacerlo con la opción **Repetir**, también del menú **Edición**, o bien pulsando el botón de la barra de herramientas.

Estos dos botones son desplegables. Si se despliega el botón, aparecerá una relación con las últimas funciones que hemos realizado en el texto para poder deshacerlas (o repetirlas, dependiendo del botón que despleguemos). Si, en la lista que aparezca, se elige alguna función intermedia, se anularán o repetirán todas ellas desde la primera hasta esa que se selecciona en la lista.

EL BOTÓN DERECHO DEL RATÓN

En todos los componentes de Office existe la posibilidad de acceder rápidamente a las funciones más comunes relacionadas con un elemento pulsando el botón derecho del ratón sobre él (si es zurdo y así lo ha hecho notar a Windows, en su caso, será el botón izquierdo).

Si nos situamos sobre una imagen del texto y pulsamos el botón derecho del ratón en ella, aparecerá un menú en el que podremos elegir opciones relacionadas con las imágenes.

Igualmente podremos utilizar el botón derecho sobre texto o sobre información seleccionada como bloque. Incluso es posible, como ya hemos visto anteriormente, pulsar el citado botón sobre los elementos que no pertenezcan a la información que se diseña, por ejemplo, sobre las barras de herramientas.

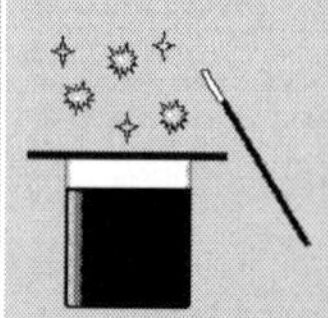

Siempre que desee realizar alguna función de las más comunes para algún elemento de Office, antes de decidirse a utilizar la barra de menú o la barra de herramientas, pulse sobre el mencionado elemento el botón derecho del ratón, ya que obtendrá la correspondiente lista con las funciones más comunes para ese elemento. Esta sencilla operación puede ahorrarle el tiempo de búsqueda de opciones en el menú o en la barra de herramientas, sobre todo si aún no ha memorizado con la práctica la posición de las opciones en la barra de menú o la de herramientas.

PORTAPAPELES DE OFFICE

Aunque Windows proporciona un portapapeles con el que podemos llevar información de un sitio a otro, Office incorpora una mejora que permite memorizar varias cosas para colocarlas donde sea necesario (aunque este portapapeles sólo funciona en los programas de Office —Word, Excel, Access, PowerPoint, etc.—).

En realidad no es necesario hacer nada especial, ya que en el momento en que seleccionemos más de un elemento informativo y utilicemos **Copiar** o **Cortar** (repetimos, sólo dentro de los elementos de Office) el portapapeles especial se activa automáticamente y podremos **Pegar** el elemento que deseemos.

A veces aparece el panel de tareas (en las versiones 2002 y 2003) o una pequeña barra de herramientas (en la versión 2002) mostrando aquellos elementos que el portapapeles de Office ha memorizado y que están listos para pegarse en cualquier parte de cualquier documento de Office. Sin embargo, podemos mostrar en cualquier momento dicho panel de tareas para ver el contenido del portapapeles. Para ello, acceda al menú **Edición** y seleccione **Portapapeles de Office**. Cuando hacemos esto, el panel ofrece varios elementos (la barra de herramientas es similar, pero no muestra una miniatura con el contenido).

Como puede verse en esta figura, disponemos de un total de **24** elementos para almacenar con el portapapeles de Office y, en nuestro caso, tenemos **3** almacenados: un dato de Word, uno de Excel y una imagen. Haga clic en uno de ellos (dentro del panel) y ese dato aparecerá dentro del documento en el que se encuentre.

> La información del portapapeles aparece en el lugar del documento en el que se encuentre el cursor. En Excel aparecerá dentro de la celda en la que nos encontremos (o, si se trata de varios datos, pueden aparecer en varias celdas a partir de aquella en la que nos encontremos).

Dentro del panel de tareas del portapapeles disponemos de tres botones:

1. Pegar todo: pega todos los datos del portapapeles de Office en el documento en el que nos encontremos.
2. Borrar todo: vacía el portapapeles de Office.
3. Opciones: ofrece varios datos para que concretemos el trabajo del portapapeles de Office:

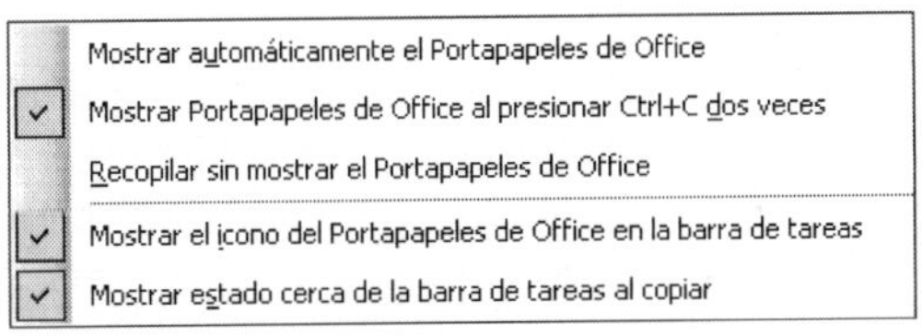

- Active **Mostrar automáticamente el Portapapeles de Office** para que el panel de tareas del portapapeles aparezca por sí solo cuando comience a **Copiar** o **Cortar** datos en cualquiera de los programas de Office.
- Active **Mostrar Portapapeles de Office al presionar Ctrl+C dos veces**, realiza, evidentemente, esa tarea.
- Active **Recopilar sin mostrar el Portapapeles de Office** para que el panel de tareas del portapapeles no aparezca nunca cuando copiemos o cortemos datos.
- Active **Mostrar el icono del Portapapeles de Office en la barra de tareas** para que se muestre ese icono (en 2003, en 2002) cuando el portapapeles está activo.
- Active **Mostrar estado cerca de la barra de tareas al copiar** para que se muestre el mensaje de los elementos reunidos al copiar o cortar.

Cuando pegue información en un documento, aparecerá el icono del portapapeles cerca del lugar en el que pega. Puede desplegar este icono y obtener aún más opciones:

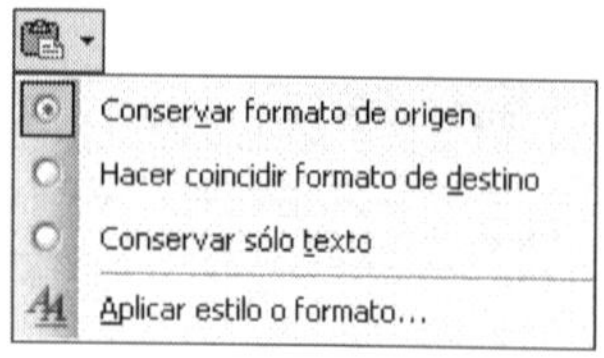

1. El botón **Conservar formato de origen** se encarga de mantener el formato del dato original (tipo de letra, tamaño, color, etc.) cuando lo pegue en el documento.

2. El botón **Hacer coincidir formato de destino** se encarga de que el dato que pegamos adquiera el formato (tipo de letra, tamaño, color, etc.) que tenga el texto del lugar en el que lo pegamos.

3. El botón **Conservar sólo texto** elimina todos los formatos del dato que pegamos dejándolo con el tipo de letra normal y sin ninguna otra característica especial.

4. Con el botón **Aplicar estilo o formato** el programa nos preguntará, mediante un cuadro de diálogo, el formato que deseamos aplicar al dato que se pega.

CORRECTOR ORTOGRÁFICO

Los programas de Office que contienen el corrector pueden comprobar el texto que se haya escrito, deteniéndose en aquella palabra que no figure en su diccionario (en principio porque ésta no estará bien escrita) y proporcionando una lista de posibles palabras correctas, de las cuales habremos de seleccionar la adecuada (si la hay) para sustituirla por la errónea.

Para poder utilizar esta herramienta, hemos de pulsar la tecla **F7** o activar la opción **Ortografía** del menú **Herramientas**. También existe la posibilidad de pulsar el botón correspondiente en la barra de herramientas: . Al hacerlo, el corrector se pone en marcha buscando palabras erróneas en el texto y **si encuentra alguna**, obtendremos de nuevo un cuadro de diálogo con varias opciones y también varios botones:

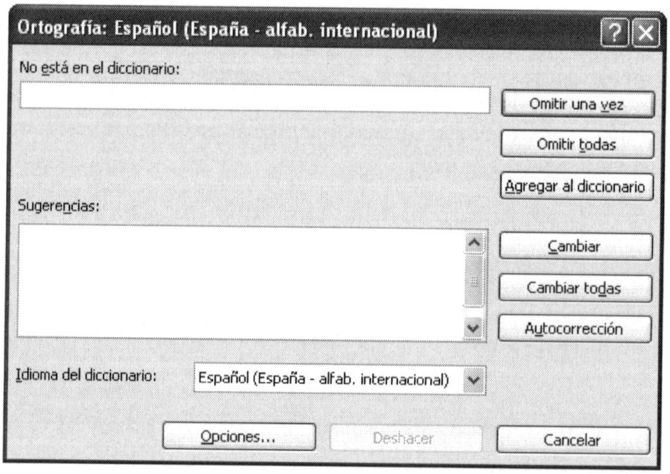

> **OjO** Hemos ofrecido el cuadro de diálogo que ofrece Excel y, aunque el resto de los programas integrantes de Office ofrecen cuadros de diálogo que no son del todo idénticos a éste, las funciones ortográficas sí son las mismas.

Como decíamos, este cuadro aparece cuando se encuentra una palabra en el texto que no figura en el diccionario, dando la impresión de que la citada palabra está incorrectamente escrita. Esto podría no ser así, ya que los diccionarios de Office no poseen la absoluta totalidad de las palabras que forman el léxico español (ni de ningún otro idioma). Así, si en alguno de sus textos usted emplea una palabra que el programa no reconoce, el corrector la dará por errónea, planteándole la posibilidad de reemplazar dicha palabra por otra similar, a pesar de que la palabra del texto esté correctamente escrita.

Tenga en cuenta que los correctores no comprenden el significado de las palabras ni el contexto de lo escrito, sino que se limitan a comparar cada palabra del texto con las del diccionario, de modo que si encuentra en éste la palabra en cuestión, la dará por válida.

Volviendo al trabajo con el corrector podemos ver el cuadro de texto **No está en el diccionario** en el que se mostrará la palabra supuestamente incorrecta. En ese mismo cuadro de texto se puede escribir otra palabra que la sustituya en caso de que en la lista de **Sugerencias** no aparezca ninguna adecuada. Por el contrario, si alguna de las que aparecen en dicha lista es aceptable para sustituir a la errónea, haga clic en ella con el ratón y pulse el botón [Cambiar]. Más aún, si pulsamos [Cambiar todas], el corrector intercambiará ambas palabras en todo el texto (sólo en el documento en que se encuentre en ese instante).

Como hemos comentado, puede darse el caso de que el corrector encuentre en el texto una palabra que esté bien escrita ortográficamente y, sin embargo, la dé por errónea porque ésta no conste en su diccionario. En este caso, disponemos de varias posibilidades:

1. Con [Omitir una vez] podrá dar como buena la palabra en cuestión, pero el corrector recibe la orden de detenerse si vuelve a encontrarla de nuevo.

2. Con [Omitir todas] podrá dar como buena la palabra en todo el texto (pero sólo en el documento en el que se encuentre, mientras no lo cierre).

3. Si pulsa el botón [Agregar al diccionario], la palabra supuestamente incorrecta se añadirá al diccionario (no al diccionario general sino a un diccionario personalizado). De ese modo, siempre que el corrector la encuentre de nuevo en cualquier texto será aceptada, al igual que el resto de las que ya estaban en el diccionario.

El sistema de corrección ortográfica también contempla el caso en el que se hayan escrito en el texto dos palabras iguales seguidas. En este caso, el corrector también se detendrá informándonos de ello, y en el cuadro de diálogo obtendremos que el botón [Cambiar] es sustituido por [Eliminar], que borra automáticamente la segunda de las dos palabras repetidas.

Para terminar con el cuadro de diálogo del corrector ortográfico, en su parte inferior tenemos dos elementos con otras tantas funciones:

- El botón [Autocorrección] lleva a otro cuadro de diálogo en el que se puede modificar el sistema de corrección de texto según se escribe. Este tema lo detallamos en seguida.
- Utilizaremos el botón [Opciones...] para establecer datos relativos el diccionario y la corrección en general, como, por ejemplo, podremos elegir el diccionario al que irán a parar las palabras que agreguemos mediante el botón [Agregar al diccionario]. El diccionario al que van a parar estas palabras, por defecto, es PERSONAL.DIC.

AUTOCORRECCIÓN

La autocorrección se encarga de comprobar aquellas palabras en las que es más frecuente equivocarse al teclear según las escribimos, de modo que si es así, la palabra errónea se corregirá automáticamente. Si existía anteriormente en el texto alguno de los casos que vamos a exponer, **no serán corregidos**, ya que sólo se ejecutará la corrección automática a partir del momento en que ésta se active.

Para poner en marcha esta función, hemos de seleccionar **Opciones de Autocorrección** (**Autocorrección** en la versión 2000) que aparece en el menú **Herramientas**. El cuadro de diálogo que obtenemos entonces es el siguiente:

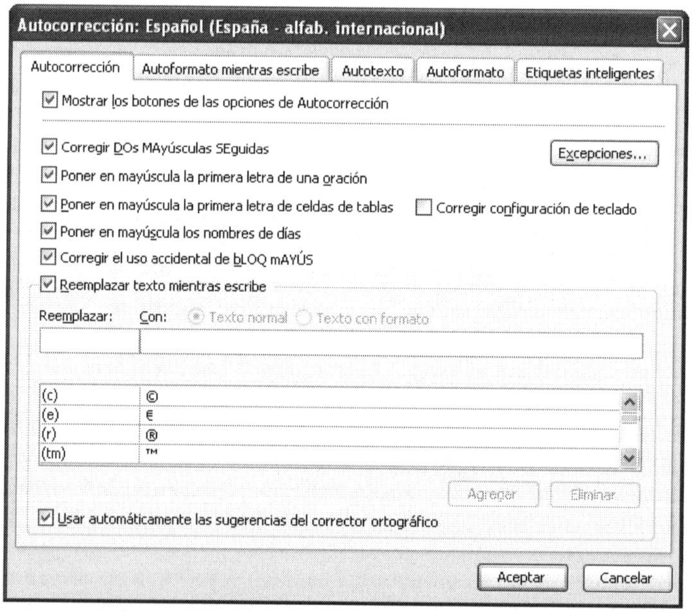

1. La casilla **Mostrar los botones de las opciones de Autocorrección** activa una función automática de Word (sólo de Word) que muestra un cuadrito azul ( ) cada vez que se autocorrige algo en el texto. Si esto ocurre, puede llevar el ratón hasta dicho cuadrito con lo que aparecerá un botón ( ) que, al ser desplegado, ofrece algunas opciones relativas a la corrección que se ha realizado en ese lugar (por ejemplo, podremos anularla con la opción **Deshacer correcciones automáticas**).

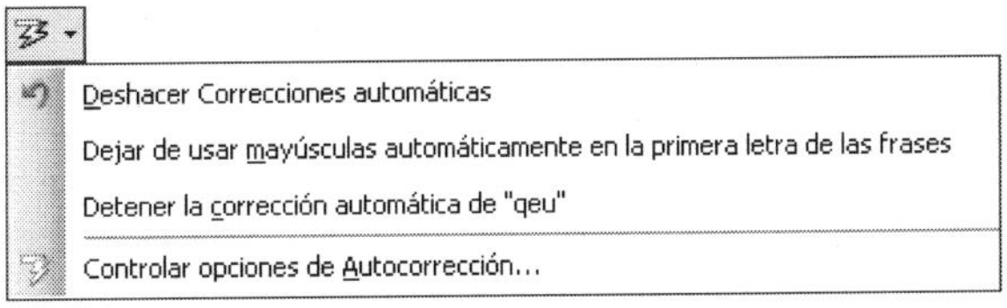

2. **COrregir DOs MAyúsculas SEguidas**. Un error tipográfico bastante común es comenzar una palabra escribiendo con mayúsculas sus dos primeras letras. Si lo hacemos así y tenemos activada esta casilla, el autocorrector pasará a minúsculas automáticamente la segunda de ambas letras.

3. **Poner en mayúscula la primera letra después del punto**, como es de esperar, escribe automáticamente en mayúsculas la primera letra que se escriba detrás de un punto.

4. **Poner en mayúscula la primera letra de celdas de tablas**, escribe automáticamente en mayúsculas la primera letra que tecleemos en cada celda de una tabla (sólo en Word).

5. **Corregir configuración de teclado** (sólo en la versión 2003), cambia la configuración de teclado cuando haya una incongruencia con respecto a ésta al escribir.

6. **Poner en mayúscula los nombres de días**, cambia la primera letra de texto de cualquier día de la semana que tecleemos.

7. **Corregir el uso accidental de bLOQ mAYÚS**. La tecla Bloq Mayús permite escribir en mayúsculas automáticamente. Pero, si se escribe en este modo y además se pulsa la tecla de mayúsculas, las letras se escriben en minúsculas. El resultado es que el texto aparece al revés de como se pretende. Si se activa esta función, el autocorrector estará atento para corregirlo e, incluso, para desactivar la tecla BLOQ MAYÚS.

8. **Usar automáticamente las sugerencias del corrector ortográfico** (no disponible en la versión 2000), activa o desactiva la función de corrección en los casos en que el fallo al teclear sea ortográfico.

El cuadro de diálogo ofrece esencialmente dos funciones:

1. Permitir la modificación de las características del autocorrector.

2. Activar y desactivar el autocorrector en sí, así como la posible adición de palabras que pueden autocorregirse.

El primer punto ya lo hemos visto. Veamos ahora el segundo. Para activar el autocorrector se elige la casilla de verificación **Reemplazar texto mientras se escribe** y se pulsa el botón Aceptar del cuadro de diálogo.

Por otra parte, en el mismo grupo aparece una lista de consulta que contiene todas las palabras o símbolos que serán sustituidos si son mal escritos. A esta lista se le pueden añadir otros que no figuren utilizando los cuadros de texto **Reemplazar:**, para escribir la palabra errónea, y **Con:**, para escribir la palabra correcta que sustituirá automáticamente a la errónea (es necesario pulsar el botón Agregar una vez escritos ambos términos). También se pueden eliminar casos de la lista seleccionándolos y pulsando Eliminar.

Para terminar, el botón Excepciones... permite establecer casos específicos en los que no debe autocorregirse el texto, de modo que todo lo expuesto en este apartado no tendrá efecto para los casos concretos que establezcamos. Cuando se pulsa este botón, aparece un cuadro de diálogo para manejar las excepciones y en él debemos indicar los casos en que no se debe hacer la autocorrección.

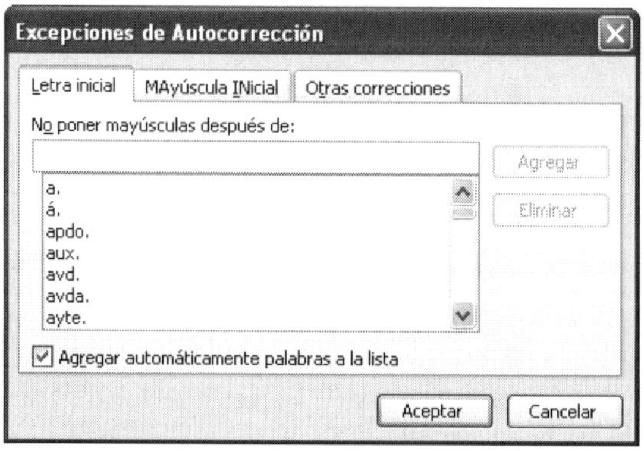

Escriba la palabra que desee que no se autocorrija y pulse el botón Agregar (esta palabra se añadirá a las que ya puede ver en la lista). Si por el contrario necesita borrar una excepción, haga clic sobre ella en la lista y pulse Eliminar.

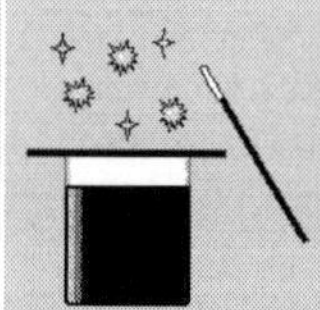

Puede emplearse el autocorrector como un sencillo sistema de abreviaturas. Si necesita escribir una palabra larga frecuentemente, acceda al autocorrector y teclee la palabra abreviada en el cuadro de texto **Reemplazar** y la palabra completa en el cuadro de texto **Con**. A partir de entonces al escribir la palabra abreviada, el autocorrector la cambiará por la palabra completa automáticamente. Por ejemplo, si necesitáramos escribir en un texto la palabra *Otorrinolaringólogo*, podemos teclear *Ot* en **Reemplazar** y *Otorrinolaringólogo* en **Con**. Desde ese momento, al teclear *Ot*, el autocorrector lo cambiará automáticamente por *Otorrinolaringólogo*.

IMÁGENES PREDISEÑADAS

En Word, Excel y PowerPoint existe un apartado común que permite añadir imágenes ya dibujadas. Se trata de las imágenes prediseñadas.

OjO También se pueden incluir imágenes que estén grabadas en el disco con la opción **Desde archivo** (dentro de **Insertar** e **Imágenes**). Ésta ofrece un cuadro de diálogo como el que se utiliza para abrir textos, pero que permite elegir imágenes.

Para activar esta función, deberemos recurrir al menú **Insertar**, entre cuyas opciones está **Imagen**. Esta opción genera un pequeño submenú:

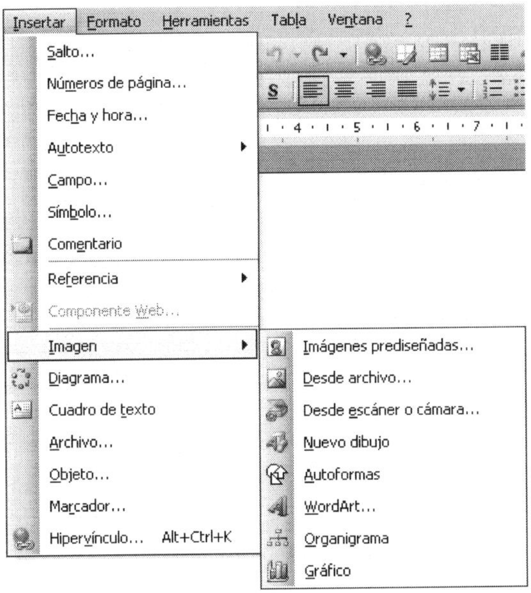

Como vemos, la primera de sus opciones es **Imágenes prediseñadas**. Al seleccionarla, aparece el panel de tareas en las versiones 2002 y 2003 (figura de la derecha), mientras que en la versión 2000 aparece una ventana para elegir las imágenes por temas (figura inferior, de la que hablaremos posteriormente).

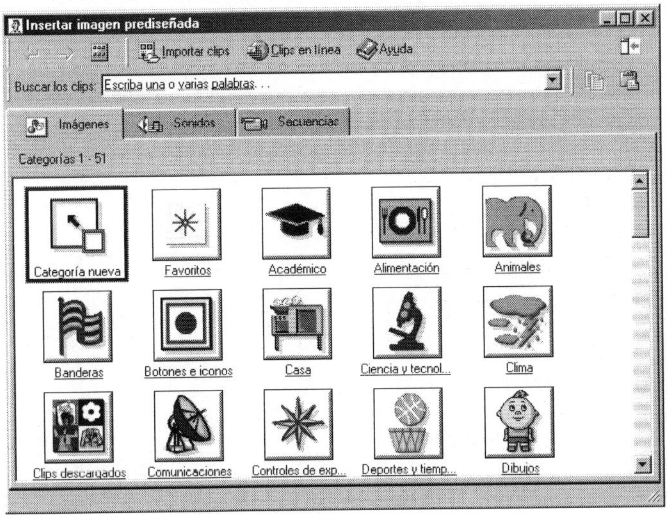

Puede empezar tecleando una palabra que describa la imagen que busca (en el cuadro **Buscar**) y pulsando Buscar. Si se localiza alguna imagen relacionada con esa palabra, aparecerá en el mismo panel.

Por ejemplo, si busca una imagen de un *árbol*, teclee esa palabra y pulse Buscar: el panel le mostrará algunas imágenes de árboles (o relacionadas con árboles).

1. En principio, se buscará en todos los lugares posibles disponibles (imágenes de Office, en el Web, etc.), debido a que la lista **Buscar en** ofrece como dato inicial **Todas las colecciones**, sin embargo, podemos desplegar dicha lista y elegir únicamente algunas de esas colecciones para que el resultado esté más limitado.

2. La relación resultante no tiene por qué estar compuesta exclusivamente por imágenes, ya que también podrían aparecer sonidos, películas de vídeo y fotografías digitales. Si necesita que aparezcan sólo elementos de uno (o varios) de estos tipos, despliegue la lista **Los resultados deben ser** y elija lo que desee.

Observe que en la parte inferior del panel de tareas dispone de tres opciones más que le permitirán localizar imágenes para sus documentos.

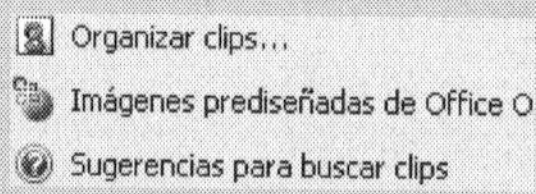

Versión 2003

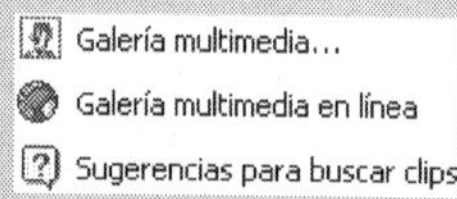

Versión 2002

1. **Organizar clips** (o **Galería multimedia**) le llevará a otra ventana en la que podrá buscar imágenes por temas en las colecciones disponibles:

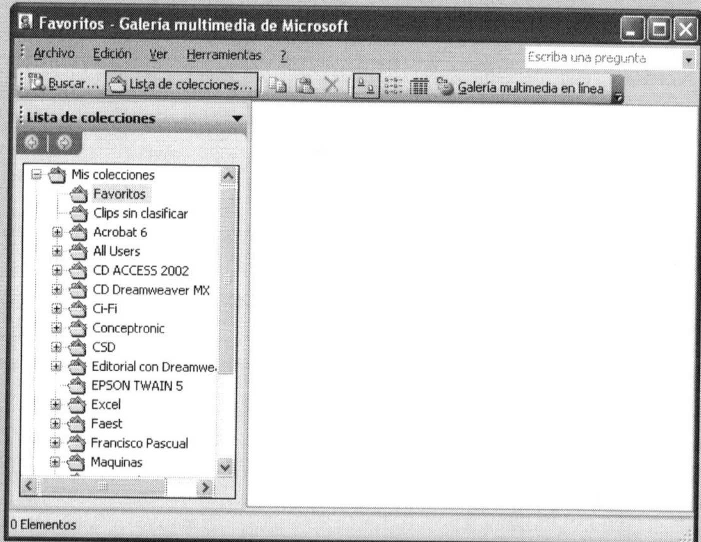

2. **Imágenes prediseñadas de Office Online** (o **Galería multimedia en línea)** le lleva a un sitio Web de Internet (si no está conectado deberá conectarse en ese momento) para que busque la imagen ahí.

3. **Sugerencias para buscar clips** le ofrece sugerencias para que encuentre la imagen que necesita.

Por ejemplo, en la figura de la derecha mostramos lo que se obtendría si se hubiesen buscado imágenes de árboles (puede tardar algo de tiempo si está conectado a Internet, ya que también intentará mostrarle imágenes que se encuentren en un servidor remoto).

Observe que, al pasar el ratón (dentro del panel de tareas) por una de las imágenes en miniatura que ofrece la lista resultante, aparece un botón en la parte derecha de la imagen que nos permitirá desplegar ciertas opciones relacionadas con la imagen en cuestión:

Al hacer clic en ese botón de la imagen para desplegar la lista (ya que si se pulsa directamente sobre la imagen se consigue que ésta aparezca en el documento en el que nos encontremos: un texto de Word, una hoja de cálculo de Excel o una diapositiva de PowerPoint) obtenemos un menú que nos ofrecerá lo siguiente:

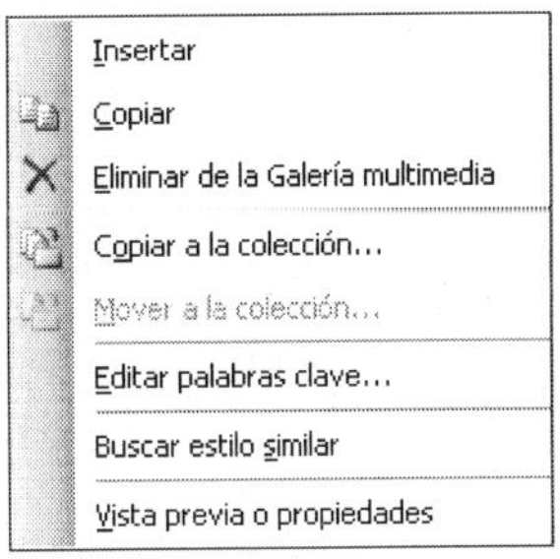

Versión 2003

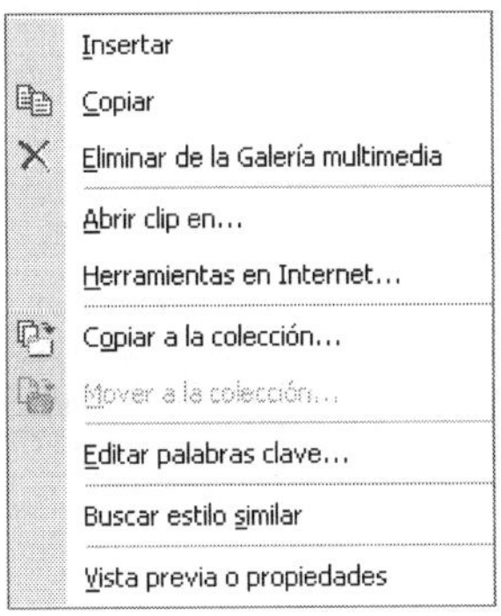

Versión 2002

1. Utilice **Insertar** para que la imagen se añada al documento. Una vez allí podrá modificarla según veremos posteriormente.

2. Si elige **Copiar**, la imagen pasará al portapapeles y podrá pegarla en cualquier documento posteriormente.

3. Si activa **Eliminar de la Galería multimedia**, la imagen será borrada de la lista (y del disco) y no volverá a aparecer posteriormente.

4. Si activa **Abrir clip en** (sólo en la versión 2002), obtendrá un cuadro de diálogo con la lista de todos los programas que estén instalados en su ordenador para que elija uno en el que aparecerá la imagen:

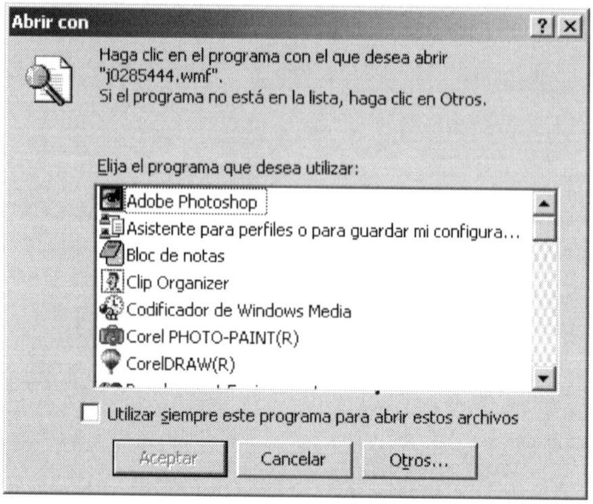

5. Si selecciona **Herramientas en Internet** (sólo en la versión 2002) obtendrá una ventana con la que podrá obtener más funciones relativas a la imagen desde Internet.

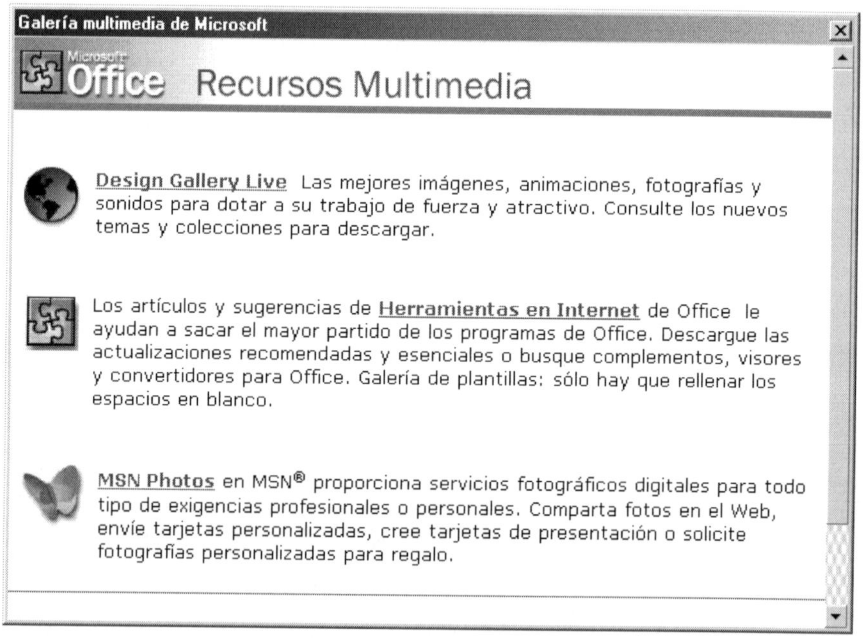

6. Con **Copiar a la colección** podrá añadir la imagen a otra de las colecciones de imágenes de Office. Resulta muy útil, por ejemplo, si la imagen en cuestión ha salido de Internet y piensa emplearla más veces, ya que entonces bastará con llevarla, por ejemplo, a **Mis colecciones** para poder utilizarla posteriormente sin que sea necesario estar conectado a Internet (simplemente buscando en **Mis colecciones**). Para que realice esta tarea correctamente, se le ofrecerá un cuadro de diálogo en el que deberá elegir la colección (o carpeta) en la que desea copiar la imagen.

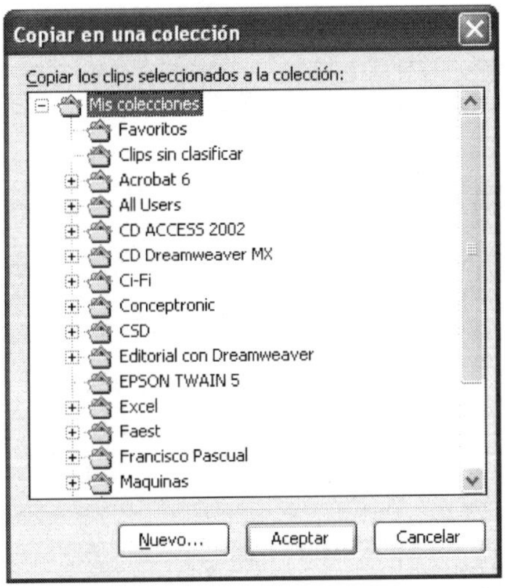

7. La opción **Mover a la colección** realiza la misma tarea que la anterior, si bien sólo mueve la imagen (no crea un duplicado en la nueva colección).

8. La opción **Editar palabras clave** lleva a un cuadro de diálogo en el que podrá cambiar, añadir o eliminar las palabras relacionadas con la imagen. Si se trata de una imagen obtenida desde Internet, no podrá realizar esta tarea.

9. **Buscar estilo similar** mostrará otras imágenes de la galería de ejemplos que sean parecidas a la imagen en cuestión.

10. **Vista previa o propiedades** mostrará un cuadro de diálogo con información acerca de la imagen.

Manejo con Office 2000

Como hemos dicho antes, en Office 2000 aparece un cuadro de diálogo en lugar del panel de tareas:

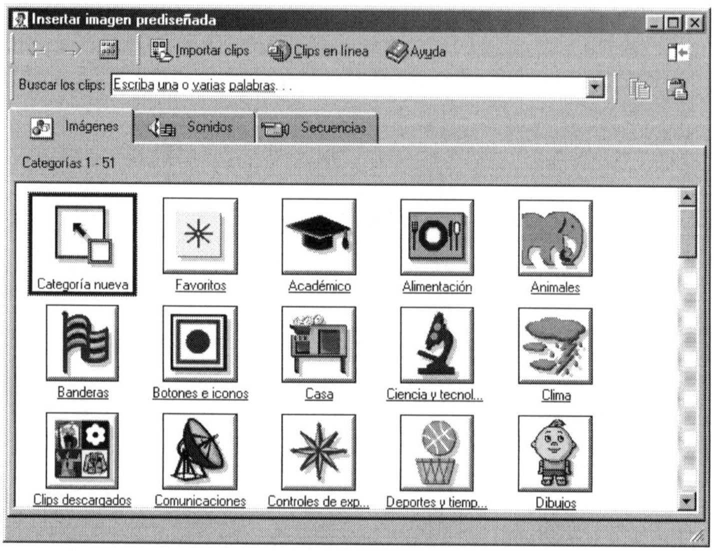

1. Para empezar observe que la ventana contiene tres fichas que contienen **Imágenes**, **Sonidos** y **Secuencias** (de vídeo). Así pues, seleccione la solapa de aquella que desee.

2. Elija una categoría en la lista de iconos haciendo un clic sobre uno, dependiendo del tema al que pertenezca la imagen que quiere añadir.

3. Cada categoría muestra imágenes diferentes. Seleccione una haciendo un clic sobre ella. Aparecerá un menú un tanto especial:

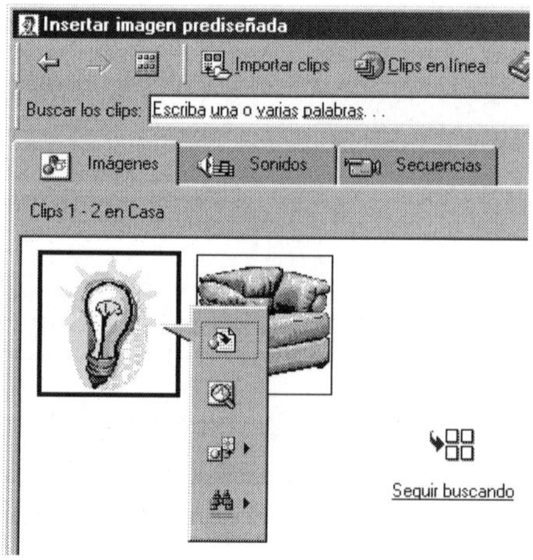

1. (**Insertar clip**). Incorpora la imagen (sonido o vídeo) al texto (hoja de cálculo, presentación, etc.).

2. (**Vista previa del clip**). Muestra la imagen (sonido o vídeo) a tamaño natural para poder inspeccionarlo antes de incorporarlo al documento.

3. (**Agregar clip a favoritos o a otra categoría**). Añade la imagen (sonido o vídeo) a la carpeta de lugares favoritos o a otra categoría de las imágenes prediseñadas. Para ello, el cuadro se amplía para que podamos establecer dicha categoría:

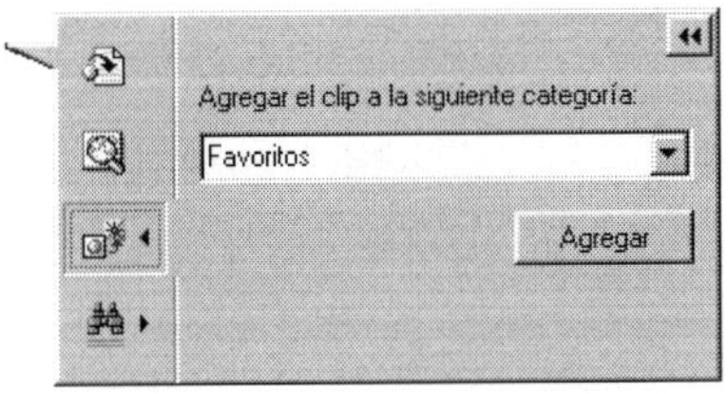

4. (**Buscar clips similares**). Se emplea para localizar otras imágenes que ofrezcan características parecidas a la actual. Para ello, el cuadro se ampliará para que podamos indicar el modo en que las imágenes que busquemos deben ser similares a la actual.

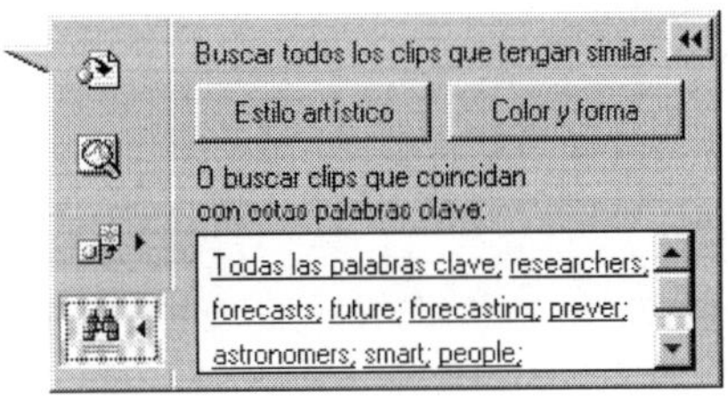

5. Si desea encontrar una imagen en lugar de inspeccionar el cuadro visualmente, teclee una palabra relacionada con la imagen que desea encontrar en la lista **Buscar los clips**.

6. Si utiliza el botón Importar clips, podrá incorporar una imagen de cualquier tipo (o casi) directamente desde el disco.

7. El botón Clips en línea le lleva a una dirección de Internet en la que hay varias imágenes que puede importar. Para que este botón funcione será necesario que tenga una cuenta en Internet.

8. Con los botones (**Atrás**) y (**Adelante**) podrá moverse por las categorías de las imágenes prediseñadas que ya haya visitado (por ejemplo, con **Atrás** para ver la categoría que visitó antes que la actual).

EDITAR IMÁGENES

Siempre que se incorpora una imagen a un documento (que no haya sido dibujada con el mismo programa, como Word), puede modificarse hasta cierto punto. Gracias al sistema de edición podremos modificar características de la imagen como el brillo o el contraste.

Cuando se selecciona una imagen de este tipo —haciendo clic sobre ella—, aparece automáticamente la barra de herramientas de imagen que ofrece este aspecto:

Versiones 2002 y 2003

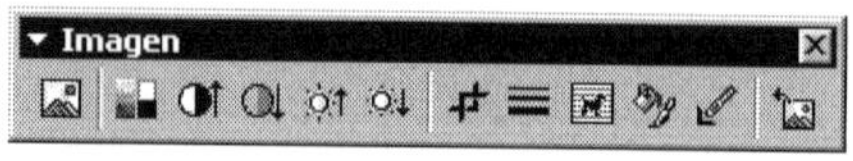

Versión 2000

OjO Esta barra no debe cerrarse puesto que resulta muy práctico que aparezca sola cuando hacemos clic sobre una imagen para seleccionarla. Si la cerramos, no volverá a aparecer al seleccionar una imagen. Si le sucede esto, para volver a restaurar su modo automático de aparición haga clic con el botón derecho sobre una imagen y, seleccione **Mostrar barra de herramientas Imagen** en el menú que aparezca.

Veamos todos sus botones, con las consiguientes funciones que pueden aplicarse sobre la imagen previamente seleccionada:

Insertar imagen. Lleva al cuadro de diálogo de abrir imágenes con el fin de poder incorporar una al texto.

Color. Permite elegir las tonalidades de presentación de la imagen. Ofrece un menú en el que podremos elegir entre los siguientes modos:

1. **Automático**. Es el modo normal de trabajo de Word, ya que cuando se añade una imagen, aparece en el modo más apropiado automáticamente (generalmente a todo color).

2. **Escala de grises**. Cambia la presentación de la imagen eliminando todos los colores y mostrándola únicamente con varios tonos de gris. El efecto es similar al de una imagen que se ve en un televisor en blanco y negro.

3. **Blanco y negro**. Cambia la presentación de la imagen eliminando todos los colores y dejando únicamente el blanco y el negro. Los colores más claros de la imagen serán sustituidos automáticamente por el blanco, mientras que los más oscuros cambiarán al negro.

4. **Marca de agua**. Reduce el contraste de la imagen y aumenta el brillo: así podremos ponerla de fondo en una página sin que interfiera con el texto.

Más contraste. Amplía el contraste de la imagen. Se puede pulsar varias veces para conseguir acentuar el efecto.

 **Menos contraste**. Reduce el contraste de la imagen. Se puede pulsar varias veces para conseguir disminuir el efecto.

 **Más brillo**. Amplía el brillo de la imagen. Se puede pulsar varias veces para conseguir acentuar el efecto.

 **Menos brillo**. Reduce el brillo de la imagen. Se puede pulsar varias veces para conseguir disminuir el efecto.

 **Recortar**. Permite cortar parte de la imagen por su zona exterior. Para manejar esta función debemos hacer uso de cualquiera de los ocho puntos que rodean la imagen. Una vez activado el botón, haga clic sobre uno de los puntos de control y arrastre hacia el interior de la imagen. Cuando termine, lo que haya reducido con el arrastre del ratón quedará eliminado de la imagen.

 **Girar a la izquierda** (no disponible en la versión 2000). Gira la imagen 90º a la izquierda.

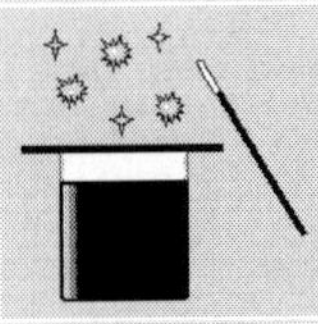

Una vez que active el botón **Girar a la izquierda**, la imagen adquirirá el controlador de giro (un punto de color verde) con el que podrá girar la imagen en mayor o menor medida, arrastrándolo.

 **Estilo de línea**. Coloca un borde rectangular alrededor de la imagen. El grosor de la línea del borde se puede elegir en la lista que aparece al pulsar el botón.

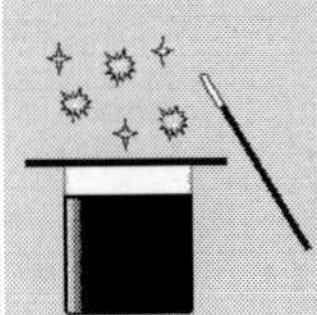

Si en la lista que ofrece el botón  (**Estilos de línea**) selecciona **Más líneas**, obtendrá un cuadro de diálogo en el que podrá elegir otros tipos de línea, anchuras, colores para las líneas (**Sin línea** elimina el borde de los objetos), etc.

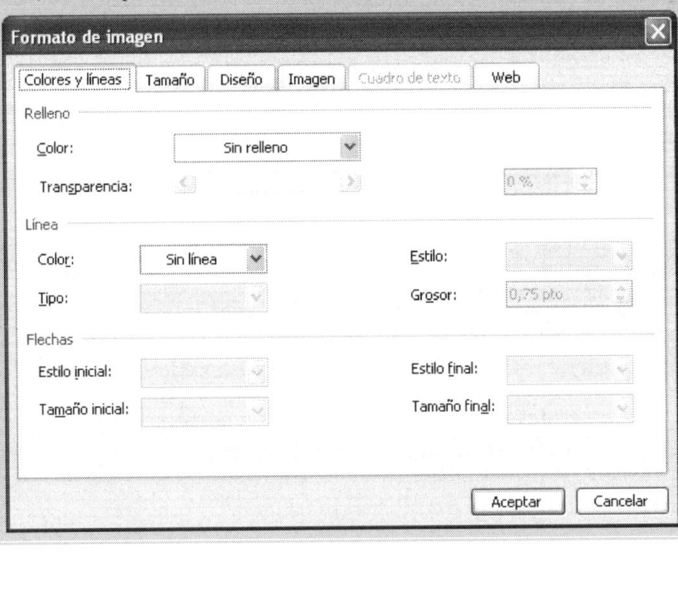

Comprimir imágenes (no disponible en la versión 2000). Permite comprimir la imagen para que el documento de texto ocupe menos en el disco. Para ello ofrecerá el siguiente cuadro de diálogo:

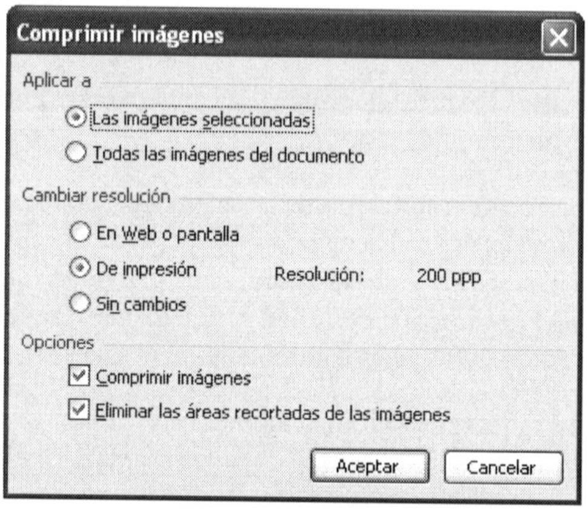

1. Active el botón **Las imágenes seleccionadas** para que la compresión se aplique a la imagen en la que se encuentra. Si en su lugar activa **Todas las imágenes del documento**, la compresión se aplicará a todas las imágenes que existan en su documento de texto.

2. Utilice los botones **En Web o pantalla** (96 ppp), **De impresión** (200 ppp) y **Sin cambios** (resolución original) para elegir una resolución mejor o peor: cuantos más ppp (puntos por pulgada) mejor calidad se obtiene aunque el documento final ocupará más espacio en el disco.

3. Active la casilla **Comprimir imágenes** para que Word comprima la imagen. Si la casilla se deja desactivada, las imágenes no se comprimirán y ocuparán más espacio en el disco.

4. Active la casilla **Eliminar las áreas recortadas de las imágenes** para que Word no almacene las zonas de las imágenes que se recorten mediante el botón. De esta forma, la imagen ocupa menos espacio ya que sólo se graba lo que quede sin recortar.

Ojo

Si en un texto se activa la casilla **Comprimir imágenes**, éstas no podrán volver a descomprimirse posteriormente. Por otra parte, si se activa la casilla **Eliminar las áreas recortadas de las imágenes**, no podrá volver posteriormente a ver la zona recortada.

Ajuste del texto. Permite especificar cómo se distribuirá el texto alrededor de la imagen. Este botón sólo existe en Word, puesto que en PowerPoint y Excel no es necesaria su función.

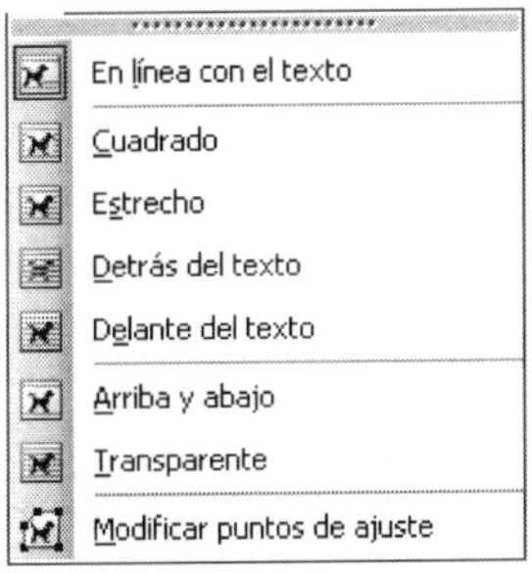

1. **En línea con el texto** permite a Word emplear la imagen como si se tratase de una letra más del texto (eso sí, generalmente, una letra muy grande). Esta función no se encuentra en el menú de en la versión 2000, aunque su función se puede activar desplegando el menú **Formato**, eligiendo **Imagen** y, en el cuadro de diálogo que aparece, activando la función **En línea con el texto** de la ficha **Diseño**.

2. **Cuadrado**. Ajusta el texto alrededor del recuadro que contiene la imagen en su interior. Este cuadro no muestra borde alguno, a menos que se lo asignemos nosotros mediante el botón ≡ (**Estilo de línea**) de la misma barra que estamos detallando.

Hipervínculo. Básicamente se trata de un tipo **Texto** especializado en contener enlaces de Internet. Un hipervínculo es un enlace con cualquier parte de la red. Un campo de tipo **Hipervínculo** tiene como finalidad contener una dirección de la red de Internet, de modo que cuando el usuario haga clic sobre
él, el enlace le llevará hasta la dirección que contenga.
Cuando se está en una tabla que contenga algún campo
de este tipo, puede generarse un enlace
utilizando el botón de la barra de herramientas[1]. El
protocolo de hipertexto (Web) en Internet es el
más popular de la red. Muestra todo tipo de datos
imaginables (texto, vídeo, sonidos,...) en un formato
vistoso, potente y muy flexible. Es la parte más
comercial de Internet, ya que se utiliza incluso
como un tipo de publicidad. El tipo hipervínculo

muestra los datos en color azul y subrayados de modo que, al hacer un clic, Access intentará llevarnos a la página Web en cuestión. En un campo de este tipo puede teclear todo tipo de datos puesto que se trata del tipo **Texto** pero especializado en direcciones de la red. Puede ver cómo se construyen en el

3. **Estrecho**. Ajusta el texto alrededor del contorno de la imagen. Esta función pierde su utilidad si hemos colocado un borde alrededor de la imagen con el botón ≡ (**Estilo de línea**) puesto que entonces el texto se ajustará al borde.

Hipervínculo. Básicamente se trata de un tipo **Texto** especializado en contener enlaces de Internet. Un hipervínculo es un enlace con cualquier parte de la red. Un campo de tipo **Hipervínculo** tiene como finalidad contener una dirección de la red de Internet, de modo que cuando el usuario haga clic sobre
él, el enlace le llevará hasta la dirección que contenga. Cuando se está en una
tabla que contenga algún campo de este tipo, puede generarse
un enlace utilizando el botón de la barra de herramientas[1]. El
protocolo de hipertexto (Web) en Internet es el más
popular de la red. Muestra todo tipo de datos imaginables (texto, vídeo,
sonidos,...) en un formato vistoso, potente y muy flexible. Es la
parte más comercial de Internet, ya que se utiliza incluso como un
tipo de publicidad. El tipo hipervínculo muestra los datos
en color azul y subrayados de modo que, al hacer un clic,
Access intentará llevarnos a la página Web en cuestión. En un

campo de este tipo puede teclear todo tipo de datos puesto que se trata del tipo **Texto** pero especializado en direcciones de la red. Puede ver cómo se construyen en el apartado ***Direcciones de Internet*** del capítulo 35: ***Nociones básicas sobre Internet*** (sobre todo en ***Direcciones para hipertexto***,

4. **Detrás del texto**. Sitúa la imagen de modo que el texto parezca estar sobre ella.

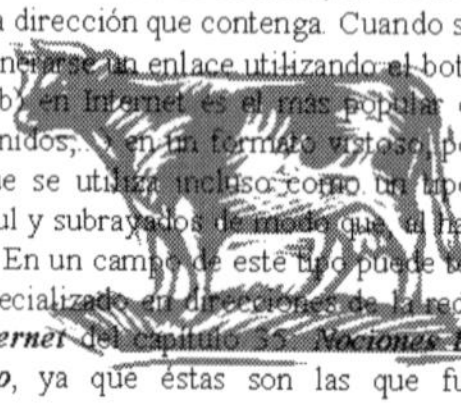

Hipervínculo. Básicamente se trata de un tipo **Texto** especializado en contener enlaces de Internet. Un hipervínculo es un enlace con cualquier parte de la red. Un campo de tipo **Hipervínculo** tiene como finalidad contener una dirección de la red de Internet, de modo que cuando el usuario haga clic sobre él, el enlace le llevará hasta la dirección que contenga. Cuando se está en una tabla que contenga algún campo de este tipo, puede generarse un enlace utilizando el botón de la barra de herramientas[1].El protocolo de hipertexto (Web) en Internet es el más popular de la red. Muestra todo tipo de datos imaginables (texto, vídeo, sonidos,...) en un formato vistoso, potente y muy flexible. Es la parte más comercial de Internet, ya que se utiliza incluso como un tipo de publicidad. El tipo hipervínculo muestra los datos en color azul y subrayados de modo que, al hacer un clic, Access intentará llevarnos a la página Web en cuestión. En un campo de este tipo puede teclear todo tipo de datos puesto que se trata del tipo **Texto** pero especializado en direcciones de la red. Puede ver cómo se construyen en el apartado ***Direcciones de Internet*** del capítulo 35: ***Nociones básicas sobre Internet*** (sobre todo en ***Direcciones para hipertexto***, ya que éstas son las que funcionan correctamente para el tipo

5. **Delante del texto**. Sitúa la imagen de modo que parezca estar sobre el texto.

Hipervínculo. Básicamente se trata de un tipo **Texto** especializado en contener enlaces de Internet. Un hipervínculo es un enlace con cualquier parte de la red. Un campo de tipo **Hipervínculo** tiene como finalidad contener una dirección de la red de Internet, de modo que cuando el usuario haga clic sobre él, el enlace le llevará hasta la dirección que contenga. Cuando se está en una tabla que contenga algún campo de este tipo, puede gen enlace utilizando el botón de la barra de herramientas[1].El protocolo de hipertexto (Web de la red. Muestra todo tipo de datos imaginables (texto, vídeo, sonidos, potente y muy flexible. Es la parte más comercial de Internet, ya que se uti o de publicidad. El tipo hipervínculo muestra los datos en color azul y subra acer un clic, Access intentará llevarnos a la página Web en cuestión. En un cam este puede teclear todo tipo de datos puesto que se trata del tipo **Texto** pero especializ d. Puede ver cómo se construyen en el apartado ***Direcciones de Internet*** ***básicas sobre Internet*** (sobre todo en ***Direcciones para hipertexto***, ya que éstas son las que funcionan correctamente para el tipo

6. **Arriba y abajo**. La imagen sólo puede tener texto por encima y por debajo.

Hipervínculo. Básicamente se trata de un tipo **Texto** especializado en contener enlaces de Internet. Un hipervínculo es un enlace con cualquier parte de la red. Un campo de tipo **Hipervínculo** tiene como finalidad contener una dirección de la red de Internet, de modo que cuando el usuario haga clic sobre

él, el enlace le llevará hasta la dirección que contenga. Cuando se está en una tabla que contenga algún campo de este tipo, puede generarse un enlace utilizando el botón de la barra de herramientas[1].El protocolo de hipertexto (Web) en Internet es el más popular de la red. Muestra todo tipo de datos

7. **Transparente**. Es similar a **Estrecho**, pero el texto también se ajusta al contorno de aquellas partes externas de la imagen que aparezcan abiertas:

Hipervínculo. Básicamente se trata de un tipo **Texto** especializado en contener enlaces de Internet. Un hipervínculo es un enlace con cualquier parte de la red. Un campo de tipo **Hipervínculo** tiene como finalidad contener una dirección de la red de Internet, de modo que cuando el usuario haga clic sobre él, el enlace le llevará hasta la dirección que contenga. Cuando se está en una tabla que contenga algún campo de este tipo, puede generarse un enlace utilizando el botón de la barra de herramientas[1].El protocolo de hipertexto (Web) en Internet es el más popular de la red. Muestra todo tipo de datos imaginables (texto, vídeo, sonidos,...) en un formato vistoso, potente y muy flexible. Es la parte más comercial de Internet, ya que se utiliza incluso como un tipo de publicidad. El tipo hipervínculo muestra los datos en color azul y subrayados de modo que, al hacer un clic, Access intentará llevarnos a la página Web en cuestión. En un campo de este tipo puede teclear todo tipo de datos puesto que se trata del tipo **Texto** pero especializado en direcciones de la red. Puede ver cómo se construyen en el apartado ***Direcciones de Internet*** del capítulo 35: ***Nociones básicas sobre Internet*** (sobre todo en ***Direcciones para hipertexto***,

8. **Modificar puntos de ajuste**. Permite cambiar los puntos por los que se rige el Word para ajustar el texto.

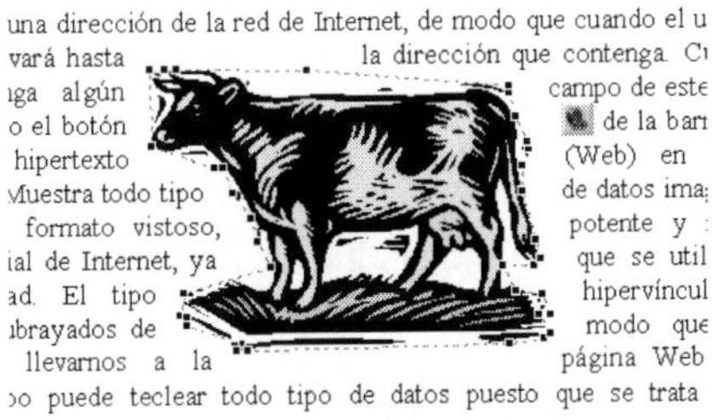

Antes del cambio

Después de cambiar los puntos a la izquierda de la vaca (entre la cabeza y el suelo)

Formato de imagen. Lleva a un cuadro de diálogo con el que podremos modificar las características de la imagen: las que hemos visto con los botones y alguna más (se puede transformar la imagen con más precisión que con los botones puesto que ofrece unidades de medida para las modificaciones).

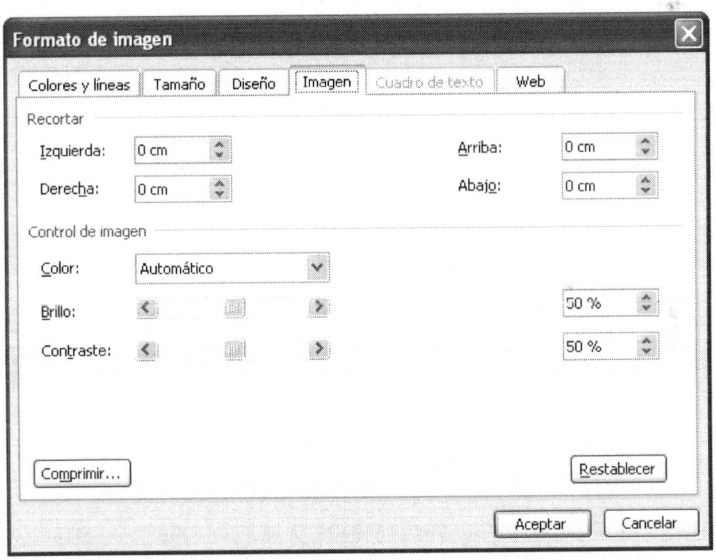

Definir color transparente. Cuando se activa este botón, se puede hacer clic en cualquier zona de la imagen cuyo color deseemos hacer transparente. Esta función sólo puede realizarse sobre imágenes del tipo mapa de bits (como las de Paint). Resulta práctico si la imagen se ha colocado **Delante del texto** ya que entonces las zonas de la imagen que estén dibujadas con el mismo color que aquel sobre el que hagamos el clic desaparecerán y podremos ver el fondo (el texto).

Restablecer imagen. Si se pulsa este botón, Word anulará todos los cambios que hayamos hecho sobre la imagen desde el momento en que la incorporamos al texto, dejándola como estaba originalmente.

WORDART

Con WordArt podrá moldear pequeñas secciones de texto para crear rótulos. Permite generar fácilmente efectos como añadir sombra, un contorno, una perspectiva, o escribir el texto con un relleno especial.

Para acceder a estas funciones, hemos de seleccionar la opción **Imagen** del menú **Insertar**. En el pequeño submenú que se obtiene seleccionaremos la opción **WordArt**, con lo que obtendremos un cuadro de diálogo en el que podremos elegir el aspecto general del rótulo:

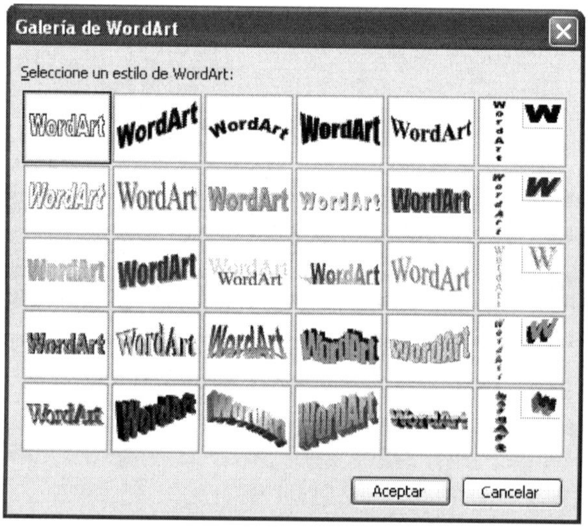

Cuando elija el formato general, obtendrá un cuadro de diálogo como el que sigue:

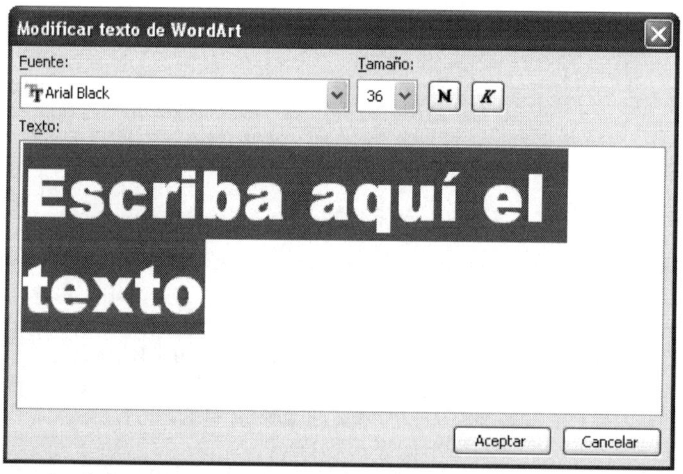

Escriba el texto del rótulo y luego utilice los botones de la parte superior del cuadro para elegir el tipo de letra.

Una vez que se ha hecho esto aparece el rótulo elegido y bastará con hacer clic en él para que se muestre una barra de herramientas con la que podremos modificar el rótulo.

Editar el rótulo

 **Insertar WordArt**. Permite incorporar otro rótulo al texto.

Modificar texto... Lleva de nuevo al cuadro de diálogo en el que se ha escrito el rótulo para cambiar su contenido o tipo de letra.

 **Galería de WordArt**. Lleva de nuevo al cuadro de diálogo que contiene los formatos genéricos del rótulo para cambiar el actual por otro distinto.

 **Formato de WordArt**. Permite modificar las características generales del rótulo (color del texto, bordes, flechas, etc.). Obtendrá el siguiente cuadro de diálogo:

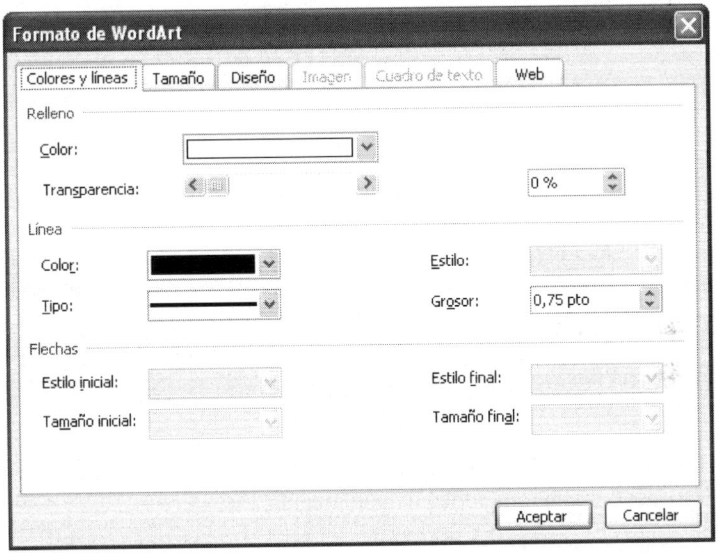

Observe, además, que este cuadro de diálogo contiene varias fichas con las que podrá modificar otras características del rótulo como, por ejemplo, su **Tamaño**.

 (o Abc) **Forma de WordArt**. Permite elegir la forma exterior del rótulo.

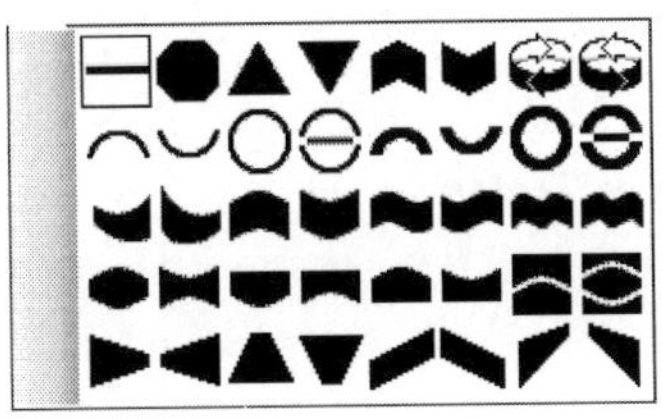

Por ejemplo, si a la palabra **Título** le asignamos el contorno **(Desinflar)**, obtendremos el siguiente efecto:

Ajuste del texto. Permite especificar cómo se distribuirá el texto alrededor de la imagen. Para ello, se ofrece una lista que ya hemos detallado en un apartado anterior (***Editar imágenes***: botón **Ajuste del texto**) por lo que le sugerimos que lo repase si desea consultar sus funciones de nuevo.

Mismo alto de letras de WordArt. Iguala el tamaño de todas las letras del rótulo:

Antes de aplicar la función

Después

Texto vertical de WordArt. Modifica el rótulo colocándolo verticalmente:

Antes de aplicar la función

Después

Alineación de WordArt. Permite alinear el texto del rótulo a la izquierda, a la derecha o al centro mediante un menú.

Espacio entre caracteres de WordArt. Permite separar o acercar los caracteres que forman el rótulo mediante un menú.

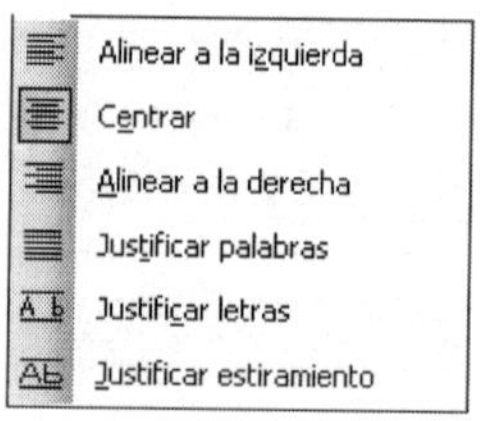

*Menú de **Alineación de WordArt***

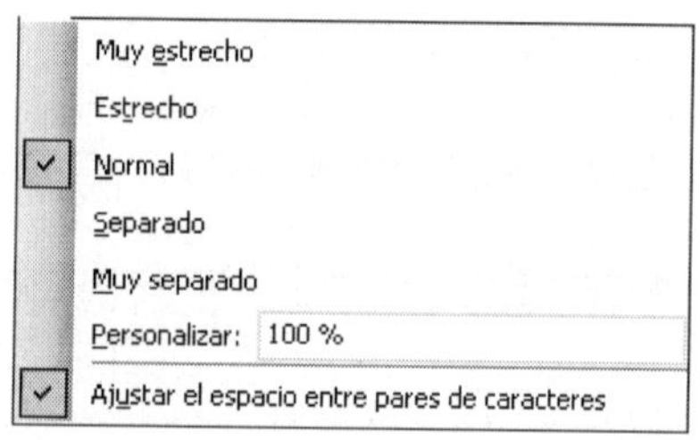

*Menú de **Espacio entre caracteres de WordArt***

PARTE II

WORD

INTRODUCCIÓN A WORD

Uno de los tipos de programas más populares y utilizados es el procesador de textos. Microsoft Word es posiblemente uno de los más conocidos, si bien existen varios otros que no han pasado desapercibidos durante los últimos años, por ejemplo, WordPerfect, AMI Pro de la compañía Lotus (ahora WordPro de IBM) o WordStar.

Microsoft Word ha ido ganando popularidad por sus excelentes prestaciones y sencillez de manejo. Las diferentes versiones de Word aparecidas últimamente presentan ciertas características nuevas muy potentes que lo sitúan entre los mejores procesadores de texto del momento.

Con un sistema como éste, se pueden crear y administrar textos de todo tipo, desde un sencillo documento pequeño como una carta hasta un libro completo.

COMIENZO

Una vez que nos encontremos en Word, presentará un aspecto similar al que puede verse en la figura de la página siguiente.

> Tenga en cuenta que los colores y la distribución de los elementos que vamos a mostrarle en la siguiente figura, varían en cada versión de Word. Por ejemplo, en Word 2000 no existe el panel de tareas y éste muestra ligeras diferencias entre el que ofrece Word 2002 y el de 2003.

1. **Barra del menú principal**. Contiene el menú con las opciones principales. Todas ellas despliegan una lista de opciones cuando se activan.

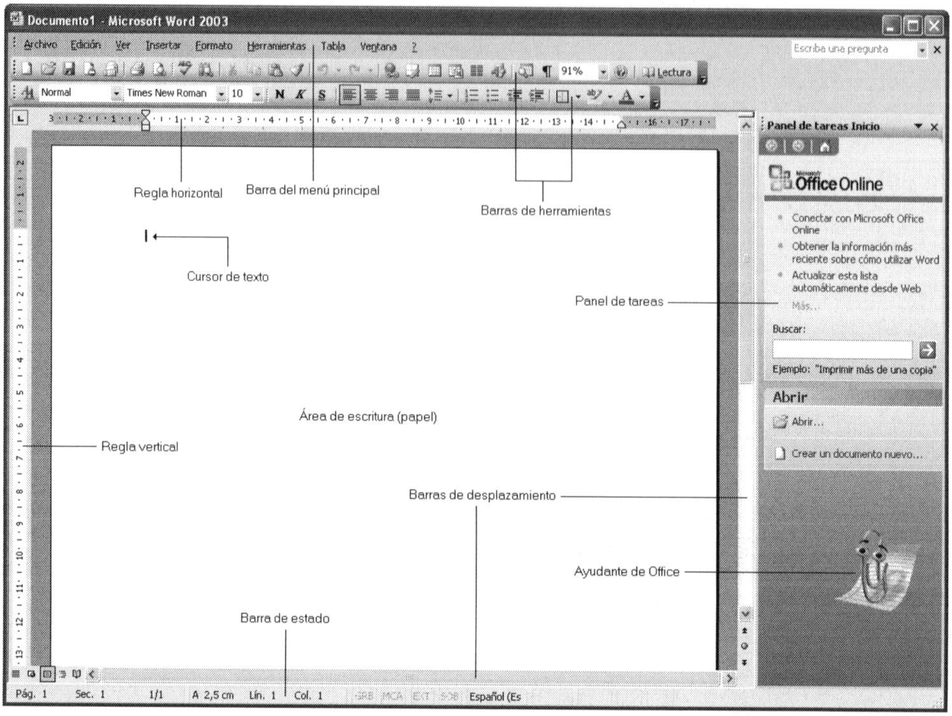

2. **Barras de herramientas**. Contienen botones con las funciones más importantes del programa. Al pulsar sobre los botones, las tareas que tengan asociadas entran en funcionamiento.

3. **Reglas horizontal y vertical**. Como su nombre indica contiene una regla que nos facilita la colocación de elementos en el texto. También tiene otras funciones como permitir el cambio de márgenes, la colocación de tabuladores y la disposición de sangrados.

4. **Área de escritura**. Superficie donde se desarrolla el texto. Simula el papel sobre el que normalmente escribimos. El área de escritura puede presentarse en varios modos, como veremos más adelante. Aquí hemos presentado el aspecto que se ofrece al entrar en Word por primera vez, no obstante, por regla general, resulta más práctico el modo **Diseño de página** (en el menú **Ver** de Word), ya que ofrece también una regla vertical y la página se muestra realmente como si se tratase de una hoja de papel en la que escribimos.

5. **Cursor de texto**. Es un símbolo que parpadea indicando la posición de texto en la que nos encontremos. Al pulsar la tecla de cualquier letra, aparecerá escrita justo en la posición en la que se encuentre el cursor.

6. **Barras de desplazamiento**. Permiten desplazarnos por el texto. Trataremos esto más profundamente en el próximo apartado (***Teclado y desplazamientos a través del texto***).

7. **Barra de estado**. Muestra en todo momento la situación en que se encuentra el usuario en el texto: la página y sección en la que nos encontramos, la posición actual del cursor, etc.

8. **Ayudante**. Como vimos en el capítulo dedicado al ***Sistema de ayuda***, ofrece una forma más cómoda de ayuda para cualquier información que necesite el usuario. Tiene vida propia y su función es llamar nuestra atención cuando pueda ofrecer sugerencias importantes para el desarrollo del texto.

9. **Panel de tareas**. Tiene una función similar a la de las barras de herramientas puesto que contiene algunas de las funciones más comúnmente utilizadas, si bien disponemos de otros elementos aparte de botones. En cuanto se abre un documento, el panel de tareas desparece; sin embargo, en cualquier momento podemos activarlo mediante el menú **Ver**, seleccionando la opción **Panel de tareas**. El panel de tareas aparece automáticamente cuando activamos una función que lo necesita. Recuerde que este elemento no está disponible en Word 2000.

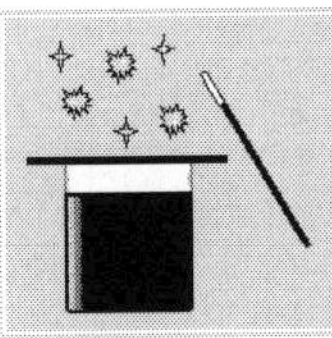

Si desea que el panel de tareas no aparezca cada vez que entre en Word, desactive la casilla **Mostrar al inicio** que hay en la parte inferior del panel.

TECLADO Y DESPLAZAMIENTOS A TRAVÉS DEL TEXTO

Por supuesto, Word permite utilizar el teclado para escribir, pero existen varias posibilidades a la hora de trabajar con él.

Las teclas están distribuidas de forma similar a la que poseen las máquinas de escribir, y las teclas alfabéticas poseen el uso común que han tenido siempre, es decir, imprimir la letra correspondiente en el texto. No obstante, existe una gran variedad de teclas diferentes con funciones específicas en Word. Es a estas teclas a las que vamos a dedicar este tema y las vamos a describir una a una.

Distribución del teclado

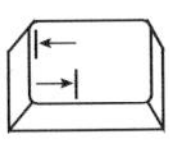

El **TABULADOR** se utiliza, al igual que en las máquinas de escribir, para generar una serie de espacios en blanco. Suele usarse, por ejemplo, en el inicio de un párrafo. Si nos encontramos en un cuadro de diálogo de una aplicación Windows, la tecla de tabulación se utiliza para pasar de un elemento a otro de dicho recuadro. Si el párrafo ya está escrito y pulsamos la tecla delante de él varias veces, el párrafo se sangrará (hablaremos de la sangría de los párrafos más adelante).

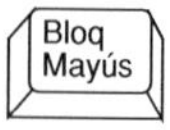

La tecla **BLOQ MAYÚS** fija las mayúsculas, de modo que si está activa, las teclas alfabéticas aparecerán automáticamente en mayúsculas al ser pulsadas. Esta tecla funciona como un interruptor, es decir, si se vuelve a pulsar esta tecla, se desbloquean las mayúsculas y se vuelve a escribir en minúsculas.

La tecla **INSERT** funciona como un conmutador que activa el modo *inserción* o el modo *sobreescribir*. Con el modo inserción, al escribir, las letras que haya detrás de lo que tecleamos se desplazan haciendo hueco a lo que vamos escribiendo, de modo que lo que se teclea queda situado en medio. Con el modo sobreescribir, el texto que se teclea va reemplazando una a una las letras que ya hubiese escritas en el texto.

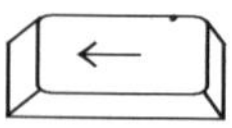

La tecla de **BORRAR IZQUIERDA** elimina el carácter que esté situado inmediatamente a la izquierda del cursor.

La tecla **SUPR** (suprimir) elimina el carácter que esté situado a la derecha del cursor.

Desplazamientos por el texto

La tecla **INICIO** nos lleva al principio de la línea de texto en la que nos encontremos.

La tecla **FIN** nos lleva al final de la línea de texto en la que nos encontremos.

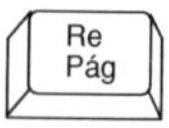

Para retroceder hacia atrás aproximadamente el número de líneas que quepan en ese instante en la ventana, pulsamos la tecla **REPÁG**.

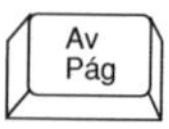

Para avanzar hacia delante aproximadamente el número de líneas que quepan en ese instante en la ventana, pulsamos la tecla **AVPÁG**.

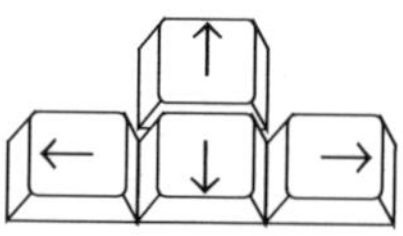

Las teclas del cursor (flechas) desplazan el cursor una posición en la dirección indicada por la flecha de la tecla que se pulsa. Por ejemplo, al pulsar la tecla Cursor Arriba (↑) el cursor se desplaza a la línea superior a aquella en la que éste se encontrara.

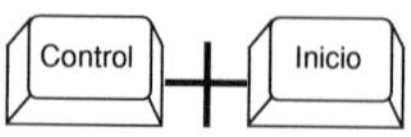

Para desplazarnos al principio del texto pulsaremos las teclas **CONTROL + INICIO**.

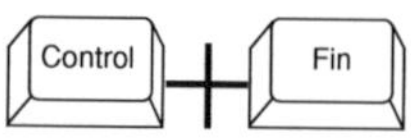

Para desplazarnos al final del texto pulsaremos las teclas **CONTROL + FIN**.

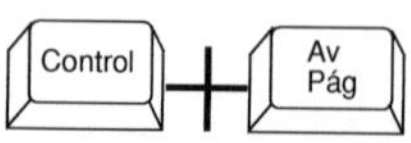

Para desplazarnos al principio de la página siguiente pulsaremos las teclas **CONTROL + AVPÁG**.

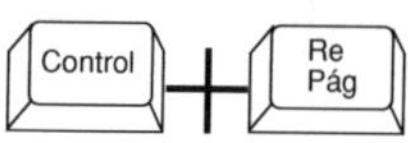

Para desplazarnos al principio de la página anterior pulsaremos las teclas **CONTROL + REPÁG**.

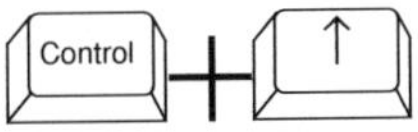

Para desplazarnos al principio del párrafo anterior pulsaremos las teclas **CONTROL + CURSOR ARRIBA**.

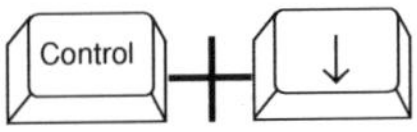

Para desplazarnos al principio del párrafo siguiente pulsaremos las teclas **CONTROL + CURSOR ABAJO**.

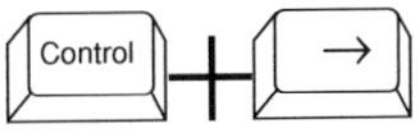

Para desplazarnos al principio de la palabra siguiente pulsaremos las teclas **CONTROL + CURSOR DERECHA**.

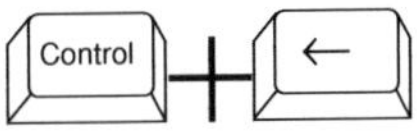

Para desplazarnos al principio de la palabra anterior pulsaremos las teclas **CONTROL + CURSOR IZQUIERDA**.

El cuadro *Ir a*

Para ir a un lugar concreto del texto de una forma rápida y sencilla emplearemos la función ***Ir A*** del menú ***Edición***. Al activarla, obtenemos en pantalla el siguiente cuadro:

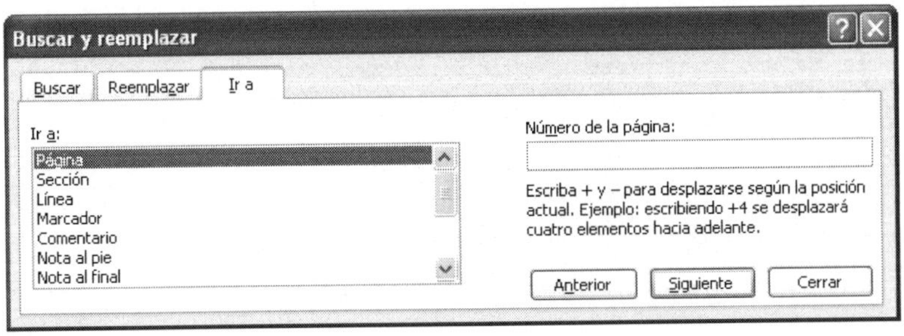

Este cuadro permite acceder rápidamente a cualquier parte del texto. Para ello, podemos decidir a qué elemento deseamos llegar utilizando la lista **Ir a:** pudiendo elegir entre **Página**, **Sección**, **Línea**, **Marcador**, etc.

Una vez que se ha seleccionado el elemento en la lista (**Página**, por ejemplo), en el cuadro de texto ***Número de la página*** especificamos el número de aquella en la que deseamos situarnos. Haremos lo mismo si se trata de secciones, notas a pie de página, etc. Después pulsaremos los botones Siguiente y Anterior, con los que podremos acceder a la siguiente parte seleccionada de la lista. Cuando haya llegado a la parte que deseaba, pulse el botón Cerrar o bien, pulse la tecla **ESC**.

Desplazamientos a través del texto sin el uso del teclado

Existe la posibilidad de desplazarse a través del texto utilizando las **Barras de desplazamiento**. En Word, aparece a la derecha de la ventana una vertical y, asimismo, en la parte inferior, una barra horizontal.

Las barras de desplazamiento presentan el siguiente aspecto:

En principio, su funcionamiento es el mismo que en los demás programas de Windows:

1. Llevando el puntero del ratón sobre uno de los botones de las flechas y haciendo un clic sobre él. El desplazamiento que se produce es escaso (aproximadamente equivalente a una línea de texto en las barras de desplazamiento verticales).
2. Utilizando el propio cuadrito. Se pulsa sobre el cuadrito el botón izquierdo del ratón y se arrastra en cualquier dirección de la barra.
3. Pulsando en el espacio existente entre el cuadrito y una de las flechas (el espacio desplazado es, aproximadamente, el equivalente al tamaño vertical de la ventana).

Sin embargo, la barra de desplazamiento vertical de Word ofrece tres elementos más:

- [±]: este botón, en principio, lleva a la página anterior del texto.
- [∓]: este botón, en principio, lleva a la página siguiente del texto.
- [○]: este botón permite indicar el destino de los dos botones anteriores que, como hemos visto hasta ahora, está preparado para moverse por páginas. Cuando se pulsa este botón, aparece un "menú" con varios objetivos posibles:

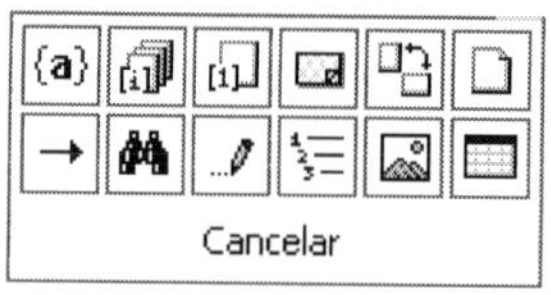

En este cuadro debemos elegir el elemento que se utilizará para moverse con los botones [±] y [∓]. Por ejemplo, si elige el elemento (**Examinar por secciones**), cuando pulse el botón [±], Word le llevará a la sección anterior, mientras que si pulsa [∓], le llevará a la siguiente.

HERENCIA DE LAS LÍNEAS

Algo importante que debe tenerse en cuenta al desarrollar textos con Word es que cada vez que se pulsa la tecla INTRO para pasar a una nueva línea, ésta hereda las funciones que existan en la anterior.

Aunque aún no hemos visto funciones como tabuladores, bordes o alineación de texto, vamos a adentrarnos ligeramente en ellas para que quede claro lo que deseamos exponer. Supongamos que, en la línea de texto en la que nos encontremos, creamos un tabulador a dos centímetros del margen izquierdo y que activamos el centrado de líneas. Cuando terminemos de escribir el párrafo y pulsemos INTRO para pasar al siguiente, éste contendrá el mismo tabulador en la misma posición y el mismo tipo de alineación, es decir, el texto centrado.

CAPÍTULO 5

ARCHIVOS Y DOCUMENTOS CON WORD

En este capítulo vamos a ver cómo trabajar con un texto completo de Word. Las tareas que vamos a contemplar son:

1. La creación de textos nuevos.
2. Opciones al archivar.
3. Ver previamente el texto antes de imprimirlo.
4. Imprimir el texto.

CERRAR Y CREAR NUEVOS DOCUMENTOS

Si desea abandonar el texto actual sin salir de Word, puede cerrarlo. Para ello, basta con seleccionar la opción **Cerrar** en el menú **Archivo**, o bien pulsar el botón ☒ que aparece en la parte superior derecha de la ventana del texto.

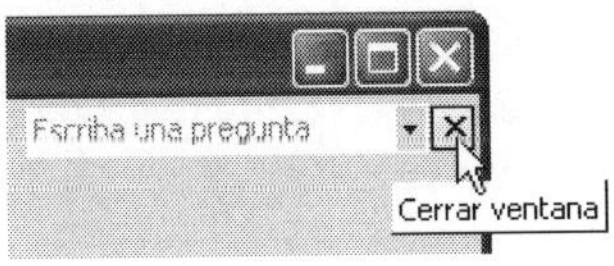

Si el documento en cuestión fue modificado, Word le preguntará si desea grabar esas modificaciones antes de cerrar el texto tal y como vimos en el apartado ***Salida de los elementos de Office*** en la ***Introducción***.

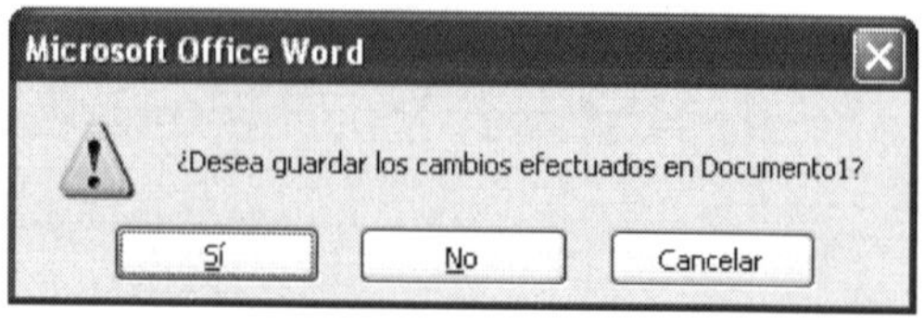

Nuevos textos

Para acceder a un nuevo texto vacío y escribir en él, hemos de utilizar la opción **Nuevo** del menú **Archivo** o pulsar el botón (o) de la barra de herramientas. Si se selecciona la opción **Nuevo** en el menú **Archivo**, el panel de tareas ofrecerá lo siguiente:

En Word 2002

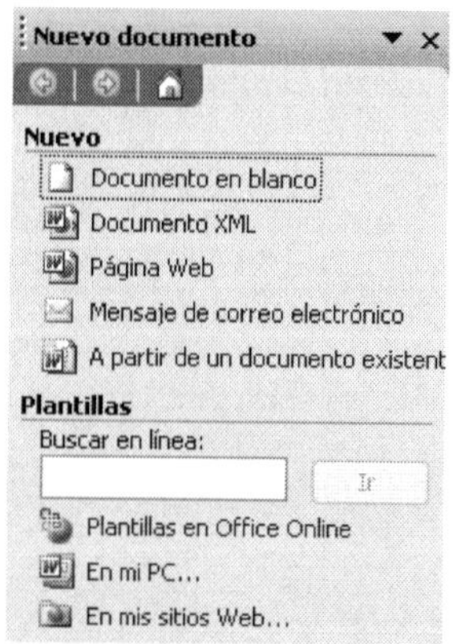

En Word 2003

En Word 2000 no existe el panel de tareas y en su lugar obtendremos un cuadro de diálogo en el que seleccionaremos las mismas opciones (véalo en la página siguiente):

1. Si se va a tratar de un documento vacío, utilice **Documento en blanco** (para crear un texto normal vacío), **Página Web** (para crear una página Web vacía) o **Mensaje de correo electrónico en blanco** (para crear un mensaje de correo electrónico y enviarlo más tarde).

2. Si va a crear un texto cuyo contenido inicial sea otro documento que ya esté grabado en el disco, seleccione **A partir de un documento existente** o **Elegir documento**. Esto le llevará a un cuadro de diálogo en el que podrá elegir un texto que ya tenga escrito y lo abrirá.

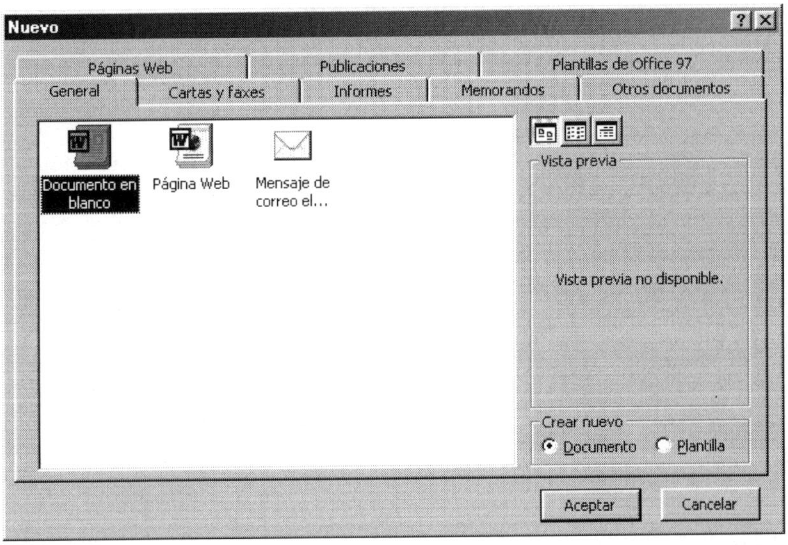

3. Si va a crear un documento de un tipo específico, podrá utilizar plantillas. Las plantillas son documentos que ya contienen cierta información que nosotros podremos completar con nuevos datos. Por ejemplo, existen varias plantillas con distintos tipos de currículos en los que podrá escribir sus datos y disponer de un currículum sin tener que diseñarlo usted mismo totalmente. Para ello seleccione **En mi PC** o **Plantillas generales**, con lo que obtendrá un cuadro de diálogo con varias fichas. Active la ficha **Otros documentos**, que mostrará, entre otros, el tipo de documento **Currículo elegante**, **Currículo moderno** y **Currículo profesional**. Elija uno.

Si necesita que se grabe una copia de seguridad cada vez que guarde su texto, acceda al panel de **Opciones** (en el menú **Herramientas**) y, en su ficha **Guardar** active la casilla **Crear siempre copia de seguridad**.

VISTA PRELIMINAR

Se puede saber cómo aparecerá impreso un texto (o parte de él) antes de pasar a imprimirlo. Para ello, se utiliza la opción **Vista preliminar** del menú **Archivo**. Al activar esta opción, se obtiene una muestra del texto tal y como quedará impreso.

Word 2003 ofrece un botón en la barra de herramientas que complementa la vista preliminar. Se trata de [Lectura] que ofrece un modo de leer el texto como si de un libro se tratase.

También ofrece un grupo de botones, en la parte superior, para controlar el panorama. Así, el botón (o : **Imprimir**) permite imprimir el documento, mientras que el resto de los botones permiten ver el documento más de cerca o más de lejos, por ejemplo, mediante el botón (o : **Aumentar**) o la lista desplegable 51% (o 55%: **Zoom**).

IMPRESIÓN DE DOCUMENTOS

Para imprimir será necesario seleccionar la opción **Imprimir** del menú **Archivo**, lo que nos ofrecerá el siguiente cuadro de diálogo (véalo en la página siguiente).

1. Elija la impresora que desee emplear para imprimir. Esta opción sólo es útil si tiene instaladas varias impresoras en Windows.

> **Ojo** Tenga presente que el documento cambia al elegir una impresora distinta ya que cada fabricante diseña los cabezales de impresión de manera diferente. Por ejemplo, puede suceder que una impresora necesite más espacio para imprimir una frase y ésta no quepa en una sola línea de texto, mientras que otras impresoras consiguen que quepa sin problemas. Esto puede conseguir que un mismo texto ocupe un distinto número de páginas según la impresora que se elija.

2. El grupo **Intervalo de páginas** permite establecer qué parte del texto se va a imprimir:

   - **Todo** nos permite imprimir todo el texto con el que estemos trabajando.

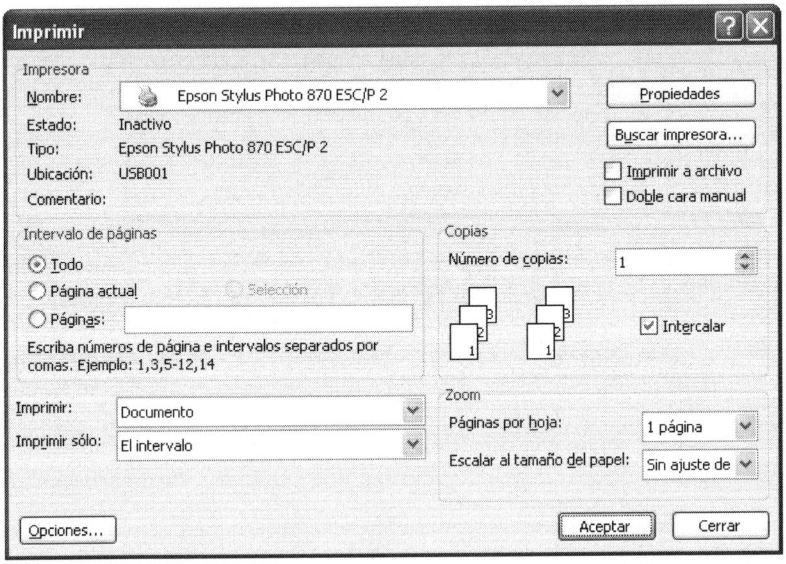

- **Página actual** permite imprimir sólo la página en que nos encontremos cuando solicitamos imprimir el texto.

- **Páginas** permite especificar qué páginas del documento serán impresas. Hemos de escribir los números de las páginas elegidas, separadas por comas, si se trata de páginas concretas o por guiones si son grupos de páginas contiguas.

- **Selección** permite imprimir un bloque de texto que se haya seleccionado previamente. Esta opción sólo está disponible si hemos seleccionado un bloque de texto (o varios).

3. El grupo **Copias** permite indicar la cantidad de ejemplares que deseamos imprimir.

   - Para establecer la cantidad utilizaremos el cuadro de texto **Número de copias**.

   - La casilla **Intercalar** determina el orden en el que se imprimirán las páginas si se van a imprimir varias copias. Si se activa la casilla y se han establecido varias copias para imprimir, se imprimirá la primera copia completa antes de pasar a la siguiente (página 1, página 2, página 3, etc., y vuelta a empezar). Si se desactiva esta casilla, Word imprimirá la página 1 de cada copia, después la 2, etc.

4. La lista desplegable **Imprimir** (
) permite indicar qué partes relacionadas con el documento aparecerán impresas. Así, podremos elegir entre **Documento**, **Resumen**, **Documento con marcas**, **Lista de marcas**, **Estilos**, **Autotexto** y **Asignaciones de teclas**.

5. La lista **Imprimir sólo** (
) permite elegir si se imprimirá el bloque de texto completo, sólo sus **Páginas impares** o sólo las **Páginas pares**.

Si necesita imprimir un documento por ambas caras de cada hoja, imprima primero las impares y luego, dando la vuelta a las hojas, las pares. Así se ahorrará el dar la vuelta a cada hoja para imprimir por sus dos caras.

6. En el grupo **Zoom** tenemos dos opciones:

   - La lista desplegable **Páginas por hoja** permite indicar cuántas páginas de las que haya escrito con Word deben entrar en cada página de papel.

   - La lista desplegable **Escalar al tamaño del papel** permite indicar un tipo de hoja al que Word ajustará el texto que haya escrito. Por ejemplo, si ha creado un texto para un DIN-A4 y va a imprimir en un DIN-A5 (una cuartilla), Word reducirá automáticamente el tamaño del texto hasta ajustarlo al nuevo tipo de hoja. Únicamente es necesario elegir el nuevo tamaño de papel en la lista.

EL MENÚ *VER*

El menú **Ver** ofrece varios modos con los que trabajar con el texto en la ventana de Word:

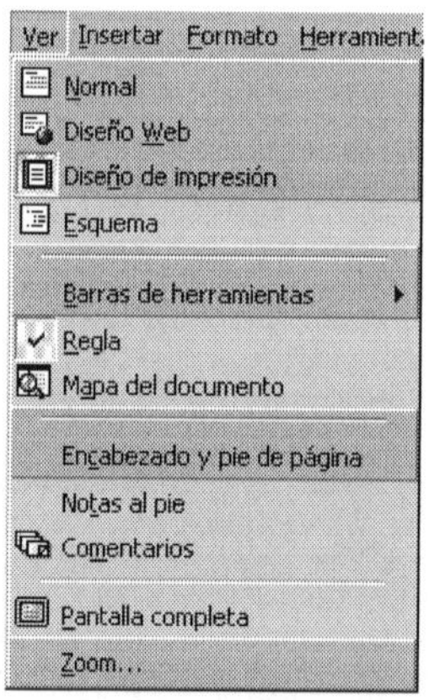

Versión 2000

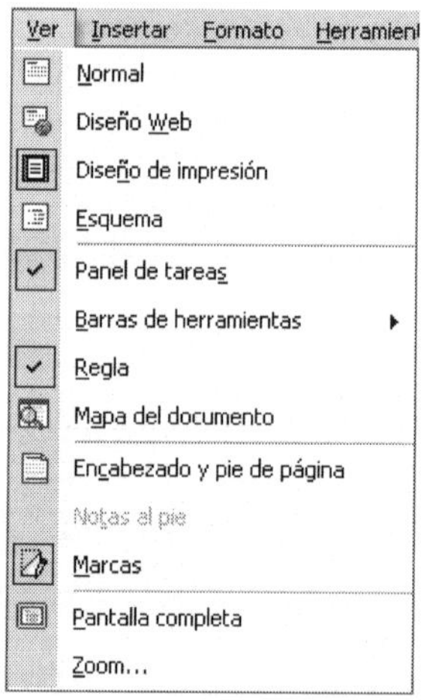

Versión 2002

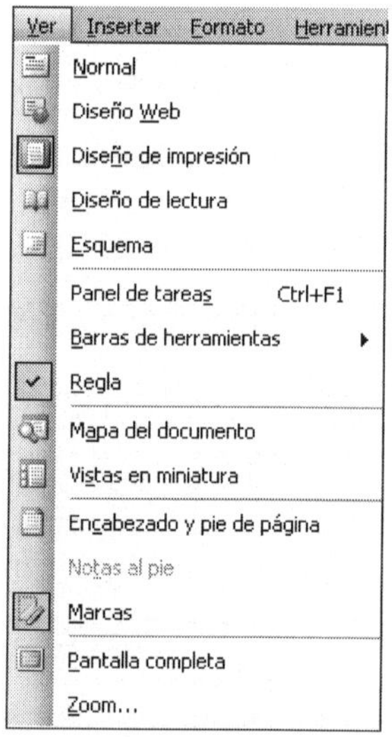

Versión 2003

1. El primer grupo de funciones de este menú tiene como fin poder indicar el modo de edición del texto.

   - Con **Normal** puede ver el texto, según lo escribe, en el formato estándar de Word.

- **Diseño Web** es un modo especial para la creación de páginas Web. Cuando se pone en marcha este modo de trabajo, se activa igualmente el mapa del documento que permite ver un esquema básico de éste (muy útil si se trata de un texto largo).

- **Diseño de impresión** trabaja con el documento tal y como aparecerá impreso (aunque con pequeñas excepciones). Se trata del modo de trabajo más completo y el que le recomendamos para trabajar normalmente con sus documentos.

- La opción **Esquema** le permite trabajar, como su nombre indica, en un modo más esquemático.

- En Word 2003 también se dispone de otra opción más, **Diseño de lectura**, que permite ver y modificar las páginas como si de un libro abierto se tratase.

En la parte inferior izquierda de la ventana de Word dispone de varios botones para cambiar el modo de trabajo sin necesidad de acceder al menú **Ver**.

De las ***Barras de herramientas*** hablamos en el apartado que lleva ese mismo nombre del capítulo 3: ***Barras de Office y de herramientas***.

2. Continuando con el menú **Ver**, tenemos la opción **Regla**, cuya función es, como su nombre indica, mostrar la regla que nos facilita la colocación de elementos en el texto. También tiene otras funciones como permitir el cambio de márgenes, la colocación de tabuladores y la disposición de sangrados. La regla horizontal posee este aspecto:

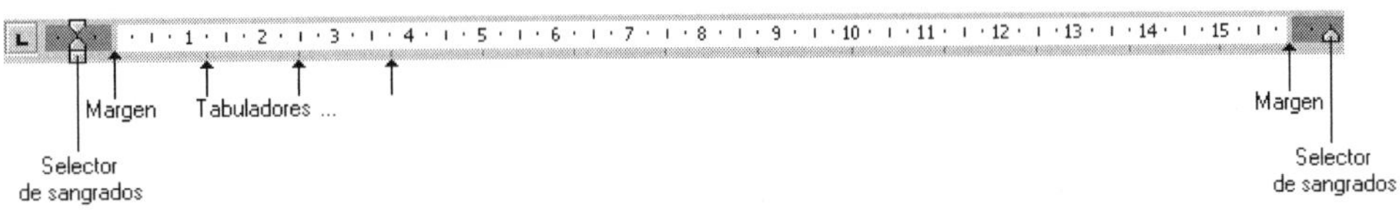

- Para modificar los márgenes bastará con hacer un clic sobre ellos y, sin soltar el botón del ratón, arrastrar el puntero hasta donde se desee. Al soltar el botón, el margen se fijará en la posición correspondiente.

- En el caso de los tabuladores basta con hacer clic en el lugar adecuado de la regla para que aparezca uno. Hablaremos con más detalle de todo lo relacionado con los ***Tabuladores*** en el apartado que lleva ese mismo nombre del capítulo 7: ***Formatos***.

3. La función más precisa a la hora de esquematizar un texto largo es el mapa del documento. Esta función, que se activa mediante la opción **Mapa del documento**,

activa un apartado a la izquierda del texto mostrando las partes de que consta éste. Si su texto contiene varios apartados como subdocumentos o secciones, éstos aparecerán en el mapa, y se puede acceder a ellos seleccionando el término correspondiente.

4. La opción **Vistas en miniatura** (únicamente disponible en la versión 2003) muestra miniaturas de las páginas en el lado izquierdo de la ventana del documento. Al hacer clic en una de las miniaturas accederemos a dicha página. Al seleccionar esta opción de nuevo, las miniaturas desaparecen.

> Ojo: Tanto de los encabezados y pies de página como de las notas a pie de página hablamos ampliamente a continuación en los apartados ***Encabezados y pies de página*** y ***Notas a pie de página y notas finales*** de este mismo capítulo.

5. La opción **Marcas** del menú **Ver** permite activar la barra de **Revisión**. Con ella se puede comparar detalladamente un documento con una versión distinta del mismo. Con **Marcas** podremos mostrar o no ciertos elementos del texto (como, por ejemplo, comentarios) para que podamos modificar su contenido.

6. La opción **Pantalla completa** muestra en pantalla exclusivamente el texto que se está escribiendo sin menús ni barras de herramientas (ni siquiera la barra de tareas). Al activar esta opción, en la parte inferior derecha de la pantalla aparece un botón que, al pulsarlo, devuelve a Word a su modo normal de trabajo:

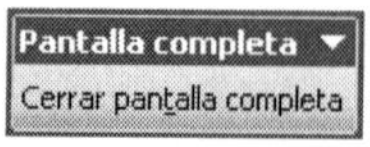

7. La última opción del menú **Ver**, **Zoom**, facilita la posibilidad de aumentar o disminuir la vista del texto en pantalla con el fin de percibir con mayor o menor detalle el texto que se escribe. Al activarla, se obtiene el siguiente cuadro de diálogo:

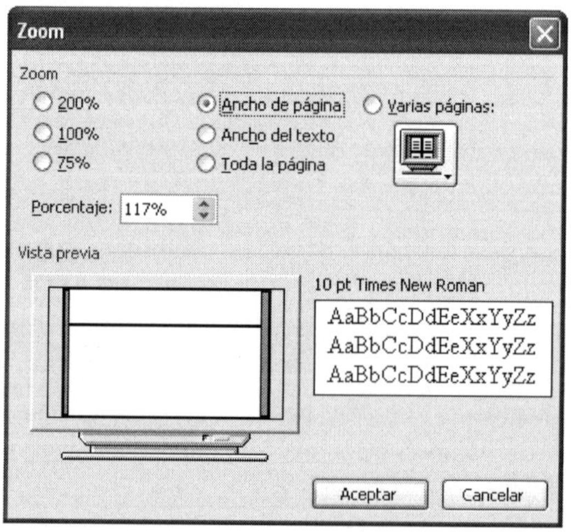

- El grupo **Zoom** permite modificar el tamaño de visualización. Dentro de él tenemos seis botones de opción que nos mostrarán el texto el doble de grande (**200%**), normal (**100%**), más pequeño (**75%**), según el **Ancho de página** que tengamos, el **Ancho del texto**, la página completa (**Toda la página**), o bien **Varias páginas** en un tamaño más pequeño (de modo que quepan todas las que se elijan). Y, por último, puede ajustar el tamaño según el **Porcentaje** que desee (200% es el doble de grande, mientras que 50% sería la mitad).

- **Vista previa** muestra cómo aparecerá el texto si se modifica el tamaño.

El tamaño del texto en pantalla puede modificarse también desde la barra de herramientas. Para ello, despliegue la lista 100% que le ofrecerá las mismas opciones que acabamos de ver.

Encabezados y pies de página

Una de las funciones más útiles que se encuentra en el menú **Ver** ofrece la posibilidad de añadir encabezados y pies de página automáticos, de forma que bastará con escribir el mensaje que forme el encabezado (o pie) para que Word se encargue de depositarlo en su lugar correspondiente en cada página.

Al activar **Encabezado y pie de página** en dicho menú, Word nos lleva al encabezado que haya en esa página. Si no existiera encabezado alguno, lo creará en blanco y esperará a que lo escribamos. En cualquier caso, Word presentará la siguiente barra:

Algunos de los botones que presenta esta barra eran ligeramente distintos en las versiones anteriores a 2003, pero su función es la misma y dispondremos del mismo número de éstos en todas las versiones:

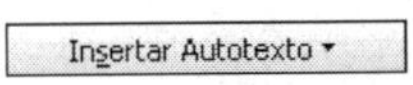

Añade datos preestablecidos como el nombre del autor, la página, la fecha de impresión, etc. Al pulsarlo, aparece la lista de todos los datos que es posible incorporar.

(o) **Insertar número de página**. Incorpora el número de la página en el lugar del encabezado/pie en el que se encuentre el cursor en ese momento. El número de página se actualiza automáticamente en cada página en la que aparezca el encabezado/pie.

(o) **Insertar número de páginas**. Incorpora el número total de páginas del texto al encabezado/pie. Este dato no se actualiza automáticamente, sino que Word muestra siempre el número de páginas que hubiera en el momento de utilizar esta función.

(o) **Formato del número de página**. Permite establecer el aspecto y tipo del número de página. Para ello, Word ofrecerá el siguiente cuadro de diálogo:

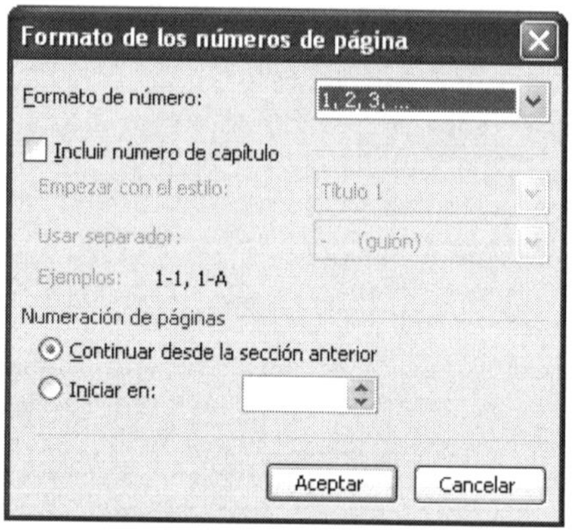

1. Utilice **Formato de número** para indicar el sistema de numeración (arábigo, romano, etc.).

2. Si va a incorporar número de capítulo en el encabezado, active el botón **Incluir número de capítulo**. Al activarlo, podrá indicar también el estilo del número y otros datos relativos a él.

3. Como veremos más adelante, un texto puede dividirse en secciones que permiten contener formatos diferentes e independientes del resto de las secciones: numeración, encabezados, pies de página, etc. Gracias a esto, podemos establecer, por ejemplo, distintos encabezados en el mismo texto. Uno de esos datos es la numeración, que puede comenzar en cada nueva sección (**Iniciar en**), o bien, continuar partiendo de la anterior (**Continuar desde la sección anterior**).

(o) **Insertar fecha**. Incorpora la fecha al encabezado/pie. No se actualiza de forma automática, es decir, una vez que se añade la fecha, Word no la modifica a menos que se vuelva a incorporar la fecha al encabezado/pie.

(o) **Insertar hora**. Incorpora la hora al encabezado/pie. No se actualiza de forma automática, es decir, una vez que se añade la hora, Word no la modifica a menos que se vuelva a incorporar la hora al encabezado/pie.

(o) **Configurar página**. Lleva al cuadro de diálogo de preparación de páginas, y directamente a la ficha que posee datos acerca de los encabezados/pies. Hemos detallado esta función en el apartado ***Configurar página*** en el capítulo 7: ***Formatos***.

(o) **Mostrar u ocultar texto del documento**. Muestra u oculta el texto de la página.

(o) **Igual que el anterior**. Obliga al encabezado/pie actual a ser idéntico al anterior del mismo texto.

(o) **Cambiar entre encabezado y pie**. Cambia de situación: si estábamos en un pie de página, nos llevará al encabezado de esa misma página o viceversa.

(o) **Mostrar el anterior**. Nos lleva al encabezado/pie anterior al actual para permitirnos su modificación.

(o) **Mostrar el siguiente**. Nos lleva al siguiente encabezado/pie para permitirnos su modificación.

Una vez finalizada la creación o modificación de un encabezado o pie de página, pulsaremos el botón [Cerrar] para que quede insertado en el texto.

Ojo

Observe que cuando pulsa el botón [Cerrar] y vuelve así al modo de edición del cuerpo del texto, el encabezado (o pie de página) que haya creado se ve en color gris. Al imprimir el texto, éste aparecerá en negro (o con el color que haya empleado en el encabezado), pero en pantalla se ve gris para que se distinga fácilmente el encabezado del cuerpo del texto.

Si en un texto ya existen encabezados, pies de página, notas a pie de página o anotaciones, se podrá acceder a ellos mediante la opción **Encabezado y pie de página** del menú **Ver**, o bien haciendo un doble clic sobre el encabezado o pie en cuestión.

Para borrar un encabezado o un pie de página basta con eliminar todo su contenido (borrando todo con las teclas de borrar o **SUPR**).

Notas a pie de página y notas finales

Como sabemos, cierto tipo de publicaciones ofrecen aclaraciones al final de la página (o del documento). Word permite generar estas aclaraciones mediante notas a pie de página y notas finales. Para poder crearlas hemos de situar el cursor en el punto del texto en el que deseemos que aparezca la marca y acceder al menú **Insertar** para elegir la opción **Referencia**, que genera un submenú en el que activaremos **Nota al pie**. Se obtiene un cuadro de diálogo como el que ofrecemos en la página siguiente:

1. Las **Notas al pie** aparecen en la parte inferior de la misma página en que se crean, mientras que las **Notas al final** aparecen todas juntas detrás de la última página del texto.

2. Después debe precisarse si se va a utilizar la numeración automática que ofrece Word (**Formato de número**) o si, por el contrario, usaremos una marca diferente (**Marca personal**) indicándola en el cuadro de texto correspondiente (por ejemplo, un asterisco). Podremos elegir, como marca personal, cualquier carácter del juego ofrecido por el botón [Símbolo...].

3. Utilice el botón [Convertir...] para transformar notas a pie de página en notas finales o viceversa.

4. El número con el que desea iniciar la numeración se escribe en **Iniciar en**.

5. Utilice la lista desplegable **Numeración** para establecer cómo desea reiniciar las numeraciones automáticas: **Continua** (no reinicia la numeración, los números de nota se van sucediendo desde el principio hasta el final del texto), **Reiniciar cada sección** (inicia la numeración con cada nueva sección, comenzando por el número escrito en el cuadro de texto **Iniciar en**), **Reiniciar cada página** (inicia la numeración en cada página, comenzando por el número escrito en el cuadro de texto **Iniciar en**).

Si necesita eliminar una nota a pie de página, seleccione su marca (número o símbolo) en el texto (en el texto y no en la nota al pie) y pulse la tecla **SUPR**.

CAPÍTULO 6

FUNCIONES BÁSICAS DE TRABAJO CON WORD

En este capítulo comenzaremos a adentrarnos en funciones de Word que resultan prácticamente fundamentales en cualquier tipo de escritos.

TIPOS DE LETRA (FUENTES)

Windows es un gran proveedor de tipos de letra que pueden conferir a sus documentos un aspecto realmente agradable y profesional. Esto, unido a la sencillez de manejo de los tipos de letra con Word, lo convierten, por otro lado, en un medio ciertamente cómodo y útil de emplearlos.

Manejo

Existen algunos estilos de la letra que son utilizados con mayor frecuencia:

- la **negrita** (letra más gruesa)
- la *cursiva* (inclinada y también llamada itálica)
- el subrayado (con una línea inferior remarcando el texto)

Estos tres estilos se pueden activar mediante los botones **N** *K* S de la barra de herramientas. También en ésta se encuentra el botón del modo **Resaltar**: ab. Para utilizarlo seleccione el texto que se va a destacar y despliegue el botón, con lo que obtendrá una lista de colores que se pueden usar como fondo para el texto. Para desactivar estos estilos, seleccione de nuevo esa parte del texto y vuelva a pulsar el mismo botón.

Existe una forma genérica de acceder a los tipos de letra y es activar la opción **Fuentes** que aparece en el menú **Formato**. Al hacerlo, obtenemos un cuadro de diálogo:

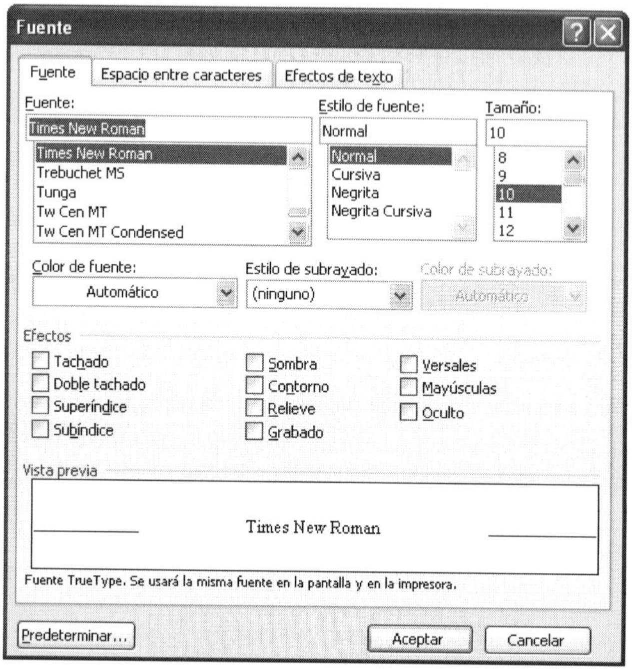

En la lista **Fuente** puede elegir el tipo de letra básico para el texto. A su lado, el **Estilo de fuente** le permitirá modificar el aspecto de ese tipo de letra añadiendo atributos al texto, como negrita, cursiva o subrayado. Con **Tamaño**, podrá utilizar una letra más o menos grande según su necesidad. El cuadro de **Vista previa** le ofrecerá una muestra con el efecto resultante. Veamos la lista del resto de las posibilidades de este cuadro:

1. La lista desplegable **Color de fuente** le permitirá dar color a su texto. Al pulsar el botón correspondiente, se nos ofrece una lista con los colores disponibles.

2. La lista desplegable **Estilo de subrayado** podrá indicar qué tipo de subrayado quiere que aparezca en el texto. También podrá elegir un color para ese tipo de subrayado mediante la lista **Color de subrayado**.

3. Se pueden añadir **Efectos** al texto utilizando el grupo correspondiente (excepto **Oculto**, que esconde el texto):

   - ~~Tachado~~
   - ~~Doble tachado~~
   - Superíndice
   - Subíndice
   - Sombra
   - Contorno
   - Relieve
   - Grabado
   - VERSALES
   - MAYÚSCULAS

4. Por último, con el botón Predeterminar... puede indicar que el tipo de letra, el tamaño, el aspecto, color y efectos elegidos sean los iniciales para cualquier texto nuevo que se comience posteriormente.

Espacio entre caracteres, alineación vertical y animación

Veamos de nuevo el cuadro de diálogo de fuentes, pero con la ficha **Espacio entre caracteres** activada:

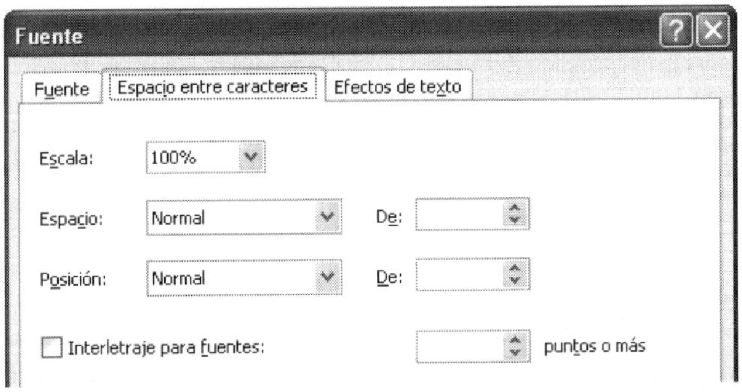

1. **Escala**. Permite establecer el porcentaje de la anchura de la letra: **100%** es el tamaño normal, por lo que **200%** es el doble y **50%** la mitad.

2. **Espacio**. Permite establecer la separación entre los caracteres del texto. Se mide en puntos: un número negativo de puntos, aproxima los caracteres entre sí, mientras que un número positivo de puntos, los separa.

3. **Posición**. Permite establecer la alineación vertical del texto: un número positivo coloca el texto más arriba de lo normal en el renglón, mientras que un número negativo lo coloca más abajo.

4. **Interletraje para fuentes**. Permite establecer el tamaño que ha de tener un tipo de letra para que Word aplique sobre él el espacio entre caracteres. Si se establece el dato 12, un tipo de letra menor que ése no se verá afectado por el espacio entre caracteres. Esta función sólo actúa si se trata de un tipo de letra TrueType o Adobe Type Manager.

Observe que existe una última ficha llamada **Efectos de texto**. Con ella podrá aplicar ciertos efectos de movimiento sobre el texto. Puede resultar útil para textos que se vayan a mostrar en pantalla, puesto que la animación no puede trasladarse al papel con impresora.

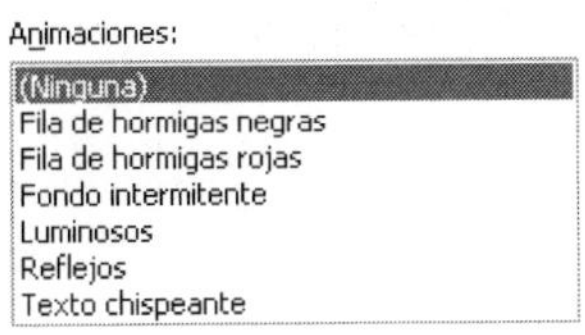

TRABAJOS CON BLOQUES DE TEXTO

En muchos momentos necesitaremos seleccionar partes del texto para aplicarles funciones de Word, incluso partes que incluyan otros elementos como, por ejemplo, imágenes.

Selección de un bloque

Para seleccionar un bloque de texto podemos emplear el ratón o el teclado.

1. Una vez que estemos situados al principio o al final de lo que vamos a seleccionar, mantendremos pulsada la tecla de **MAYÚSCULAS** y utilizaremos las teclas del cursor (flechas). Al hacerlo, el bloque se irá marcando en la pantalla. Mientras mantenga pulsada la tecla de **MAYÚSCULAS** también podrá emplear otras teclas como **Inicio**, **Fin**, **RePág** y **AvPág**.

2. Con el ratón haga clic en un punto del texto y arrástrelo.

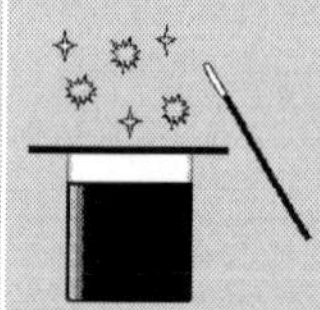

Le ofrecemos las siguientes sugerencias para seleccionar texto:

1. Si necesita seleccionar una sola palabra, haga dos clics sobre ella.
2. Si necesita seleccionar un párrafo completo, haga tres clics sobre él (en cualquier parte dentro de él).
3. Si necesita seleccionar una línea de texto completa, haga clic a su izquierda fuera del margen.
4. Si necesita seleccionar todo el texto, pulse las teclas **CONTROL + E**, o bien, active **Seleccionar todo** en el menú **Edición**.
5. Si necesita seleccionar zonas salteadas de texto, mantenga pulsada la tecla **CONTROL** y comience a seleccionar otro bloque de texto en el lugar que necesite. El resto de las funciones que hemos visto son aplicables si necesita seleccionar bloques salteados de texto.

Después de haber seleccionado el texto (marcado claramente porque cambia de color), podremos realizar la operación que deseamos aplicar a ese texto.

Si deseamos seleccionar sólo la imagen, el trabajo es mucho más fácil, ya que sólo tenemos que hacer un clic sobre ella. Al hacer el clic, la imagen aparece rodeada por los puntos de control (o manejadores), que nos indican que ese elemento está seleccionado.

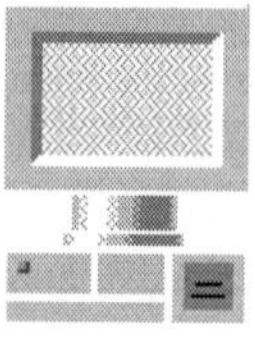

Imagen en el texto

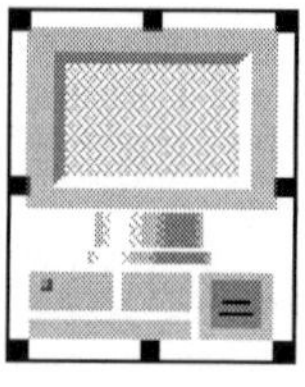

Imagen seleccionada

En las versiones 2002 y 2003 podrá seleccionar párrafos salteados manteniendo pulsada la tecla de **CONTROL** (o **CTRL**) mientras realiza la selección. Esta función aún no existía en la versión 2000.

Mover y copiar bloques

Para mover un bloque empleamos la opción **Cortar** del menú **Editar.** Hace desaparecer el bloque de texto de su posición actual y lo sitúa en el portapapeles. Después, llevaremos el cursor al lugar del texto en el que deseamos colocar el bloque y utilizaremos la opción **Pegar** del menú **Edición**.

Si se trata de realizar una copia del texto seleccionado en otra parte del documento, habremos de utilizar la opción **Copiar** del menú **Edición**. El bloque de texto se copia en el portapapeles, pero al contrario de lo que ocurría en la función anterior, no desaparece de donde está. Después, nos situaremos en la parte del texto en que deseamos que aparezca el bloque y activaremos la opción **Pegar** del menú **Edición**.

Para **mover** un bloque que haya seleccionado, vuelva a hacer clic sobre él y, sin soltar el botón del ratón, arrastre en la dirección deseada. Podrá ver cómo, según mueva el ratón con el botón pulsado, aparece el cursor del texto en color gris indicando la posición en la que aparecerá el bloque de texto si libera el botón del ratón. Cuando, efectivamente, lo suelte, el bloque de texto se alojará en ese punto del texto, desapareciendo del lugar original en el que se encontrase.

Para **copiar** un bloque mediante este sistema, el proceso es el mismo que para moverlo (vea el truco anterior), salvo que deberá mantener la tecla de **CONTROL** pulsada antes de hacer el clic sobre la selección para arrastrarla.

Estas dos utilidades sólo resultan útiles si el lugar de destino del bloque seleccionado está cercano al original.

Borrar bloque

Para hacer desaparecer el bloque de texto hemos de pulsar la tecla **SUPR** (suprimir) una vez que hayamos seleccionado el bloque. Acto seguido, el bloque desaparecerá del texto. Esta operación puede hacerse igualmente con la opción **Borrar** del menú **Edición**.

En la barra de herramientas hay tres botones para el uso del portapapeles:

- Cortar:
- Copiar:
- Pegar:

Cambiar el tipo de letra a un bloque

Si deseamos cambiar el tipo de letra de una parte del texto que ya esté escrito, bastará con marcar como bloque el texto que se va a modificar, o lo que es lo mismo, seleccionarlo y después indicar el tipo, tamaño o aspecto de letra que deseamos para ese bloque, ya sea utilizando los botones de las barras de herramientas o la opción **Fuentes** del menú **Edición**.

> Si se trata de cambiar de tipo de letra a una sola palabra, no será necesario seleccionarla; bastará con colocar el cursor sobre ella (por ejemplo, haciendo clic sobre ella).

Conversión a mayúsculas y minúsculas

Igualmente, un texto que hayamos seleccionado o marcado como bloque puede transformarse a mayúsculas o a minúsculas. Una vez que haya seleccionado el bloque de texto active la opción **Cambiar mayúsculas y minúsculas** del menú **Formato** que le ofrece a su vez un cuadro de diálogo con cinco posibilidades, de entre las cuales elija la que le interese en ese momento:

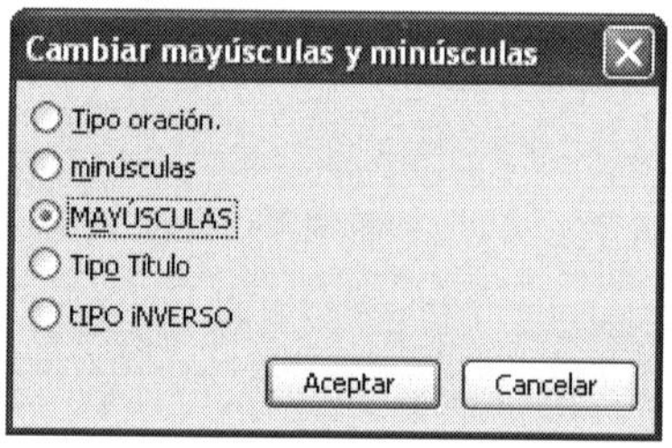

SECCIONES

Un texto escrito con Word suele dividirse en partes para un manejo más sencillo y estructurado de los documentos. Esto ocurre, sobre todo, en documentos grandes cuyo manejo resulta más cómodo si se fracciona en partes. Estas partes reciben el nombre de secciones. Por ejemplo, para escribir un texto con capítulos suele ser recomendable que cada capítulo del texto lo conforme una sección.

Cada sección es independiente de las demás, aunque existe la posibilidad de relacionarlas a la hora de utilizar ciertas partes del texto como, por ejemplo, encabezados, pies de página o la numeración de páginas.

Cuando se comienza a escribir un documento nuevo, está formado por una única sección, que el usuario se encargará de dividir en más secciones dependiendo de lo que necesite.

Creación de secciones y saltos de página

Para definir una nueva sección hemos de situar el cursor en el lugar del texto en que queramos añadir la división de la sección y activar la opción **Salto** del menú **Insertar**. Obtendremos lo siguiente:

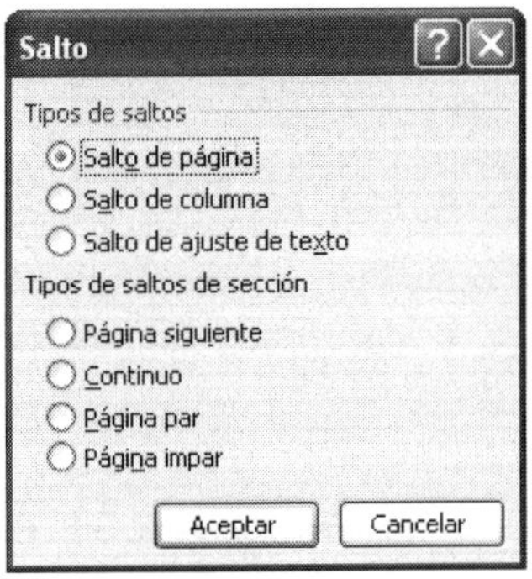

En realidad, este cuadro de diálogo se utiliza con el fin de crear no sólo saltos entre secciones, sino también entre páginas y columnas como puede verse.

1. Si necesita terminar una página sin rellenarla por completo y continuar en la siguiente, puede utilizar **Salto de página** (o las teclas **CONTROL + INTRO**).

2. Igualmente, si selecciona **Salto de columna**, dejará incompleta la columna actual y saltará a la siguiente. Para más información sobre las columnas, consulte el apartado ***Creación de columnas en un texto*** en el capítulo 7: ***Formatos***.

3. Para controlar el modo en que el texto se ajusta a un objeto (por ejemplo, una imagen), elija **Salto de ajuste de texto**. Éste finaliza la línea de texto actual y lleva al cursor debajo del objeto.

4. **Página siguiente** realiza un salto de página y crea una nueva sección a partir de la siguiente página. A partir de ese instante ya se dispone de dos secciones en las que podrá alterar funciones como márgenes, encabezados o columnas de forma distinta en cada sección.

5. **Continuo** crea una nueva sección justo en el lugar de la página en que se encuentre **sin** llevar a cabo un salto de página.

6. **Página Par** ejecuta saltos de página hasta la próxima página par. En ese mismo lugar comienza la nueva sección.

7. **Página Impar** ejecuta saltos de página hasta la próxima página impar. En ese mismo lugar comienza la nueva sección. Se utiliza, por ejemplo, cuando se desea que un capítulo comience forzosamente en una página impar. En ese caso, se crea una nueva sección con esta opción, con lo cual el capítulo anterior se da por terminado.

CAPÍTULO 7

FORMATOS

Los formatos permiten "dar forma" a nuestros textos: crear columnas automáticas, alinear el texto, numerar párrafos, realizar sangrías, aplicar bordes a los párrafos, etc. La flexibilidad de Word permite que el formato que le demos al citado texto se realice sólo en un párrafo, en varios párrafos, en varias páginas, en una sola línea, etc.

Las funciones de las que vamos a hablar en este capítulo se encuentran en el menú **Formato** fundamentalmente, aunque también revisaremos la opción **Configurar página** del menú **Archivo**.

FORMATO DE PÁRRAFOS

En este apartado vamos a ver funciones relacionadas con el formato que podremos aplicar a un párrafo o a varios.

1. Si el formato se va a aplicar a un solo párrafo, bastará con situarse en él (por ejemplo, haciendo clic en cualquiera de las letras que lo compongan).

2. Si el formato se va a aplicar a varios párrafos, necesitaremos seleccionarlos con el fin de indicar a Word exactamente aquellos en los que debe trabajar.

Alineación y justificación

La justificación puede conseguir en gran medida la buena presentación deseable para cualquier texto. De una manera automática, Word consigue que las líneas de su texto queden perfectamente alineadas por ambos márgenes. Puede alinear un texto de cuatro formas:

1. **Alinear a la izquierda**: el texto queda perfectamente alineado en el margen izquierdo, pero no así en el derecho. Para aplicarlo active el botón de la barra.
2. **Centrar**: las líneas del texto quedan centradas entre los márgenes izquierdo y derecho. Para aplicarlo active el botón de la barra.
3. **Alinear a la derecha**: el texto queda perfectamente alineado en el margen derecho, pero desordenado en el izquierdo. Un uso típico para este tipo de justificación se presenta a la hora de escribir una fecha o la reseña de la firma en una carta, ya que suelen escribirse junto al margen derecho. Para aplicarlo active el botón de la barra.
4. **Justificar**: el texto queda alineado perfectamente tanto en el margen izquierdo como en el derecho. Para aplicarlo active el botón de la barra.

Estas cuatro funciones pueden activarse desde el cuadro de diálogo que aparece al seleccionar la opción **Párrafo** del menú **Formato**, desplegando su lista **Alineación**:

Sangrados

El sangrado de párrafos consiste en desplazar el margen del escrito hacia el interior de la página en un párrafo del texto.

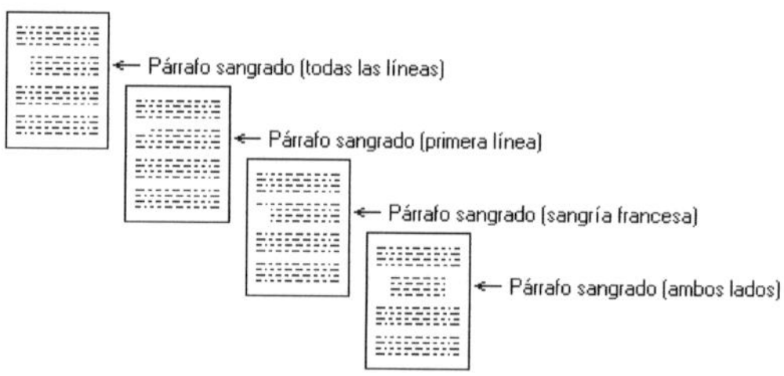

La sangría del margen izquierdo se obtiene utilizando los botones (**Aumentar sangría**) y (**Disminuir sangría**) de la barra de herramientas. Al pulsar el primer botón sobre un párrafo, se activa la sangría, y si se pulsa el segundo, la sangría desaparece.

Un modo más completo de generar el sangrado es el que ofrece la opción **Párrafo** del menú **Formato**, obtenemos un cuadro de diálogo en el que podemos indicar tanto el tipo de sangría como las medidas que pueden aplicarse al párrafo.

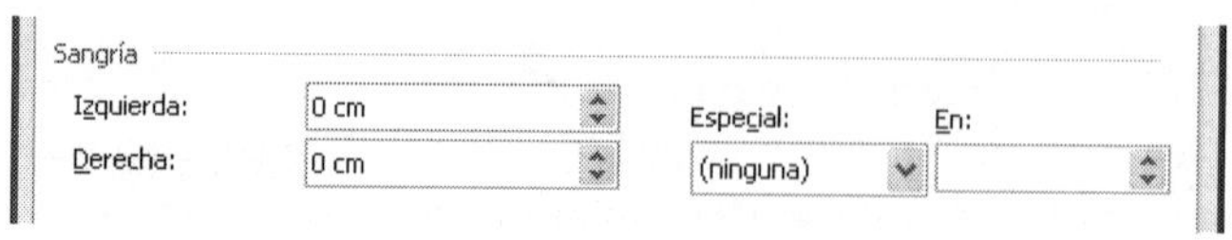

Con el grupo **Sangría** puede indicar el tipo que desea:

- **Izquierda** le permitirá realizar el sangrado con el número indicado de centímetros a partir del margen izquierdo del texto.
- **Derecha** le permitirá realizar el sangrado con el número indicado de centímetros a partir del margen derecho del texto.
- **Especial** le permite escoger entre dos sangrías más: **Primera línea**, que sólo sangra la primera línea del párrafo, y **Francesa**, que sangra todas las líneas del párrafo excepto la primera. Utilice el cuadro de texto que hay a su lado (**En**) para especificar cuántos centímetros (incluidos decimales) desea sangrar los párrafos si utiliza los estilos *Primera línea* o *Francesa*.

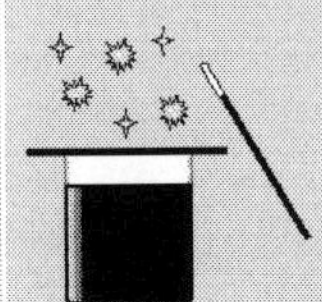

El sangrado de los párrafos puede llevarse igualmente a cabo mediante los marcadores deslizables de la regla:

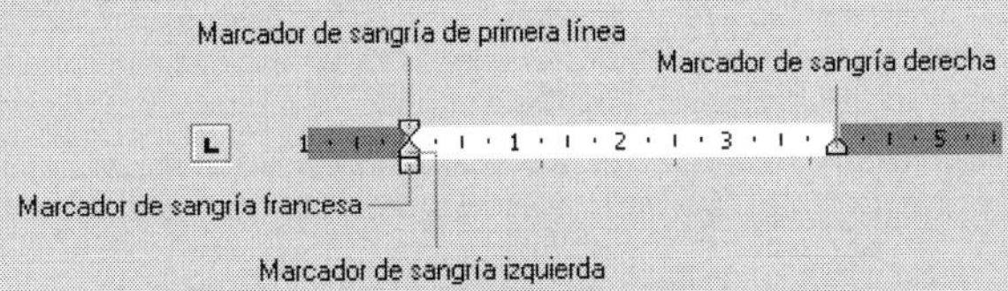

Deslice a izquierda o derecha cada marcador para conseguir el efecto de sangría que necesite.

Espacio entre líneas

Esta función le permitirá elegir tanto la separación entre las líneas de un párrafo como entre el párrafo y los párrafos anterior y siguiente. Para llevar a cabo esta operación, seleccione la opción **Párrafo** del menú **Formato** y utilice el grupo **Espaciado**:

1. **Anterior** le permite indicar el espacio que desea entre el párrafo anterior y aquel en el que se encuentre. Si ha seleccionado varios párrafos, se separarán entre sí.
2. **Posterior** le permite indicar el espacio que desea entre el párrafo en el que se encuentre y el siguiente. Si ha seleccionado varios párrafos, se separarán entre sí.
3. **Interlineado** asigna un espacio entre las líneas del párrafo: Sencillo, Doble, etc. Utilice el cuadro de texto situado a su derecha para especificar una distancia (medida en puntos) entre líneas diferente a las que se listen en **Interlineado**. Puede aplicar esta función desplegando el botón de la barra de herramientas.

Tabulaciones

Como ya hemos visto anteriormente, un tabulador crea un espacio en blanco de mayor o menor tamaño en la línea de texto. Las tabulaciones suelen emplearse para colocar pequeñas columnas de datos en el texto.

Una vez que haya seleccionado los párrafos a los que desee aplicar tabulaciones, puede trabajar utilizando un cuadro de diálogo generado desde la opción **Tabulaciones** del menú **Formato**, o bien utilizando la regla. Veamos primero el cuadro de diálogo.

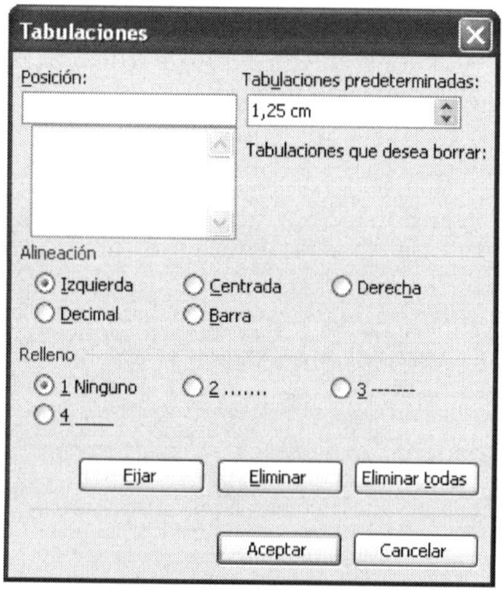

1. Si lo que desea es cambiar la posición de los tabuladores que ya aparecen fijados inicialmente en su documento, indique la separación que debe haber entre ellos en el cuadro de texto **Tabulaciones predeterminadas**.

2. Para fijar una sola tabulación escriba su distancia (medida en centímetros) con respecto al margen en el cuadro de texto **Posición**.

3. Después podrá especificar el tipo de tabulación que desea mediante el grupo **Alineación**:

   - **Izquierda**. El texto que escribamos asociado a un tabulador de este tipo aparecerá alineado a su izquierda. En la regla, su marca es L.

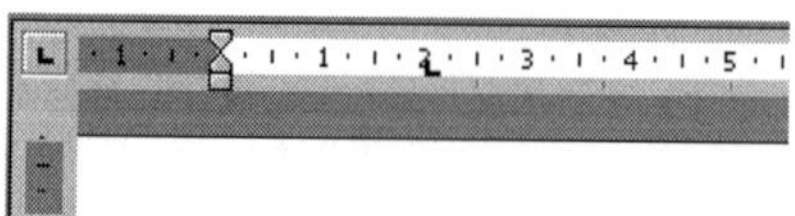

Tabulación izquierda

   - **Centrada**. El texto que escribamos asociado a un tabulador de este tipo aparecerá centrado en él. En la regla, su marca es ⊥.

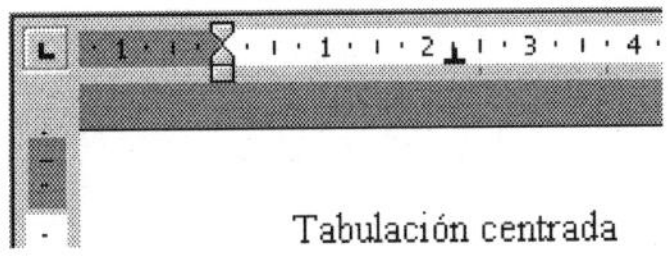

- **Derecha**. El texto que escribamos asociado a un tabulador de este tipo aparecerá alineado a su derecha. En la regla, su marca es ┘.

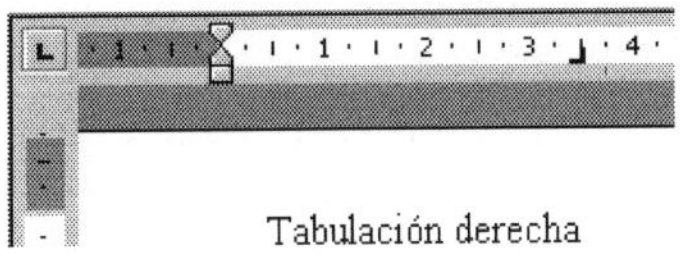

- **Decimal**. Se utiliza para alinear números. Con este tipo, las cifras que se escriban (en varias líneas) quedarán colocadas por unidades, decenas, centenas, etc., tomando como referencia la coma decimal. En la regla, su marca es ⊥.

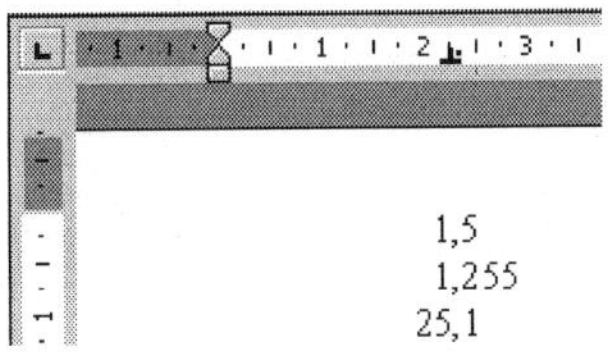

- **Barra**. Añade una línea vertical en el texto justo en la posición en que se fije. En la regla, su marca es **|**.

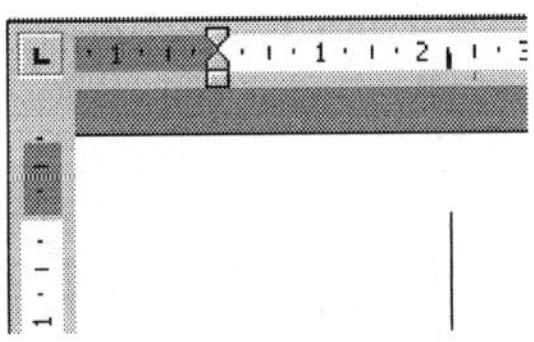

4. Si el espacio que genere el tabulador debe aparecer **Relleno**, utilice los botones de ese grupo. Inicialmente, un tabulador genera un espacio vacío; no obstante, podremos rellenar ese espacio con puntos (botón **2**), una línea discontinua (botón **3**) o una línea de subrayado (botón **4**). Un par de ejemplos:

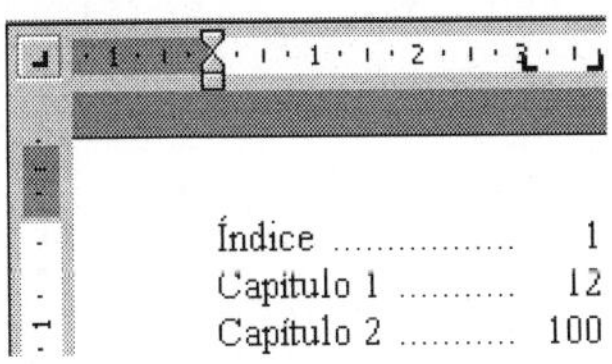

Relleno de puntos (observe la posición de los tabuladores en la regla)

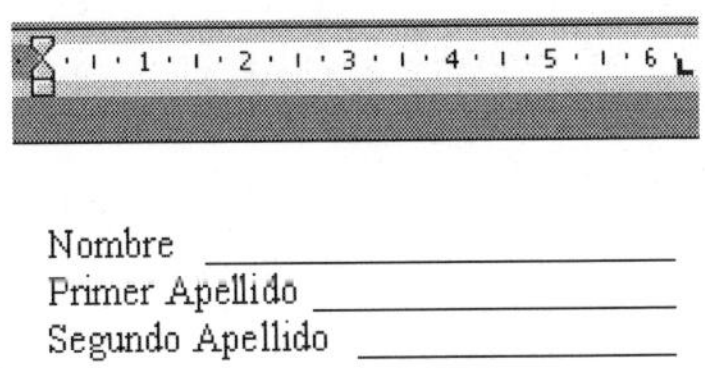

Relleno de subrayado (observe la posición de los tabuladores en la regla)

5. Una vez establecida la posición, la alineación y el relleno deberá pulsarse el botón [Fijar] para que el tabulador quede insertado en el texto. De este modo podrá añadir más tabulaciones antes de salir del cuadro de diálogo.

6. Si necesitamos borrar un tabulador, lo elegiremos en la lista (o lo teclearemos en **Posición**) y pulsaremos Eliminar. Se pueden borrar todos los tabuladores que aparezcan ya fijados mediante el botón Eliminar todas.

Para generar los tabuladores con la regla, debemos utilizar el ratón sobre ella: basta con hacer clic en el lugar adecuado de la regla para que aparezca uno. Si éste no se ha situado en la posición correcta, podremos volver a hacer clic sobre él y, sin soltar el botón del ratón, arrastrarlo hasta colocarlo en el sitio apropiado. Si desea eliminar un tabulador, arrástrelo fuera de la regla. Puede elegir la clase de tabulador que desee (izquierdo, centrado, derecho, decimal o de barra) en la parte izquierda de la regla, mediante el botón haciendo clic en dicho botón hasta que aparezca que necesite.

Ojo No olvide que cada una de las tabulaciones que coloque funcionarán siempre y cuando en el texto se pulse una vez la tecla del tabulador para cada tabulación (a excepción del tabulador de **Barra**).

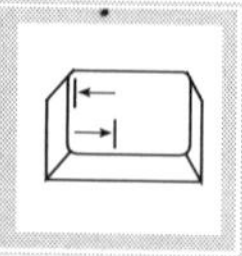

Viñetas

Una de las herramientas de uso sencillo que aporta Word es la posibilidad de crear esquemas en un texto. Éstos se encargan de numerar automáticamente los párrafos de un texto, o bien de generar viñetas: símbolos situados a la izquierda de los párrafos.

El modo más fácil de aplicar esta función consiste en seleccionar los párrafos y, a continuación, pulsar cualquiera de los dos botones que activan y desactivan los esquemas: (**Numeración**) o (**Viñetas**). También puede cambiar las características de los esquemas que haya utilizado en sus escritos con la opción **Numeración y viñetas** del menú **Formato**.

1. El tipo de viñeta que desea utilizarse se elige activando con el ratón cualquiera de los siete formatos que aparecen. El cuadro **Ninguno** desactiva las viñetas.

2. El botón [Personalizar...] permite configurar las características de la viñeta que se elija. De ello hablaremos en seguida.

3. Si ha personalizado un tipo de viñetas, podrá volver a dejar la configuración original mediante el botón [Restablecer].

Como hemos visto, las viñetas y numeraciones pueden configurarse mediante el botón [Personalizar...]. Este botón nos ofrece otro cuadro de diálogo:

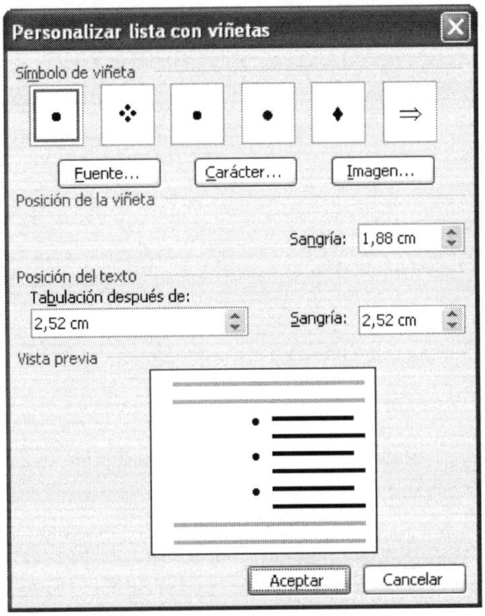

1. Elija la marca de los párrafos con los cuadros del grupo **Símbolo de viñeta**.

2. El botón [Fuente...] permite establecer el tipo de letra que tendrá la viñeta o la numeración que se elija. Con el accederá al cuadro de **Fuentes** del que hemos hablado en el apartado ***Tipos de letra (Fuentes)***.

3. Con el botón [Carácter...] podremos elegir otro símbolo que no aparezca en la lista **Símbolo de viñeta**. Para elegirla, se nos ofrecerá otro cuadro de diálogo.

4. Con el botón [Imagen...] podremos elegir una imagen archivada en el disco como viñeta para los párrafos (mejor imágenes pequeñas). Este botón le ofrecerá una lista de viñetas diseñadas por Microsoft. En ese cuadro de diálogo podrá ver el botón [Importar...] con el que podrá elegir cualquier imagen que tenga grabada en un disco.

5. Con el grupo **Posición de la viñeta** podremos indicar la distancia de las marcas (o números) con respecto al margen izquierdo.

6. Con el grupo **Posición del texto** podremos indicar la distancia del párrafo con respecto a las marcas (o números). Gracias a él podremos separar o acercar el párrafo a su viñeta.

Párrafos numerados

Si desea que el párrafo aparezca esquematizado con números, seleccione la pestaña de la ficha **Números** y la presentación del cuadro de diálogo variará en consecuencia para que elija el tipo de numeración:

Esta ficha contiene dos botones añadidos:

1. **Reiniciar numeración**. Vuelve a iniciar la numeración de los párrafos desde el número 1 (o la letra A si se encuentra en una lista numerada alfabéticamente). Esta opción sólo tiene sentido si se sitúa primero en un párrafo intermedio de la lista (desde el que volvería a iniciarse la numeración).

2. Seleccione el botón **Continuar lista anterior** si desea que la lista de párrafos comience su numeración a partir del número con el que se terminó la lista anterior.

Si pulsamos el botón 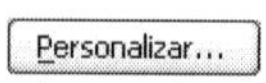

en este cuadro obtendremos un cuadro de diálogo como el que mostramos en la página siguiente:

1. Con **Formato de número** se añaden a la numeración aquellos símbolos o caracteres que deban acompañarla. Por ejemplo, si desea que detrás del número aparezca un paréntesis, un punto u otro carácter.

2. Despliegue la lista **Estilo de número** para elegir el tipo de numeración que desee emplear. Podrá elegir numeración arábiga, romana, alfabética, etc. A su derecha, puede indicar en qué número comienza la numeración (**Iniciar en**).

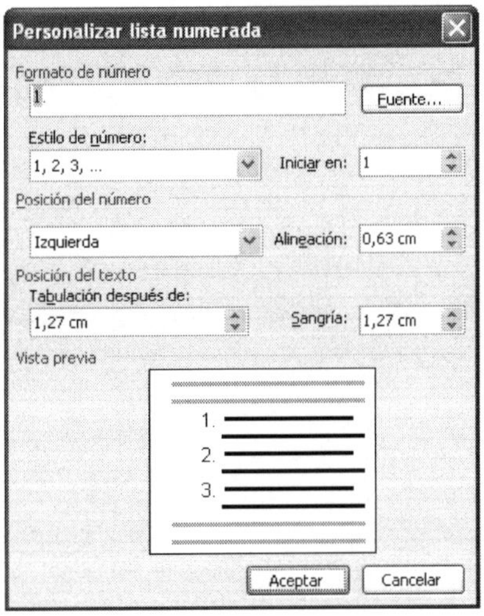

3. Despliegue la lista **Posición del número** para indicar la forma en que deben alinearse los números a la izquierda de cada párrafo. Puede indicar la distancia de separación entre los números y el margen izquierdo (con el cuadro **Alineación**).

4. Utilice el cuadro de texto **Tabulación después de** para indicar la posición de la tabulación en cada número de la lista (de esta lista depende la separación entre el número y la primera línea del párrafo numerado).

5. Utilice el cuadro de texto **Sangría** para indicar la distancia que habrá entre el texto del párrafo numerado y el margen izquierdo.

Esquemas

Si desea obtener varios niveles en lugar de uno solo, elija la pestaña de la ficha marcada como **Esquema numerado**. El cuadro mostrará estos datos:

El contenido del cuadro es idéntico, pero las listas dependen del sangrado que se aplique para que aparezcan varios niveles de numeración: normalmente, escribiendo un párrafo se obtendrá el primer nivel y, si el párrafo se sangra con el botón  de la barra de herramientas, se obtiene un segundo nivel. Así, podrá cambiar de nivel sangrando varias veces. Para volver a un nivel anterior, reduzca la sangría con el botón  de la barra.

Si pulsamos el botón 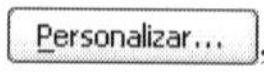, obtendremos otro cuadro de diálogo:

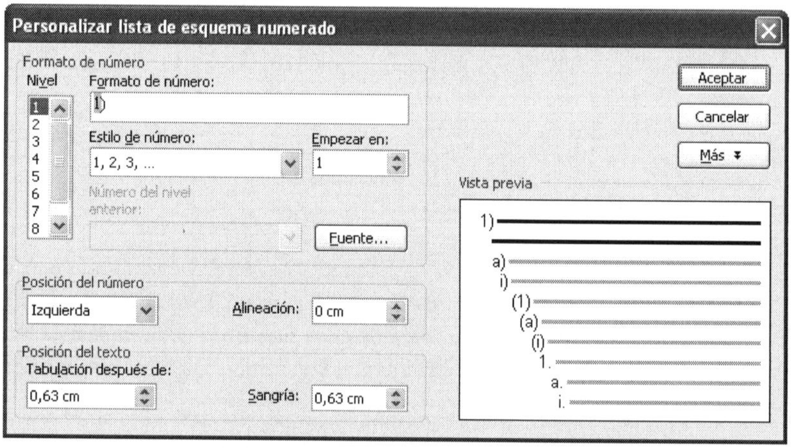

Dispone de los mismos elementos que para la personalización de la numeración de párrafos, aunque además puede emplear la lista **Nivel** para alterar cada nivel del esquema.

Estilos de lista

La ficha **Estilos de lista** (no disponible en la versión 2000) permite grabar en el disco los estilos de viñeta, numeración y niveles de esquema que empleemos con más frecuencia:

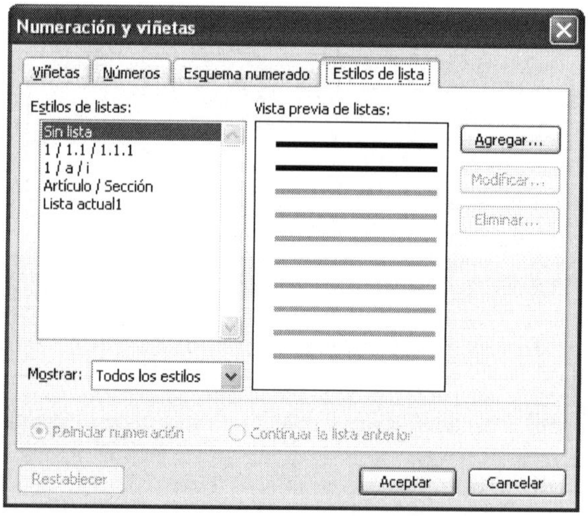

1. La lista **Estilos de listas** ofrece las que ya estén definidas. Bastará con elegir una y pulsar el botón [Aceptar] para que ese tipo de lista se aplique a nuestros párrafos seleccionados.

2. Despliegue la lista **Mostrar** para elegir qué tipo de listas desea utilizar. La opción más completa es **Todos los estilos**.

3. Utilice el botón [Agregar...] para definir una nueva lista. Esto le llevará a otro cuadro de diálogo con opciones para definir dicha lista. El sistema que debe seguir es similar al que hemos visto para personalizar las listas de viñetas y numéricas.

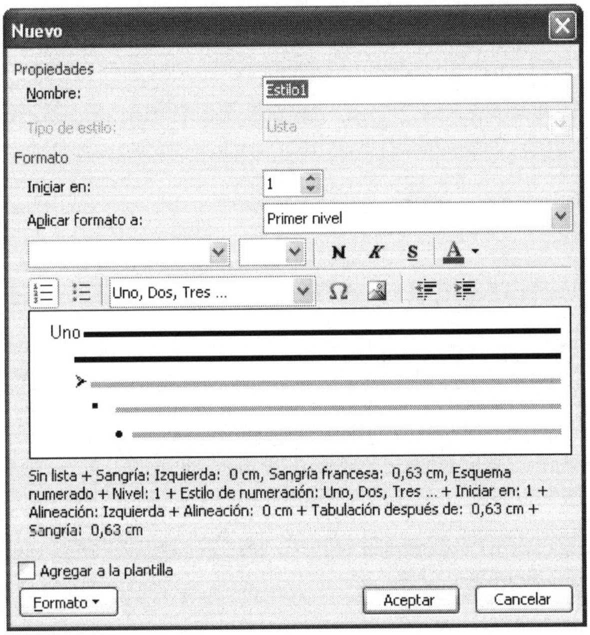

4. El botón [Modificar...] le lleva al mismo cuadro de diálogo que [Agregar...] para que pueda modificar una lista que ya exista.

5. Si desea eliminar una lista, pulse el botón [Eliminar...].

BORDES

La opción **Bordes y sombreado** del menú **Formato** le permite definir recuadros y rellenos para sus textos. Existen dos posibilidades:

1. Si utiliza esta opción sin marcar el texto, aparecerá un recuadro en la página que irá ampliándose conforme escriba el texto en su interior.

2. Si se selecciona un párrafo (o más) antes de utilizar esta función, todo lo seleccionado quedará enmarcado o sombreado (o bien ambas cosas). En este caso, el sombreado

o el borde tendrán una anchura horizontal que abarcará desde la posición en la que se encuentre la sangría izquierda hasta la posición de la sangría derecha.

En cualquier caso, si utiliza esta opción, obtendrá lo siguiente en pantalla:

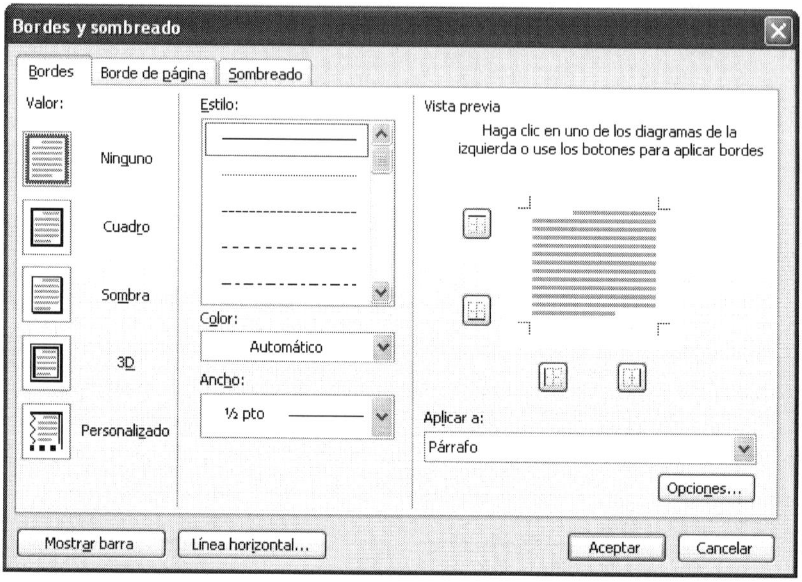

Como puede observar en este cuadro hay tres fichas: **Bordes**, **Borde de página** y **Sombreado**. En el que acabamos de presentar está activa la ficha **Bordes** que vamos a describir a continuación.

1. Con el grupo **Valor** puede elegir un borde prediseñado con el aspecto que puede ver ahí mismo.
2. Podrá especificar en la lista **Estilo** el tipo de línea que desea para recuadrar.
3. Podrá elegir el **Color** que desea y el grosor del borde con la lista **Ancho**.
4. Pulse los botones correspondientes en **Vista previa** para establecer la parte del marco que debe mostrar borde (izquierda, derecha, superior o inferior).
5. La lista **Aplicar a** permite indicar el elemento del texto al que se asignará el marco: al **Párrafo** completo, al **Texto** seleccionado, a una imagen, etc.
6. El botón Opciones... lleva a otro cuadro de diálogo en el que podremos indicar la distancia que debe haber entre el párrafo de texto y el marco que lo contiene.
7. El botón Mostrar barra cierra el cuadro de diálogo y muestra la barra de **Tablas y bordes** para llevar a cabo los mismos trabajos directamente en el texto. De esta barra, hablaremos con detalle en el capítulo 8: ***Tablas***.

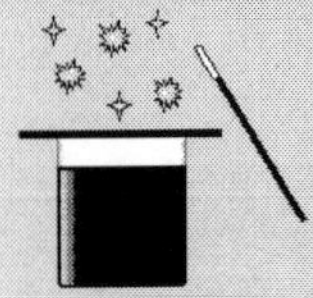

En la barra de herramientas existe un botón que permite enmarcar rápidamente un párrafo (o varios): . Como otros botones, tiene dos partes: la izquierda aplica el borde elegido; la derecha permite elegir el borde (todo el marco, sólo por la izquierda, sólo por la derecha, etc.).

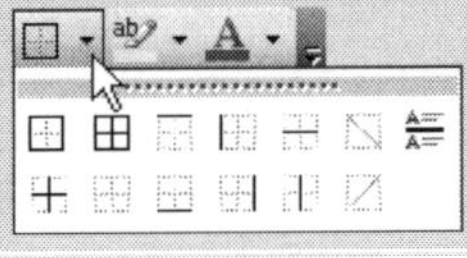

8. El botón [Línea horizontal...] permite trazar una línea recta horizontal en el texto. Para ello, ofrece una lista de líneas en un cuadro de diálogo.

Tenga en cuenta que el borde (y también el sombreado) abarca desde la sangría izquierda hasta la derecha, con lo cual puede conseguir que un borde alcance un mayor o menor tamaño horizontal variando la sangría del párrafo en el que ese borde existe. Por ese mismo motivo, si selecciona dos o más párrafos que tengan la misma sangría y les aplica un borde, éste los englobará a todos ellos, pero en cuanto modifique la sangría de uno de esos párrafos éste quedará enmarcado con un borde propio y separado de los demás por tener una sangría diferente.

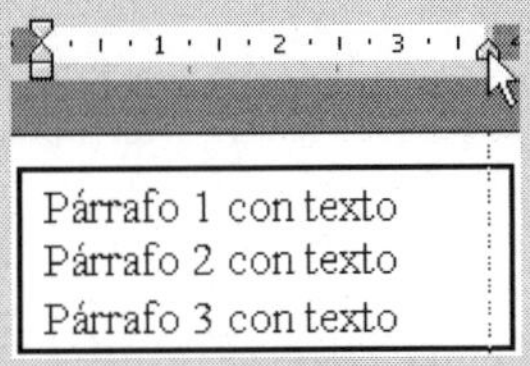

Párrafos con borde y la misma sangría

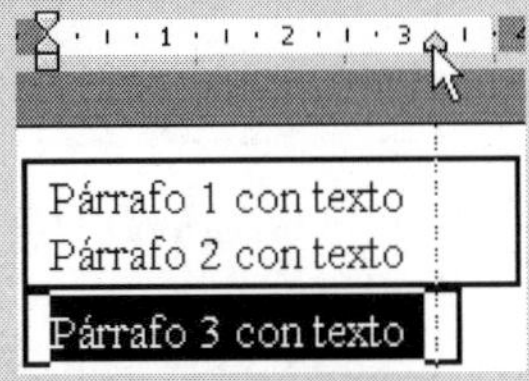

Los mismos párrafos con distinta sangría en el último

Bordes para páginas

En el mismo cuadro de diálogo disponemos de la ficha **Borde de página** que puede utilizarse para generar un marco que ocupe toda la página siguiendo los márgenes. Sus opciones son idénticas a las que hemos visto para los párrafos y, por tanto, se manejan igual. Sin embargo, existe una opción más: **Arte**, que permite seleccionar un sencillo dibujo con el que trazar el marco.

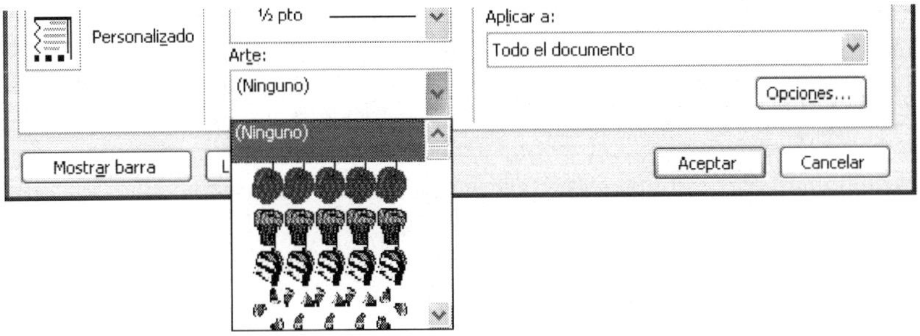

SOMBREADOS

En el mismo cuadro de diálogo disponemos de la ficha **Sombreado** con la que podremos rellenar el fondo de los párrafos que hayamos seleccionado previamente:

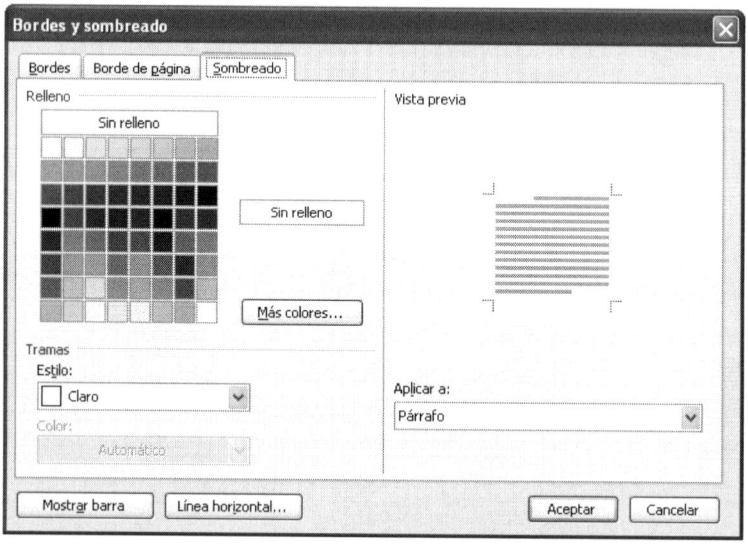

1. Elija el color en la lista **Relleno** (o **Sin relleno** para eliminar uno que ya hubiese). Si necesita un color que no vea en la lista, pulse en Más colores... con el que aparecerá otro cuadro de diálogo con dos fichas (**Estándar** y **Personalizado**) en el que podrá elegir cualquiera de los colores que allí vea.

2. El tipo de relleno se selecciona en la lista **Estilo** con su correspondiente porcentaje de intensidad de sombra, que podrá mezclar con el **Color** para el fondo, observando el resultado en la **Vista previa**.

CREACIÓN DE COLUMNAS EN UN TEXTO

Word ofrece la posibilidad de escribir el texto en columnas. Podemos crearlas mediante el botón de la barra de herramientas. Sin embargo, disponemos de una alternativa más completa: la opción **Columnas** del menú **Formato**. Al seleccionar esta opción aparecerá un cuadro de diálogo (véalo en la página siguiente) en el que indicaremos los datos relativos a las columnas. Todo ello teniendo en cuenta que podemos seleccionar parte del texto antes de aplicar las columnas con lo que éstas afectarán sólo a ese texto seleccionado.

1. Para empezar, puede elegir en el grupo **Preestablecidas** cualquiera de los tipos de columnas más comunes, siempre que alguna de ellas coincida con la que desee definir para su documento. Si no es así, deberá definirlas usted mismo, comenzando por el **Número de columnas** que desea para su texto (**Una** si desea eliminar columnas que ya haya aplicado a su texto).

2. Active la casilla de verificación **Línea entre columnas** para que aparezca una línea vertical entre cada columna.

3. El grupo **Ancho y espacio** le permitirá controlar la anchura de las columnas (con el cuadro de texto **Ancho**) y el **Espacio** que desea entre ellas. No obstante, ambos cuadros de texto quedan desactivados si se selecciona el botón **Columnas de igual ancho**, que asigna a las columnas la misma anchura para todas.

4. Debemos indicar también el ámbito sobre el que actuarán las columnas, para ello existe la lista **Aplicar a:** que posee esa finalidad. Puede elegir en esa lista tres opciones: **Esta sección**, que activará las columnas únicamente en la sección del texto en la que se encuentre; **De aquí en adelante**, que las activa a partir del punto en que se encuentre hasta el final del documento; y **Todo el documento**, que las activa automáticamente para todo el texto. Si antes de acceder al cuadro de diálogo de las columnas había seleccionado un texto, aparecerán otras dos opciones, que son **Texto seleccionado** y **Secciones seleccionadas**, que serán los lugares a los que Word aplicará las columnas. Para obtener más información sobre las secciones consulte de nuevo el apartado ***Secciones*** del capítulo 6: ***Funciones básicas de trabajo con Word***.

5. Cuando se encuentre escribiendo un texto con columnas y desee saltar a la columna siguiente active la casilla **Empezar columna**. Si al activar esta casilla había texto detrás del lugar en que se encuentre, éste se desplazará igualmente a la columna a la que nos movemos. Esto mismo también puede hacerse mediante el menú **Insertar**: opción **Salto**, botón **Salto de columna**.

LETRA CAPITAL

Una de las formas de conseguir que un texto resulte vistoso es utilizar al comienzo de un capítulo (o de cualquier escrito) la primera letra más grande, e incluso con una fuente distinta, que el resto. Por ejemplo, el presente párrafo contiene una letra capital con la que se da comienzo al texto.

Para activar la letra capital en un párrafo, bastará con llevar el cursor de texto hasta él (ya tiene que estar escrito, al menos parcialmente) y activar la opción **Letra Capital** del menú **Formato**. Obtendremos el cuadro de diálogo que le ofrecemos a la derecha.

Lo primero que podemos indicar es la **Posición** en que deseamos que aparezca la letra capital. Para ello, elija su tipo mediante el ratón: guíese por el esquema seleccionando el cuadro que posea la forma que usted desee para su texto. Una vez hecho esto, seleccione el tipo de letra utilizando la lista **Fuente** (por defecto aparece el tipo de letra que se esté utilizando en ese momento). Por último, puede indicar el tamaño que desea para la letra capital especificando cuántas líneas de texto abarcará la letra (**Líneas que ocupa**), así como la distancia que necesite entre la letra y el resto del texto en el párrafo (**Distancia desde el texto**).

AUTOFORMATOS

Su función consiste en asignar un formato específico a los textos que se escriben. De este modo, cada vez que comience a escribir un texto (incluso aunque ya esté escrito) puede indicar que lo haga en un determinado formato (carta, informe, formulario, etc.), en lugar de tener que definir todos sus elementos en el documento. Word le ofrece varios formatos típicos que podrá aplicar a sus escritos, tales como cartas, informes, currículos, facturas y otros. De este modo, cuando desee desarrollar un currículum, seleccione el autoformato *Currículum* y no necesitará diseñarlo usted mismo, ya que Word lo hará de forma automática.

Para trabajar con autoformatos hemos de activar el menú **Formato** y seleccionar la opción **Autoformato**. Obtendremos un cuadro de diálogo:

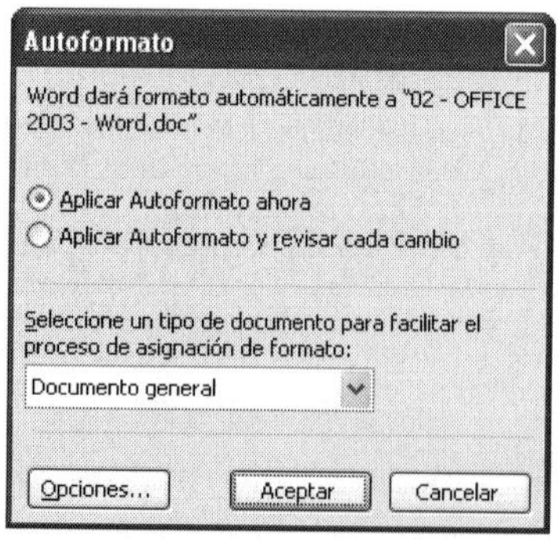

1. **Aplicar Autoformato ahora** activa directamente el autoformato.

2. **Aplicar Autoformato y revisar cada cambio** activa el autoformato, pero pide confirmación antes de aplicarlo, y ofrece una lista de autoformatos alternativos. De esa opción hablaremos después con más detalle.

3. En la lista que hasta ahora aparece como [Documento general] podemos elegir la clase de documento a la que debe aplicarse el autoformato.

4. Puede pulsar el botón [Opciones...] que le permitirá modificar hasta cierto punto los formatos automáticos.

Si elige **Aplicar autoformato y revisar cada cambio** y pulsa [Aceptar], el texto original cambiará de aspecto acomodándose al autoformato que Word ofrece por defecto. Sin embargo, también aparece un cuadro de diálogo que le pedirá confirmación:

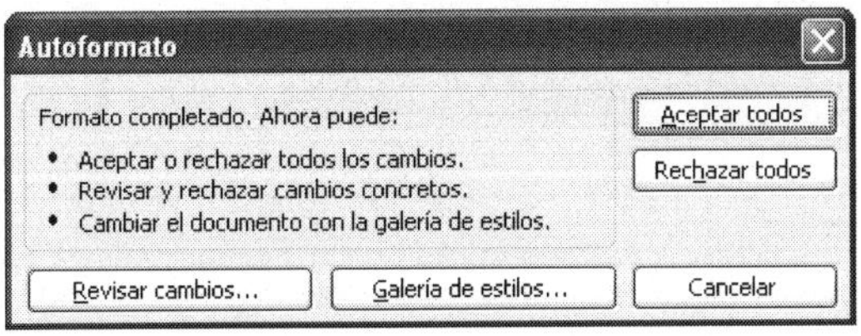

Puede moverse a través del texto con la barra de desplazamiento vertical, observando así si desea aplicar el autoformato seleccionado hasta el momento.

1. Si todo es correcto, pulse [Aceptar todos], con lo que el texto mantendrá el autoformato.

2. Si lo que ve no le satisface, puede dejar el texto como estaba pulsando el botón [Rechazar todos], que anulará el autoformato.

3. Si no le agrada el autoformato pero le gustaría intentarlo con otros estilos, pulse el botón [Galería de estilos...]. Si hace esto, obtendrá de nuevo un cuadro de diálogo con la lista y apariencia de todos los autoformatos disponibles:

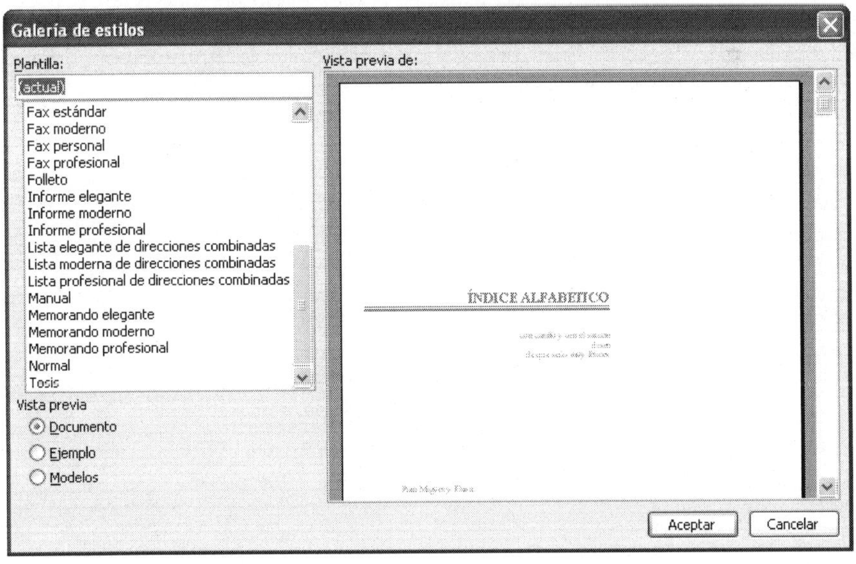

- Elija en **Plantilla** el tipo de documento que va a escribir (o que ya ha escrito).

- Vea una muestra con el resultado en el cuadro **Vista previa de**. Si aún no ha escrito nada en su texto, podrá ver la muestra valiéndose de un ejemplo. Para ello, el cuadro de diálogo ofrece los botones **Ejemplo** y **Modelos** con los que podrá ver dicha muestra. Algunos autoformatos de la lista no poseen ejemplo ni modelos.

ESTILOS

Se pueden seleccionar partes del texto para aplicarles un estilo. Un estilo consiste en un grupo de formatos reunidos bajo un mismo nombre. Cuando se aplica un estilo, el texto que lo recoge adquiere todas las funciones que contiene el estilo: tipo de letra, sangría, alineación, separación de párrafos o líneas, tabulaciones, bordes, idioma, marco y numeración.

Lo primero es seleccionar el texto al que vamos a aplicar el estilo. A continuación, activaremos la opción **Estilos y formato** del menú **Formato** para elegir el estilo deseado. Esta opción abre el panel de tareas en el que manejaremos los estilos. En cuanto a la versión 2000, se ofrece un cuadro de diálogo que ofreceremos en seguida, una vez que hayamos detallado las funciones de los estilos con lo que veremos que su funcionamiento es similar.

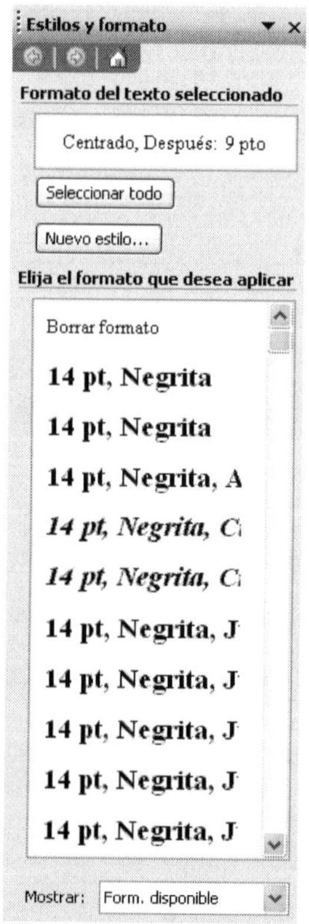

Versión 2003

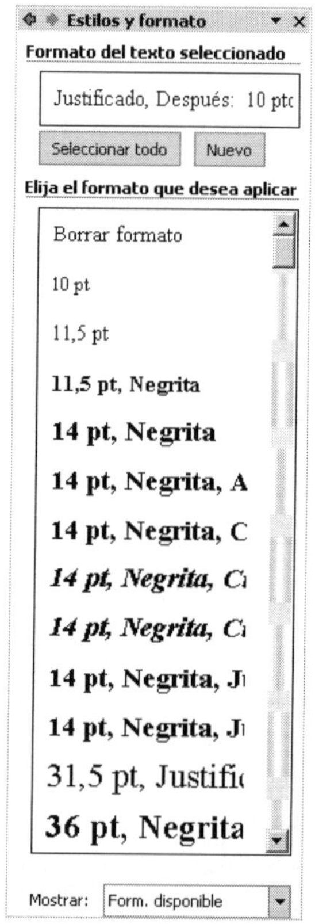

Versión 2002

1. Utilice el botón [Seleccionar todo] para seleccionar todo el texto y poder aplicarle luego un estilo.

2. La lista de estilos (**Elija el formato que desea aplicar**) permite elegir uno que tenga el aspecto que deseemos. Observe que según pase el ratón sobre uno de los estilos aparece un botón a su derecha para desplegar una lista con opciones, bastará con desplegarla para elegir un estilo:

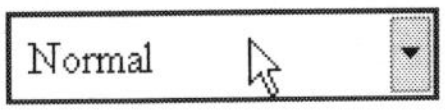

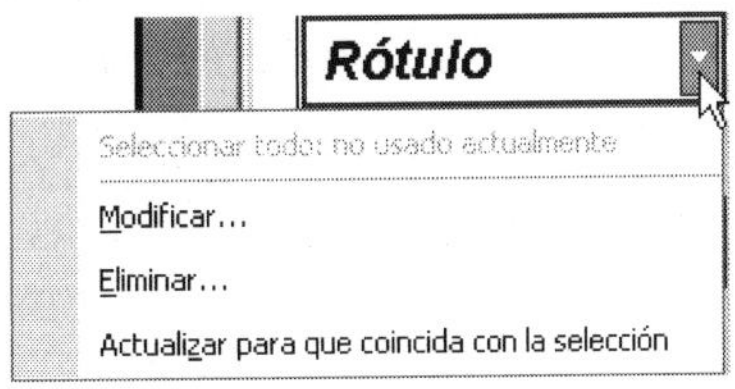

- Utilice **Modificar** para cambiar las características del estilo. Esta opción le llevará al mismo cuadro que vamos a ver para crear nuevos estilos.

- Con **Eliminar** podrá borrar un estilo de la lista. Sólo podrá eliminar los estilos que haya creado usted mismo: con los originales de Word no es posible.

- **Actualizar para que coincida con la selección** sustituye todas las características que hasta ahora tenía el estilo por aquellas que contenga el texto seleccionado.

3. Puede emplear el botón [Nuevo estilo...] (o [Nuevo] en la versión 2002) para crear nuevos estilos. Este botón le llevará a un cuadro de diálogo:

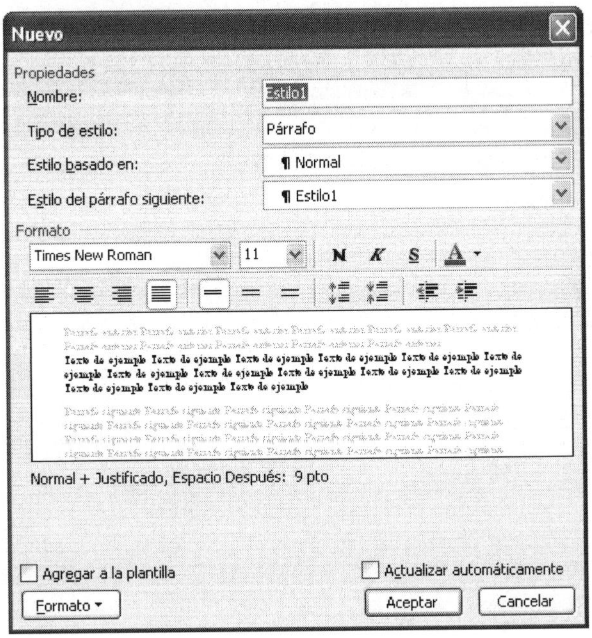

- Asígnele un **Nombre** a su estilo (debe ser distinto a los que ya existan).
- La lista **Tipo de estilo** permite indicar la clase de estilo que vamos a definir. Podremos elegir entre estilo para **Párrafo** o estilo para **Carácter** (estilo que afectará a una letra o varias del texto).
- Si el estilo que vamos a definir es parecido a otro que ya exista, elija este último en la lista **Estilo basado en**, ya que entonces se ahorrará diseñar los formatos que tengan en común ambos estilos.
- En la lista **Estilo del párrafo siguiente** puede establecer el estilo que tendrá el párrafo que escriba a continuación de uno que tenga el estilo actual. Si desea que a un párrafo escrito con el estilo que está definiendo le suceda otro con un estilo concreto, utilice esta opción.
- El corazón de un estilo se define con el botón Formato ▾. Al pulsarlo, aparece un menú con todas las funciones que puede llevar un estilo: tipo de letra, tabulaciones, bordes, etc.

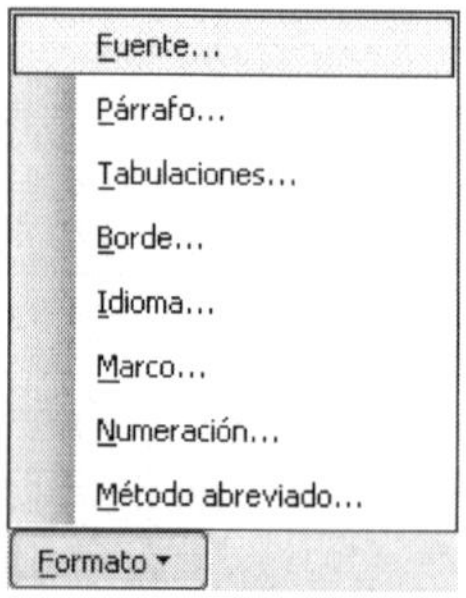

Una vez que haya creado un nuevo estilo, éste aparecerá en la lista de estilos en el panel de tareas, con lo que podrá aplicarlo a partir de ese momento a cualquier parte del texto que seleccione previamente.

OjO

En la versión 2000 se ofrece un cuadro de diálogo para manejar todas estas opciones, que son idénticas salvo en el propio cuadro de diálogo cuyo aspecto difiere del panel de tareas en las versiones 2002 y 2003:

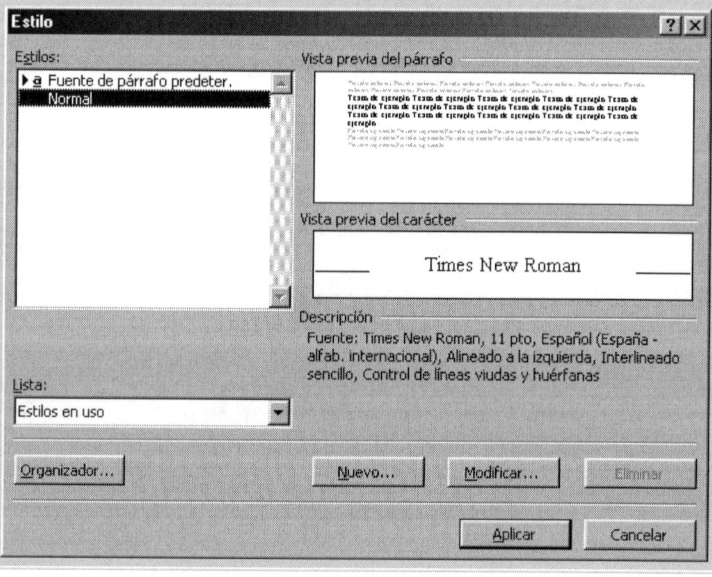

MOSTRAR FORMATOS

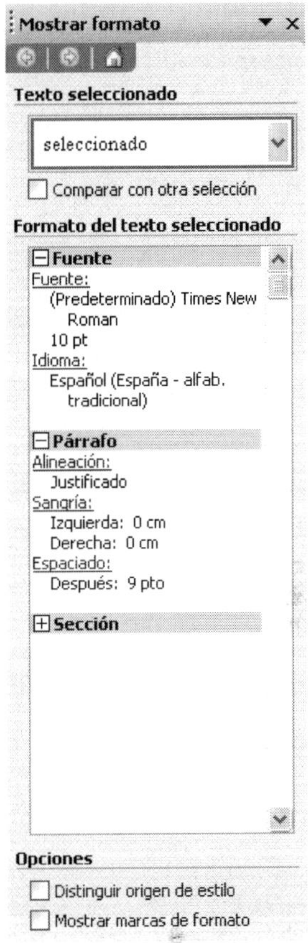

Una función muy práctica consiste en poder ver qué formatos tiene un bloque de texto para poder, por ejemplo, aplicar los mismos a otro bloque. Tenga presente que esta función no existe en la versión 2000 de Word. Para activar esta función, seleccione **Mostrar formato** en el menú **Formato**. Al hacerlo aparecerá el panel de tareas (vea la figura junto al margen).

En el panel podemos ver los datos relativos al formato del texto que tengamos seleccionado. En nuestra figura podemos ver el tipo de letra del texto (**Fuente**), el **Idioma**, su **Alineación** y su **Sangría**. Si desea modificar uno de esos datos, haga clic en él.

1. Active la casilla **Comparar con otra selección** para que el panel de tareas muestre las diferencias de formato que haya entre dos bloques de texto distintos (deberá seleccionar, a continuación, el nuevo bloque de texto con el que comparar los formatos).

2. Puede activar la casilla **Distinguir origen de estilo** para ver en el panel los estilos con los que esté escrito el texto.

3. También puede activar la casilla **Mostrar marcas de formato** para ver, en el texto, sus marcas especiales. Estas marcas también pueden verse activando el botón ¶ de la barra de herramientas.

Puede seleccionar uno o varios bloques de texto y dejarlos sin formatos: el texto quedará con el tipo de letra original sin tamaños especiales, ni colores, ni separación de párrafos o líneas, etc. Para ello, una vez seleccionado el texto, acceda al menú **Edición**, seleccione **Borrar** y, en el submenú que aparezca, elija **Formatos**.

CONFIGURAR PÁGINA

Otro apartado importante relativo al moldeado del texto es la configuración de la página. Gracias a él podrá retocar las características generales del texto con el que estemos trabajando. Se accede a esta opción activando la opción **Configurar página** del menú **Archivo**. Al hacerlo aparece un cuadro de diálogo que contiene tres fichas para aplicar funciones desde tres frentes distintos como vamos a ver. Aunque en la versión 2000 se dispone de cuatro fichas sus funciones son las mismas, y están repartidas únicamente en tres:

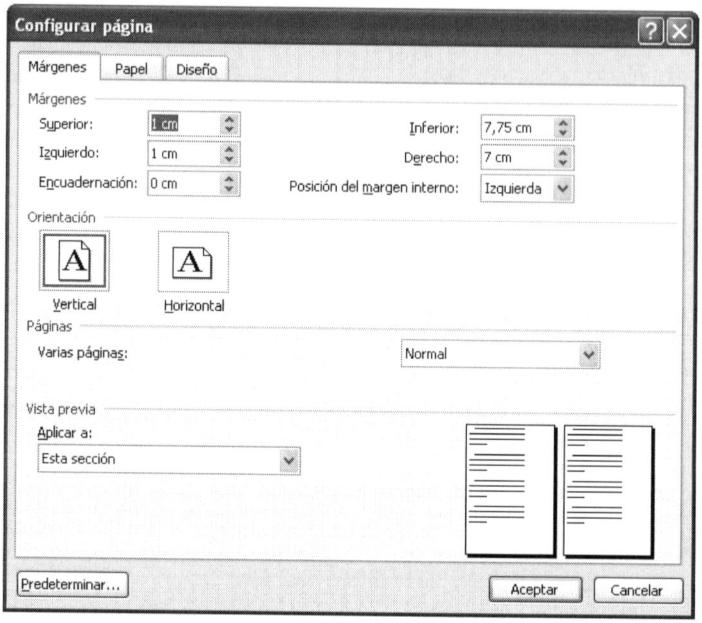

Ojo

En este cuadro de diálogo puede ver la lista desplegable **Aplicar a** cuya función permite elegir la zona del texto a la que se va a aplicar las funciones del cuadro. En un texto que no contenga secciones, dichas funciones se aplicarán a **Todo el documento**, ahora bien, si se tienen secciones, podremos elegir **Esta sección** para que las funciones se apliquen únicamente en la sección en la que nos encontremos en ese momento. Además, si selecciona texto que ocupe varias secciones podrá elegir **Secciones seleccionadas** para que las funciones se apliquen en todas esas secciones.

También dispondrá del botón [Predeterminar...] con el que Word comenzará todos los documentos nuevos siguiendo las especificaciones que se hayan indicado en el cuadro de diálogo.

Márgenes

Suele resultar muy útil la posibilidad de modificar los márgenes de un texto.

1. Para ello, bastará con utilizar en el cuadro de diálogo los cuadros de texto **Superior**, **Inferior**, **Izquierdo** y **Derecho** que modificarán la distancia del margen a los respectivos bordes de la hoja. Su valor ha de estar especificado en centímetros.

2. Con **Encuadernación** podrá añadir a los márgenes interiores más espacio del que ya haya asignado con los márgenes. De este modo, si piensa encuadernar su documento con anillas posteriormente, podrá evitar, por ejemplo, taladrar el texto.

3. **Posición del margen interno** permite indicar en qué lugar de la página se situará el margen interno, podremos colocarlo en la parte **Superior** o en la **Izquierda**.

4. También puede indicar si desea imprimir en la hoja apaisada (**Horizontal**) o en modo normal (**Vertical**) con los dos iconos del grupo **Orientación**.

5. La lista desplegable **Varias páginas** permite elegir entre:

   - **Normal** no aplica ninguna función especial cuando se trabaja con varias páginas.
   - **Márgenes simétricos** asigna la misma distancia entre los márgenes exteriores y el borde de la hoja, así como los márgenes interiores.
   - **Dos páginas por hoja** se emplea para imprimir en una hoja doblada por la mitad verticalmente. Word redistribuye el texto para que quepan dos páginas en una hoja.
   - **Libro plegado** es una mezcla de las dos anteriores, ya que permite trabajar con márgenes simétricos pero en una hoja que vaya a ser doblada por la mitad verticalmente con dos páginas (una al lado de otra) en una hoja de papel.

Especificar el tipo de papel

La siguiente ficha que ofrece el cuadro de diálogo, **Papel**, permite indicar las características de la hoja de papel que vamos a usar para imprimir:

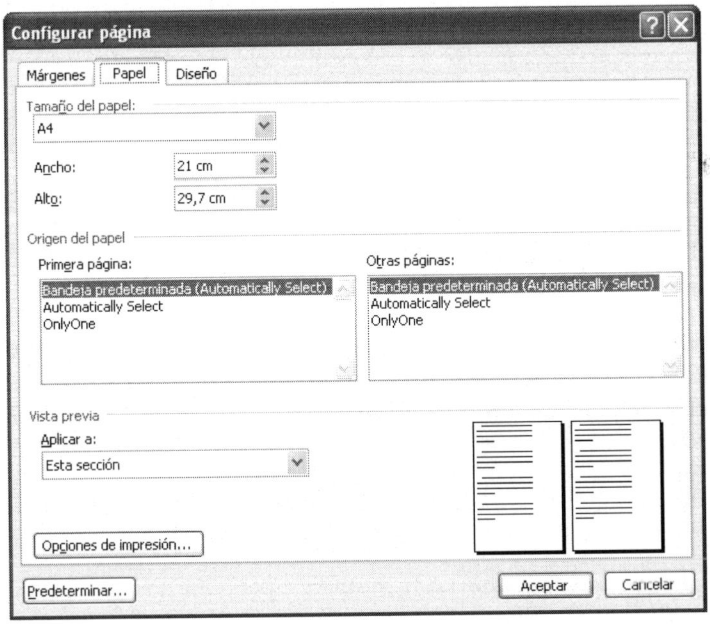

1. Con la lista **Tamaño del papel** puede elegir hojas de medidas estándar (ej. Din-**A4**).

2. Si el papel que se va a utilizar posee unas medidas distintas a las estándar, utilice los cuadros de texto **Ancho** y **Alto** para cambiar el tamaño.

3. Utilice las listas **Primera página** y **Otras páginas** del grupo **Origen del papel** para establecer en qué bandeja de la impresora se va a imprimir. El contenido de estas listas varía dependiendo de la impresora que se tenga.

Diseño de páginas

La última ficha del cuadro de diálogo es **Diseño**. Veámoslo:

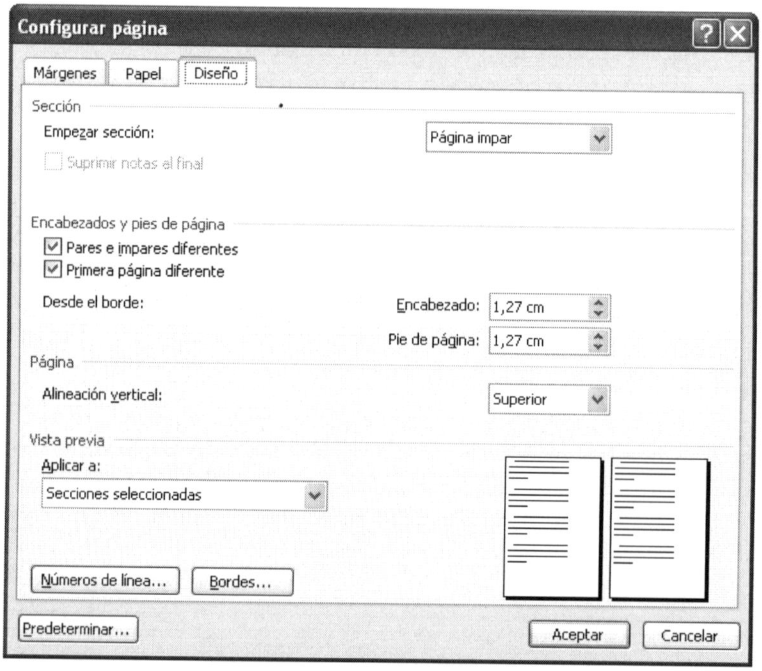

1. Con la lista **Empezar sección** elegimos en qué modo debe comenzar la sección actual.

2. Los botones de **Encabezados y Pies de página** le permiten indicar si va a utilizar un encabezado o pie para las páginas pares y otro para las impares (activando el botón **Pares e impares diferentes**), y si desea que la primera página de cualquier sección sea distinta a las demás (activando el botón **Primera página diferente**).

3. El grupo **Desde el borde** permite establecer la distancia con la que desea separar el borde de la hoja de los encabezados o pies de página.

4. La lista desplegable **Alineación vertical** le permitirá situar el texto con respecto a los márgenes superior e inferior. Con **Superior**: el texto se sitúa en la parte superior de la página, con **Centrada**: el texto queda centrado entre los márgenes superior e inferior y con **Justificada** el texto se ajusta hasta abarcar toda la página.

5. Si desea numerar las líneas, pulse el botón [Números de línea...]. Deberá indicar después qué tipo de numeración desea y algún otro dato más para que los números queden a su gusto.

CAPÍTULO 8

TABLAS

Las tablas son estructuras compuestas por filas y columnas de celdas en las que podremos colocar texto y otros datos. He aquí un ejemplo de tabla:

Nombre	**Apellidos**	**Dirección**	**Teléfono**
Jerónimo	Elindio Salvaje	Las Rocosas, 11	555-11-22
M. Carmen	Tirosa Redomada	General Ito, 1	444-33-22
Mercedes	Gaste Físico	Gimnasia, 13	111-22-33
Marcelino	Doro Blanco	Higiene, 15	111-00-00

CREACIÓN DE UNA TABLA

Para crear una tabla podemos activar el botón (o) de la barra de herramientas. Al pulsar el botón, obtenemos un cuadro con el posible tamaño de la tabla:

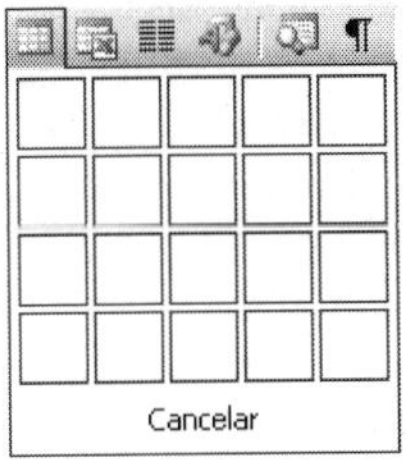

Al pulsar el botón, se nos ofrece esta rejilla

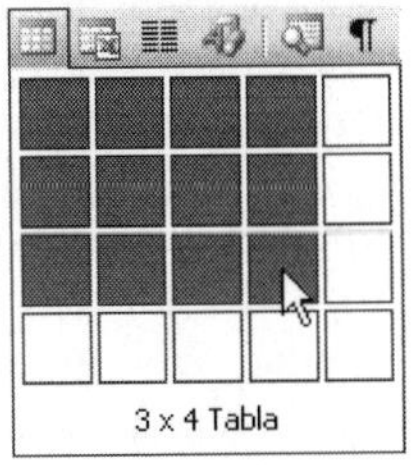

Si hacemos clic donde se ve en la figura, obtenemos una tabla de 3 filas por 4 columnas

En esta rejilla debemos hacer clic en el cuadro que genere el número de filas y columnas que deseamos para nuestra tabla, aunque, si la tabla que necesita es mayor de lo que ofrece la rejilla, al hacer el clic deberemos arrastrar, sin soltar el botón del ratón. Una vez elegido el número de filas y columnas de la tabla, ésta aparece en la posición del texto en que nos encontremos (donde estuviese el cursor de texto).

Ojo Atención al botón que se encuentra al lado del anterior: (o) También añade una tabla, pero de una hoja de cálculo de Excel, y podrá emplear todas las funciones de Excel para obtener resultados en la tabla de su texto.

Otro modo de incorporar una tabla al texto consiste en seleccionar la opción **Insertar** del menú **Texto** que, a su vez, ofrece un submenú. En él, al seleccionar **Tabla**, obtenemos un cuadro de diálogo con datos para crearla:

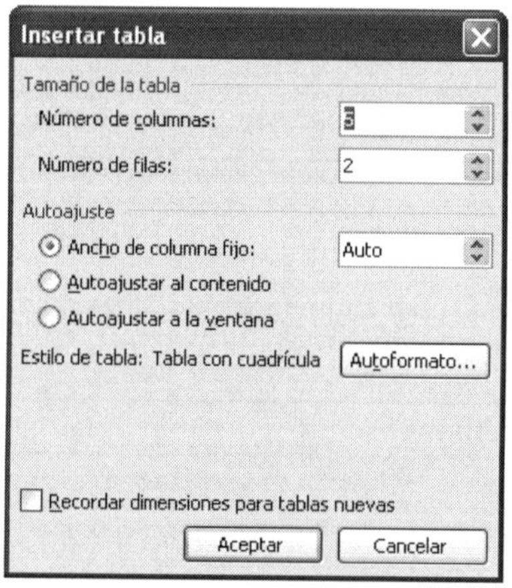

1. **Número de columnas** le permite indicar cuántas columnas desea en su tabla.

2. **Número de filas** le permite indicar cuántas filas desea en su tabla.

3. **Ancho de columna fijo** le ofrece la posibilidad de establecer el sistema de anchura de las columnas de la tabla. El modo **Auto** (o **Automático**) fija el modo variable (mediante el cual podrá ampliar o reducir el ancho de cualquier columna utilizando sus bordes cuando la tabla ya esté en el texto), pero si desea que sus columnas tengan un tamaño fijo, establezca el ancho (en centímetros) usted mismo.

4. **Autoajustar al contenido** se asegura que las celdas de la tabla se amplíen o reduzcan horizontalmente según el contenido de texto que tecleemos en ellas.

5. **Autoajustar a la ventana** resulta útil cuando el texto que estemos escribiendo sea una página Web, puesto que la tabla que creamos se ampliará o reducirá en el navegador automáticamente cuando un usuario la esté viendo.

6. **Estilo de tabla** muestra el nombre del aspecto elegido para la tabla (ancho de las líneas, sombreados, etc.). Para asignar un formato a la tabla pulse el botón [Autoformato...],

que le mostrará la lista de formatos disponibles a aplicar a su tabla en otro cuadro de diálogo.

7. Si activa la casilla de verificación **Recordar dimensiones para tablas nuevas**, los datos que active (o desactive) en el cuadro de diálogo aparecerán así automáticamente cada vez que vaya a crear una tabla con el mismo cuadro de diálogo.

SELECCIÓN DE CELDAS Y DESPLAZAMIENTOS POR LA TABLA

Algo más que debemos saber antes de ver las funciones que podemos aplicar a los datos de las tablas es cómo movernos por las celdas de la tabla y cómo seleccionar celdas.

En primer lugar, veamos cómo podemos movernos por la tabla:

1. Para pasar de una celda a otra puede utilizarse el ratón, haciendo un clic sobre la celda a la que deseamos acceder.
2. También podremos utilizar las teclas de movimiento del cursor.

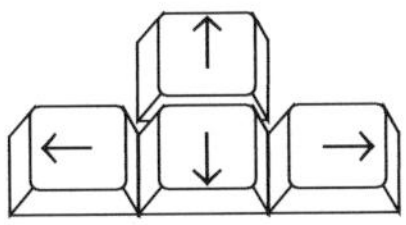

3. Por último, puede pasar de una celda a la siguiente pulsando la tecla Tabulador.

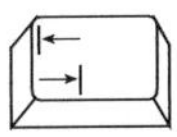

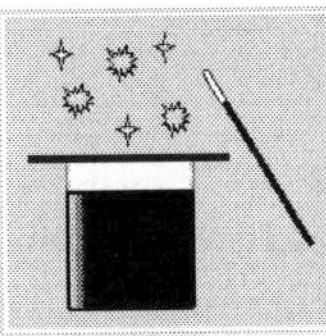

Si pulsa la tecla Tabulador en la última celda de una tabla, aparecerá una nueva fila de celdas a continuación (al final de la tabla).

En cuanto a la selección de celdas, diremos que la mayor parte de las funciones que desee aplicar a una tabla deben realizarse seleccionando previamente la celda o celdas con las que desea trabajar. Y para esa selección puede hacer lo siguiente:

1. Haga un clic sobre cualquier celda y, manteniendo pulsado el botón del ratón, arrastre hasta otra celda. En las versiones 2002 y 2003 se pueden seleccionar celdas salteadas al mismo tiempo manteniendo pulsada la tecla CONTROL (o CTRL).

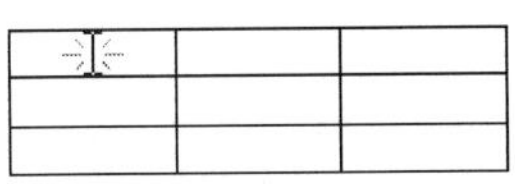

Se hace el clic...

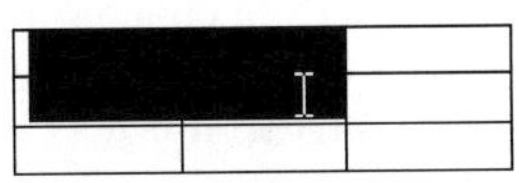

... y, al soltar el botón, el bloque queda marcado

2. Si va a seleccionar una fila, bastará con hacer un clic sobre su cabecera:

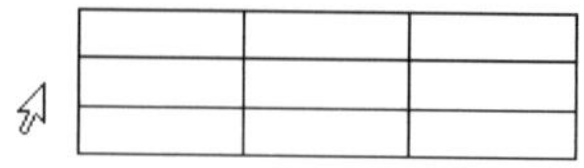

Se lleva el ratón a la cabecera de la fila...

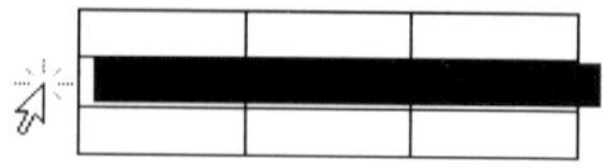

... y se hace un clic

3. Si se trata de seleccionar varias filas, cuando haya hecho el clic, arrastre el ratón por la cabecera hacia arriba o hacia abajo.

4. Si va a seleccionar una columna, bastará con hacer un clic sobre su cabecera:

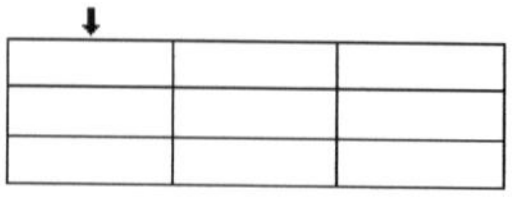

Se lleva el ratón a la cabecera de la columna...

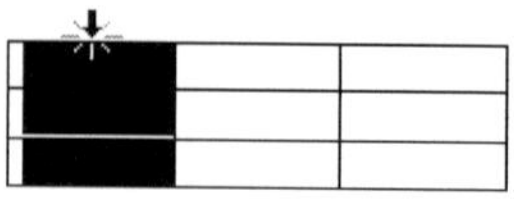

... y se hace un clic

5. Si se trata de seleccionar varias columnas, cuando haya hecho el clic arrastre el ratón por la cabecera hacia la izquierda o hacia la derecha.

6. Para seleccionar una sola celda, debe hacer un clic sobre su margen, es decir, muy cerca de su borde izquierdo.

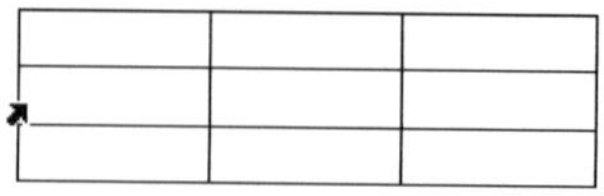

Se lleva el ratón al borde izquierdo de la celda...

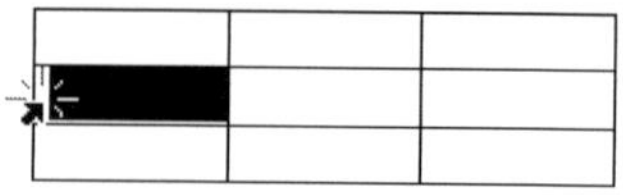

... y se hace un clic

Una vez que haya seleccionado las celdas deseadas, podrá aplicarles cualquiera de las funciones que ofrece Word.

DIBUJAR LA TABLA

Cuando se selecciona la opción **Dibujar tabla** del menú **Tabla** (o se pulsa el botón —o — de la barra de herramientas), aparece una barra de herramientas con botones para crear la tabla dibujándola. He aquí el aspecto de la barra de botones:

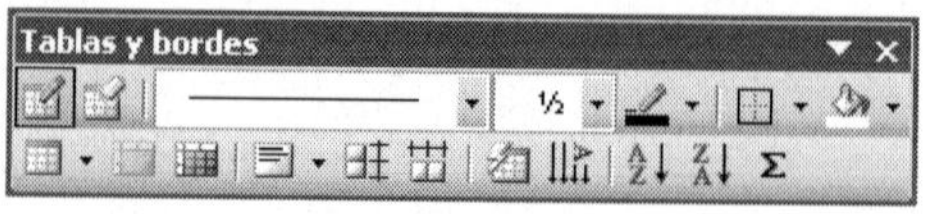

(o) (**Dibujar tabla**). Al activar este botón se puede dibujar en la tabla. Cuando está pulsado, podemos trazar un rectángulo en la página con el ratón dándole así la forma externa a la tabla. Luego, se dibujan dentro las filas y columnas.

(o) (**Borrador**). Este botón permite borrar líneas de la tabla. Sólo será necesario pasar el ratón, con el botón pulsado, por las líneas que desee borrar.

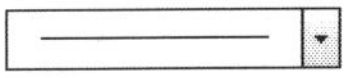 (**Estilo de línea**). Permite elegir el tipo de línea que se utilizará para dibujar o cambiar los bordes de la tabla.

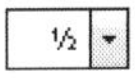

(**Grosor de la línea**). Permite elegir la anchura de la línea que se utilizará para dibujar o cambiar los bordes de la tabla.

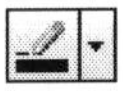 (**Color del borde**). Permite elegir el color de la línea que se utilizará para dibujar o cambiar los bordes de la tabla.

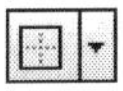 (**Borde exterior**). Permite elegir el lado del borde que debe enmarcarse. Para ello, es necesario elegir la celda o celdas de la tabla que deben tener ese borde y, a continuación, elegir uno de la lista que aparecerá al desplegar el botón. Si se pulsa sobre la parte izquierda del mismo, se aplicará el último borde utilizado a la celda.

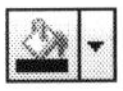 (**Color de sombreado**). Permite elegir el color que se utilizará como fondo para las celdas elegidas previamente.

Continuemos con la segunda fila de botones.

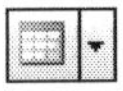 (**Insertar tabla**). Permite crear una nueva tabla (incluso dentro de otra). Para ello, nos lleva al cuadro de diálogo que vimos en el apartado ***Creación de una tabla*** (al principio de este mismo capítulo). Si desplegamos el botón obtendremos una lista de opciones con las que podrá insertar más filas, columnas, etc. De todas ellas hablaremos posteriormente en el apartado ***El menú* Tabla** en este mismo capítulo.

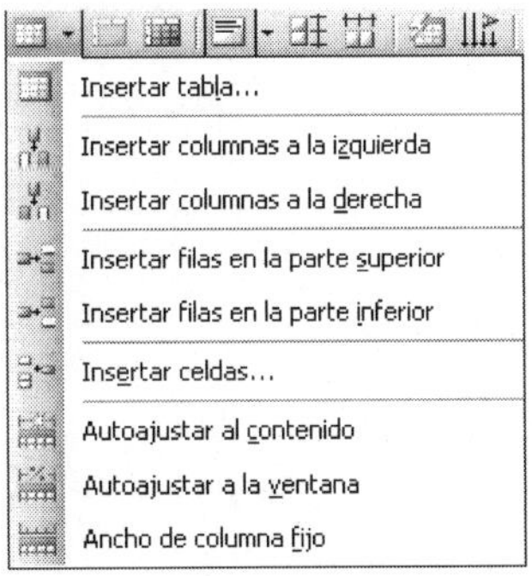

 (**Combinar celdas**). Reúne varias celdas en una sola. Seleccione primero varias celdas.

 (**Dividir celdas**). Separa una celda en dos o más. Obtendremos el siguiente cuadro:

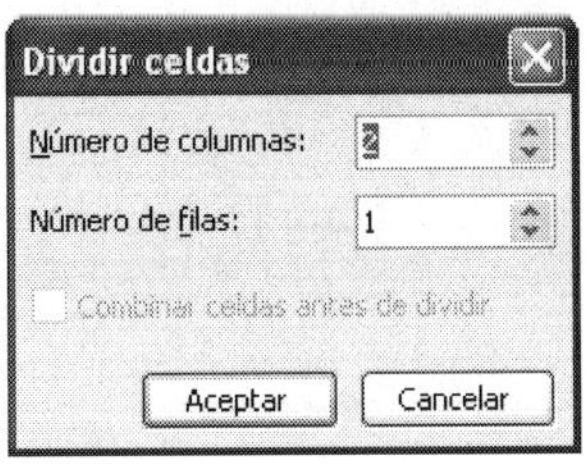

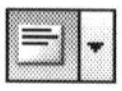

(Alinear arriba a la izquierda). Este botón pega el texto en la parte superior de una celda:

	Texto alineado en la parte superior

Observe que se trata de un botón desplegable con el que el texto se puede acercar a cualquier borde de la celda. Únicamente debemos seleccionar las celdas que deseamos modificar y activar el botón de esta lista que nos interese:

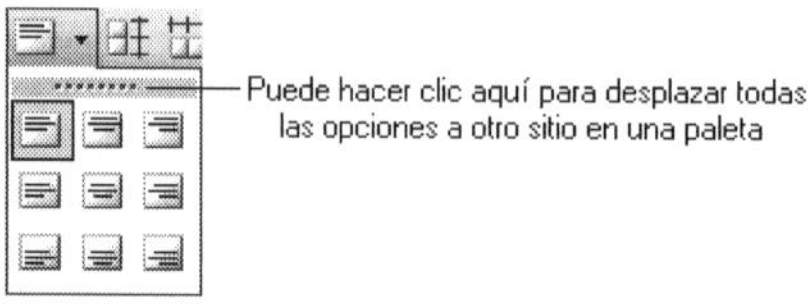

(Distribuir filas uniformemente). Asigna la misma altura a todas las filas seleccionadas, repartiendo el tamaño entre todas.

(Distribuir columnas uniformemente). Asigna la misma anchura a todas las columnas seleccionadas, repartiendo el tamaño entre todas.

(Autoformato de tablas). Aplica formatos ya definidos por Microsoft a la tabla completa (aunque haya seleccionado algunas celdas). Lleva al siguiente cuadro:

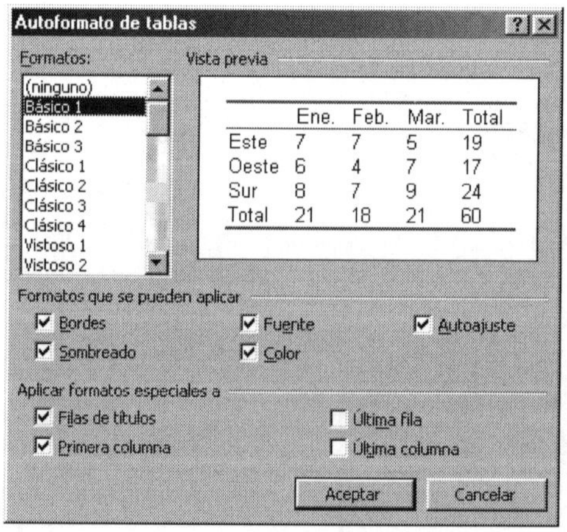

Versión 2000

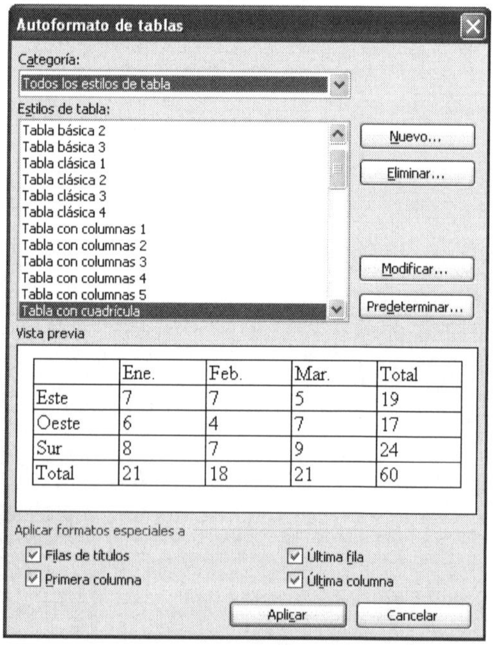

Versiones 2002 y 2003

Elija el aspecto general en la lista **Estilos de tabla** (**Formatos** en la versión 2000). En las versiones 2002 y 2003 puede emplear el botón Modificar... para cambiar el aspecto del autoformato que haya elegido en la lista. En estas versiones también puede crear (Nuevo...) y eliminar (Eliminar...) nuevos formatos.

(**Cambiar dirección del texto**). Cambia el texto de una o varias celdas seleccionadas girándolo hasta colocarlo verticalmente. Este botón tiene un ciclo de tres pulsaciones, que colocan el texto en las tres posiciones posibles: la horizontal normal, vertical hacia arriba y vertical hacia abajo.

y (**Orden ascendente** y **Orden descendente**). Clasifican por orden alfabético los datos de una columna (de la A a la Z y de la Z a la A, respectivamente, aunque también de mayor a menor y viceversa si los datos son numéricos). Sólo es necesario situarse en una de las celdas de la columna que deseamos ordenar.

Σ (**Autosuma**). Suma automáticamente los datos numéricos de una lista de celdas. Para realizar correctamente una autosuma, deberá situarse en una celda vacía que se encuentre a la derecha de las que contienen los datos. También podremos colocarnos en una celda que se encuentre debajo de los datos.

EDICIÓN DE LA TABLA

Una vez que se tiene la tabla, pueden aplicarse casi todas las funciones que hemos ido viendo a lo largo del libro (y también las que veremos posteriormente), como el cambio de tipo de letra, la justificación, etc. Sólo es necesario elegir las celdas de la tabla que quieren modificarse y después aplicar la función del mismo modo en que lo haríamos si estuviésemos aplicándola a una parte de texto normal (consulte el apartado ***Selección de celdas y desplazamientos por la tabla*** en este mismo capítulo).

Cambio de tamaño de las celdas

Sin embargo, antes de pasar a la aplicación de las funciones, algo muy usual en las tablas es cambiar el tamaño de las filas o las columnas manualmente. Esta operación se realiza utilizando los bordes de las mismas celdas, ya sea para cambiar la anchura de las columnas o la altura de las filas.

Lleve el puntero del ratón hasta una de las separaciones entre las celdas, haga clic ahí y, sin soltar el botón del ratón, arrastre en la dirección deseada:

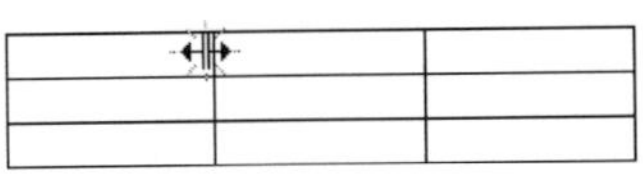

En el caso de las columnas, se hace clic en una de las separaciones...

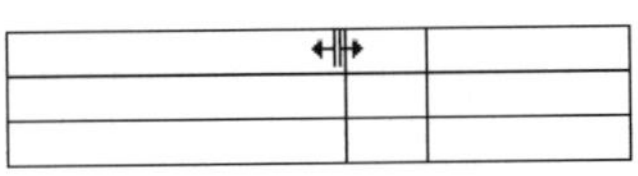

... y se arrastra hasta el lugar deseado, liberando ahí el botón del ratón

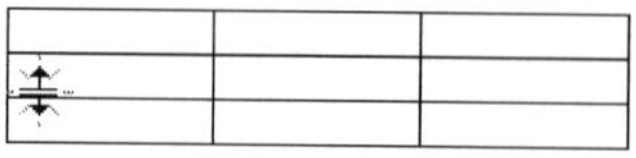

En el caso de las filas, se hace clic en una de las separaciones...

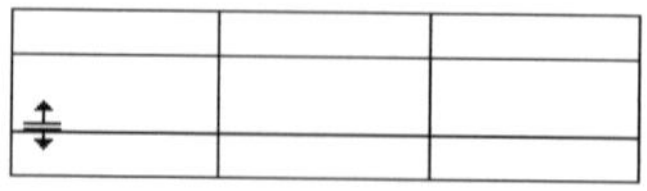

... y se arrastra hasta el lugar deseado, liberando ahí el botón del ratón

Esto mismo puede hacerse desde la regla, haciendo clic sobre un margen de la tabla y arrastrando en la dirección correcta.

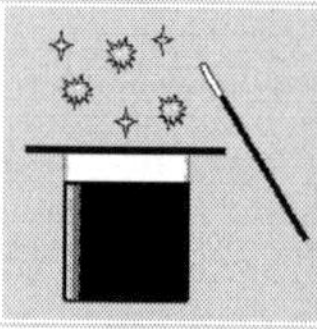

Si desea cambiar la anchura de una sola celda (o de algunas) en lugar de todas, selecciónelas primero, repitiendo el proceso, las únicas celdas que se verán afectadas por el cambio de tamaño serán las que hayamos seleccionado antes. Esto no puede aplicarse a la altura de las celdas.

Cambio de posición y tamaño de la tabla

Podemos arrastrar una tabla hasta situarla en cualquier parte del texto. También podremos ampliar o reducir su tamaño.

Observe que cuando el puntero del ratón se encuentra en alguna parte sobre la tabla, ésta ofrece un controlador de movimiento en su parte superior izquierda. Además, también podrá ver un controlador de cambio de tamaño en su parte inferior derecha:

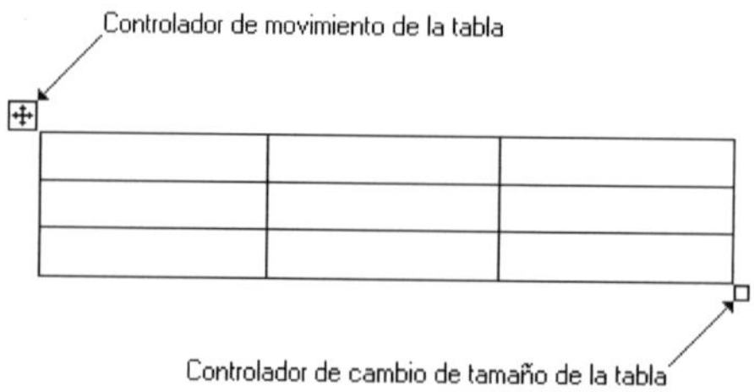

Haga clic sobre cualquiera de estos controladores y, sin soltar el botón del ratón, arrastre en la dirección deseada. La tabla responderá moviéndose (con el controlador ⊞), o bien, cambiando su tamaño proporcionalmente (con el controlador □).

EL MENÚ *TABLA*

Puede editarse una **Tabla** mediante el menú que lleva ese mismo nombre (vea la figura junto al margen derecho).

1. **Dibujar tabla**. Activa o desactiva la barra de herramientas que permiten dibujar la tabla.

2. **Insertar**. Ofrece un submenú que permite añadir más celdas a su tabla:

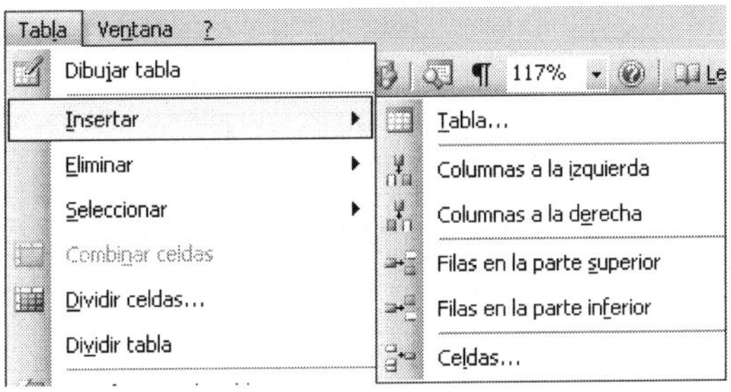

- **Tabla** añade una nueva tabla al texto (o dentro de otra que ya tenga). Si añade una tabla dentro de otra, la nueva se situará en la celda en la que se encuentre.

- **Columnas a la izquierda** añade una nueva columna de celdas a la izquierda de aquella en la que se encuentre. Puede elegir **Columnas a la derecha** para que la nueva columna se añada a la derecha de la actual en lugar de a la izquierda.

- **Filas en la parte superior** añade una nueva fila de celdas encima de aquella en la que se encuentre. Puede elegir **Filas en la parte inferior** para que la nueva fila se añada debajo de la actual en lugar de encima.

- **Celdas** añade una o más celdas a la tabla. Esta opción ofrece un cuadro de diálogo para establecer el lugar en el que deberán colocarse las nuevas celdas:

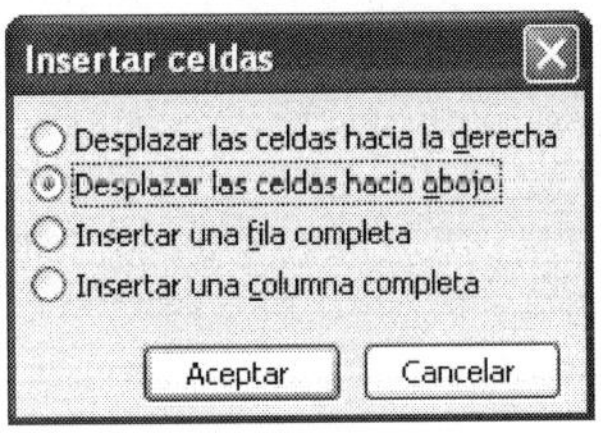

3. **Eliminar**. Ofrece un submenú con el que podrá borrar celdas de la tabla:

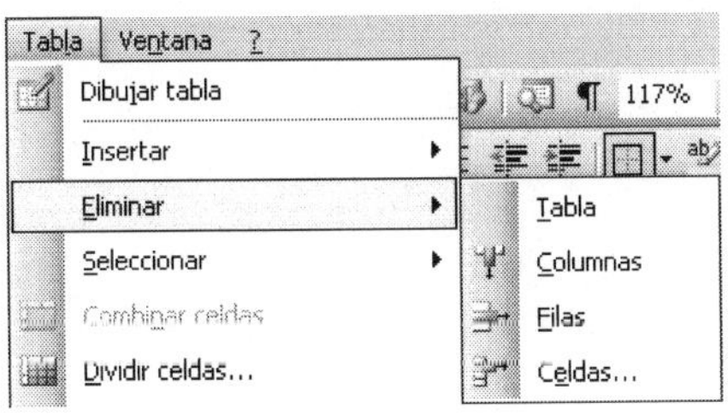

- **Tabla** borra la tabla completa.

- **Columnas** borra la columna de celdas en la que se encuentre (o las columnas seleccionadas).

- **Filas** borra la fila de celdas en la que se encuentre (o las filas seleccionadas).
- **Celdas** borra la celda en la que se encuentre (o las celdas seleccionadas). Esta opción ofrece un cuadro de diálogo para indicar cómo deben quedar las celdas de la tabla una vez que eliminemos las que sobren.

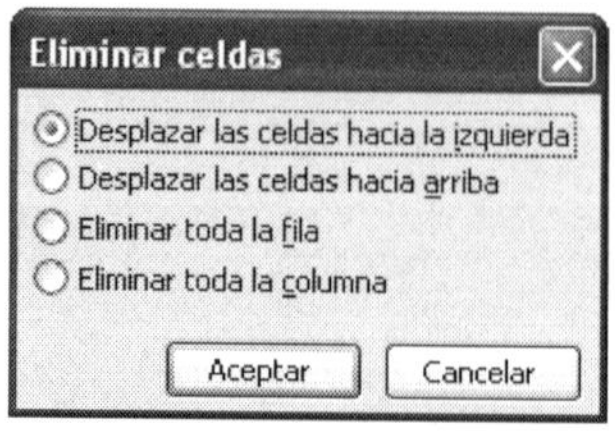

4. **Seleccionar**. Despliega un submenú con el que podremos seleccionar celdas de la tabla. Se trata de otro modo de seleccionar celdas. Sólo hay que elegir la opción adecuada:

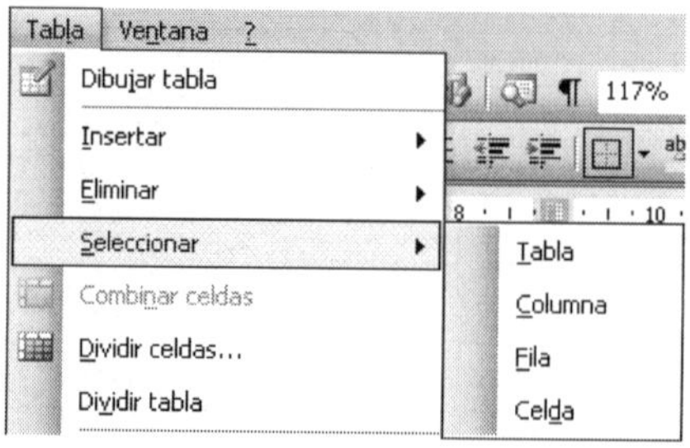

5. **Combinar celdas**. Reúne varias celdas y hace de ellas una sola. Para que funcione, deberá seleccionar previamente las celdas que desea unir.
6. **Dividir celdas**. Ésta es la operación inversa a la anterior. Cuando desee transformar una celda en dos o más, elija esta opción e indique en cuántas celdas (en filas o en columnas) desea dividirla.
7. **Dividir tabla**. Divide una tabla en dos. Sitúese en la fila a partir de la cual desea dividir la tabla y elija esta opción del menú **Tabla**. Ambas tablas aparecerán separadas por una línea de texto en blanco.

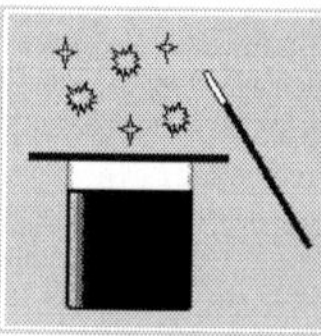

Si desea volver a reunir ambas tablas en una sola, borre la línea en blanco de texto que las separa: sitúese sobre ella y pulse la tecla **SUPR** (suprimir).

8. **Autoformato de tablas**. Le lleva al cuadro de diálogo de autoformatos para tablas en el que podrá indicar de nuevo qué formato desea aplicar a la tabla, con lo que el nuevo formato sustituirá al anterior. El autoformato se aplica a la tabla completa incluso aunque antes haya seleccionado algunas celdas.

9. **Autoajustar**. Despliega un submenú en el que elegir el modo del cambio de tamaño de las filas y columnas de la tabla:

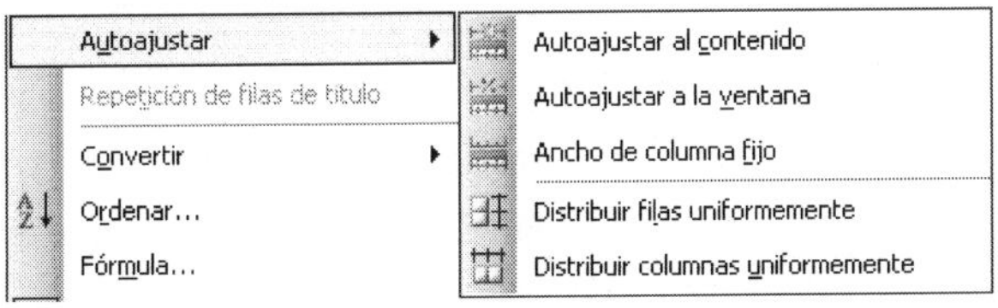

- Seleccione **Autoajustar al contenido** para que las columnas se amplíen o reduzcan horizontalmente hasta que encaje el texto que contenga.
- Seleccione **Autoajustar a la ventana** para que la tabla se amplíe o reduzca horizontalmente hasta que encaje perfectamente en la página.
- Seleccione **Ancho de columna fijo** si desea que la columna de celdas en la que se encuentre tenga una anchura fija.
- Seleccione **Distribuir filas uniformemente** para asignar la misma altura a todas las filas seleccionadas, repartiendo el tamaño entre todas. Para realizar esta operación, será necesario seleccionar previamente varias celdas.
- Seleccione **Distribuir columnas uniformemente** para asignar la misma anchura a todas las columnas seleccionadas, repartiendo el tamaño entre todas. Para ello, será necesario seleccionar previamente varias celdas.

10. **Repetición de filas de título**. Los títulos son útiles si una tabla ocupa más de una página de texto. En ese caso, si se activan los títulos, lo que escriba en la primera fila de su tabla se repetirá en las siguientes primeras filas de las páginas en las que continúe la tabla. Esta función se desactiva volviendo a seleccionar **Repetición de filas de título** en el menú **Tabla** (lo que deberá hacerse estando situado en dicha fila —generalmente la primera de la tabla—).

11. **Convertir**. Despliega un submenú con opciones que permiten transformar un texto en una tabla y viceversa.

- **Convertir texto en tabla**. Esta opción sólo está disponible si se selecciona un texto que no pertenezca a una tabla. Una vez hecho esto, con esta opción se crea una tabla cuyo contenido será el texto seleccionado. Puede indicar qué parte del texto irá a parar a cada celda separando cada dato del texto con, por ejemplo, punto y coma. Un ejemplo, si selecciona el siguiente texto:

  Nombre; Apellidos; Dirección

  la tabla que se obtendrá al utilizar esta opción será (por defecto):

Nombre	Apellidos	Dirección

En cualquier caso, esta opción ofrece también algún otro dato sencillo en un cuadro de diálogo para definir tablas a partir de un texto.

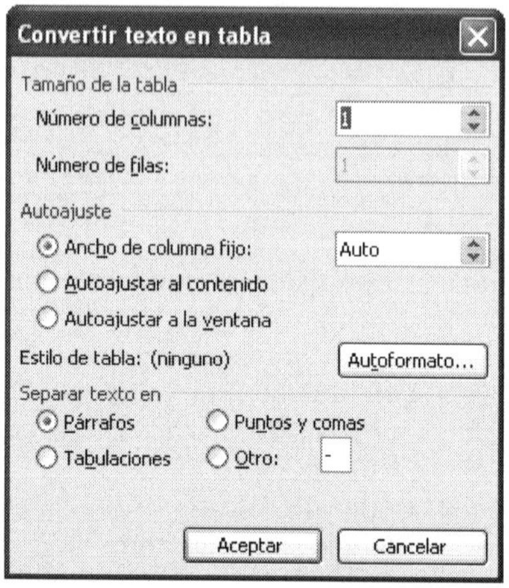

- Seleccione **Convertir tabla en texto** para realizar la función inversa, es decir, transformar la información de las celdas seleccionadas en texto normal. Esta opción ofrecerá un cuadro de diálogo con el que podrá indicar el carácter que se empleará para separar los datos (de las distintas celdas) entre sí.

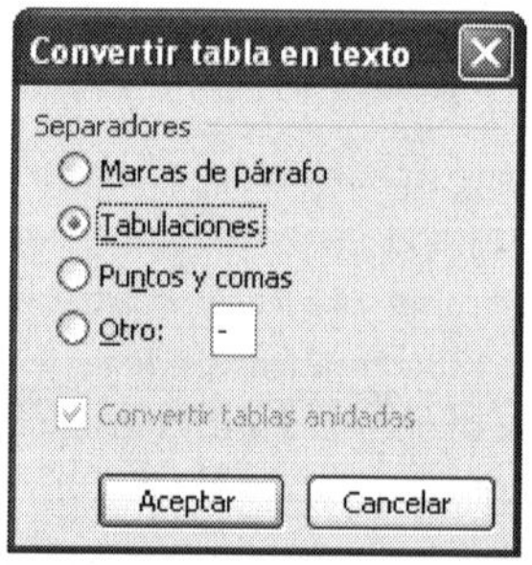

12. **Ordenar**. Esta opción trabaja igualmente aun sin haber definido tablas o sin estar dentro de una. Utilícela para ordenar alfabética o numéricamente datos de un texto. Se suele seleccionar la parte del texto que desea ordenar y activar esta opción. El resultado es que obtendrá el texto ordenado alfabéticamente (normalmente por párrafos, aunque puede elegir otros modos de ordenación), o bien numéricamente si lo que ha seleccionado son números o fechas. Podrá ordenar de forma **Ascendente** (de la A a la Z, o de menor a mayor), o bien, de forma **Descendente** (a la inversa).

> Ojo Debido a que pueden existir diferencias entre la ordenación de números, fechas y de datos de texto, el cuadro de diálogo ofrece la opción **Ordenar** que muestra una lista desplegable (**Tipo**) en la que deberá indicar cuál de esos tipos de datos va a ordenar.

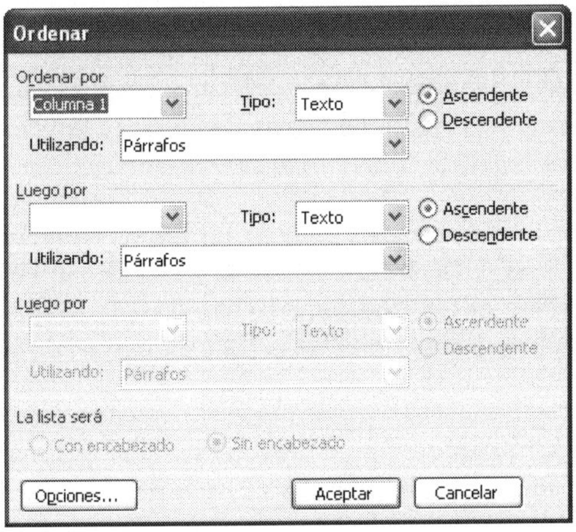

13. **Fórmula**. Vea esta opción en el siguiente apartado de este mismo capítulo (***Trabajos matemáticos con tablas***).

14. **Ocultar/Mostrar líneas de división**. En principio, Word muestra en la pantalla las líneas que forman las celdas de la tabla. Estas líneas se ven incluso aunque exista alguna celda de la tabla que no tenga borde dibujado (siempre que se active **Mostrar líneas de división**), con el fin de saber dónde se encuentran los límites de dicha celda, ya que si una tabla no tiene ningún borde, no se verá en la tabla, pudiendo dar la impresión de que no está ahí. La opción que estamos viendo, activa o desactiva las líneas que forman las celdas.

15. **Propiedades de tabla**. Con esta opción podrá ajustar a su gusto la altura, anchura, posición y otros detalles de las celdas de la tabla. Esta opción ofrece un cuadro de diálogo con cuatro fichas con las que trabajar:

- Ficha **Tabla**. Ofrece datos con los que podremos modificar la tabla completa:

  a) **Ancho preferido** permite establecer la anchura que tendrán todas las columnas de la tabla. Puede elegir la unidad de medida de las columnas mediante la lista desplegable **Medir en**.

  b) Los elementos del grupo **Alineación** permiten indicar la posición horizontal de la tabla: puede colocarla junto al margen izquierdo (con **Izquierda**), junto al derecho (con **Derecha**) o en el medio (con **Centro**). También puede asignar una **Sangría a la izquierda** para colocar la tabla hacia el interior de la página.

  c) **Ajuste del texto** permite indicar si el texto podrá rodear la tabla por todos lados (**Alrededor**), o bien sólo por arriba y por abajo (**Ninguno**). Puede emplear el botón [Posición...] para indicar con precisión la posición de la tabla en el texto mediante un cuadro de diálogo.

  d) Por último, puede emplear los botones [Bordes y sombreado...] y [Opciones...] para modificar las líneas que bordean las celdas y cambiar otros datos de la tabla respectivamente.

- Ficha **Fila**. Ofrece datos para modificar las características de la fila de celdas en la que se encuentre (o de varias filas que haya seleccionado):

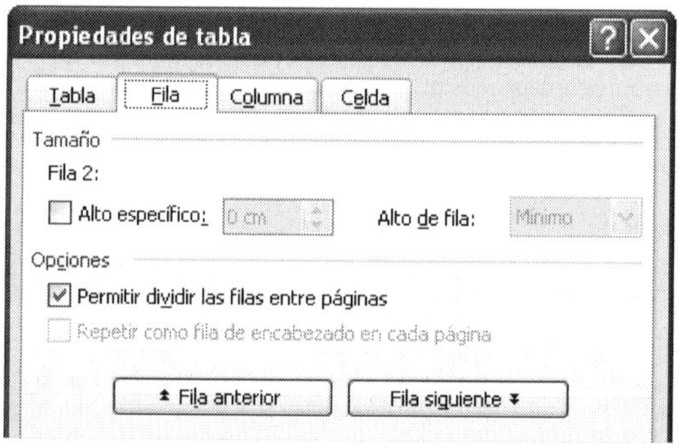

  a) El grupo **Tamaño** permite establecer las dimensiones de las celdas de la fila. Con **Alto específico** puede establecer una altura fija para la fila, mientras que con la lista **Alto de fila** puede seleccionar otros modos de indicar la altura (por ejemplo, **Mínimo** que establece un valor mínimo de altura pero que permite ampliarla más, aunque no reducirla).

  b) Si activamos la casilla **Permitir dividir las filas entre páginas**, la fila puede dividirse de modo que parte quede al final de una página y el resto al principio de la página siguiente. Si desactiva esta opción, la fila no podrá dividirse y toda ella pasaría a la siguiente página en caso de producirse la anterior situación (parte en una página y parte en otra).

c) Si activamos la casilla **Repetir como fila de encabezado en cada página**, la fila en la que nos encontremos se repetirá automáticamente al principio de cada nueva página en la que continúe la tabla. Naturalmente, esta opción sólo es útil si la tabla es tan grande que abarca varias páginas.

d) Los botones Fila anterior y Fila siguiente permiten acceder a la fila anterior a la actual y a la siguiente respectivamente.

- Ficha **Columna**. Ofrece datos para modificar las características de la columna de celdas en la que se encuentre (o de varias columnas que haya seleccionado):

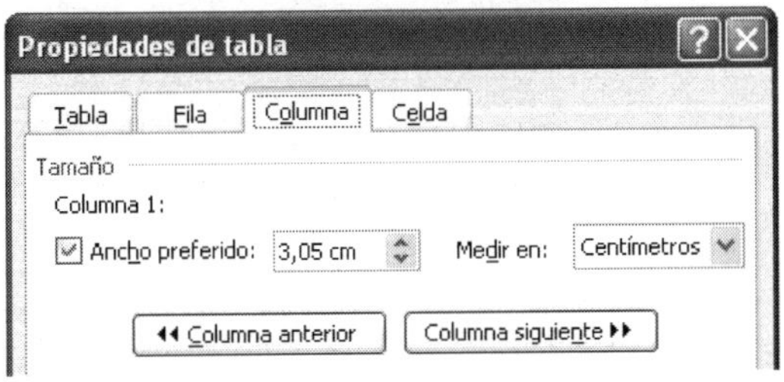

a) **Ancho preferido** permite indicar la anchura que tendrán las columnas de la tabla que haya seleccionado. Si lo desea, puede elegir la unidad de medida de las columnas mediante la lista **Medir en**.

b) Los botones Columna anterior y Columna siguiente permiten acceder a la columna anterior a la actual y a la siguiente respectivamente.

- Ficha **Celda**. Ofrece datos para modificar las características de la celda en la que se encuentre (o de varias celdas que haya seleccionado):

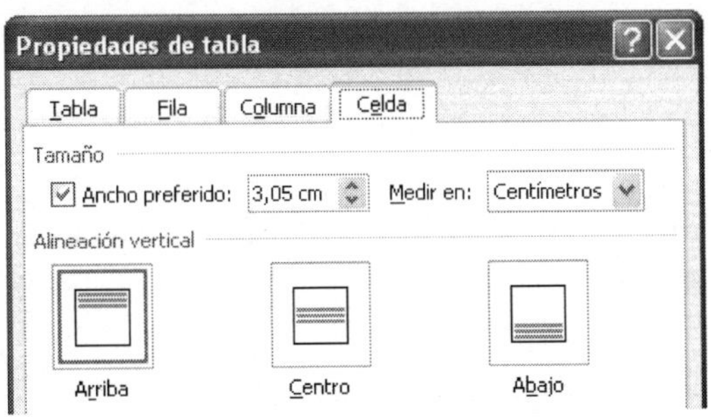

a) **Ancho preferido** permite establecer la anchura que tendrán las celdas de la tabla que haya seleccionado. Si lo desea, puede elegir la unidad de medida de las columnas mediante la lista **Medir en**.

b) Puede indicar la posición vertical del texto con los datos del grupo **Alineación vertical**: **Arriba**, **Centro** y **Abajo**.

TRABAJOS MATEMÁTICOS CON TABLAS

Como puede esperarse por el título de este apartado, con Word se pueden realizar trabajos numéricos utilizando los datos de las tablas. Para ello, tendremos que haber incorporado datos numéricos en las celdas de la tabla, es decir, aquellas celdas que formarán parte de una fórmula, deberán contener exclusivamente un número cada una, o bien, el resultado de otra fórmula. Si una celda implicada en una fórmula contiene texto (o cualquier dato no numérico), la fórmula en cuestión dará error. Para realizar algún cálculo matemático, activaremos la opción **Fórmula** del menú **Tabla**. Obtendremos lo siguiente:

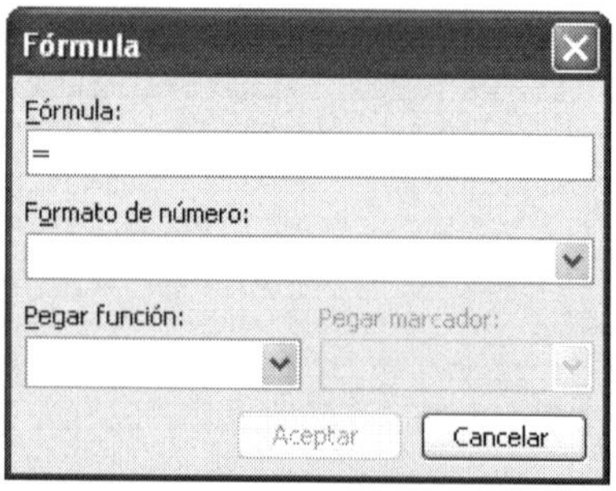

Con este cuadro de diálogo podrá incorporar fórmulas y funciones matemáticas (y de otros tipos) a su tabla.

> **Ojo**
>
> Puede activar este cuadro de fórmulas incluso fuera de las tablas, aunque no podrá emplear las direcciones de las celdas para obtener resultados: únicamente podrá teclear números en sus operaciones.
>
> No olvide teclear el símbolo igual que (=) antes de la fórmula.

Fórmulas

Para empezar, el cuadro de texto **Fórmula** permite incluir en su interior una fórmula matemática cuyo resultado irá destinado a la celda en que se encuentre cuando la escriba.

Las fórmulas se escriben utilizando los "nombres" de las celdas, datos numéricos y los operadores aritméticos:

1. Las celdas se nombran mediante su posición de filas y columnas, como si se tratase del juego de los barquitos. A cada columna le corresponde el nombre de una letra por orden alfabético (de izquierda a derecha), mientras que a cada fila, le corresponde un número comenzando por el 1 (de arriba a abajo). Los nombres de las celdas se forman mediante la letra y el número correspondiente, por ejemplo, la primera celda es A1, la que está a su derecha es B1, y la que está debajo de la primera será A2.

2. Los operadores de Word que nos permitirán realizar los cálculos son los siguientes:

+ para **sumar** (ejemplo: B1+2)

- para **restar** (ejemplo: 5-C6)

* (asterisco) para **multiplicar** (ejemplo: 5*6)

/ (barra inclinada) para **dividir** (ejemplo: B2/A1)

^ (acento circunflejo) para **elevar** (potencias. Ejemplo: D5^2 equivale a D5 al cuadrado)

() (paréntesis) para agrupar operaciones (ejemplo: (8+6)/B5)

Formatos numéricos

Recordemos el cuadro de diálogo de fórmulas que aparece al seleccionar **Fórmula** en el menú **Tabla**:

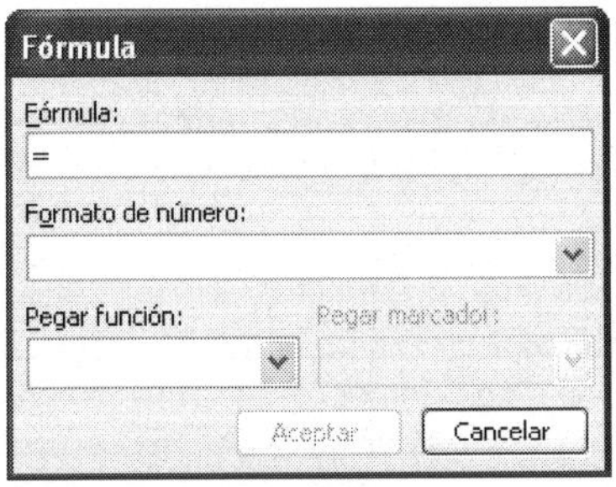

La lista del cuadro de diálogo para la incorporación de datos matemáticos es **Formato de número**. Con esta lista podemos indicar en qué formato aparecerá el resultado de la fórmula escrita en el cuadro de texto anterior.

Podemos elegir entre varios formatos de la lista. Como ejemplo indicaremos que, si trabajamos con datos monetarios, lo correcto sería elegir el formato **#.##0,00 pta;(#.##0,00 pta)**, que añadirá a los números resultantes dos decimales y el dato *Pta* (y si es negativo lo presentará entre paréntesis).

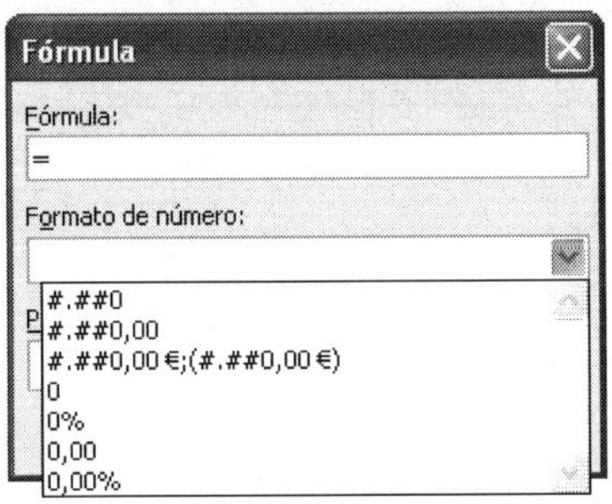

Funciones

En las celdas podrá escribir datos que el ordenador calcule para usted mediante Word. Para ello, debe utilizar la lista **Pegar función** que aparece en el cuadro de diálogo mostrado antes.

Word posee varias funciones y no necesariamente matemáticas. Cada una de estas funciones necesitará ciertos datos que le proporcionaremos detrás del nombre de la función y entre paréntesis.

Por ejemplo, con Word existe la función SUMA, cuyo fin es sumar todos los datos que se le proporcionen, transfiriendo el resultado correspondiente a la celda en que se encuentre. Para utilizar esta función deberemos escribir en el cuadro de texto **Fórmula** la palabra **SUMA** (o seleccionarla de la lista **Pegar función** en la que podrá encontrar ésta y otras funciones), seguida de paréntesis en los que indicaremos el rango de celdas a sumar. Un ejemplo:

=SUMA(A1:B5)

Esta función sumará todos los valores numéricos comprendidos entre la celda A1 y la B5 (A1, A2, A3, A4, A5, B1, B2, B3, B4 y B5).

Ojo

Las fórmulas en Word no se recalculan automáticamente, es decir, si realizamos un cambio en alguna celda que afecte a una fórmula, ésta no variará, mostrando aun el resultado del cálculo antiguo. Si desea actualizar dicho resultado, deberá activar de nuevo la opción **Fórmula** del menú **Tabla**, pulsando únicamente el botón Aceptar en el cuadro de diálogo que aparece, ya que la fórmula sigue escrita en su sitio (en el cuadro de texto **Fórmula**).

En algunas versiones de Word, los nombres de las funciones aparecen en inglés. Por ejemplo, la función **SUMA** podría aparecer como **SUM**.

Ojo

En algunas versiones de Word, los nombres de las funciones aparecen en inglés. Por ejemplo, la función **SUMA** podría aparecer como **SUM**.

CAPÍTULO 9

HERRAMIENTAS MÁS ÚTILES DE WORD

En el presente capítulo vamos a exponer una serie de herramientas de gran utilidad en Word. Se trata de funciones que tendríamos que realizar manualmente si Word no nos las ofreciera automáticamente, con lo que ahorraremos tiempo y trabajo.

BÚSQUEDA Y SUSTITUCIÓN DE PALABRAS Y FRASES

He aquí dos funciones cuyo uso se extiende sobre todo a textos largos, en los cuales es difícil encontrar una palabra (o un conjunto de caracteres).

Como su nombre indica, la primera se utiliza para buscar palabras o grupos de caracteres en un documento. Con grupos de caracteres nos referimos no sólo a letras o números, sino también a símbolos especiales (de puntuación, matemáticos, etc.) y funciones de Word como tipos de letra, formatos especiales, sangrados, etc.

La segunda función permite encontrar palabras automáticamente y sustituirlas de igual modo por otras.

Búsquedas

Cuando se desea encontrar un dato en un texto escrito con Word, basta con seleccionar la opción **Buscar...** del menú **Edición**, o bien pulsar las teclas **Control** + **B**. Al hacerlo, obtenemos un cuadro de diálogo en el que podemos indicar todos los datos necesarios acerca de la palabra o, mejor dicho, del texto que deseamos encontrar.

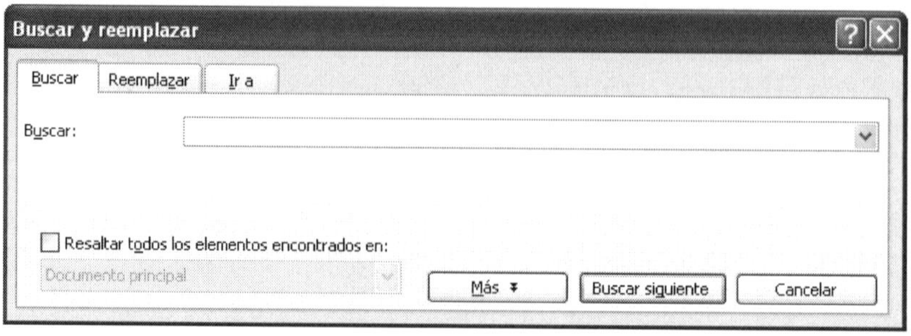

1. En la lista desplegable **Buscar** podemos indicar el dato que buscamos. Si ya hemos buscado algo previamente, podremos repetir la búsqueda del mismo dato desplegando la lista. Al hacerlo, se muestra una lista con todas las palabras que hemos buscado anteriormente. Bastará con elegir una de ellas para volver a buscarla de nuevo.

2. Una vez escrito el dato que se va a buscar, pulsaremos el botón Buscar siguiente para poner en marcha la búsqueda.

3. Active la casilla **Resaltar todos los elementos encontrados en** para que Word marque a la vez todos los términos que localice en el documento. Si activa esta casilla, podrá emplear la lista desplegable que hay debajo para indicar en qué parte del documento deberá marcarse (en el texto general —**Documento principal**—, en los **Encabezados y pies de página** o en las **Notas al pie** de página). Esta función no está disponible en la versión 2000.

4. Si vamos a concretar más sobre el dato que buscamos, pulsaremos el botón Más. Este botón amplía el cuadro de diálogo del siguiente modo:

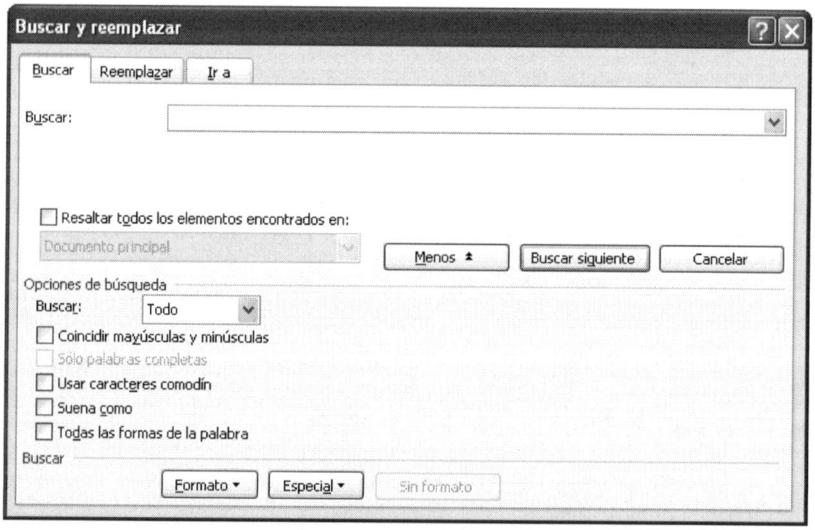

5. Con la nueva lista desplegable **Buscar** (que aparece con el dato Todo) indicamos la dirección en la que deseamos buscar el texto. Tenemos tres posibilidades:

- **Hacia delante**. Busca desde la posición actual hasta el final del texto.
- **Hacia atrás**. Busca desde la posición actual hasta el principio del texto.
- **Todo**. Busca en todo el texto desde la posición actual hasta el final del texto continuando desde el principio hasta la posición en que se comenzó la búsqueda.

6. Puede buscarse el texto tal y como se haya escrito indicando que diferencie mayúsculas y minúsculas. Al activar la casilla de verificación **Coincidir mayúsculas y minúsculas**, Word localizará sólo el texto que coincida exactamente, letra por letra, en sus mayúsculas y minúsculas con el texto de búsqueda.

7. La casilla **Sólo palabras completas** obliga a Word a indicar que se ha encontrado el texto sólo si lo que se escribió, aparece en éste formando una sola palabra. Así, si este botón **no** se activa e indicamos que se busque la palabra *que*, Word no sólo se detendrá en esta palabra, sino que también lo hará, por ejemplo, en la palabra *queso*, ya que contiene las letras *q*, *u*, y *e* que son las que se buscan.

8. Con **Usar caracteres comodín** podemos activar los **Criterios de búsqueda avanzada**, que permiten encontrar texto sin escribir íntegramente lo que se busca. Así, si usted escribe como texto a buscar *p?p?*, Word se detendrá en palabras como *papá*, *Pepe* o *pipa*, ya que indicamos las correspondientes letras *p*, aunque desconocemos lo que hay en lugar de los signos de interrogación. Existen otros símbolos para encontrar datos desconocidos. Le recomendamos que consulte el sistema de ayuda para conocer todos los posibles símbolos en búsquedas avanzadas.

9. Si se activa la casilla **Suena como**, también se localizarán palabras parecidas a la que escribamos en **Buscar** aunque no coincidan completamente con el término que se busca.

10. La casilla **Todas las formas de la palabra** permite sustituir una palabra por otra manteniendo su forma (tiempo verbal, etc.).

11. Con el botón [Formato ▾] se indica que se busca un texto con un determinado formato (por ejemplo, un tipo de letra), y si especifica algún formato, podrá volver a eliminarlo de la búsqueda al pulsar el botón [Sin formato].

12. Igualmente el botón [Especial ▾] le permite buscar caracteres especiales en el texto, como tabulaciones, saltos de línea, saltos de sección, etc.

Reemplazos automáticos

El funcionamiento es similar al de la búsqueda de palabras, pero además nos permite reemplazar automáticamente un pequeño texto por otro. Podemos acceder a esta función seleccionando la pestaña de la ficha **Reemplazar**, que aparece en el cuadro de diálogo anterior o utilizando la opción **Reemplazar...** del menú **Edición**.

En cualquiera de los tres casos, el cuadro de diálogo que obtenemos presenta el siguiente aspecto:

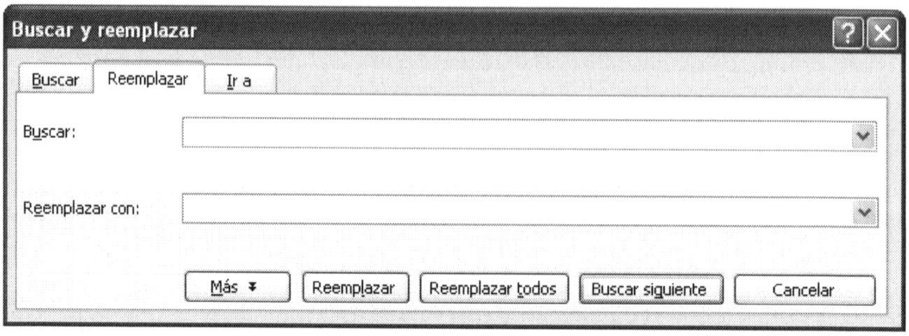

Como puede observarse, el cuadro es similar al utilizado para las búsquedas, con la diferencia de que se añaden los datos necesarios para sustituir automáticamente ciertas palabras en el texto: la lista **Reemplazar con**, y el botón [Reemplazar todos].

Escriba en la lista **Buscar** el texto que desea localizar para sustituir. Luego, escriba en la lista **Reemplazar con** el texto que sustituirá al otro. Llegado a este punto existen dos posibilidades:

1. Al utilizar el botón [Reemplazar], Word nos llevará a la palabra que se busca, para que al pulsarlo de nuevo sea reemplazada y podamos pasar a la siguiente. Observe, por tanto, que la primera vez que se activa este botón al entrar en el cuadro de diálogo actúa como [Buscar siguiente].

2. Al utilizar el botón [Reemplazar todos], Word sustituirá automáticamente el texto que se busca en el documento completo (en todos los lugares del documento en que se encuentre). Esta función no pide ningún tipo de confirmación, de modo que, al pulsarlo, se modifican los cambios de una vez. Al terminar, Word abre un cuadro de diálogo informativo en el que especifica el número de palabras que ha encontrado y sustituido.

Si utilizamos [Reemplazar] y en una de las coincidencias **no** deseamos cambiar el texto original por la nueva palabra, pulsaremos el botón [Buscar siguiente], con lo que Word deja el texto como está en ese lugar y continúa la búsqueda de nuevo. Naturalmente, este botón no posee ninguna utilidad si se pulsa [Reemplazar todos], ya que, como hemos visto, este botón reemplaza todas las coincidencias del texto sin requerir ningún otro tipo de consulta o confirmación al usuario.

Para terminar, existe un último botón en el cuadro: [Más ▾]. Cuando se pulsa este botón, el cuadro se amplía mostrando datos idénticos a los que vimos en el de búsqueda.

CORRECTOR ORTOGRÁFICO Y GRAMATICAL

Aunque ya hemos hablado de los correctores ortográficos, el de Word es un caso especial, ya que es más completo y además corrige la gramática del texto. La base del funcionamiento del corrector es la misma que la que vimos en el capítulo 4 (***Funciones elementales y compartidas de Office***), por lo que no vamos a repetirla; sin embargo, el manejo sí que es ligeramente distinto.

Para activar ambos correctores utilizaremos la opción **Ortografía y gramática** del menú **Herramientas**, o bien, pulsaremos el botón de la barra de herramientas.

Ortografía

Cuando Word encuentra una palabra incorrectamente escrita aparecerá un cuadro de diálogo como éste:

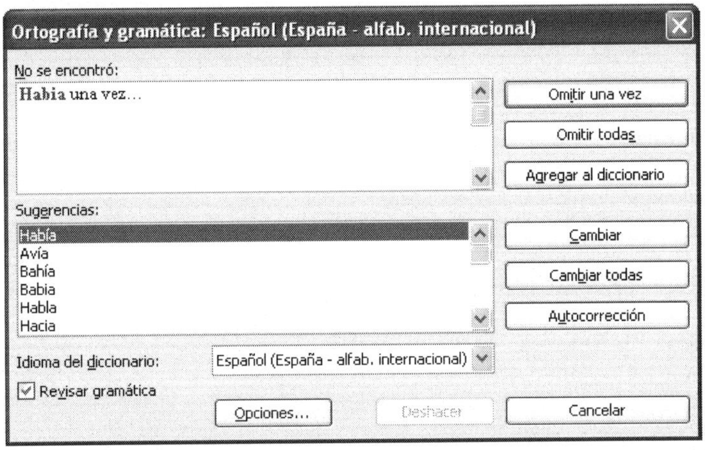

Como puede observar los botones son similares a los que hemos visto en el capítulo 4 (***Funciones elementales y compartidas de Office***): consulte su apartado ***Corrector ortográfico***.

Gramática

Si el fallo que encuentra Word es de gramática, el cuadro de diálogo que se mostrará es el que puede ver en la página siguiente:

1. La lista **Error gramatical** muestra el posible fallo gramatical, remarcando la palabra clave en color verde. En este cuadro puede escribirse y corregir así el error manualmente. En este caso, una vez finalizada la corrección manual, pulsaríamos el botón [Oración siguiente].

2. Debajo, la lista de **Sugerencias** muestra las posibles soluciones que en algunos casos no son correctas.

3. El botón [Omitir una vez] salta el error dando por bueno el fallo gramatical (esto puede ocurrir con cierta frecuencia debido a que en esos casos Word no sabe con certeza el tipo de palabra que genera el error: verbo, adverbio, pronombre, etc.).

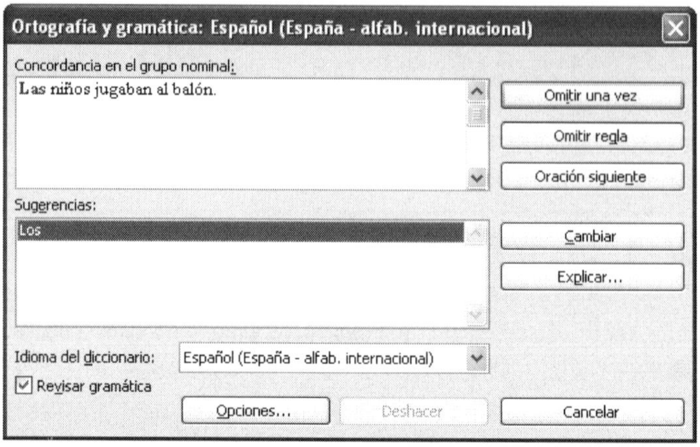

4. El botón Omitir regla salta el error siempre que lo encuentre en el mismo texto.

5. El botón Cambiar corrige el error gramatical sustituyéndolo por la sugerencia elegida en la lista correspondiente. Por tanto, deberá seleccionar una de las **Sugerencias** de la lista antes de pulsar el botón.

6. El botón Explicar... muestra información que expone por qué la frase está incorrectamente escrita.

7. **Revisar gramática**. Esta casilla de verificación permite desactivar el corrector gramatical dejando activo únicamente el ortográfico. Para ello, desactívelo.

Verificación de ortografía y gramática según se escribe

Word subraya en color rojo aquellas palabras que no tiene en su diccionario, y en color verde las que generan un error gramatical:

Habia

De este modo, Word nos advierte previamente de aquellas palabras o frases que acabamos de escribir incorrectamente.

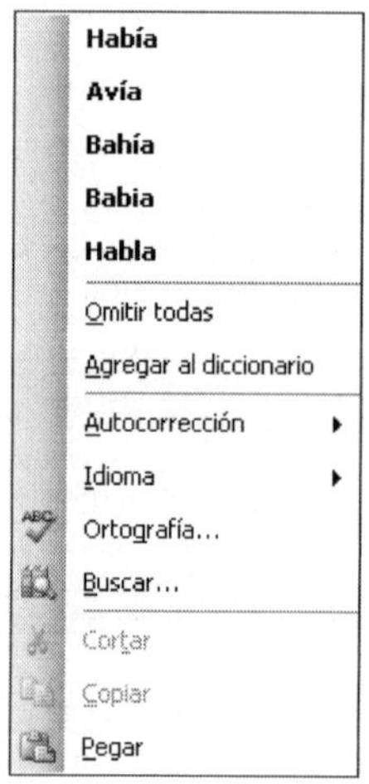

Para corregir una palabra según este nuevo sistema se pulsa el botón derecho del ratón sobre la palabra subrayada en rojo o en verde. Al hacerlo, aparece un menú en la pantalla encabezado por la lista de sugerencias. Supongamos que hacemos el clic con el botón derecho sobre la palabra *Habia*. Al existir un error ortográfico (falta la tilde en la i), aparecerá un menú como el que puede ver junto al margen derecho.

Si elegimos la opción **Había** (la primera de la lista), Word sustituirá *Habia* por *Había* automáticamente.

Las demás opciones que aparezcan en dicho menú pueden variar dependiendo de la palabra incorrecta que estemos comprobando. La lista puede tener las mismas funciones que hemos visto en el corrector ortográfico, y los nombres que aparecen (**Omitir todas**, **Agregar al diccionario**, etc.) son exactamente los mismos.

Si hacemos clic con el botón derecho sobre una palabra subrayada en verde (por un error gramatical), el menú que se obtiene es el siguiente:

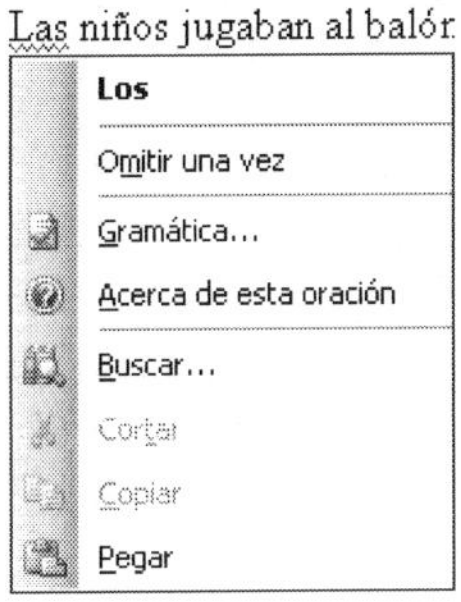

SINÓNIMOS

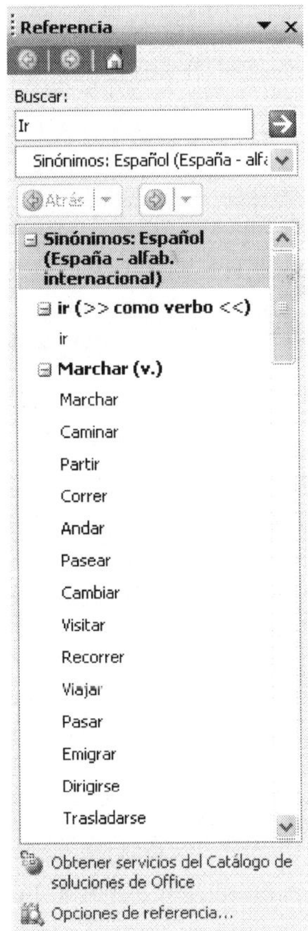

Es una utilidad que nos permite solicitar un listado de las posibles palabras de significado equivalente para una palabra.

Para utilizar los sinónimos, lo primero que haremos es situarnos en aquella palabra que deseamos cambiar por un sinónimo, y después desplegar el menú **Herramientas**, en el que seleccionaremos **Idioma**, que generará un submenú entre cuyas opciones se encuentra **Sinónimos**. Al seleccionar esta opción, obtenemos un nuevo cuadro de diálogo (en las versiones 2000 y 2002) o el panel de tareas (en la versión 2003):

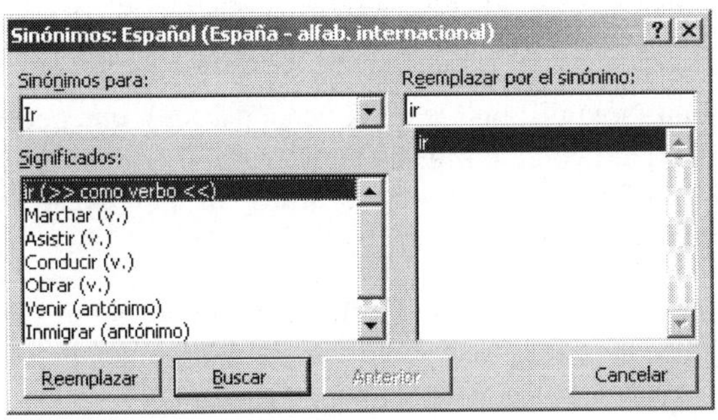

1. En las versiones que ofrecen el cuadro de diálogo haga clic sobre el sinónimo que considere adecuado y pulse 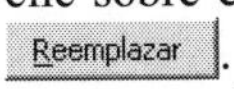 . Si necesita otros sinónimos de uno de la lista, pulse  .

2. En la versión 2003 que ofrece el panel de tareas, lleve el ratón sobre el sinónimo que le interese, despliegue su lista y elija **Insertar**. Si lo que necesita es obtener otros sinónimos de uno de la lista, simplemente haga clic sobre ella.

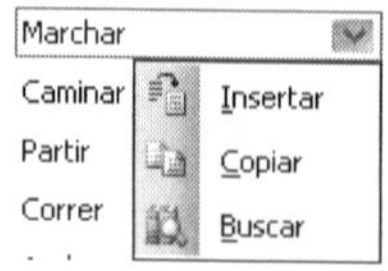

Por último, si ha utilizado varias palabras en el cuadro de diálogo, pulse el botón  para ver cuál fue el sinónimo anterior que buscó, o bien, el botón  en la versión 2003 (en la que también dispone de un botón "adelante" ).

MANTENER MÁS DE UN TEXTO ACTIVO. USO DEL MENÚ *VENTANA*

Como sabemos, Word permite abrir varios textos a la vez. Al abrir un texto éste aparece en una nueva ventana. Como el propio nombre de Windows indica (en inglés), tratamos con ventanas, de modo que cada texto será alojado en una ventana distinta que Word nombrará y numerará.

Para pasar de un texto a otro disponemos del menú **Ventana**:

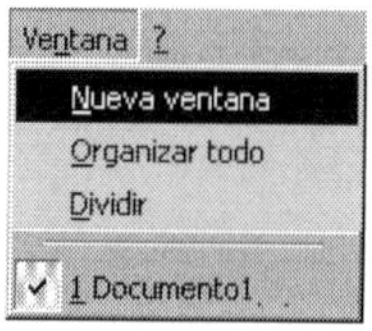

Versión 2000

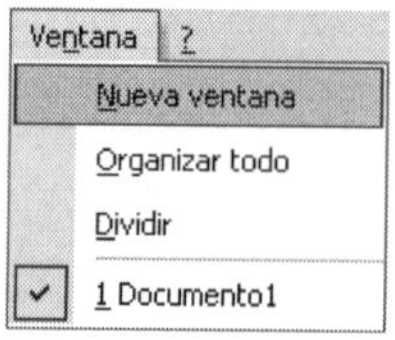

Versión 2002

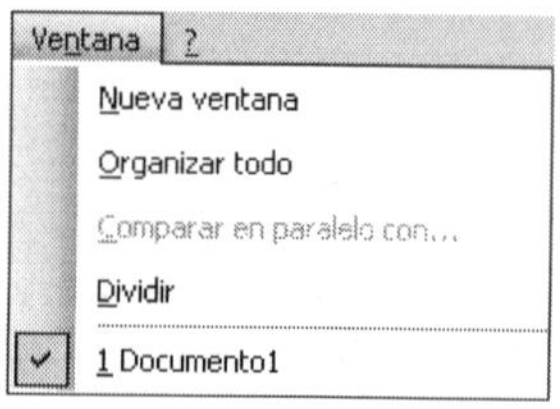

Versión 2003

1. **Nueva ventana**, que abre otra ventana con el mismo texto en que se esté trabajando (generalmente para consultar otra parte del documento sin perder el sitio).

2. **Organizar todo**, que divide la pantalla en tantas ventanas como textos tengamos equitativamente en la pantalla, permitiendo mostrar una pequeña parte de cada uno.

3. **Comparar en paralelo con** (sólo disponible en la versión 2003), que permite ver simultáneamente dos textos para compararlos a simple vista. Coloca dos ventanas con ambos textos una al lado de la otra y, al desplazarnos por un texto se desplaza automáticamente el otro a la vez.

4. **Dividir** permite obtener en la misma ventana dos partes distintas del mismo texto dividiéndola en dos mitades, de forma que podrá ver simultáneamente dos partes distintas del mismo documento (generalmente para cotejar datos). Si se divide una ventana con esta función, la opción del menú cambiará su nombre por el de **Quitar división**, cuya función es volver a dejar la ventana como estaba antes de la división.

Debajo de estas opciones se encuentra la lista de documentos que tengamos abiertos en ese instante: basta con elegir uno para acceder a él.

COMENTARIOS

En un texto podemos introducir anotaciones que nos recuerden algunos datos, o bien que indiquen de qué trata el texto que está escrito a continuación, etc.

Inicialmente estos comentarios se muestran como parte del texto y no se imprimen en la impresora, pero sí que podemos verlos en la pantalla.

Para crearlos hemos de situarnos en el lugar del texto en el que deba aparecer la anotación y activar la opción **Comentario** del menú **Insertar**, de modo que, al hacerlo, obtenemos un marco rojo en el que podremos teclear el comentario:

Haga clic fuera del marco rojo y el comentario quedará establecido.

Si vuelve a hacer clic dentro del marco, podrá modificar el texto del comentario.

En Word 2000, en lugar del marco rojo, aparece un recuadro en la parte inferior de la pantalla:

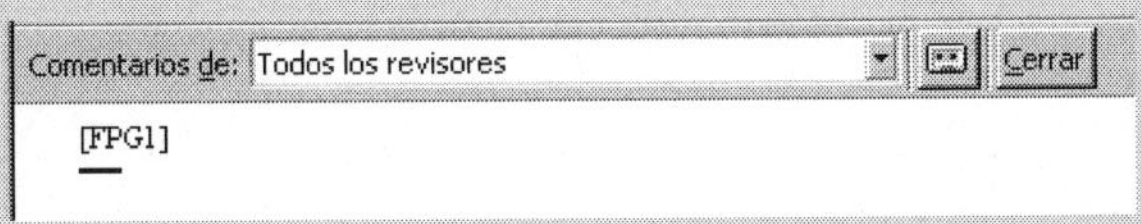

Escriba el texto que desea anotar. Si se trata de una anotación con sonido, pulse el botón . Cuando termine de detallar el comentario, pulse el botón Cerrar.

Para ver (o escuchar) las anotaciones deberá utilizar la opción **Comentarios** del menú **Ver**. Según esté viendo los comentarios podrá borrarlos, ya que en el texto aparecen marcados como **[FPG1]**, aunque el número depende de cuál sea la anotación y *FPG* son las iniciales del usuario registrado de Word. Para eliminar el comentario seleccione esa marca en el texto y pulse la tecla **Supr**.

En las versiones 2002 y 2003 cuando se inserta un comentario aparece la barra de herramientas de revisión:

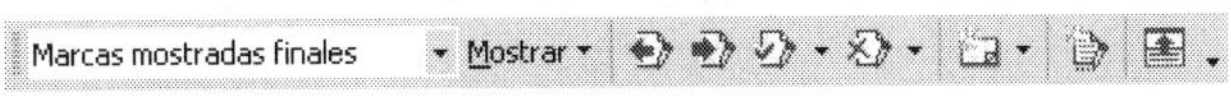

Versión 2002

Versión 2003

Esta barra se emplea para revisar y comparar documentos, pero también dispone de ciertas funciones relacionadas con los comentarios. Para que estas funciones estén disponibles deberá encontrarse dentro de un marco de comentario por lo que deberá hacer clic en uno primero antes de emplearlas:

1. Si desea que los comentarios del documento no se vean, despliegue la lista Mostrar ▾ y desactive **Comentarios**.

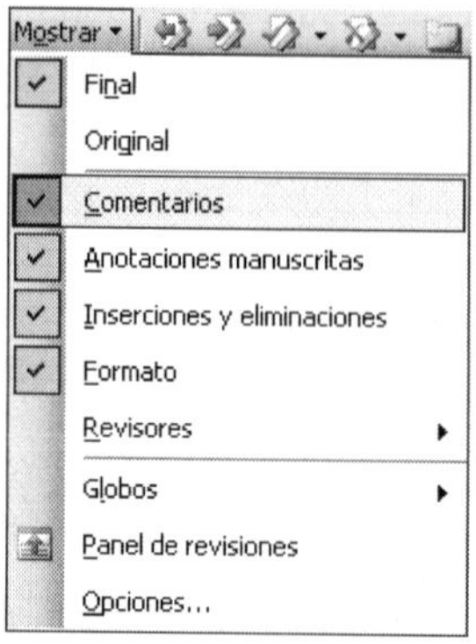

Versión 2003

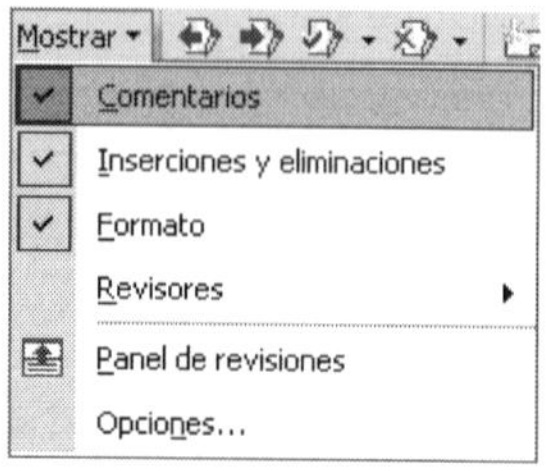

Versión 2002

2. Utilice los botones **Anterior** (o) y **Siguiente** (o) para acceder a otros comentarios del texto.

3. Despliegue el botón (o) para seleccionar **Rechazar cambiar o eliminar comentario** y borrar así el comentario en el que se encuentre.

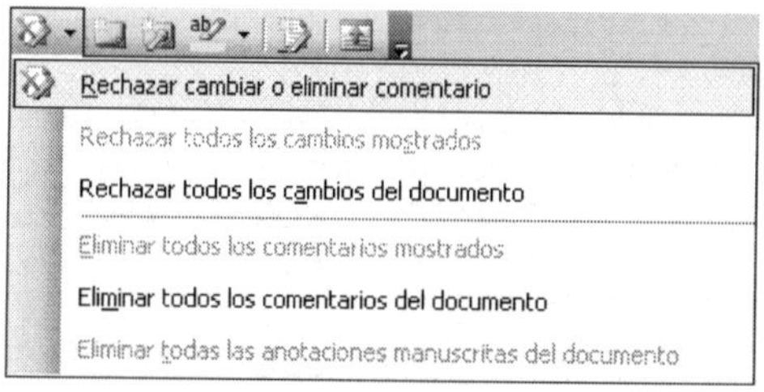

Versión 2003

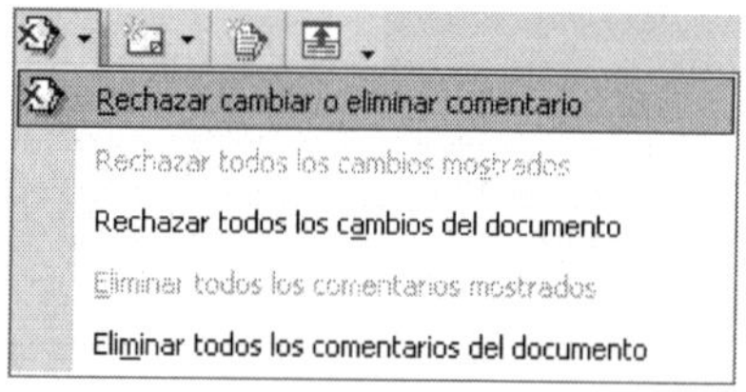

Versión 2002

NUMERACIÓN AUTOMÁTICA DE PÁGINAS

Como cualquier procesador de texto, Word permite numerar automáticamente las páginas independientemente del texto contenido en ellas. Se trata de activar la opción **Números de página** que está situada en el menú **Insertar**. Obtendremos un cuadro de diálogo:

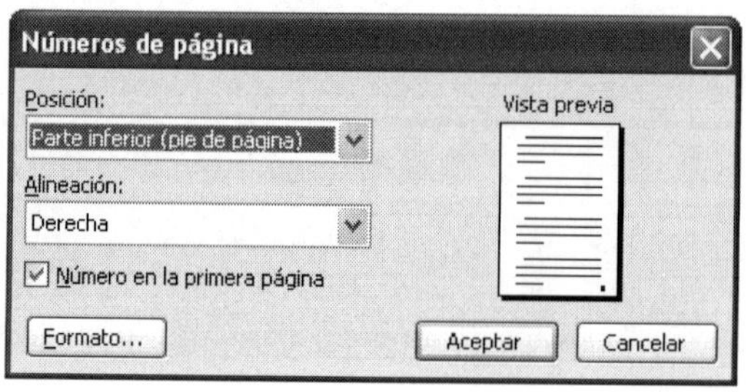

1. La lista **Posición** permite indicar en qué parte *vertical* de la página se verán los números: arriba con **Parte superior (encabezado)**, o abajo con **Parte inferior (pie de página)**.

2. En cuanto a la parte horizontal disponemos de **Alineación**, que le permitirá indicar si desea el número junto al margen izquierdo (**Izquierda**), centrado entre los márgenes (**Centro**), junto al derecho (**Derecha**), alternando las páginas en la parte inferior interna (**Interior**), o bien, alternando las páginas en la parte inferior externa (**Exterior**). Las dos últimas son útiles cuando se va a imprimir el texto por ambas caras de la hoja.

3. Con la casilla de verificación **Número en la primera página** puede establecer si desea que el número de página aparezca o no en la primera página de cada sección. Este detalle surge porque, en muchos escritos que se dividan en capítulos o temas, no se escribe el número de la página al comienzo de cada uno.

4. Y el botón [Formato...] permite detallar más profundamente cómo se desea que aparezcan los números de página. Al pulsarlo, obtenemos un nuevo cuadro de diálogo en el que podremos establecer el formato de número (qué tipo de numeración queremos: números, letras, o números romanos), si se debe incluir el número de capítulo y si la numeración debe reiniciarse desde cada sección o continuarse:

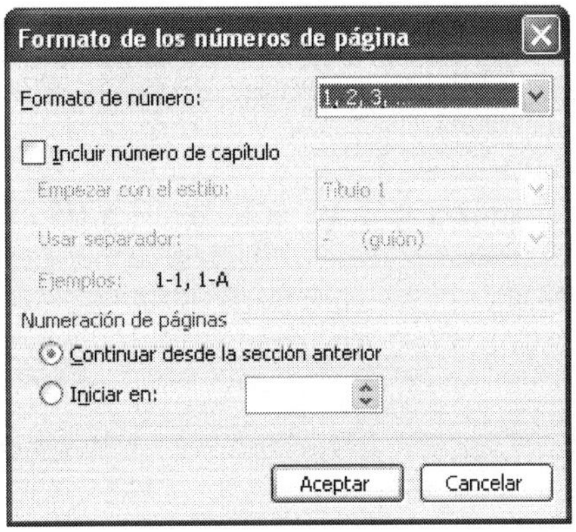

Word coloca los números de página automáticamente en el encabezado (o en el pie) de la página: si necesita borrar un número acceda al encabezado (o al pie, según sea el caso), haga clic sobre él y pulse la tecla **SUPR** (suprimir).

FECHA Y HORA

Cuando desee incorporar a su texto la fecha actual o la hora, podrá utilizar la opción **Fecha y Hora** del menú **Insertar**. Esta función ofrece la siguiente lista de opciones:

1. Seleccione la forma en que desea que aparezca la fecha o la hora mediante la lista **Formatos disponibles**.

2. El contenido de esa lista dependerá del **Idioma** que seleccionemos, puesto que al elegir uno, los formatos se adaptan al país o países en los que se habla ese idioma.

3. La casilla **Actualizar automáticamente** se encarga de renovar la fecha cada vez que se abre el documento, tomando la de ese día.

4. El botón Predeterminar... establece que el tipo de fecha que elijamos será el que aparezca por defecto siempre que se añada una al texto.

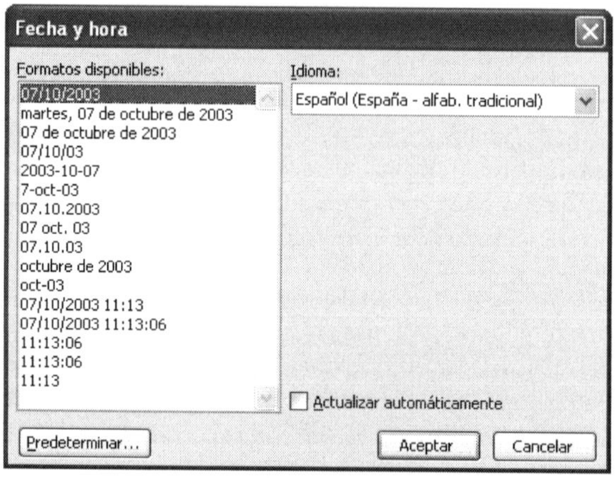

Si aparece una fecha incorrecta, deberá utilizar el icono **Fecha y hora** del **Panel de control** de Windows para cambiar cualquiera de las dos.

CARACTERES ESPECIALES Y SÍMBOLOS

Si necesita añadir al texto un símbolo que no aparezca en el teclado, deberá insertar uno de los denominados caracteres especiales. Active la opción **Símbolo** del menú **Insertar** y obtendrá una tabla en la que podrá elegir el carácter que desea añadir al texto:

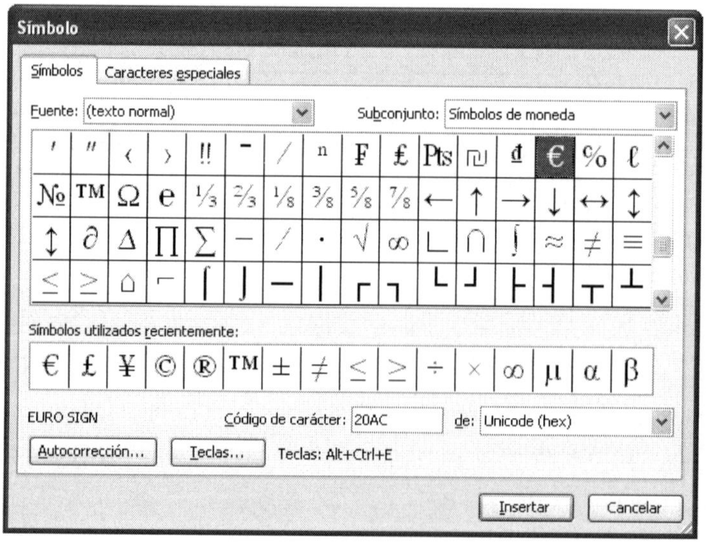

1. Con la ficha **Símbolos** puede indicar el tipo de letra (o juego de caracteres) que desea para insertar el carácter especial activando la lista **Fuente**.

2. Utilice el ratón o las teclas del cursor para seleccionar el carácter que desee y pulse el botón [Insertar]. Si conoce el código que corresponde al carácter que desea incorporar al texto, podrá teclearlo en el cuadro de texto **Código de carácter**.

3. Si además desea que aparezca un carácter concreto al pulsar una combinación de teclas definida por usted, pulse el botón [Teclas...] y después establezca las teclas.

4. El botón [Autocorrección...] le lleva al cuadro de diálogo de autocorrección con el que podrá indicar una abreviatura que, al ser escrita, colocará el carácter en el texto.

Si activa la ficha **Caracteres especiales**, el cuadro de diálogo cambiará para mostrar otra lista:

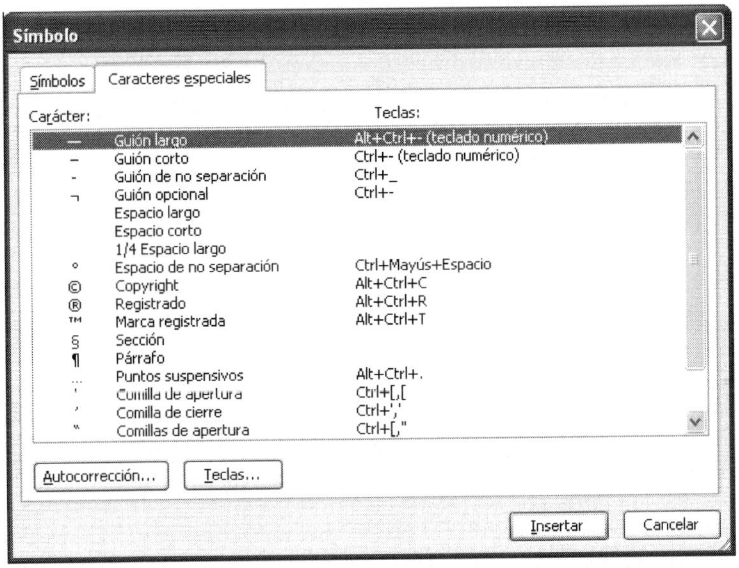

En este cuadro se presentan ciertos caracteres tipográficos especiales. Junto a ellos aparecen las descripciones y combinaciones de teclas de cada carácter. Por lo demás, esta ficha se maneja como la anterior.

CORREO ELECTRÓNICO

Word puede utilizarse como editor de mensajes para enviar como correo electrónico. Como introducción al correo electrónico diremos que es una forma de enviar mensajes de texto a otros terminales en una red de ordenadores, ya sea local o telefónica.

Para enviar un mensaje que ya haya escrito en Word seleccione la opción **Enviar a** del menú **Archivo**. Esta opción genera un pequeño menú con opciones para el correo entre las que se encuentra **Destinatario de correo**, si bien, es posible elegir otros sistemas de envío como el fax. También puede hacerse mediante el botón (o) de la barra. Entonces Word amplía las funciones con elementos que permiten enviar el mensaje:

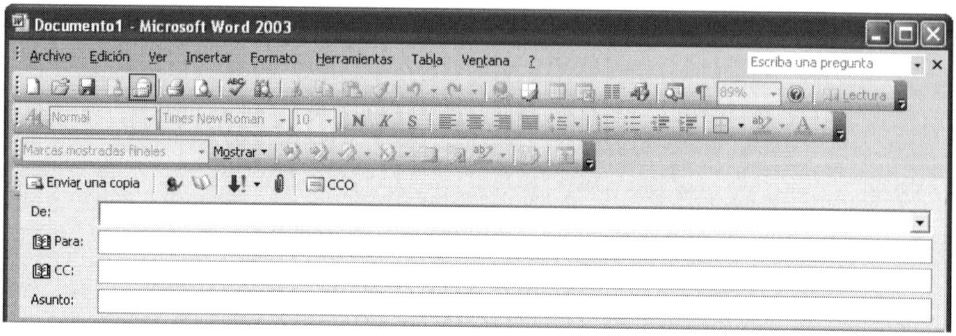

1. Con la lista **De** podrá elegir la cuenta de correo con la que enviar el mensaje. Si sólo dispone de una cuenta, no necesitará emplear esta lista.
2. En el cuadro **Para** podrá escribir la dirección de correo de la persona o personas que vayan a recibir el mensaje. Si son varias, sepárelas con punto y coma (;).
3. En el cuadro **CC** (Copia de Cortesía) podrá escribir más direcciones de correo para otras personas que deban recibir una copia del mensaje.
4. Utilice el cuadro de texto **Asunto** para indicar el motivo por el que se envía el mensaje.
5. En la página, teclee el mensaje de correo que desea enviar.
6. Utilice el botón (o) para comprobar la dirección del destinatario del mensaje.
7. El botón (o) le llevará a la libreta de direcciones para que elija, modifique, añada o elimine personas de contacto.
8. Desplegando el botón (o) podrá asignar mayor o menor prioridad al mensaje. Se trata de que el destinatario reciba también un icono que indique la importancia del mensaje.
9. Active el botón (o) para adjuntar un archivo (o varios) junto con el mensaje.
10. Pulse el botón CCO para que aparezca el cuadro de texto **CCO** (Copia de Cortesía Oculta). En él podrá escribir las direcciones de personas que recibirán una copia del mensaje sin que otras lo sepan.
11. Cuando haya terminado de escribir el mensaje pulse el botón Enviar una copia para enviar el mensaje (deberá estar conectado a Internet en ese momento para que este botón funcione correctamente).

AUTOTEXTO

La función de autotexto inserta sencillos mensajes comunes en una página. Para realizar esta operación, deberá recurrir a la opción **Autotexto** del menú **Insertar**:

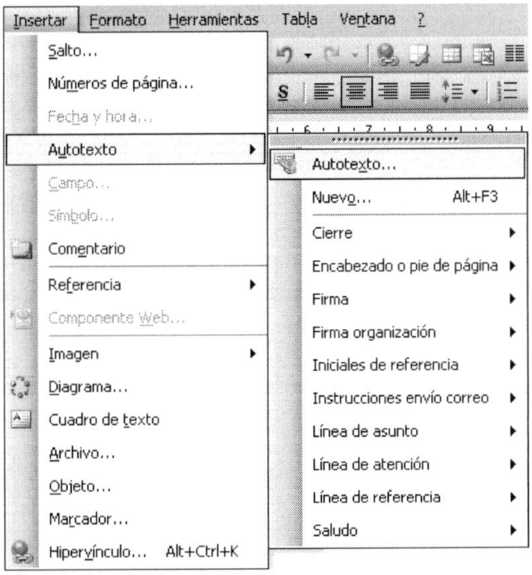

1. **Autotexto** lleva a un cuadro de diálogo en el que se puede administrar el sistema de autotexto. El cuadro de diálogo es éste:

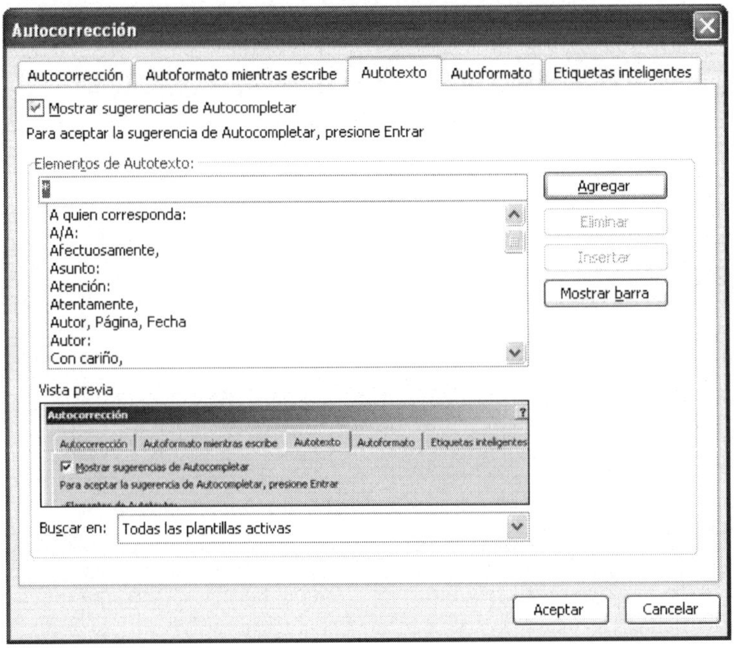

De este cuadro cabe destacar el botón [Mostrar barra] que cierra el cuadro mostrando la barra de herramientas de autotexto, que resulta muy cómoda si trabaja a menudo con autotexto.

2. **Nuevo** permite crear un nuevo mensaje para el autotexto.

3. Las opciones desde **Cierre** hasta **Saludo** son las que contienen los mensajes de autotexto. Si elige una, obtendrá otro menú con los mensajes. Por ejemplo, **Saludo** ofrece una pequeña lista de saludos. Al elegir uno, dicho saludo aparecerá en el texto.

TEXTO OCULTO Y CARACTERES NO IMPRIMIBLES

El modo normal de trabajo de Word funciona sin mostrar el denominado **texto oculto** (si lo hay) en un texto. Sin embargo, el texto oculto puede verse en cualquier momento simplemente al pulsar el botón [¶] (o ¶): **Mostrar u ocultar** ¶) que aparece en la barra de herramientas. Este botón no sólo muestra o esconde el texto oculto, sino también todos los caracteres no imprimibles de Word tal como el carácter INTRO, que Word muestra cada vez que se pulsa esa tecla representando que en ese lugar se ha añadido la función retorno del carro y avance de línea (¶).

Es recomendable que antes de imprimir un texto revise el texto oculto, ya que éste puede imprimirse (se vea o no en pantalla), lo cual podría descolocar su texto. Un ejemplo: si usted tiene cinco páginas de texto normal y una página más intercalada con texto oculto, a la hora de imprimir obtendrá seis páginas en papel.

AUTOGUARDADO

Word graba automáticamente su texto activo al transcurrir un determinado periodo de tiempo. Con ello se consigue evitar la pérdida total de un texto que no se haya grabado si por algún fallo eléctrico se queda sin corriente, si el ordenador se bloquea o si se sale de Word de forma anormal.

Dicho tiempo puede programarse activando **Opciones** en el menú **Herramientas**. Con el cuadro de diálogo que se obtiene, se accede a la ficha **Guardar** en la que se encuentra la casilla **Guardar info. de Autorrecuperación cada X minutos**. Actívela (si no lo está ya) y escriba el número de minutos que desee en el cuadro de texto correspondiente. Word guardará automáticamente el texto cada vez que transcurran los minutos que se hayan indicado.

RESÚMENES

Existe la posibilidad de crear una ficha con datos específicos acerca del texto y su autor. Se trata del resumen.

Active la opción **Propiedades** en el menú **Archivo**. Obtendrá un cuadro de diálogo con varias fichas en las que podrá escribir datos como el **Título** del texto, su **Autor**, unos

Comentarios sobre ambos, y similares. El cuadro que aparece al acceder a esta opción suele tener activa por defecto la ficha **Resumen**, que es de la que estamos hablando y en la que únicamente tendremos que teclear los datos que se nos piden.

TRADUCIR

Desde la versión 2002, Word ofrece una sencilla función de traducción de términos y expresiones de un idioma a otro. Para activar esta función, acceda al menú **Herramientas** y seleccione **Idioma**: en el submenú que aparezca elija **Traducir**. Aparecerá el panel de tareas para que lo utilice tecleando la palabra que desee traducir.

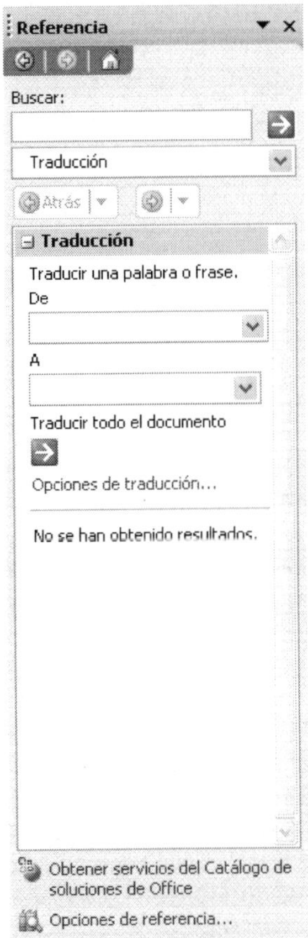

Versión 2003

Versión 2002

Teclee la palabra en el cuadro **Buscar** (**Texto** en la versión 2002), elija el idioma original en **De** (en la versión 2002 esto no se puede hacer) y elija el idioma al que va a traducir en **A** (**Diccionario** en la versión 2002). Al pulsar el botón ➔ (Ir a en la versión 2002), el sistema buscará la traducción y la mostrará en la lista inferior. La versión 2003 también permite **Traducir todo el documento**.

MACROS Y VISUAL BASIC CON WORD

En palabras sencillas, una macro es una función que reúne varias. Suelen utilizarse para procesos que requieren una misma serie de acciones que se utilizan con frecuencia.

Las macros en Word, y en cualquier otro sistema de su categoría, forman todo un lenguaje de programación completo, mediante el cual se pueden llegar a construir funciones realmente complejas. En el caso de Word, se trata del lenguaje Word Basic, una adaptación del lenguaje Visual Basic para Word. Gracias a Word Basic podemos conseguir unas macros realmente potentes, aunque es necesario aprender a manejar dicho lenguaje para ello.

Creación y edición de macros

Una macro sencilla, que no necesite programación, se graba registrando todas las acciones que se necesiten. Como con cualquier proceso de grabación de datos, es necesario iniciar la grabación, exponer los datos que se van a grabar y finalizar la grabación. Para empezar la grabación emplearemos la opción **Macro** que aparece en el menú **Herramientas**, lo que nos ofrecerá un submenú con las opciones siguientes:

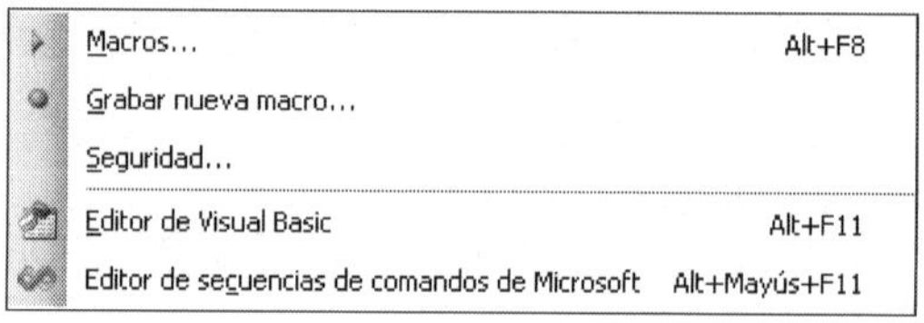

1. **Macros** permite acceder a un cuadro de diálogo con el que podremos administrar las macros que hasta ahora tengamos grabadas (eliminar macros, modificarlas —programándolas con Visual Basic—, etc.) o añadir más.

2. **Grabar nueva macro** comienza la grabación de una macro (aunque antes requerirá ciertos datos como el nombre que le vamos a dar o las teclas que la activarán).

3. **Seguridad** ofrece un cuadro de diálogo con tres niveles de seguridad para ejecutar macros que no sean dañinas (virus y similares).

4. **Editor de Visual Basic** lleva a un editor en el que podremos añadir, eliminar y modificar partes de una macro escrita con Word Basic. Cada vez que grabamos una macro, estamos creando automáticamente un sencillo programa en Word Basic que es el que realmente hace funcionar la macro una vez terminada. Este editor permite acceder al programa en Word Basic que hace funcionar cualquier macro para que modifiquemos las instrucciones que deseemos. Es necesario disponer de conocimientos del lenguaje para que esta función resulte útil.

5. **Editor de secuencias de comandos** lleva a un entorno de programación en el que podremos crear programas en JavaScript o VBScript para páginas Web.

Comenzaremos por ver cómo se graba una macro. En el menú que acabamos de obtener active la opción **Grabar nueva macro**, ante lo cual, obtendrá lo siguiente:

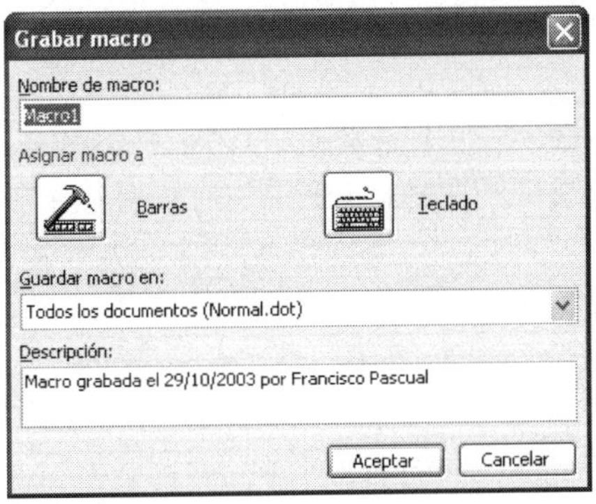

1. Utilice el campo **Nombre de macro** para darle nombre. No se puede emplear el mismo nombre de otra macro que ya exista (Word nos lo advertirá si esto sucede).

2. Es necesario indicar si la macro se ejecutará mediante algún botón que añadiremos a la barra de herramientas (pulsando sobre el botón **Barras**), o bien, si se ejecutará mediante una combinación de teclas (pulsando sobre el botón **Teclado**). Si no elige ninguno de ellos, la macro se grabará sin asociar a tecla o botón alguno.

3. Lo común es grabar la macro en la plantilla **Normal.dot** que es la que se suele emplear con todos los textos de Word; sin embargo, si desea que una macro sólo funcione en un texto concreto, deberá elegir su plantilla en la lista **Guardar macro en**.

4. Si desea crear un resumen de la finalidad de la macro, escríbalo en **Descripción**.

Supongamos que queremos que la macro aparezca como un botón de una barra de herramientas. En ese caso, pulsaremos el botón **Barras**, que nos llevará a un nuevo cuadro de diálogo que actúa a modo de administrador de macros:

Ojo Si la macro deberá activarse mediante una combinación de teclas, en lugar de **Barras**, elija **Teclado**. El resto de los pasos que deberá seguir es similar al que vamos a ver para las barras de herramientas.

En la lista de **Comandos** del cuadro de diálogo anterior veremos el elemento **Normal.NewMacros.Macro1** que representa la macro que vamos a crear. Arrástrelo hasta la barra de botones que deba contener la macro:

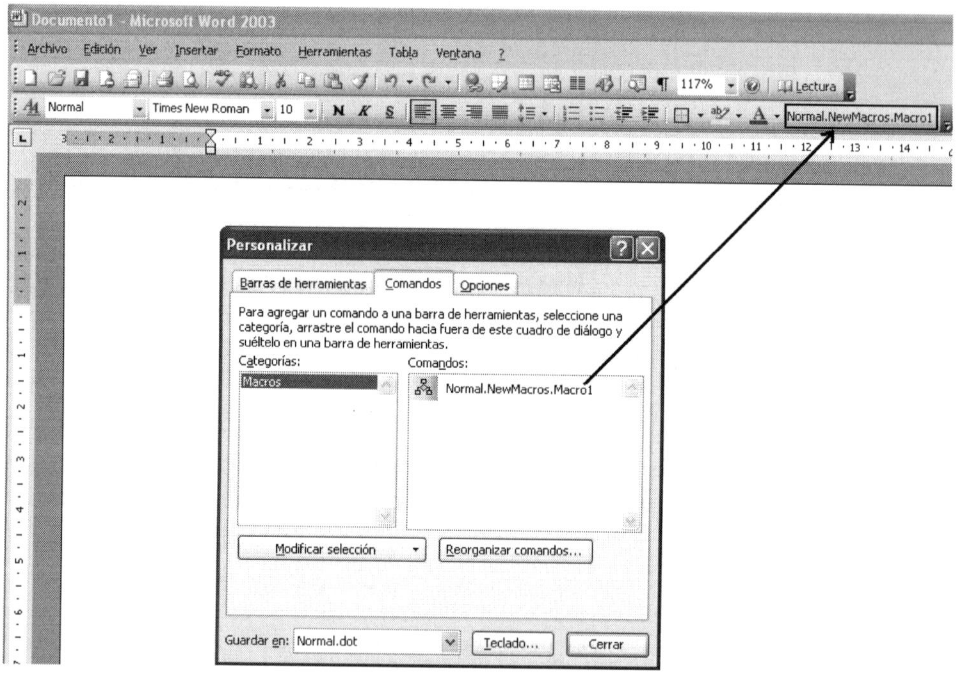

Cuando el botón esté en la barra podremos pulsar en 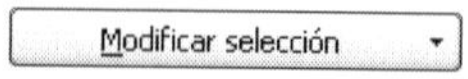 para obtener funciones tales como cambiar el nombre de la macro con el menú siguiente:

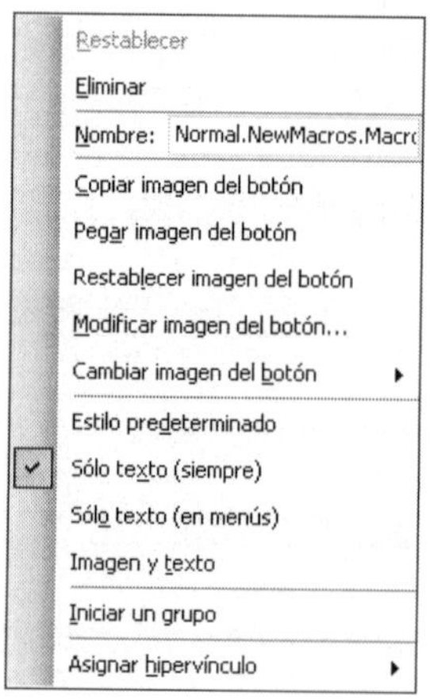

En ese menú, haga clic en **Nombre** para escribir el que debe aparecer en el botón (en lugar de **Normal.NewMacros.Macro1**).

Cuando pulse el botón [Cerrar] en el cuadro de diálogo, Word le devolverá al texto para que comience a realizar las operaciones que se grabarán en la macro.

Es muy importante que, a partir de aquí y hasta que finalice la grabación, procure no equivocarse a la hora de realizar las acciones que desee, ya que, si se equivoca, Word también grabará la función errónea (puede comprobar un paso antes de registrarlo pausando la grabación con el botón). No tema tardar en aplicar las funciones que va grabando, ya que Word no registra el tiempo que tarde en ejecutarlas, sino únicamente cuáles son.

En alguna parte de la ventana, obtendrá una pequeña barra con dos botones: 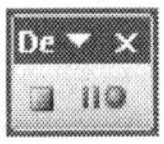

 **Detener grabación**. Da por finalizada la grabación de la macro. Éste es el botón que debe pulsarse para terminar la creación de una macro.

 **Pausar grabación**. Hace una pausa en la grabación que durará hasta que se vuelva a pulsar el botón. Utilícelo cuando necesite consultar lo siguiente que va a hacer o si necesita realizar otra tarea que no deba aparecer en la macro. Cuando desee continuar la grabación, vuelva a pulsar este mismo botón.

La macro queda registrada en el archivo de plantilla **Normal.dot**, gracias a lo cual, podremos utilizarla en cualquier documento de texto.

Introducción al manejo con Word Basic

Al tratarse de un lenguaje de programación completo, Word Basic contiene una gran variedad de instrucciones y estructuras para la programación de la macro. Para acceder al programa fuente de una macro acceda al menú **Herramientas**. En él seleccione **Macro** y en el submenú que aparece, **Macros**. Obtendrá el siguiente cuadro de diálogo:

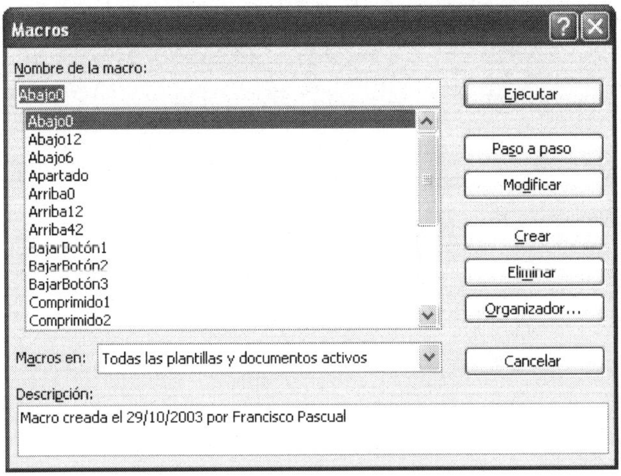

Para acceder al programa de una macro, selecciónela en la lista y pulse el botón [Modificar]. Esto le llevará al editor de Word Basic:

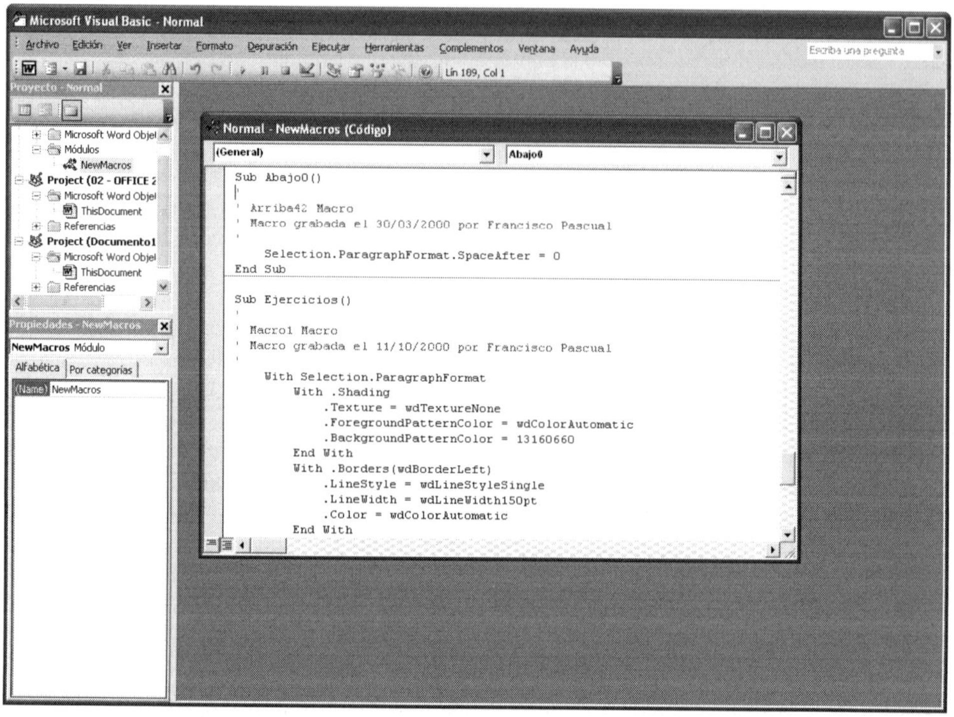

En la ventana del programa puede añadir, borrar o modificar lo que guste, para alterar el comportamiento de la macro, aunque volvemos a repetir que es necesario conocer el lenguaje WordBasic para obtener algún resultado positivo.

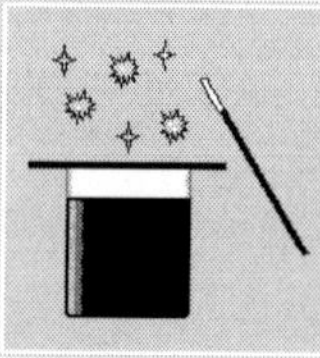

En el cuadro de diálogo anterior, podrá pulsar el botón [Eliminar] para borrar la macro de la lista que previamente haya seleccionado.

CAPÍTULO 10

IMÁGENES EN EL TEXTO

Algo que puede resultarle sumamente útil es la incorporación de imágenes en el texto, ya sean digitalizadas con escáner o cámara, o dibujos creados mediante algún programa de diseño gráfico por ordenador.

Por su parte, Word también ofrece su propio sistema de dibujo, que aprovecha el propio procesador de textos para dibujar directamente sobre la hoja de papel en la que se está escribiendo el texto.

No obstante, hemos de distinguir entre dos posibles acciones a la hora de incorporar un dibujo a un texto de Word: incorporar un dibujo ya creado e incorporar un dibujo que nos disponemos a diseñar en ese momento.

INCORPORAR UNA IMAGEN

El primer método puede realizarse mediante el portapapeles de Windows, o bien mediante la opción **Imagen** del menú **Insertar**.

1. Según el sistema del portapapeles, deberá crear el dibujo con el programa adecuado (por ejemplo, *Paint*), seleccionarlo con sus correspondientes teclas (o ratón) y pasarlo al portapapeles. Después, ya en Word, se activará la opción **Pegar** del menú **Edición**, tal y como ya vimos en el apartado dedicado al portapapeles.

2. Según el segundo método es cuestión, como podrá imaginar, de activar el menú **Insertar** y seleccionar la opción **Imagen**. Al hacerlo, se obtiene un submenú con varias opciones:

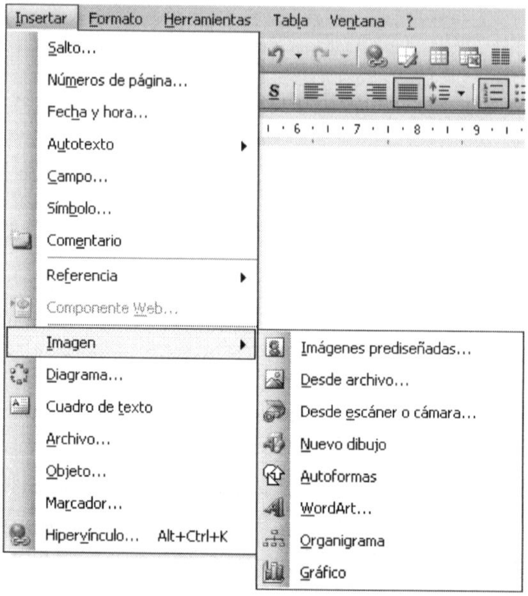

- **Imágenes prediseñadas**. Abre el panel de tareas en el que se puede seleccionar una imagen. Consulte el apartado ***Imágenes prediseñadas*** del capítulo 4: ***Funciones elementales y compartidas de Office***.

- La opción **Desde archivo** permite elegir un archivo del disco cuyo contenido sea una imagen. Esta opción genera un cuadro de diálogo para seleccionar el archivo en cuestión:

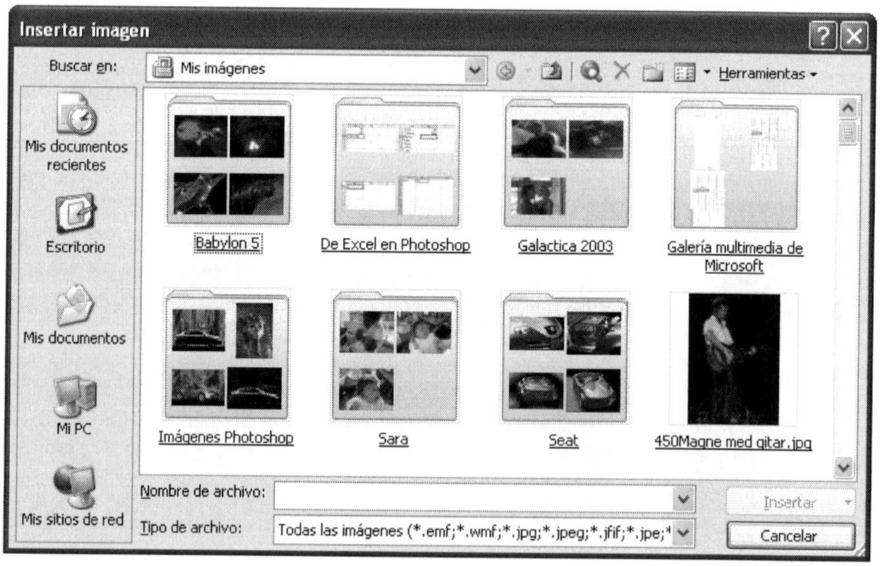

Como puede observar, se trata del clásico cuadro de Microsoft para abrir archivos. Elija el archivo en la lista de miniaturas que ofrece el cuadro y, luego, pulse el botón [Insertar]. Para conocer el manejo de este cuadro con más detalle, vea el apartado ***Archivar y abrir documentos*** del capítulo 4: ***Funciones elementales y compartidas de Office***.

3. La opción **Desde escáner o cámara** permite recuperar imágenes directamente desde un dispositivo óptico lector de imágenes: un escáner, una cámara de vídeo o una cámara fotográfica digital. Como es natural, será necesario tener conectado uno de esos tres dispositivos para poder realizar esta tarea. El cuadro de diálogo que obtenga para la captura de la imagen dependerá del aparato y del programa que éste utilice, aunque siempre ofrecerá ciertos detalles comunes como la resolución con la que se leerá óptimamente el documento (a mayor resolución, mayor calidad, si bien también necesita más tiempo para la lectura y ocupa más espacio en memoria y disco).

4. Las demás opciones del menú (**Nuevo dibujo**, **Autoformas**, **WordArt, Organigrama** y **Gráfico**) permiten incorporar objetos gráficos: de ellos hablaremos posteriormente.

OjO

Una vez que la imagen se encuentra en la página se puede hacer clic sobre ella para seleccionarla, en cuyo caso aparecen a su alrededor ocho puntos controladores de tamaño. Se le pueden aplicar varias funciones:

1. Puede moverla, haciendo clic sobre ella y arrastrándola hasta su nueva posición, aunque esto funcionará mejor si primero ajusta el texto a su alrededor con el botón de la barra de herramientas de *Imagen* que habrá aparecido al hacer clic en la imagen (seleccionando, por ejemplo, **Cuadrado** o **Estrecho** entre las opciones que ofrece el botón).
2. Puede cambiar su tamaño arrastrando uno de sus controladores de tamaño (los puntos que aparecen rodeando la figura). Lo más seguro y sencillo es emplear uno de los controladores de las esquinas de la imagen ya que así se cambiará el tamaño de la imagen proporcionalmente: si se arrastran hacia el interior de la figura se reduce el tamaño de ésta, mientras que si se arrastran hacia fuera, se amplía su tamaño.
3. Puede borrar la imagen pulsando la tecla **SUPR** (suprimir).
4. Si no obtiene la barra de herramientas de imagen, despliegue el menú **Ver**, seleccione **Barras de herramientas** y, en el submenú que aparece, elija **Imagen**.

DIBUJAR

Para crear una imagen nueva con Word es necesario activar la barra de dibujo, ya que la imagen que vamos a crear se forma con figuras independientes, y que a su vez se definen con funciones que aparecen en dicha barra.

Para activar la barra de herramientas puede pulsar el botón (o) de la barra de herramientas, o bien, desplegar el menú **Ver**, seleccionando **Barras de herramientas** y, en el submenú que aparece, activando **Dibujo**.

En cualquiera de ambos casos, en la parte inferior de la ventana de Word obtendrá la barra de herramientas con cuyos botones podremos dibujar y retocar las figuras que dibujemos. Esta barra ofrece el siguiente aspecto (versiones 2003 y 2002/2000 respectivamente):

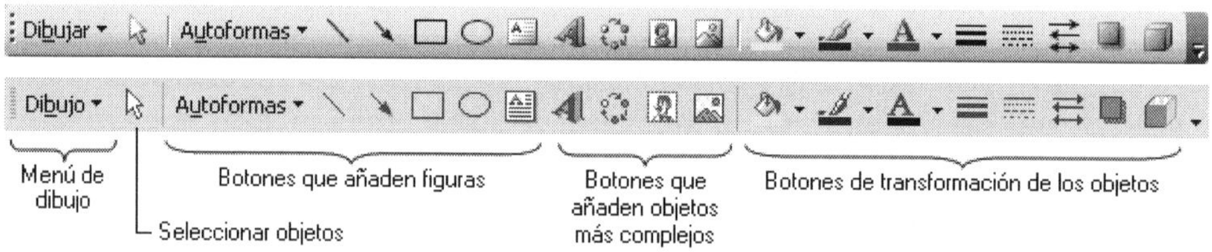

Cada uno de estos botones le permite trabajar con un objeto o varios de los que componen la imagen general. Entiéndase por objeto una línea, recuadro, círculo, elipse, etc., que pueda formar parte del dibujo. El conjunto de todos los objetos forma, pues, la imagen. Este estilo de diseño de imágenes recibe el nombre de diseño vectorial.

Seleccionar objetos

Botón de seleccionar objetos. Permite elegir objetos con los que luego trabajaremos. Una vez pulsado este botón, podremos elegir objetos de tres formas distintas:

1. Si sólo necesita seleccionar un objeto, bastará con que haga un clic sobre él.
2. Si va a seleccionar varios objetos, puede ir haciendo clic sobre todos ellos manteniendo pulsada la tecla de **MAYÚSCULAS** durante el proceso.
3. Si va a seleccionar varios objetos de la imagen, puede hacer clic fuera de ellos y, sin soltar el botón del ratón, arrastrar oblicuamente hasta englobarlos completamente.

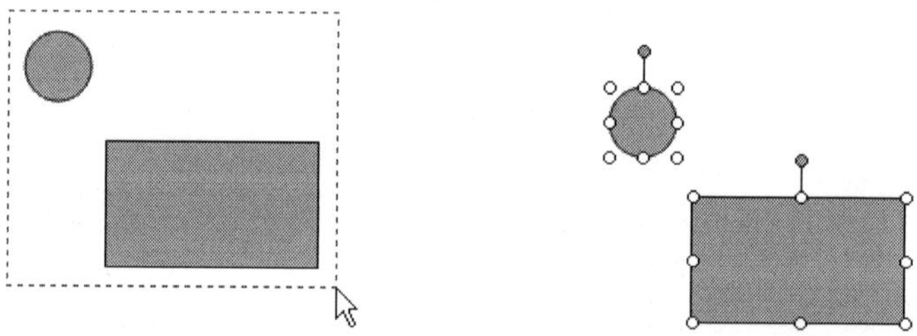

Se engloban los objetos... *... y quedan seleccionados*

Ojo

Observe que cuando selecciona una figura aparece un punto verde redondo sobre ella: se trata del controlador de giro. Si se hace clic sobre él y, sin soltar el botón del ratón, se arrastra, se consigue girar la figura en mayor o menor medida.

Una vez que los objetos están seleccionados, se les pueden aplicar varias funciones:

1. Puede moverlo, haciendo clic sobre él y arrastrándolo hasta su nueva posición.
2. Puede cambiar su tamaño haciendo clic en uno de sus controladores de tamaño (los puntos que aparecen rodeando la figura). Si se emplean los controladores de las esquinas hacia el interior de la figura, se reducirá el tamaño de ésta, mientras que si se arrastran hacia fuera, se ampliará su tamaño.
3. Puede borrarlo pulsando la tecla **SUPR** (suprimir).

Botones de dibujo

Botón de línea. Una vez seleccionado, haga un clic y, sin soltar el botón del ratón, arrástrelo hasta una nueva posición, en la que deberá soltar el botón. Entre los dos puntos en los que hicimos clic quedará definida la línea recta.

Ojo En el momento en que pulse uno de estos botones de dibujo, aparecerá un recuadro en la página para que dibuje dentro de él. Dicho recuadro contendrá la imagen completa que dibuje, si bien, puede arrastrar objetos fuera de él para que sean figuras independientes en la página.

Botón de flecha. Como el anterior, genera una línea, pero terminada en una punta de flecha. La forma de dibujarla es la misma que para las líneas.

Botón de rectángulo. Haga un clic sobre un punto y arrastre el ratón sin soltar el botón. Cuando lo suelte, quedará trazado el recuadro.

Botón de elipse. Una vez seleccionado, haga un clic y arrastre el ratón sin soltar el botón. Cuando suelte el botón, quedará trazado el círculo o elipse.

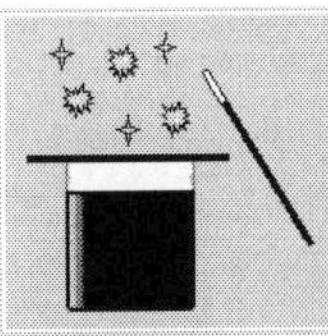

Si mantiene pulsada la tecla de **MAYÚSCULAS** durante el proceso de dibujo de una de las figuras anteriores, obtendrá una figura regular. Por ejemplo, si va a dibujar un rectángulo y mantiene pulsada la tecla de **MAYÚSCULAS** mientras lo hace, obtendrá un cuadrado perfecto.

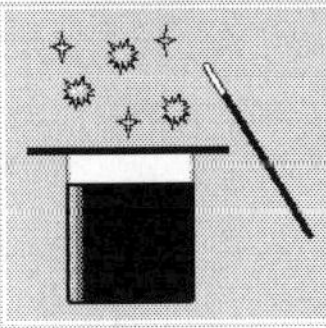

Si ha dibujado una de las figuras anteriores y pulsa el botón derecho del ratón sobre ella aparecerá un menú entre cuyas opciones se halla **Agregar texto**: utilícela para un añadir pequeño mensaje de texto dentro de la figura.

Botón de cuadro de texto. Utilícelo para crear recuadros con texto en su interior. Trace el recuadro como si se tratase de un rectángulo. Después, aparecerá el cursor dentro del cuadro para que lo rellene con texto.

Botón de autoformas. Permite dibujar un objeto predibujado (cubo, flecha, estrella, etc.). Para ello, debemos elegir la autoforma entre las listas que se ofrecen:

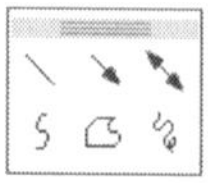
Líneas

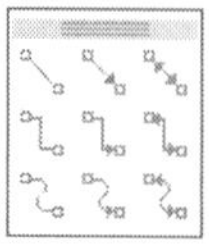
Conectores

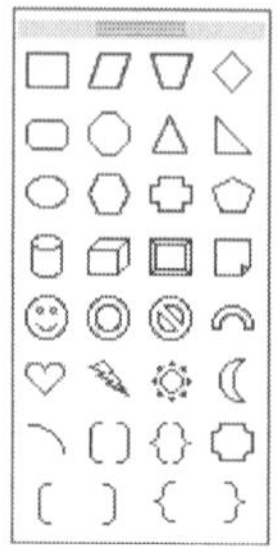
Formas básicas

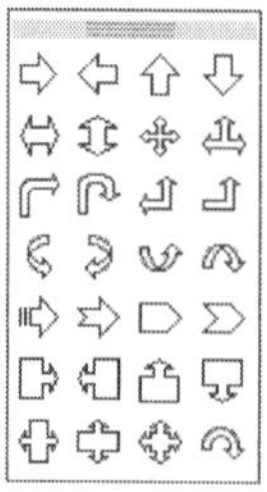
Flechas de bloque

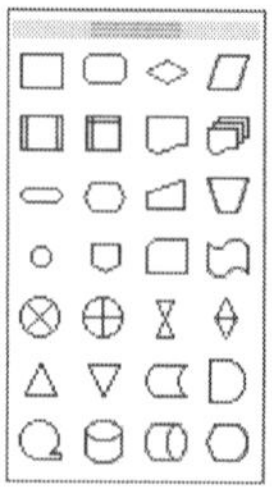
Diagramas de flujo

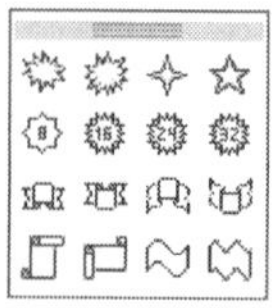
Cintas y estrellas

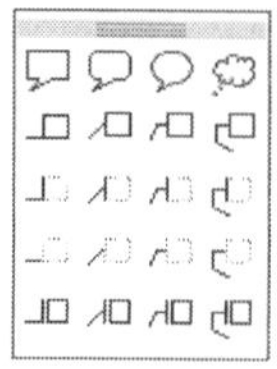
Llamadas

Existe una opción más, **Más autoformas**, que abre el panel de tareas con más autoformas extraídas de Internet listas para ser dibujadas, excepto en la versión 2000, en la que aparece un cuadro con ellas y no necesita conexión a Internet.

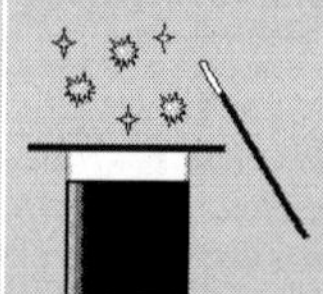

En general, las autoformas se dibujan como las figuras anteriores: se hace clic sobre el papel y, sin soltar el botón del ratón, se arrastra hasta completar la figura deseada. Sin embargo, con algunas autoformas se dibuja de forma distinta. Así, la autoforma de **Forma libre** (dentro del grupo de autoformas de **Líneas**:) se dibuja haciendo varios clics, lo que genera líneas rectas entre cada clic, aunque también podemos hacer clic y arrastrar sin soltar el botón, con lo que dibujaremos como lo haríamos con un lápiz). De este modo podemos dibujar figuras irregulares.

Por otra parte, la mayoría de las autoformas ofrecen un punto manejador amarillo cuya finalidad es acentuar o suavizar algún efecto; dicho efecto depende de la autoforma y la modifica de manera distinta a las demás.

Transformación de figuras

Botón de color de relleno. Con él podrá establecer el color que poseerán aquellas figuras que formen recintos cerrados (por ejemplo, círculos o recuadros pero no líneas). Si el color que aparece en el botón es el que necesita, despliéguelo, con lo que obtendrá una lista de colores, junto con algunas funciones más:

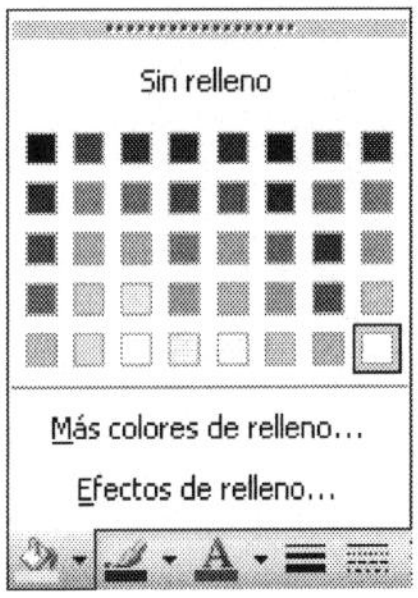

1. **Sin relleno**. Elimina el color de relleno de una figura.

2. **Más colores de relleno**. Ofrece una lista completa de colores entre los que podremos elegir uno con el siguiente cuadro:

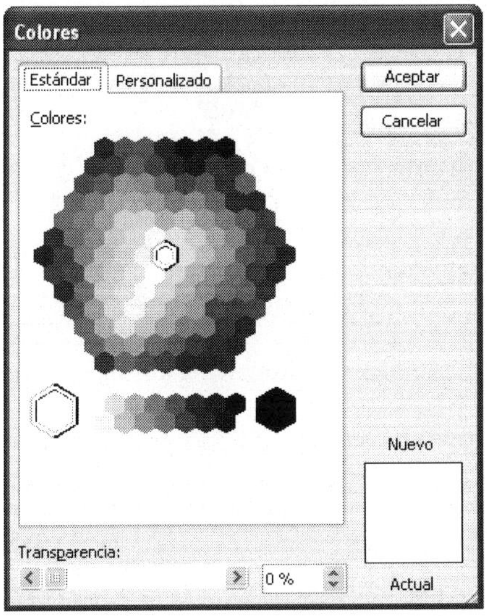

3. **Efectos de relleno**. Permite elegir acabados especiales para el relleno de la figura. Se ofrecerá un cuadro de diálogo para elegir el efecto:

Podrá utilizar sus cuatro fichas:

- **Degradado**. El degradado es un relleno que oscila entre dos colores y sus variantes. Puede utilizar las barras del grupo **Transparencia** para conseguir que el degradado sea transparente en uno u otro extremo. Por ejemplo:

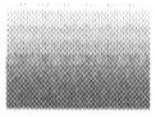

- **Textura**. Las texturas que podemos aplicar a la figuras pretenden dar sensación de tacto o de superficie. Por ejemplo:

- **Trama**. Las tramas dan aspecto de malla al fondo de un objeto.

- **Imagen**. Permite elegir una imagen que se utilizará como fondo para el relleno del objeto.

Botón de color de línea. Con él podrá elegir el color para los bordes de las figuras que dibuje (por ejemplo, los marcos de recuadros o las líneas). Si se despliega, obtendremos una lista de colores similar a la del color de relleno.

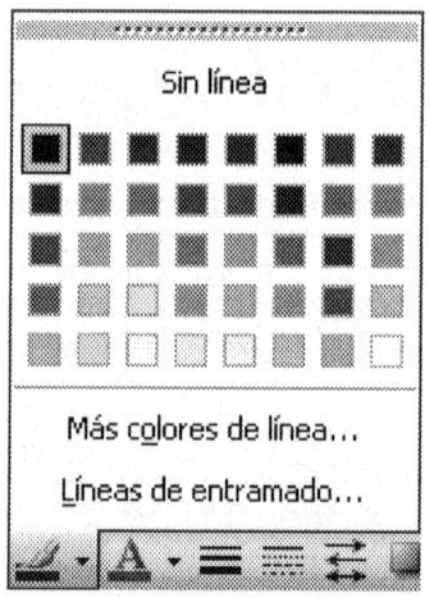

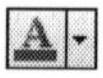

Botón de color de fuente. Permite elegir el color para el texto de aquellas figuras que lo contengan. Este botón no estará disponible si el objeto que seleccione no contiene texto. Esta lista desplegable de colores contiene opciones similares a las del color de relleno y de borde. Su opción **Automático**, activa como color uno que sea siempre el inverso que el del fondo, con el fin de que siempre se vea el texto claramente. Además, puede activar la opción **Más colores** si necesita alguno que no vea en la lista.

Botón de estilo de línea. Permite especificar qué clase de línea tendrán las aristas de las figuras que dibuje (por ejemplo, los marcos de recuadros o las líneas). Por clase de línea entendemos el grosor de las líneas.

Botón de estilo de guión. Este botón permite elegir la forma de la línea: si estará compuesta por guiones, puntos, mezclas entre ambos, etc.

Botón de estilo de flecha. Permite elegir el aspecto de la flecha que hayamos seleccionado previamente. También funciona con líneas rectas.

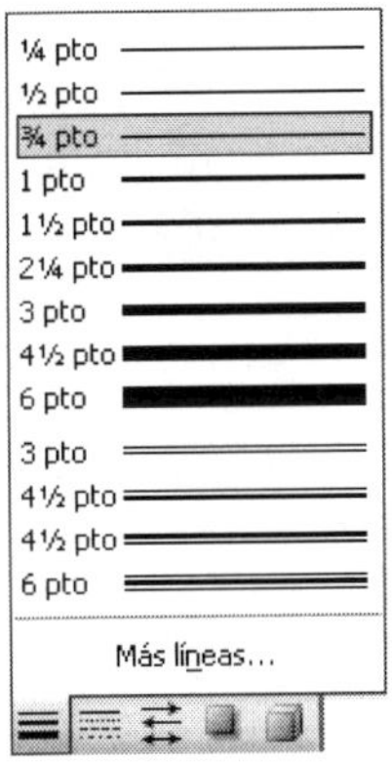

Estilos de línea

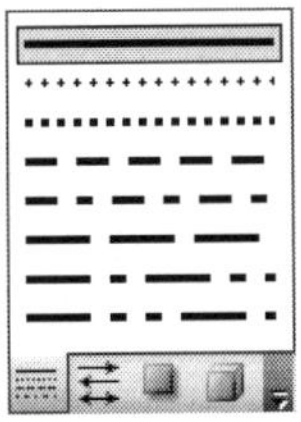

Estilos de guión

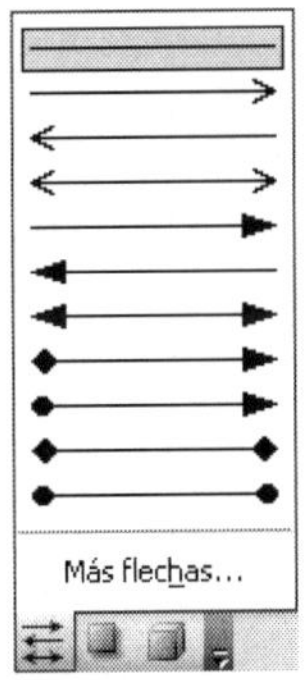

Estilos de flecha

Si en los estilos de línea selecciona **Más líneas** o en los estilos de flecha elije **Más flechas**, obtendrá un cuadro de diálogo en el que podrá elegir otros tipos de línea, anchuras, colores para las líneas (**Sin línea** elimina el borde de los objetos), puntas de flecha, etc.

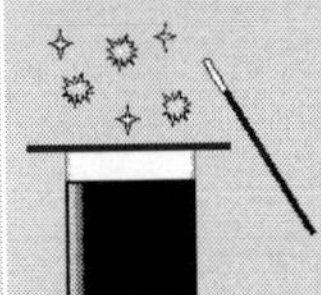

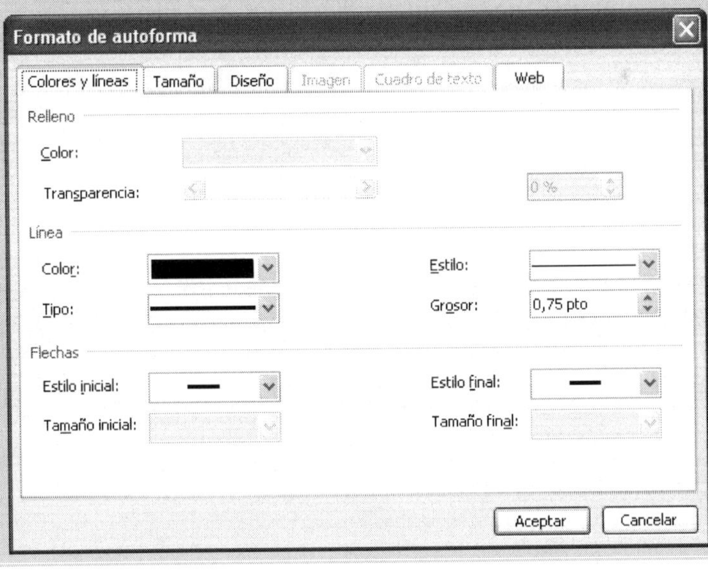

Botón de estilo de sombra. Aplica un efecto de sombreado al objeto (u objetos) que se haya seleccionado previamente.

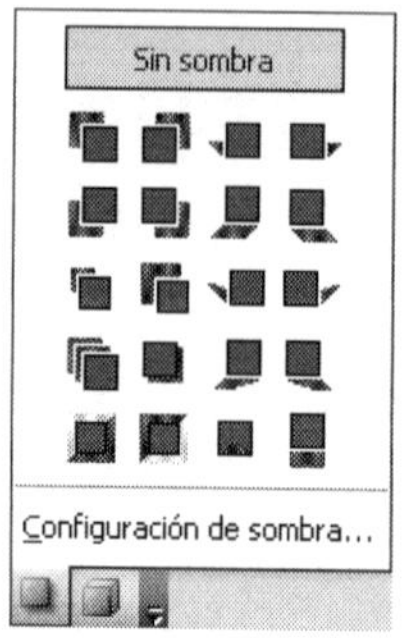

Active la opción **Sin sombra** para eliminar el efecto de sombra. El botón **Configuración de sombra** permite alterar el efecto tridimensional a su gusto mediante otra barra:

 Activa o desactiva el efecto de la sombra en la figura.

 Amplía el sombreado por la parte superior de la figura.

 Amplía el sombreado por la parte inferior de la figura.

 Amplía el sombreado por la parte izquierda de la figura.

 Amplía el sombreado por la parte derecha de la figura.

 Permite seleccionar el color de la sombra de la figura.

 **Botón de estilo 3D**. Aplica un efecto de tres dimensiones, generando sensación de volumen al objeto (u objetos) que previamente se haya seleccionado.

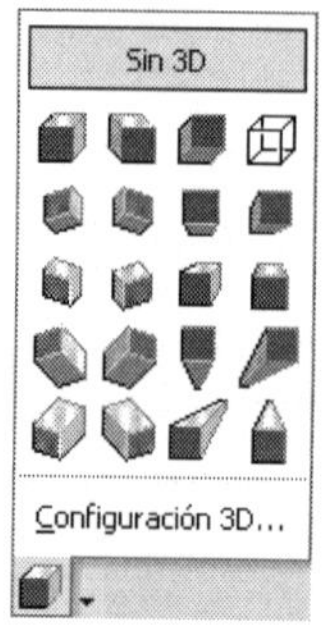

Active **Sin 3D** para eliminar el efecto tridimensional. El botón **Configuración 3D** permite alterar el efecto tridimensional a su gusto mediante otra barra de herramientas:

 Activa o desactiva el efecto de volumen en la figura.

 Gira el efecto de volumen hacia abajo.

 Gira el efecto de volumen hacia arriba.

 Gira el efecto de volumen hacia la izquierda.

 Gira el efecto de volumen hacia la derecha.

 Permite establecer un mayor o menor volumen.

 Permite indicar la orientación del volumen.

 Permite indicar desde dónde le da la luz a la figura.

 Permite elegir qué tipo de superficie tiene la figura.

 Permite seleccionar el color del volumen de la figura.

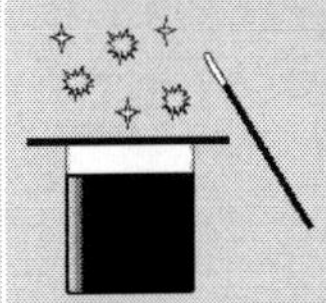

Observe que el cuadro que contiene las figuras que se van dibujando dispone de una barra de herramientas especial (puede hacer clic fuera del cuadro cuando termine o hacer clic de nuevo en el cuadro para continuar el dibujo, en cuyo caso aparecerá la barra en cuestión). Utilice estos botones para ampliar o reducir el cuadro que contiene la imagen hasta que lo ajuste al tamaño de la página.

Menú *Dibujo*

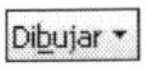

Este botón es el encargado de permitirnos trabajar con los distintos objetos de la imagen para colocarlos adecuadamente y obtener el resultado correcto. Al pulsar el botón, aparece un menú como el siguiente:

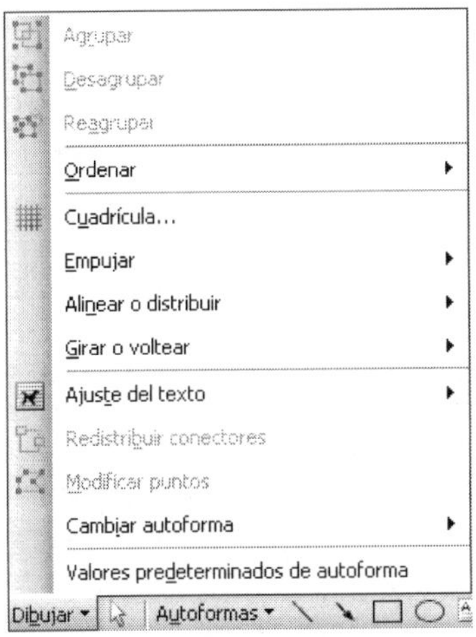

Versiones 2002 y 2003

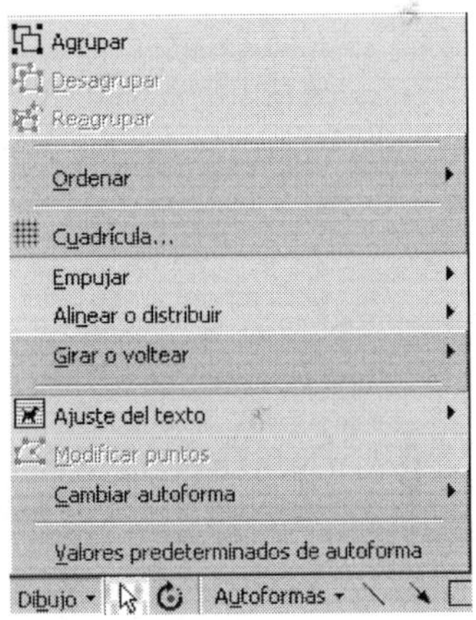

Versión 2000

1. **Agrupar**. Se utiliza una vez seleccionados varios objetos de la imagen con el fin de agruparlos, de modo que, a partir de entonces, actúen como un solo objeto.

2. **Desagrupar**. Si se tienen varios objetos agrupados en uno, este botón los desagrupa volviendo a convertir a cada uno de ellos en un objeto independiente.

3. **Reagrupar**. Si ha agrupado varios objetos y los desagrupa después, podrá agruparlos de nuevo sin hacer nada excepto activar esta opción.

4. **Ordenar**. Imagine una baraja de cartas. Cada una puede colocarse delante de las demás, detrás o entre medias. Los objetos que vayamos dibujando también funcionarán de ese modo. Para ello, dispondremos de las opciones que nos ofrece **Ordenar**:

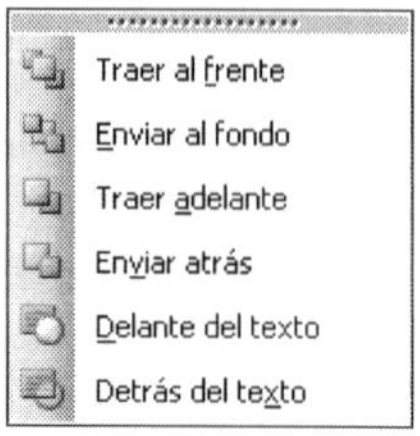

- **Traer al frente**. Al seleccionar objetos de la imagen y pulsar este botón, se superpondrán a todos los demás de la imagen general (los tapan).
- **Enviar al fondo**. Al seleccionar objetos de la imagen y pulsar este botón, pasan a estar debajo (como fondo), por lo que se les superpondrán todos los demás.
- **Traer adelante**. Al seleccionar objetos de la imagen y pulsar este botón, se superpondrán únicamente al siguiente objeto de la imagen general (como si una carta de la baraja se adelantara un puesto hacia la primera).
- **Enviar atrás**. Al seleccionar objetos de la imagen y pulsar este botón pasan a estar debajo del siguiente objeto de la imagen (como si una carta de la baraja se retrasara un puesto hacia la última).
- **Delante del texto**. Los objetos seleccionados se colocan tapando el texto de la página.
- **Detrás del texto**. Funciona a la inversa del anterior. El texto tapará los objetos.

5. **Cuadrícula**. La cuadrícula es una rejilla invisible que tiene como finalidad alinear los objetos que se incorporan. Esta rejilla puede activarse y desactivarse. También se puede ampliar el espacio entre las "líneas" que componen la rejilla. Este trabajo se realiza mediante el siguiente cuadro de diálogo:

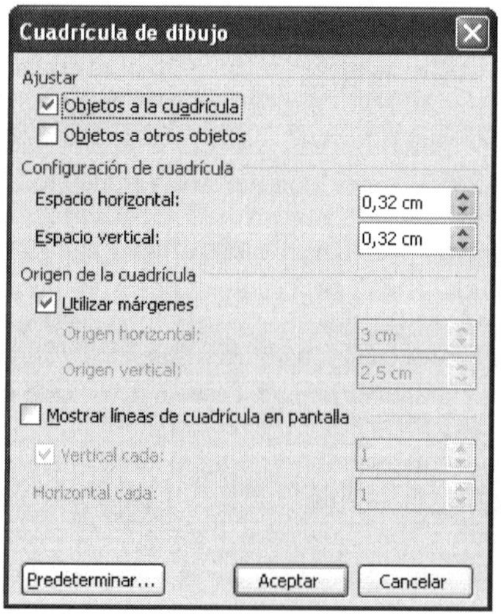

Si desea anular los efectos de la rejilla, desactive el botón **Ajustar a la cuadrícula**. También puede utilizar otras opciones del cuadro que le permitirán ajustar los nuevos objetos a otros que ya existan (**Objetos a otros objetos**), a los márgenes (**Utilizar márgenes**), etc.

6. **Empujar**. Esta opción genera un pequeño submenú en el que elegiremos una de las cuatro posibles direcciones (arriba, abajo, izquierda y derecha) en las que se moverán ligeramente los objetos previamente seleccionados.

7. **Alinear o distribuir**. Ofrece una lista de opciones para colocar los objetos correctamente alineados entre sí (a la izquierda, a la derecha, etc.):

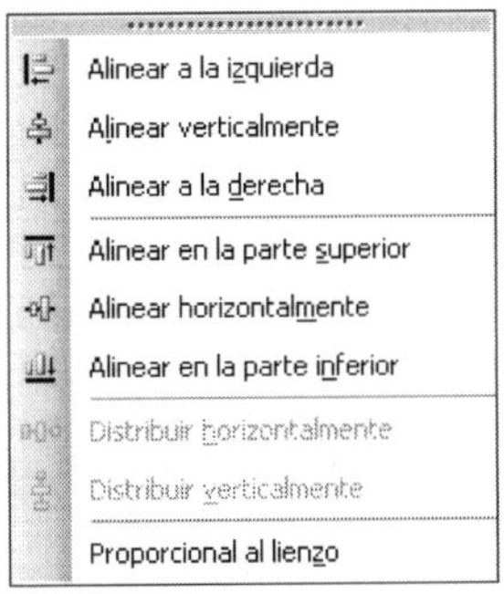

Figuras originales

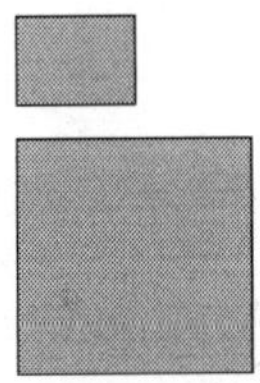

Las mismas figuras alineadas a su izquierda

8. **Girar o voltear**. Ofrece una lista de opciones para girar objetos y reflejarlos:

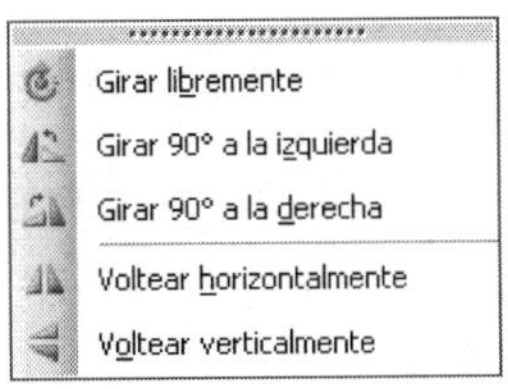

- Utilice **Girar libremente** para poder girar en cualquier ángulo los objetos previamente seleccionados. Para ello aparecerá el controlador de giro.
- **Girar a la izquierda/derecha** gira los objetos 45º en la dirección indicada. Cada objeto seleccionado gira 45º por su cuenta.
- **Voltear horizontalmente/verticalmente** refleja un objeto como la imagen en un espejo en la dirección indicada.

9. **Ajuste del texto**. Permite establecer el modo en que el texto se colocará alrededor del objeto. La lista de opciones es idéntica a la que hemos visto para las imágenes (consulte el apartado ***Editar imágenes*** del capítulo 4: ***Funciones elementales y compartidas de Office*** —botón **Ajuste del texto**—).

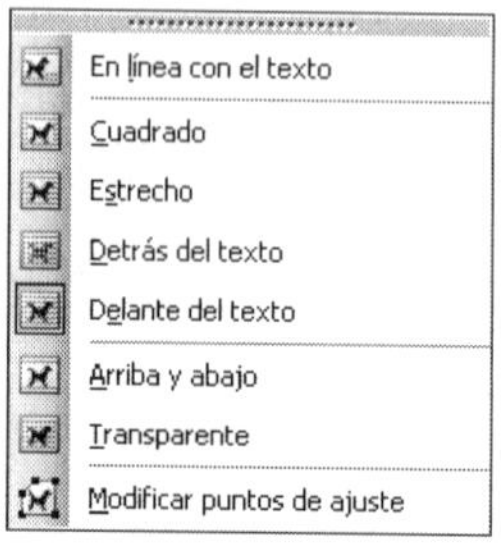

10. **Redistribuir conectores**. Esta opción, que únicamente está disponible si antes se han dibujado y seleccionado conectores y que sólo existe a partir de la versión 2002, selecciona el punto más adecuado para unir las dos figuras conectadas.

Ojo Los conectores son líneas que unen dos figuras. Se dibujan **Conectores** con las **Autoformas**, eligiendo en ellas el tipo de conector. Luego, al pasar el ratón sobre una figura, aparecen en ella unos puntos de color azul: estos puntos se arrastran de una figura a otra para generar la línea que unirá las dos figuras, conectándolas. Después puede hacer clic en la línea conectora para modificarla, por ejemplo, para cambiar su punto de conexión (que aparece en color rojo) a otro lugar de la figura.

11. **Modificar puntos**. Permite modificar el trazado de una figura que se haya dibujado y seleccionado previamente. El caso clásico es el del objeto que se ha dibujado con la herramienta de **Forma libre** (en las **Autoformas** dentro de la opción **Líneas**).

- Para modificar uno de estos objetos, una vez activada esta opción, haga clic en uno de los puntos de control y arrastre hasta situarlo en el lugar que desee.

- Podrá hacer clic con el botón derecho del ratón sobre uno de los puntos para obtener un menú con el que modificar las características de éste o eliminarlo:

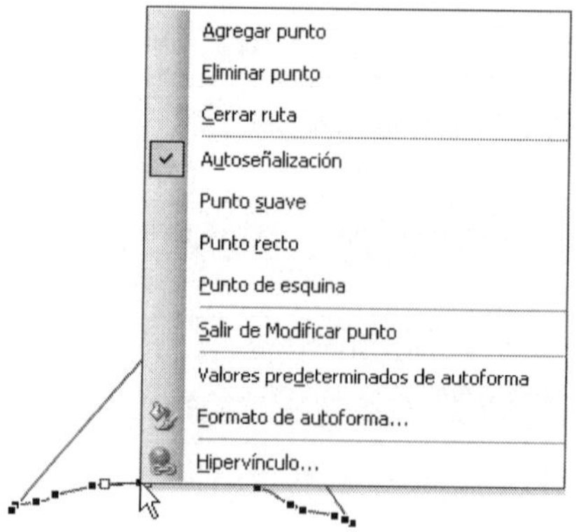

- También podrá añadir más puntos haciendo clic sobre una parte del trazado de la figura que no contenga puntos y seleccionando **Agregar punto**.
- Utilice las opciones **Punto suave**, **Punto recto** y **Punto de esquina** para conseguir que el punto forme una curva, una línea recta o una esquina en el trazado respectivamente.

12. **Cambiar autoforma**. Cambia un objeto seleccionado (o varios) por una autoforma. Las autoformas son objetos predibujados (cubos, flechas, estrellas, etc.). Para hacer este trabajo, debemos elegir la autoforma en su lista.

13. **Valores predeterminados de autoforma**. Asigna la última autoforma que hayamos elegido como autoforma por defecto. Así, si activamos una autoforma sin especificar cuál, le asignará la predeterminada (al igual que sus propiedades: color, tipo de borde, etc.).

Los botones (**Insertar WordArt**), (**Insertar diagrama u organigrama**, no disponible en la versión 2000), (o : **Insertar imagen prediseñada**) y (**Insertar imagen**) permiten añadir objetos complejos a la página. De estos botones hablaremos en seguida (excepto de las imágenes prediseñadas de las que ya hemos hablado en el apartado ***Imágenes prediseñadas*** del capítulo 4: ***Funciones elementales y compartidas de Office***.

Eliminar objetos

Tan importante como añadir elementos a las páginas del texto, puede ser eliminarlos. Para borrar un objeto del texto basta con seleccionarlo, según hemos visto en el apartado anterior y, a continuación, pulsar la tecla **Supr** en el teclado. También podemos eliminarlo activando la opción **Borrar** del menú **Edición**. Esto también es aplicable si, en lugar de un objeto, seleccionamos varios.

Mover objetos

Para mover un objeto a través del texto con el fin de colocarlo en otra parte, bastará con hacer un clic sobre él y, sin soltar el botón del ratón, arrastrar. Para depositarlo, libere el botón del ratón, con lo que el objeto queda colocado en el punto en que se suelta. Si había texto a su alrededor, éste se redistribuirá según le afecte la nueva posición de la imagen.

GRÁFICOS MATEMÁTICOS

Con Word podemos añadir representaciones gráficas que muestren datos numéricos de forma esquemática para facilitar su rápida comprensión o percepción.

Disponemos de varios tipos de gráficos: de líneas, de barras, de sectores y sus correspondientes equivalentes en tres dimensiones.

Para acceder a los gráficos en Word, debemos seleccionar la opción **Imagen** del menú **Insertar**. Una vez que se ha hecho esto, aparece un submenú entre cuyas opciones se encuentra **Gráfico**. Al seleccionar esta opción, obtendrá lo siguiente en su texto:

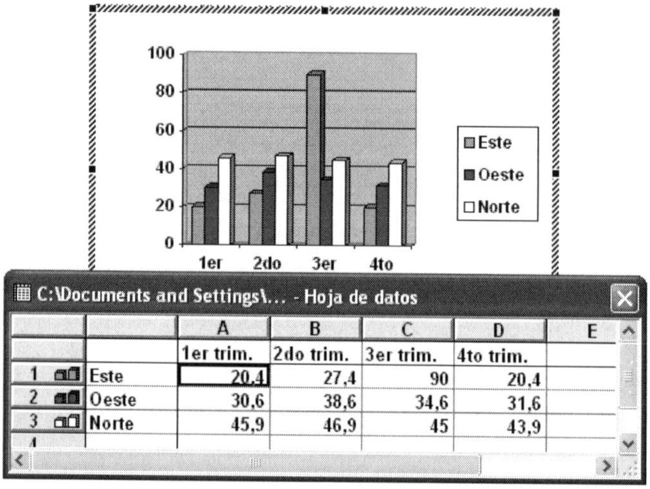

		A	B	C	D	E
		1er trim.	2do trim.	3er trim.	4to trim.	
1	Este	20,4	27,4	90	20,4	
2	Oeste	30,6	38,6	34,6	31,6	
3	Norte	45,9	46,9	45	43,9	
4						

Como se puede ver en la figura, el programa Microsoft Graph ofrece dos partes: una ventana con el gráfico en sí y otra con los datos matemáticos que lo forman. En principio, lo único necesario es eliminar los datos matemáticos y, en su lugar, escribir los que nosotros necesitamos para nuestro gráfico.

Como puede apreciarse, los datos deben incorporarse en forma de tabla, sin filas ni columnas en blanco entre los datos que la compongan. Allí especificaremos rótulos que poseerá el gráfico y los datos numéricos que conformarán el dibujo con las barras, líneas, sectores, etc. De una buena distribución de esos datos depende la correcta presentación del gráfico en el texto posteriormente.

En la ventana habrán aparecido dos barras de herramientas en la parte superior:

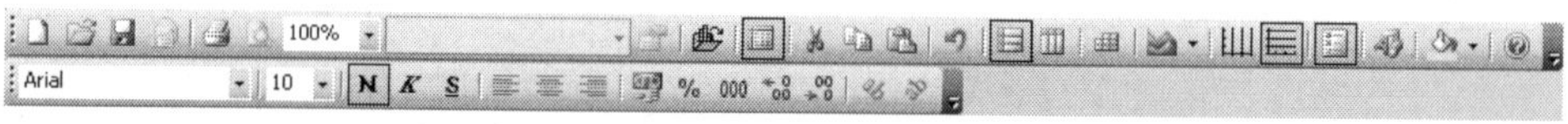

Muchas de las funciones que ofrecen estos botones ya las conocemos porque tienen la misma finalidad que en el texto. Es el caso, por ejemplo, de los botones destinados al cambio de los tipos de letra (en este caso para los datos de texto que contenga el gráfico).

Si está situado en la ventana del gráfico, podrá disponer libremente de todos estos botones, así como del menú cuyas funciones cambian adaptándose al gráfico. Gracias a ellos y a las funciones del menú podremos indicar el tipo de gráfico (áreas, barras, columnas, líneas, circular o sectores, etc.), los títulos del gráfico (títulos, rótulos de datos, flechas, leyendas, etc.) y el resto de las funciones aplicables a gráficos matemáticos.

Por ejemplo, si desea elegir entre los distintos tipos de gráficos, puede pulsar el botón que muestra una lista de formas para el gráfico:

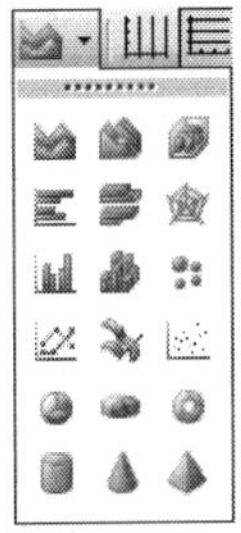

Puede elegir uno de entre cualquiera de los que se muestran, incluso dando un efecto tridimensional con los botones adecuados.

Utilice los botones de la barra para aplicar el resto de las funciones al gráfico. He aquí la lista completa de los botones de la barra que aún no conocemos:

 **Ver hoja de datos**. La hoja de datos (la tabla) puede ocultarse y hacerse aparecer de nuevo mediante este botón.

 **Importar archivo**. Permite extraer datos de hojas de cálculo para el gráfico actual.

 **Por filas/Por columnas**. Aplican los datos distribuyendo el gráfico según se elija.

 **Tabla de datos**. Añade al gráfico una tabla con los datos que lo generan.

 **Líneas de la cuadrícula**. Permiten indicar qué clase de líneas de fondo aparecerán en el gráfico: verticales, horizontales o ambas.

 **Leyenda**. En el gráfico aparece por defecto la leyenda, cuya función es mostrar los colores que se han asociado a los datos en el gráfico. Esta leyenda puede mostrarse o hacerse desaparecer mediante este botón.

Los botones de **Estilo** permiten cambiar el formato de los números en la hoja de datos y, por tanto, su representación en el gráfico. Por ejemplo, el primero (por la izquierda) es **Estilo moneda**, que añade la coletilla **€** a los números de la tabla.

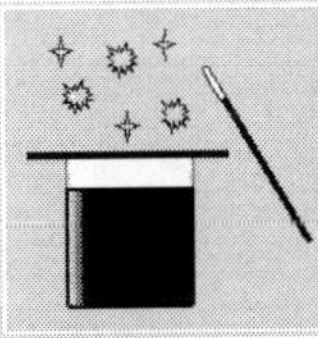

Puede cambiar cualquier elemento del gráfico haciendo doble clic en él.

Para abandonar la edición del gráfico, haga clic fuera de su recuadro (en el texto), con lo que quedará incrustado.

Para borrar un gráfico, haga clic en él y pulse la tecla **Supr**.

DIAGRAMAS

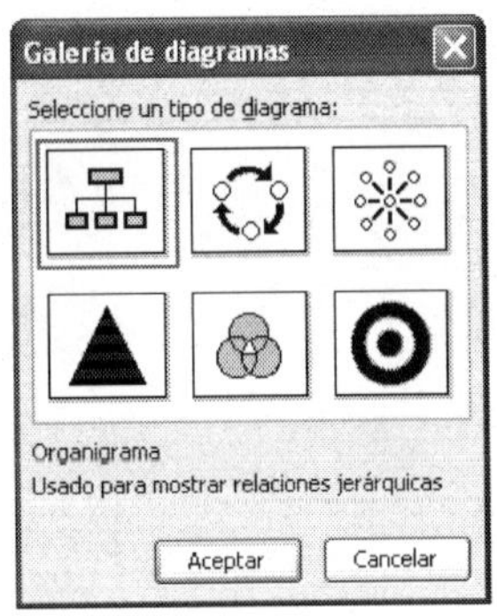

Otra herramienta gráfica de Word (desde la versión 2002) es la de diagramas. Para crearlos acceda al menú **Insertar** y seleccione **Diagrama**. Obtendrá el cuadro de diálogo que puede verse junto al margen derecho.

Dependiendo del tipo de diagrama que elija en su lista (**Organigrama**, **Diagrama de ciclo**, **Diagrama radial**, **Diagrama piramidal**, **Diagrama de Venn**, o bien, **Diagrama de círculos concéntricos**) Word le ofrecerá unas opciones u otras para diseñarlo, si bien, existen tres elementos comunes:

1. Word creará el diagrama en un recuadro que lo contendrá. Si se encuentra fuera del diagrama, podrá acceder a él para modificarlo haciendo clic dentro del área de dicho cuadro.

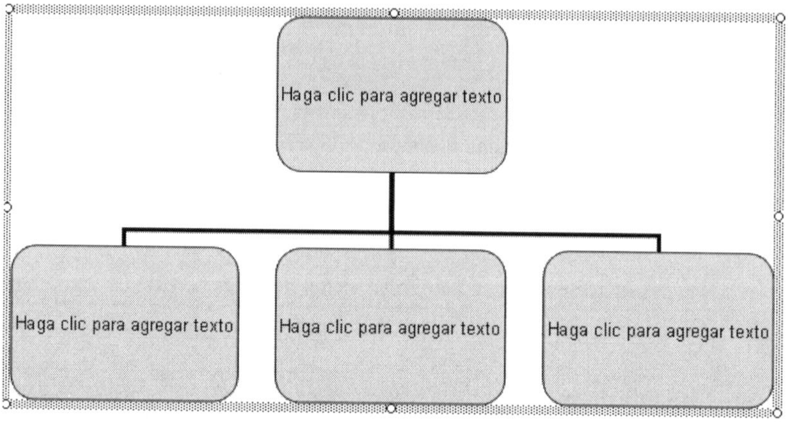

2. Aparecerá una barra de herramientas de diagrama adaptada al que esté diseñando. Esta barra contiene elementos que le permitirán diseñar el organigrama a su gusto, aunque deseamos destacar que, sea del tipo que sea el diagrama que esté diseñando, la barra siempre muestra dos botones con funciones afines a todos los diagramas:

    **Ajuste del texto**. Permite establecer la forma en la que el texto se distribuirá alrededor del diagrama. Esta función la hemos descrito en la edición de imágenes.

    **Autoformato**. Muestra una lista con estilos de diagramas ya diseñados por Microsoft que podemos emplear para dar buen aspecto al diagrama rápidamente. La lista de estilos dependerá del tipo de diagrama que estemos diseñando. Así, si estamos diseñando un organigrama, el cuadro ofrecerá el siguiente aspecto.

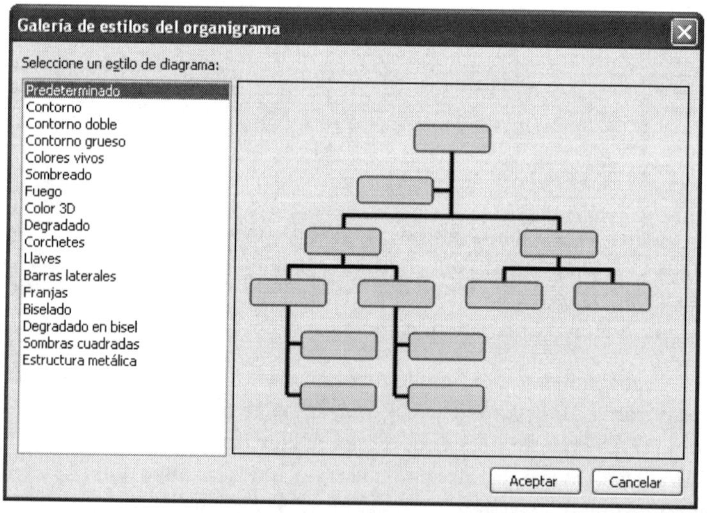

Únicamente ha de elegir un estilo en la lista y pulsar el botón .

3. Aparecerá la barra de herramientas de dibujo para que podamos dibujar en el diagrama aquellas figuras que deseemos añadirle.

CAPÍTULO 11

CARTAS Y CORRESPONDENCIA

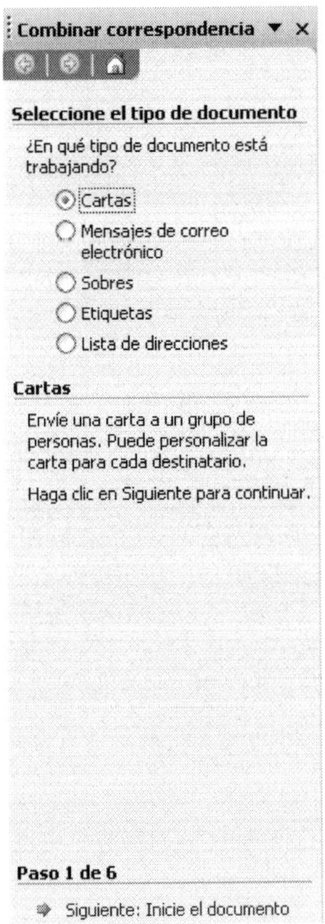

Word ofrece unas funciones con las que podrá mantener y administrar su correspondencia con muchos destinatarios. Tanto si va a enviar cartas, como si va a imprimir etiquetas postales o a generar mensajes de correo electrónico para muchos usuarios podrá emplear las opciones del asistente que ofrece Word para este trabajo.

En este caso, el panel de tareas tendrá un papel decisivo en el desarrollo del documento que vayamos a diseñar puesto que ofrecerá el asistente con el que podremos crear el trabajo paso a paso.

Para comenzar la creación de uno de estos tipos de documentos deberemos recurrir al menú **Herramientas**. Si se trata de la versión 2000, en dicho menú elegiremos **Combinar correspondencia**; si se trata de la versión 2002, activaremos la opción **Cartas y correspondencia** y, en el submenú que aparezca, elegiremos **Asistente para combinar correspondencia**; y si se trata de la versión 2003 en dicho submenú elegiremos **Combinar correspondencia**. En la versión 2002 se pondrá en marcha un asistente (del que hablaremos después), mientras que en las otras se pondrá en marcha el panel de tareas (vea la figura junto al margen izquierdo).

Podremos optar entre:

1. **Cartas**. Permiten crear una carta personalizada: un documento que se va a enviar a muchos destinatarios con datos de cada uno. Se trata de que cada usuario reciba la carta con sus datos personales.

2. **Mensajes de correo electrónico**. Permite crear un mensaje de correo que se enviará a varios usuarios con sus datos personales.

3. **Sobres**. Permite crear sobres con direcciones.

4. **Etiquetas**. Permite crear etiquetas adhesivas con datos de direcciones.

5. **Lista de direcciones**. Permite crear una lista con datos de personas que podremos emplear en las cartas, mensajes de correo, sobres y etiquetas.

LISTAS DE DIRECCIONES

Puesto que las listas de direcciones pueden aprovecharse para todos los documentos personalizados (cartas, e-mails, sobres y etiquetas) vamos a comenzar por indicar cómo pueden crearse estas listas. Después veremos cómo emplearlas.

Seleccione **Lista de direcciones** en el panel de tareas (véase figura anterior) y, en él mismo, haga clic en Siguiente: Inicie el documento (en la parte inferior del panel). Cuando lo haga, el panel ofrecerá estos botones:

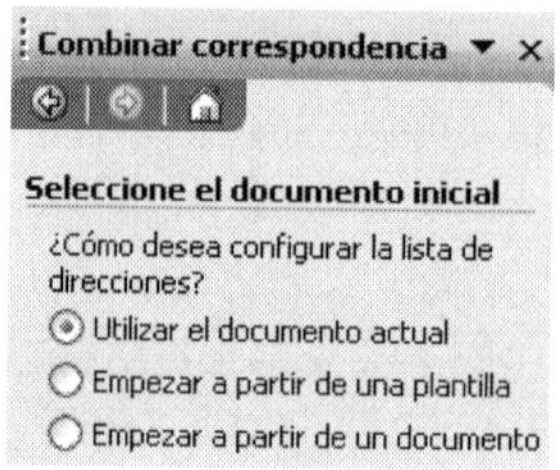

Active **Utilizar el documento actual** para crear la lista en el documento en el que se encuentra y haga clic en Siguiente: Seleccione los destinatarios (en la parte inferior del panel) para continuar. Entonces obtendrá más elementos en el panel:

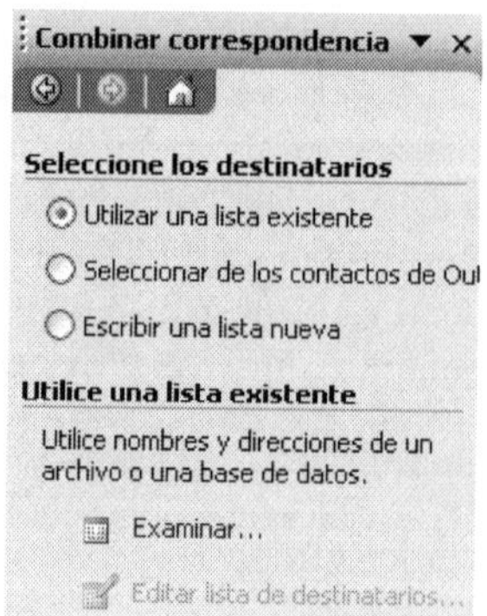

Ahora dispone de tres alternativas:

1. **Utilizar una lista existente** que ya haya creado con anterioridad. En este caso, deberemos pulsar Examinar... para seleccionar la lista en el disco en un cuadro de diálogo como el que empleamos habitualmente para abrir archivos.

2. **Seleccionar de los contactos de Outlook** para emplear las direcciones que haya creado en la libreta de direcciones de Outlook. En este caso aparecerán otros botones en el panel y deberá activar Elegir la carpeta de contactos para seleccionar la lista en el disco mediante otro cuadro de diálogo para abrir archivos.

3. **Escribir una lista nueva** de direcciones. Si no dispone aún de datos de personas almacenadas en el disco, deberá comenzar por este paso. Éste es el que vamos a describir, puesto que los otros son más sencillos y se pueden seguir con mayor facilidad una vez que se ha experimentado con éste.

Cuando se activa **Escribir una lista nueva** obtenemos más elementos en el panel: pulsaremos en Crear... y obtendremos lo siguiente:

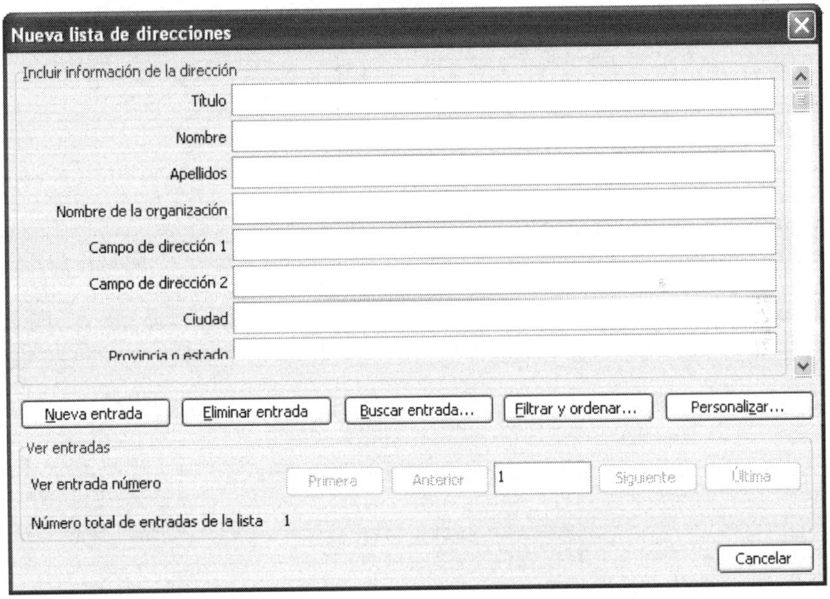

Con este cuadro podemos realizar tres tipos de operaciones: Añadir información, administrar los campos (**Título**, **Nombre**, **Apellidos**, **Dirección**, etc.) y desplazarnos por los distintos registros (fichas) de la lista.

1. Utilice los cuadros de texto de datos (**Título**, **Nombre**, **Apellidos**, etc.) para rellenar la ficha con la información que desee.

2. Con los botones Primera, Anterior, Siguiente y Última podemos acceder a un registro para consultarlo, eliminarlo o modificarlo. También puede teclear el número

de la ficha a la que desea acceder en el cuadro de texto que muestra dicho número (en nuestra figura el **1**) y pulsando INTRO después.

3. Utilice los botones que hay bajo la lista de campos para realizar las tareas siguientes:

- [Nueva entrada] Permite añadir otro registro a la lista (otra ficha de datos).
- [Eliminar entrada] Borra el registro actual (la ficha en la que se encuentre).
- [Buscar entrada...] Permite localizar un registro para trabajar con el (consultar datos, borrarlos o modificarlos). Para ello Word nos ofrecerá un cuadro de diálogo en el que debemos escribir el dato que buscamos (un nombre, un apellido, etc.). Escríbalo en el cuadro de texto **Buscar** y pulse el botón [Buscar siguiente].

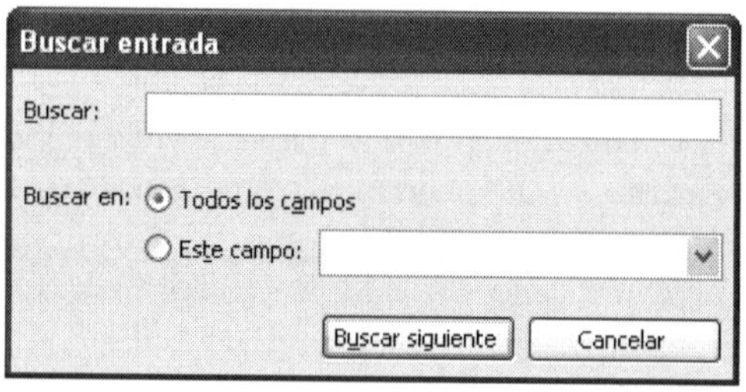

- [Filtrar y ordenar...] Permite seleccionar algunos de los registros para que sólo ésos se apliquen al documento personalizado (seleccionar ciertas fichas para crear las cartas, correos electrónicos, sobres o etiquetas). También podremos ordenar dichos datos alfabéticamente. Se nos ofrecerá el siguiente cuadro de diálogo del que hablaremos en seguida, en el apartado ***Filtrar y ordenar la lista***:
- [Personalizar...] Permite añadir otros campos, cambiar los que ya aparecen por otros o borrar los que ya existen. Se nos ofrecerá el cuadro de diálogo siguiente:

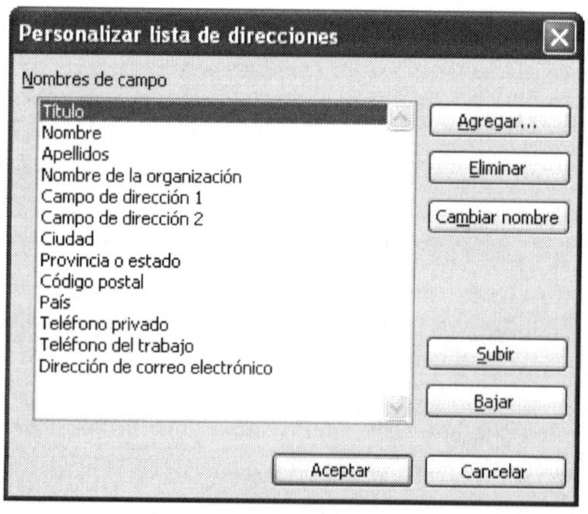

a) Utilice [Agregar...] para añadir otros campos a la lista (como *Fax*, *Teléfono móvil*, etc.).

b) Utilice [Eliminar] para borrar los campos que no necesite. Para emplearlo seleccione un campo de la lista y pulse el botón.

c) Utilice [Cambiar nombre] para cambiar el nombre de un campo (por ejemplo, si necesita cambiar *Nombre de la organización* por *Empresa* o *Compañía*). Seleccione el campo, pulse [Cambiar nombre] y teclee el nuevo nombre.

d) Si desea cambiar el orden de los campos en la lista, utilice los botones [Subir] y [Bajar]. Seleccione un campo y utilice estos botones.

Filtrar y ordenar la lista

Una vez que la lista está creada (al menos en parte) podremos emplear el botón [Filtrar y ordenar...] para ordenar los datos y seleccionar algunos de la lista que necesitemos. Una vez que pulse el botón, Word le ofrece el siguiente cuadro de diálogo:

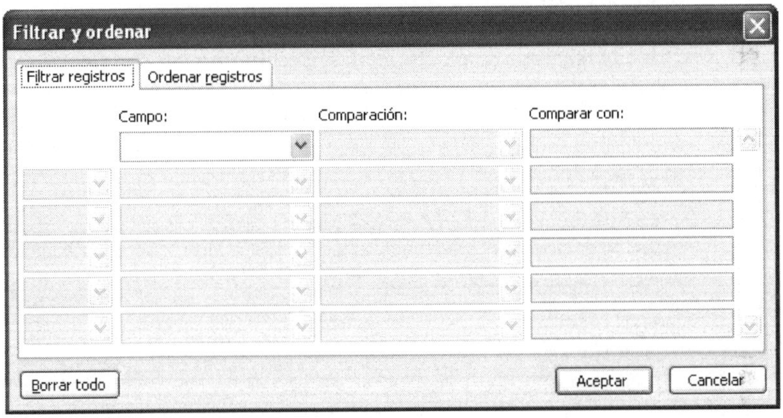

El filtrado se basa en comparar un campo con un valor. Por ejemplo, si necesita reducir su lista filtrando aquellas personas que vivan en una determinada ciudad, deberá emplear el campo *Ciudad* y escribir la ciudad que busca. Sigamos ese ejemplo concretando un poco. Si necesitamos filtrar personas cuya **Ciudad** de residencia sea **Ávila**, haríamos lo siguiente:

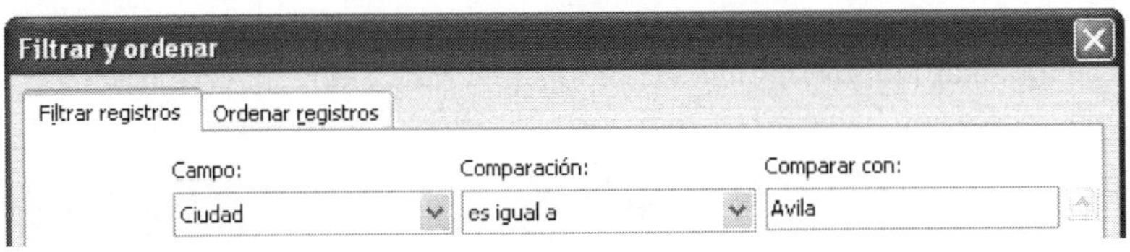

Podemos generar comparaciones más complejas. Para ello emplearemos la lista **Comparación** y las siguientes hileras de comparaciones que ofrece el cuadro:

1. Si despliega la lista **Comparación**, obtendrá otras formas de comparar el campo con el dato:

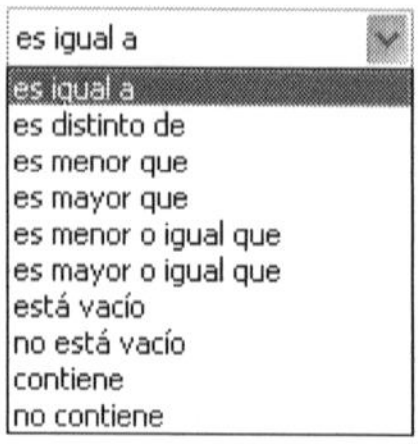

Algunos ejemplos de lo que puede hacer con ello:

- Mayores de edad. **Edad es mayor o igual que 18**.
- Que no vivan en Madrid. **Ciudad es distinto de Madrid**.
- Que no tengan teléfono. **Teléfono está vacío**.
- Que trabajen. **Nombre de la organización no está vacío**.
- Que vivan en España. **País es igual a España**.
- Que tengan correo electrónico. **Dirección de correo electrónico no está vacío**.

2. En el momento en el que realice una comparación, se activará la siguiente hilera de comparaciones para que pueda realizar un criterio de filtrado más completo. Ejemplo:

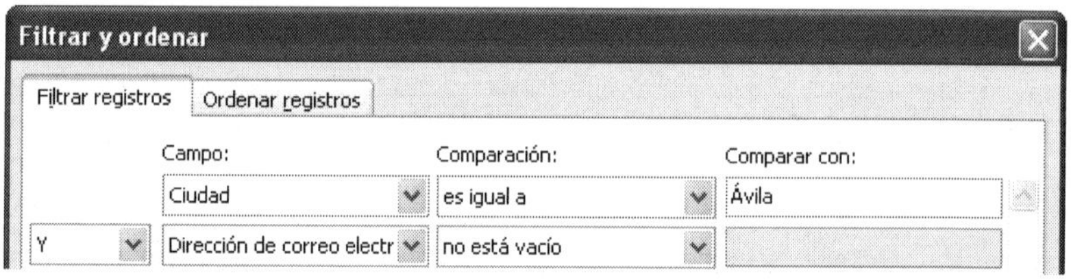

En este caso, no nos limitamos a comparar dos datos sino a realizar dos comparaciones de dos datos: si la ciudad es Ávila y si tiene dirección de correo electrónico.

Observe que para ello Word ha añadido la lista desplegable  en la segunda hilera de comparación. Esta **Y** implica que ambas comparaciones deben ser ciertas para que Word muestre una ficha. Ahora bien, si despliega esa lista, podrá optar por utilizar una **O**, en lugar de una **Y**. En ese caso bastará con que una de las dos condiciones sea cierta para que Word muestre las fichas. Ejemplo:

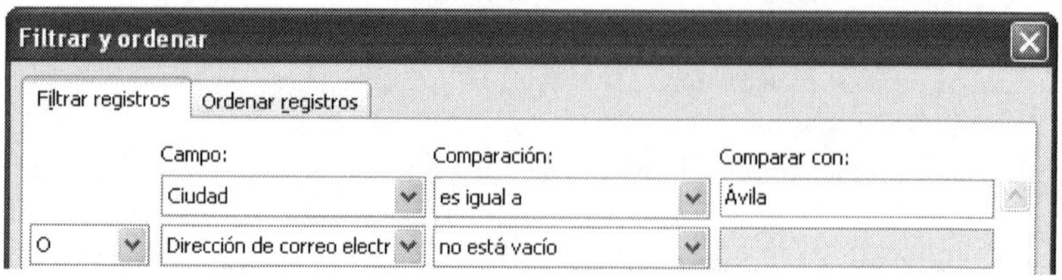

Por otro lado, observe que el cuadro de diálogo anterior contiene una segunda pestaña: **Ordenar registros**. Si hace clic en ella, el cuadro de diálogo mostrará lo siguiente:

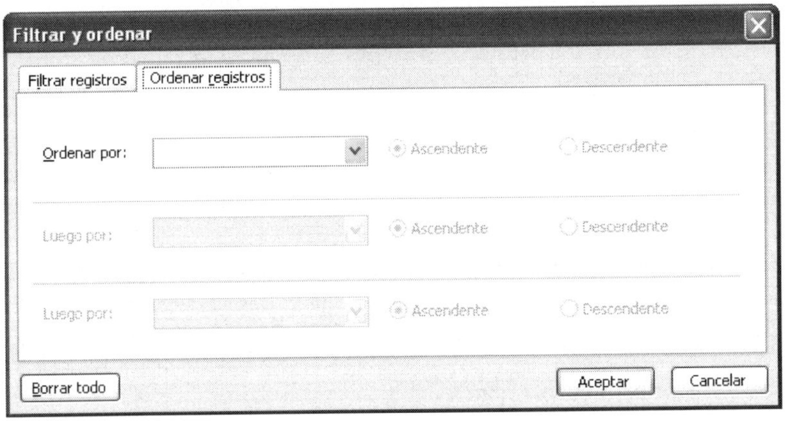

Mediante la lista **Ordenar por** elija un campo con el que clasificar alfabéticamente la lista. Por ejemplo, puede emplear el campo **Apellidos** para que la lista aparezca ordenada alfabéticamente por apellidos. Además, podemos emplear otros campos en la ordenación, así si el primero que elegimos contiene valores duplicados, se empleará el segundo para ordenar:

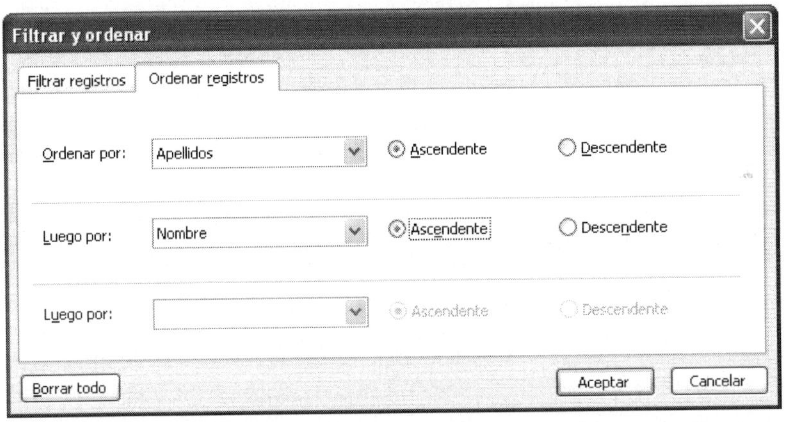

Ojo

Observe que dispone de los botones **Ascendente** y **Descendente** para cada campo que vaya a ordenar. **Ascendente** realiza una ordenación alfabética normal (de la A a la Z) mientras que **Descendente** la realiza a la inversa (de la Z a la A). Si se trata de números, **Ascendente** ordena de menor a mayor y **Descendente** a la inversa.

MAILINGS

Para crear una carta personalizada o mailing despliegue el menú **Herramientas**, elija **Cartas y correspondencia**, y, en el submenú que aparezca, active **Combinar correspondencia**. En cuanto aparezca el panel de tareas, active el botón **Cartas**.

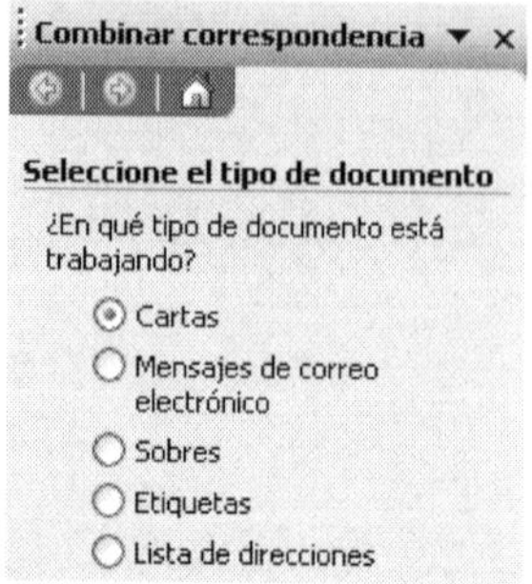

Al hacer clic en Siguiente: Inicie el documento deberá elegir en qué documento va a crear las cartas (por ejemplo, seleccione **Utilizar el documento actual**).

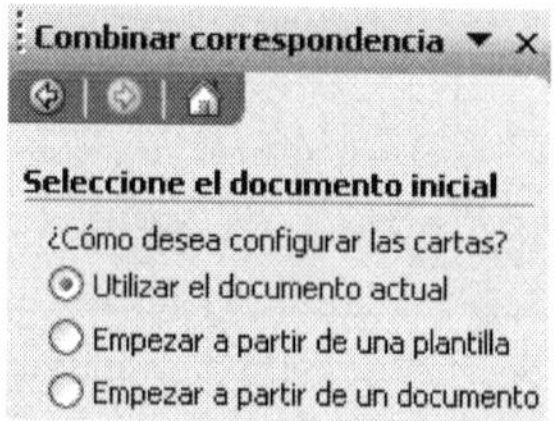

Al hacer clic en Siguiente: Seleccione los destinatarios cambiará el panel de tareas para que elija la lista de datos que va a emplear para mezclar la carta con ellos.

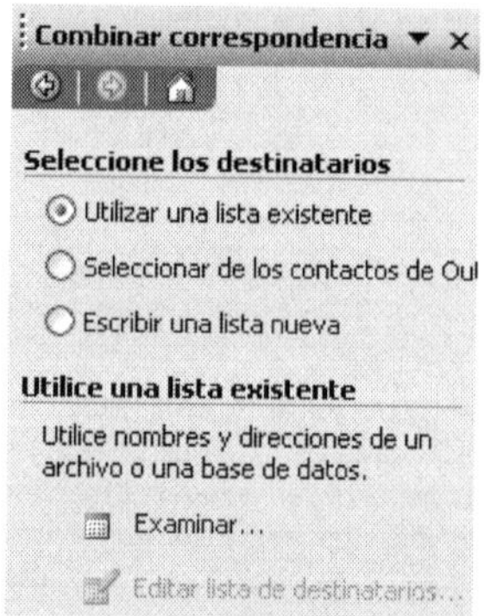

Si elige **Escribir una lista nueva**, volverá a la ventana en la que puede diseñar una lista (véase el apartado anterior ***Lista de direcciones***). También puede elegir una lista de personas de contacto de Outlook (**Seleccionar de los contactos de Outlook**). En nuestro caso, vamos a describir el procedimiento más habitual que es utilizar una lista que ya existe.

Active el botón **Utilizar una lista existente** del panel de tareas (aunque ésa es la opción que ya aparece por defecto) y luego haga clic en Examinar... para seleccionar la lista de datos que desee emplear para su carta. Para ello, se le ofrecerá un cuadro de diálogo con la que elegir archivos:

OjO

Una vez que elija una lista, Word le ofrecerá su nombre escrito en el panel de tareas (en nuestro ejemplo, *Lista de datos*) y Examinar... cambiará por Seleccionar una lista diferente, aunque su función será la misma: permitir la elección de otra lista de personas con las que crear la carta.

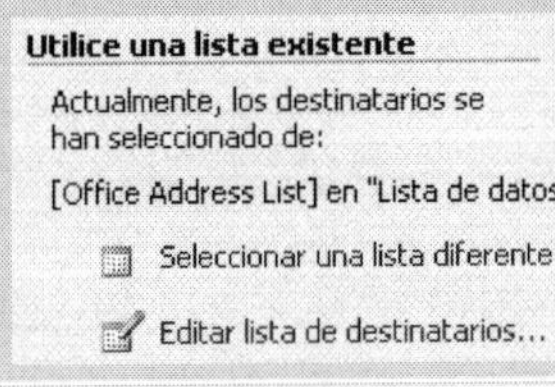

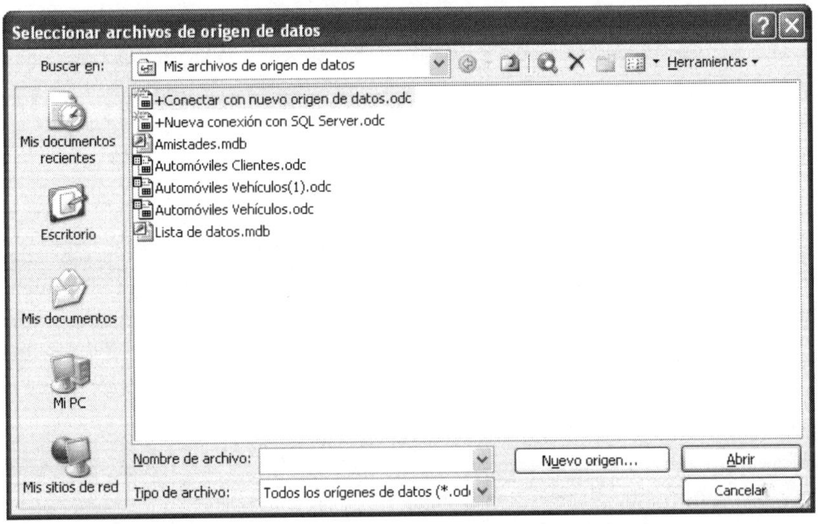

Por otro lado, puede utilizar Editar lista de destinatarios... para modificar los datos de las personas a las que va a enviar la carta, mediante otro cuadro de diálogo:

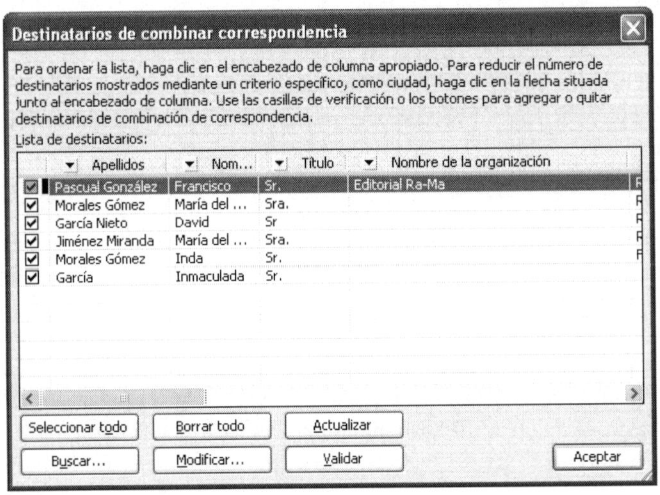

Utilice los botones de la parte inferior de la ventana para modificar datos en la lista, añadir más, borrarlos, buscarlos, etc.

Una vez que haya elegido una lista de datos y haya pulsado en Siguiente: Escriba la carta, el panel de tareas ofrecerá más elementos:

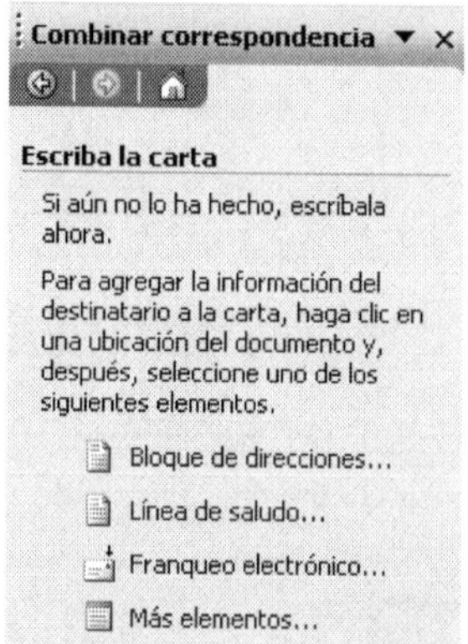

Ahora es el momento de escribir la carta. Además de hacerlo, podrá emplear los enlaces del panel de tareas para mejorar la carta. Estos enlaces se utilizan únicamente si van a ser de utilidad, ya que es posible que desee realizar esa misma función manualmente para que sea ligeramente distinta. Por ejemplo, con Línea de saludo... obtendrá el saludo inicial de la carta ya escrito, si bien, antes Word le ofrecerá un cuadro de diálogo en el que deberá elegir el tipo de saludo que desee. Un ejemplo de carta:

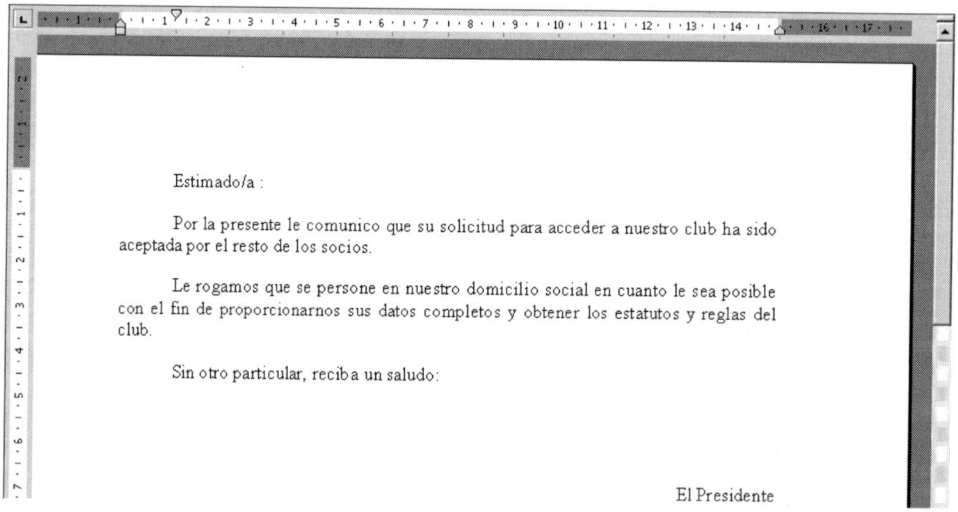

Una vez escrita la carta, pulse en Más elementos... para añadir los campos. Para ello, sitúe el cursor en la parte del texto en la que desee añadir un campo, pulse dicho botón y, en la lista de campos que le ofrezca, elija el que necesite incorporar a ese lugar del texto.

Elija el campo haciendo clic sobre él y luego pulse [Insertar]. Cierre la ventana cuando termine. Nuestra carta de ejemplo debería quedar del siguiente modo:

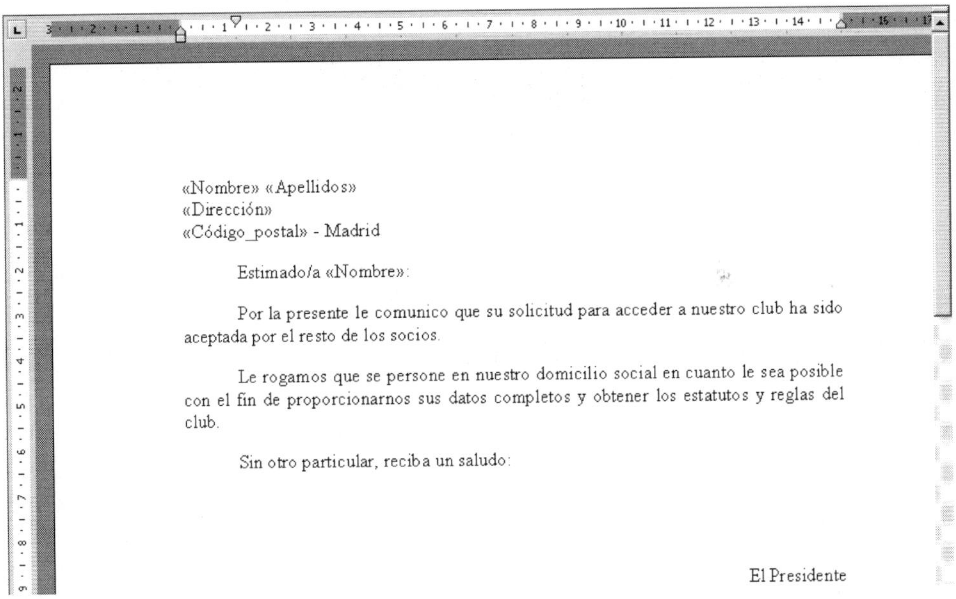

Como puede observar en la figura, es posible repetir los campos si son necesarios en varios lugares de la carta (en nuestro ejemplo, el campo **Nombre**). También puede emplear todas las funciones de Word para mejorar el texto: tipos de letra, formato de párrafos, etc.

A continuación, realizaremos la mezcla de los dos documentos que hemos creado (carta modelo y datos), para lo cual emplearemos el panel de tareas, haciendo clic en Siguiente: vista previa de las cartas (en Word 2002 Siguiente: Obtenga una vista previa) con lo que obtendremos lo siguiente:

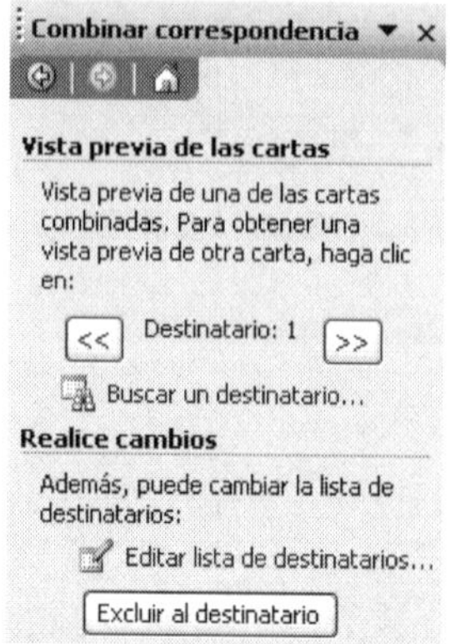

Utilice estos datos para ver las cartas resultantes (utilizando para ello los botones << y >>) y, si alguna no debe aparecer en el resultado final, pulse el botón Excluir al destinatario cuando la vea. También puede localizar un destinatario con Buscar un destinatario...

Cuando haga clic en Siguiente: Completar la combinación (en el panel de tareas) accederá al último paso del asistente:

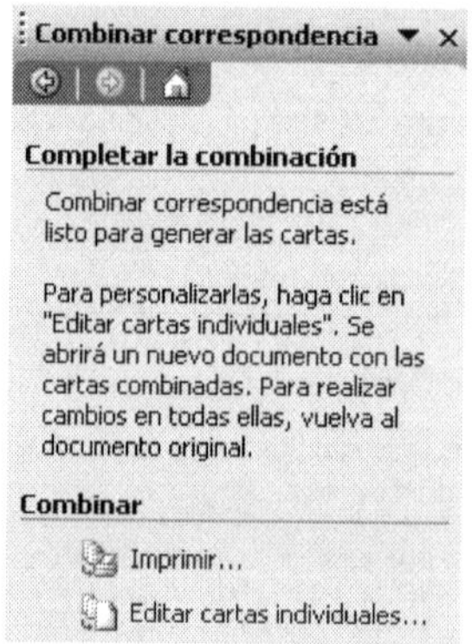

Para generar todas las cartas haga clic en Editar cartas individuales..., aunque, si ya las ha revisado todas en el paso anterior, puede pasarlas al papel directamente haciendo clic en Imprimir....

> **OjO** Le recomendamos que no almacene en el disco las cartas resultantes, ya que puede ocupar mucho espacio en éste. Es preferible mantener sólo una copia de la carta modelo y de los datos de los destinatarios, con lo que podrá generar las cartas de nuevo sin esfuerzo. De este modo ahorrará mucho espacio en el disco.

E-MAILS PERSONALIZADOS

Al iniciar el asistente (menú **Herramientas**, seleccionando las opciones **Cartas y correspondencia** y **Combinar correspondencia**) elija **Mensajes de correo electrónico**.

Para los correos electrónicos, todos los pasos del asistente que vemos en el panel de tareas, excepto el último, se realizan igual que si se fuese a crear una carta personalizada, por lo que deberá seguirlos. Ya en el sexto paso y último, obtendrá el enlace, que al ser activado ofrecerá un cuadro de diálogo con el que indicar el modo en el que va a crear los correos:

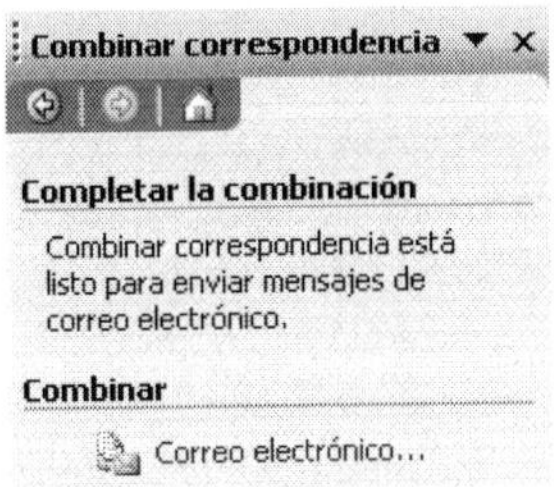

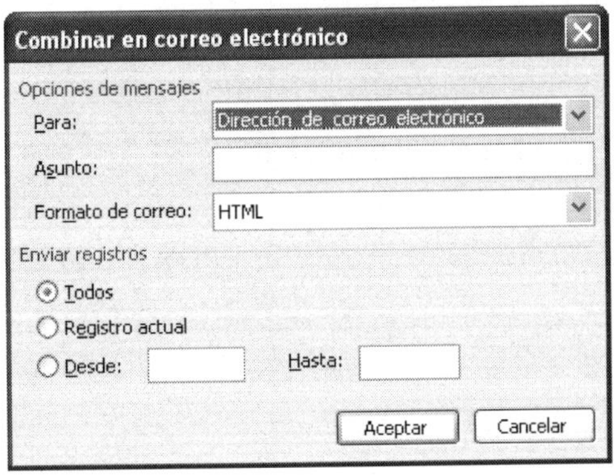

Teclee el motivo por el que envía el mensaje de correo electrónico en **Asunto** y pulse Aceptar. Puede elegir otras funciones en el cuadro como indicar qué personas de la lista recibirán el mensaje, gracias a los botones **Todos**, **Registro actual** y **Desde** y **Hasta**. Asimismo podrá elegir el **Formato de correo** con el que se enviarán las cartas. Por ejemplo, el formato **HTML** es el mismo que se utiliza para generar páginas Web y, por lo tanto, el mensaje con la carta podría contener los mismos elementos que una de dichas páginas (como imágenes, tablas, etc.).

SOBRES

Al iniciar el asistente (en el menú **Herramientas**, seleccionando las opciones **Cartas y correspondencia** y **Combinar correspondencia**) elegiremos **Sobres**.

Haciendo clic en Siguiente: Inicie el documento obtendremos:

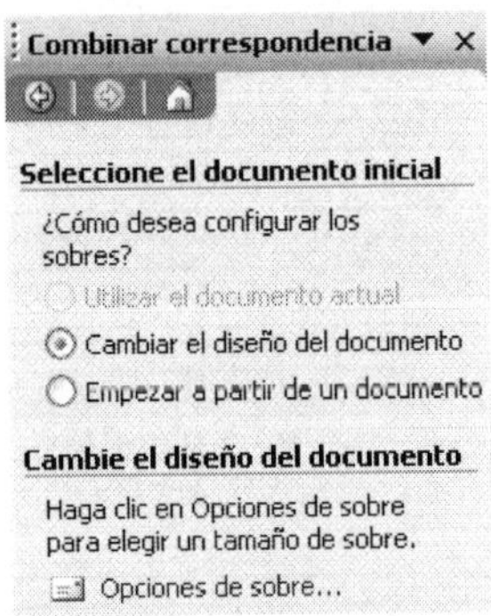

Active Opciones de sobre... para elegir el tipo de sobre que va a emplear. Word le ofrecerá entonces el siguiente cuadro de diálogo:

1. Utilice la lista **Tamaño de sobre** para elegir qué clase de sobre va a utilizar.

2. Utilice el botón Fuente... del grupo **Dirección** para elegir el tipo de letra con el que deberá escribirse en el sobre. Además, podrá utilizar los cuadros de texto **Desde la izquierda** y **Desde arriba** para indicar la distancia a los bordes del sobre a la que se deben colocar las direcciones en éste.

3. Puede emplear las mismas funciones en el grupo **Remite** para aplicar esas mismas características en el reverso del sobre.

En cuanto haya establecido las características del sobre, el documento las reflejará (tamaño y márgenes). Entonces podrá hacer clic en Siguiente: Seleccione los destinatarios dentro del panel de tareas para continuar con el asistente:

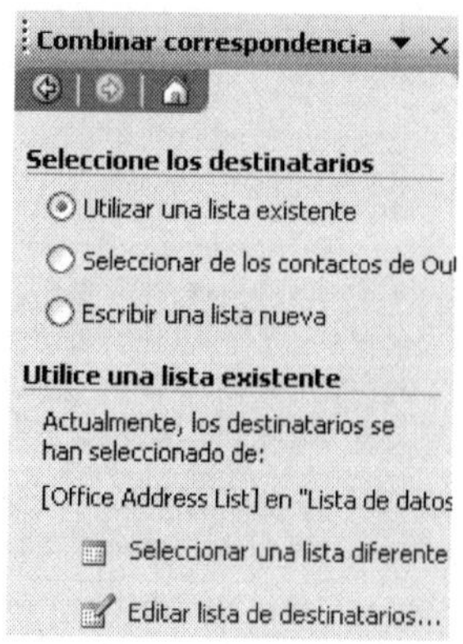

En este paso debe elegir la lista de datos de las personas a las que va a enviar una carta (para las que está creando los sobres). El procedimiento es el mismo que vimos para crear las cartas personalizadas (repáselo si necesita recordar su manejo).

A continuación pulse en Siguiente: Diseñe el sobre para incluir en el sobre los datos que desee (nombre, apellidos, dirección, etc.). Utilice Más elementos... en el panel de tareas para incorporar los datos que necesite. Por ejemplo:

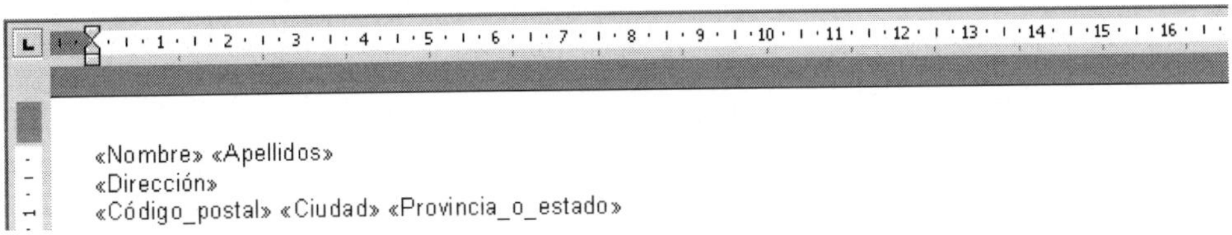

Al pulsar en Siguiente: Vista previa de los sobres (en la versión 2002 Siguiente: Obtenga una vista previa) accederá al quinto paso en el que, como en los documentos que hemos detallado anteriormente, deberá comprobar los destinatarios eliminando los que no desee incluir en los sobres mediante el botón Excluir al destinatario.

Cuando pulse en Siguiente: Complete la combinación obtendrá lo siguiente:

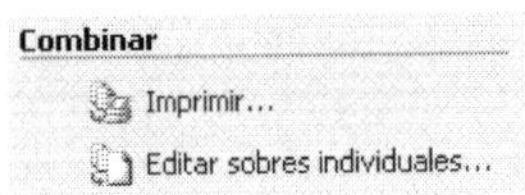

Pulse Imprimir... para crear los sobres con la impresora o bien, haga clic en Editar sobres individuales... para ver en pantalla todos los sobres antes de imprimirlos.

ETIQUETAS POSTALES

El proceso es básicamente el mismo que hemos seguido en los apartados anteriores: Elija la opción **Cartas y correspondencia** del menú **Herramientas**, activando **Combinar correspondencia** en el submenú que aparezca. De nuevo, aparecerá el panel de tareas con el menú inicial de documentos, en el que seleccionaremos el botón **Etiquetas** y pulsaremos en Siguiente: Inicie el documento para iniciar el proceso:

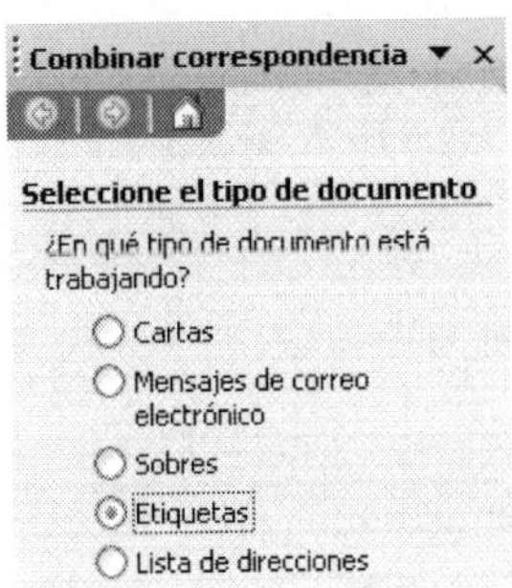

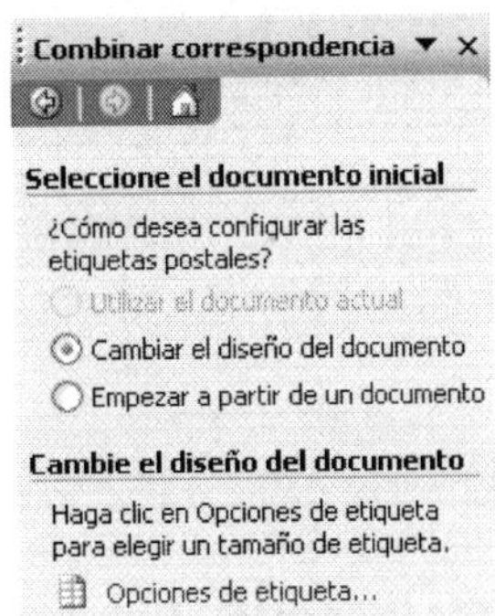

Utilice Opciones de etiqueta... para elegir el tipo de etiquetas que va a emplear. Para ello, Word le ofrecerá el siguiente cuadro de diálogo:

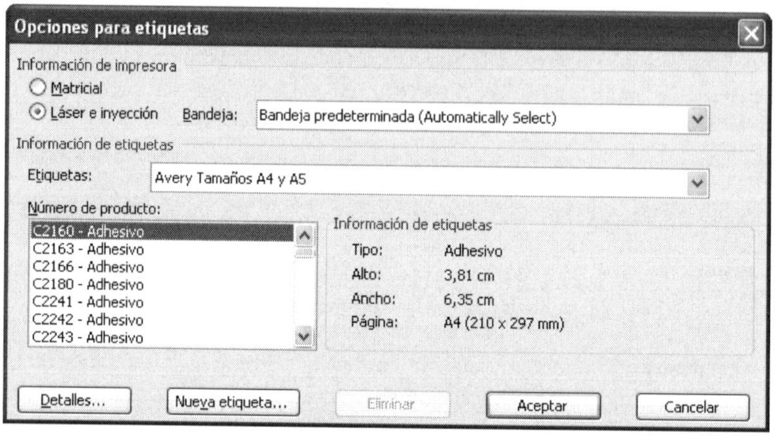

Ahí deberá indicar el tipo de etiquetas postales que va a emplear (tamaño, márgenes, número de columnas de etiquetas, etc.). Estos datos puede elegirlos en la lista **Número de producto**, que ofrece una relación de tipos de etiquetas ya configurados, pero si el tipo de etiquetas que va a emplear no se encuentra en esa lista (puede ver si sus datos coinciden en el grupo **Información de etiquetas**), deberá añadirlos usted mismo, para lo que deberá valerse del botón Nueva etiqueta... que le llevará a otro cuadro de diálogo en el que deberá indicar todas las características de las etiquetas en cuestión (tamaño, márgenes, etc.).

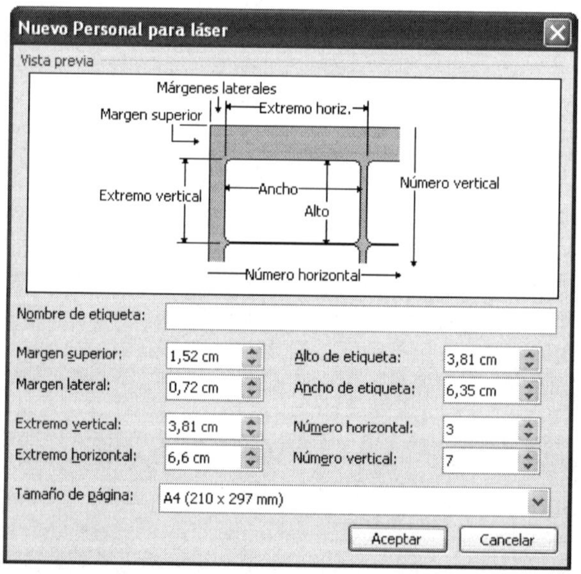

El resto de los pasos que ofrece el panel es idéntico a los procesos que ya hemos visto para las cartas personalizadas, mensajes de correo, etc., excepto en el cuarto, en el que ya aparece el modelo de etiqueta para añadir los campos en su sitio.

Un ejemplo:

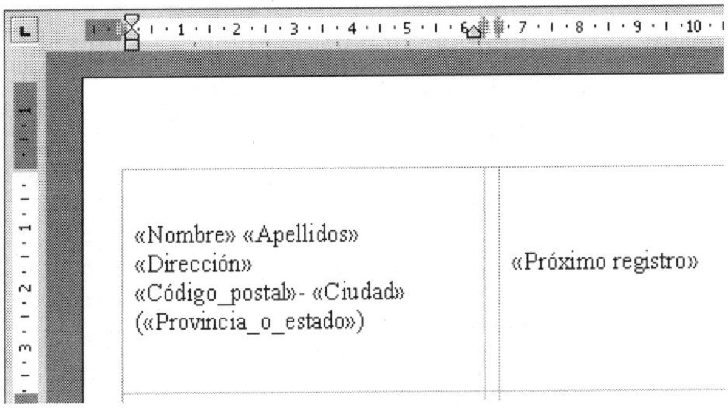

Cuando se han colocado los datos en la primera etiqueta, se pulsa [Actualizar todas las etiquetas] (en el panel de tareas) para que todas las etiquetas tengan esa misma disposición.

Ojo

Existe una opción sencilla para generar un sobre o una etiqueta (sólo uno de cada) se trata de **Sobres y etiquetas** (menú **Herramientas** y submenú **Cartas y correspondencia**). Esta opción genera un cuadro de diálogo en el que sólo hay que rellenar los datos para el sobre o la etiqueta, elegir sus dimensiones y enviar todo a la impresora.

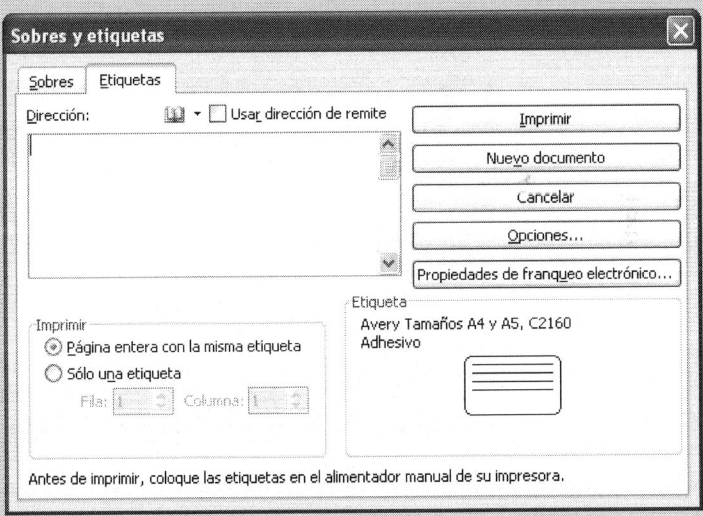

EL PROCESO CON WORD 2000

Como hemos comentado al principio del capítulo, en la versión 2000 existe una diferencia: no existe el panel de tareas y, si bien los pasos son similares, se realizan con un orden ligeramente diferente.

Para empezar, la opción del menú **Herramientas** que se selecciona es, directamente, **Combinar correspondencia** y se siguen tres pasos para generar los documentos personalizados:

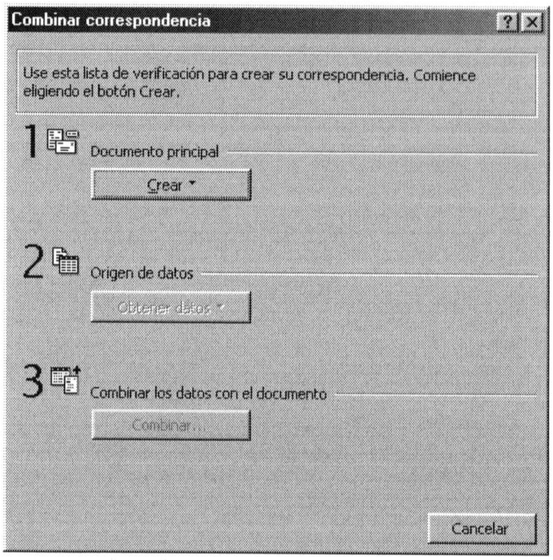

1. Con el primer paso se define el tipo de documento que se va a crear mediante el botón Crear. Al hacerlo aparece junto a éste un nuevo botón, Modificar, con el que podremos escribir la carta y añadir los campos (esto último, una vez que hayamos empleado el paso número 2 con el fin de elegir la lista de destinatarios, tanto si la vamos a crear por primera vez, como si vamos a emplear una que ya exista).

2. En el segundo paso, al pulsar en Obtener datos, podemos crear una nueva lista de destinatarios, o bien, elegir un archivo que ya los contenga.

- Si se opta por crear la lista, tendremos que emplear el siguiente cuadro de diálogo para ello (posteriormente habrá que guardar el resultado en el disco):

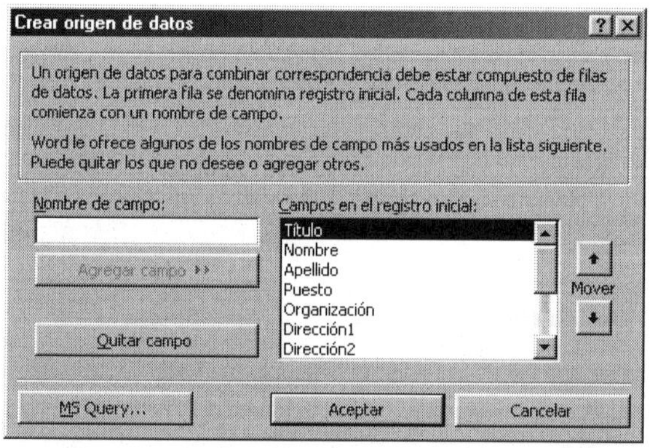

- Cuando se ha terminado, es necesario añadir los datos de los destinatarios (nombres, apellidos, direcciones, etc.) mediante otro cuadro de diálogo.

3. Cuando se han establecido los datos del destinatario, se añaden al documento mediante el botón Insertar campo de combinación de la nueva barra de herramientas que aparece en la carta.

4. Una vez que la carta modelo está terminada y que hemos establecido los datos de los destinatarios, se emplea el tercer paso, mediante su botón Combinar..., para mezclar ambos documentos, generando así las cartas ya completas.

PARTE III

EXCEL

INTRODUCCIÓN A EXCEL

Una hoja de cálculo es un programa que se utiliza para realizar cálculos matemáticos desde un nivel sencillo hasta operaciones altamente complejas. Consiste en una serie de datos distribuidos en celdas dispuestas por filas y columnas. Estos datos pueden ser de varios tipos y son capaces de relacionarse unos con otros para la resolución final del cálculo.

En principio, una hoja de cálculo pretende sustituir a la clásica hoja de papel en la que realizaríamos operaciones aritméticas y otras operaciones matemáticas más complejas. La hoja de cálculo combina las capacidades de cómputo de la máquina con sus funciones de interrelación de los datos y permite conferirlas una buena presentación.

Con respecto a Excel, podemos decir que además incorpora otras posibilidades que la hacen más potente, como la incorporación de imágenes, representaciones de datos matemáticos mediante gráficos e intercambio de información con otros programas de Windows (como Word, Access, etc.).

COMIENZO

Una vez que nos encontremos en Excel, presentará un aspecto similar al que le ofrecemos en la figura de la página siguiente.

1. **Barra del menú principal**. Contiene el menú con las opciones principales. Todas ellas despliegan una lista de opciones cuando se activan.

2. **Barras de herramientas**. Contiene botones con las funciones más importantes del programa.

3. **Celdas**. Son las encargadas de mantener los datos de Excel. En ellas podremos escribir rótulos de texto, datos numéricos, fórmulas, funciones, etc.

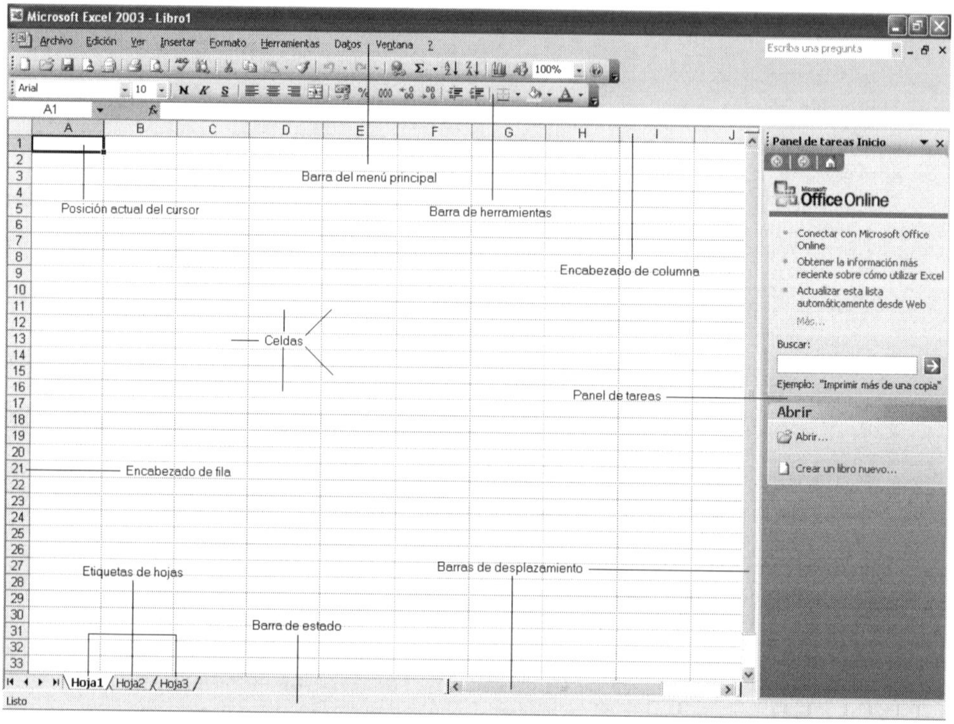

4. **Encabezado de filas/columnas**. Los encabezados indican la numeración de las filas y columnas. También tiene otras funciones como seleccionar una fila o columna completa (haciendo clic en una) y ampliar o reducir la altura y anchura de las celdas (haciendo clic entre dos y arrastrando).

5. **Posición actual del cursor**. Indica dónde estamos en cada momento. En aquella celda en la que veamos un marco como el que hemos mostrado en la figura es donde se encuentra el usuario situado en ese instante. Si no nos desplazamos a otra celda antes, al introducir datos en Excel irán a parar a esa celda.

6. **Barras de desplazamiento**. Nos permiten movernos por la hoja de cálculo.

7. **Barra de estado**. Muestra en todo momento la situación en que se encuentra el usuario en la hoja.

8. **Etiquetas de hojas**. Se emplean para acceder a las distintas hojas del libro de trabajo. Haga clic sobre una para ver su contenido. Como vamos a ver, cada hoja del libro ofrece una tabla de celdas que están distribuidas en filas y columnas numeradas: las filas de forma numérica —1, 2, 3, etc.— y las columnas de forma alfabética —a, b, c, etc.—.

9. **Panel de tareas**. Tiene una función similar a la de las barras de herramientas puesto que contiene algunas de las funciones más comúnmente utilizadas, si bien disponemos de otros elementos aparte de botones. En cuanto se abre un

documento, el panel de tareas desaparece; sin embargo, en cualquier momento podemos activarlo mediante el menú **Ver**, seleccionando la opción **Panel de tareas**. El panel de tareas aparece automáticamente cuando activamos una función que lo necesita.

DESPLAZAMIENTO POR LAS HOJAS DE CÁLCULO

Para moverse a través de las celdas de una hoja de cálculo, se emplean ciertas teclas cuya finalidad ha sido siempre la misma para cualquier tipo de programa:

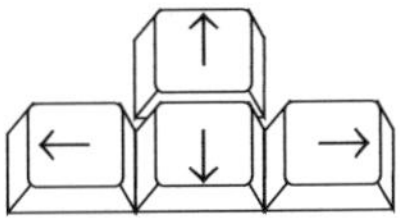

Los **cursores** le permitirán desplazarse a celdas contiguas. Por ejemplo, pulse la tecla cursor derecha (->) para acceder a la celda que haya a la derecha de aquella en la que se encuentre.

La tecla **Inicio** nos lleva a la primera columna de la fila en la que nos encontremos en ese instante.

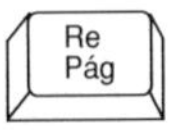

La tecla **RePág** nos lleva unas cuantas filas de celdas hacia arriba (el número de columnas que quepan en la ventana de Excel).

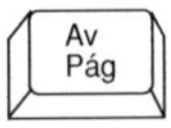

La tecla **AvPág** nos lleva unas cuantas filas de celdas hacia abajo (el número de filas que quepan en la ventana de Excel).

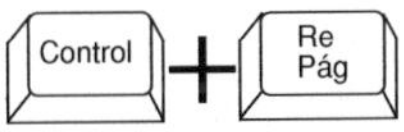

Esta combinación de teclas nos lleva a la hoja de cálculo anterior dentro del libro actual (para más información acerca de los libros de trabajo consulte el apartado ***Libros de trabajo*** en el capítulo 12: ***Básico en Excel***).

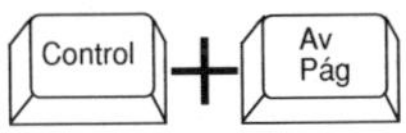

Esta combinación de teclas nos lleva a la siguiente hoja de cálculo dentro del libro actual (para más información acerca de los libros de trabajo consulte el apartado ***Libros de trabajo*** en el capítulo 12: ***Básico en Excel***).

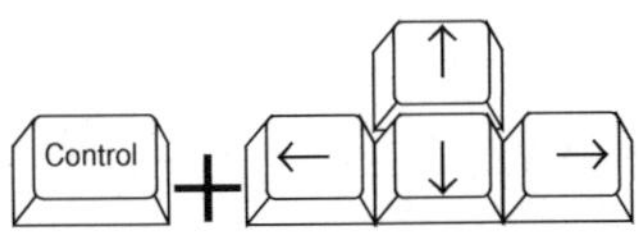

o también

seguida de

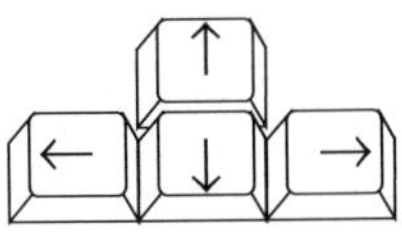

La función de estas teclas es la de desplazarnos entre regiones de la hoja de cálculo actual. Las regiones son grupos de datos situados en celdas contiguas (tanto vertical como horizontalmente). Si existe alguna celda vacía (aunque sólo sea una) entre dos grupos de celdas con datos, se considerará que cada grupo es una región. Se utiliza la tecla *Fin* para pasar de una región a otra. Al pulsar la tecla *Fin* y, después de soltarla, pulsar una tecla del cursor, se avanzará a la siguiente región de la hoja siguiendo la dirección que tenga la tecla del cursor elegida. Si no existe ninguna región que alcanzar, Excel le depositará al final de la hoja siguiendo la misma dirección.

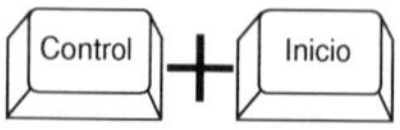

Esta combinación de teclas nos lleva al principio de la hoja de cálculo (celda A1).

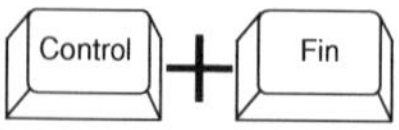

Esta combinación de teclas nos lleva al final de la hoja de cálculo. Para ello, se desplazará hasta situarse en la última columna y fila que posean datos.

Existe otro modo de situarse en una celda concreta, pero para ello no se utilizan teclas de movimiento. Si se pulsa la tecla **F5** o si se selecciona la opción **Ir a** del menú **Edición**, se nos preguntará el lugar exacto de la hoja al que deseamos ir:

OjO Como veremos más adelante, las celdas se nombran mediante la letra de la columna y el número de la fila, como en el juego de los barquitos.

1. Utilice el cuadro de texto **Referencia** para indicar la dirección de la celda a la que desea desplazarse (por ejemplo, **D6**). Pueden usarse los identificadores de las páginas dentro del libro de trabajo para acceder a celdas que se encuentren en esa hoja (por ejemplo, **Hoja3!B7**). Para saber más acerca de las páginas consulte el apartado ***Libros de trabajo*** en el capítulo 12: ***Básico en Excel***.

2. Cuando haya utilizado este cuadro de diálogo varias veces, en la lista **Ir a** aparecerán las direcciones de las últimas celdas a las que se ha desplazado utilizando este método.

CAPÍTULO 12

BÁSICO EN EXCEL

Vamos a comenzar por comentar la forma básica de trabajo con Excel. En este capítulo expondremos datos tan elementales como qué tipos de datos podemos asignar a las celdas de una hoja de cálculo y conceptos usuales en Excel como el de *Libro de trabajo*.

DATOS CON EXCEL

Los datos que pueden manejarse con Excel, así como con la mayor parte de las hojas de cálculo, podrían clasificarse fundamentalmente en dos tipos:

1. Datos de texto
2. Datos numéricos

Los datos de texto son, evidentemente, pequeños mensajes o datos textuales que se asignan a las celdas de una hoja de cálculo. Normalmente, se utilizan como rótulo para identificar valores numéricos de las celdas. Para escribir datos de texto, bastará con situarse en la celda deseada y comenzar a escribir el dato.

He aquí algunos ejemplos de datos de texto:

- Mayo
- Sr. Alonso
- Total de meses
- Avda. del Río Jalón, nº 133

Los datos numéricos son simples cifras, enteras o fraccionarias (con decimales). Sobre estas cifras se construyen los datos más complejos de la hoja de cálculo. Así pues, tendremos la posibilidad de crear fórmulas y utilizar funciones de Excel empleando para ello los datos numéricos.

Para escribir en la hoja de cálculo un dato numérico, basta con situarse en la celda deseada y teclear directamente el número que se desea emplear. Algunos ejemplos de datos numéricos simples son:

- 9
- 1200
- 350 Pts
- 30%
- 1,25E+11 (=1,25 x 10^{11})

El caso de los datos numéricos más complejos consiste en crear fórmulas basadas en la aritmética tradicional. Para ello, utilizaremos los siguientes operadores aritméticos:

+ para sumas. Ejemplo: 5+825
- para restas. Ejemplo: 67-3
* para multiplicaciones. Ejemplo: 5*10
/ para divisiones. Ejemplo: 30/3
^ para realizar potencias. Ejemplo: 5^2
() paréntesis: para agrupar operaciones. Ejemplo: (6+8)/C2

> Toda fórmula en Excel, sea del tipo que sea, debe ir precedida del signo igual (=). Por lo que, si desea comprobar alguno de los ejemplos que acabamos de exponer, comience por teclear ese carácter y, sin separación alguna, el resto de la fórmula.
>
> Por otro lado, siempre que necesite eliminar un dato de una celda, haga clic sobre ella y pulse la tecla **SUPR**.

REFERENCIAS Y DIRECCIONES

Las fórmulas pueden contener, aparte de datos numéricos simples, referencias a datos de otras celdas.

Las hojas de cálculo, como ya sabemos, se forman mediante datos distribuidos en filas y columnas:

1. Las filas están numeradas desde la primera (la número 1) hasta la última (la 65.536).

2. Las columnas se nombran mediante letras siguiendo el orden alfabético de éstas. Al llegar a la columna Z se recomienza el recuento mediante dos letras (AA, AB, AC, etc.), siguiendo un sistema parecido al de las matrículas de los automóviles. En Excel, la primera columna es la A y la última es la IV.

En definitiva, para localizar un dato en una celda se utiliza su número de fila y su letra de columna, como si se tratase del juego de los barquitos. En el siguiente ejemplo, el dato *Mensaje* aparece en la celda B5:

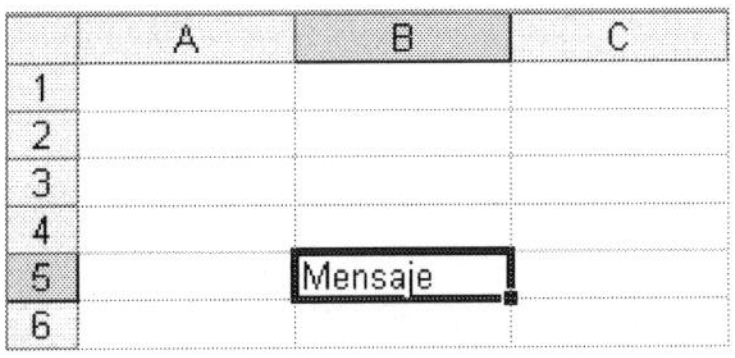

Dentro de una hoja de cálculo, puede saber rápidamente la celda en que se encuentra viéndolo en el **Cuadro de nombres** situado en la barra de fórmulas:

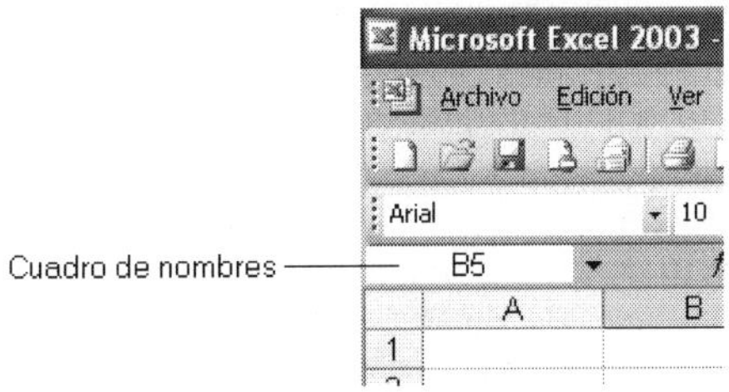

Las hojas de cálculo de Excel se agrupan en libros. La forma de acceder a una hoja dentro del libro es mediante su etiqueta, que aparece en forma de pestaña en la parte inferior de la ventana de Excel:

Etiquetas de las hojas de cálculo con sus identificadores

Como puede observarse, Excel nombra cada página del libro con el identificador **Hoja** seguido de un número de orden.

Veamos un ejemplo de trabajo con direcciones:

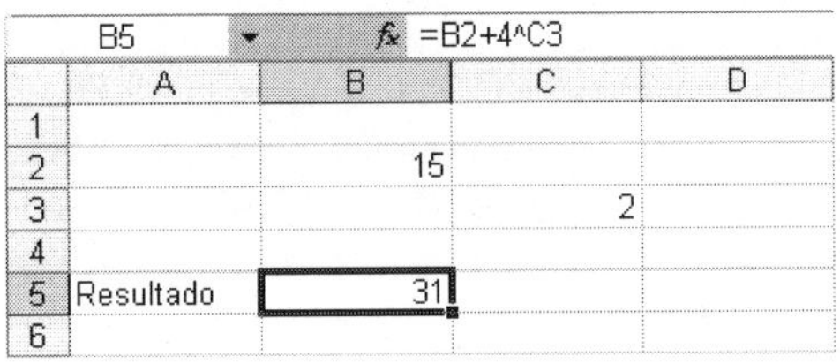

Obsérvese que en la barra de fórmulas aparece el dato =B2+4^C3, que utilizará el dato contenido en B2 (15) para sumárselo a 4 elevado a 2 (dato que aparece en C3). El resultado de la fórmula aparece en la celda B5. Observe, por otra parte, que si teclea paréntesis en la fórmula anterior el resultado variará ofreciendo un resultado diferente, ya que en ese caso Excel suma primero B2 y 4 y el resultado lo eleva al cuadrado:

=(B2+4)^2 da como resultado 361

Ojo

Si una fórmula calcula un resultado grande, es posible que la cifra que se obtenga ocupe más espacio que el que quepa en la columna. En ese caso, Excel suele ofrecer un dato con muchas almohadillas:

########

Lo único que necesitará será ampliar la anchura de la columna hasta que el número entre dentro sin problemas. Puede ampliar una columna haciendo clic entre sus letras (por ejemplo, entre las letras de las columnas A y B) y, sin soltar el botón del ratón, arrastrando a la izquierda o la derecha según necesite.

EMPLEAR DATOS DE OTRAS HOJAS

Cuando se desea utilizar una fórmula en la que hay un dato de otra hoja, es necesario teclear el identificador de esa hoja para referirse al dato; se escribe el identificador seguido del signo de exclamación cerrado (!) y la dirección de la celda. Por ejemplo, si deseamos multiplicar por dos el dato que hay en la Hoja3 en su celda C7 (suponiendo que el resultado deba aparecer en otra hoja), la forma correcta de hacerlo sería:

=Hoja3!C7*2

EDICIÓN DE CELDAS

Si una celda contiene un dato que se desea modificar, bastará con situarse en la celda correspondiente y reescribir el dato completo para sustituir al antiguo.

Sin embargo, puede resultar pesado en el caso de que sólo sea necesario variar mínimamente el dato antiguo para que quede escrito correctamente. Si se encuentra en esta situación, sitúese en la celda y pulse la tecla **F2**, que le permitirá modificar el dato de la celda sin tener que escribirlo de nuevo completamente.

Cuando se está tecleando algún dato en una celda, el cuadro de texto de edición en la ventana de Excel presenta este aspecto: 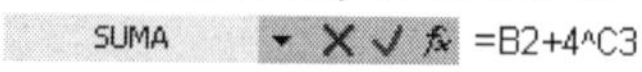

1. El botón SUMA ▾ (**Funciones**) despliega una lista de funciones que se pueden añadir a la celda. Si en lugar de desplegar el botón, hacemos clic en él, Excel aplicará la función a su fórmula. De las funciones hablaremos más adelante en el capítulo 17: ***Funciones con Excel***.

2. Utilice el botón ✕ (**Cancelar**) para anular la introducción o modificación del dato que ha estado escribiendo en la celda.

3. El botón ✓ (**Introducir**) aceptará el dato que haya estado escribiendo en la celda, añadiéndolo a la hoja de cálculo activa.

4. El botón *fx* (**Insertar función**) permite añadir una función de Excel (recuerde, capítulo 17: ***Funciones con Excel***).

LIBROS DE TRABAJO

Desde hace relativamente poco tiempo, existe un nuevo concepto a la hora de trabajar con las hojas de cálculo, hablamos de los *libros de trabajo*. Antes de que se diseñara este sistema de trabajo, las hojas de cálculo consistían en una sola página dividida en filas y columnas numeradas en la que se podían incorporar datos fundamentalmente para su manejo matemático.

El nuevo concepto de libros de trabajo consiste en reunir varias de estas páginas. Las hojas de cálculo actuales contienen estos libros, capaces de encerrar en su interior varias hojas de cálculo distribuidas en las mencionadas páginas que a su vez contienen las célebres filas y columnas.

Cada página contiene filas numeradas del mismo modo: todas tienen filas desde la 1 a la 65.536 y columnas desde la A a la IV, por lo que para diferenciar, por ejemplo, la celda C5 de la primera página de la C5 de cualquier otra, será necesario identificar cada página mediante un nombre.

La distribución de páginas (y los botones para buscarlas) puede verse en la parte inferior de la ventana de Excel:

Como hemos dicho, Excel nombra las páginas por defecto como *Hoja1*, *Hoja2*, etc. Pero existen cuatro botones y una barra de desplazamiento a su misma altura para poder moverse entre las páginas. Si sabe que hay más hojas de las que se ven a primera vista, podrá ver el resto utilizando los botones:

- |◄ Utilice este botón para pasar a la primera hoja del libro.
- ◄ Utilice este botón para pasar a la hoja anterior del libro.
- ► Utilice este botón para pasar a la hoja posterior del libro.
- ►| Utilice este botón para pasar a la última hoja del libro.

Podrá acceder a una hoja haciendo clic sobre la pestaña de su etiqueta (Hoja1 Hoja2 Hoja3). Si no puede ver la etiqueta de la hoja a la que desea acceder, utilice los botones anteriores (|◄ ◄ ► ►|) para que aparezca y luego haga el clic sobre ella.

Si necesita seleccionar varias hojas, podrá hacerlo de dos formas distintas:

1. Si las hojas que se van a seleccionar son contiguas haremos clic sobre la pestaña de la primera y, manteniendo pulsada la tecla de **MAYÚSCULAS**, haremos otro clic sobre la pestaña de la última. Todas las hojas intermedias, incluyendo la primera y la última, quedarán seleccionadas:

2. Pulsando la tecla **CONTROL** y haciendo varios clics sobre las pestañas de las hojas que se desea seleccionar.

Seleccionar varias hojas tiene algunas ventajas para ciertas funciones, como veremos posteriormente.

La barra de desplazamiento que hay a la derecha de las pestañas se utiliza para moverse a través de las columnas de la hoja en la que se encuentre.

BLOQUES DE CELDAS (RANGOS)

Existe un modo de referirse a un grupo de celdas contiguas, siempre y cuando formen un rectángulo de celdas. Para ello, se utiliza la dirección de dos de ellas:

1. La celda superior izquierda del grupo.

2. La celda inferior derecha del grupo.

Para referirse al grupo (rango) de celdas basta con escribir la primera, seguida de dos puntos (:) y, a continuación, escribir la segunda. Veamos un ejemplo:

	A	B	C	D	E
1					
2					
3		Enero	1997	1	
4		Febrero	1998	2	
5		Marzo	1999	3	
6		Abril	2000	4	
7		Mayo	2001	5	
8					

En este ejemplo, podemos ver un rango de celdas ocupadas con datos. El rango comenzaría por la celda cuya dirección es B3 (que contiene el dato *Enero*) y terminaría en D7 (que contiene el dato *5*). Para referirnos a este rango indicaríamos *B3:D7*.

Por supuesto, Excel permite elegir rangos menores o mayores. Por ejemplo, si, según la ilustración anterior, deseáramos trabajar sólo con las celdas que contienen los meses, deberíamos indicar como rango *B3:B7*.

Como veremos más adelante, los rangos pueden recibir un nombre para que no sea necesario especificar sus direcciones constantemente.

Los rangos se utilizan fundamentalmente en las funciones, ya que, en muchas de éstas, debe indicarse un rango de celdas que será el grupo de datos que utilice la función. Por tanto, volveremos a hablar de los rangos en el capítulo 17: ***Funciones con Excel***.

CAPÍTULO 13

ARCHIVOS Y DOCUMENTOS CON EXCEL

En este capítulo vamos a ver cómo trabajar con una hoja de cálculo completa de Excel. Las tareas que vamos a contemplar son:

1. La creación de nuevas hojas de cálculo.
2. Opciones al archivar.
3. Ver previamente los datos antes de imprimirlos.
4. Imprimir la hoja de cálculo.

CERRAR Y CREAR LIBROS DE TRABAJO

Si desea abandonar su hoja de cálculo actual sin salir de Excel, puede cerrarla. Para ello, basta con seleccionar la opción **Cerrar** en el menú **Archivo** o pulsar el botón ☒ que aparece en la parte superior derecha de la ventana del texto.

Si el documento en cuestión fue modificado, Excel le preguntará si desea grabar esas modificaciones antes de cerrar el texto tal y como vimos en el apartado ***Salida de los elementos de Office*** en la ***Introducción***.

Nuevos libros de trabajo

Para acceder a un nuevo libro de trabajo vacío, hemos de utilizar la opción **Nuevo** del menú **Archivo** o pulsar el botón (o) de la barra de herramientas. Si se selecciona la opción **Nuevo** en el menú **Archivo**, el panel de tareas ofrecerá lo siguiente:

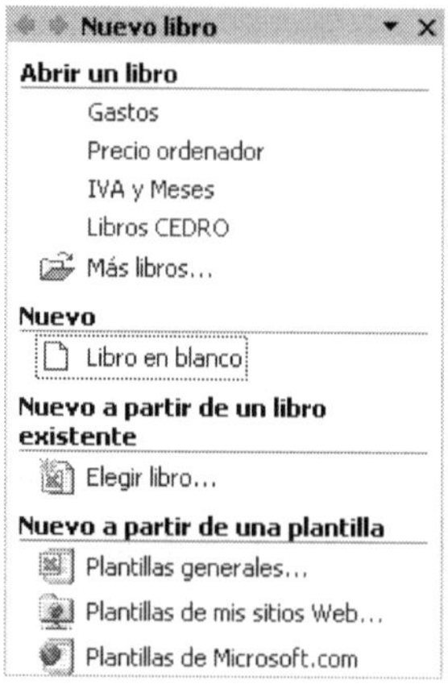

En Word 2002

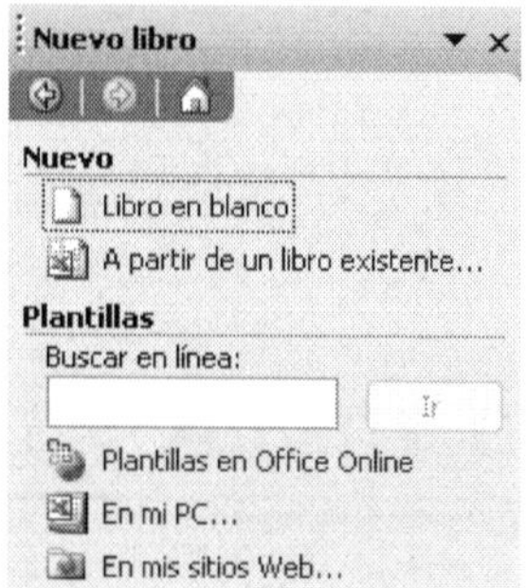

En Word 2003

En Excel 2000 no existe el panel de tareas y en su lugar obtendremos un cuadro de diálogo en el que seleccionar las mismas opciones:

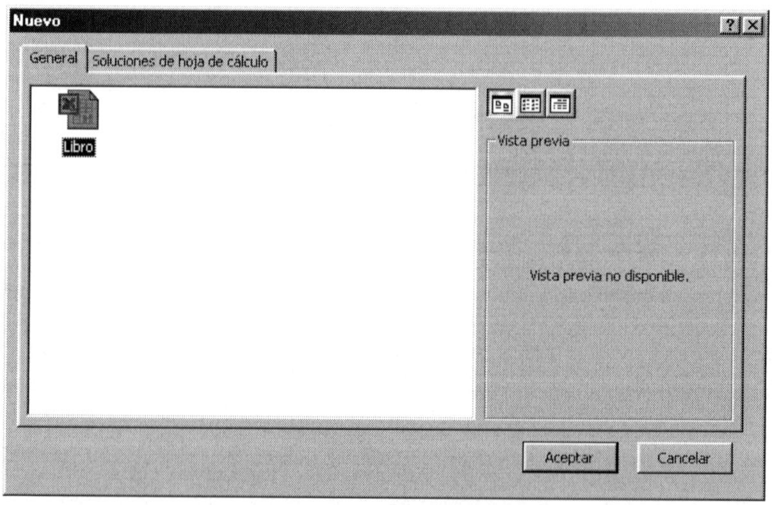

Volviendo a las versiones 2002 y 2003 y a su panel de tareas:

1. Si se va a tratar de una hoja vacía, haga clic en **Libro en blanco**.

2. Si va a crear una hoja nueva basada en otra que ya exista, seleccione **A partir de un libro existente** (en 2003) o **Elegir libro** (en 2002). Esto le llevará a un cuadro de

diálogo en el que podrá elegir un documento y lo abrirá para que pueda modificarlo y grabarlo (con un nombre distinto al original).

3. Si va a crear un documento de un tipo específico, puede utilizar plantillas. Las plantillas son documentos que ya contienen cierta información que nosotros podremos completar con nuevos datos. Por ejemplo, existe una plantilla de factura en los que podrá escribir sus datos y disponer de una factura sin tener que diseñarla usted mismo. Para ello seleccione **En mi PC** (2003) o **Plantillas generales** (2002) con lo que obtendrá un cuadro de diálogo (el mismo que vimos para la versión 2000) con varias fichas. Active la ficha **Soluciones de hoja de cálculo**, que mostrará, entre otros, el tipo de documento **Factura**.

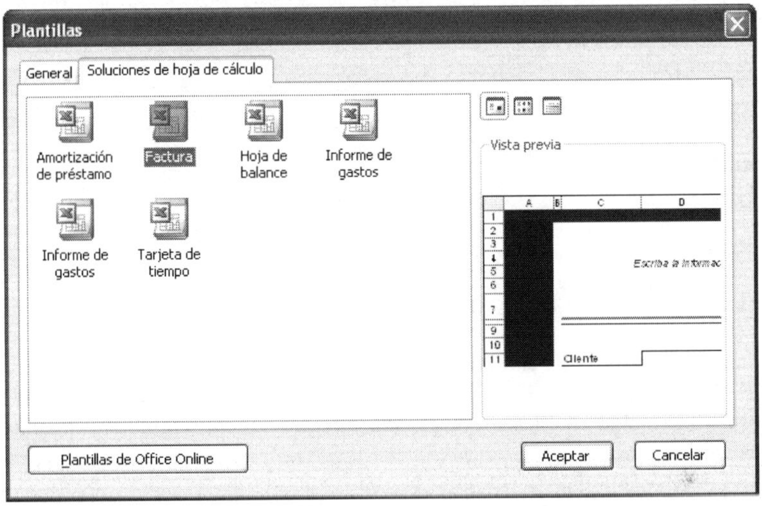

Para crear un documento vacío, elija el icono **Libro** en la ficha **General**, o pulse el botón de la barra de herramientas.

INSERTAR Y ELIMINAR HOJAS DE CÁLCULO EN UN LIBRO

Dentro de un libro, existe la posibilidad de añadir una hoja de cálculo seleccionando la opción **Hoja de cálculo** del menú **Insertar**. Esta función inserta la hoja de cálculo entremedias de otras. Si se encuentra en la *Hoja3* en el momento de utilizarla, la nueva hoja la sustituirá desplazando la misma *Hoja3* y las posteriores hacia posiciones subsiguientes. Por tanto, antes de insertar una hoja de cálculo deberá hacer clic en la etiqueta de otra donde quedará añadida la nueva.

Por otra parte, si desea eliminar una hoja del libro a pesar de que ésta contenga datos, puede hacerlo seleccionando la opción **Eliminar hoja** del menú **Edición**. Al hacerlo, la hoja en la que se encuentre en ese instante desaparecerá y el hueco que deja será ocupado por las hojas posteriores, que se adelantan una posición.

Si desea eliminar varias hojas, puede hacerlo siguiendo este mismo método, pero deberá seleccionar primero todas aquellas hojas del libro que desee eliminar; aunque Excel pedirá, por precaución, que confirme el borrado mediante un cuadro de diálogo:

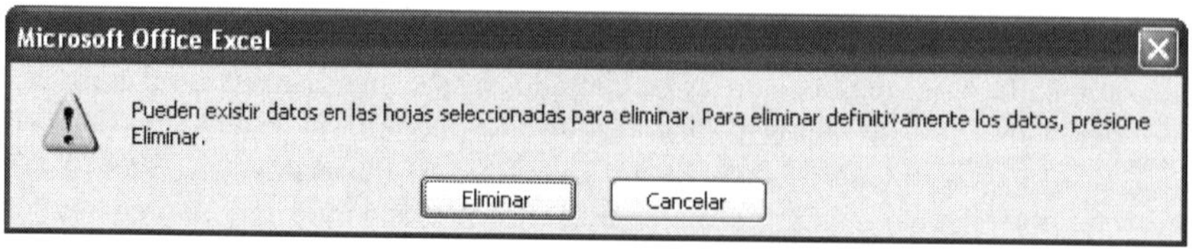

Recuerde que se pueden seleccionar varias hojas de dos formas distintas (y así podrá eliminarlas en un solo paso), si desea recordarlo, consúltelo en el apartado ***Libros de trabajo*** del capítulo 12: ***Básico en Excel***.

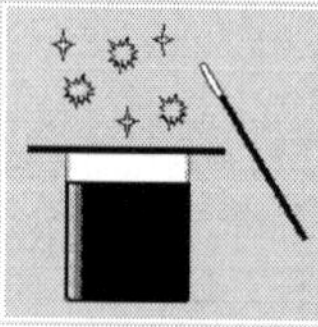

Puede cambiar la etiqueta de una hoja de posición haciendo clic sobre su pestaña y, sin soltar el botón del ratón, arrastrando a izquierda o derecha hasta colocarla entre otras dos, donde deberá soltar el botón del ratón.

OPCIONES AL GUARDAR

Ya hemos visto en el capítulo 4 (***Funciones elementales y compartidas de Office***) cómo se abren y archivan los documentos en cualquier programa de Office; sin embargo, Excel contiene ciertas opciones que pueden ser interesantes a la hora de grabar datos.

Como sabemos, al ordenar el archivado de un libro de trabajo, aparece un cuadro de diálogo en el que podemos darle nombre. Entre todos los elementos que aparecen en el cuadro podremos ver el botón Herramientas ▾ que, al desplegarse, ofrece, entre otras, la función **Opciones generales**. Con ésta podemos ajustar, hasta cierto punto, las funciones que Excel posee para el almacenamiento en disco de un libro de trabajo. Consiste en activar o desactivar casillas de verificación y otras funciones. Todas ellas aparecen en el siguiente cuadro de diálogo:

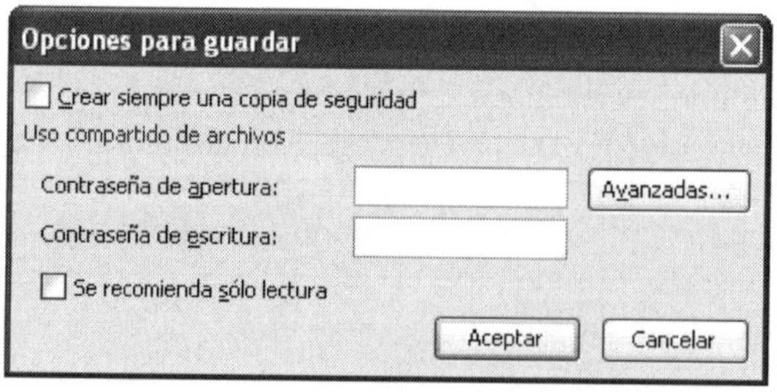

1. **Crear siempre una copia de seguridad**: si se activa esta casilla, cuando se almacena un libro de trabajo, la versión anterior de éste se conserva en el disco con el nombre *Copia de* seguido de su nombre.

2. **Contraseña de apertura** (**Contraseña para abrir** en 2002 y **Contraseña de protección** en 2000): si escribe una contraseña, ningún usuario no autorizado podrá utilizar el documento que se graba. Sólo aquellos que la conozcan podrán abrir el texto. Según escriba la contraseña no podrá verla, ya que se irá mostrando un asterisco por cada carácter que teclee, para que nadie pueda verla. Recuerde que cada vez que abra el libro, Excel requerirá la contraseña y deberá escribirla exactamente como la definió (incluyendo mayúsculas y minúsculas), o de lo contrario no podrá ver sus datos.

3. **Contraseña de escritura** (**Contraseña contra escritura** en 2000): su función es similar a la anterior, pero en este caso, Excel no pedirá la contraseña al abrir el libro, sino al intentar almacenarlo en el disco.

4. **Se recomienda sólo lectura**: al activar esta casilla Excel recomendará a cualquier usuario que abra el libro con el modo de sólo lectura. Sin embargo, no impedirá que se guarden los datos una vez abierto.

VISTA PRELIMINAR

Se puede saber cómo aparecerá impresa una hoja de cálculo (o parte de ella) antes de pasarla a imprimir. Para ello, se utiliza la opción **Vista preliminar** del menú **Archivo** (o el botón de la barra de herramientas). Al hacerlo, obtenemos un boceto con la muestra de los datos que se va a imprimir y un grupo de botones, en la parte superior, para controlar el panorama.

1. [Siguiente]. Muestra la siguiente hoja del libro de trabajo que será impreso. Este botón sólo estará disponible si hay varias páginas y no nos encontramos en la última.

2. [Anterior]. Muestra la hoja anterior del libro de trabajo que será impreso. Este botón sólo estará disponible si hay varias páginas y no nos encontramos en la primera.

3. [Zoom]. Aumenta o disminuye el tamaño de la muestra para una mejor percepción de los detalles de la hoja.

4. [Imprimir...]. Vuelve al cuadro de diálogo de imprimir.

5. [Configurar...]. Lleva al cuadro de diálogo de configurar página. Consulte el apartado ***Formato de hojas*** del capítulo 15: ***Formatos para celdas y hojas***.

6. [Márgenes]. Muestra las líneas de los márgenes y de los tamaños de encabezados y pies de la hoja. Al estar activas estas líneas, pueden modificarse sus distancias fácilmente con el ratón. Sitúese con él sobre la línea que desea desplazar, pulse el botón izquierdo del ratón y arrastre.

7. [Saltos de página]. Cambia el modo de presentación de la vista preliminar. En el nuevo modo se pueden configurar los saltos de página de la hoja de cálculo activa. También se puede cambiar el tamaño del área de impresión y modificar en él la hoja de cálculo directamente (como en el modo normal de trabajo). Para desactivar este nuevo modo, deberá acceder de nuevo a la vista preliminar y activar el botón [Vista normal] que habrá sustituido a [Saltos de página].

8. [Cerrar]. Sale de la presentación preliminar. Funciona también con la tecla *Escape* (ESC).

IMPRESIÓN DE DATOS

Pasemos a ver todas las funciones que ofrece Excel para imprimir. Será necesario seleccionar la opción **Imprimir** del menú **Archivo**.

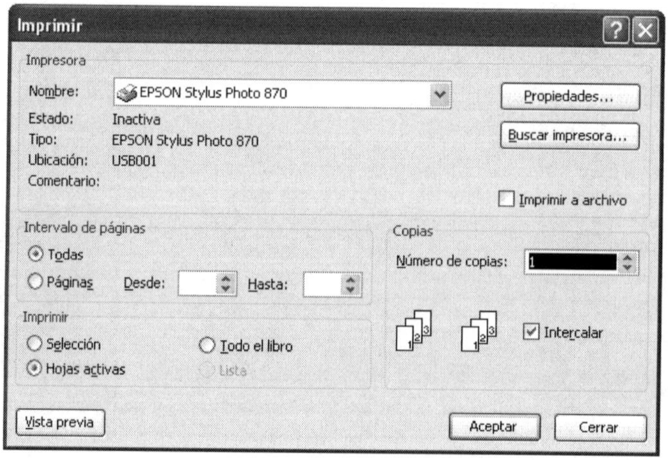

Selección de la parte de la hoja que se va a imprimir

1. El grupo **Intervalo de páginas** permite indicar qué parte del libro vamos a imprimir:

   - **Todas** nos permite imprimir el libro completo con el que estemos trabajando. Otra forma de imprimir un libro completo es pulsar el botón , que aparece en la barra de herramientas de Excel.

   - **Páginas Desde ... Hasta** permite indicar a mano el número de páginas que deseemos imprimir.

2. El grupo **Imprimir** también permite elegir una parte del libro para transferir a la impresora:

   - El botón **Selección** únicamente imprime aquellas celdas de la hoja de cálculo que seleccionemos previamente. Vea cómo se seleccionan celdas en el apartado ***Selección de bloques de celdas*** del capítulo 14: ***Trabajo con bloques de celdas***.

   - El botón **Todo el libro** imprime la totalidad del libro de trabajo.

   - **Hojas activas** imprime sólo aquellas páginas del libro que previamente hayamos seleccionado. Recuerde una vez más que se pueden seleccionar varias hojas de dos formas distintas:

     a) Si las hojas que se van a seleccionar son contiguas, haremos clic sobre la pestaña de la primera y, manteniendo pulsada la tecla de **MAYÚSCULAS**, haremos otro clic sobre la pestaña de la última. Todas las hojas intermedias, incluyendo la primera y la última, quedarán seleccionadas:

     b) Pulsando la tecla **CONTROL** y haciendo varios clics sobre las pestañas de las hojas que se desea seleccionar.

Opciones de impresión

Sólo nos quedan por especificar matices relacionados con la impresión de un libro de trabajo o parte de él. Todas estas especificaciones pueden hacerse con el resto de las funciones que ofrece el cuadro de diálogo de imprimir. Recordemos este cuadro (véalo en la página siguiente):

1. Para empezar, con el grupo **Copias** podemos especificar el número de ejemplares que deseamos imprimir.

   - Para establecer la cantidad utilizaremos el cuadro de texto **Número de copias**.

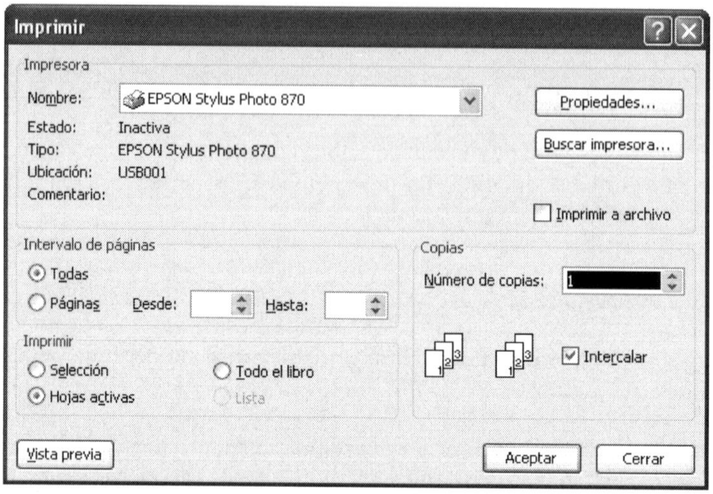

- Si se activa la casilla **Intercalar** y se han establecido varias copias para imprimir, Excel imprimirá la primera copia completa antes de pasar a la siguiente. Si, por el contrario, se desactiva esta opción, Excel imprimirá la primera página de cada copia, después la segunda, etc.

2. El botón 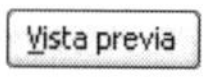

muestra los datos de la hoja tal y como quedarán impresos. De este apartado hablaremos en profundidad más adelante.

Seleccionar impresora

Si se dispone de varias impresoras o si la que se tiene es compatible con otras, puede indicar con cuál desea que se impriman las hojas de cálculo. Observe que en la parte superior del cuadro de diálogo de **Imprimir** aparece el nombre de una impresora. Ésta es la que utilizará Excel, si no se elige otra, para reproducir los resultados.

Para seleccionar otra impresora en el citado cuadro de diálogo, utilizaremos la lista **Nombre**. Al hacerlo, aparecerá una relación con las impresoras instaladas en Windows, lo que significa que podrá utilizar cualquiera de dichas impresoras para imprimir.

CAPÍTULO 14

TRABAJO CON BLOQUES DE CELDAS

Excel permite seleccionar celdas de las hojas del libro de trabajo y operar con ellas dependiendo de nuestras necesidades. Con estos bloques de celdas se pueden realizar varias operaciones. En el caso de Excel la mayor parte de las operaciones de trabajo con rangos de celdas de un libro, que previamente hayan sido seleccionadas, se llevan a cabo mediante el portapapeles de Windows (consulte el apartado ***Portapapeles de Windows y nociones sencillas sobre OLE*** del capítulo 1: ***Nociones básicas sobre el manejo de Windows***).

Sin embargo, el primer paso necesario para manejar el portapapeles consiste, según vimos entonces, en seleccionar la información que después se copiará o cortará.

SELECCIÓN DE CELDAS

Para seleccionar un rango de celdas tenemos varias posibilidades:

1. Una vez que estemos situados en el origen o el final del rango, pulsaremos las teclas MAYÚSCULAS + TECLA_CURSOR (flechas). Al hacerlo, el bloque se irá marcando en la pantalla, como veremos claramente. Si utilizamos MAYÚSCULAS + TECLA_CURSOR, hemos de mantener presionada la tecla MAYÚSCULAS desde el primer momento, mientras utilicemos las teclas del cursor. Recordemos que las teclas que entran en juego para los desplazamientos del cursor son:

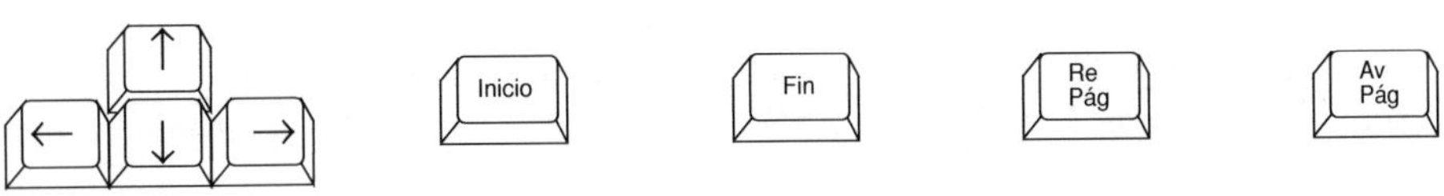

2. El texto puede marcarse también con el ratón llevando su puntero a una celda cualquiera, haciendo clic allí y, sin dejar de pulsar el botón, arrastrar el ratón hasta llevar el puntero al final del rango deseado. Una vez allí, y al liberar el botón del ratón, el bloque queda marcado para lo que se desee.

3. Puede seleccionar una columna completa haciendo clic sobre su cabecera (A, B, C, etc.). Si se trata de varias columnas, haga el clic y, sin soltar el botón del ratón, arrastre a la izquierda o la derecha hasta seleccionar las columnas que desee.

4. Puede seleccionar una fila completa haciendo clic sobre su cabecera (1, 2, 3, etc.). Si se trata de varias filas, haga el clic y, sin soltar el botón del ratón, arrastre hacia arriba o hacia abajo hasta seleccionar las filas que desee.

5. Puede seleccionar varias celdas, filas o columnas salteadas manteniendo pulsada la tecla de **CONTROL** y haciendo varios clics sobre los lugares clave: celdas sueltas, varios bloques de celdas (haciendo el clic y arrastrando), columnas, filas, etc.

6. Puede seleccionar toda una hoja de cálculo haciendo clic en el botón donde se cruzan los encabezados de las filas y las columnas:

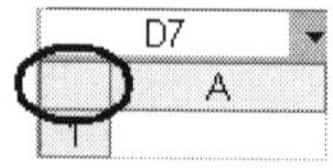

Después de haber marcado las celdas (lo veremos en pantalla porque cambian de color), hemos de pulsar una nueva combinación de teclas, o bien, activar alguna opción del menú para elegir la acción que se va a realizar en las celdas seleccionadas.

MOVER EL BLOQUE (CORTAR)

Se ejecuta con la opción **Cortar** del menú **Editar** (o pulsando **MAYÚSCULAS + SUPR**), que marca la información memorizándola en el portapapeles. A continuación, hemos de movernos a la parte de la hoja (o de otra aplicación) en la que deseamos llevar esos datos y utilizar las teclas **MAYÚSCULAS + INSERTAR** (o la opción **Pegar** del menú **Edición**).

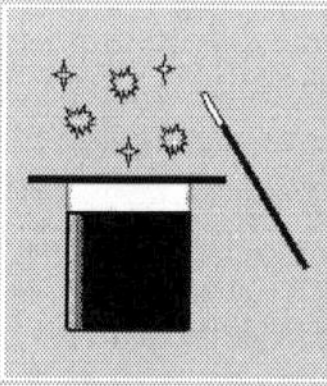

Existe un modo más rápido para mover un rango. Una vez que se hayan seleccionado las celdas, bastará con situar el puntero del ratón sobre cualquiera de los bordes que forman el bloque, hacer un clic y arrastrarlo hasta el lugar deseado. El rango de celdas será depositado en el punto donde liberemos el botón del ratón. Este método resulta muy práctico si el lugar al que vamos a llevar las celdas está cerca del sitio original.

COPIAR EL BLOQUE

Una vez seleccionado el bloque, hemos de utilizar la opción **Copiar** del menú **Edición**, o bien pulsar las teclas **Control + Ins**, para copiar el rango en el portapapeles. De nuevo nos situaremos en la parte del documento en la que deseamos que aparezca el rango copiado y pulsaremos **MAYÚSCULAS + INSERTAR** (o la opción **Pegar** del menú **Edición**). Si se trata de copiar el dato en varias celdas de la hoja, seleccione ese bloque de celdas antes de pulsar las teclas **MAYÚSCULAS + INSERTAR** (o de seleccionar **Pegar**).

Existe un modo más rápido para copiar un rango. Una vez que se hayan seleccionado las celdas, bastará con situar el puntero del ratón sobre cualquiera de los bordes que forman el bloque, pulsar la tecla **CONTROL** y, a continuación, hacer un clic arrastrándolo hasta el lugar deseado. Allí liberaremos el botón del ratón y el rango de celdas se copiará en ese punto. Este método resulta muy práctico si el lugar al que vamos a copiar las celdas está cerca del sitio original.

BORRAR BLOQUE

Esta función elimina el bloque de texto marcado. Para ello, hemos de pulsar la tecla **SUPR** una vez que hayamos seleccionado el grupo de celdas que se va a borrar.

En la barra de herramientas hay tres botones para el uso del portapapeles:

- Cortar:
- Copiar:
- Pegar:

NOMBRES PARA BLOQUES DE CELDAS

Otra función que suele utilizarse mucho es la creación de nombres para rangos de celdas. Una vez que se haya asignado un nombre a un rango de celdas, podremos utilizar este mismo nombre en lugar de las direcciones correspondientes. Así, al escribir una fórmula cuyo contenido haga mención a un rango de celdas (por ejemplo, para sumar varias celdas), podremos escribir el nombre que hemos asociado con ese rango en lugar de hacer referencia a sus direcciones, que suele ser más pesado. Para ello, en el menú **Insertar** tenemos la opción **Nombre**, que ofrece las opciones que puede ver junto al margen:

1. Con **Definir** podemos crear nuevos nombres que asociaremos con rangos de celdas. Al seleccionar esta opción, obtenemos un cuadro de diálogo:

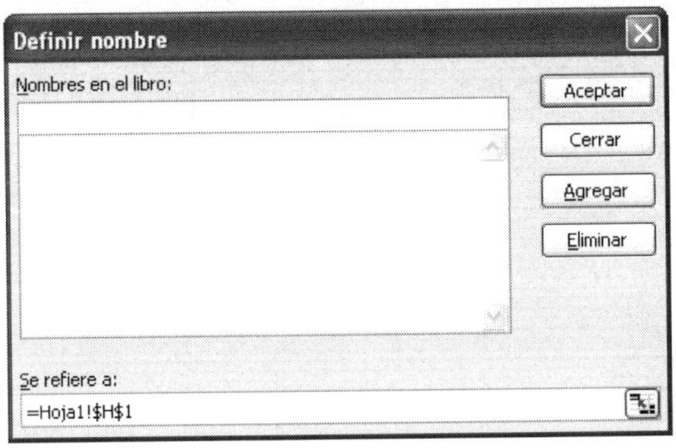

- En el cuadro de texto **Nombres en el libro** escribiremos el nuevo nombre.
- El cuadro de texto **Se refiere a** muestra el rango de celdas que se asocian con el nombre, aunque esa referencia puede cambiarse. Para hacerlo, recuerde lo que ya hemos visto en los apartados ***Referencias y direcciones*** y ***Bloques de celdas (Rangos)*** del capítulo 12: ***Básico en Excel***. Suele ser más cómodo seleccionar un bloque de celdas y después activar la función **Definir**, ya que, de ese modo, este cuadro de texto muestra el rango de celdas que se hayan seleccionado y que se asociarán al nombre que escribamos en **Nombres en el libro**.
- Cuando haya escrito el nuevo nombre, pulse el botón [Agregar], que lo añadirá a la lista de nombres. Úselo si desea añadir más nombres a la lista antes de salir, ya que, si lo que desea es salir al tiempo que el nombre se añade a la lista, deberá pulsarse [Aceptar]. Cuando haya añadido todos los nombres de rango a la lista, pulse el botón [Cerrar].
- Si desea borrar un nombre de la lista, selecciónelo y pulse el botón [Eliminar].

2. La opción **Pegar** del menú permite añadir un nombre al teclear una fórmula en una celda. Dicho nombre habrá tenido que ser definido antes. Al ir tecleando la fórmula se elige la función **Pegar**, que nos presentará una lista con todos los nombres en un cuadro de diálogo. Elija uno y pulse el botón [Aceptar].

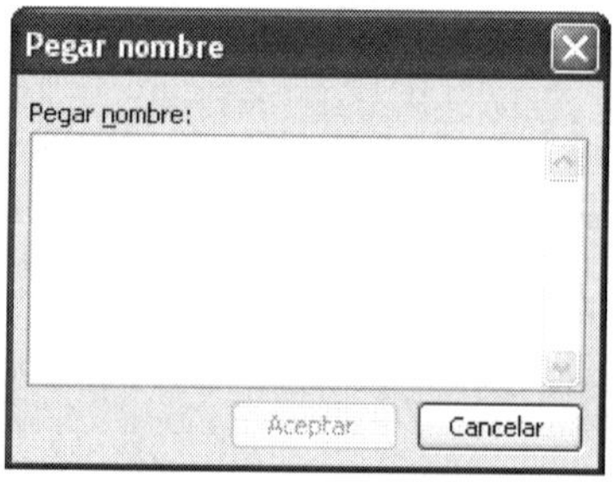

3. Con **Crear** puede definir nuevos nombres por columnas o filas. Para ello, es necesario que el bloque de celdas que seleccione tenga datos de texto en alguno de sus extremos (en la fila superior, en la fila inferior, en la columna derecha o en la columna izquierda), ya que esos datos serán los nombres que se asociarán a los rangos. Al utilizar esta opción, aparece un cuadro de diálogo:

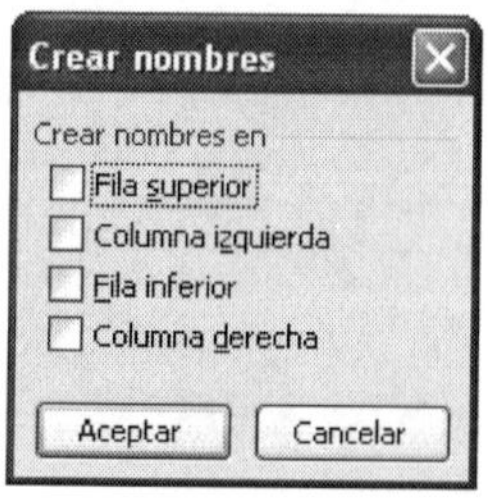

- **Fila superior** utiliza los datos de texto que haya en la fila superior del rango seleccionado como nuevos nombres. Cada nombre se asociará a los datos que haya inmediatamente debajo de él hasta alcanzar el final del bloque. Ejemplo:

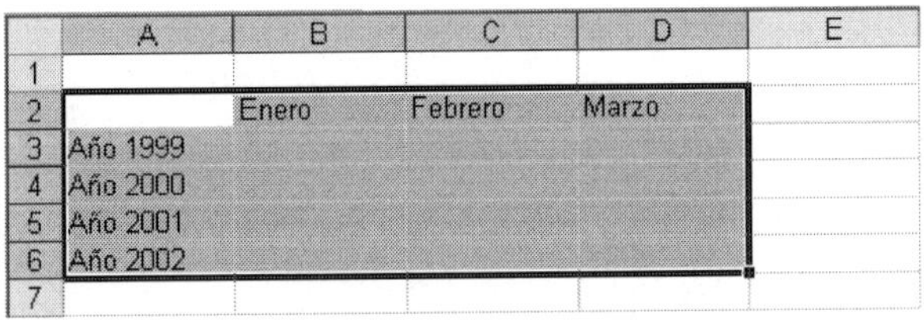

Si eligiéramos **Fila superior**, según el bloque seleccionado, obtendríamos tres nuevos nombres de bloque cuyos rangos abarcarían B3:B6 para el nombre *Enero*, C3:C6 para *Febrero* y D3:D6 para *Marzo*.

- **Columna izquierda** utiliza como nuevos nombres los datos de texto que haya en la columna situada más a la izquierda del bloque seleccionado. Cada nombre quedará asociado a los datos que haya inmediatamente a la derecha de él hasta alcanzar el final del bloque. En el ejemplo que hemos puesto antes, los nuevos nombres serían Año 1999, Año 2000, Año 2001 y Año 2002, y estarían asociados a las direcciones B3:D3, B4:D4, B5:D5 y B6:D6, respectivamente.

- **Fila inferior** utiliza como nuevos nombres los datos de texto que haya en la fila inferior del bloque seleccionado. Cada nombre se asociará a los datos que haya situados inmediatamente encima de él hasta alcanzar el final del bloque.

- **Columna derecha** utiliza como nuevos nombres los datos de texto que haya en la columna de la derecha del bloque seleccionado. Cada nombre se asociará a los datos que haya situados inmediatamente a la izquierda de él hasta alcanzar el final del bloque.

4. **Aplicar** se utiliza para sustituir los nombres de rango por sus respectivas referencias en fórmulas y funciones (será necesario haber definido nombres antes). Si en una hoja de cálculo se utiliza el rango B6:C8 con frecuencia, y dicho rango tiene asociado el nombre *Bloque*, podrá cambiar todas las fórmulas que hagan referencia a B6:C8 sustituyendo dicha dirección por el nombre *Bloque*. Para hacerlo, será necesario utilizar el cuadro de diálogo que se genera:

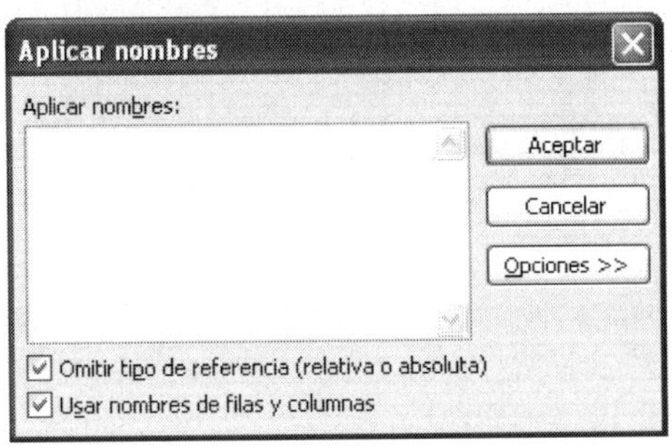

5. **Rótulo** tiene una función similar a la opción **Crear**, ya que permite asignar como nombre el rótulo que haya en una celda ya escrita de la hoja de cálculo. La finalidad es la misma, pudiendo elegir entre filas y columnas para crear el nombre; no obstante, la forma de crearlo es distinta, ya que se utiliza un cuadro de diálogo a modo de asistente. Lo primero es seleccionar el rango de datos que tenga encima un rótulo (no seleccione el rótulo, ya que éste no podrá utilizarse para operar matemáticamente). Luego, elija **Rótulo** en la opción **Nombre** del menú **Insertar** y obtendrá lo siguiente:

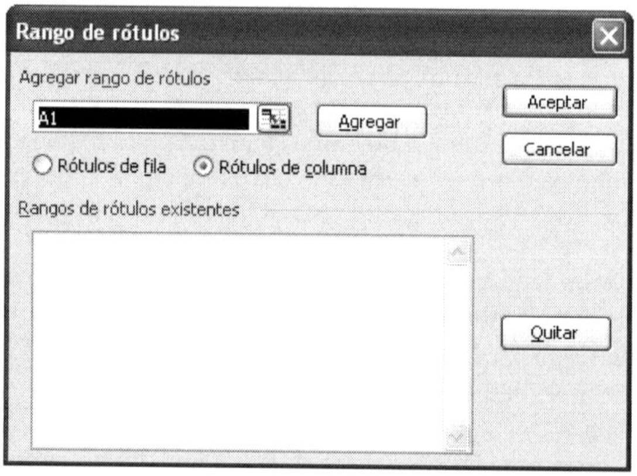

- Elija **Rótulos de fila** (o **de columna**) para indicar si el rótulo que dará nombre al rango hará referencia a datos colocados en la misma fila o en la misma columna respectivamente. Cuando haya hecho esto, pulse el botón 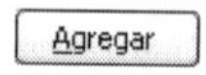

para añadir el rango a la lista.

- Si desea eliminar un rango de la lista, pulse el botón 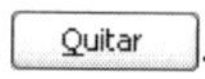

.

RELLENO AUTOMÁTICO DE DATOS

Otra posibilidad es la de rellenar un rango de celdas automáticamente. En primer lugar debemos establecer un valor inicial con el que comenzar el relleno y después, como hasta ahora, seleccionar el bloque de celdas que se va a rellenar. Por ejemplo:

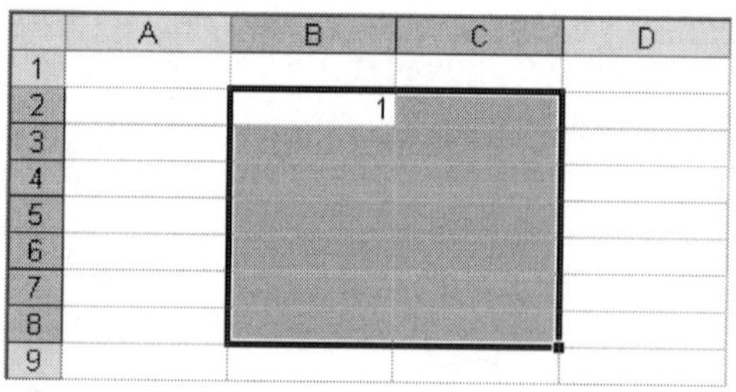

Como podemos ver, el dato **1** aparece en la fila superior de la columna derecha del bloque marcado. Ese número será el inicial que Excel utilizará para el relleno. Dicho relleno podrá ser repetitivo o progresivo.

Para rellenar el rango, activaremos la opción **Rellenar** del menú **Edición**. Éste muestra un submenú con las siguientes opciones:

1. Todas las opciones de este menú que comienzan por la palabra **Hacia** rellenan repetitivamente el rango repitiendo el dato inicial que hayamos escrito y siguiendo la dirección que indica la propia opción (abajo, derecha, arriba e izquierda). Si en el ejemplo que hemos puesto activásemos la opción **Hacia abajo**, la columna **C** de la hoja de cálculo se rellenaría de unos hasta completar el bloque. Así:

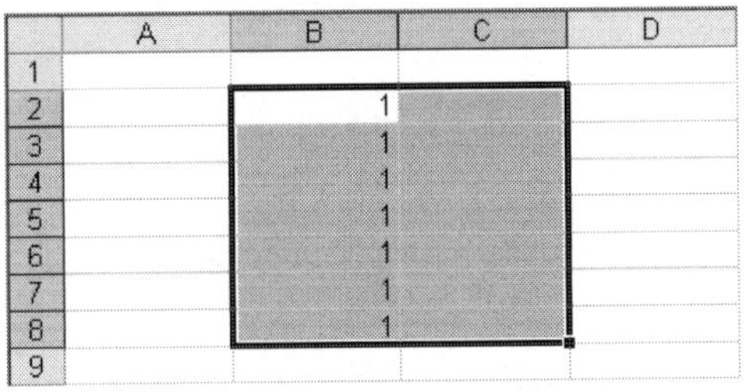

2. La opción **Otras hojas** permite rellenar las celdas de varias hojas en el mismo rango seleccionado. Para ello, es necesario seleccionar previamente las hojas del libro de trabajo a las que vamos a copiar los rangos. Recuerde que esto se hace pulsando la tecla **CONTROL** (o de **MAYÚSCULAS**) y, sin soltarla, pulsar el botón izquierdo del ratón sobre la hoja que desea añadir a la selección. Una vez que haya activado la opción **Otras hojas**, aparecerá el siguiente cuadro de diálogo:

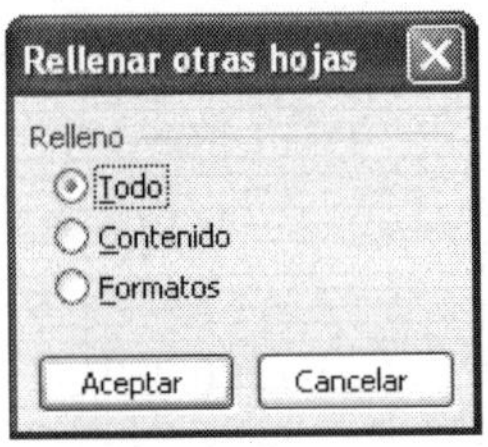

Como se puede ver, es posible copiar **Todo**, sólo el **Contenido** de las celdas, o sus **Formatos** (de esto último hablaremos en el capítulo 15: ***Formatos para celdas y hojas***).

3. Otra posibilidad es rellenar el rango en forma de progresión, es decir, no duplicar el dato sino crear un listado de datos correlativos. Para ello, elija la opción **Series** y obtendrá lo siguiente:

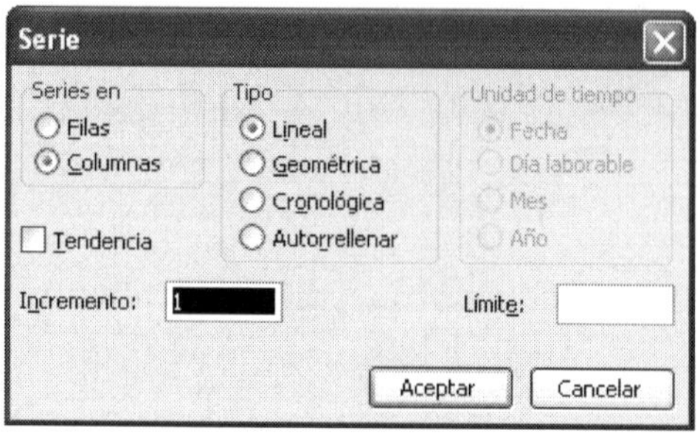

- Utilice el grupo **Series en** para especificar si lo rellenará siguiendo, por orden, las **Filas** o las **Columnas**.
- Utilice **Incremento** para especificar el salto de progresión entre una cifra y la siguiente; por ejemplo, el incremento en la lista 2, 4, 6, 8, 10 es 2.
- Con **Límite** puede indicar el número máximo que ha de alcanzarse. Excel ignorará el resto de las celdas seleccionadas una vez alcance este límite.
- El grupo **Tipo** le permite establecer cómo será la progresión:

a) **Lineal**. Crea una progresión aritmética en la que el incremento se suma al anterior valor. Por ejemplo, si el incremento es 2 y comenzamos en el 1, obtendremos como resultado 1, 3, 5, 7, 9, etc. (de dos en dos).

b) **Geométrica**. Crea una progresión geométrica en la que el incremento se multiplica al anterior valor. Por ejemplo, si el incremento es 2 y comenzamos en el 1, obtendremos 1, 2, 4, 8, 16, 32, etc. (cada cifra dobla a la anterior).

c) **Cronológica**. Crea una progresión de fechas que se eligen en el grupo **Unidad de tiempo**: **Fecha** crea un listado de fechas normal (Excel conoce en qué número de día termina cada mes incluidos los años bisiestos), **Día laborable** crea el listado sin mostrar los fines de semana (Excel no conoce las fiestas entre semana), **Mes** por meses y **Año** por años.

Fecha	Día Laborable	Mes	Año
31/05/2001	31/05/2001	31/05/2001	31/05/2001
01/06/2001	01/06/2001	30/06/2001	31/05/2002
02/06/2001	04/06/2001	31/07/2001	31/05/2003
03/06/2001	05/06/2001	31/08/2001	31/05/2004
04/06/2001	06/06/2001	30/09/2001	31/05/2005
05/06/2001	07/06/2001	31/10/2001	31/05/2006

d) **Autorrellenar**. Crea una progresión automática con datos que no son numéricos ni de fecha (fechas con números). Inicialmente, Excel permite crear listas de este tipo con meses del año y días de la semana, aunque podremos crear más listas nosotros. Veremos esto enseguida.

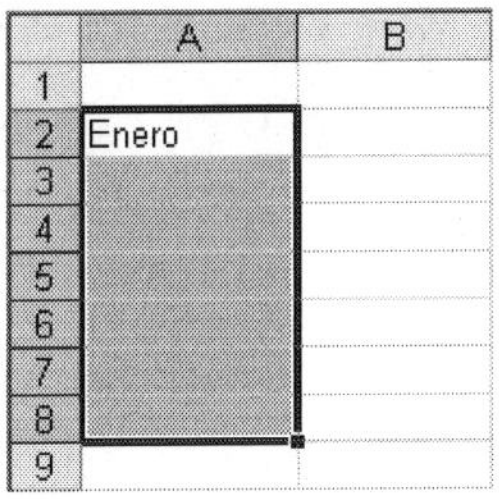

Antes de rellenar

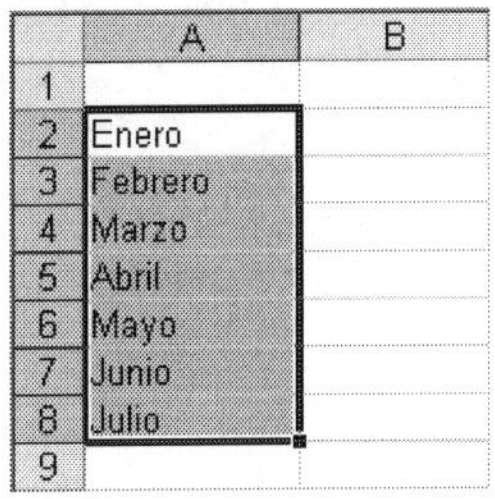

Relleno con la opción Autorrellenar

Ojo Cuando se selecciona el tipo **Autorrellenar** no disponemos de **Incremento** ni de **Límite**.

4. La última opción del menú anterior, **Justificar**, reparte en varias celdas el texto que no cabe en una. Si escribimos un texto en una celda que sobrepasa el tamaño de ésta, podremos seleccionar la celda y activar esta función. Al hacerlo, Excel divide el texto tantas veces como sea necesario, consiguiendo que quepa en celdas distintas sin que cada parte sobrepase el tamaño de la columna. Excel puede realizar el trabajo sin seleccionar un bloque de celdas antes de la justificación, pero es conveniente elegir primero el rango en cuya celda superior deberá estar el texto que se va a justificar.

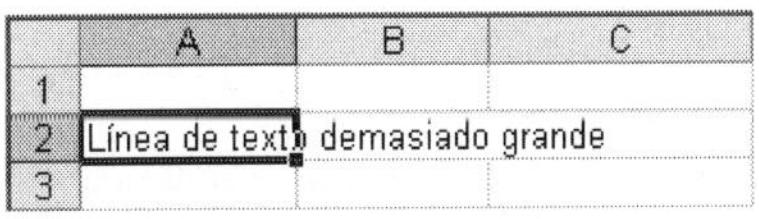

Antes de la justificación

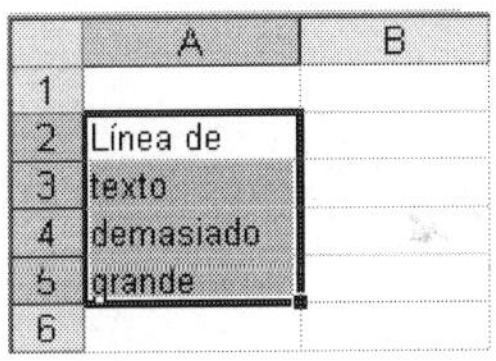

Después de la justificación

Listas para Autorrellenar

Como hemos visto, el tipo Autorrellenar permite generar listados de datos que no son números ni fechas numéricas, concretamente, con los meses del año y con los días de la semana. Sin embargo, podemos crear nuestras propias listas que utilicemos con frecuencia, de forma que nos ahorremos tiempo debido a que no necesitaremos escribir todos los datos de esa lista, puesto que la función autorrellenar lo hará por nosotros.

Para crear una lista, debemos acceder al menú **Herramientas** y seleccionar **Opciones**, lo que nos ofrece un cuadro de diálogo en el que activaremos la ficha **Listas personalizadas** (véalo en la figura de la página siguiente). En dicho cuadro podemos ver las listas que ya tenemos definidas. Para crear una nueva basta con hacer un clic en **Entradas de la lista** y teclear los elementos que compongan la lista, en el orden adecuado, pulsando INTRO entre un elemento y el siguiente (por ejemplo, los números en letra: *UNO, DOS, TRES, CUATRO*, etc.). Después pulsaremos el botón [Agregar], y la lista ya estará terminada. A partir de

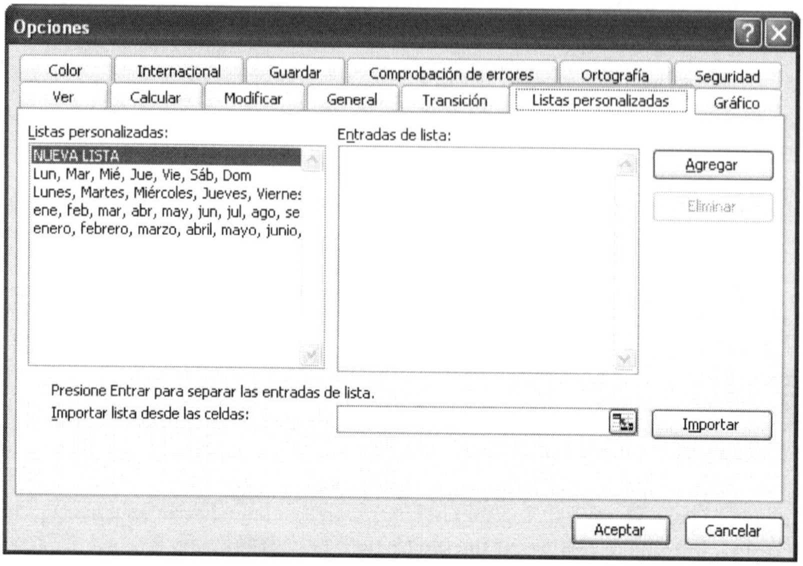

entonces, podremos teclear el primer elemento de esa lista en una celda (en nuestro ejemplo, el UNO) y utilizar la función autorrellenar para que se encargue de escribir el resto de los elementos por nosotros.

Si desea eliminar una lista, haga clic sobre ella con el ratón (dentro del cuadro **Listas personalizadas**) y pulse el botón Eliminar (las listas originales no se pueden eliminar).

El controlador de relleno

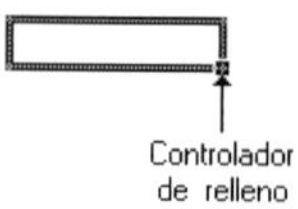

Existe otro modo de rellenar celdas sin necesidad de utilizar el menú. Se trata del controlador de relleno. Este elemento puede verse siempre en la esquina inferior derecha de la celda en la que se encuentra el cursor (figura de la izquierda). El controlador de relleno puede sernos útil en dos casos:

1. Si hemos escrito un valor en una celda que nos interese repetir en celdas contiguas.

2. Si vamos a crear un relleno automático de datos correlativos (como los que hemos visto antes: **Lineal**, **Geométrico**, **Cronológico** o **Autorrellenar**).

En cualquier caso deberá comenzar por escribir un dato en la celda: el que va a repetir o el que comenzará el listado correlativo. Si va a repetir ese dato en las celdas contiguas, bastará con que haga clic en esa celda sobre su controlador de relleno y, sin soltar el botón del ratón, arrastre en la dirección que desee.

Si va a crear un listado de datos correlativos pueden darse cuatro casos:

1. Si se trata de una lista del tipo Autorrellenar (días de la semana, meses del año o cualquier otra lista personalizada que hayamos creado), sólo necesitará escribir el dato inicial (por ejemplo, Enero) y arrastrar su controlador de relleno en la dirección

que desee. Excel rellenará los datos incluso teniendo en cuenta el modo en el que escribió el dato inicial (por ejemplo, si lo escribió en mayúsculas).

2. Si se trata de un listado de fechas (cronológico), el modo de trabajo es idéntico al anterior: escriba la fecha inicial y arrastre el controlador de relleno de la celda en la que la ha escrito.

3. Si se trata de un listado numérico, escriba al menos dos valores en dos celdas contiguas que le sirvan a Excel para saber qué progresión debe generar. Por ejemplo, si va a crear un listado de números naturales escriba los valores 1 y 2 en dos celdas contiguas (aunque puede escribir otros valores que no sean el 1 y 2, sí necesita que el listado comience en otra cifra). Otro ejemplo, si desea un listado progresivo de dos en dos partiendo del 5, escriba los datos 5 y 7 en dos celdas contiguas. Una vez escritos ambos valores seleccione las dos celdas y arrastre el controlador de relleno.

4. Si se trata de datos que pueden listarse (números, fechas o datos de listas de Autorrellenar) pero que contienen otros datos entre medias, se selecciona todo y se arrastra el controlador de relleno. Ejemplo:

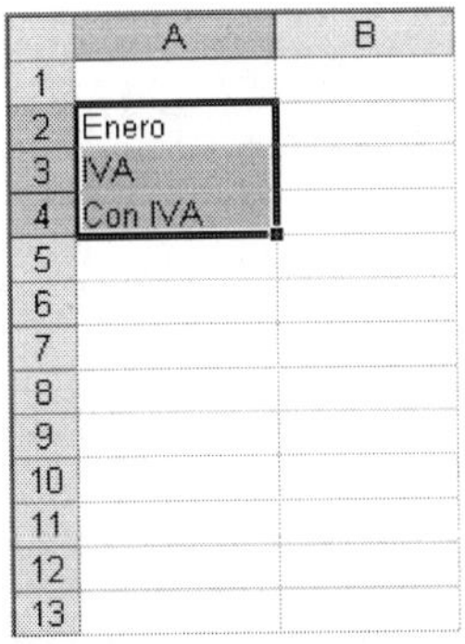

Datos seleccionados para el listado

Una vez hecho el relleno arrastrando el controlador

5. Si se trata de una fórmula, Excel calculará automáticamente los resultados en el relleno, lo que nos ahorra escribir una misma fórmula en celdas contiguas y será suficiente con escribirla una vez. Ejemplo:

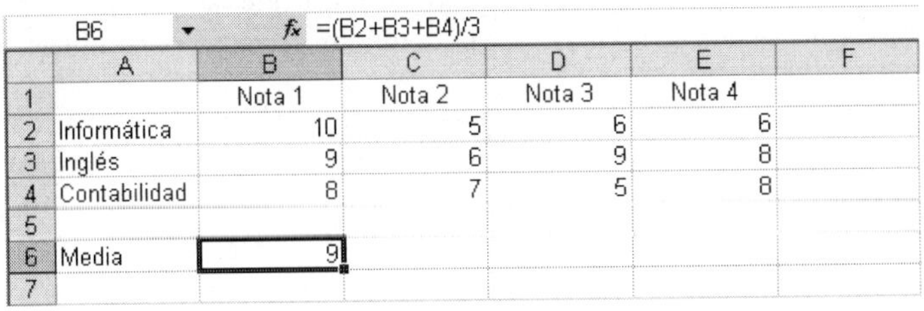

B6 | =(B2+B3+B4)/3

	A	B	C	D	E	F
1		Nota 1	Nota 2	Nota 3	Nota 4	
2	Informática	10	5	6	6	
3	Inglés	9	6	9	8	
4	Contabilidad	8	7	5	8	
5						
6	Media	9				
7						

Se escribe una vez la fórmula (en nuestro caso una media aritmética que puede verse en la barra de fórmulas: =(B2+B3+B4)/3)

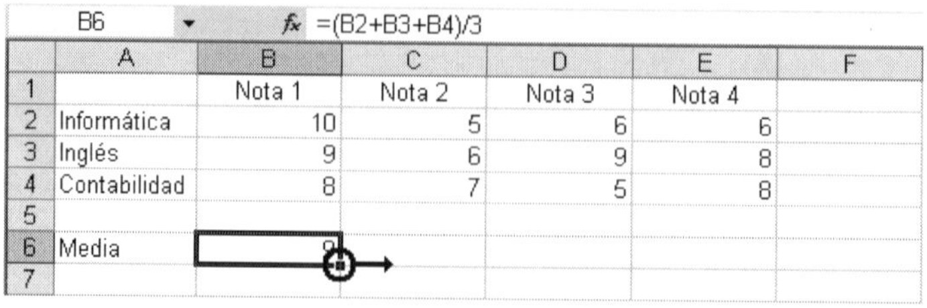

Luego se emplea el controlador de relleno para repetir la fórmula en otras columnas

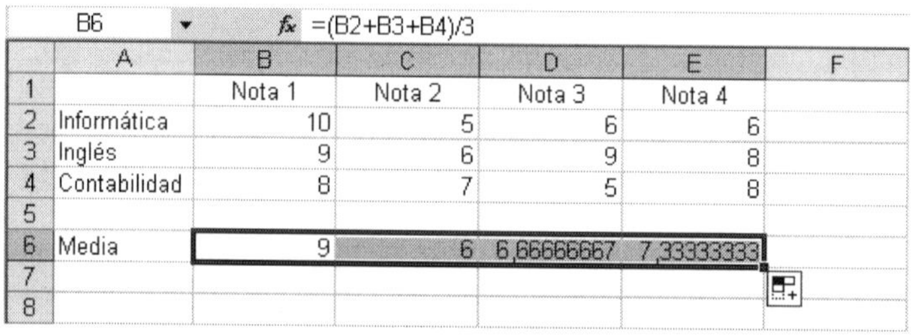

El resultado

Cuando creamos un listado con el controlador de relleno podremos ver, cerca de éste, un icono con funciones relacionadas con el relleno: . Al pasar el ratón sobre él, se nos ofrece la posibilidad de desplegar sus funciones, que son las siguientes:

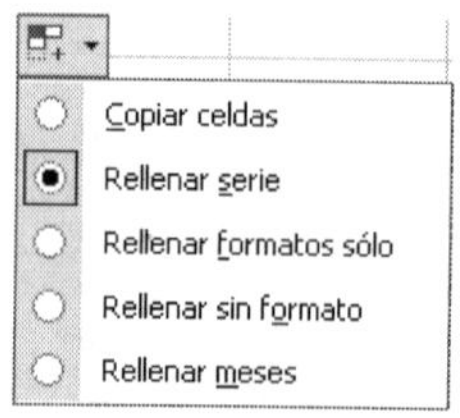

1. Si se selecciona **Copiar celdas**, la lista que acabamos de crear cambiará, quedando únicamente repetido el dato inicial. Ejemplo, si el dato inicial era *Enero*, se obtendrá muchas veces el dato *Enero*.

2. Si se selecciona **Rellenar serie**, la lista que acabamos de crear cambiará, quedando un listado progresivo.

3. Si se selecciona **Rellenar formatos sólo**, la lista que acabamos de crear cambiará, quedando vacía de datos pero adquiriendo sus formatos (colores, tipos de letra, etc.).

4. Si se selecciona **Rellenar sin formato**, la lista que acabamos de crear cambiará, quedando los datos de la lista, pero sin ningún formato (sin colores, tipos de letra especiales, etc.).

5. Si se selecciona **Rellenar meses**, la lista que acabamos de crear mostrará como listado los meses del año.

Ojo Esta última opción sólo aparece en el menú si hemos tecleado el nombre de un mes como dato inicial para la lista. Si hemos escrito en su lugar el nombre de un día de la semana, aparece **Rellenar días de la semana**, y no aparece si hemos escrito cualquier otro dato.

CAPÍTULO 15

FORMATOS PARA CELDAS Y HOJAS

Una de las características que más hace resaltar la presentación y legibilidad de una hoja de cálculo es la de añadir formatos a los datos que haya en las celdas. Gracias a ellos, se puede añadir color, cambiar tipos de letra, poner formatos numéricos y otras funciones similares.

Vamos a dedicar este capítulo a mostrar cómo se puede manejar Excel para conseguir unos resultados claros, agradables a la vista y bien presentados. Para ello, vamos a dividir el tema en varios apartados que afectarán a diferentes partes de la hoja de cálculo.

FORMATO DE CELDAS

Existen funciones de formato que pueden afectar a una sola celda. Los temas que vamos a exponer aquí pueden, sin embargo, aplicarse automáticamente a varias celdas si antes de utilizarlas seleccionamos un rango de ellas, como hemos visto en el apartado ***Selección de celdas*** del capítulo 14: ***Trabajo con bloques de celdas***.

Para trabajar con los formatos para celdas hemos de activar la opción **Celdas** del menú **Formato**, o bien, es posible hacerlo pulsando las teclas **CONTROL + 1**. Como de costumbre, obtendremos un cuadro de diálogo en el que podremos especificar los datos de formato. Si se encuentra escribiendo en una celda (puede saberlo porque el cursor de texto estará parpadeando), lo único que podrá cambiar serán los tipos de letra, de los cuales hablaremos en un momento.

El cuadro de diálogo se divide en fichas, cada una de las cuales tiene funciones de trabajo diferentes.

Ojo Si se encuentra en el modo de edición de una celda (tecleando datos en ella: podrá reconocerlo porque el cursor parpadea allí), al seleccionar **Celda** en el menú **Formato**, sólo se obtiene la ficha de **Fuentes** de la que hablaremos en seguida.

1. La ficha **Número** contiene los datos necesarios para modificar el aspecto de los datos numéricos en la hoja de cálculo.

- Lo primero que obtenemos es una lista titulada **Categoría**, con la que podrá especificar el nombre del formato (por ejemplo, *Moneda*). Si tiene activada la barra de herramientas de **Formatos**, observará que existen varios botones para trabajar con los formatos numéricos. Estos botones son (**Estilo moneda**), (**Estilo porcentual**), (**Estilo millares**) y (**Euro**, aunque este botón puede variar en cada país).

- Cada uno de los formatos de la lista puede generar más datos añadidos al cuadro de diálogo. Por ejemplo, si elegimos **Contabilidad**, aparecen en el cuadro dos botones más: **Posiciones decimales**, que permite indicar cuántos decimales aparecerán en las celdas y, **Símbolo**, que permite elegir un símbolo monetario para los números de las celdas. Al igual que **Contabilidad**, el resto de las opciones de la lista pueden generar otros datos similares para concretar aún más el formato que tendrán los números en las celdas. Relacionado con este tema están los botones , que aumenta el número de cifras decimales y , que lo disminuye.

- No obstante, si ninguno de los códigos de formato le satisface, puede crear uno propio con el elemento **Personalizada**, gracias al cual podrá diseñar sus plantillas escribiéndolas en el cuadro de texto **Tipo**. Las plantillas personalizadas pueden borrarse de la lista seleccionándolas y pulsando el botón Eliminar, que también aparece al elegir **Personalizada**.

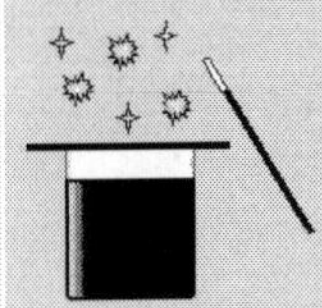

Para crear plantillas personalizadas debe recurrir a símbolos. Veamos los más comunes:

1. Cada cero (**0**) que escriba representa una cifra que Excel escribirá aunque sea un cero a la izquierda. Ejemplo *0,00* indica un número entero y dos decimales (aunque sean cero) separados por coma.

2. Cada almohadilla (#) que escriba representa una cifra que puede no mostrarse si no tiene valor (por ejemplo, ceros a la izquierda de la parte entera o ceros a la derecha en la parte decimal).

3. Escriba entre comillas los datos que desee que acompañen a la cifra. Por ejemplo, si desea que la coletilla de la cifra sea *cm* (de centímetros) escriba el formato numérico (por ejemplo #,##) seguido de "cm".

4. Si lo desea, puede añadir colores tecleando el nombre del color entre corchetes antes de escribir el resto de la plantilla: [Rojo], [Verde], [Azul], [Amarillo], [Negro], [Aguamarina], [Fucsia] y [Blanco].

2. La ficha **Alineación** permite trabajar con la posición de los datos de texto con respecto a las celdas que los contienen. Su aspecto es éste:

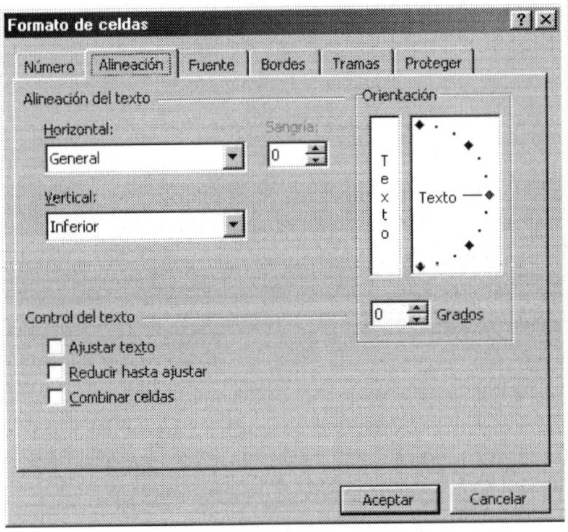

Versión 2000

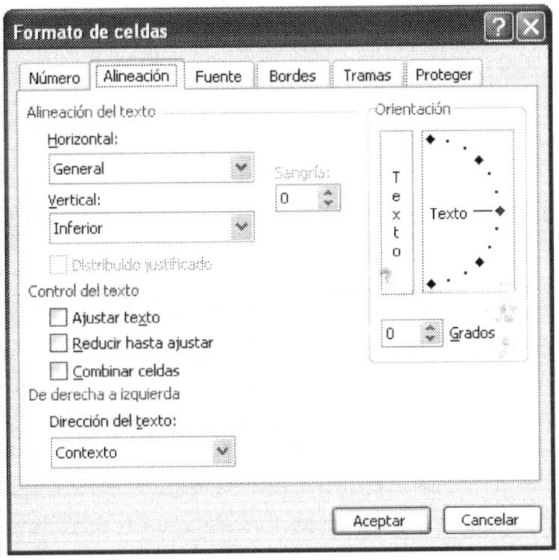

Versiones 2002 y 2003

- La lista desplegable **Horizontal** le permite especificar la alineación de izquierda a derecha. La opción **General** alinea los datos dependiendo de su tipo: los textos a la izquierda de la celda y los números a la derecha (para preservar la concordancia de unidades, decenas, centenas, etc.). En la barra de herramientas de formatos existen tres botones relacionados con estas funciones: (**Alinear a la izquierda**), (**Centrar**) y (**Alinear a la derecha**).

También relacionado con estas funciones, pero de un modo especial, está el botón **Combinar y centrar** () de la barra de herramientas. Este botón permite centrar el dato cuando se han seleccionado varias columnas, de modo que el texto queda situado entre ellas.

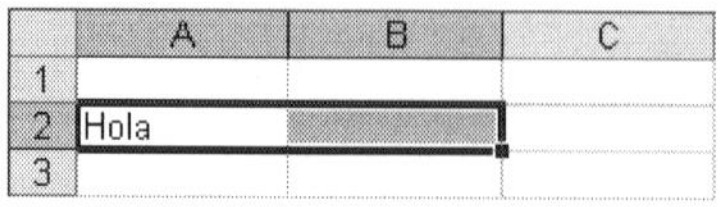

Se seleccionan las columnas y se pulsa el botón

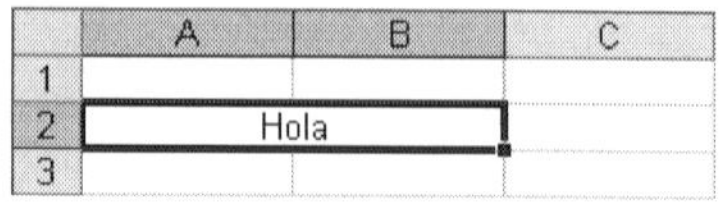

El resultado

- Utilice el grupo **Vertical** para especificar la alineación de arriba a abajo, por ejemplo, **Superior** acerca el texto a la parte superior de la celda.

- Con el cuadro de texto **Sangría** podrá sangrar los datos en las celdas según la medida que teclee en él (colocándolos ligeramente hacia dentro de la celda).

- Con el grupo **Orientación** puede establecer la inclinación de los datos escritos en la celda. Haga clic en uno de los puntos del cuadro o seleccione la escritura vertical. También puede establecer el ángulo en **grados**.

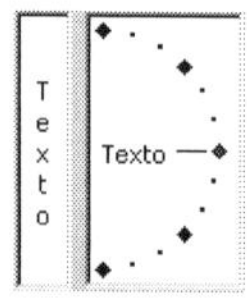

- Si se activa la casilla **Ajustar texto**, Excel distribuirá un texto que es más ancho que una celda de modo que no sobresalga por la derecha, para lo cual, amplía la altura de la fila y coloca el exceso de texto en varias líneas dentro de la misma celda.

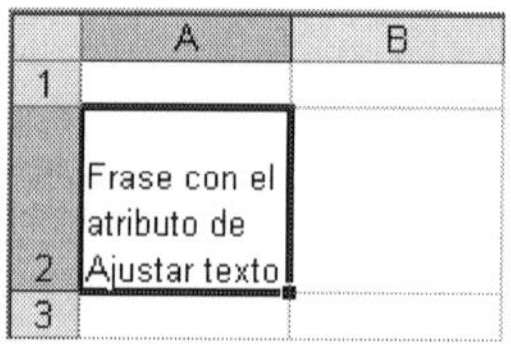

- **Reducir hasta ajustar**. Si el texto de una celda es lo bastante grande como para salirse de ésta por la derecha, esta función reduce el tamaño de la letra hasta que encaje todo dentro de la celda.

- **Combinar celdas**. Une varias celdas que hayamos seleccionado en una sola. Gracias a esta función podrá colocar datos como en el siguiente ejemplo:

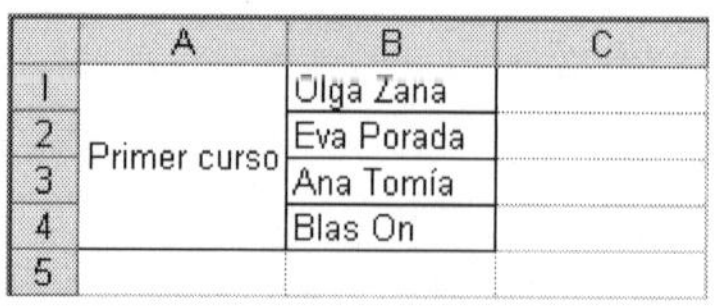

El dato Primer curso *está escrito en una celda combinada*

- **Dirección del texto** (no disponible en la versión 2000). Permite elegir el flujo de texto en cuadros de texto y controles de edición. Podremos elegir como dirección **De izquierda a derecha** o **De derecha a izquierda**, aunque también se puede basar la dirección en el **Contexto** de la primera letra fuerte que se encuentre. Esta función no es útil si no emplean cuadros de texto o controles de edición.

3. La ficha **Fuentes** le permite cambiar los tipos de letra para los datos de las celdas. El aspecto que presenta esta ficha es el siguiente:

- La lista **Fuente** ofrece una relación con todos los tipos de letra. Puede elegir uno de ellos para aplicar a las celdas seleccionadas. El tipo de letra básico puede elegirse también desde la barra de herramientas. Para ello, utilice la lista Arial, en la que aparece el tipo de letra que se está utilizando en ese instante (Ej.: *Arial*).

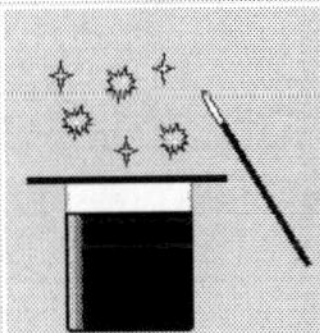

Si necesita escribir parte del texto de una celda con un tipo de letra, tamaño, color, etc. y otra parte con un aspecto distinto, según lo acabe de escribir (en el modo de edición, es decir, mientras vea parpadear el cursor en la celda) seleccione una parte con el ratón y elija luego las características que desee para él mediante la opción **Celdas** del menú **Formato**. A continuación repita el proceso para la otra parte de la celda que deba llevar un aspecto diferente.

- Con **Estilo** puede modificarse el aspecto del tipo de letra que hayamos elegido en la lista **Fuente**, dándole atributos como negrita, subrayado, etc. Puede utilizar estos tres botones de la barra de herramientas de formatos para modificar los estilos: N (**Negrita**), K (*Cursiva*) y S (<u>Subrayado</u>).

- Utilice **Tamaño** para ampliar o reducir las dimensiones de la letra. El tamaño se ofrece medido en puntos y su valor inicial es de 10 puntos. Utilice un número mayor para ampliar el tipo de letra o uno menor para reducirlo. En la barra de herramientas se puede modificar el tamaño de la letra: la lista 10 muestra el tamaño actual de la letra (Ej.: 10 puntos).

- Se puede modificar el **Subrayado** con línea **Simple**, **Doble**, **Simple Contabilidad** y **Doble Contabilidad**. Los subrayados de contabilidad subrayan hasta el final de la celda, aunque el texto sea tan corto que no alcance el borde derecho de ésta.

- Elija un **Color** de tinta para la letra utilizando la lista que lleva ese nombre. Puede accederse también a esta función mediante el botón A que existe en la parte derecha de la barra de herramientas.

- Si se activa la casilla **Fuente normal**, Excel eliminará todos los atributos, subrayados, etc., que se hubiesen añadido a la celda o celdas, de modo que su texto tendrá el tipo de letra normal.

- Tres atributos más son los **Efectos**: ~~Tachado~~, Superíndice y Subíndice.

- El cuadro de **Vista previa** presenta una muestra en la que podremos ver el resultado que se obtendrá con los tipos de letra, tamaños y atributos elegidos en esta ficha.

4. La ficha **Bordes** permite asignar un marco a las celdas:

- Para que esta ficha funcione correctamente comience por elegir el **Estilo** puede establecer el aspecto de las líneas que conformarán los bordes, eligiendo, entre otras, líneas más gruesas o construidas a base de guiones o puntos.

- Continúe seleccionando el **Color** de los bordes desplegando la lista que lleva ese nombre.

- Por último, elija qué bordes de la(s) celda(s) va a cambiar: **Ninguno** (elimina todo tipo de bordes), **Contorno** (los cuatro bordes), **Interior** (bordes internos de las celdas seleccionadas), o uno de los botones del grupo **Borde**, que permiten activar la línea de borde por ciertos lugares de la celda. Para este trabajo podemos utilizar igualmente el botón de **Bordes** ( ) de la barra de herramientas.

5. La ficha **Tramas** se utiliza para modificar el relleno de fondo de las celdas. Éste es su aspecto:

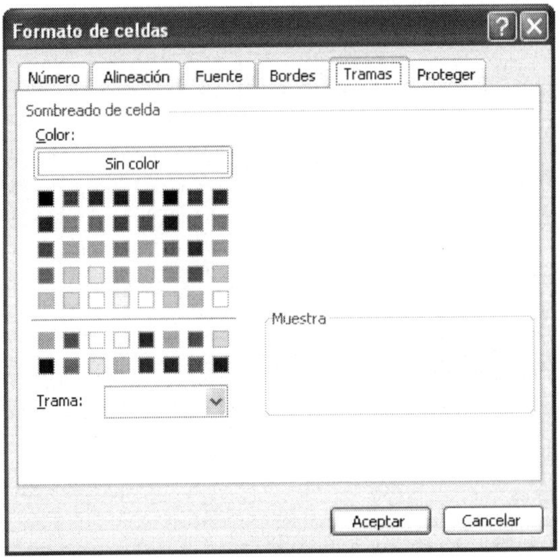

- Utilice **Color** para establecer uno de fondo para la(s) celda(s). Puede asignar colores a las celdas mediante el botón **Color de relleno** ( ) de la barra de herramientas. Puede eliminar el color de relleno mediante el botón **Sin color**.

- **Trama** le permite aplicar un tramado al fondo de las celdas con el color elegido (un fondo rallado, punteado, en red, etc.).

6. La ficha **Proteger** tiene dos funciones, que se utilizan cuando se trabaja con datos importantes. Estas funciones se utilizan mediante dos casillas de verificación:

- Al activar el botón **Bloqueada**, la celda o celdas en cuestión se hacen inaccesibles, para que no se puedan modificar o borrar los datos que contengan.
- Si se activa el botón **Oculta**, no podrán verse los datos de una celda o celdas.

Ojo Como el mismo cuadro advierte, estos dos elementos no funcionan si no se protege la hoja de cálculo completa después. Para ello, acceda al menú **Herramientas**, active la opción **Proteger** y seleccione **Proteger hoja** en el submenú que aparece. Al hacerlo, aquellas celdas que no estén marcadas como bloqueadas serán modificables, pero el resto serán inmunes a los cambios hasta que se desproteja la hoja de nuevo.

FORMATO DE FILAS

Otra posibilidad que ofrecen los formatos es la de modificar las características de una fila completa de celdas. De hecho, pueden modificarse varias filas si las seleccionamos previamente como bloque. Las opciones que se ofrecen para este trabajo se pueden activar seleccionando la opción **Fila** del menú **Formato** (vea la figura junto al margen derecho). Esta opción ofrece el siguiente submenú con todas las funciones que pueden utilizarse para variar las características de una fila completa de celdas:

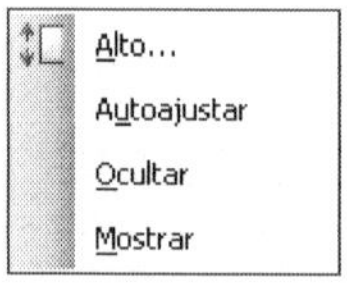

1. La opción **Alto** se utiliza para ampliar o reducir la altura de la fila (o filas) en que nos encontremos. Esta función ofrece un cuadro de diálogo para su modificación en el que sólo hemos de utilizar el cuadro de texto **Alto de fila** para ampliar o reducir su tamaño (**12,75** puntos es el valor normal de altura para filas).

Para cambiar la altura de las filas, también puede utilizar las líneas que separan las filas en el encabezado:

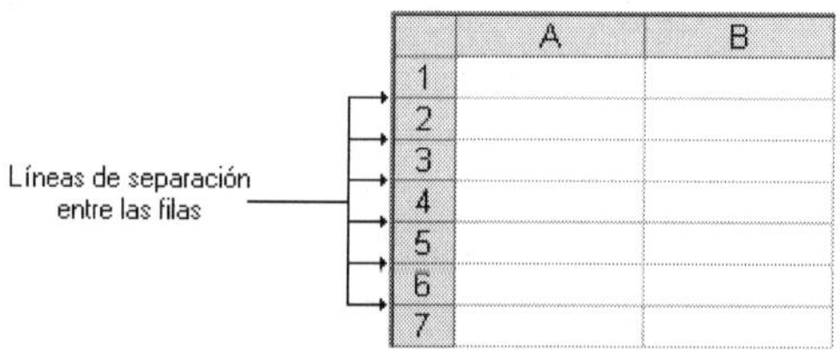

Sitúe el ratón en una de estas líneas, haga clic sobre ella y, sin soltar el botón del ratón, arrástrelo hacia arriba o hacia abajo hasta que obtenga el tamaño deseado. Al liberar el botón del ratón, la fila adoptará el tamaño indicado.

2. Con la opción **Autoajustar** podrá ampliar o reducir automáticamente la altura de las filas. Si ésta es mayor o menor que el tipo de letra que posea el dato, se podrá ajustar la altura automáticamente utilizando esta función:

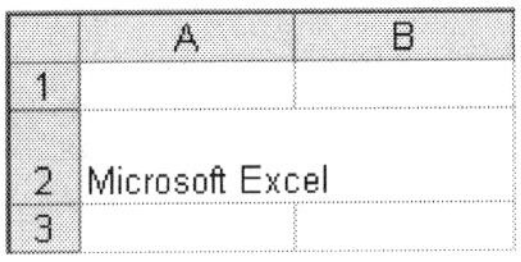

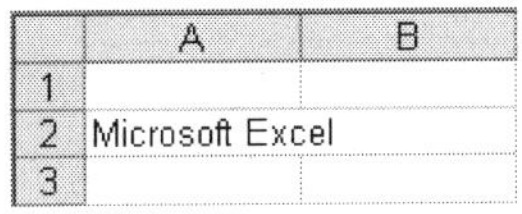

Puede utilizarse también cuando alguna de las filas posee una altura diferente de las otras. Seleccione varias filas, incluyendo la incorrecta, y seleccione **Autoajustar**. Todas las filas tendrán, entonces, la misma altura.

3. **Ocultar** hace desaparecer los datos de una fila. En realidad, lo que hace es reducir al mínimo la altura de la fila, de modo que ésta no se ve. Una forma de volver a mostrar la fila es ampliando su altura.

4. **Mostrar** realiza la operación inversa a **Ocultar**. Vuelve a mostrar la fila de celdas que hayamos ocultado previamente, pero será necesario situarse sobre una fila que haya sido ocultada. Por ello, seleccione las filas que rodean a la oculta (u ocultas) y luego active **Mostrar**.

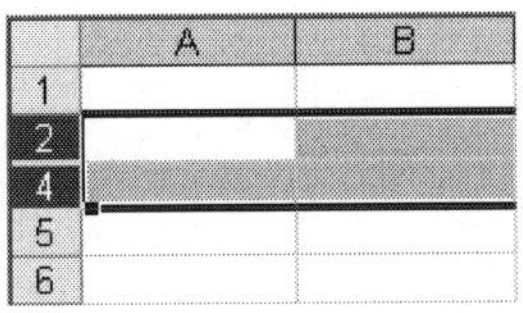

Se seleccionan las filas que rodean a la oculta (en nuestro ejemplo, la 3)...

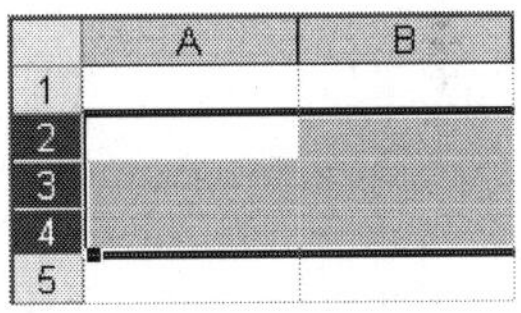

*...y se activa **Mostrar**.*

FORMATO DE COLUMNAS

Podremos modificar las características de una columna (o columnas) completa(s) activando la opción **Columna** del menú **Formato**, lo que nos ofrece el submenú que mostramos en la figura junto al margen derecho.

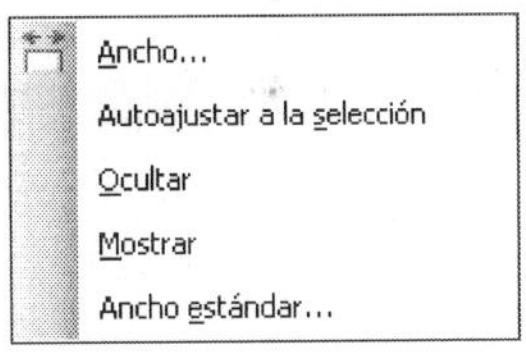

1. Utilice **Ancho** para ampliar o reducir la anchura de la columna o columnas seleccionadas:

Como con la altura de filas, puede utilizarse el cuadro de texto **Ancho de columna** para variar ésta. Su valor por defecto es **10,71** puntos.

La anchura de las columnas puede modificarse utilizando las líneas que separan las columnas en el encabezado:

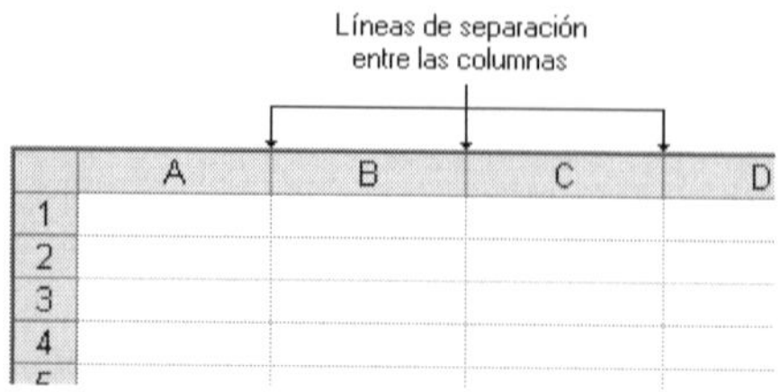

Lleve el ratón hasta una de estas líneas y arrástrela hacia la izquierda o derecha hasta que obtenga el tamaño deseado. Al liberar el botón del ratón, la columna adoptará el tamaño indicado.

2. Con **Autoajustar a la selección** puede acomodar automáticamente el ancho de la columna con respecto a su contenido. Esta función también puede realizarse haciendo doble clic en una línea de separación entre las columnas (en el encabezado). La columna de la izquierda se autoajustará.

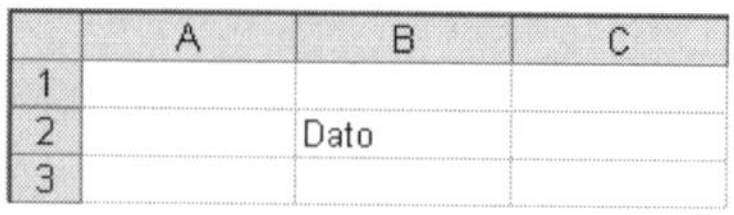

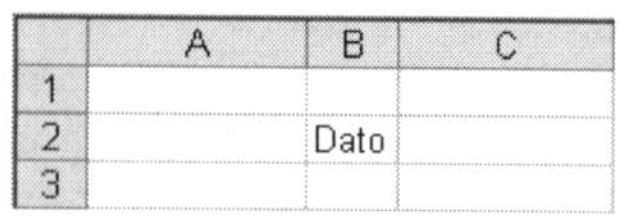

3. **Ocultar** hace desaparecer los datos de una columna. En realidad, lo que hace es reducir al mínimo la anchura de la columna, de modo que ésta no se ve. Una forma de volver a mostrar la columna es ampliando su anchura.

4. **Mostrar** realiza la operación inversa a **Ocultar**. Vuelve a mostrar la columna de celdas que hayamos ocultado previamente, pero será necesario situarse sobre una columna que haya sido ocultada. Por ello, seleccione las columnas que rodean a la oculta (u ocultas) y luego active **Mostrar**.

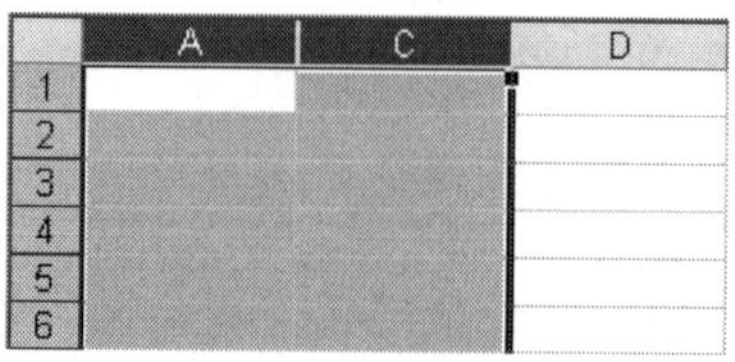

Se seleccionan las columnas que rodean a la oculta (en nuestro ejemplo, la B)...

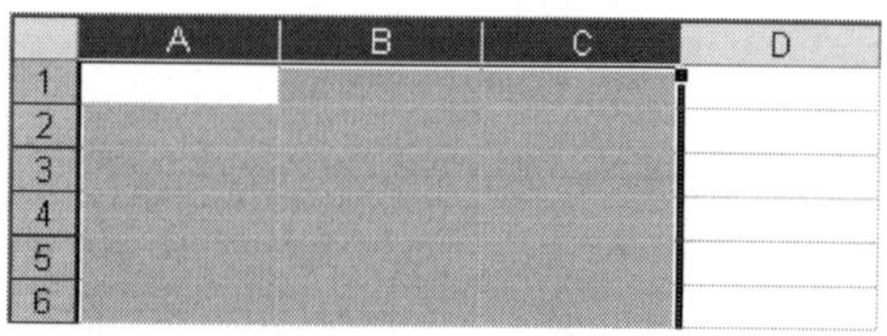

*...y se activa **Mostrar**.*

5. **Ancho estándar** permite especificar cuál será la anchura normal para todas las columnas de la hoja de cálculo. Recuerde que el tamaño normal de una columna es de **10,71** puntos.

FORMATO DE HOJAS

Con el formato de hojas puede modificar tres características de cualquier hoja de cálculo en un libro de trabajo.

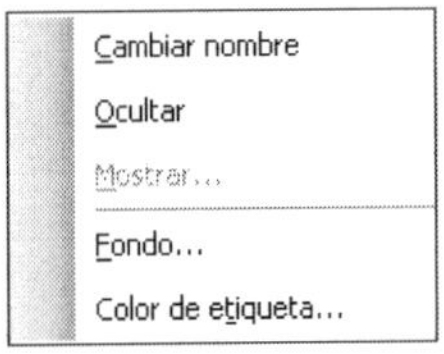

Para poder modificar estas tres funciones activaremos la opción **Hoja** del menú **Formato** (puede verlo en la figura del margen derecho).

1. Como ya sabemos, todas las hojas de cálculo de un libro de trabajo tienen un nombre (*Hoja1*, *Hoja2*, etc.). Éste puede cambiarse mediante la opción **Cambiar nombre**. Para ello, Excel nos lleva a la pestaña esperando a que cambiemos el nombre actual por otro. También se puede cambiar el nombre de una hoja haciendo doble clic sobre su etiqueta, escribiendo el nuevo nombre y pulsando **INTRO**.

2. **Ocultar** hace desaparecer la hoja del libro de trabajo sin borrarla.

3. **Mostrar** muestra una lista de las hojas ocultas para que, al elegir una, vuelva a aparecer en el libro de trabajo.

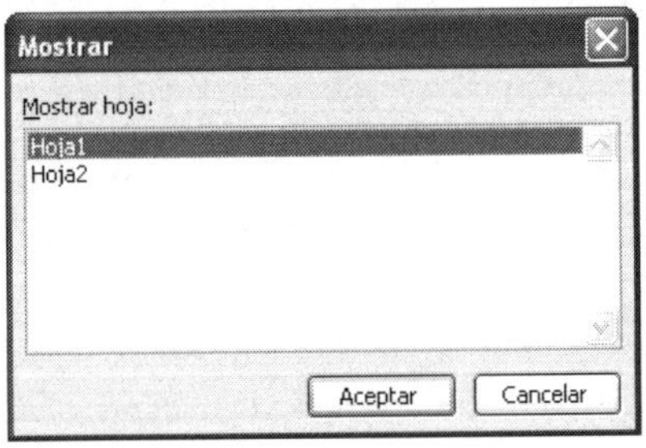

4. **Fondo** permite añadir una imagen que aparecerá como fondo en la hoja de cálculo.

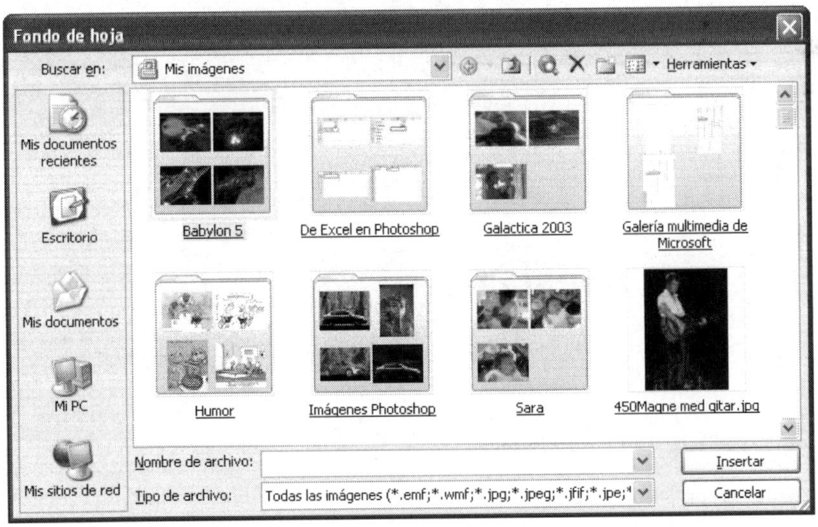

Como puede verse, el cuadro que se obtiene es idéntico al de abrir libros de trabajo, por lo que le remitimos al apartado ***Abrir documentos*** del capítulo 4: ***Funciones elementales y compartidas de Office*** para conocer su manejo.

El dibujo que elija aparecerá repartido por toda la hoja de cálculo, rellenándola (como si se tratase de azulejos en una pared), por lo que le recomendamos que seleccione una imagen que tenga colores claros, para que no interfiera con los datos de la hoja. Esta función es similar a la del papel del tapiz en el escritorio de Windows. Si necesita eliminar el fondo de una hoja de cálculo, vuelva a acceder al menú **Formato** y a seleccionar **Hoja**: donde antes existía la opción **Fondo** ahora podrá ver **Eliminar fondo**. También deberá hacer esto si va a cambiar un fondo por otro, puesto que primero deberá eliminar el antiguo para luego aplicar el nuevo.

5. **Color de etiqueta** (no disponible en la versión 2000) permite elegir un color con el que marcar la etiqueta de la hoja. Para ello, Excel ofrece un listado de colores en un cuadrito de diálogo en el que bastará hacer clic sobre un color para elegirlo.

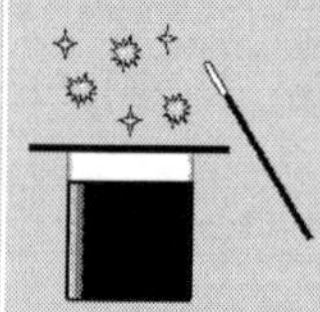

Si lo desea puede mover una hoja del libro a otro sitio o duplicarla (en este último caso si necesita dos o más hojas muy parecidas, ya que entonces sólo deberá modificar las diferencias en lugar de crear y diseñar todos los datos en la nueva hoja). Para ello, seleccione la opción **Mover o copiar hoja** del menú **Edición**, lo que le ofrecerá el siguiente cuadro de diálogo:

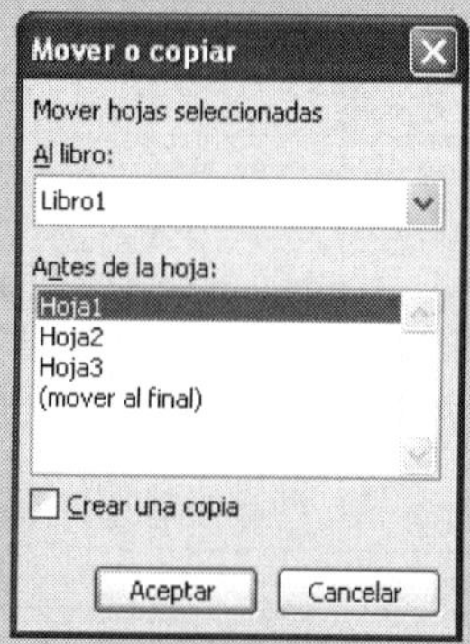

Seleccione una hoja de la lista para indicar la posición en la que aparecerá la hoja que va a mover (o copiar). No olvide activar la casilla **Crear una copia** si va a copiar la hoja en lugar de moverla.

ELIMINAR FORMATOS

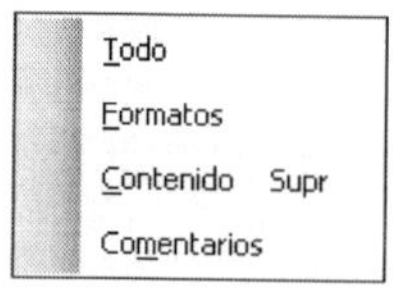

Puede eliminarse cualquier tipo de formato utilizando la opción **Borrar** del menú **Edición**. Recuerde que puede seleccionar varias celdas antes de eliminar sus formatos. Esta opción genera un pequeño submenú como el que mostramos en la figura junto al margen derecho:

1. Elija **Todo** para eliminar tanto los formatos como los datos escritos en las celdas seleccionadas.

2. Elija **Formatos** para eliminar sólo los formatos de las celdas seleccionadas, dejando escritos los datos que hayamos tecleado en ellas.

3. Elija **Contenido** para borrar únicamente los datos escritos de las celdas dejando sus formatos activos.

4. Elija **Comentarios** para borrar las anotaciones de la hoja de cálculo (éstos se añaden en el menú **Insertar** con la opción **Comentario** y aparecen como una esquinita amarilla en la celda en la que se insertan).

ESTILOS

Otra operación que está asociada a los formatos que hemos ido comentando a lo largo de todo el capítulo es la de **Estilos**. Gracias a ella podemos establecer una serie de formatos y agruparlos bajo un nombre. El resultado será un modelo que podremos aplicar a cualquier parte de las hojas de cálculo en un libro.

Para trabajar con esta función es necesario elegir la opción **Estilo** del menú **Formato**.

> Si sólo va a definir un estilo no necesita seleccionar celdas, mientras que si va a aplicar un estilo (que ya esté definido) a unas celdas, entonces sí será necesario seleccionarlas primero.

Se obtiene un cuadro de diálogo en el que debemos establecer ciertos datos antes de asignarlos al grupo de celdas elegido. El cuadro es el siguiente:

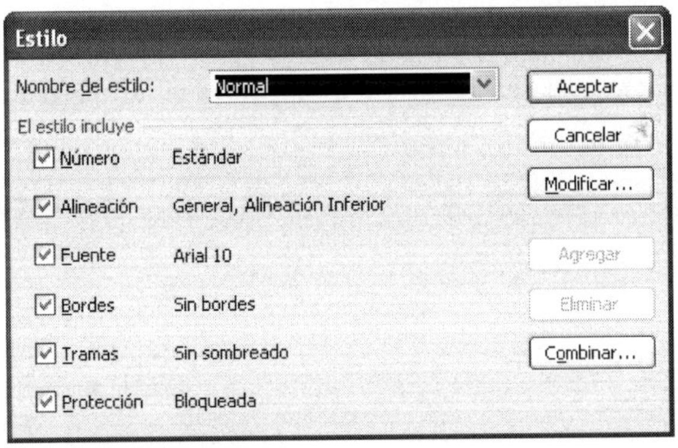

1. En la lista desplegable **Nombre del estilo** podemos elegir un modelo predefinido por Microsoft o crear uno nuevo escribiendo ahí el nombre que deseamos darle. Si escribimos un nuevo nombre, utilizaremos el botón [Agregar] para añadirlo a la lista.

2. Una vez que se ha añadido un estilo podemos modificar los formatos que aplicará a las celdas mediante el botón [Modificar...]. Al pulsar este botón, aparece el cuadro de diálogo con las seis fichas del cuadro de formatos (**Número**, **Alineación**, **Fuentes**, **Bordes**, **Diseño** y **Protección**) para elegir lo que deba quedar registrado en el estilo.

3. Se elige un estilo en la lista **Nombre del estilo** y pulsa el botón [Eliminar], además de borrarlo, desaparecerán sus efectos en las celdas de la hoja que los tuviesen.

4. El botón [Combinar...] permite obtener los estilos de otras hojas de cálculo para aplicarlos a la actual. Este botón genera un nuevo cuadro de diálogo en el que debemos elegir la hoja de cálculo que contiene el estilo que deseamos utilizar (sólo se mostrarán aquellas que se encuentren abiertas en ese momento). El cuadro de diálogo en cuestión es el que le ofrecemos en la figura junto al margen derecho.

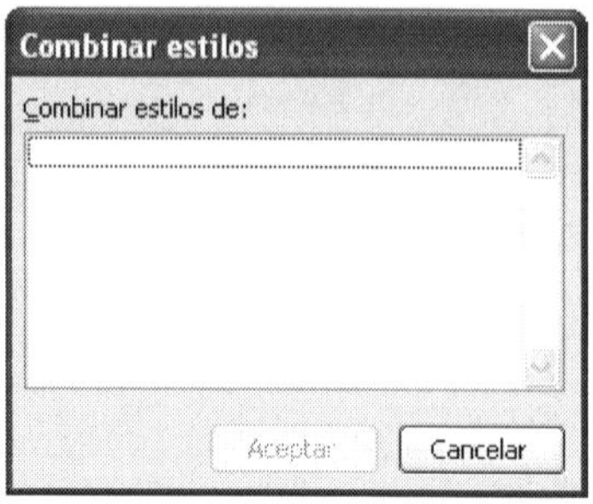

5. El grupo **El estilo incluye** permite indicar cuál de los siguientes elementos deseamos incorporar como formato a las celdas elegidas (bastará con activar la casilla cuya función deseemos aplicar a las celdas seleccionadas):

- Número
- Fuente
- Alineación
- Bordes
- Tramas
- Protección

AUTOFORMATOS

Los autoformatos son grupos de formatos ya definidos por Microsoft para aplicarlos directamente a la hoja de cálculo.

Al ser posible asignar autoformatos a varias celdas, lo primero es marcar como bloque un rango de éstas. Después, elegiremos **Autoformato** en el menú **Formato**, lo que nos ofrecerá un cuadro de diálogo:

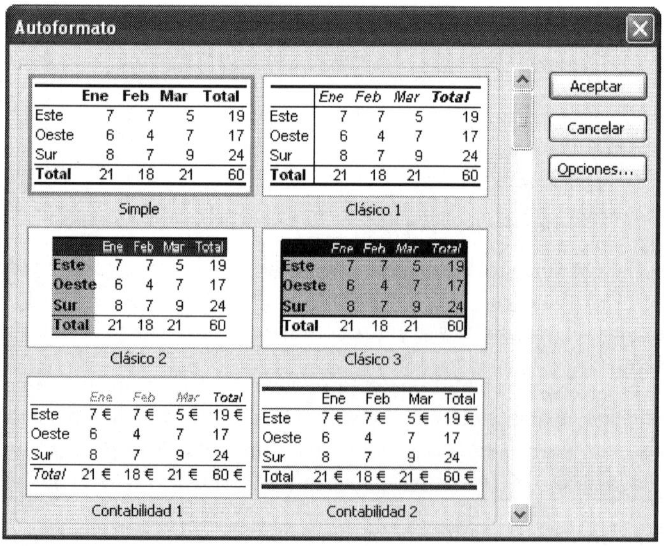

Elija un formato de la lista y éste se asignará al rango de celdas que haya seleccionado previamente. Observe que la lista tiene a su derecha una barra de desplazamiento con la que podrá ver la lista completa de autoformatos.

Si se pulsa el botón Opciones..., el cuadro de diálogo se ampliará mostrando lo siguiente en su parte inferior:

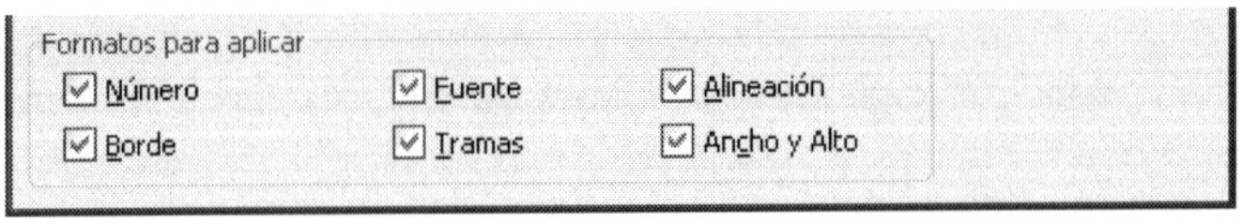

Como vemos, el cuadro se expande con un grupo extra denominado **Formatos para aplicar**. Sus funciones son activar o desactivar todas las características del autoformato elegido: formatos numéricos (**Número**), tipos de letra (**Fuente**), alineaciones (**Alineación**), líneas de borde (**Borde**), relleno de fondo (**Tramas**) y tamaño de las celdas (**Ancho y Alto**). Aquello que se mantenga desactivado es una parte del autoformato que no se aplicará a las celdas.

FORMATOS CONDICIONALES

Mediante los formatos condicionales podrá aplicar ciertos formatos únicamente a aquellas celdas (deberá seleccionarlas previamente) que cumplan un determinado criterio. Al activar dicha opción obtendrá el siguiente cuadro de diálogo:

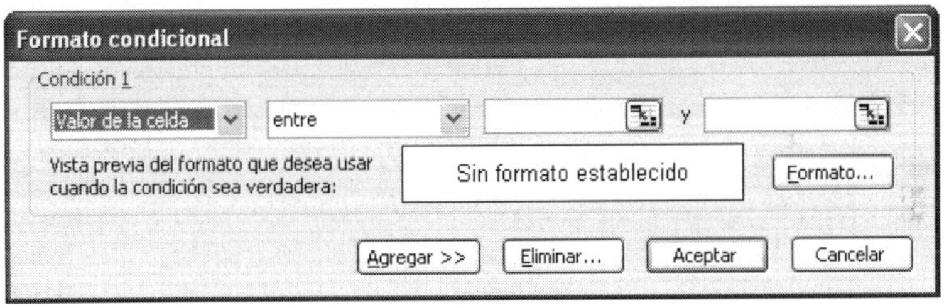

1. La primera lista desplegable permite elegir la clase de condición que vamos a establecer:

   - **Valor de la celda**. Activará o no los formatos dependiendo del contenido de la celda o celdas seleccionadas.

   - **Fórmula**. Activará o no los formatos dependiendo de la fórmula que exista en la celda o celdas seleccionadas.

2. Si se selecciona **Valor de la celda** se podrá indicar que su contenido debe encontrarse entre un dato y otro (que establecemos en las listas siguientes). Otras opciones de esta misma lista permiten que el dato de la celda no esté entre ambos números, que sea igual, mayor, menor que otro, etc. Ejemplo:

*Esta condición exige que la celda tenga un valor comprendido entre **1000** y **5000***

3. El botón Formato... lleva al cuadro de diálogo de formatos con el fin de que elijamos los datos de formato que se aplicarán a las celdas que cumplan la condición (tipo de letra, formato numérico, tramado, etc.).

4. El botón Agregar >> permite añadir más condiciones. Podemos combinar hasta tres condiciones. Así, en el mismo grupo de celdas podrá especificar que las que cumplan un criterio tengan un aspecto y las que cumplan otro muestren un aspecto distinto.

5. El botón Eliminar... vacía las condiciones establecidas hasta el momento.

CONFIGURAR PÁGINA

Se podría decir que una de las funciones íntimamente relacionada con los formatos que hemos ido viendo a lo largo de este capítulo es **Configurar página**, que contiene varios elementos relativos al aspecto general de cualquier hoja de cálculo orientados a mejorar su presentación a la hora de realizar una impresión.

Estas funciones son accesibles con la opción **Configurar página** del menú **Archivo**. Al activarla obtenemos el siguiente cuadro de diálogo con varias fichas:

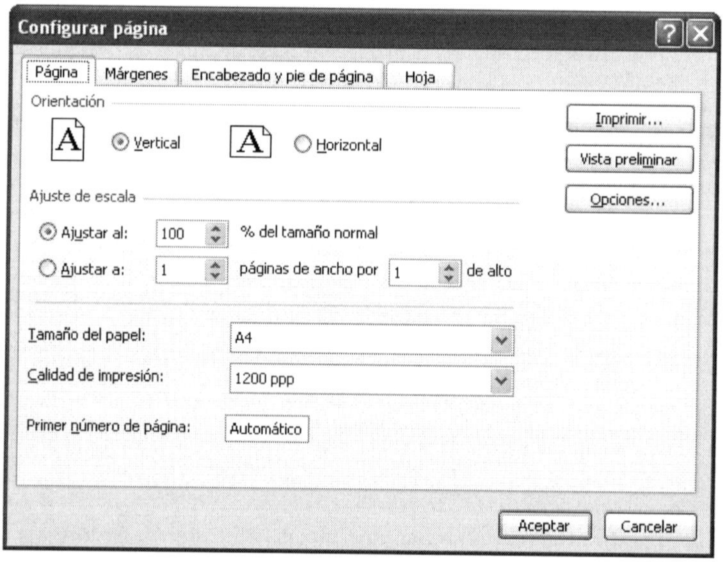

1. La ficha **Página** permite manejar datos genéricos sobre las hojas de cálculo:

   - El grupo **Orientación** le permitirá establecer cómo desea que aparezcan los datos en la hoja de papel: de forma **Vertical** (que es el modo normal) o apaisada (con el botón **Horizontal**).

   - El grupo **Ajuste de Escala** (**Escala** en las versiones 2000 y 2003) permite ampliar o reducir proporcionalmente el tamaño de los datos en la página, generalmente para ajustarlos a las hojas de papel. Esto se realiza mediante un porcentaje (con **Ajustar al**) en el que 100% es el tamaño normal, o bien con el botón **Ajustar a** en el que indicaremos cuántas páginas deseamos obtener por cada hoja.

- Puede elegir entre varios tipos de papel, según sus dimensiones, con la lista que ofrece **Tamaño del papel**.
- **Calidad de impresión** ofrece datos para realizar una mejor o peor impresión según las necesidades. Si desea la mejor calidad, elija un elemento de la lista que posea un valor más alto: DPI = *Dots Per Inch* o PPP = Puntos por pulgada).
- Elija cuál será el **Primer número de la página** con el cuadro de texto que lleva su nombre. Normalmente suele activarse el modo automático, pero sustituyendo la palabra **Automático** por el número elegido podemos establecer un número inicial a partir del cual comenzará la numeración.
- Pulse el botón [Imprimir...] para obtener las opciones de imprimir en papel.
- Pulse el botón [Vista preliminar] para obtener una vista previa de cómo queda, por el momento, la hoja de cálculo.
- El botón [Opciones...] muestra opciones estándar de Windows para la impresión de datos en la impresora. Por ejemplo, al pulsar este botón, podremos indicar de nuevo si deseamos una impresión vertical o apaisada. Los elementos que aparezcan en el cuadro que se muestra son diferentes para cada impresora, dependiendo de las funciones que tenga cada una.

2. La ficha **Márgenes** permite modificar las distancias de éstos. Su aspecto es el siguiente:

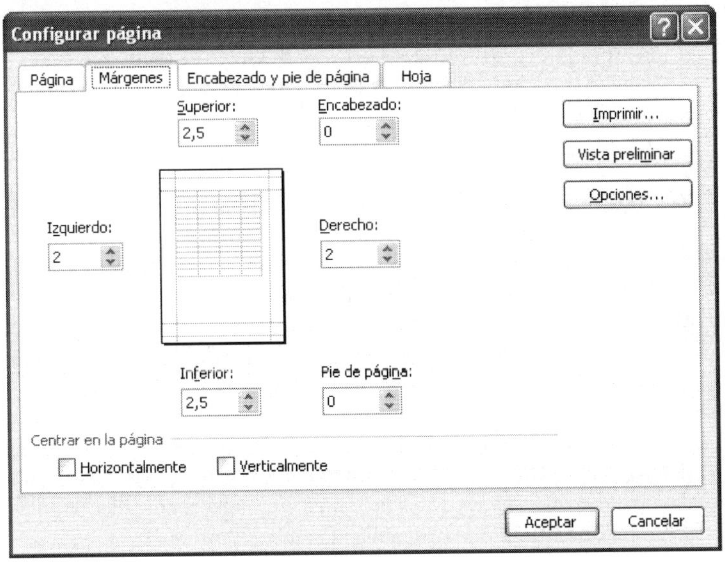

- Utilice **Superior**, **Inferior**, **Izquierdo** y **Derecho** para establecer las distancias correspondientes de los márgenes de la hoja.
- También pueden establecerse las medidas que separan el **Encabezado** del borde superior de la hoja, así como el **Pie de página** del borde inferior de la misma.
- Si desea que los datos de la hoja de cálculo aparezcan centrados en la hoja, active las casillas **Horizontalmente** y **Verticalmente**.

3. Con la ficha **Encabezado y pie de página** puede escribir un encabezado y un pie de página que se repetirá en todas las páginas que contengan datos que se vayan a imprimir:

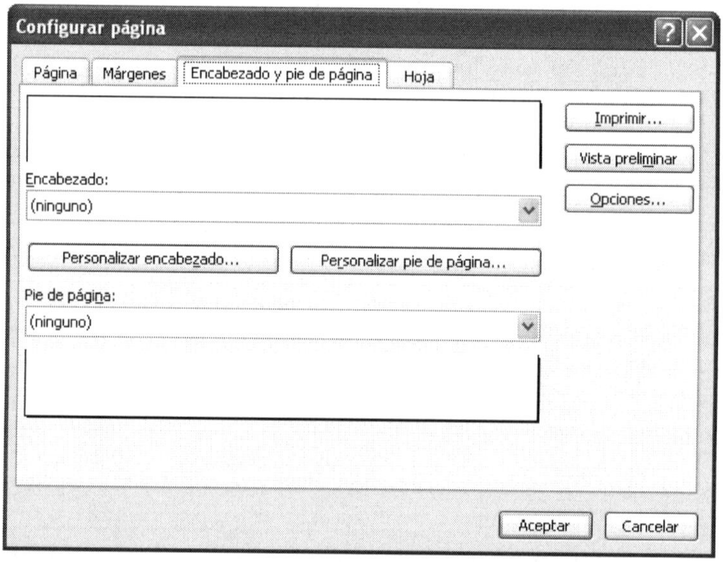

- Despliegue la lista **Encabezado** para elegir el texto que desea repetir en la parte superior de todas las hojas de cálculo. Puede ver una muestra del resultado en el cuadro en blanco que aparece en la parte superior del cuadro de diálogo (este resultado sólo se ve al imprimir o al consultar el modo vista preliminar).
- Igualmente, puede elegir en la lista **Pie de página** el texto que se repetirá en la parte inferior de las hojas de cálculo (el resultado aparece únicamente al imprimir o al consultar el modo vista preliminar).
- Si no le satisface ninguno de los elementos de estas listas, puede escribir su propio texto y atributos para los encabezados y pies de página. Para ello, deberá pulsar en Personalizar encabezado... y en Personalizar pie de página... .

4. La ficha **Hoja** permite especificar las zonas de la hoja que se imprimirán y regula datos como los títulos que se imprimirán, otros detalles relacionados con la impresión de las hojas de cálculo o el orden en que aparecerán las páginas, si bien, maneja también otras funciones que pasamos a ver:

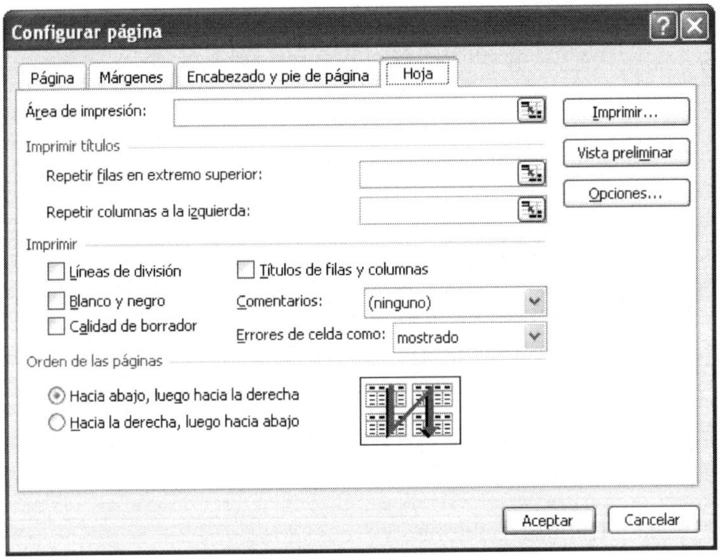

- El cuadro de texto **Área de impresión** le permite establecer un rango de la hoja de cálculo que será lo único que se imprimirá. Utilícelo cuando necesite imprimir un rango concreto de una hoja de cálculo.

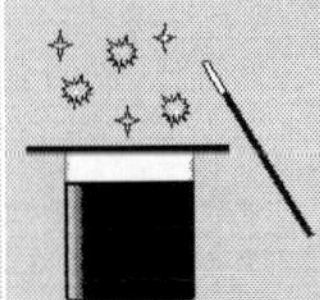

Siempre que aparezca el botón (o) a la derecha de un cuadro de texto en Excel, puede utilizarlo para seleccionar un rango:

1. Pulse el botón : el cuadro de diálogo se reduce para mostrar la hoja de cálculo.
2. Seleccione el rango de celdas con el ratón directamente sobre la hoja de cálculo.
3. Vuelva a pulsar el botón (en el cuadro de diálogo que ha quedado reducido) para volver al tamaño y modo normal del cuadro de diálogo y continuar el trabajo: el rango ya estará escrito en el cuadro de texto.

- El grupo **Imprimir títulos** tiene dos cuadros de texto para imprimir títulos en filas y columnas (en la parte externa de la hoja). Con **Repetir filas en extremo superior** debe establecerse la fila que se utilizará como título, aunque se puede indicar la dirección de una celda o de un grupo de ellas si son contiguas. Los pasos que se deben seguir son los mismos con **Repetir columnas a la izquierda**, y el resultado es que los títulos aparecen en las columnas en lugar de en las filas.

- Con el grupo **Imprimir** pueden especificarse varios datos que Excel tendrá en cuenta a la hora de proporcionar datos por la impresora:

  a) Si se activa el botón **Líneas de división**, Excel imprime las líneas que separan las celdas en las hojas de cálculo. Desactívelo si no desea que aparezcan en el resultado impreso.

b) Con **Blanco y negro** se imprimen todos los datos de la celda en blanco y negro. Es aconsejable utilizar este botón si se utiliza una impresora en blanco y negro, ya que la calidad de los datos impresos será mayor. Si su impresora es en color, suele ser aconsejable no activar este botón para obtener una mayor calidad.

c) Active **Calidad de borrador** para obtener el resultado impreso en una calidad inferior. Las líneas que dividen las celdas no se imprimen y se consigue una mayor rapidez a la hora de imprimir.

d) Con **Títulos de filas y columnas** podemos establecer si deseamos que se impriman éstos o no. Suele ser aconsejable imprimirlos como guía para el papel de la hoja de cálculo que se imprime.

e) En la lista desplegable **Comentarios** puede elegir si se imprimen las anotaciones de celda de la hoja en la parte inferior de la hoja (**Al final de la hoja**), en las mismas celdas en que se encuentren (**Como en la hoja**), o bien, si no se imprimen (**ninguno**).

f) Desplegando la lista **Errores de celdas como** podremos elegir si deseamos que también aparezcan en el papel los errores que obtengamos en pantalla y en qué forma deben mostrarse. Por ejemplo, seleccione **<espacio vacío>** para que los errores no aparezcan en el papel.

- Utilice los botones del grupo **Orden de las páginas** para establecer el orden en que se numerarán las páginas y la forma en que aparecerán impresos los datos cuando éstos excedan más de una página. Vea el esquema del cuadro que muestra cómo será el resultado.

CAPÍTULO 16

HERRAMIENTAS MÁS ÚTILES DE EXCEL

Algunas de las funciones que más se utilizan con Excel no están directamente relacionadas con la creación de hojas de cálculo, sino con su manejo. Excel proporciona una serie de accesorios para un empleo más cómodo y rápido de los datos que se añaden a una hoja. Si estas funciones no existieran, resultaría igualmente posible la creación de los resultados que éstas proporcionan, pero sería, indudablemente, más lenta y trabajosa.

Vamos a detallar en este capítulo funciones tanto prácticas, a la hora de manejar datos a gran escala, como estéticas, con las que podremos perfeccionar el aspecto y calidad de nuestra hoja de cálculo.

BÚSQUEDA Y REEMPLAZO AUTOMÁTICO DE DATOS

He aquí dos funciones cuyo uso se aplica, sobre todo, en hojas de cálculo de gran tamaño en las que es difícil encontrar una palabra (o palabras o un conjunto de caracteres).

Como su nombre indica, se utiliza para buscar palabras o grupos de caracteres. Con grupos de caracteres nos referimos, no sólo a letras o números, sino también a otros datos.

Cuando se desea encontrar una palabra (o una frase o cualquier dato similar) en una hoja de Excel, basta con seleccionar la opción **Buscar...** del menú **Edición**. Al hacerlo, obtenemos un sencillo cuadro de diálogo en el que podremos establecer todos los datos necesarios acerca de la palabra o, mejor dicho, los datos que deseamos encontrar:

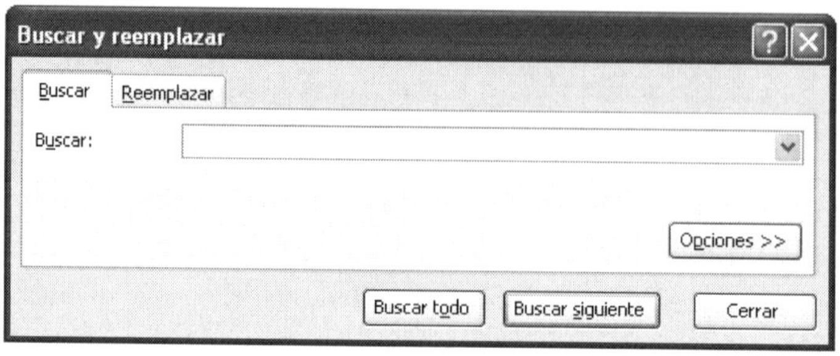

1. En el cuadro de texto **Buscar** podemos indicar los caracteres que buscamos. Si con anterioridad habíamos escrito algunos, aparecerán ya escritos en este cuadro de texto y no será necesario reescribirlos para su búsqueda (también puede desplegar la lista para volver a buscar un dato que ya buscó anteriormente). Si Excel encuentra alguna celda que contiene el dato en cuestión, se situará sobre ella para que se pueda trabajar con el dato. Excel sólo busca el dato en la hoja de cálculo que en ese instante tengamos activa y, por tanto, ignorará el resto de las hojas de cálculo del libro de trabajo. Si desea buscar en varias hojas del libro, deberá seleccionarlas primero. Por otra parte, Excel buscará por defecto en toda la hoja de cálculo, salvo si se ha seleccionado previamente un bloque de celdas, en cuyo caso sólo buscará el dato en las celdas seleccionadas.

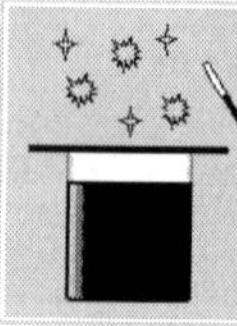

Si desea repetir la última búsqueda (lo último que haya buscado), no es necesario acceder al cuadro de diálogo de búsquedas, ya que bastará con pulsar las teclas **Mayúsculas + F4**.

2. Pulse el botón [Opciones >>] para acceder a otras posibilidades de búsqueda. Cuando lo haga, el cuadro de diálogo se ampliará mostrando lo siguiente:

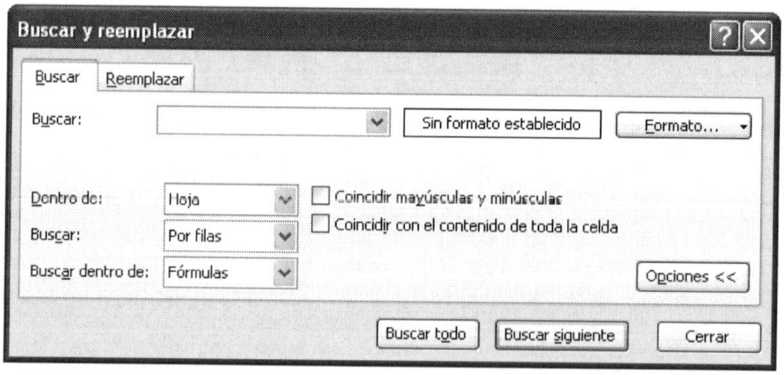

3. Si se pulsa el botón [Formato...], se puede elegir características del texto que busca (si está en negrita, con un color o un tamaño determinado, etc.). Para ello, Excel le ofrecerá el mismo cuadro de diálogo que aparece cuando se selecciona **Celdas** en el menú **Formato**.

4. Despliegue la lista **Dentro de** para indicar si desea buscar sólo en la **Hoja** en la que se encuentra, o bien, si se debe buscar en todo el **Libro**.

5. Despliegue la lista **Buscar** para establecer el orden que seguirá Excel para buscar los datos en la hoja. Seleccione **Por filas** si desea que la dirección de búsqueda se realice siguiendo las filas de celdas, o bien elija **Por columnas** si desea realizar la búsqueda siguiendo las columnas de celdas.

6. Despliegue la lista **Buscar dentro de** para elegir en qué tipo de datos debe buscar Excel: al elegir, por ejemplo, **Fórmulas**, Excel buscará en primer lugar en las fórmulas que haya en la hoja de cálculo. De este modo, se agiliza considerablemente la búsqueda.

7. Puede buscarse el texto (si es texto lo que se busca) tal y como se haya escrito indicando que diferencie mayúsculas y minúsculas. Al activar la casilla **Coincidir mayúsculas y minúsculas**, Excel sólo localizará el dato que coincida exactamente con el de búsqueda no sólo en cuanto a contenido, sino también, letra por letra, en sus mayúsculas y minúsculas.

8. Con la casilla **Coincidir con el contenido de toda la celda** (**Buscar sólo celdas completas** en la versión 2000) Excel detectará el texto que se buscaba sólo si lo que se escribió aparece en éste formando una sola celda. Por ejemplo, si este botón **no** se activa e indicamos que busque la palabra *que*, Excel no sólo se detendrá en esta palabra, sino también en otras como *queso*, ya que contiene las letras *q*, *u*, y *e*, que son las que se buscan. Del mismo modo, se detendría en palabras como *aquel* o *choque*, que contienen igualmente las tres letras especificadas para la búsqueda. Esto mismo ocurriría si la palabra *que* forma parte, por sí sola, del texto que contenga una celda (por ejemplo, al escribir una frase que contenga la palabra *que*). Por el contrario, si se activa el botón que ahora nos ocupa, Excel sólo se detendría si encontrara sola la palabra *que* en una celda cualquiera.

9. Pulse el botón [Buscar siguiente] para comenzar la búsqueda o continuarla si ya se ha encontrado el dato pero no es el que se buscaba.

10. Es posible indicar la dirección hacia la que deseamos buscar los datos. En principio, el botón [Buscar siguiente] busca desde la celda en que se encuentre hasta el final de la hoja, pero podemos buscar *hacia atrás* manteniendo pulsada la tecla de **MAYÚSCULAS** mientras pulsamos el botón [Buscar siguiente].

11. Si se pulsa el botón [Buscar todo] (no disponible en la versión 2000), el cuadro se ampliará mostrando todas las celdas del libro en las que se encuentre el dato en cuestión. Al seleccionar una ellas, Excel le llevará esa celda, mostrando el dato que se busca.

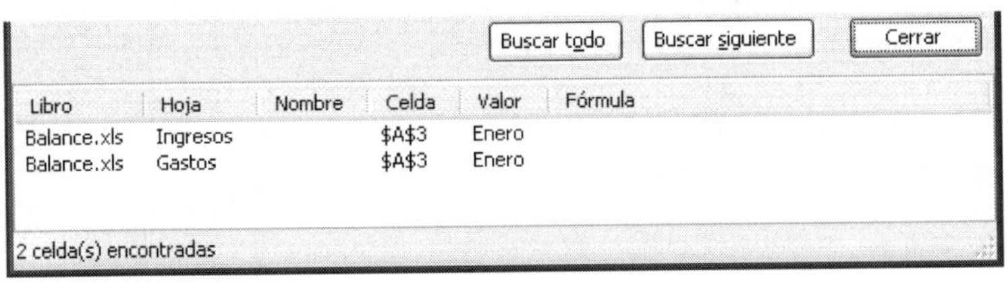

12. Podemos reemplazar automáticamente varios datos (iguales) de la hoja de cálculo activando la ficha **Reemplazar**, o bien directamente desde la hoja seleccionando la opción **Reemplazar** del menú **Edición**. El cuadro de diálogo se transformará:

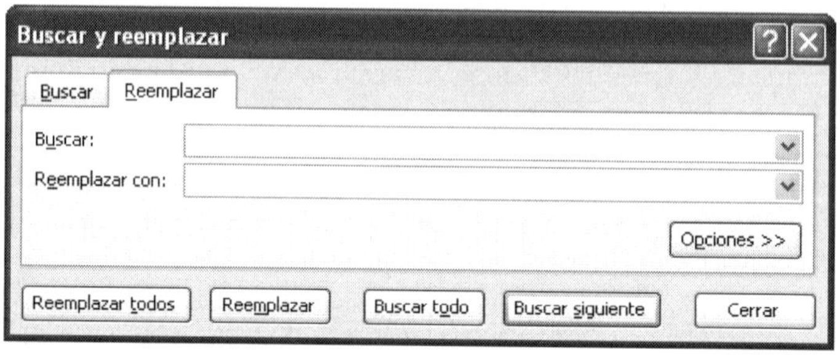

- Como puede observar es el mismo cuadro que el que hemos empleado para las búsquedas aunque con algún elemento más, como el cuadro de texto **Reemplazar con**, en el que debemos especificar la palabra (o dato) que sustituirá a la que hayamos escrito en el cuadro de texto **Datos a buscar**. Por tanto, escriba en el cuadro de texto **Datos a buscar** el dato o datos que desea encontrar y en el campo **Reemplazar con** el dato que sustituya al que se busca.

- Comience por pulsar el botón [Buscar siguiente] para localizar el dato en la hoja y, llegado a este punto existen dos posibilidades:

  a) Utilizar el botón [Reemplazar], con lo que Excel sustituirá el dato por el nuevo. Además, Excel localizará automáticamente el siguiente lugar de la hoja en el que se encuentre el dato para que podamos volver a pulsar [Reemplazar] e intercambiarlo por el nuevo.

  b) Utilizar el botón [Reemplazar todos], con lo que Excel sustituirá el texto que se busca en la totalidad de la hoja de cálculo automáticamente. Esta función no pide ningún tipo de confirmación, de modo que, al pulsarlo, se modifican los cambios de una vez.

ZOOM

Cuando se desean comprobar mejor ciertos detalles de una hoja de cálculo, no hay nada como el zoom. Al igual que tradicionalmente se ha utilizado el zoom óptico, podemos aumentar o disminuir el tamaño de la vista de los datos en la pantalla (sin modificar el tamaño de los datos) mediante la opción **Zoom** del menú **Ver**, o bien utilizando la lista [100%] de la barra de herramientas. Si se activa el menú **Ver** y su opción **Zoom**, se obtiene un cuadro en el que podremos establecer tamaños y características de visualización (vea la figura junto al margen derecho).

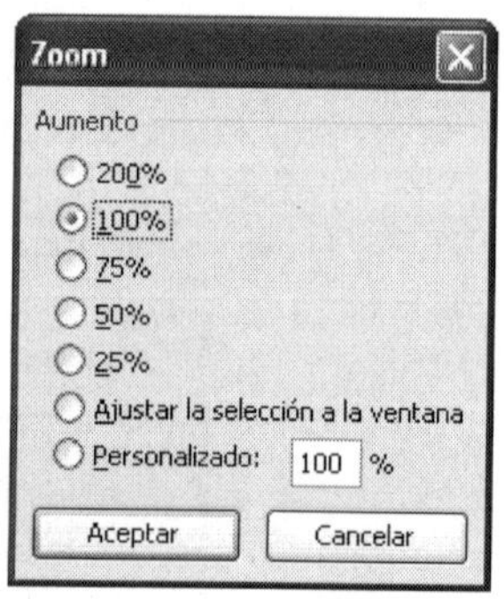

1. Utilice los botones de porcentaje (desde un **200%** hasta el **25%**) para ampliar o reducir la imagen.

2. Si desea ampliar la imagen de un bloque de celdas, previamente seleccionado, hasta que abarque por completo la ventana de Excel, active el botón de opción **Ajustar la selección a la ventana**.

3. Con el botón de opción **Personalizado** se puede establecer un porcentaje que no aparezca en la lista de botones. Escriba en el cuadro de texto el dato, y recuerde que se ha de basar en el 100% para obtener la ampliación o reducción de la imagen (por ejemplo, 200% significa ver la imagen el doble de grande, y el 50% reducirla a la mitad de su tamaño).

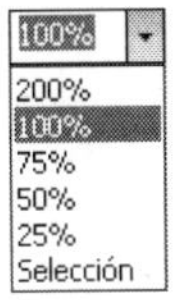

Recuerde que también puede cambiar estas funciones con la lista 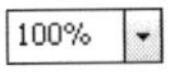

de la barra de herramientas. Al pulsar sobre el botón, obtenemos una lista de porcentajes para elegir uno y la opción **Selección**, que amplía o reduce la vista hasta que las celdas seleccionadas encajan en la ventana de Excel completamente.

COMENTARIOS

En cada celda puede añadirse un comentario a modo de recordatorio. Este comentario aparecerá en la celda mostrando su esquina superior derecha en color rojo (con la finalidad de que destaque y se sepa que ahí hay un comentario):

Celda con comentario

Para crear un comentario haga clic en la celda en la que lo necesite, acceda al menú **Insertar** y seleccione **Comentario**. Aparecerá un recuadro con su nombre (o el del usuario legal de Excel) con el cursor listo para que teclee la anotación. Escriba lo que necesite y haga clic fuera del cuadro para terminar. Para ver el comentario bastará con que acerque el cursor del ratón hasta la esquina roja del comentario.

INSERCIÓN DE CELDAS Y HOJAS DE CÁLCULO

Si lo desea, puede añadir celdas en blanco entre ciertos datos que sean contiguos mediante la inserción de éstas.

Lo primero es decidir qué se va a insertar: celdas sueltas, una fila de celdas (o varias) o una columna de celdas (o varias). Podremos incluso insertar una hoja de cálculo en medio de otras dos.

Para ello, recurriremos al menú **Insertar**. Existe la posibilidad de seleccionar un bloque de celdas antes de utilizar esta opción. Para insertar las celdas trabajaremos con las cuatro primeras opciones de este menú.

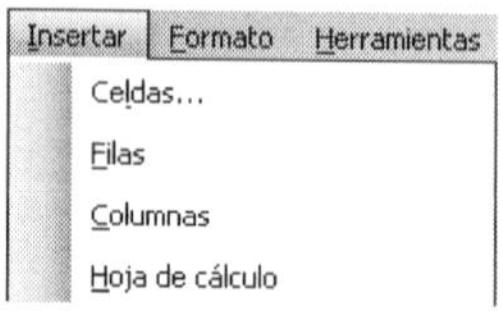

1. Con **Celdas** podemos insertar celdas sueltas. Al activar esta opción, obtenemos el siguiente cuadro de diálogo.

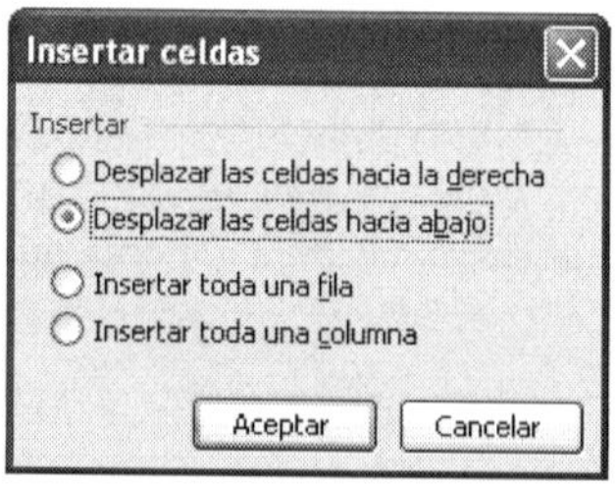

- **Desplazar las celdas hacia la derecha** inserta las celdas y desplaza los datos que ahí hubiese hacia la derecha.
- **Desplazar las celdas hacia abajo** inserta las celdas y desplaza los datos que ahí hubiese hacia abajo.
- **Insertar toda una fila** añade una fila completa de celdas (o varias filas si se han seleccionado como bloque).
- **Insertar toda una columna** añade una columna completa de celdas (o varias columnas si se han seleccionado como bloque).

2. Con **Filas** podemos insertar una fila completa de celdas en una hoja. Si se selecciona un rango de celdas, se insertarán tantas filas como las que haya en ese rango. Si no se selecciona un rango, sólo se inserta una fila de celdas.

3. Con **Columnas** podemos insertar una columna completa de celdas en una hoja. Si se selecciona un rango de celdas, se insertarán tantas columnas como las que haya en ese rango. Si no se selecciona un rango, sólo se inserta una columna de celdas.

4. Con **Hoja de cálculo** se inserta una hoja de cálculo entre otras dos en un libro de trabajo.

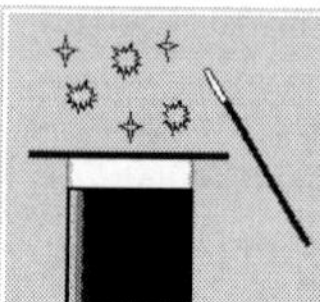

Cuando inserte una hoja se colocará entre medias de otras dos, por lo que es posible que desee cambiarla de lugar. Para mover una hoja, haga clic sobre su pestaña y, sin soltar el botón del ratón, arrastre a izquierda o derecha hasta depositarla en el sitio en el que desee colocarla soltando ahí el botón del ratón.

ELIMINAR CELDAS Y HOJAS DE CÁLCULO

Ésta es la función inversa a la inserción de celdas, ya que las hace desaparecer. Al igual que en la inserción, se puede establecer un rango de celdas cuyas filas o columnas (o el mismo rango de celdas) desaparecerán de la hoja dejando sitio al resto de los datos de la misma.

Para eliminar celdas las seleccionaremos, accederemos al menú **Edición** y elegiremos la opción **Eliminar**. El cuadro de diálogo que aparece es prácticamente idéntico al que se obtiene para la inserción de celdas.

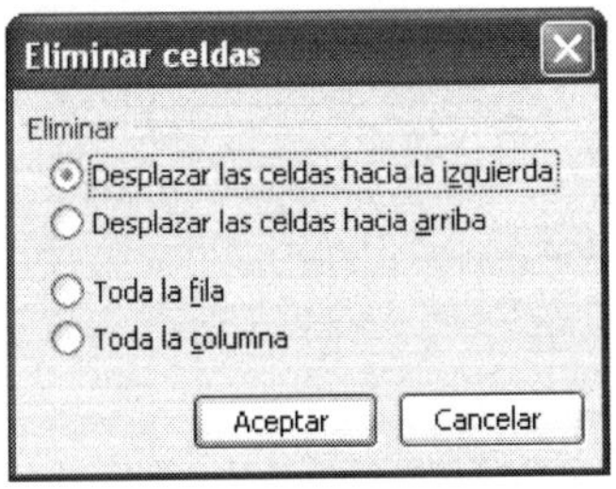

1. **Desplazar las celdas hacia la izquierda** elimina las celdas llevando el contenido de las que hasta ahora estaban a su izquierda a la posición de las que se eliminan.
2. **Desplazar las celdas hacia arriba** elimina las celdas llevando el contenido de las que hasta ahora estaban debajo de ellas a la posición de las que se eliminan.
3. **Toda la fila** borra una fila completa de celdas (o varias filas si se han seleccionado como bloque).
4. **Toda la columna** borra una columna completa de celdas (o varias columnas si se han seleccionado como bloque).

La forma de eliminar una hoja de cálculo es seleccionándola haciendo clic en su etiqueta y activando la opción **Eliminar hoja** del menú **Edición**.

PROTECCIÓN DE DATOS

Otra de las posibilidades que nos propone Excel es la de proteger los datos de las celdas pertenecientes a una hoja de cálculo mediante varias funciones, como claves de acceso o protección contra la posible eliminación (o modificación) accidental de datos importantes.

Como ya dijimos cuando vimos los formatos, para poder proteger una celda (o varias) de una hoja, debemos activar el atributo **bloqueada** en aquellas celdas que no deban modificarse cuando la hoja quede protegida (menú **Formato**, opción **Celdas**, ficha **Proteger**). Después, es necesario proteger la hoja entera y aquellas celdas que no hayan sido desbloqueadas quedarán inaccesibles. Para ello, nos desplazaremos al menú **Herramientas** y activaremos la opción **Proteger** que ofrece un submenú con varias opciones:

1. **Proteger hoja** activa la protección para la hoja de cálculo en la que se encuentre en ese momento. Ofrece el siguiente cuadro de diálogo:

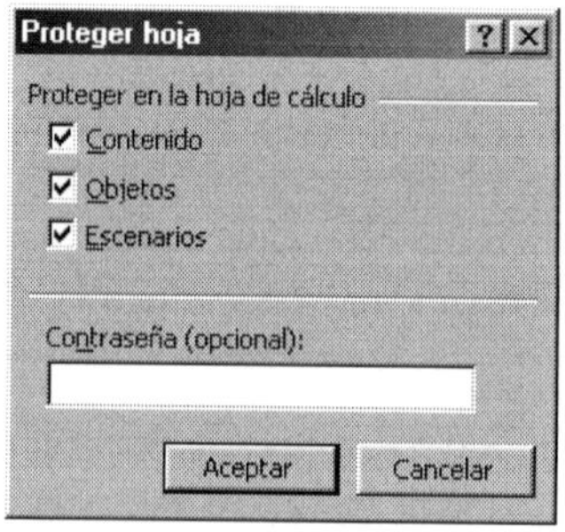

Versión 2002

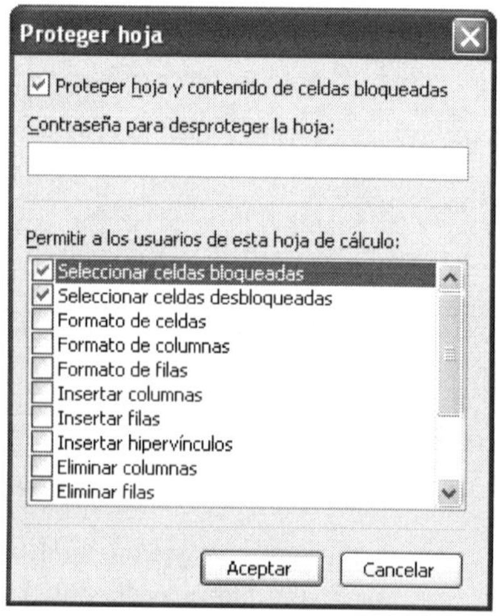

Versiones 2002 y 2003

- **Contraseña para desproteger la hoja** (**Contraseña** en la versión 2000) permite establecer una clave para poder desproteger la hoja en el futuro (cuando vayamos a desproteger la hoja se nos pedirá esta contraseña y sólo se desprotegerá si tecleamos la correcta). Según escriba la contraseña irá apareciendo un asterisco por cada carácter que escriba, por lo que Excel la pedirá de nuevo cuando termine con el fin de asegurarse de que la escribió correctamente.

- En la lista **Permitir a los usuarios de esta hoja de cálculo** (**Proteger en la hoja de cálculo** en la versión 2000) puede ver ciertas funciones que podrán o no modificarse según se active o no la casilla correspondiente.

2. **Permitir que los usuarios modifiquen rangos** (no disponible en la versión 2000) lleva a un cuadro de diálogo en el que podremos establecer rangos de celdas de la hoja que podrán ser modificados por cualquier usuario. También podremos establecer qué funciones podrá modificar el usuario dentro de ese rango de celdas.

Ojo

Este siguiente cuadro de diálogo podría no disponer del botón Permisos..., que dependerá de si el disco está o no formateado con el sistema NTFS (en Windows NT, 2000, XP o 2003). En Windows Millennium o versiones anteriores, no existe. Con él para establecer qué usuarios tendrán privilegios para cambiar datos en el rango en cuestión.

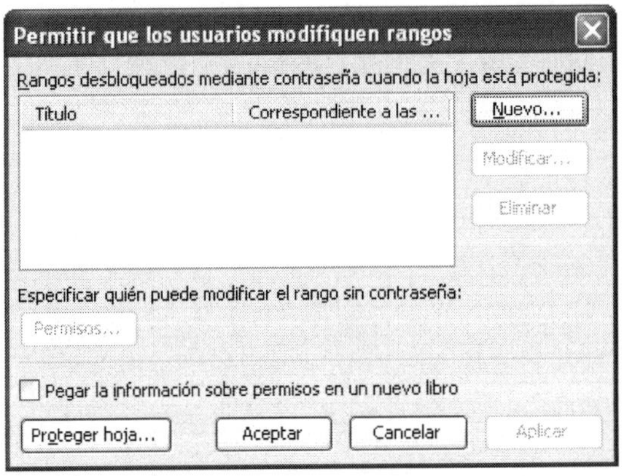

- Cuando pulse el botón [Nuevo...] Excel le ofrecerá otro cuadro de diálogo en el que deberá seleccionar el rango:

  a) Asigne un nombre al rango en el cuadro de texto **Título**.

  b) En el cuadro **Correspondiente a las celdas** teclee el rango (o utilice el botón para elegir las celdas en la hoja).

  c) Se puede añadir una clave en **Contraseña del rango**.

- El botón [Modificar...] permite cambiar un rango de la lista, así como los permisos de los usuarios que lo pueden alterar.

- El botón [Eliminar] permite borrar un rango de la lista.

3. **Proteger libro** activa la protección para el libro de trabajo completo (es la misma función que proteger hoja, sólo que protege todas las hojas del libro).

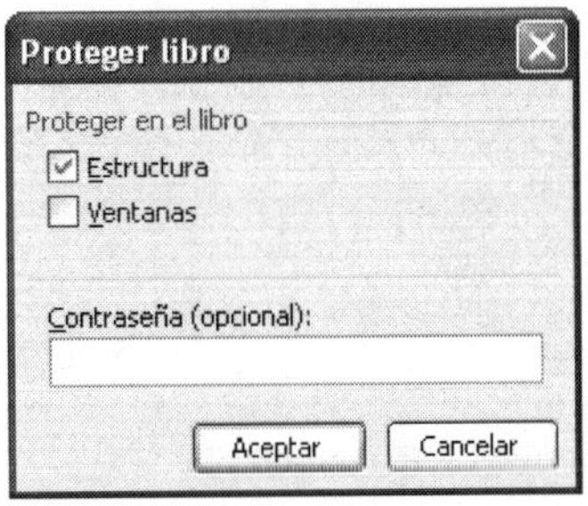

   - Y también pueden protegerse datos del libro como la **Estructura** (no se podrán eliminar, mover, etc., las hojas protegidas) y las **Ventanas** (no se podrán maximizar, ampliar, reducir, etc., las ventanas de las hojas protegidas).

   - Puede establecer una **Contraseña** que permitirá desprogeter el libro en el futuro.

4. **Proteger y compartir libro**. Se emplea si el libro de trabajo se puede compartir. De ese modo ningún otro usuario que comparta el libro podrá cambiar la protección de éste activando **Compartir con control de cambios**, lo que es útil únicamente si son varios los usuarios que van a utilizar el libro de trabajo al mismo tiempo.

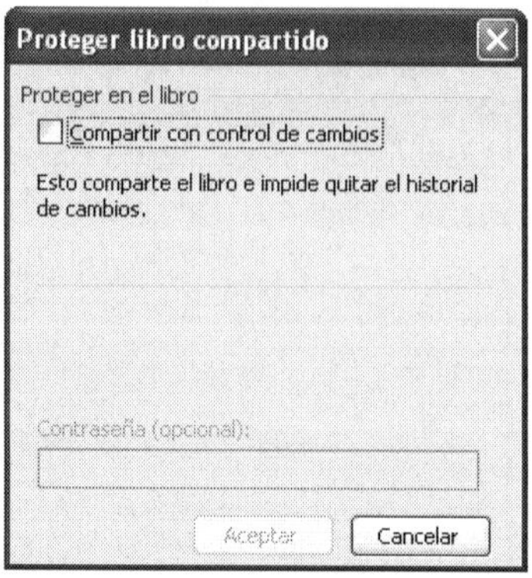

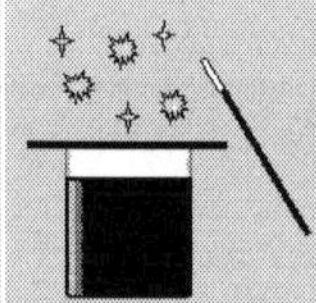

Si protege una hoja o el libro puede desprotegerse, ya que entonces el menú **Proteger** ofrecerá la opción **Desproteger hoja** (o **Desproteger libro**), con la que al activarse, la hoja volverá a estar completamente disponible para todos los usuarios, aunque, si asignó una contraseña, Excel se la pedirá en el momento de desproteger la hoja y deberá escribirla para continuar trabajando normalmente.

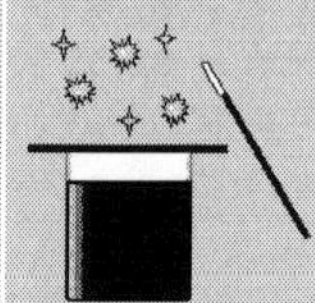

Puede proteger un libro de modo que nadie pueda grabarlo o abrirlo. Cuando vaya a grabar su libro utilice la lista desplegable **Herramientas** del cuadro de diálogo para elegir **Opciones generales**, con lo que obtendrá un cuadro de diálogo:

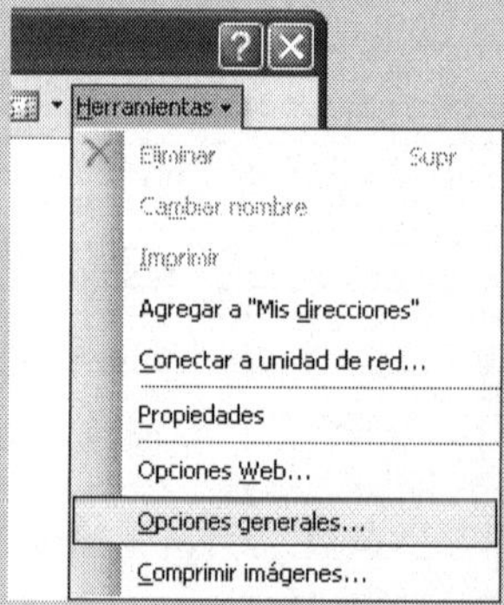

1. Teclee una clave en **Contraseña para abrir**. Esta contraseña no permitirá abrir el libro a ningún usuario que la desconozca. Excel le pedirá que teclee dos veces la contraseña para evitar posibles errores.

2. Teclee una clave en **Contraseña de escritura** si desea que el libro pueda abrirlo cualquiera pero no pueda grabarlo (ya que cuando se vaya a grabar, Excel solicitará dicha contraseña para poder hacerlo). Excel le pedirá que teclee dos veces la contraseña para evitar posibles errores.

COMPARTIR LIBROS

Compartir un documento consiste en que dos o más usuarios (que normalmente se encuentran conectados en red) utilicen un mismo documento al mismo tiempo.

Generalmente, un documento no puede ser utilizado por dos o más usuarios a la vez, ya que eso ocasionaría conflictos al programa: ¿Quién, de todos los usuarios, puede grabarlo? Si lo graba uno, otro no ve los cambios en su ordenador. ¿Y si dos usuarios cambian por su cuenta la misma parte del documento, qué cambios deben prevalecer? Por todo ello, la posibilidad de compartir archivos ha resultado siempre conflictiva. Sin embargo, debido a la naturaleza de Excel es posible compartir sus libros de trabajo, con ciertas precauciones.

Para compartir un libro se activará la opción **Compartir libro** del menú **Herramientas**, que ofrecerá el siguiente cuadro de diálogo:

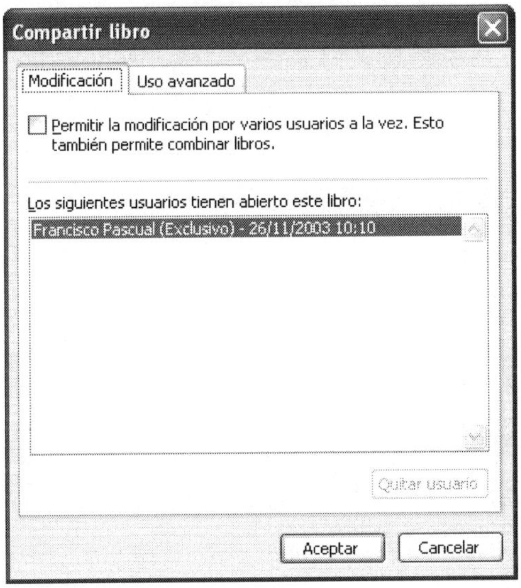

Inicialmente, este cuadro muestra el nombre del usuario que tiene abierto el libro y la fecha y hora en las que lo ha abierto. De momento ese archivo está abierto en modo exclusivo por ese usuario, lo que significa que ningún otro usuario puede abrirlo normalmente, ya que si lo hace obtendrá un cuadro de diálogo que le limita el acceso:

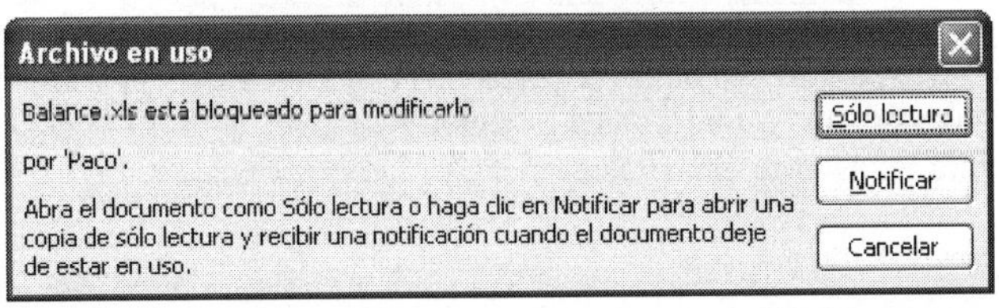

En este caso sólo podremos abrirlo en modo sólo lectura que implica que el usuario no podrá grabarlo (al menos con el mismo nombre o en el mismo sitio) y sólo podrá leerlo.

Ahora bien, si activamos la casilla **Permitir la modificación por varios usuarios a la vez**, dispondremos de la posibilidad de que varios usuarios utilicen el libro casi sin restricciones.

Si así lo hacemos, al pulsar el botón Aceptar Excel nos indicará que debemos grabar el libro en ese momento. Es necesario grabarlo para que Excel pueda compartirlo después. Al hacerlo, cualquier usuario podrá abrir el libro aunque ya lo estemos utilizando nosotros: todos los usuarios que abran el libro podrán ver el mensaje **[Compartido]** junto a su nombre en la barra de título de la ventana:

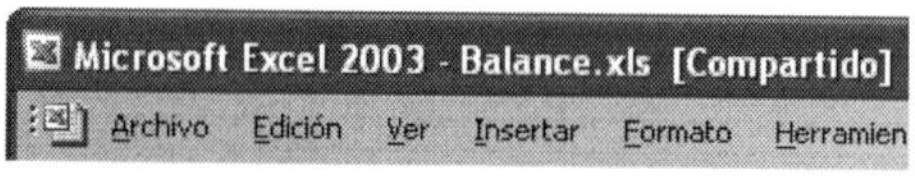

Después podremos establecer las condiciones en las que se compartirán los libros en el mismo cuadro de diálogo de compartir libros:

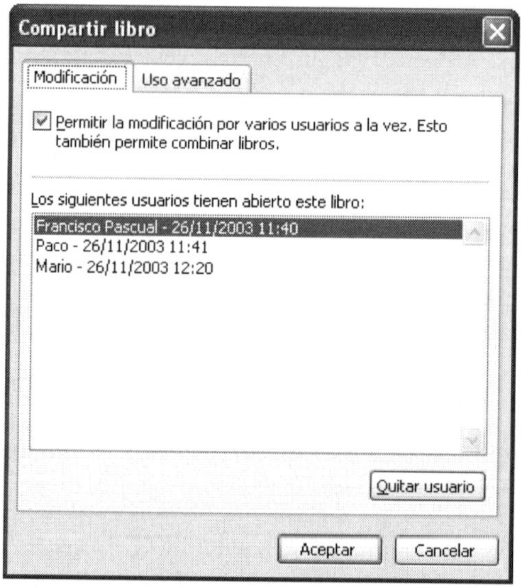

Observe que ahora la lista muestra todos los usuarios que mantienen abierto el libro en sus estaciones de trabajo. Puede impedir que un usuario siga utilizando el libro haciendo clic en la lista sobre él y pulsando el botón Quitar usuario.

Ojo Aunque nosotros obtendremos un mensaje de advertencia indicando que ese usuario ya no podrá grabar sus datos en el libro, él no recibirá advertencia alguna y continuará trabajando sin saber que ha sido "desconectado".

Por otro lado, disponemos de la ficha **Uso avanzado** para establecer el modo en el que se comparte el libro:

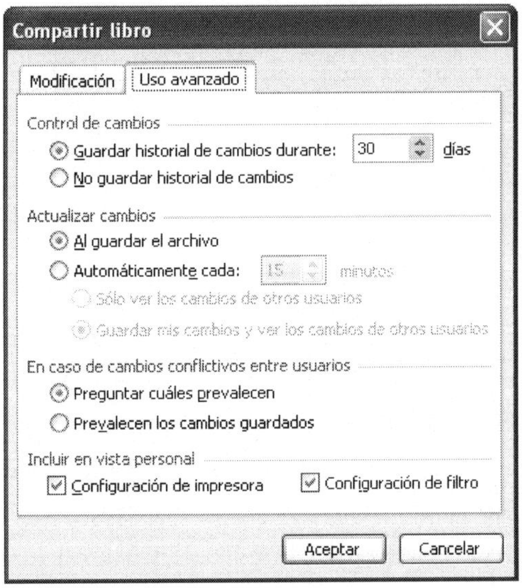

Gracias a esta ficha podremos establecer datos como por ejemplo, si aparece un conflicto entre datos de dos o más usuarios qué debe hacerse (normalmente **Preguntar cuáles prevalecen** para decidir en ese momento qué se hace).

ORDENACIONES

Excel permite ordenar los datos de las hojas basándose en tres criterios; es decir, si se encuentran dos elementos iguales para el primer criterio, se buscarán datos para ordenar en el segundo criterio (y lo mismo en un tercer criterio). Por ejemplo, supongamos que deseamos ordenar una lista de productos y sus marcas. Consideraremos como primer criterio los nombres de los productos y como segundo criterio sus marcas. Si ejecutamos la ordenación, Excel irá colocando por orden alfabético los productos de la lista y, en caso de encontrar dos elementos iguales, los ordenará según la marca, que es el segundo criterio.

	A	B	C	D	E
1	Producto	Marca		Precio	
2					
3	Yogures	Tuplait		2000	
4	Gaseosa	La inquilina		2000	
5	Aceite	Koipeluna		1999	
6	Aceite	Cartonell		1999,5	
7	Chorizo	Requetevilla		2001	
8	Leche	El trastillo		2000	
9	Papel higiéni	Escotes		2001	
10	Whisky	Doble B		1999	
11					

Lista antes de ordenar por los dos criterios

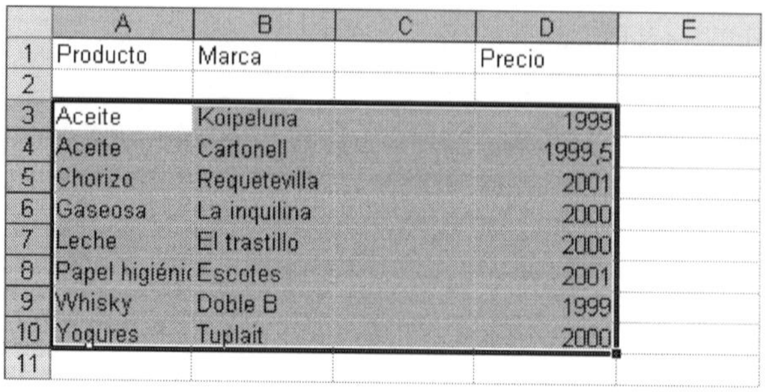

He aquí la lista después de la ordenación. Observe en la columna Marca *cómo éstas también aparecen ordenadas cuando se repite un dato de la columna* Producto *(*Aceite*)*

Podríamos haber establecido como tercer criterio el *Precio*, de modo que, en caso de que se repitiera también la marca, se ordenaran según su precio.

Lo primero que se necesita para ordenar una lista de datos es seleccionar el rango de celdas que contiene la lista. El resultado ordenado quedará ubicado en la misma situación en que estaban los datos desordenados. Una vez seleccionado el rango de celdas, utilizaremos la opción **Ordenar** del menú **Datos**. Al hacerlo, obtenemos un cuadro de diálogo que nos permite indicar las especificaciones necesarias en la ordenación que vayamos a llevar a cabo.

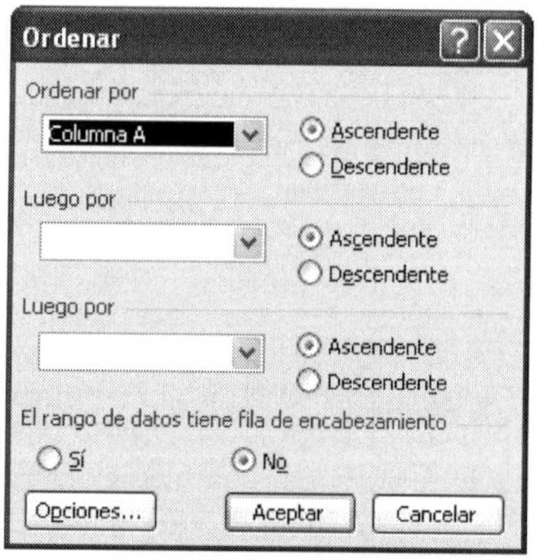

1. Utilice el grupo **Ordenar por** para establecer cuál es la columna que contiene los datos del primer criterio. En el ejemplo que pusimos antes, deberíamos establecer la columna que contenga los productos del rango que se va a ordenar. Normalmente, aparece por defecto la primera columna del rango que hayamos seleccionado.

2. Active el botón de opción **Ascendente** si desea que la ordenación se lleve a cabo de menor a mayor y **Descendente** si desea que se realice de mayor a menor. Si los datos que se van a ordenar son de tipo texto, *Ascendente* establece orden alfabético de la A a la Z y *Descendente* de la Z a la A.

3. Utilice del mismo modo los otros dos criterios (las listas **Luego por**) y su tipo de orden para llevar a cabo la ordenación con varios criterios.

4. Si se pulsa el botón [Opciones...], se obtiene otro cuadro de diálogo que nos permite cambiar las especificaciones de la ordenación:

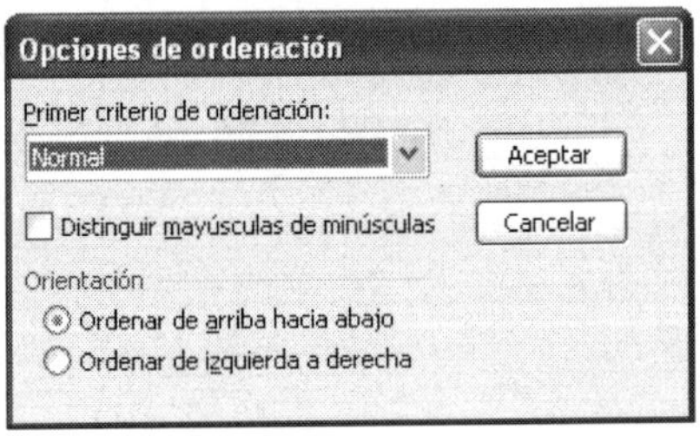

- **Primer criterio de ordenación** permite elegir otro criterio para realizar la clasificación. Utilícelo, por ejemplo, cuando la lista que se va a ordenar contenga los días de la semana, ya que, de ese modo, Excel los ordenará correctamente (Lunes, Martes, etc.) sin tener en cuenta el orden alfabético o numérico. El caso es el mismo si la lista que se va a ordenar contiene los nombres de los meses del año.

- Si no se activa **Distinguir mayúsculas de minúsculas**, Excel no las diferenciará y dará igual que los datos estén escritos en mayúsculas o minúsculas (o mezclados).

- El grupo **Orientación** le permite establecer si la ordenación se llevará a cabo por filas (**Ordenar de arriba hacia abajo**) o por columnas (**Ordenar de izquierda a derecha**). El ejemplo que pusimos era de una ordenación por filas (el resultado es que la columna presenta las filas ordenadas), pero puede hacerse la ordenación por columnas, si así están dispuestos los datos en la hoja de cálculo:

	A	B	C	D	E	F	G	H	I	J	K
1	Producto		Aceite	Aceite	Chorizo	Gaseosa	Leche	Papel higiéni	Whisky	Yogures	
2	Marca		Cantonell	Kuipeluna	Requetevilla	La inquilina	El trastillo	Escotes	Doble B	Tuplait	
3											
4	Precio		1999,5	1999	2001	2000	2000	2001	1999	2000	
5											

Para ordenar rápidamente tenemos los botones: [A→Z↓]: Ascendentemente (de la A a la Z si son datos de texto) y [Z→A↓]: Descendentemente (de la Z a la A si son datos de texto).

Tenga en cuenta que la ordenación siempre es alfabética si se trata de datos de texto. Así, aunque escriba los meses del año desordenados, Excel no los colocará en su orden natural sino alfabéticamente.

VALIDACIÓN DE DATOS

La validación de datos de Excel se encarga de comprobar si los datos que tecleamos en las celdas son los adecuados o no.

Para ello, debemos seleccionar las celdas que vamos a validar y luego acceder al menú **Datos** y elegir **Validación**. Esto nos llevará al siguiente cuadro de diálogo:

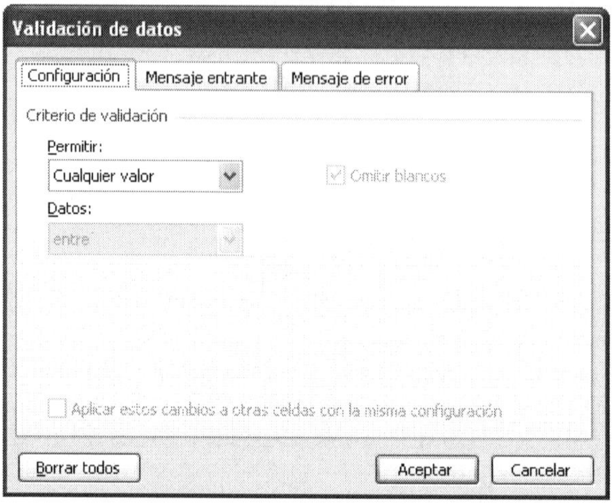

1. Despliegue la lista **Permitir** para elegir lo único que se podrá escribir en las celdas (vea la figura junto al margen derecho).

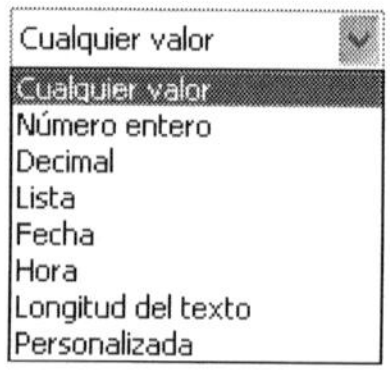

2. Cuando elija uno de estos datos el cuadro de diálogo mostrará los elementos necesarios para establecer la limitación. Por ejemplo, si selecciona **Número entero** no se podrán teclear valores con decimales en las celdas seleccionadas, pero además el cuadro ofrecerá más limitaciones:

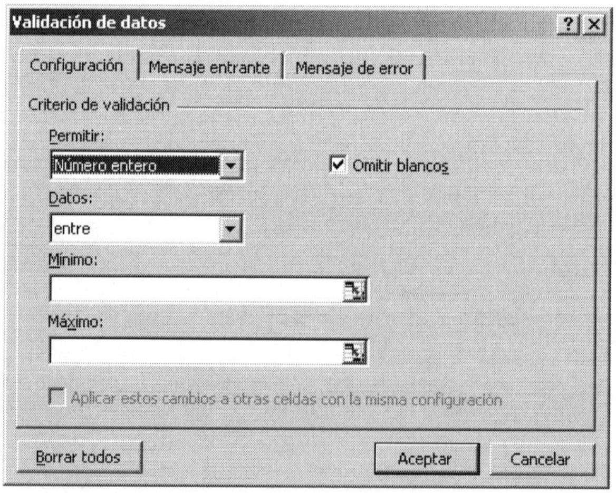

En la lista **Datos** podrá elegir la condición que limite la escritura de datos en las celdas. Por ejemplo, puede seleccionar **Entre** lo cual implicará que sólo se podrán escribir datos comprendidos entre el valor que tecleemos en **Mínimo** y el que tecleemos en **Máximo**.

Una opción muy útil de la lista desplegable **Permitir** es **Lista**, que ofrece la posibilidad de seleccionar celdas que contengan datos a ser listados. De ese modo, el usuario que emplee la hoja de cálculo podrá "desplegar" la celda para elegir uno de esos datos en lugar de tener que teclearlo manualmente.

Por otra parte, observe que el cuadro de diálogo dispone de dos fichas más:

1. La ficha **Mensaje entrante** permite teclear las advertencias para que el usuario no se equivoque al escribir en las celdas afectadas.

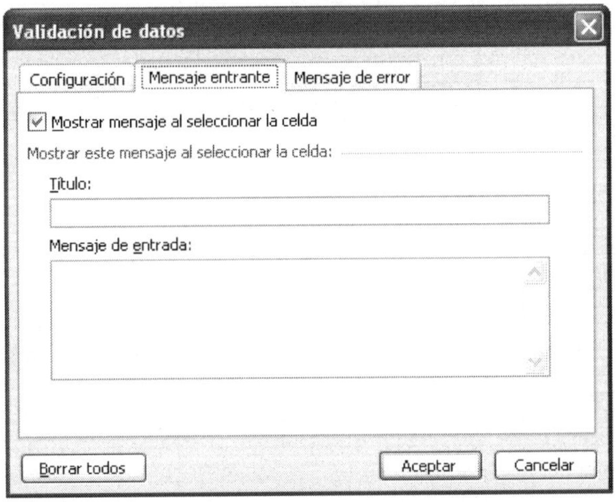

- En el cuadro de texto **Título** escriba un rótulo de advertencia (como *¡Atención!*).

- En la lista **Mensaje de entrada** teclee el texto de advertencia indicando las limitaciones de la celda.

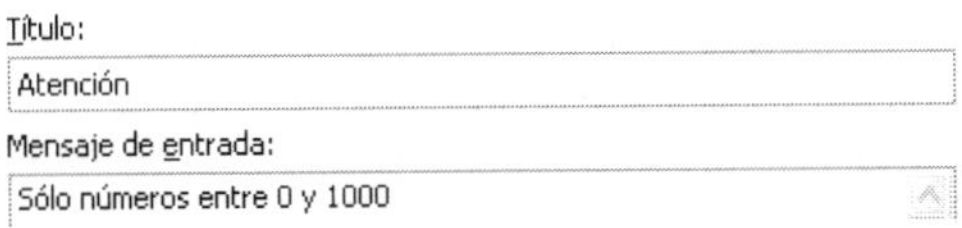

Si escribimos estos mensajes en el cuadro de diálogo...

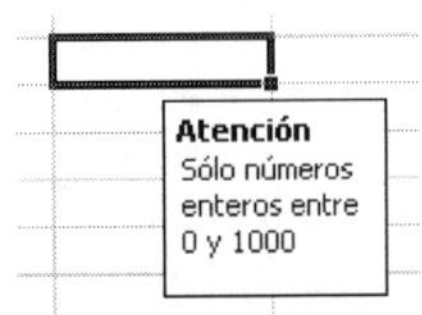

... al hacer clic en una celda afectada (o pasar por ella con las teclas del cursor) aparecerá este mensaje

2. La ficha **Mensaje de error** permite teclear los mensajes que Excel debe mostrar si el usuario teclea valores incorrectos en las celdas afectadas (puede verla en la figura de la página siguiente):

   - Con la lista **Estilo** puede elegir el icono que aparecerá junto al mensaje de error. Según el icono que se elija, el sistema será más o menos inflexible a la hora de permitir que un valor incorrecto quede o no escrito en la celda.

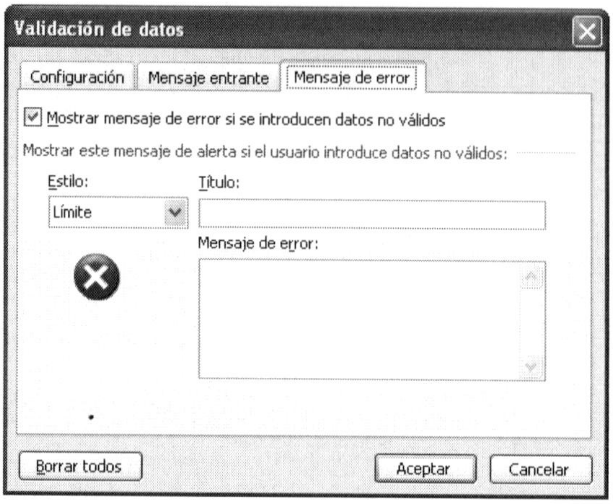

- En **Título** escriba un mensaje que aparecerá encabezando el cuadro de diálogo con el error.
- En la lista **Mensaje de error** teclee el texto que deba informar del error al usuario cuando teclee un valor incorrecto en la celda.

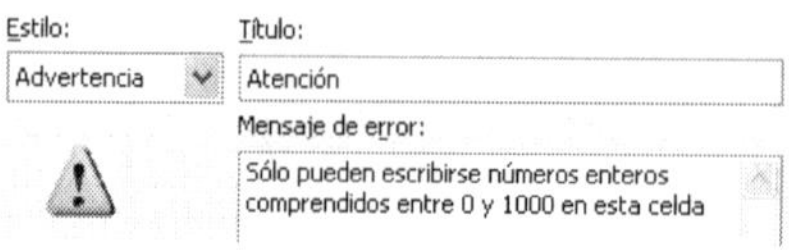

Si escribimos estos mensajes en el cuadro de diálogo...

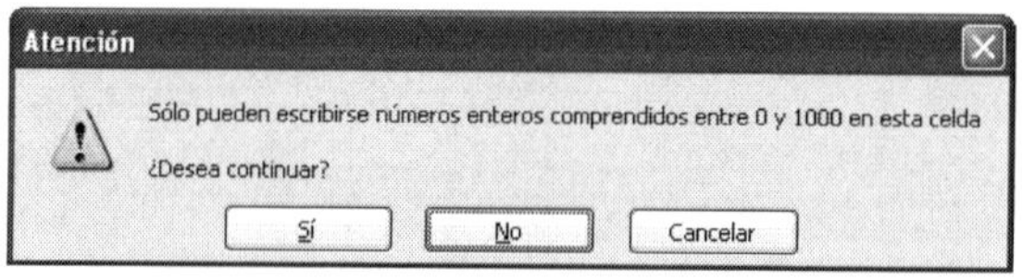

... cuando el usuario teclee un valor incorrecto en la celda aparecerá este mensaje de error.

AUTOCALCULAR

La función de autocalcular nos ofrece el resultado de una operación sencilla antes de que la incorporemos a la hoja de cálculo. Resulta muy práctico siempre que necesitemos realizar un cálculo sencillo sin que quede reflejado en la hoja. El resultado podremos verlo hacia la derecha de la barra de estado (en la parte inferior de la hoja) y basta con seleccionar un bloque de celdas que contengan datos numéricos. Un ejemplo:

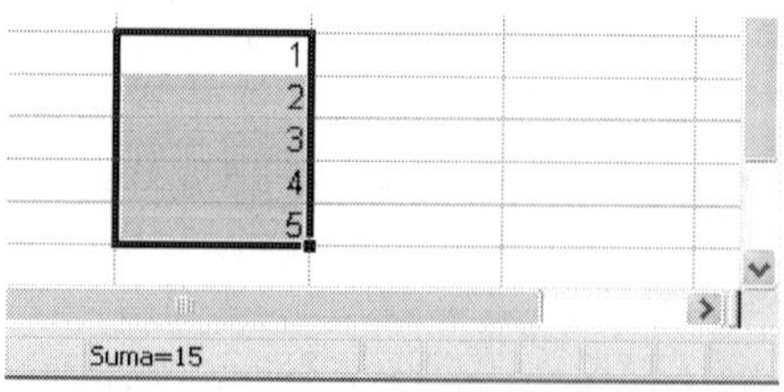

Excel ofrece más operaciones sencillas para autocalcular (no únicamente la suma). Si deseamos cambiar de operación, basta con llevar el ratón hasta el apartado de autocalcular en la barra de estado y pulsar sobre él el botón derecho (secundario) del ratón. Obtendremos un menú con las operaciones disponibles:

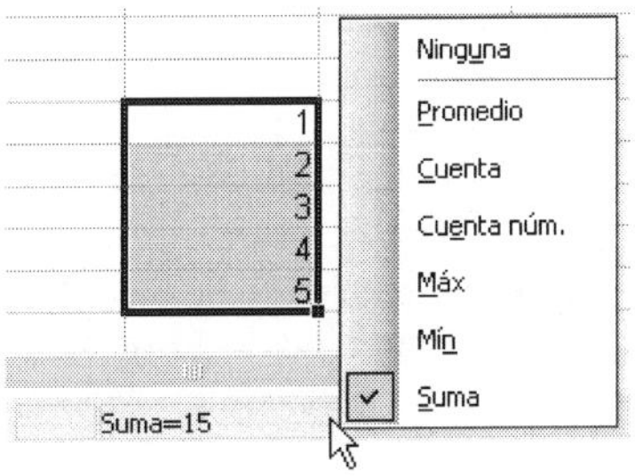

Como vemos, por defecto aparece activa la función **Suma**, pero podremos elegir entre el resto de las funciones, como, por ejemplo, **Promedio**, que realiza la media aritmética del bloque de celdas, o **Máx** que muestra el valor más alto que haya en dicho bloque.

BUSCAR OBJETIVOS

Cuando una fórmula depende de un valor desconocido para mostrar un resultado, podemos utilizar la función de búsqueda de objetivos para que Excel localice un valor que ofrezca el resultado adecuado.

Imagine una lista de datos que conforman una fórmula cuyo resultado es incompleto debido a que desconocemos uno de esos datos. Por ejemplo, disponemos de una lista de ingredientes para cocinar una tarta de 1 kilo de peso pero desconocemos la cantidad que hay que añadir de uno de los ingredientes:

	A	B	C
1		Cantidad (grs.)	
2	Azúcar	100	
3	Chocolate	200	
4	Harina	200	
5	Mermelada	200	
6	Huevos		
7			
8	Total	700	
9			

En esta lista de la figura conocemos las cantidades de azúcar, chocolate, harina y mermelada que debemos añadir pero desconocemos la cantidad de huevos (en gramos) que debemos añadir para que la tarta pese 1 kilo cuando acabemos. Lo cierto es que podemos calcular ese valor nosotros, pero Excel puede ayudarnos.

Sitúese en la celda cuya fórmula contiene el dato que deberá ser definitivo (en nuestro caso, hacemos clic en B8 debido a que contiene la fórmula que suma todos los ingredientes y que, por el momento, ofrece como resultado 700 grs.). Acceda al menú **Herramientas** y seleccione **Buscar objetivo**. Obtendrá el siguiente cuadro de diálogo:

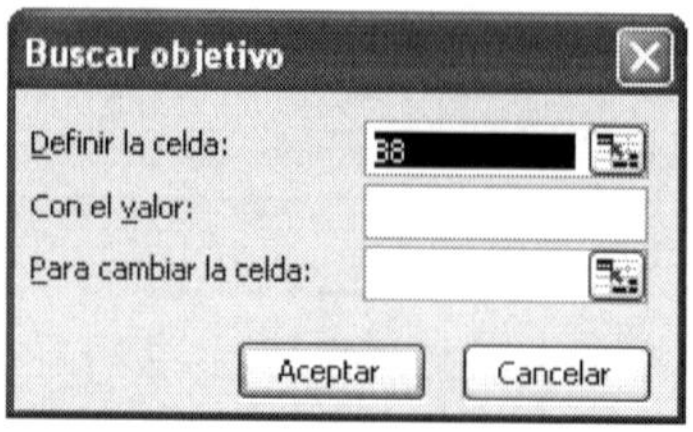

1. En el cuadro de texto **Definir la celda** debe teclear la dirección de la celda que debe contener el resultado (la que contiene la fórmula, en nuestro caso B8, donde está la fórmula que da 700).

2. En el cuadro de texto **con el valor** teclee la cantidad que se desea alcanzar (en nuestro caso 1000, ya que deseamos que el resultado alcance 1 kilo).

3. En el cuadro de texto **para cambiar la celda** escriba la dirección de la celda cuyo valor desconoce (en nuestro caso la celda es B6 que corresponde a la cantidad de huevos en gramos que desconocemos).

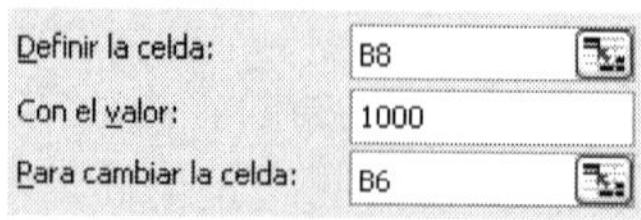

4. Al pulsar [Aceptar], Excel se pondrá a trabajar para intentar localizar el valor que nos falta. Si lo encuentra, ofrecerá un cuadro con el resultado y asignará el dato que falta a la celda en cuestión (en nuestro caso a B6).

BARRA DE HERRAMIENTAS *EUROVALUE*

Excel ofrece una pequeña barra de herramientas especial (no existe en la versión 2000) para conocer el cambio de moneda con respecto al euro: se trata de *EuroValue*.

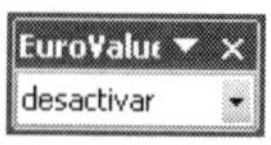

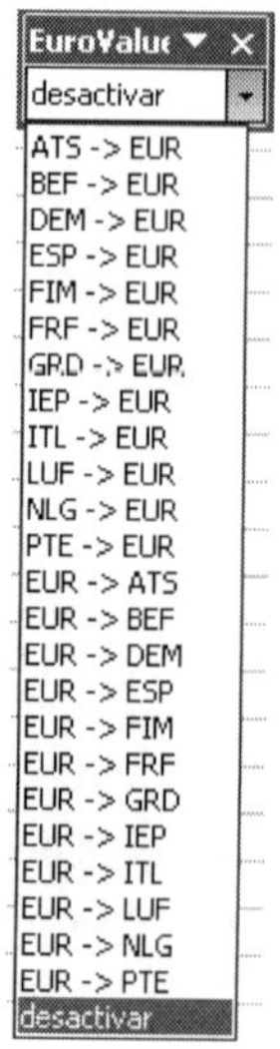

Esta barra de herramientas aparece siempre la primera vez que se accede a Excel, y mientras no la cerremos. Si se cierra por error o por necesidad, puede volver a mostrarse mediante el menú **Ver**, seleccionando **Barras de herramientas** y, en el submenú que aparece, eligiendo **EuroValue**.

Una vez que la barra se encuentra en la pantalla, podemos desplegar la lista cuyo dato inicial será **desactivar** (vea la figura junto al margen). Elija las monedas para la conversión: la primera indicará la moneda en la que estén escritos los datos en la hoja y la segunda indicará la moneda en la que deben expresarse los datos en la barra EuroValue. Observe que, en realidad se trata de los países (no de sus monedas) excepto en el caso del euro (EUR).

Así, seleccione **ESP -> EUR** si los datos de su hoja están escritos en pesetas y desea que la barra le muestre esos datos en euros (si lo desea al revés, elija **EUR -> ESP**).

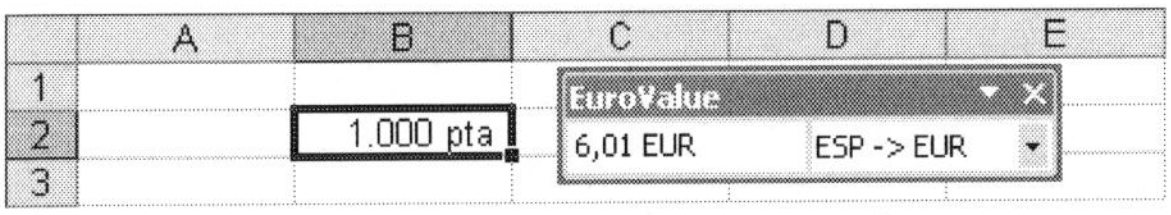

Si selecciona varias celdas con cantidades en pesetas, la barra EuroValue mostrará la suma de todas esas cantidades en euros (siempre y cuando en dicha barra haya seleccionado previamente el dato **ESP -> EUR**).

Relacionado con la barra EuroValue está también el botón de la barra de herramientas (no existe en la versión 2000). Este botón lleva a un cuadro de diálogo en el que podremos realizar la tarea de conversión en varias celdas (en un rango):

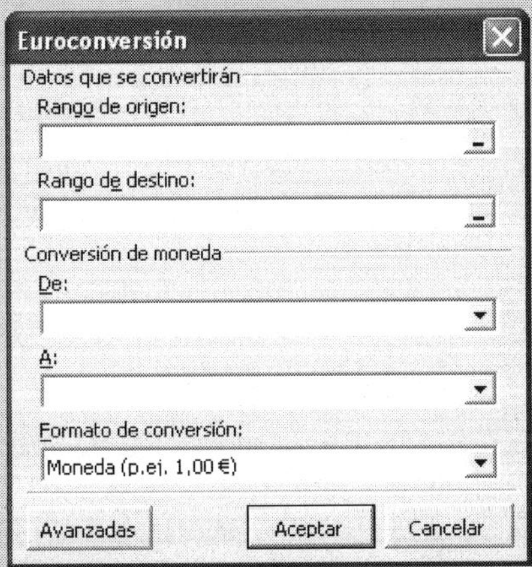

1. Elija el **Rango de origen** para indicar las celdas en las que están escritos los valores monetarios.
2. Establezca el **Rango de destino** para indicar en qué celdas deben aparecer los valores convertidos a otra moneda (este rango debe tener el mismo tamaño en filas y columnas que el **Rango de origen**).
3. Elija la moneda en la que están escritos los valores monetarios originales en la lista desplegable **De**.
4. Elija la moneda a convertir en la lista desplegable **A**.

CARACTERES ESPECIALES Y SÍMBOLOS

Cuando necesite escribir en las celdas un símbolo que no aparezca en el teclado, podrá insertar uno de los denominados caracteres especiales. Active la opción **Símbolo** en el menú **Insertar** y obtendrá una tabla en la que podrá elegir el carácter que desea añadir al texto:

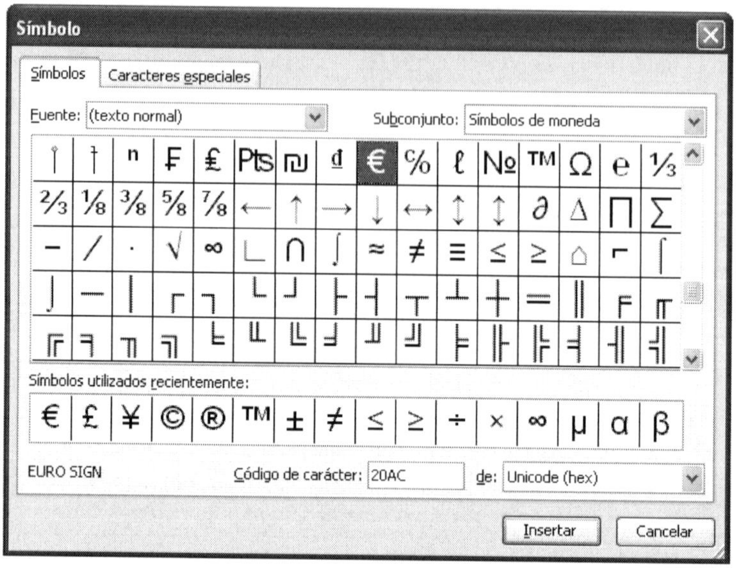

1. Con la ficha **Símbolos** puede indicar el tipo de letra (o juego de caracteres) que desea para insertar el carácter especial activando la lista **Fuente**.

2. Utilice el ratón o las teclas del cursor para seleccionar el carácter que desee y pulse el botón Insertar. Si conoce el código que corresponde al carácter que desea incorporar al texto, puede teclearlo en el cuadro de texto **Código de carácter**.

Si activa la ficha **Caracteres especiales**, el cuadro de diálogo cambiará para mostrarle otra lista de aspecto similar:

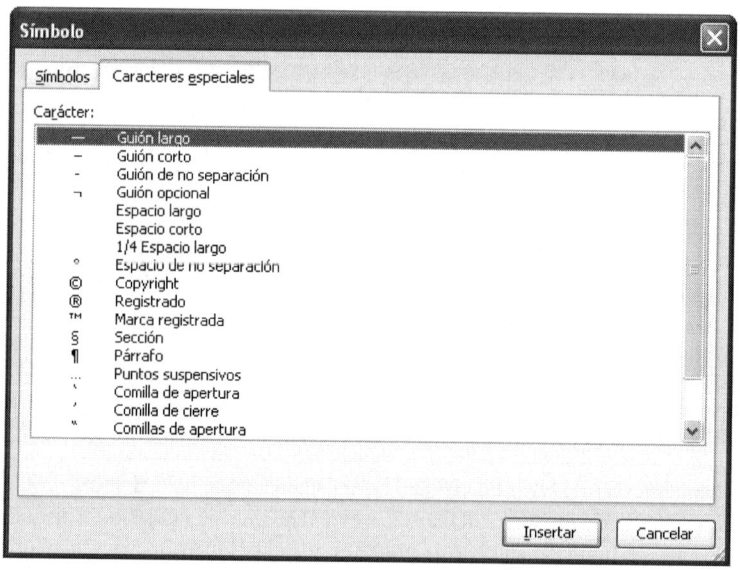

En este cuadro se presentan ciertos caracteres tipográficos especiales. Junto a ellos aparecen las descripciones de lo que representan y las combinaciones de teclas que pueden pulsarse mientras se escribe el texto para que aparezca cada carácter especial.

En cuanto a los botones que aparecen en la parte inferior del cuadro sus funciones son idénticas a las detalladas para la ficha **Símbolos**.

TEXTO EN COLUMNAS

Si dispone de una celda en la que hay escritos datos que deban colocarse uno por celda (por ejemplo, datos importados de otros documentos, como un texto de Word), Excel ofrece una herramienta con la que podemos realizar la operación automáticamente.

Imagine, por ejemplo, que tiene escritos en una sola celda todos los meses del año y que desea que cada mes quede escrito en una columna. Para ello haga clic en la celda en cuestión y luego acceda al menú **Datos** y seleccione **Texto en columnas**. Esto le llevará al siguiente cuadro de diálogo:

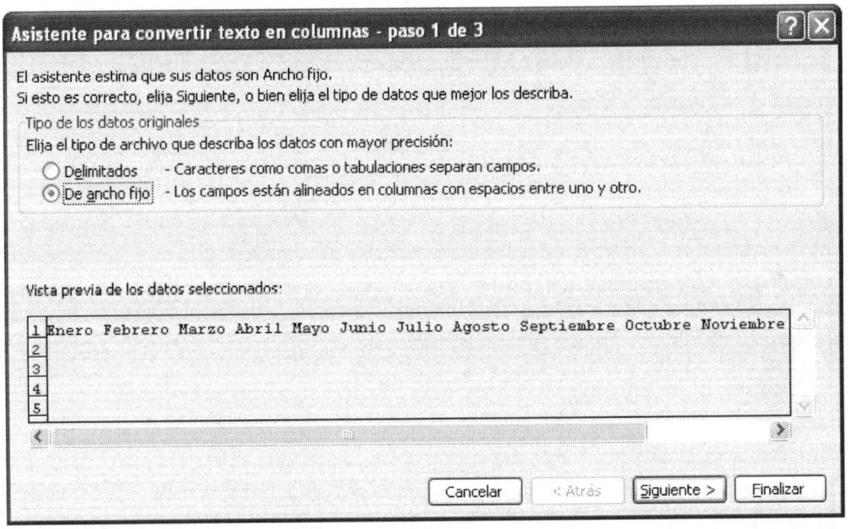

En este paso Excel trata de asegurarse de que los datos de la celda están separados por el mismo símbolo (por ejemplo, un espacio en blanco, una coma o una tabulación). Elija el botón que corresponda y pulse Siguiente > para acceder a un nuevo paso del asistente (vea la primera figura de la página siguiente).

En él se pueden observar los datos separados por las flechas verticales que indican cómo quedará el texto distribuido por columnas: si necesita otra distribución, haga clic en una de las flechas y arrástrela hasta situarla en el lugar adecuado. También puede añadir más flechas haciendo clic entre medias de otras dos y puede eliminar una flecha haciendo doble clic en una.

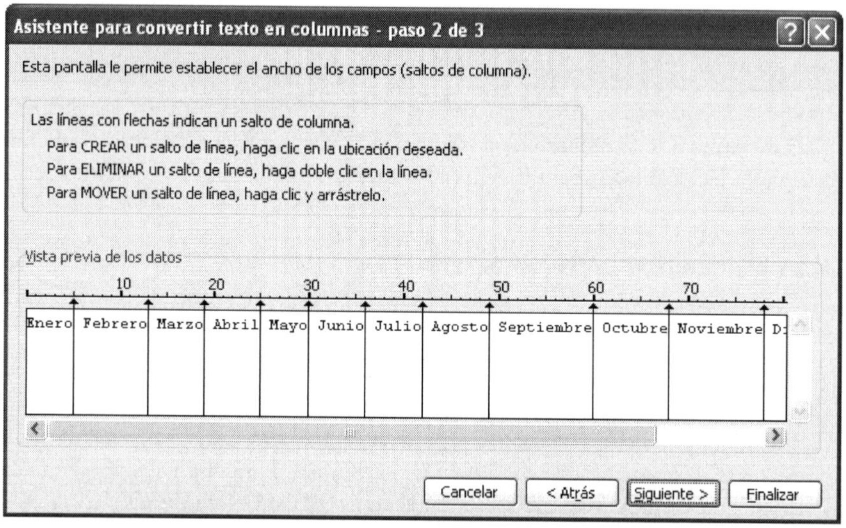

Cuando pulse [Siguiente >] aparecerá el último paso del asistente:

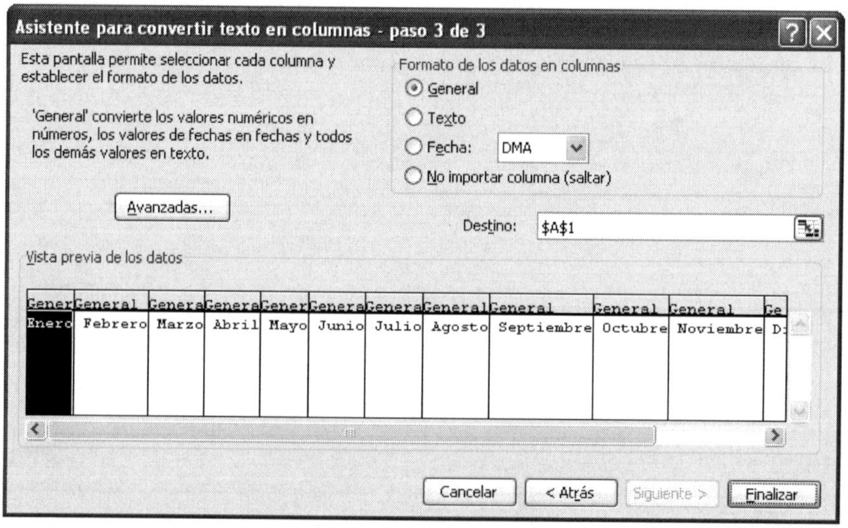

En este último paso puede elegir de qué tipo deben considerarse los datos una vez que estén en cada celda (**General**, **Texto**, **Fecha**, etc.), así como el lugar en el que deberá comenzar a distribuirse los datos por columnas (**Destino**). Luego, pulse [Finalizar] para obtener el resultado.

AGRUPAR CELDAS Y ESQUEMAS

En ocasiones resulta muy práctico agrupar datos de celdas por temas. Esto nos posibilita ocultar y mostrar fácilmente datos que pertenezcan a esos temas. Para agrupar celdas basta con seleccionarlas y acceder al menú **Datos**, en el que seleccionaremos **Agrupar y esquema**: en el submenú que aparezca elegiremos **Agrupar**. Esta opción le ofrecerá el siguiente cuadro de diálogo:

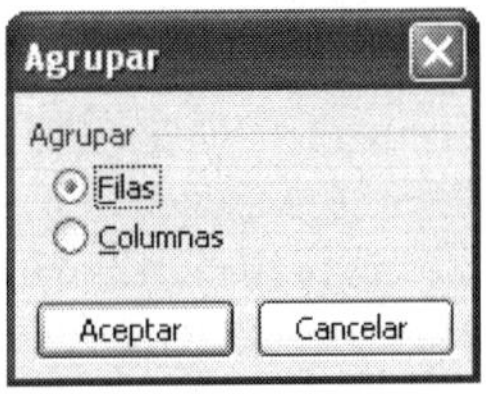

Deberá elegir si va a agrupar las celdas que ha seleccionado por **Filas** o por **Columnas**. Luego, al pulsar [Aceptar] aparece la barra de filas y, en ella, veremos unas "llaves" que agrupan nuestros datos. Por ejemplo, si hemos agrupado por filas, observaremos lo siguiente:

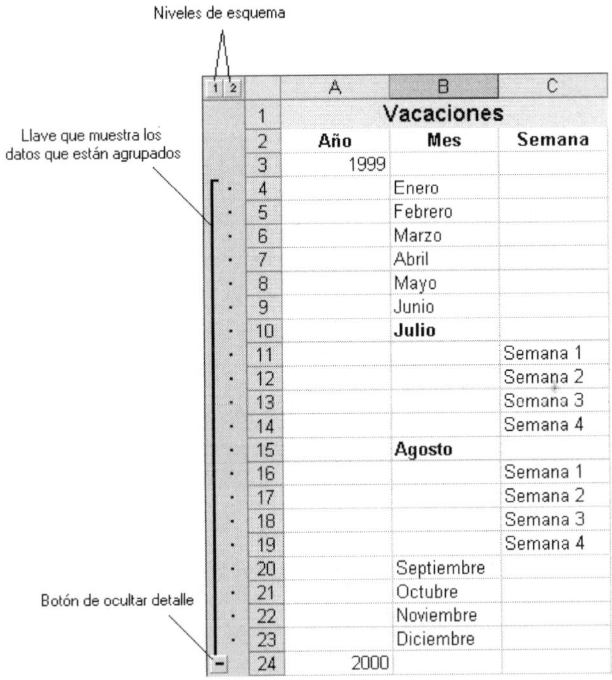

Pulse el botón de **Ocultar detalle** (−) para contraer los elementos agrupados: el resultado es como si los ocultara. Podrá observar, además, que el botón **Ocultar detalle** (−) cambia de aspecto y pasa a llamarse **Mostrar detalle** (+): si lo pulsa se volverá a desplegar la lista de datos agrupados. Las funciones **Ocultar detalle** y **Mostrar detalle** puede encontrarlas también en la opción **Agrupar y esquema** del menú **Datos**.

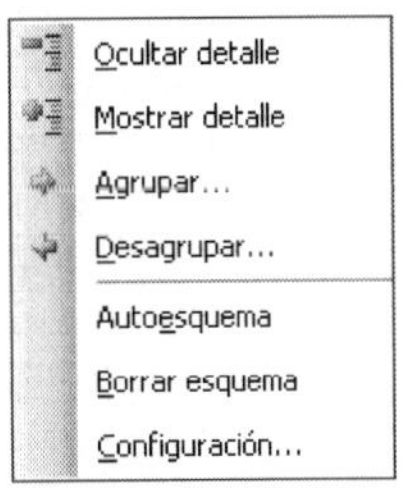

Si necesita **Desagrupar** los datos, seleccione esa opción en este menú.

Si selecciona varias celdas que ya se encuentren agrupadas (normalmente sin seleccionar todo el grupo) y volvemos a agruparlas, estaremos creando un esquema de tres niveles y aparecerá una nueva llave dentro de la anterior que indica las celdas agrupadas. Un ejemplo completo:

	A	B	C
1	Vacaciones		
2	**Año**	**Mes**	**Semana**
3	1999		
4		Enero	
5		Febrero	
6		Marzo	
7		Abril	
8		Mayo	
9		Junio	
10		**Julio**	
11			Semana 1
12			Semana 2
13			Semana 3
14			Semana 4
15		**Agosto**	
16			Semana 1
17			Semana 2
18			Semana 3
19			Semana 4
20		Septiembre	
21		Octubre	
22		Noviembre	
23		Diciembre	
24	2000		
25		Enero	

Esquema de tres niveles desplegado

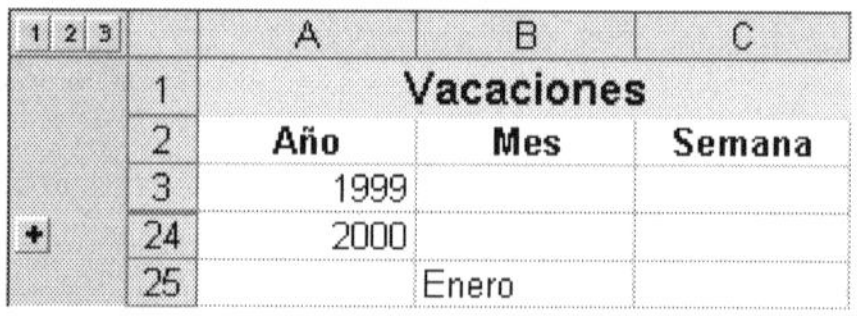

	A	B	C
1	Vacaciones		
2	**Año**	**Mes**	**Semana**
3	1999		
24	2000		
25		Enero	

El mismo esquema plegado

En cualquier momento puede borrar el esquema completo (no así los datos de las celdas que lo componen) accediendo al menú **Datos**, seleccionando **Agrupar y esquema** y, en el submenú que aparece, eligiendo **Borrar esquema**.

La función **Borrar esquema** no se puede deshacer, lo que le obligaría a crearlo de nuevo completamente si así lo necesita.

SUBTOTALES

Excel incorpora una función que permite realizar totales automáticamente siempre y cuando coloquemos los datos en las celdas de una forma concreta. Si así lo hacemos, el sistema realizará sumas (u otras funciones similares como la media aritmética, el valor más alto, etc.) automáticamente por grupos de datos. Las condiciones necesarias son:

1. Colocar una primera fila a modo de rótulo.
2. Colocar datos repetidos por filas (categorías), incluso con varios niveles si es necesario.
3. Disponer de, al menos, una columna con datos numéricos con los que se pueda operar.

Ejemplo:

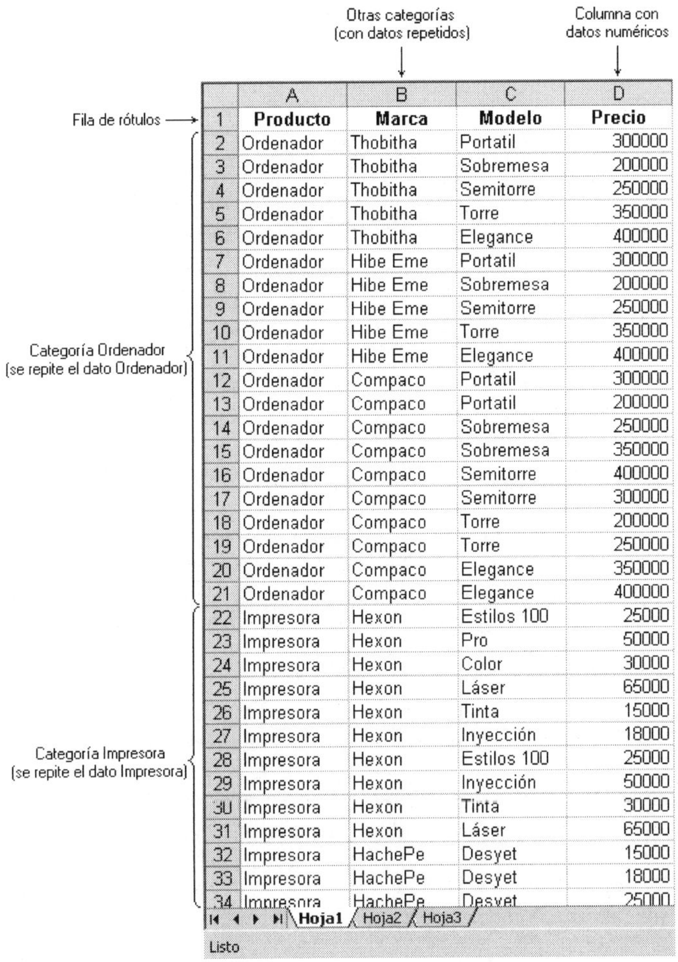

	A	B	C	D
1	**Producto**	**Marca**	**Modelo**	**Precio**
2	Ordenador	Thobitha	Portatil	300000
3	Ordenador	Thobitha	Sobremesa	200000
4	Ordenador	Thobitha	Semitorre	250000
5	Ordenador	Thobitha	Torre	350000
6	Ordenador	Thobitha	Elegance	400000
7	Ordenador	Hibe Eme	Portatil	300000
8	Ordenador	Hibe Eme	Sobremesa	200000
9	Ordenador	Hibe Eme	Semitorre	250000
10	Ordenador	Hibe Eme	Torre	350000
11	Ordenador	Hibe Eme	Elegance	400000
12	Ordenador	Compaco	Portatil	300000
13	Ordenador	Compaco	Portatil	200000
14	Ordenador	Compaco	Sobremesa	250000
15	Ordenador	Compaco	Sobremesa	350000
16	Ordenador	Compaco	Semitorre	400000
17	Ordenador	Compaco	Semitorre	300000
18	Ordenador	Compaco	Torre	200000
19	Ordenador	Compaco	Torre	250000
20	Ordenador	Compaco	Elegance	350000
21	Ordenador	Compaco	Elegance	400000
22	Impresora	Hexon	Estilos 100	25000
23	Impresora	Hexon	Pro	50000
24	Impresora	Hexon	Color	30000
25	Impresora	Hexon	Láser	65000
26	Impresora	Hexon	Tinta	15000
27	Impresora	Hexon	Inyección	18000
28	Impresora	Hexon	Estilos 100	25000
29	Impresora	Hexon	Inyección	50000
30	Impresora	Hexon	Tinta	30000
31	Impresora	Hexon	Láser	65000
32	Impresora	HachePe	Desyet	15000
33	Impresora	HachePe	Desyet	18000
34	Impresora	HachePe	Desyet	25000

El método de subtotales de Excel se encargará de sumar según las categorías (los datos repetidos en las filas).

Para realizar la operación, sitúe el cursor en una de las celdas de la lista de datos, acceda al menú **Datos** y seleccione **Subtotales**. Excel seleccionará toda la lista y ofrecerá un cuadro de diálogo (véalo en la figura de la página siguiente):

1. Despliegue la lista **Para cada cambio en** para elegir la columna con la que quiere obtener los subtotales. En nuestro ejemplo anterior, si desea que Excel genere un subtotal para ordenadores y otro para impresoras, seleccione **Producto** (que es la columna a la que pertenecen ambos), mientras que si desea que los subtotales se calculen por **Marcas**, seleccione eso en la lista.

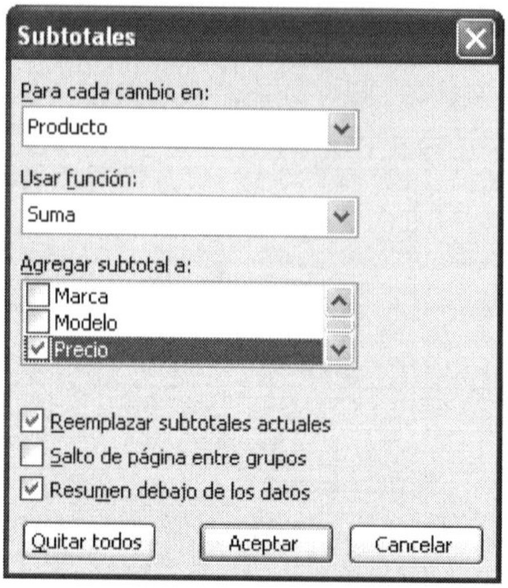

2. Después, utilice la lista **Usar función** para elegir el cálculo que debe realizar el subtotal. Aunque por norma general es la **Suma**, puede seleccionar otras operaciones sencillas de cálculo como la media aritmética (**Promedio**), el valor más alto (**Máx**) o que se realice un recuento de las cantidades (**Contar números**).

3. Active la casilla de la columna que contenga los datos numéricos en la lista **Agregar subtotal a**. Si sólo dispone de una columna de datos numéricos únicamente podrá activar ésa para obtener un resultado correcto.

4. Si ya tiene un subtotal calculado y no desea que Excel lo elimine al hacer el nuevo, desactive la casilla **Reemplazar subtotales actuales**.

5. Si activa la casilla **Salto de página entre grupos**, cuando imprima los datos en papel conseguirá que Excel coloque cada grupo de subtotales en una página.

6. Excel calculará un total de todos los valores de la columna numérica: si desea que ese total aparezca en la parte inferior del listado, active la casilla **Resumen debajo de los datos**.

7. Si ya tiene unos subtotales calculados y desea eliminarlos, simplemente pulse el botón Quitar todos. Este botón cierra automáticamente el cuadro de diálogo sin que necesite pulsar Aceptar.

8. Una vez que termine, pulse Aceptar y Excel mostrará los resultados en la hoja de cálculo.

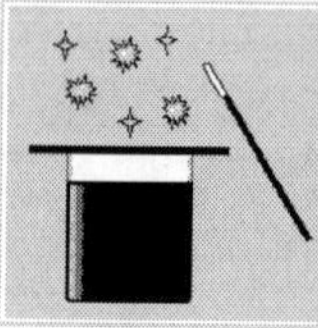

Utilice los niveles de esquema para resumir los resultados y poder así hacer otras operaciones con ellos fácilmente como, por ejemplo, crear un gráfico. Para conocer el modo de crear un gráfico consulte el capítulo 18: ***Gráficos matemáticos***.

INTRODUCCIÓN A LAS TABLAS DINÁMICAS

Excel ofrece un excelente y completo sistema de resumen de datos de forma automática siempre y cuando éstos se coloquen en la hoja manteniendo las mismas condiciones que hemos visto en el apartado de ***Subtotales***:

1. Colocar una primera fila a modo de rótulo.
2. Colocar datos repetidos por filas (categorías), incluso con varios niveles si es necesario.
3. Disponer de, al menos, una columna con datos numéricos con los que se pueda operar.

Cuando la tabla dinámica está definida, resulta muy sencillo cambiar sus datos para mostrarlos desde diferentes puntos de vista sin alterar en lo más mínimo los datos originales.

Para mostrar algunas de las capacidades de las tablas dinámicas emplearemos el mismo ejemplo que el que hemos empleado para los subtotales (*Producto*, *Marca*, etc.).

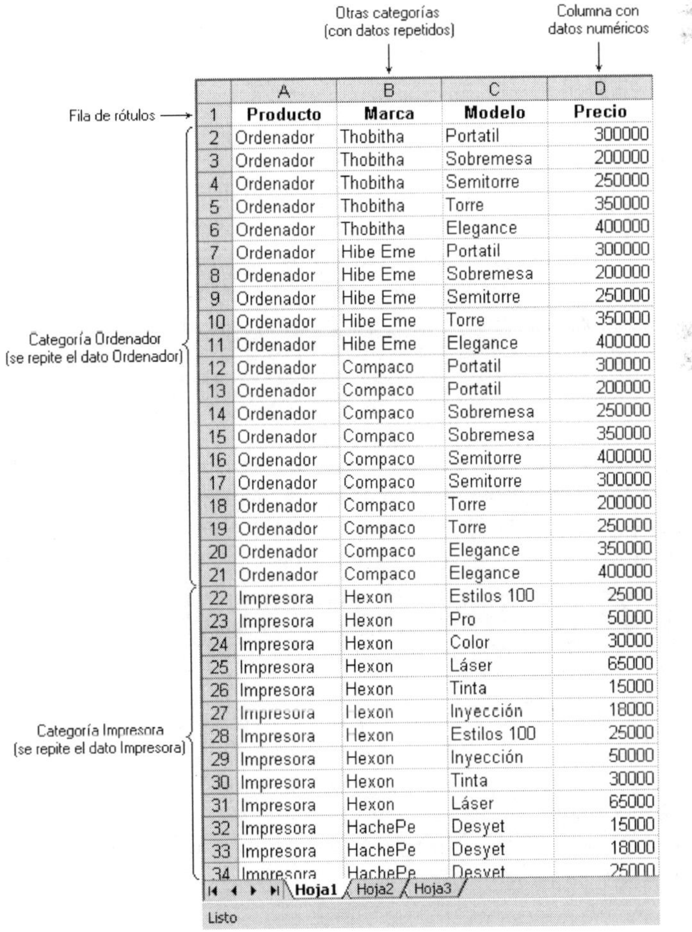

	A	B	C	D
1	**Producto**	**Marca**	**Modelo**	**Precio**
2	Ordenador	Thobitha	Portatil	300000
3	Ordenador	Thobitha	Sobremesa	200000
4	Ordenador	Thobitha	Semitorre	250000
5	Ordenador	Thobitha	Torre	350000
6	Ordenador	Thobitha	Elegance	400000
7	Ordenador	Hibe Eme	Portatil	300000
8	Ordenador	Hibe Eme	Sobremesa	200000
9	Ordenador	Hibe Eme	Semitorre	250000
10	Ordenador	Hibe Eme	Torre	350000
11	Ordenador	Hibe Eme	Elegance	400000
12	Ordenador	Compaco	Portatil	300000
13	Ordenador	Compaco	Portatil	200000
14	Ordenador	Compaco	Sobremesa	250000
15	Ordenador	Compaco	Sobremesa	350000
16	Ordenador	Compaco	Semitorre	400000
17	Ordenador	Compaco	Semitorre	300000
18	Ordenador	Compaco	Torre	200000
19	Ordenador	Compaco	Torre	250000
20	Ordenador	Compaco	Elegance	350000
21	Ordenador	Compaco	Elegance	400000
22	Impresora	Hexon	Estilos 100	25000
23	Impresora	Hexon	Pro	50000
24	Impresora	Hexon	Color	30000
25	Impresora	Hexon	Láser	65000
26	Impresora	Hexon	Tinta	15000
27	Impresora	Hexon	Inyección	18000
28	Impresora	Hexon	Estilos 100	25000
29	Impresora	Hexon	Inyección	50000
30	Impresora	Hexon	Tinta	30000
31	Impresora	Hexon	Láser	65000
32	Impresora	HachePe	Desyet	15000
33	Impresora	HachePe	Desyet	18000
34	Impresora	HachePe	Desyet	25000

Cuando el listado está escrito, situamos el cursor en una de las celdas del listado y accedemos al menú **Datos** para elegir **Informe de tablas y gráficos dinámicos**. Esta opción nos ofrecerá el siguiente cuadro de diálogo:

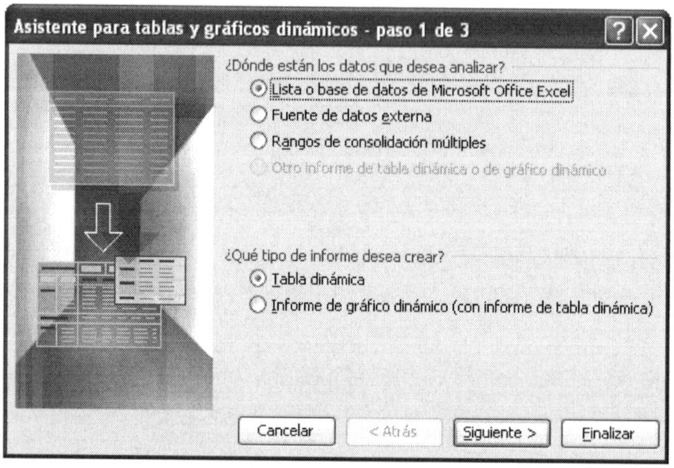

Para crear una tabla dinámica con datos de Excel, no es necesario variar nada en este paso del asistente, aunque si los datos los va a incorporar desde otros programas o se trata de manipular una tabla dinámica ya existente, active los botones correspondientes, si bien el rumbo que tomará el asistente será distinto al que vamos a describir a continuación. Así, una vez que pulsemos el botón [Siguiente >] obtendremos un nuevo paso:

Con él podremos seleccionar la lista de datos con la que vamos a definir la tabla dinámica, si bien, Excel ya habrá seleccionado automáticamente todos los datos en la hoja de cálculo. Tanto si ya ha seleccionado los datos, como si le sirven los que haya seleccionado Excel, pulse [Siguiente >] para acceder a un nuevo paso:

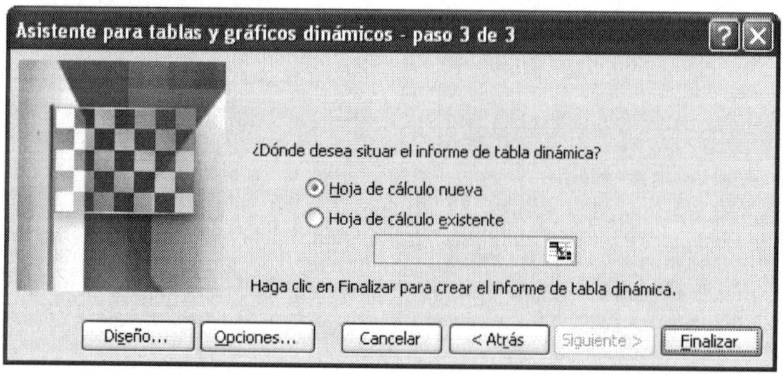

Este paso permite indicar si deseamos que la tabla dinámica aparezca en otra hoja del mismo libro de trabajo o bien si debe ir a parar a una de las que ya existan (hoja1, hoja2, etc.). Ahora bien, antes de pulsar el botón Finalizar para ver el resultado, debemos elegir qué operación deseamos que realice Excel en la tabla dinámica, y qué categorías debe mostrar para esos cálculos, mediante el botón Diseño... que nos llevará a otro cuadro de diálogo:

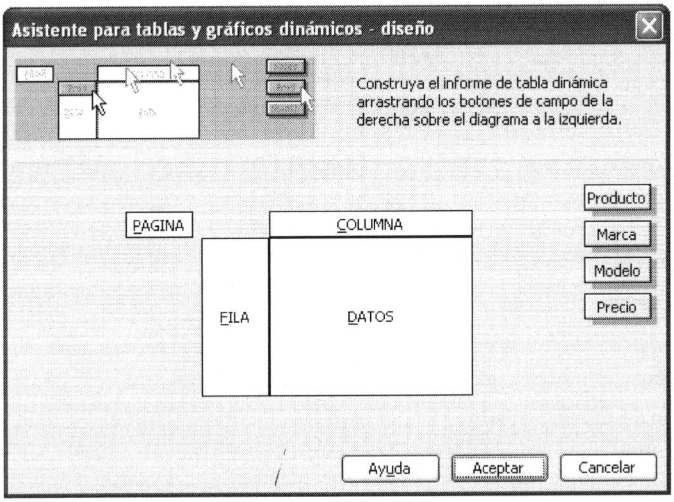

Uno de los datos numéricos que aparezca a la derecha (en nuestro ejemplo, Precio) se debe arrastrar al área de **DATOS**, mientras que uno de los datos de texto (Producto, Marca o Modelo) debe situarse en una **FILA** o **COLUMNA** para que se distribuya todo correctamente.

Cuando termine de colocar los datos, pulse Aceptar para volver al asistente en el que haremos clic en Finalizar para obtener el resultado (la siguiente figura aparece al colocar el Precio en **DATOS** y la Marca en **FILA**):

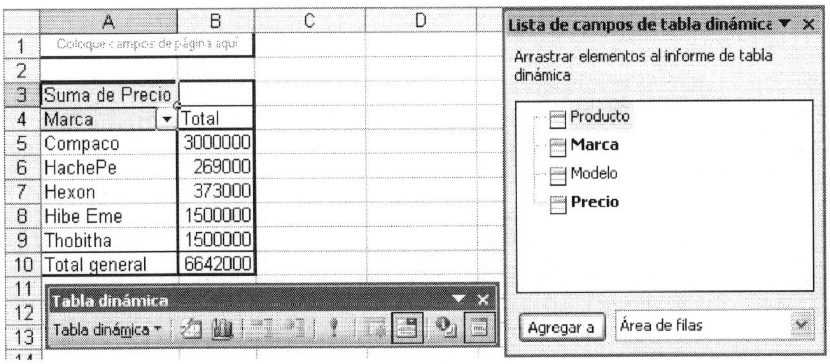

Puede ver, para empezar la tabla dinámica con el resultado en la hoja de cálculo. También puede observar que han aparecido una barra de herramientas y el panel de tareas con funciones para modificar y concretar la tabla dinámica.

1. Empezando por la tabla en sí, observe que algunos campos muestran un botón para desplegar una lista: [Marca ▾]. Si despliega la lista, obtendrá lo mismo que hay debajo de ella, con la finalidad de que pueda eliminar de la lista los datos que desee (figura junto al margen derecho). Desactive las casillas que desee que desaparezcan del listado. Después podrá volver a mostrarlas desplegando de nuevo el botón y activando sus casillas.

2. Continuando con el panel de tareas puede añadir columnas con otros datos del listado original a la tabla dinámica. Por ejemplo, podríamos añadir el **Modelo** junto al modelo para que Excel reconstruya la tabla y ofrezca otros resultados. Para ello, haga clic en el dato del panel de tareas que desee (por ejemplo, el **Modelo**), luego despliegue la lista [Área de filas ▾] para elegir **Área de columnas** (puesto que vamos a incorporar el modelo como otra columna) y pulse el botón [Agregar a] (todo ello en el panel de tareas). Excel redistribuirá los datos de la tabla automáticamente (recuerde que todo esto se está realizando en una hoja distinta a aquella en la que aún se encuentran intactos los datos originales del listado):

	A	B	C	D	E	F	G	H	I	J	K	L
1							Coloque campos de página aquí					
2												
3	Suma de Precio	Modelo ▾										
4	Marca ▾	Color	Desyet	Elegance	Estilos 100	Inyección	Láser	LaserLlet	Portatil	Pro	Semitorre	Sobremesa
5	Compaco			750000					500000		700000	600000
6	HachePe		138000					131000				
7	Hexon	30000			50000	68000	130000			50000		
8	Hibe Eme			400000					300000		250000	200000
9	Thobitha			400000					300000		250000	200000
10	Total general	30000	138000	1550000	50000	68000	130000	131000	1100000	50000	1200000	1000000

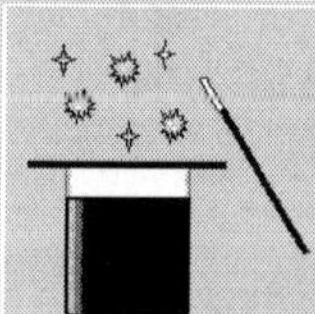

Observe que aparece una celda más con un botón desplegable ([Modelo ▾]). Si desea hacerlo desaparecer, para dejar la tabla dinámica como estaba antes de que apareciese dicho botón, haga clic sobre él con el botón derecho del ratón y, en el menú que aparezca, seleccione **Ocultar**.

1. En la barra de herramientas **Tabla dinámica** dispone de otros botones con funciones útiles que pueden aplicarse a la tabla dinámica. Un par de ejemplos:

- El botón (**Dar formato al informe**) permite elegir un autoformato que cambiará el aspecto de la tabla dinámica: únicamente necesitaremos elegir uno de esos aspectos y pulsar el botón [Aceptar] para obtener los resultados —si lo desea o lo necesita, después puede utilizar la función **Deshacer** del menú **Edición** para probar varios aspectos de formato hasta que encuentre el que más le guste o el que mejor encaje en la presentación que necesite para los datos—.

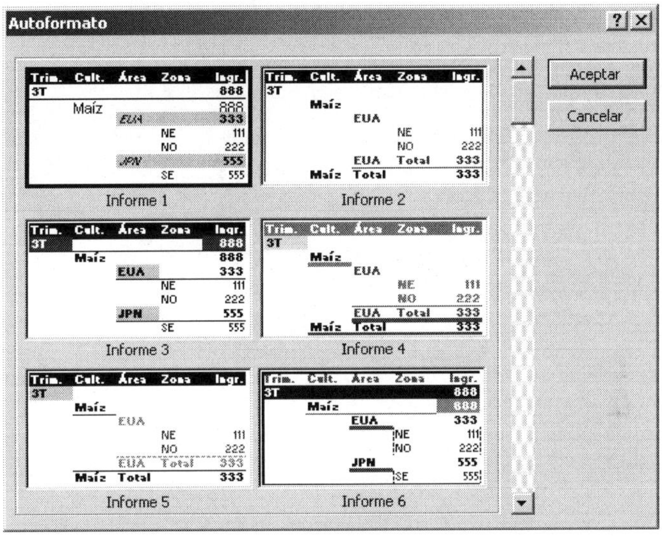

- El botón (**Asistente para gráficos**) crea automáticamente un gráfico en una hoja nueva del libro con los datos de la tabla dinámica tal y como se encuentre en ese momento:

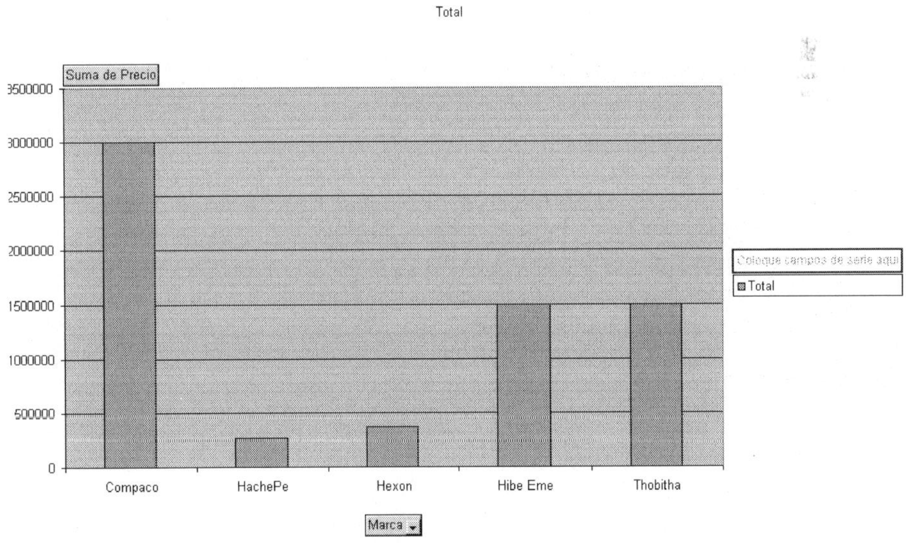

Como las posibilidades de las tablas dinámicas dispararían el tamaño del libro no vamos a describir todas las posibles combinaciones de trabajos que se pueden realizar con ellas, si bien, le animamos a que pruebe todas las funciones que le ofrece la barra de herramientas, el panel de tareas y las variaciones que pueden realizarse con el gráfico dinámico, para que pueda apreciar totalmente el trabajo que se puede realizar con una tabla dinámica.

OjO

Se puede dibujar con Excel utilizando métodos vectoriales. La forma de dibujar las imágenes en Excel es idéntica a la que hemos visto para Word. Asimismo, se pueden incluir otros elementos gráficos en las hojas como imágenes prediseñadas, imágenes desde archivo o diagramas.

Si desea recordar el modo de trabajo de estas herramientas, consulte el capítulo 10: ***Imágenes en el texto***, ya que en él puede encontrarse todo ello.

CAPÍTULO 17

FUNCIONES CON EXCEL

Básicamente, una función es una utilidad que realiza un trabajo y que proporciona un resultado que depende de los datos que reciba.

Los datos que proporcionaremos a las funciones de Excel son generalmente los que hay en una o varias celdas de una hoja de cálculo.

Por otro lado, las funciones de Excel no siempre proporcionan resultados matemáticos, como vamos a tener la oportunidad de ver.

TRATAMIENTO DE LAS FUNCIONES

Es necesario saber cómo se escriben las funciones en una hoja para que trabajen.

Las funciones son muy versátiles, ya que pueden emplearse en diversos lugares, aunque suelen acoplarse siempre a las celdas de la hoja de cálculo. Cuando se desea comenzar a escribir una función en una celda debemos teclear el símbolo = (igual a), a continuación, se escribe (sin espacios intermedios) el nombre de la función y, por último, si la función lo necesita, escribiremos (también sin espacios) datos entre paréntesis.

=FUNCIÓN(datos)

Ojo: Asegúrese siempre de comenzar la función en la celda con el signo igual (=), ya que, de lo contrario, obtendrá el correspondiente error. Por el mismo motivo, escriba todo junto sin dejar espacios en blanco, escribiendo incluso los paréntesis aunque no deban contener dato alguno.

Veamos un ejemplo con una función muy utilizada. La función SUMA lleva a cabo una adición de todos los elementos que se especifican entre sus paréntesis: **=SUMA(rango)**. Donde *rango* representa un grupo de celdas que contienen datos numéricos. El resultado es que esta función devuelve la suma de todos los datos que hay en las celdas que se han especificado mediante su rango. Ejemplo:

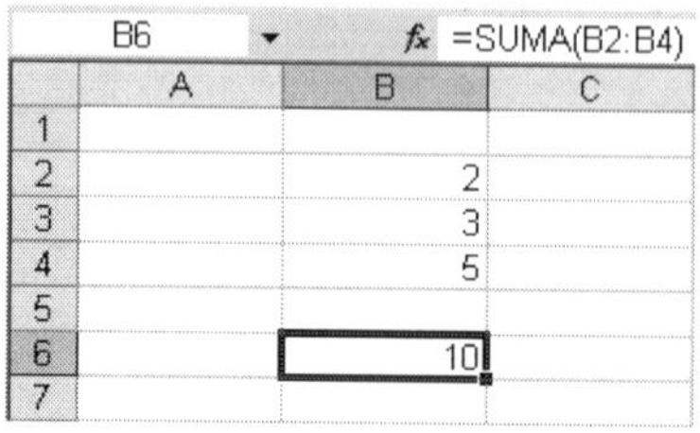

	A	B	C
1			
2		2	
3		3	
4		5	
5			
6		10	
7			

Obsérvese en el cuadro de texto de edición de la barra de fórmulas que la celda que contiene como resultado el valor 10, ha sido calculado por la función =SUMA(B2:B4). Esta función ha utilizado los datos del rango B2:B4 para la suma.

Todas las funciones de Excel se trabajan del mismo modo, por lo que vamos a ofrecer una lista de las funciones más utilizadas y prácticas, así como de los valores que proporcionan después de realizar el cálculo correspondiente.

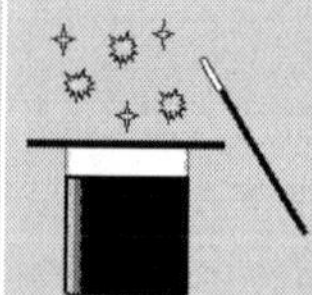

Esta función, excepcionalmente, puede realizarse de forma automática con el botón **Autosuma**, que aparece en la barra de herramientas. Bastará con seleccionar un rango de números y pulsar el botón Σ, con lo que aparece el resultado de sumar todos los datos una celda más abajo del rango seleccionado; también puede hacerlo a la inversa, es decir, pulsando el botón y seleccionando el rango después.

Por otra parte, si despliega el botón puede utilizar otras funciones, en lugar de la suma, sólo con seleccionar la función que desee, como estamos a punto de ver.

Hay que resaltar que las funciones son lo suficientemente versátiles como para poder incluirlas dentro de una fórmula, o incluso dentro de otra función. Por ejemplo, si una función necesita un dato de tipo texto para proporcionar un resultado, podremos utilizar para ese dato otra función que devuelva un dato de tipo texto.

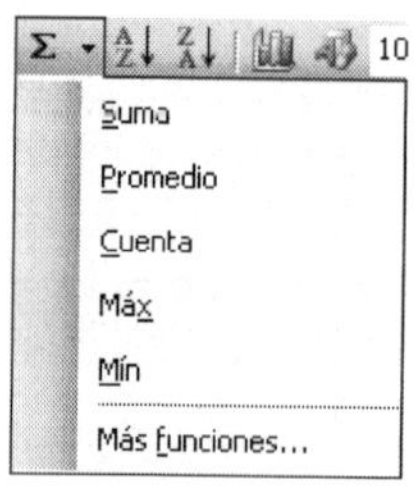

Para terminar esta parte, diremos que el botón **Autosuma** permite trabajar con funciones de una forma sencilla. Al desplegar el botón Σ (no se puede desplegar en la versión 2000), obtenemos un pequeño menú entre cuyas opciones encontramos **Más funciones** (figura junto al margen derecho).

Al seleccionar esta opción obtenemos el cuadro de diálogo que le ofrecemos en la página siguiente.

Si desconoce cómo se llama en Excel la función que necesita, puede intentar teclear lo que debe hacer dicha función en el cuadro de texto **Buscar una función**. Por ejemplo, teclee *Hallar una media aritmética*.

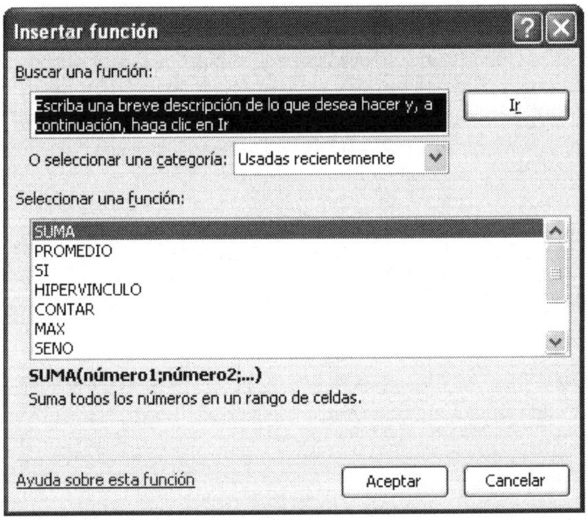

Otra posibilidad consiste en desplegar la lista **O seleccionar una categoría** para elegir el tipo de función que necesita. Al elegir una categoría aparecerá una lista de funciones que pertenecen a esa categoría para que podamos seleccionar una haciendo clic sobre ella. Por ejemplo, si elegimos la categoría **Fecha y hora** obtendremos:

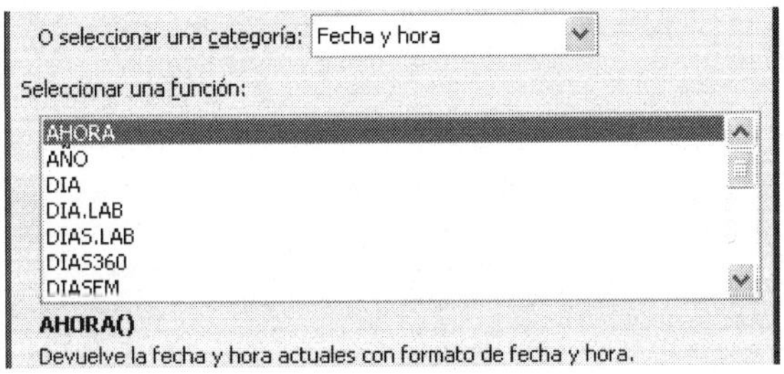

Rangos en las funciones

Como decíamos, muchas de las funciones que vamos a ver necesitan un rango de datos con los que operar. Esto significa que cada vez que vayamos a utilizar una función que necesite un rango, tendremos que escribirlo entre los paréntesis.

Excel ofrece la posibilidad de no tener que escribir el rango. Cuando escriba una función y abra el paréntesis para añadir el rango, en lugar de escribirlo, seleccione las celdas con el ratón. Según lo haga podrá ver cómo Excel va escribiendo por usted el rango en la función. Cuando haya terminado, sólo tendrá que cerrar el paréntesis y pulsar **INTRO**.

Si el rango que debe incorporar a una celda tiene nombre, al abrir el paréntesis podrá acceder al menú **Insertar**, seleccionando la opción **Nombre**. En el menú que aparece, elija la opción **Pegar**, lo que le ofrecerá un cuadro de diálogo con la lista de todos los nombres que haya dado a sus correspondientes rangos. Elija el que necesite y pulse el botón Aceptar. Luego, cierre el paréntesis y pulse **INTRO**.

Una forma muy cómoda de incorporar un rango consiste en lo siguiente: cuando teclee la función en una celda, al abrir el paréntesis de la función, utilice el ratón para seleccionar las celdas que formen el rango. Una vez seleccionadas pulse **INTRO**, ya que ni siquiera es necesario cerrar el paréntesis.

FUNCIONES MATEMÁTICAS

Algunas funciones que vamos a listar necesitan macros automáticas para funcionar. Será pues necesario instalar estas macros. La forma de instalarlas consiste en seleccionar la opción **Complementos** del menú **Herramientas**. Aparecerá un cuadro de diálogo con la lista de todos los complementos disponibles. Active la casilla **Herramientas para análisis** y pulse el botón Aceptar. En la lista de funciones que le ofrecemos indicaremos las que necesitan que estén activadas.

En todas las funciones que necesitan un dato numérico entre paréntesis, puede teclearse entre ellos la dirección de una celda, el resultado de otra función numérica o una fórmula matemática. También es posible teclear, en su lugar, otra función que devuelva como resultado un dato numérico.

No necesitará memorizar qué valores hay que teclear entre los paréntesis de cada función (aunque con la práctica los memorizará) ya que Excel se los mostrará en un cuadro amarillo cuando comience a teclear una función. Por ejemplo, si va a sumar, en cuanto teclee **=SUMA(**, obtendrá lo siguiente:

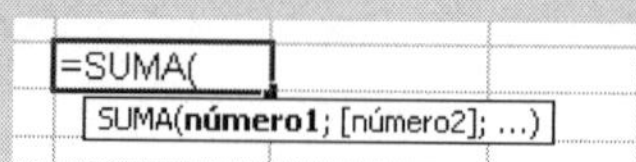

Esto le indica que deberá teclear varios números separados con punto y coma, si bien, en el caso de la función suma también puede teclear un rango de celdas cuyo contenido será sumado.

Cuando teclee una función, es posible que se equivoque, en cuyo caso Excel puede ofrecerle un error que explique el motivo de la equivocación. Por ejemplo:

#¡VALOR! Si obtiene este mensaje es que el dato que haya colocado entre los paréntesis de la función es incorrecto. Por ejemplo, si una función espera un número para trabajar con él y empleamos una celda cuyo contenido sea un texto (en lugar de un número).

#¿NOMBRE? Si se equivoca al teclear el nombre de la función. Por ejemplo, si en lugar de *SUMA* teclea *SUMAR*.

ABS(número)
Proporciona el valor absoluto de un número.

ALEATORIO()
Devuelve un número decimal al azar entre 0 y 1.

ALEATORIO.ENTRE(x;y)
Devuelve un número al azar entre X e Y. El primer número debe ser menor que el segundo. Esta función necesita las **Herramientas para análisis**.

COCIENTE(x;y)
Realiza la división entera entre X e Y. El resultado es el cociente de la división sin decimales (si los tuviera). Esta función necesita las **Herramientas para análisis.**

CONTAR(rango o x;y;z...)
Ofrece el número de celdas ocupadas con datos numéricos que haya en un rango.

CONTARA(rango o x;y;z...)
Ofrece el número de celdas ocupadas con datos de cualquier tipo que haya en un rango.

CONTAR.BLANCO(rango o x;y;z...)
Ofrece el número de celdas vacías que haya en el rango.

CONTAR.SI(rango;criterio)
Ofrece el número de celdas que del rango que contengan un determinado valor (el criterio).

COS(ángulo)
Devuelve el coseno del ángulo especificado.

ENTERO(número)
Extrae la parte entera de un número (aunque no redondea la cifra, sino que se limita a eliminar los decimales del número).

EXP(número)
Devuelve el número *e* elevado al número especificado.

FACT(número)
Devuelve el factorial del número especificado.

GRADOS(número)
Convierte el número especificado (de radianes) en grados.

LN(número)
Devuelve el logaritmo natural del número especificado.

LOG(número;base)
Devuelve el logaritmo del número especificado en la base indicada.

LOG10(número)
Devuelve el logaritmo en base 10 del número especificado.

MAX(rango o x;y;z;...)
Muestra el valor más alto contenido en las celdas del rango especificado.

M.C.D(rango o x;y;z;...)
Devuelve el Máximo Común Divisor de la lista de los números especificada. Se pueden establecer tantos números como se desee separándolos por punto y coma (;).

M.C.M(rango o x;y;z;...)
Devuelve el Mínimo Común Múltiplo de la lista de los números especificada. Se pueden establecer tantos números como se desee separándolos por punto y coma (;).

MDETERM(rango)
Devuelve la matriz determinante de una matriz especificada mediante un rango. La matriz debe ser cuadrada, es decir, debe tener el mismo número de filas que de columnas. Ninguna de las celdas debe tener datos de tipo texto.

MIN(rango o x;y;z;...)
Muestra el valor más pequeño contenido en las celdas del rango especificado.

MINVERSA(rango)
Devuelve la matriz inversa de una matriz especificada mediante un rango. La matriz debe ser cuadrada, es decir, debe tener el mismo número de filas que de columnas. Ninguna de las celdas debe tener datos de tipo texto.

MMULT(rango1;rango2)
Ofrece el resultado de multiplicar dos matrices especificadas mediante sendos rangos separados por punto y coma (;). El número de columnas del primer rango debe ser el mismo que el número de filas del segundo.

NUMERO.ROMANO(número)
Devuelve el número especificado en números romanos (en formato de texto). Tenga en cuenta que los números romanos no son infinitos debido a que están formados por letras: si utiliza un número superior a 3999, esta función dará error.

PI()
Valor del número Pi redondeado a nueve decimales.

POTENCIA(x;y)
Devuelve *x* elevado a *y*.

PRODUCTO(rango o x;y;z...)
Multiplica el contenido de las celdas del rango especificado.

PROMEDIO(rango o x;y;z...)
Genera la media aritmética de los valores contenidos en el rango especificado.

RADIANES(número)
Convierte el número especificado (que esté en grados) en radianes.

RAIZ(número)
Devuelve la raíz cuadrada del número especificado.

RAIZ2PI(número)
Multiplica el número especificado por Pi y realiza la raíz cuadrada del resultado. El número debe ser positivo (mayor que cero). Esta función necesita las **Herramientas para análisis**.

REDONDEAR(número;decimales)
Redondea el número especificado a la cantidad de decimales indicada como segundo dato.

RESIDUO(x;y)
Proporciona el resto de dividir *x* entre *y*.

SENO(ángulo)
Devuelve el seno del ángulo especificado.

SIGNO(número)
Devuelve el signo del número especificado. Si el número es negativo, devuelve -1; si es cero, devuelve 0; y si es positivo, devuelve 1.

SUMA(rango o x;y;z;...)
Suma el contenido de las celdas del rango especificado.

SUMA.CUADRADOS(x;y)
Devuelve la suma de los cuadrados de *x* e *y* (eleva ambos al cuadrado y suma el resultado).

TAN(ángulo)
Devuelve la tangente del ángulo especificado.

TRUNCAR(número)
Elimina los decimales del número especificado devolviendo exclusivamente la parte entera.

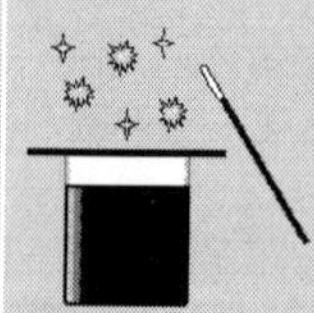

En muchas de las funciones anteriores en las que se puede establecer un rango como dato para la función, podrá establecer varios rangos en lugar de uno solo si los separa con punto y coma. Así: =SUMA(Rango1;Rango2;Rango3...). Ejemplo:

=SUMA(A1:B3;C4:D7;E1:F8)

Esta función sumará los valores de todas las celdas que haya entre A1 y B3, más los valores de C4 hasta D7 y los de E1 hasta F8.

FUNCIONES DE FECHA Y HORA

AHORA()
Devuelve el número de serie de la fecha y hora actuales.

AÑO(número)
Convierte un número de serie en un año. El número puede ser una fecha entrecomillada (por ejemplo, "29/05/68" devolvería 1968).

DIA(número)
Dado un número de serie, se devuelve el día del mes correspondiente.

DIA.LAB(fecha_inicial; días_laborables; días_festivos)
Devuelve el número de serie del primer día laborable, pasado o futuro, a la fecha_inicial, según sea el número días laborables y festivos. Puede funcionar incorrectamente si hay fiestas entre lunes y viernes. Esta función necesita las **Herramientas para análisis**.

DIAS.LAB(fecha_incial;fecha_final; días_festivos)
Devuelve el número total de días laborables entre dos fechas dadas. Hemos de especificar el número de días festivos que existen en ese periodo de tiempo. Puede funcionar incorrectamente si hay fiestas entre lunes y viernes. Esta función necesita las **Herramientas para análisis**.

DIASEM(número;tipo)
Convierte un número de serie de una fecha en un día de la semana (su número). El segundo parámetro establece el tipo de semana (1 = semana inglesa; 2 = semana española; 3 = el primer día de la semana es el cero). Tenga en cuenta que en algunos países como el Reino Unido o Estados Unidos, el primer día de la semana es el Domingo en lugar del Lunes, de ahí que sea necesario especificar el tipo de día de la semana en la función anterior.

FECHA(año;mes;día)
Devuelve el número de serie de una fecha especificada. Es similar a la anterior, pero se diferencian en la forma en que se escribe la fecha. En esta sólo hemos de escribir el día, mes y año separados por punto y coma (;).

FECHANUMERO(fecha)
Convierte una fecha escrita entrecomillada (en formato numérico, ej.: "5/2/70") en número de serie.

FIN.MES(fecha;número_meses)
Devuelve el número de serie del último día del mes, pasado o futuro, relativo a la fecha_inicial de referencia según sea positivo o negativo el número de meses. Esta función necesita las **Herramientas para análisis**. Por ejemplo, si desea saber cuál es el último día del mes en el que se encuentre (28, 29, 30 ó 31), escriba la fórmula *=FIN.MES(fecha_de_hoy;0)*. Donde *fecha_de_hoy* es la fecha actual escrita entrecomillada (en formato numérico, ejemplo: "14/02/95"). Si desea conocer el último día del mes siguiente, sustituya el 0 (cero) por un 1 (uno) en la anterior función de ejemplo, y si desea conocer el último día del mes anterior escriba -1 en lugar de 0. Puede utilizar para este dato números superiores a 1, tanto positivos como negativos (por ejemplo -2 sería dos meses antes).

HORA(número)
Dado un número de serie, devuelve la hora correspondiente.

HORANUMERO(fecha)
Convierte una hora escrita entrecomillada (con formato numérico, ej.: "15:00") en número de serie.

HOY()
Devuelve el número de serie de la fecha actual.

MES(número)
Dado un número de serie, se devuelve el número de día del mes correspondiente.

MINUTO(número)
Dado un número de serie, se devuelve el minuto de la hora correspondiente.

NSHORA(hora;minuto;segundo)
Devuelve el número de serie de la hora especificada.

SEGUNDO(número)
Dado un número de serie, se devuelve el segundo de la hora correspondiente.

Excel podría mostrar el resultado de aplicar las funciones de fecha en forma de número. Éste recibe el nombre de número de serie. Por ejemplo, el número 1 (número de serie) se corresponde con el día 1 de enero del año 1990 (tenga en cuenta que ese año es bisiesto). Si desea que un número de serie aparezca con formato de fecha, acceda al menú ***Formato**, seleccione **Celdas*** y, en la ficha **Número** del cuadro de diálogo que obtenga seleccione la **Categoría Fecha** (consulte el apartado ***Formato de celdas*** del capítulo 15: ***Formatos para celdas y hojas***).

FUNCIONES DE TEXTO

ASCII = *American Standard Code for Information Interchange* (Código estándar americano para el intercambio de información). Los ordenadores personales tienen un sistema para representar los caracteres en pantalla (así como para la comunicación de datos) consistente en números asociados a los caracteres. Así, por ejemplo, la letra A (mayúscula) tiene como código ASCII el número 65.

CARACTER(número)
Devuelve el carácter ASCII especificado por el número especificado.

CODIGO(letra)
Devuelve el número de código ASCII del primer carácter del texto. Sólo devuelve el código del primer carácter y éste debe ir entrecomillado.

CONCATENAR(texto1;texto2;...)
Añade un texto a otro. Los datos que se van a concatenar deben ser de tipo texto (por ejemplo, un texto entre comillas o una celda que contenga un texto).

DERECHA(texto;cantidad)
Extrae un grupo de caracteres por la derecha de un texto. El número de caracteres que se extrae debe establecerse como segundo parámetro (*cantidad*). Por

ejemplo, si tecleamos la función *=DERECHA("Hola";2)*, obtendremos como resultado "la" (las 2 últimas letras de *Hola*).

ESPACIOS(texto)
Elimina espacios del texto dejando un solo espacio entre cada palabra y eliminando completamente los de los extremos del texto.

EXTRAE(texto;posición_inicial;cantidad)
Devuelve una parte del texto especificado, a partir de la posición inicial, y tantos caracteres como se indique. Así, *=EXTRAE("Pepito";2;3)* da como resultado "epi" (tres letras a partir de la segunda de la cadena *Pepito*).

IGUAL(texto1;texto2)
Examina dos datos de texto de la hoja verificando si son iguales. La comprobación incluye incluso diferencias de mayúsculas y minúsculas en ambos datos. Excel devuelve el valor *VERDADERO* si ambos datos son iguales, y *FALSO* si no lo son.

IZQUIERDA(texto;cantidad)
Extrae un grupo de caracteres por la izquierda de un texto. El número de caracteres que se extrae debe establecerse como segundo parámetro (*cantidad*). Por ejemplo, la función *=IZQUIERDA("Excel";2)* da como resultado "Ex" (las 2 primeras letras de *Excel*).

LARGO(texto)
Devuelve el número de caracteres de un dato de texto.

MAYUSC(texto)
Convierte el dato de texto en mayúsculas. Los caracteres que ya estaban en mayúsculas no son modificados.

MINUSC(texto)
Convierte el dato de texto en minúsculas. Los caracteres que ya estaban en minúsculas no son modificados.

NOMPROPIO(texto)
Pasa a mayúsculas la primera letra de cada palabra del dato de texto especificado. Los caracteres que ya estaban en mayúsculas no son modificados.

REPETIR(texto;cantidad)
Repite el dato de texto la cantidad de veces establecida.

SUSTITUIR(texto;texto_a_sustituir; texto_sustituto)
Reemplaza varios caracteres contiguos dentro de un dato de texto por otros. Para ello, hay que especificar: el texto en el que se va a hacer el cambio (texto), la parte del texto que se va a cambiar (texto_a_sustituir) y el texto que sustituirá al antiguo (texto_sustituto).

TEXTO(número;formato)
Transforma un dato de tipo numérico en texto con el formato establecido. Por ejemplo, *=TEXTO(1247;"0.000 €")* da como resultado *1.247 €*.

VALOR(texto)
Transforma un dato de tipo texto en numérico, siempre y cuando el dato de texto contenga sólo datos numéricos. Por ejemplo, *=VALOR("1.247")* da como resultado 1.247 (con este dato se pueden realizar operaciones matemáticas, ya que es de tipo numérico y no de texto).

OTRAS FUNCIONES

Existen varios tipos más de funciones con Excel. Por ejemplo, puede trabajarse con funciones lógicas, de ingeniería o funciones financieras (y otras). Veamos un ejemplo más: La función **SI** es una función lógica que mostrará un dato u otro en la celda dependiendo de una condición:

SI (Condición;Verdadero;Falso)

En esta función debemos comenzar por teclear una condición que consiste en comparar dos datos. Ejemplos:

- SI (B5<0;... (si B5 es menor que cero)
- SI (C7<>B8;... (si C7 es distinto de B8)

Para realizar estas condiciones se pueden emplear los siguientes operadores de comparación:

- = es igual a
- < es menor que
- > es mayor que
- <= es menor o igual que
- >= es mayor o igual que
- <> es distinto de

Después de teclear la condición en la función SI, debemos indicar lo que debe aparecer en la celda si esa condición se cumple y, por último, separándolo con otro punto y coma, indicar lo que debe aparecer si la condición no se cumple. Veamos un ejemplo completo:

=SI(B5<0;"El valor es negativo";"El valor es positivo")

Esta función implica que si **B5** es menor que cero deberá aparecer el mensaje *El valor es negativo* y, de lo contrario, aparecerá *El valor es positivo*.

Aún se puede completar más el caso: ¿y si el valor de B5 es cero? Para tenerlo en cuenta podemos incluir una función SI dentro de otra:

=SI(B5<0;"El valor es negativo";**SI(B5>0;"El valor es positivo";"El valor es cero")**)

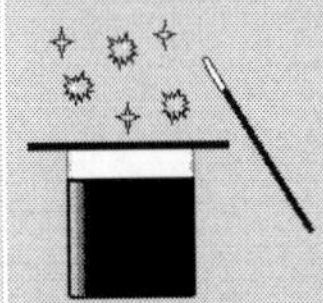

Puede colocarse una función dentro de otra si esto resulta provechoso. Por ejemplo, una media aritmética puede devolver un resultado con decimales, y dichos decimales pueden eliminarse mediante otra función. Ejemplo:

=ENTERO(PROMEDIO (B1:B10))

La función entero quita los decimales de lo que tiene entre sus paréntesis, que es la media aritmética de los datos contenidos entre B1 y B10.

También puede incluir una función (o varias) dentro de una fórmula. Por ejemplo, si necesita hallar la mitad del resultado de una suma, podría hacerlo de la siguiente forma:

=SUMA(B1:B10)/2

Naturalmente, la fórmula puede ser mucho más compleja y elaborada.

El mejor modo de obtener información sobre todas las funciones y aprender su manejo (que en reglas generales es el mismo que aquí hemos tratado) es consultar el sistema de ayuda de Excel y trabajar con las funciones en una hoja de cálculo vacía. Para más información acerca del manejo de la ayuda consulte el tema ***Sistema de ayuda***.

CAPÍTULO 18

GRÁFICOS MATEMÁTICOS

La función más clásica y llamativa de las hojas de cálculo ha sido siempre la de crear gráficos que permitan una visión global de éstas para una mejor asimilación de los datos. Consiste en utilizar los datos numéricos de la hoja de cálculo, adornarlos con rótulos, elegir un tipo de gráfico y ver el resultado, que incluso puede imprimirse.

Para diseñar gráficos con Excel es recomendable (aunque no imprescindible) comenzar por seleccionar el rango de datos que se utilizarán para generar el gráfico. Por ejemplo:

	A	B	C	D	E	F
1		Enero	Febrero	Marzo	Abril	Mayo
2	Sr. Pérez	1000	2000	3000	4000	5000
3	Sr. López	5000	4000	3000	2000	1000
4	Sr. Gómez	5000	5000	5000	5000	5000

Asegúrese de que el bloque de los datos contiene rótulos en la primera fila y en la primera columna (ya que esto mejorará la legibilidad de los datos del gráfico). Si los datos están salteados, recuerde que puede seleccionarlos manteniendo pulsada la tecla **CONTROL** (o **CTRL**) mientras arrastra con el ratón para seleccionar.

DEFINICIÓN DE DATOS Y ASISTENTE

Una vez que se han seleccionado los datos, podemos generar el gráfico seleccionando la opción **Gráfico** del menú **Insertar**, o bien, pulsando el botón de la barra de herramientas. Cualquiera de estas acciones llevan a un cuadro de diálogo con un asistente para la creación del gráfico. El primer paso del asistente es un cuadro de diálogo que presenta este aspecto:

En él podemos elegir la clase del gráfico que necesitamos en la lista **Tipo de gráfico**. También puede elegir, dentro del tipo seleccionado, un **Subtipo de gráfico**. Si no le resulta útil ninguno, puede hacer clic en la ficha **Tipos personalizados** para generarlo a su gusto. Con esto es suficiente, ya que, si pulsamos el botón [Finalizar], aparecerá el gráfico en la hoja, ahora bien, es preferible continuar con el asistente para alterar ciertos datos concretando exactamente lo que debe o no incorporar nuestro futuro gráfico. De hecho, puede ver una muestra del gráfico a cada opción que cambie en el asistente pulsando en [Presionar para ver muestra]. Cuando pulse el botón [Siguiente >] accederá al segundo paso del asistente:

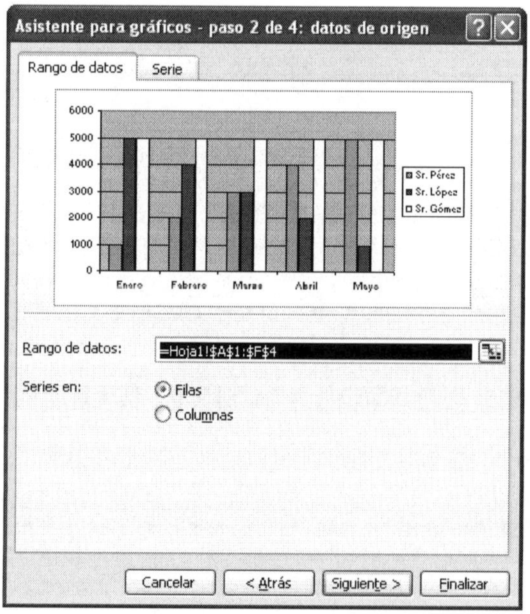

Ojo

Vamos a exponer el asistente cuando se selecciona un gráfico de columnas agrupadas. Si selecciona otro tipo de gráfico, el asistente se adaptará a él. Por ejemplo, un gráfico circular (o cualquiera de sus derivados) sólo es capaz de representar una serie de datos (una fila o una columna que contengan valores numéricos). Le recomendamos que practique con todo tipo de gráficos para estudiar sus resultados.

Observe los rótulos de los meses situados automáticamente en el eje X, mientras que, en un pequeño cuadro aparte, las leyendas indican, mediante colores, cuáles son los datos que pertenecen a cada individuo. También puede verse cómo Excel ha realizado una escala de 0 a 5.000 automáticamente a la izquierda del gráfico.

1. **Rango de datos** permite seleccionar de nuevo el rango que contendrá los datos para el gráfico por si no los seleccionó al principio o seleccionó datos incorrectos.

2. **Series en** permite elegir entre **Filas** y **Columnas** y, por tanto, los datos que aparecen en el eje X pueden cambiarse (en nuestro ejemplo anterior, se trata de cambiar *Enero*, *Febrero*, etc., por *Sr. Pérez*, *Sr. López* y *Sr. Gómez*). Dicho en otras palabras, los datos que aparecían en la leyenda y los del eje X se intercambian.

Por otra parte, si hace clic sobre la pestaña **Serie**, obtendrá lo siguiente:

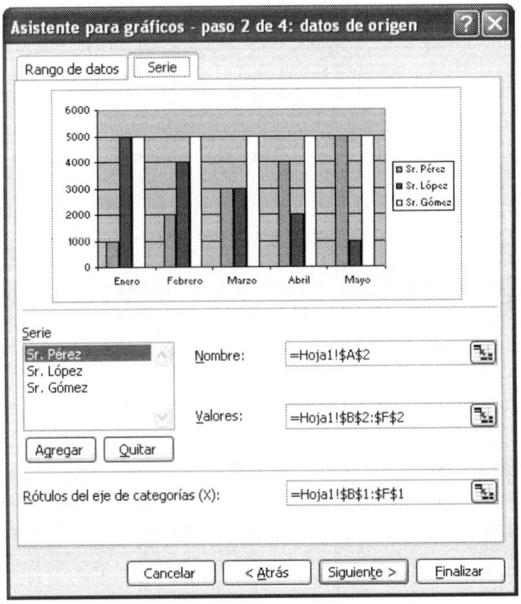

1. **Serie** ofrece los datos que irán a parar a la leyenda. Puede emplear los botones [Agregar] y [Quitar] para añadir rótulos a la lista y eliminarlos, respectivamente. Si un elemento de la lista tiene un nombre incorrecto (o que es válido para la hoja pero no para el gráfico), selecciónelo en ella y cámbielo en el cuadro de texto **Nombre**.

2. **Valores** ofrece el rango de datos numéricos para el gráfico. Puede emplearlo para cambiar seleccionar de nuevo el rango.

3. **Rótulos del eje de categorías** contiene el rango de rótulos que aparecen en el eje horizontal del gráfico. También se puede alterar si necesita que los rótulos del gráfico procedan de algún lugar distinto al que hasta ahora tenemos, incluso aunque se encuentren en filas o columnas lejanas a los datos numéricos del gráfico.

   Al pulsar el botón Siguiente >, accedemos al tercer paso del asistente:

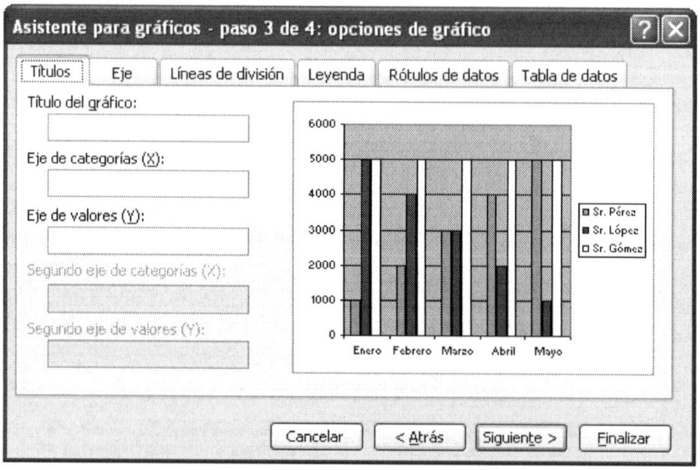

Este paso se compone de varias fichas en las que podremos realizar muchas funciones útiles en el gráfico. En la ficha **Títulos** (figura anterior) podemos teclear mensajes a modo de rótulo para el gráfico (uno general —**Título del gráfico**— y otros para los ejes).

La ficha **Eje** permite indicar si se van a mostrar o no los datos (y cuáles) que irán situados en los ejes del gráfico:

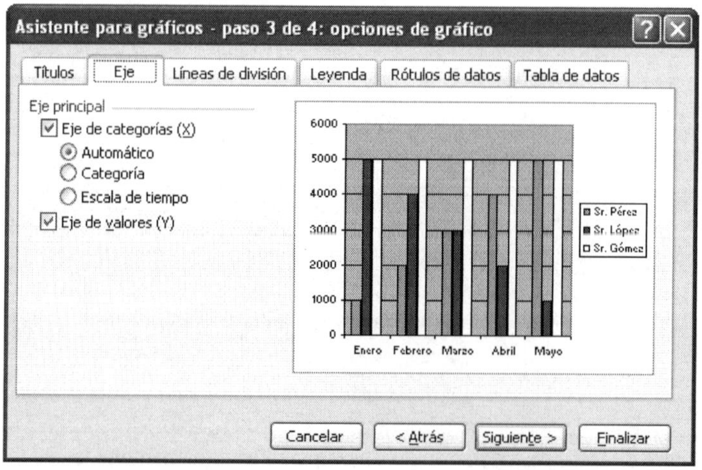

Active las casillas que necesite y desactive las de los ejes que desee ocultar.

La ficha **Líneas de división** permite activar o desactivar las líneas que ofrece el gráfico como fondo. Con ellas se ve más claramente la altura que alcanzan las columnas:

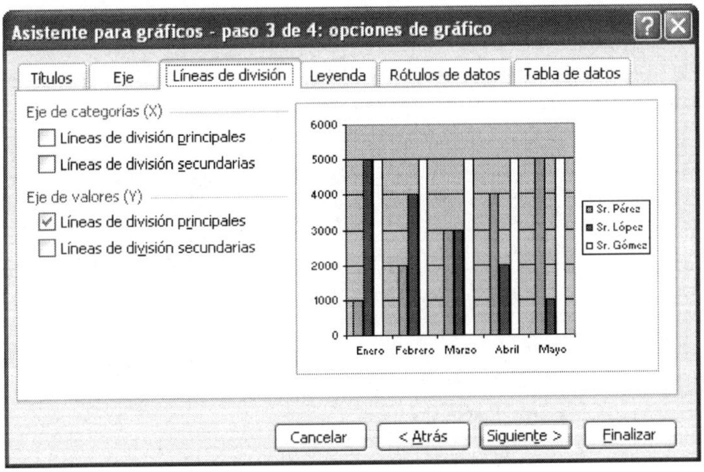

Active las casillas cuyas líneas de fondo desee ver.

La ficha **Leyenda** permite activar y desactivar la leyenda, así como colocarla en la parte del gráfico que más nos interese:

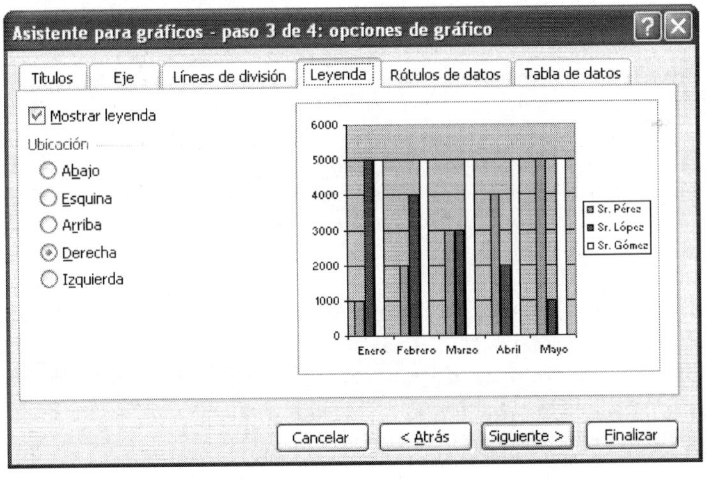

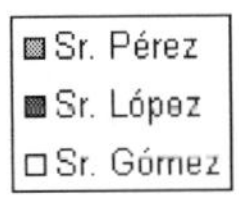

La leyenda es el cuadro que lista los colores y permite asociar los colores de las barras a los datos de la hoja (así sabemos qué barra corresponde a qué dato).

Desactive la casilla **Mostrar leyenda** para que no se vea y, si la deja activa, puede utilizar los demás botones para indicar la posición en la que debe situarse.

La ficha **Rótulos de datos** permite colocar en lo alto de cada columna el valor que le corresponde (u otros datos parecidos).

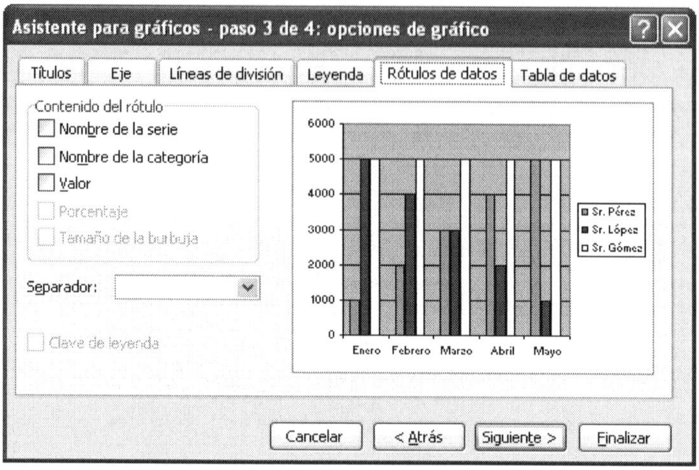

Active la casilla que desee.

La ficha **Tabla de datos** permite activar o desactivar una tabla con los valores que corresponden a cada columna debajo del gráfico.

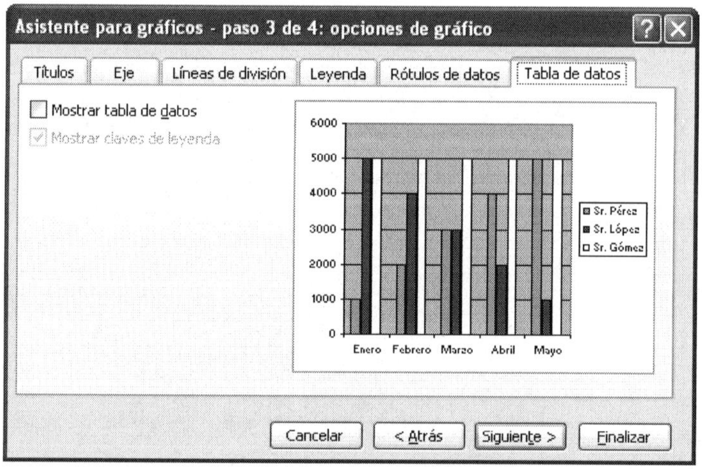

Active la casilla **Mostrar tabla de datos** si desea verla, en cuyo caso, la leyenda suele ser innecesaria y se debe desactivar.

Al pulsar el botón [Siguiente >], pasaremos al cuarto y último paso (véalo en la primera figura de la página siguiente). En él debemos indicar dónde deberá aparecer el gráfico:

1. **En una hoja nueva**, cuyo nombre será inicialmente **Gráfico1** aunque podemos teclear otro en el cuadro de texto correspondiente.

2. **Como objeto en** insertará el gráfico en una de las hojas que ya existan en nuestro libro de trabajo. Sólo será necesario elegir una de ellas en la lista.

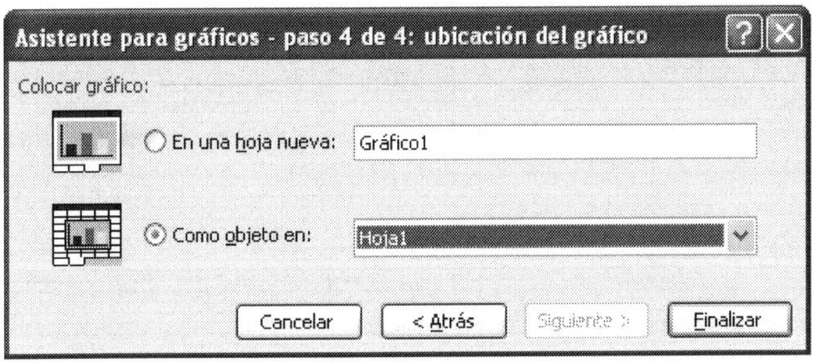

Cuando pulsemos el botón 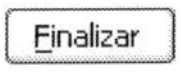 Excel incorporará el gráfico a la hoja de cálculo, lugar en el que podremos modificar más datos del gráfico.

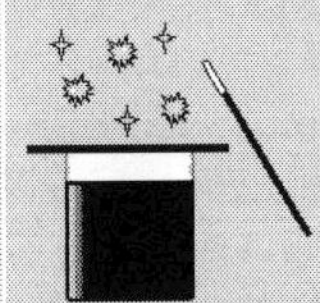

Puede modificar las funciones que hemos visto en el asistente, desde el menú principal, mediante la opción **Gráfico** que aparece nos encontramos en un gráfico:

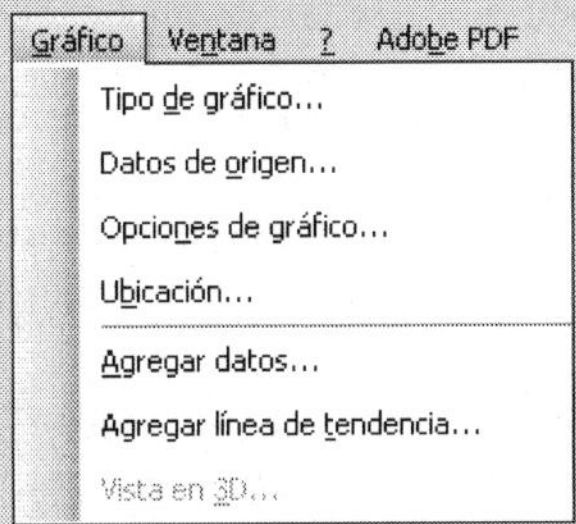

Las cuatro primeras opciones de este menú le ofrecen, respectivamente, las cuatro fichas del asistente que acabamos de estudiar.

BARRA DE HERRAMIENTAS DE GRÁFICOS

Una vez que el gráfico está en la hoja, podemos editarlo. Las modificaciones que permite un gráfico son muy variadas. Para empezar, al seleccionar un gráfico para su edición, haciendo un clic sobre él, aparece la barra de herramientas de gráficos:

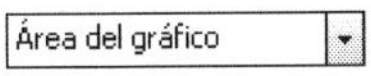 **(Objetos del gráfico)**. Permite elegir qué parte del gráfico se desea modificar. Para ello también se puede hacer clic sobre la parte del gráfico en cuestión.

 **(Formato de área de gráfico)** lleva al cuadro de diálogo en el que podremos modificar el formato de la parte del gráfico que hayamos seleccionado con la lista anterior.

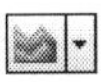 **(Tipo de gráfico)** permite cambiar el tipo de gráfico de una forma rápida. Al desplegar el botón, se obtiene una lista de todos los tipos de gráficos posibles. Bastará con elegir uno para cambiarlo por el actual tipo de gráfico. El pequeño dibujo que se ve en el botón muestra el tipo actual de gráfico.

 La **Leyenda** del gráfico también puede verse o no en el gráfico. Para ello, active (o no) este botón.

 (**Tabla de datos**) muestra el gráfico con los datos en forma de tabla. Puede activarse y desactivarse pulsando varias veces el botón.

 (**Por filas**) muestra el gráfico tomando los datos que haya seleccionado en la hoja por filas.

 (**Por columnas**) muestra el gráfico tomando los datos que haya seleccionado en la hoja por columnas.

 y  (**Ángulo descendente** y **Ángulo ascendente**) inclinan el texto en la dirección que puede verse en el botón. Para poder ejecutar esta función, debe seleccionarse un texto (o un eje del gráfico que contenga texto).

EDICIÓN DE GRÁFICOS

Como decíamos antes, para poder modificar o editar un gráfico hemos de llevar el cursor del ratón a cualquier parte de la superficie del gráfico y hacer un doble clic sobre él. Existen otros modos de hacerlo, como hacer clic sobre él con el botón derecho del ratón, o bien, una vez elegido el elemento, activar la primera opción del menú **Formato**, que posee nombres distintos dependiendo del elemento elegido.

Al hacerlo, cada elemento del gráfico puede editarse por separado con respecto a los demás. En realidad, lo que podemos cambiar son los formatos de cada una de las partes del gráfico. Vamos a ir viendo cada uno de los formatos intentando resaltar gráficamente la parte que se cambia.

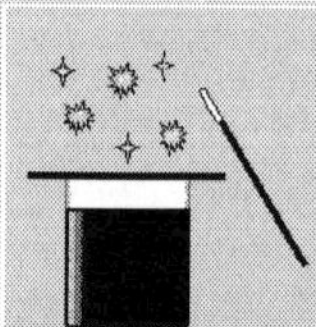

Si le resulta difícil saber exactamente dónde va a hacer el doble clic en el gráfico, simplemente lleve el ratón sobre él, ya que irán apareciendo pistas en recuadros amarillos que le indican cuál es el objeto sobre el que se encuentra el ratón en ese instante: si es el que necesita, haga doble clic.

Algunas de las fichas de los formatos que vamos a presentar pueden variar dependiendo del tipo de gráfico escogido. Nosotros vamos a mostrar las fichas que aparecen si se utilizan gráficos de tipo columnas.

1. **Formato de los Ejes**. Los ejes pueden ser variados en cuanto a su estética. Para poder cambiar los ejes hay que hacer un doble clic sobre cualquiera de ellos o sobre los rótulos que posean. Al hacerlo, obtenemos un cuadro de diálogo para modificar el aspecto de los ejes de un gráfico:

Como puede apreciarse, este cuadro de diálogo contiene datos muy detallados acerca de cómo deseamos ver los datos de los ejes:

- Con la ficha **Tramas** podemos modificar el aspecto de las líneas que marcan los ejes en su color, grosor y estilo (continua, discontinua, etc.) con los elementos del grupo **Ejes**. También se puede especificar si ha de haber rótulos en los ejes y a qué distancia con el grupo **Rótulos del eje**.

- La ficha **Escala** permite modificar los datos de las escalas de los ejes.

- Con la ficha **Fuente** puede elegirse un tipo de letra y sus derivados (tamaño, aspecto, etc.) para los datos que exhiban los rótulos del gráfico.

- Con la ficha **Número** se puede establecer un formato numérico para las ocasiones en que aparecen datos numéricos en los rótulos (por ejemplo, en la escala). Podrá elegir entre todos los tipos de formato numérico que vimos en el tema ***Formatos***.

- Para terminar, la ficha **Alineación** permite establecer si la posición de los datos de texto que haya en los rótulos será horizontal o vertical. También existe una alineación automática para que Excel asigne la alineación sin necesidad de que lo hagamos nosotros, dependiendo de si se trata de la escala (del eje Y) o de los rótulos (del eje X).

2. **Formato de la leyenda**. También se puede modificar la estética del cuadro de la leyenda. Para ello, debemos hacer un doble clic sobre cualquier parte de su superficie. Si se elige la leyenda haciendo un clic sobre ella y después seleccionamos uno de los elementos de ésta, podremos modificar sólo ese elemento, dejando el resto como estuviera. En cualquier caso, obtendremos un nuevo cuadro de diálogo con fichas para la edición de la leyenda:

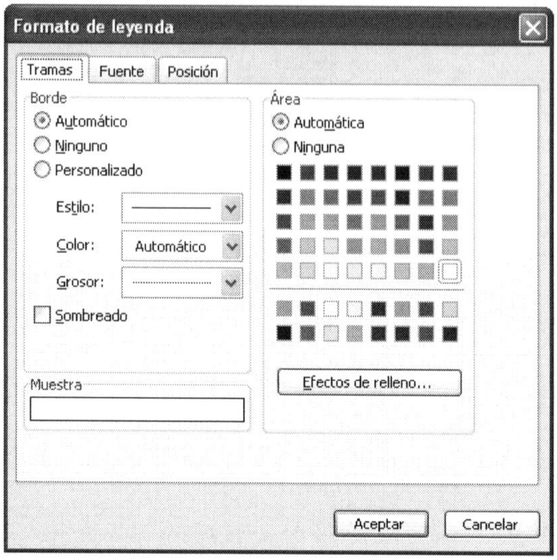

- La ficha **Tramas** permite modificar el estilo de los bordes que rodean la leyenda y los colores que se utilizan como fondo para ésta.

- Con la ficha **Fuente** puede elegirse un tipo de letra y sus derivados (tamaño, aspecto, etc.) para los datos escritos que aparezcan en la leyenda.

- Utilice la ficha **Posición** para establecer la situación del gráfico en la que aparece la leyenda (debajo del gráfico, arriba, a sus lados o en una esquina).

3. **Formato de las líneas de división**. Observe cómo el fondo del gráfico muestra unas líneas horizontales. El formato de estas líneas puede modificarse, por ejemplo, haciendo un doble clic de ratón sobre una de ellas:

- Como en los formatos que ya hemos visto, la ficha **Tramas** permite modificar el aspecto de las líneas que forman, en este caso, los trazos de fondo del gráfico.

- Utilice la ficha **Escala** para establecer y configurar la numeración (que hasta ahora aparecía de modo automático) del eje Y (dato inferior, dato superior, intervalo, etc.).

4. **Formato del área del trazado**. También el gráfico posee un tramado o color para el fondo del diagrama exclusivamente. Si hacemos un doble clic sobre él, obtendremos un cuadro de diálogo con las fichas que pueden modificar su aspecto:

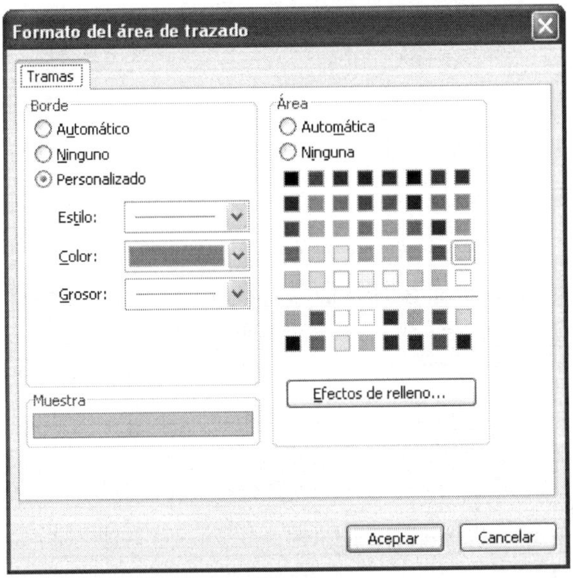

La ficha de este cuadro (**Tramas**) nos permitirá establecer el color (sólido o compuesto) que tendrá el fondo del gráfico.

5. **Formato de la serie de datos**. Cada grupo de columnas posee un dato común: un color asociado a cada dato de la leyenda representando una cifra matemática. Si se hace un doble clic sobre una columna, podremos modificar el formato de todas las columnas del mismo conjunto que se encuentren repartidas por todos los grupos de columnas del gráfico (por ejemplo, todas las columnas de color amarillo que haya en el gráfico). De nuevo, obtendremos un cuadro de diálogo para su modificación, esta vez con varias fichas (véalo en la figura de la página siguiente):

- Utilizaremos la ficha **Tramas** para establecer el tipo y color de las líneas con las que rodearemos las columnas.

- La ficha **Eje** permite superponer (con el botón **Eje secundario**) o no, las columnas del mismo grupo. En realidad, se sitúan sobre el mismo eje que las demás con **Eje principal**, o en un eje imaginario con **Eje secundario**.

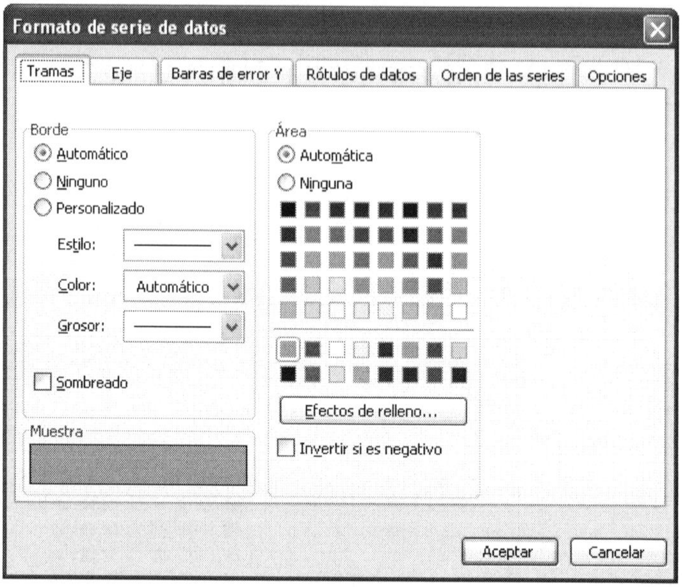

- Utilice la ficha **Barras de error Y** para exponer gráficamente un posible margen de error en la muestra del diagrama. Se pueden exponer errores tanto por defecto como por exceso.

- La ficha **Rótulos de datos** permite mostrar los rótulos específicos referentes a ese grupo de columnas (pueden mostrarse tanto sus rótulos como sus valores y aparecen en la parte superior del gráfico).

- La ficha **Orden de las series** se utiliza para establecer con qué disposición aparecen las columnas en cada grupo dependiendo de los datos que hemos establecido para la leyenda (por ejemplo, primero el *Sr. Pérez*, después el *Sr. López*, etc., o bien disponiéndolos con otro orden).

- Con la ficha **Opciones** podemos, entre otras cosas, cambiar ciertas características como la separación entre las columnas del mismo grupo (que pueden llegar a superponerse utilizando la opción **Superposición**) o entre los grupos de columnas (con **Ancho del rango**).

6. **Formato del punto de datos**. Si seleccionamos con el ratón un grupo de columnas y después volvemos a pulsar sobre una de ellas, podremos modificar el formato de esa columna concreta haciendo un doble clic sobre ella una vez seleccionada. Excel nos ofrece, para ello, el cuadro de diálogo que puede ver en la figura de la página siguiente:

- En dicho cuadro, utilice la ficha **Tramas** para modificar el borde y el color de fondo de la columna elegida.

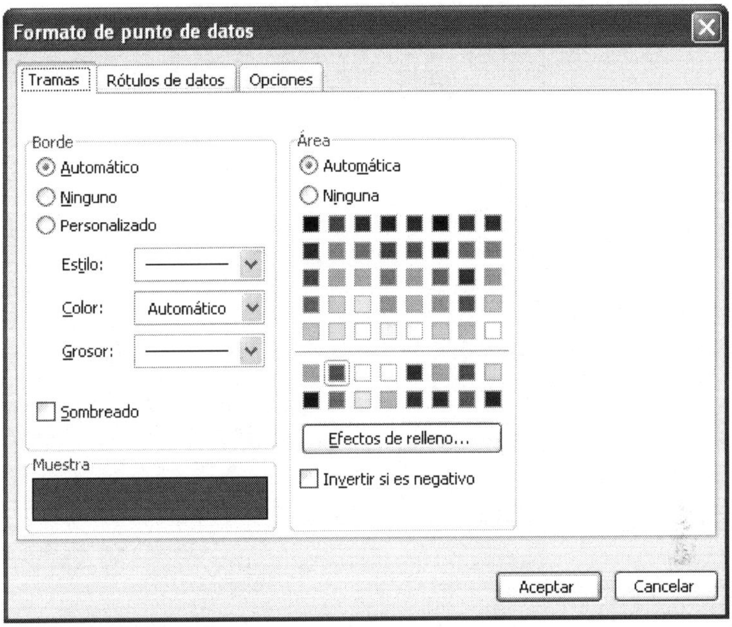

- Seleccione la ficha **Rótulos de datos** para modificar el rótulo perteneciente a la columna en cuestión. Estos rótulos aparecen en la parte superior del gráfico (si es un gráfico que muestre una disposición distinta, puede decirse que el rótulo en cuestión aparece en la parte inversa a la que muestra los rótulos genéricos de todo el gráfico).

- Con la ficha **Opciones** podemos, entre otras cosas, cambiar ciertas características como la separación entre las columnas del mismo grupo (que pueden llegar a superponerse utilizando la opción **Superposición**) o entre los grupos de columnas (con **Ancho del intervalo**).

7. **Formato del área del gráfico**. Para terminar con el tema de la edición de un gráfico, vamos a ver que el fondo general del gráfico también puede cambiar de aspecto. Para ello, llevaremos el ratón hasta una zona del gráfico en la que no exista ningún elemento y haremos un doble clic (vea el cuadro de diálogo en la figura de la página siguiente):

   - La ficha **Tramas**, una vez más, permite modificar el borde y colores de fondo, en este caso del gráfico completo.

   - Con la ficha **Fuente** podremos variar los tipos de letra genéricos para todo el gráfico.

   - Con la ficha **Propiedades** podemos cambiar otras características del gráfico como, por ejemplo, bloquear su contenido para que no pueda modificarse.

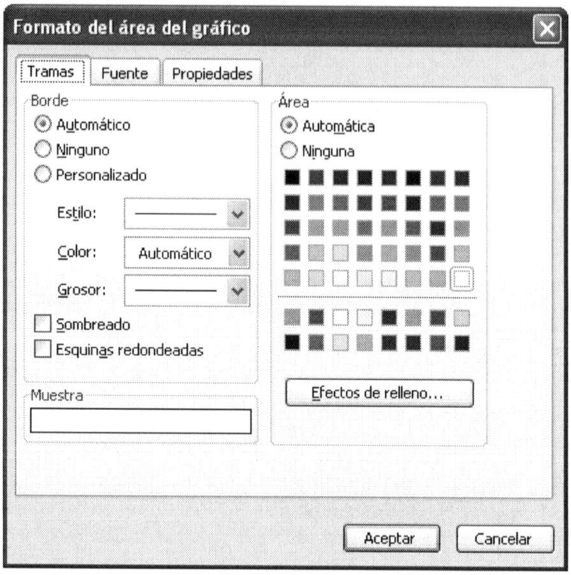
Formato del área del gráfico
Tramas
Fuente
Propiedades
Borde
Automático
Ninguno
Personalizado
Estilo:
Color:
Automático
Grosor:
Sombreado
Esquinas redondeadas
Muestra
Área
Automática
Ninguna
Efectos de relleno...
Aceptar
Cancelar

CAPÍTULO 19

TRABAJO SENCILLO CON BASES DE DATOS EN EXCEL

Una base de datos es, en esencia, un conjunto de datos estructurado que ofrece un acceso fácil, rápido y flexible.

Hace ya algún tiempo que las hojas de cálculo incorporan funciones de bases de datos a un nivel medio/alto. La configuración de filas y columnas de cualquier hoja de cálculo hace encajar perfectamente su filosofía con la de las bases de datos relacionales, que utilizan tablas distribuidas igualmente en filas y columnas para representar el almacenamiento de los datos en el disco. Las bases de datos se configuran a modo de **registros**, que podrían compararse a las fichas de un fichero, y éste sería la base de datos o una parte integrante de ésta. A su vez, cada registro de la base está compuesto por **campos** que equivalen a los datos distribuidos en las fichas del fichero. Veamos esto de un modo más gráfico:

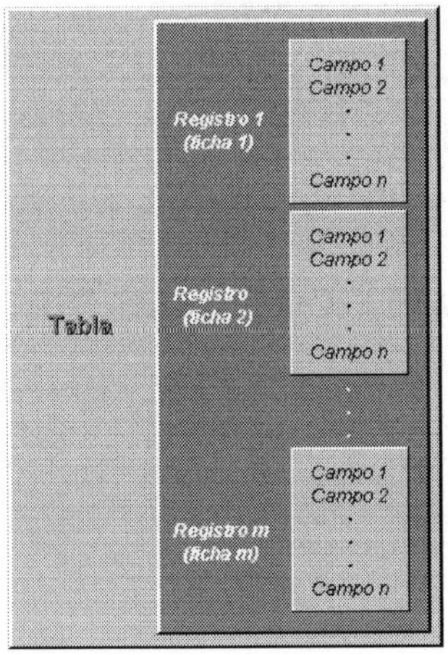

Como vemos en el esquema de la figura anterior, la estructura de los campos se repite para cada registro. Así, si una estructura de base de datos contiene los campos *Nombre*, *Apellidos* y *Teléfono*, cada registro tendrá un *Nombre*, unos *Apellidos* y un *Teléfono*.

La forma de representar estos datos mediante bases de datos relacionales consiste en una tabla que contiene en sus filas y columnas los datos que llenan la base de datos. Por ejemplo:

	Nombre	**Apellidos**	**Teléfono**
Registro 1	Juan	Tología	123-45-67
Registro 2	Jacinta	Devideo	765-43-21
Registro 3	Isabel	Ardo	135-79-11
Registro 4	Ana	Tomía	119-75-31

Como decíamos, la estructura se repite para cada registro, aunque los datos, son distintos para cada uno. Los campos, por su parte, forman la primera fila de la tabla (*Nombre*, *Apellidos* y *Teléfono*). Ésta es la estructura que vamos a utilizar igualmente para trabajar con bases de datos en Excel, de modo que dispondremos de esta forma los datos que vamos a utilizar.

MANEJO DE FICHAS Y REGISTROS

Comenzaremos por marcar con el ratón el rango de celdas que forme nuestra base de datos y, luego, seleccionaremos la opción **Formulario** del menú **Datos**. Si no se seleccionan datos, Excel avisará que no le es posible realizar la tarea. También es posible que Excel advierta, que el rango seleccionado no posee encabezados que definan los campos y preguntará si deseamos asignar los datos de la primera fila como nombres para los campos. Si se acepta, se obtiene un cuadro de diálogo en el que aparecen distribuidos registros, campos y datos junto con una serie de botones que permiten gestionar la base de datos:

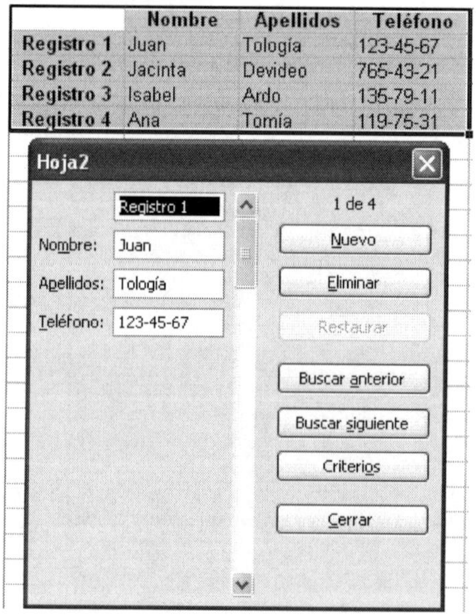

1. Utilice el botón [Nuevo] para crear un nuevo registro. Deberá entonces asignar datos escribiéndolos en sus correspondientes cuadros de texto. Cuando termine, deberá pulsar el botón de nuevo para que Excel actualice la información que acaba de añadir.

2. Utilice el botón [Eliminar] para borrar un registro completo. Deberá situarse antes en el registro. Excel le pedirá confirmación.

3. Si modifica algún dato de cualquier registro, el botón [Restaurar] volverá a dejarlo como estaba antes de la modificación.

4. El botón [Buscar anterior] le lleva al registro precedente de la base de datos mientras que el botón [Buscar siguiente] le lleva al registro posterior de la base de datos.

CRITERIOS PARA UNA BÚSQUEDA DE DATOS

El cuadro de diálogo anterior presenta un botón para encontrar registros en la base de datos: [Criterios]. Cuando se pulsa este botón, los cuadros de texto del cuadro de diálogo se vacían para especificar los criterios de búsqueda:

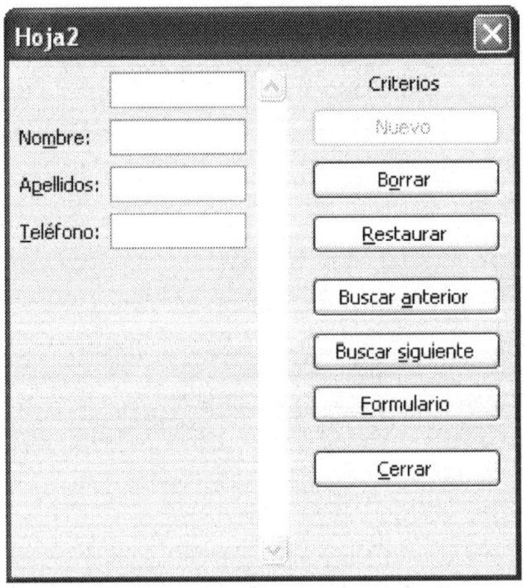

Para buscar un dato (o más) en la base, desplácese hasta el campo cuyo dato desea encontrar (un nombre, un apellido, etc.) y escriba lo que busca. A continuación, utilice los botones [Buscar anterior] y [Buscar siguiente] para que Excel le lleve al registro anterior o posterior que contenga el dato respectivamente.

No sólo es posible encontrar datos que coincidan, sino que también se pueden utilizar símbolos de comparación para encontrar datos. Los símbolos (operadores) de comparación para este tipo de búsquedas con Excel son:

- = (igual que)
- < (menor que)
- > (mayor que)
- <= (menor o igual que)
- >= (mayor o igual que)
- <> (distinto que)

Por ejemplo, si se busca un individuo de la lista que gane más de 100.000 pts. en un supuesto campo *Sueldo*, tenemos que situarnos sobre su cuadro de texto y teclear >*100000*. Al pulsar el botón [Buscar anterior], Excel nos llevaría hasta el principio de la tabla, mostrándonos el primer registro que encuentre cuyo campo *Sueldo* tenga como valor una cifra superior a 100.000. Si, por el contrario, pulsáramos el botón [Buscar siguiente], Excel se dirigiría hacia el final de la lista para mostrarnos el siguiente registro que cumpla el citado criterio.

FILTROS

Otra forma de acceder a los datos de una base de datos es la creación de listas que en la misma hoja de cálculo nos ofrecen funciones de base de datos.

Para crear una lista desplegable para cada campo, debemos seleccionar el rango de datos que forma la base de datos (recuerde que la primera fila debe contener los nombres de los campos) y seleccionar la opción **Filtro** del menú **Datos**. Esta opción ofrece un submenú que muestra tres opciones:

El primer paso es seleccionar **Autofiltro**, que crea la lista añadiendo los botones necesarios para poder desplegar las celdas. Por ejemplo, si tenemos el ejemplo anterior, al activar **Autofiltro** obtendríamos:

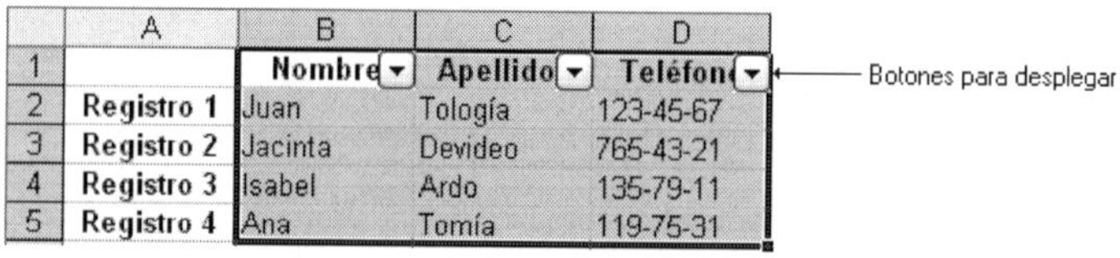

	A	B	C	D
1		Nombre	Apellido	Teléfon
2	Registro 1	Juan	Tología	123-45-67
3	Registro 2	Jacinta	Devideo	765-43-21
4	Registro 3	Isabel	Ardo	135-79-11
5	Registro 4	Ana	Tomía	119-75-31

Si desplegamos un campo mediante su botón, aparecerá una lista con los datos de todos los registros pertenecientes a ese campo, y bastará con elegir uno de ellos para que el resto de los datos de la lista desaparezca, dejando en su lugar el registro completo al que pertenece el dato elegido. Por ejemplo, si desplegáramos el campo *Nombre* y en la lista que apareciera eligiéramos el dato *Ana*, obtendríamos lo siguiente:

	Nombre	Apellido	Teléfon
Registro 4	Ana	Tomía	119-75-31

La flecha del botón que hemos pulsado se vuelve de color azul, indicando el dato por el que hemos buscado el registro que ahora aparece en la fila inmediatamente inferior a la de la lista de campos.

Esta operación podemos realizarla tantas veces como necesitemos para ir reduciendo la lista de datos hasta encontrar la información que necesitemos.

Cuando desplegamos una lista obtenemos varias opciones fijas:

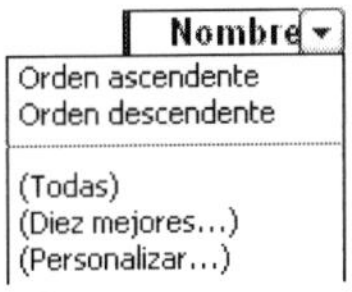

1. Las opciones **Orden ascendente** y **Orden descendente** (sólo en la versión 2003) se encargan de ordenar la lista de datos de menor a mayor y viceversa, respectivamente.

2. **(Todas)**.Vuelve a mostrar todos los registros en el autofiltro.

3. **(Diez mejores)** o **(Las 10 más...)** en las versiones anteriores a la 2003. Reduce la lista a diez datos especiales (inicialmente los diez mayores). Esta opción sólo funciona con datos numéricos y ofrece el siguiente cuadro de diálogo:

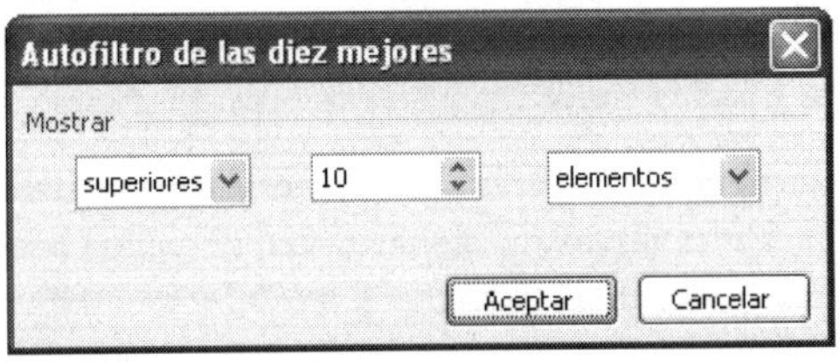

4. **(Personalizar...)**. Ofrece un cuadro de diálogo para establecer la condición de los datos que se van a mostrar:

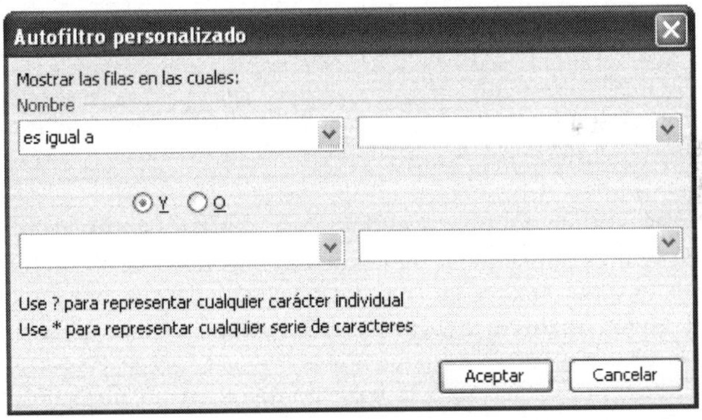

- En la primera lista **(es igual a)** podemos elegir la condición para la búsqueda en el filtro.

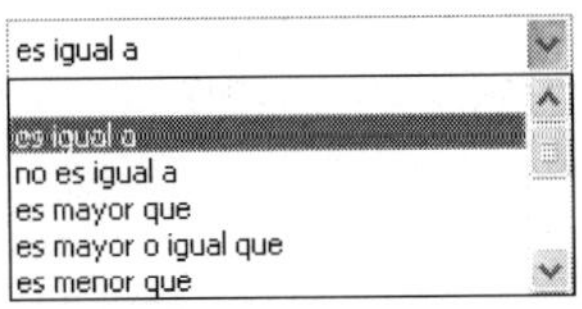

Por ejemplo, si busca un dato que empiece por una determinada letra (o letras), deberá elegir **comienza por**.

- La lista que hay a su derecha permite indicar el dato en el que basamos la búsqueda. Por ejemplo, si buscamos un dato que comience por la letra **R**, deberemos teclear esa letra, al tiempo que, en la lista anterior establecemos **comienza por**.

- Los botones de opción **Y** y **O** son útiles cuando buscamos datos que deben cumplir más de una condición. Por ejemplo, si buscamos un dato numérico que esté comprendido entre 1.000 y 5.000 debemos buscar **es mayor que** 1000 **Y es menor que** 5000. La segunda condición (**es menor que** 5000) debemos escribirla en las dos listas desplegables inferiores).

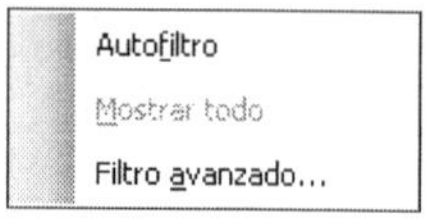

Si volviéramos a elegir la opción **Autofiltro** del menú anterior, desaparecerían los botones y volveríamos a tener en la hoja cada dato en su lugar, tal y como estaban originalmente antes de activar el filtro.

La opción **Mostrar todo** hace aparecer la lista de nuevo con todos los datos de la base, a pesar de que los botones de cada campo continuarían a la vista para poder ser utilizados de nuevo.

Por último, podremos activar la opción **Filtro avanzado** si deseamos cambiar las características de los filtros automáticos, tales como el rango de la lista que se incorpora al filtro automático, o si los botones de los campos y sus nombres deben de aparecer en otro lugar al activarse un filtro automático, en vez de aparecer en el mismo sitio en que éstos se encuentran.

IMPORTAR BASES DE DATOS A UNA HOJA DE EXCEL

Excel está capacitado para incorporar en sus hojas bases de datos creadas con diferentes sistemas como dBase, Paradox, Access o Fox Pro. Para ello, basta con intentar abrir una hoja de cálculo. Recuerde que se abre seleccionando la opción **Abrir** del menú **Archivo** o pulsando el botón de la barra de herramientas.

En este caso, cobra mayor importancia la lista **Tipo de archivo** con la que se puede especificar el tipo de documento que se abre. En esa lista también aparecen opciones que representan datos almacenados en cualquiera de los sistemas antes mencionados de bases de datos (por ejemplo, **Archivos dBase**).

En principio, Excel abre la base de datos en un libro de trabajo vacío, pero sus datos son fácilmente transferibles a cualquier otra hoja de cálculo mediante el portapapeles (**Copiar** y **Pegar** del menú **Edición**). Sin embargo, existe otro método para importar bases de datos, ya que con el modo que acabamos de relatar sólo podremos abrir bases de datos pertenecientes al sistema dBase.

Excel utiliza su grupo especial de controladores denominado **ODBC de 32 bits** (que puede manejarse desde el Panel de control de Windows, ya que durante la instalación de Excel se añade un icono más a dicho Panel), que le permite realizar la filtración de datos (de cualquier base de datos que ODBC reconozca) a una hoja de cálculo que desarrollaremos con Excel.

El nuevo método que maneja ODBC consiste en activar la opción **Obtener datos externos** del menú **Datos**. Esta opción genera un submenú con varias opciones entre las que elegiremos **Nueva consulta de base de datos**. Al hacerlo, Excel nos lleva a ***Microsoft Query***, un programa que se ejecuta paralelamente a Excel, cuya función es la de llevarle datos de una base. Sin embargo, antes de que aparezca Query, obtendrá el siguiente cuadro de diálogo:

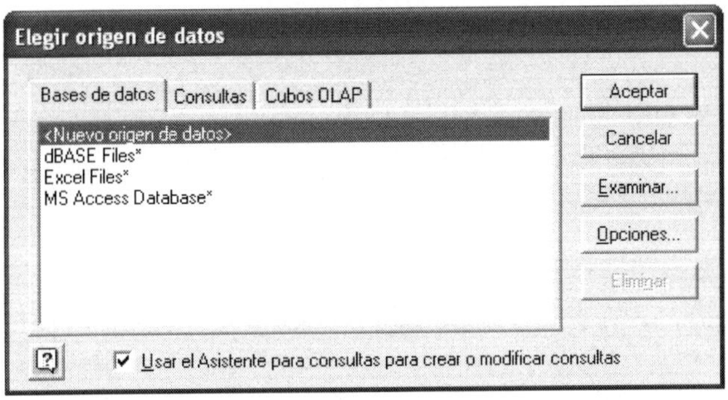

En él se ofrece la posibilidad de elegir el sistema en el que se creó la base de datos que vamos a importar. Incluso, podremos crear en ese momento una nueva base de datos con la opción **<Nuevo origen de datos>** (que le permitirá añadir más controladores a la lista actual). Todas aquellas que contienen el dato **(not shareable)** —no compartible— no pueden utilizarlas otros usuarios al mismo tiempo que nosotros.

Puede utilizarse la ficha **Consultas** para abrir directamente una consulta que se haya creado anteriormente. También se puede pulsar Opciones... con el fin de indicar a Query las carpetas del disco en las que debe buscar las bases de datos.

Para emplear una base de datos debemos comenzar por elegir el sistema con el que se diseñó, para lo que Excel ofrece una lista de sistemas de gestión de bases de datos, como dBASE, Access, FoxPro o el propio Excel. Seleccione el programa con el que se creó la base de datos que desea incluir en su hoja de cálculo y pulse Aceptar. Si se encuentra alguna base de datos de ese tipo en cualquier carpeta que haya establecido con Opciones..., obtendrá lo siguiente:

Seleccione la base de datos (o elija primero el directorio —carpeta— en el que se encuentra dicha base) y pulse Aceptar. En el ejemplo que hemos puesto en la figura anterior, las bases de datos son **Prueba 97** y **Prueba para visual**. Entonces obtendrá otro cuadro:

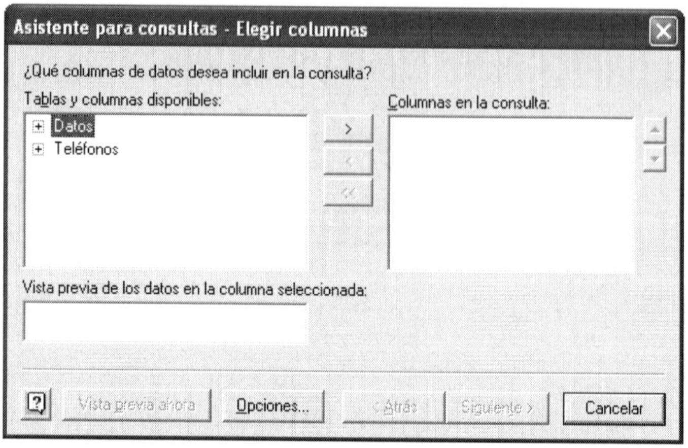

1. En **Tablas y columnas disponibles** aparece la lista de tablas contenidas en la base de datos, precedidas, cada una, del botón ⊞ para desplegarlas. Al pulsarlo podremos ver sus campos. Así podremos seleccionarlos con el ratón y añadirlos, mediante el botón >, a la lista **Columnas en la consulta**: los campos que aparezcan aquí serán los que se incluyan en la hoja de cálculo, por columnas.

2. Los botones < y << retiran los campos añadidos de la lista **Columnas en la consulta** (uno a uno o todos a la vez respectivamente).

3. Los botones ▲ y ▼ (a la derecha de la lista **Columnas en la consulta**) permiten cambiar el orden de los campos, para lo cual será necesario seleccionar previamente aquel campo que se va a desplazar (en la misma lista **Columnas en la consulta**).

4. El botón Vista previa ahora muestra los datos reales del campo seleccionado en **Columnas en la consulta**. Así, podrá cerciorarse de que el campo elegido es el correcto.

En cuanto añada campos a la lista **Columnas en la consulta** podrá pulsar el botón Siguiente >, con lo que podrá continuar con el asistente para llevar datos a la hoja de cálculo:

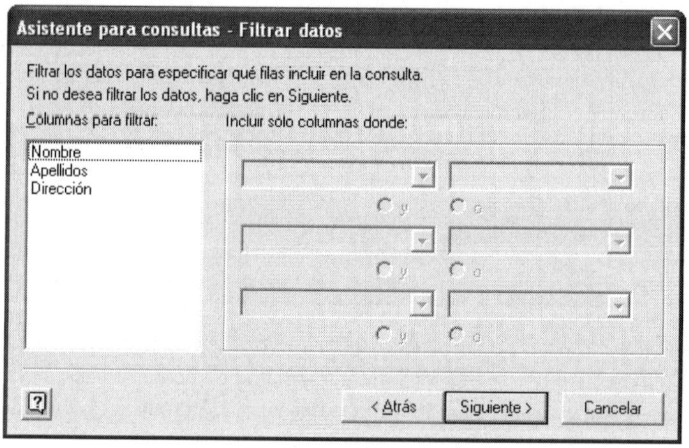

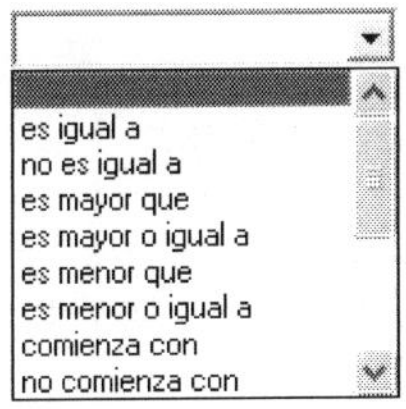

En este cuadro se establece la condición para la consulta. Es decir, filtraremos los datos que nos interesen ignorando los demás (como vimos antes en los autofiltros). Si se deben incorporar todos los datos, sólo pulse el botón Siguiente > para continuar con el asistente, de lo contrario elija un campo de la lista y pulse sobre el botón ▼ de la primera lista que aparecerá en el grupo **Incluir sólo columnas dónde**. Cuando se selecciona esta lista, aparecen datos como los que puede ver en la figura junto al margen derecho.

Si elige **es igual a**, el filtro consiste en que únicamente deben aparecer los datos que coincidan con el dato que escribiremos a su derecha. Ejemplo:

Según nuestro ejemplo, sólo deberán incorporarse los datos de aquellos registros cuyos *Apellidos es igual a Pérez.*

Además de **es igual a**, la lista nos ofrece otras condiciones como **es menor que** o **comienza con**, cada uno de los cuales deberá utilizarse según nuestra necesidad.

Cuando pulsamos el botón Siguiente >, pasaremos a un nuevo paso del asistente:

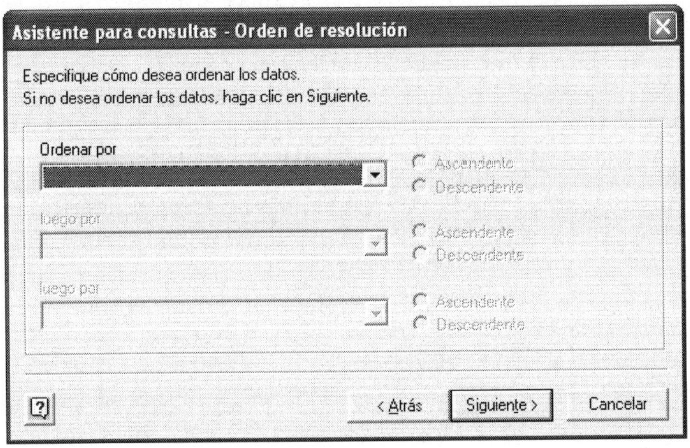

En este paso se nos permite elegir el campo de la tabla por el que deseamos clasificar alfabéticamente. Este cuadro funciona igual que las ordenaciones que vimos en el capítulo 16: ***Herramientas más útiles de Excel.***

Pulse Siguiente > para pasar al próximo paso (que puede verse en la figura de la página siguiente). En él seleccionaremos **Devolver datos a Microsoft Excel** para que los datos de la consulta pasen a Excel. Entonces ya tendrá la tabla en su hoja de cálculo y podrá emplearla a su gusto. Pulse, pues, el botón Finalizar para terminar.

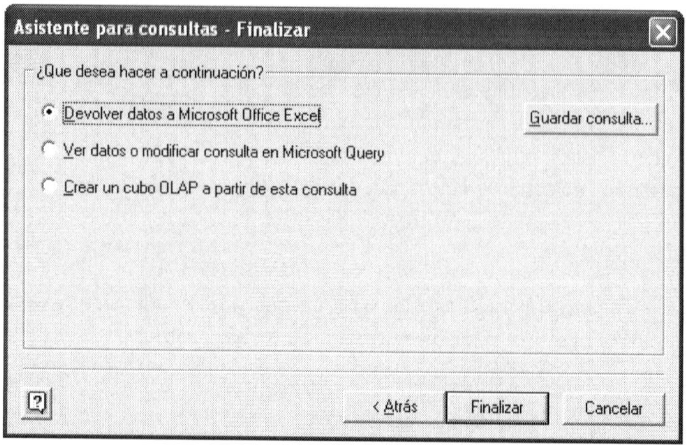

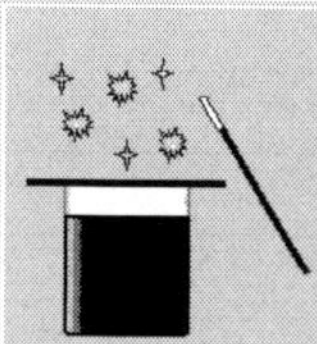

Utilice el botón [Guardar consulta...] para grabar la consulta en el disco, de este modo, cuando vuelva a entrar en Query podrá emplear la misma consulta sin tener que construirla de nuevo. Recuerde que al entrar en Query se le ofrece un cuadro de diálogo con tres fichas entre las que se encuentra **Consultas** cuyo trabajo es ofrecer aquellas que estén grabadas en el disco: ahí podremos seleccionar las que grabemos con dicho botón.

Cuando se pulsa el botón [Finalizar], Query envía los datos resultantes de la consulta a las celdas correspondientes de Excel, Query se cierra automáticamente y Excel debe recoger los datos a partir de una celda. Aparecerá un cuadro de diálogo para establecer los datos finales:

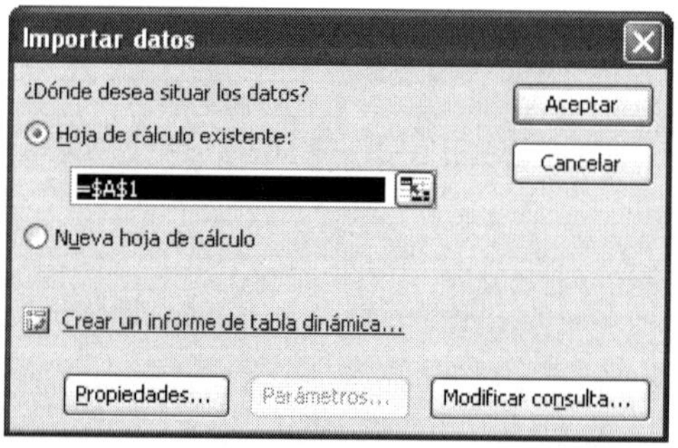

Bastará con pulsar el botón [Aceptar] para que los datos de la consulta aparezcan en la celda en que nos encontrábamos en el momento en que activamos la importación.

No obstante, si desea que los datos aparezcan en otra celda, puede elegirla especificando la dirección de dicha celda en el cuadro de texto del botón **Hoja de cálculo existente**. También puede conseguir que los datos aparezcan directamente en otro lugar mediante los botones **Nueva hoja de cálculo** y **Crear un informe de tabla dinámica**.

Al aparecer los datos de la consulta en Excel, se activa automáticamente una barra de herramientas:

Con los botones de esta barra podremos, por ejemplo, volver a editar la consulta (con el primer botón:), o actualizar los datos en caso de que hayan sido modificados en su fuente original (con el botón).

CONSULTAS EN INTERNET

Ya hemos visto que cuando se activa la opción **Obtener datos externos** del menú **Datos**, aparece un submenú.

Este submenú también contiene la opción **Nueva consulta Web** que permite realizar consultas en Internet. Ofrece el siguiente cuadro de diálogo (siempre y cuando esté conectado a Internet, sino, deberá conectar primero):

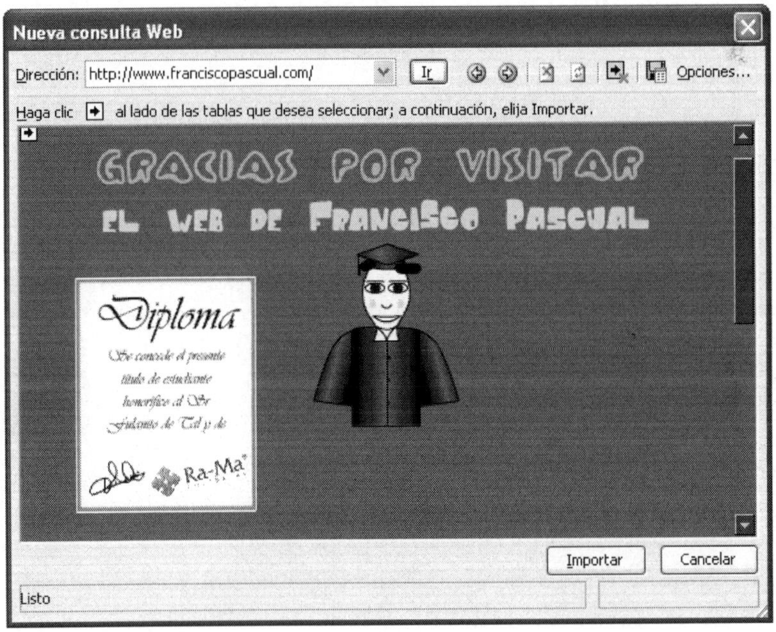

En él debemos establecer claramente la dirección del sitio Web al que vamos a acceder con el fin de crear la consulta.

Cuando se pulsa Importar, Excel incorporará a la hoja de cálculo los datos de texto de la página Web para que pueda utilizarlos en dicha hoja.

CAPÍTULO 20

MACROS Y VISUAL BASIC CON EXCEL

En palabras sencillas, una macro es una función que reúne varias. Suelen utilizarse para procesos que requieren varias funciones que se emplean con frecuencia. La macro se encargará de ejecutar automáticamente todas las funciones que se hayan incorporado en ella.

Las macros en Excel, y en cualquier otro sistema de su categoría, forman todo un lenguaje de programación completo mediante el que se pueden llegar a construir funciones realmente complejas. Hace tiempo, Microsoft desarrolló un lenguaje de programación visual muy sencillo de utilizar y con una potencia verdaderamente considerable. Se trataba de *Visual Basic*. Con el tiempo, este lenguaje se ha ido adaptando a las mejoras que se han añadido a Windows, por lo que se trata de uno de los lenguajes más utilizados para el desarrollo de aplicaciones que funcionan bajo Windows.

Una parte de este lenguaje se ha añadido a Excel para Windows. Gracias a él podemos conseguir unas macros realmente potentes. Vamos a comenzar por describir la forma más sencilla de creación de macros con Excel y veremos qué relación poseen con *Visual Basic*.

CREACIÓN Y EDICIÓN DE MACROS

Para crear una macro hemos de empezar por grabarla. Como con cualquier proceso de grabación de datos, es necesario iniciar la grabación, exponer los datos que se van a grabar y finalizar la grabación.

> Siempre resulta muy importante que antes de comenzar la grabación se sitúe en la celda **A1** para evitar posibles errores cuando vayamos a ejecutar la macro posteriormente.

El inicio de la grabación se realiza mediante un menú. Utilizaremos la opción **Macro** que aparece en el menú **Herramientas**. Esta opción muestra un submenú:

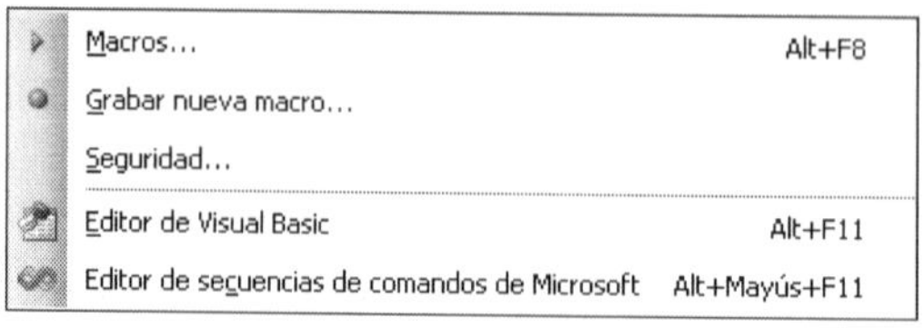

De este menú elegiremos **Grabar nueva macro**. Obtendremos un cuadro de diálogo:

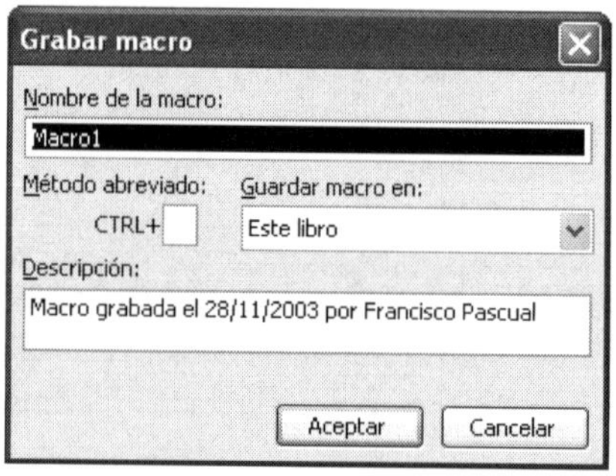

La macro debe recibir un nombre que escribiremos en el cuadro de texto **Nombre de la macro**, aunque Excel ya nos sugiere el dato **Macro1**. Como dato adicional, podemos escribir una pequeña **Descripción**, para la cual Excel ofrece por defecto la fecha actual y el nombre del usuario autorizado de Excel.

En el cuadro del botón **Método abreviado** podremos asignar una letra para que, al pulsarla precedida de la tecla **CONTROL**, se ejecute la macro. Si se teclea la letra en mayúsculas, la macro se activará pulsando las teclas **CONTROL** + **MAYÚSCULAS** + la letra elegida.

La lista **Guardar macro en** permite establecer dónde se grabará la macro:

1. Si utilizamos el botón de opción **Libro de macros personal**, la macro irá a parar a un fichero aparte que contenga sólo macros. Resulta aconsejable almacenar ahí todas las macros si éstas se van a utilizar en varios libros de trabajo distintos.

2. Si se activa el botón **Libro nuevo**, la macro se almacenará en un libro de trabajo diferente, aunque también como hoja aparte en un módulo. Excel requerirá el nombre del archivo que contiene el libro de trabajo al que irá a parar la macro.

3. Utilice el botón **Este libro** si desea que la macro se añada en el libro de trabajo actual.

Cuando pulsemos el botón Aceptar, comienza la grabación de la macro. Todas las operaciones que hagamos a partir de ese momento y hasta el final de la grabación serán las acciones que integren la macro, por lo que será necesario hacer trabajar sólo las funciones que deseábamos incluir en ella.

En la pantalla aparece una pequeña barra con dos botones:

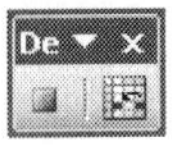

1. Pulsar el botón (**Detener grabación**) significa finalizar la grabación de la macro, y ésta ya podrá ejecutarse.

2. El botón activa el modo **Referencia relativa**. Este modo consigue que la celda **A1** sea la celda en que nos encontremos al ejecutar la macro. Gracias a este botón, los datos que creamos en la macro no tienen por qué aparecer en el mismo lugar en el que los definimos durante su creación, sino que aparecerán en la celda en la que nos encontremos al ejecutar la macro.

Pongamos un ejemplo completo de creación de macros. Supongamos que empleamos con frecuencia un formato con color de fondo para un grupo de celdas. Grabemos una macro para hacerlo automáticamente. Comenzaremos por elegir en el menú **Herramientas** la opción **Macro**, y en ésta la opción **Grabar nueva macro**. Como ocurría antes, aparece un cuadro de diálogo en el que escribiremos el nombre de la macro. Escribiremos *Formato1*.

En **Método abreviado** escribamos la letra F, para que podamos ejecutar la macro pulsando las teclas **CONTROL + F**.

Al pulsar el botón Aceptar, Excel comienza la grabación de la macro e irá registrando las acciones que activemos a partir de ese momento. Lo primero es marcar el rango:

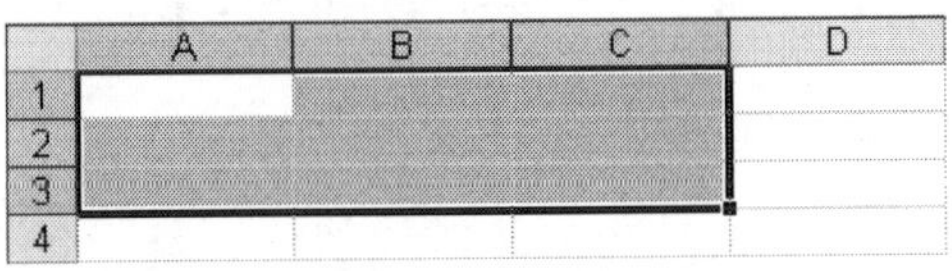

Nosotros sugerimos este rango (A1:C3); no obstante, seleccione el que prefiera. Después nos desplazaremos hasta el menú **Formato** y elegiremos la opción **Celdas**. En el cuadro que aparece (véase el capítulo 15: ***Formatos para celdas y hojas***) seleccionaremos la ficha **Tramas** y elegiremos un color de los que aparecen en el grupo **Sombreado de celda**. El color aparecerá inmediatamente como fondo del rango de celdas que hemos elegido:

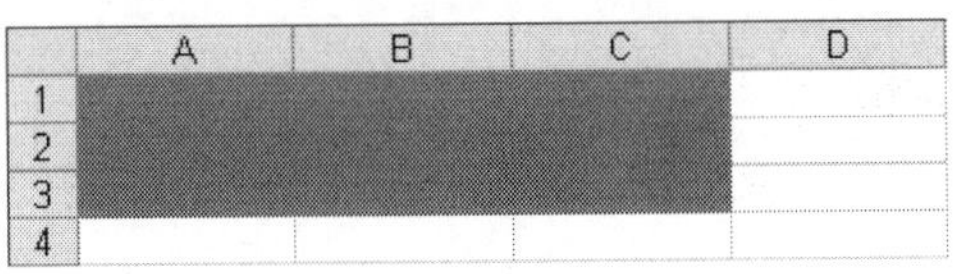

Vamos, además, a seleccionar la celda **A1**, por ejemplo, para eliminar la anterior selección del rango. Para terminar la creación de la macro, pulsaremos el botón de finalizar la grabación.

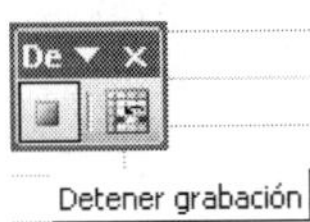

La grabación finaliza y desde ese momento al pulsar las teclas **CONTROL + F** el rango seleccionado durante la grabación se rellenará con el color elegido.

Si al principio de la grabación hubiésemos pulsado el botón de **Referencia relativa** (), ahora podríamos ejecutar la macro (pulsando **CONTROL + F**) desde cualquier celda y el formato que hemos creado aparecería en ella. Si el botón **Referencia relativa** no se pulsa, el formato aparecerá siempre partiendo de la celda **A1**.

Existe un modo vistoso y sencillo para la ejecución de las macros. Consiste en incorporar un botón Windows a la hoja de cálculo y asociarle una macro, de modo que, al pulsar el botón, la macro se ponga en marcha. Para ello, hemos de incorporar el botón a la hoja, seleccionando la barra de herramientas de formulario y activando el botón de creación de botones.

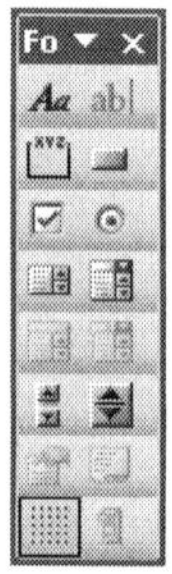

Para activar la barra de herramientas de formulario, haga clic con el botón derecho del ratón sobre cualquier parte de una barra de herramientas. En el menú que aparezca seleccione la opción **Formularios**. Obtendrá una barra de herramientas como que puede ver junto al margen derecho.

En ella active el botón  (**Botón**). Una vez activado, acceda a la hoja de cálculo y trace un recuadro con el ratón. Ese recuadro será el futuro botón con el tamaño y forma que le dé.

En cuanto se traza el marco en la hoja de cálculo, aparece un cuadro de diálogo para asignar datos a la macro:

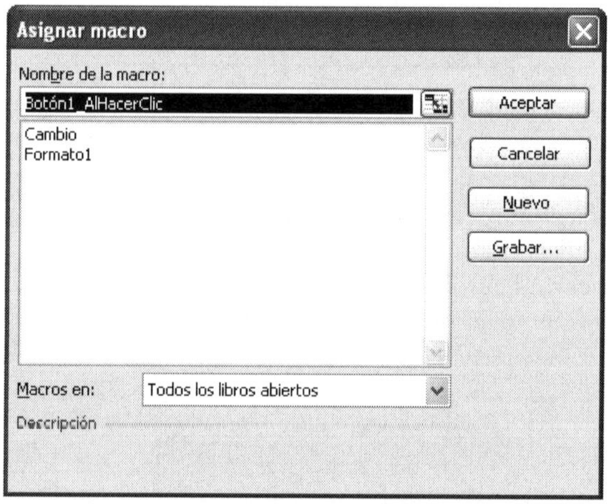

Utilizaremos el cuadro de texto **Nombre de la macro** para escribir una de las macros que ya tengamos grabadas, aunque también puede seleccionarse en la lista que aparece debajo.

El nombre del botón (que aparece por defecto como **Botón n**, donde *n* es el número de orden del botón) puede cambiarse sólo con pulsar el botón derecho del ratón sobre el botón dibujado y, una vez seleccionado, volver a pulsar sobre él, esta vez con el botón izquierdo. Aparecerá un cursor en la posición en que hayamos pulsado con el ratón y podremos cambiar el nombre del botón a nuestro gusto.

Ojo: Para seleccionar el botón pulse **CONTROL** y, sin soltar esa tecla, haga clic sobre el botón. Esto le servirá para mover el botón a otro lugar, para borrarlo (con la tecla **SUPR**) o para cambiar su rótulo.

Pueden añadirse otras especificaciones del botón con el menú que aparece al pulsar el botón derecho del ratón sobre el botón que se ha dibujado (vea el menú en la figura junto al margen derecho). Sus opciones más destacadas son:

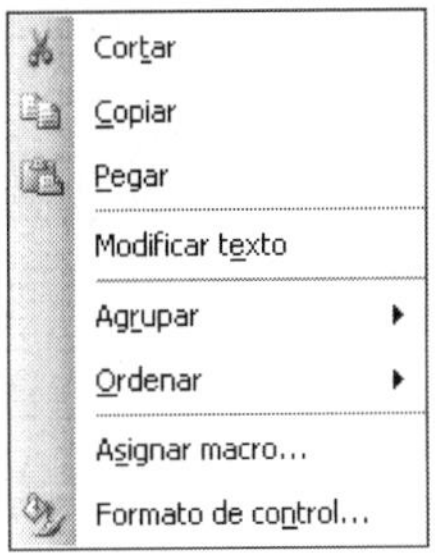

1. **Agrupar** que reúne en uno solo todos los objetos que se hayan seleccionado previamente (por ejemplo, varios botones), funcionando entonces como un solo objeto. Esta opción sólo está disponible si hemos seleccionado antes varios objetos.

2. **Ordenar** que permite colocar unos objetos sobre otros.

3. **Asignar macro** que vuelve a mostrar el cuadro de diálogo para asociar una macro (nueva o ya grabada) al botón (o botones) seleccionado(s).

4. **Formato de control** que permite modificar las características estéticas del botón.

GESTIÓN DE LAS MACROS

Si ya dispone de macros, existe un centro de control desde el que se puede manipular. Para acceder a él deberemos recurrir al menú **Herramientas**, seleccionando la opción **Macro**. En el submenú que aparezca seleccione **Macros**. Obtendrá un cuadro de diálogo en el que dispondrá de los siguientes botones:

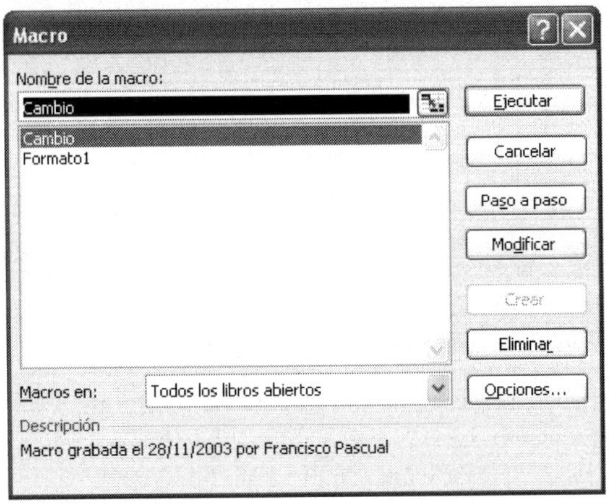

1. [Ejecutar]. Pone en marcha la macro que seleccionemos en la lista.

2. [Paso a paso]. También ejecuta la macro, pero se detiene en cada instrucción que la compone. Se trata de un depurador que permite saber en qué instrucción falla la macro.

3. Modificar. Permite alterar el contenido de la macro, generalmente, para corregir errores. De este botón hablaremos más en profundidad en el apartado siguiente.

4. Crear. Permite definir una nueva macro.

5. Eliminar. Borra una macro de la lista que previamente hayamos seleccionado en ella.

6. Opciones... . Lleva de nuevo al cuadro de diálogo en el que podremos asignar las teclas de ejecución a la macro.

MANEJO CON VISUAL BASIC

La macro queda registrada en una hoja de cálculo y con el botón Modificar, se ve su contenido. Para ello, se abre una nueva ventana en la que podremos ver el editor de Visual Basic.

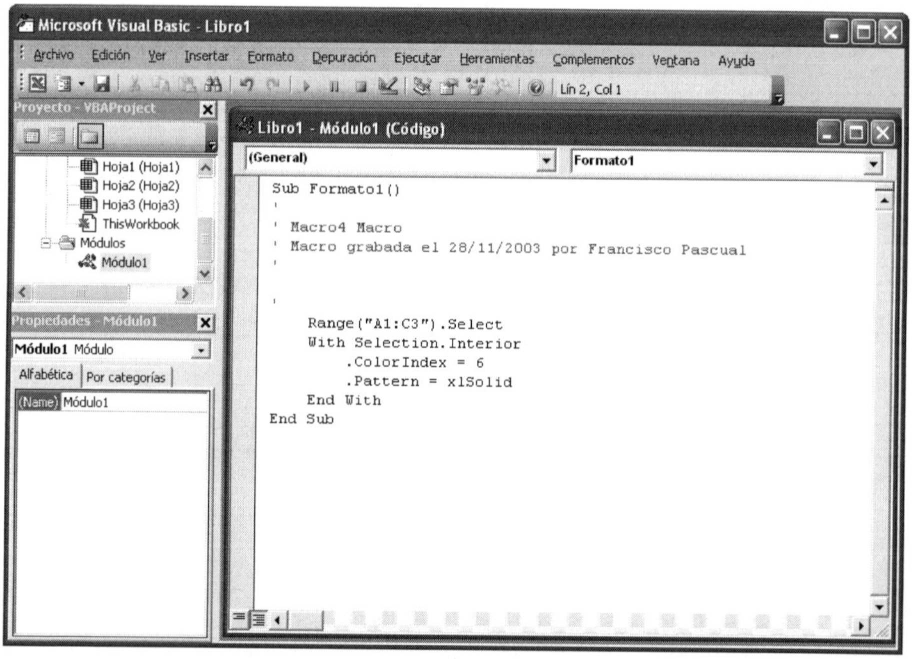

Por ejemplo, la instrucción *Range('A1:C3').Select* es la que utiliza Visual Basic para seleccionar el rango en el ejemplo que hemos puesto.

Al tratarse de un lenguaje de programación completo, Visual Basic contiene una gran variedad de instrucciones y estructuras para la programación de la macro. Si este lenguaje se domina, se puede llegar a programar macros realmente complejas e interesantes.

El manejo del programa es sencillo, ya que funciona como si se tratara de un editor de textos. Por ejemplo, podríamos eliminar del procedimiento la instrucción *Range('A1').Select* sólo con borrarla. Cuando grabemos el libro de trabajo en el disco, los cambios introducidos en la macro se grabarán igualmente.

ACCESS

PARTE IV

INTRODUCCIÓN A ACCESS

Una base de datos es un sistema de almacenamiento de datos ordenado. Esta definición puede resultar algo simple, ya que la mayor parte de las formas de almacenamiento de datos mediante ordenador se componen de datos ordenados.

La diferencia entre los grupos de datos comunes (que se recogen en archivos) y las bases de datos está en que estas últimas están pensadas para almacenar datos en masa y en ellas los datos tienen una relación entre sí en un alto grado y un manejo de la relación realmente sencillo y potente. Además, gracias a ellas podemos realizar funciones de acceso y búsqueda de los datos de un modo fácil y rápido.

Existen tres tipos distintos de bases de datos:

- Microsoft Access pertenece a los sistemas de bases de datos **relacionales**, en los que los datos se estructuran y organizan mediante tablas distribuidos en filas y columnas.
- También existen los sistemas de gestión de bases de datos **jerárquico** y **en red** que son más utilizados en sistemas grandes al ser más complejos.

ORGANIZACIÓN DE LAS BASES DE DATOS RELACIONALES

Como decíamos, las bases de datos se organizan en tablas. Pero cualquier sistema de bases de datos se construye mediante **registros** que podrían compararse a las fichas de un fichero, siendo éste la base de datos o una parte integrante de ésta. A su vez, cada registro de la base está compuesto por **campos** que equivalen a los datos distribuidos en las fichas del fichero y que se repiten para cada ficha (los campos, no su contenido). Veamos esto de un modo más gráfico:

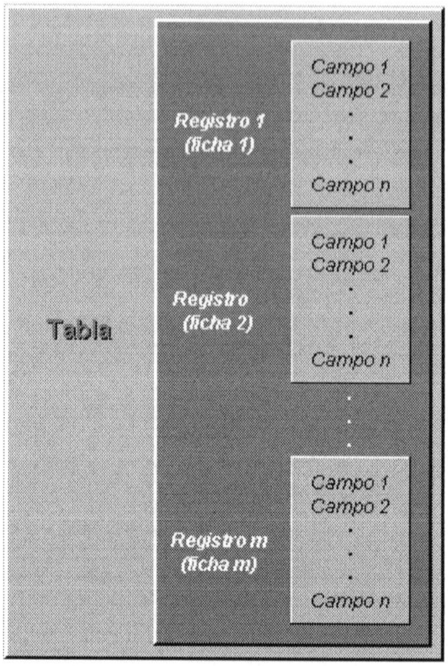

Como vemos en el esquema, la estructura de los campos se repite para cada registro. Así, si una estructura de base de datos contiene los campos *Nombre*, *Apellidos* y *Teléfono*, cada registro tendrá un *Nombre*, unos *Apellidos* y un *Teléfono*.

La forma de representar estos datos mediante bases de datos relacionales es la tabla, que contiene en sus filas y columnas los datos que la llenan. Por ejemplo, he aquí una sencilla tabla para el almacenamiento de números de teléfono:

	Campo 1	*Campo 2*	*Campo 3*
	Nombre	**Apellidos**	**Teléfono**
Registro 1	Ana	Tomía	123-45-67
Registro 2	Paloma	Nazas	765-43-21
Registro 3	Blanca	Derrana	135-79-11
Registro 4	Germán	Doadistancia	119-75-31

Como decíamos, la estructura se repite para cada registro aunque los datos, naturalmente, son distintos para cada uno. Los campos, por su parte, forman la primera fila de la tabla (*Nombre*, *Apellidos* y *Teléfono*). Ésta es la estructura que vamos a utilizar igualmente para trabajar con bases de datos en Access, de modo que dispondremos los datos en esta forma.

Pero como también hemos dicho antes, una base de datos tiene la ventaja de poder relacionar los datos entre sí, ya que una base de datos no tiene por qué estar compuesta exclusivamente por una tabla, sino que, por el contrario, puede estar constituida por varias que se pueden conectar entre sí.

Veamos un ejemplo. Si trabajamos en un negocio cualquiera (supongamos un videoclub), deberemos tener una tabla con datos acerca de los clientes (socios del videoclub), otra con los proveedores de nuestros productos (distribuidoras cinematográficas), e incluso una tercera con los productos que tenemos en almacén en ese momento (películas dispuestas para alquiler y venta). El conjunto de estas tres tablas conforman la base de datos que deberá estar definida correctamente para el funcionamiento óptimo de la base.

Así pues, para crear un sistema de base de datos a medida, necesitaremos definir tantas tablas como sean necesarias, lo cual requiere un conocimiento amplio del sistema que se va a informatizar (por ejemplo, de una empresa).

Por otro lado, para diseñar una base de datos es necesario transformar datos del mundo real en datos digitales, y para ello los sistemas de gestión de bases de datos han desarrollado varios tipos de campos, para poder elegir cuál es el que mejor se ajusta a cada dato.

Por ejemplo, si vamos a almacenar el salario de un individuo (dato del mundo real), necesitaremos algún tipo de datos numérico, ya que el sueldo es una cantidad numérica (el número será el dato informatizado).

COMIENZO

En Access, lo primero que se obtiene siempre que se entra es una ventana vacía (excepto en la versión 2000) y el panel de tareas a su derecha, en el que indicaremos si vamos a abrir una base de datos que ya exista en el disco, o bien, si vamos a crear una nueva.

Si utiliza Access 2000, el aspecto que presenta al arrancar es diferente al de Access 2002 y 2003, ya que aparece un cuadro de diálogo para que indiquemos si lo primero que vamos a hacer es crear una nueva base de datos (opciones **Base de datos de Access en blanco** y **Asistentas, páginas y proyectos de bases de datos de Access**), o bien si vamos a abrir una que ya exista (opción **Abrir un archivo existente**). Con la primera opción se crea una base de datos totalmente vacía, mientras que con la segunda se obtiene un asistente que permite crear la base de datos mediante otras de ejemplo que lleva incorporadas Access (si la base de datos que va a crear contiene datos que se salgan de lo habitual, este segundo método resultará insuficiente y necesitará retocar la base de datos posteriormente).

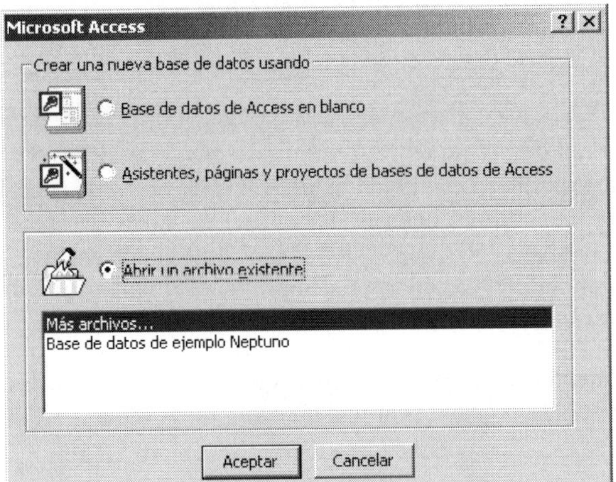

Una vez que nos encontremos en Access, presentará un aspecto similar al siguiente:

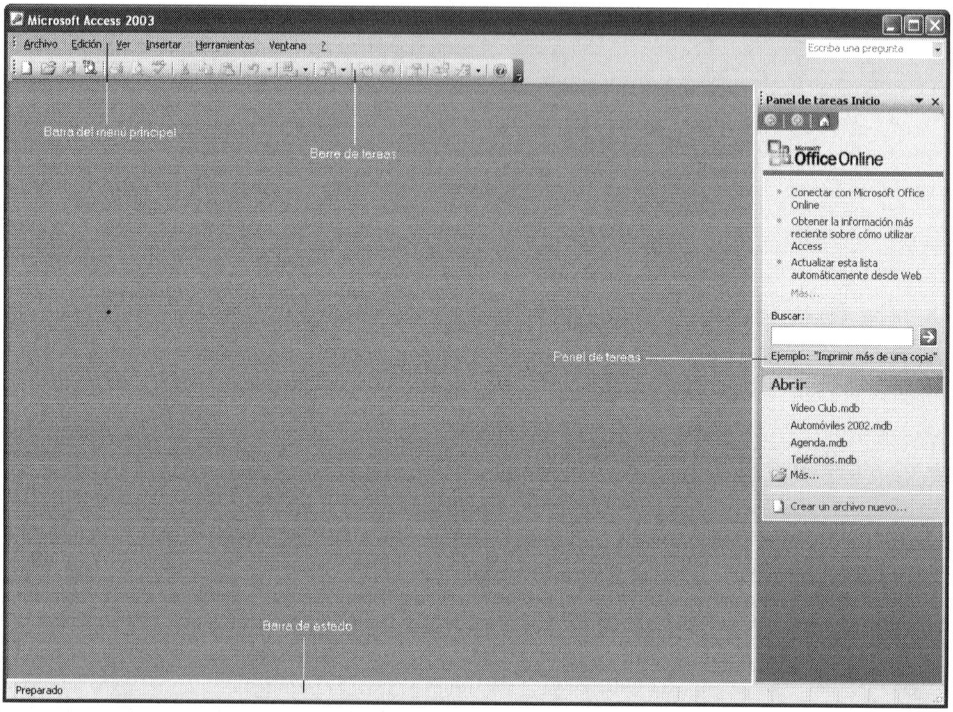

1. **Barra del menú principal**. Contiene el menú con las opciones principales. Todas ellas despliegan una lista de opciones cuando se activan.

2. **Barras de herramientas**. Contienen botones con las funciones más importantes del programa. Al pulsar sobre los botones, las tareas que tengan asociadas entran en funcionamiento.

3. **Barra de estado**. Muestra en todo momento la situación en que se encuentra el usuario en la base de datos: en la tabla, consulta, formulario, etc.

4. **Panel de tareas** (no disponible en la versión 2000). Tiene una función similar a la de las barras de herramientas puesto que contiene algunas de las funciones más comúnmente utilizadas, si bien disponemos de otros elementos aparte de botones. En cuanto se abre un documento, el panel de tareas desaparece; sin embargo, en cualquier momento podemos activarlo mediante la opción **Panel de tareas** del menú **Ver**. El panel de tareas aparece siempre que activamos una función del programa que lo necesita.

En dicho panel de tareas obtenemos varias funciones con las que podemos abrir una base de datos que ya exista o crear una nueva:

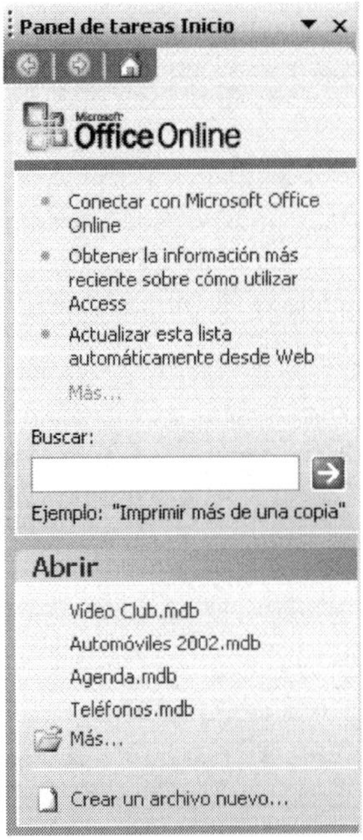

Versión 2003

Versión 2002

- **Abrir un archivo**. Contiene las últimas bases de datos que se han empleado, además de Más archivos... con el que podemos abrir cualquier base de datos que se encuentre almacenada en un disco. En la versión 2003 este icono es Más....
- **Nuevo**. Contiene elementos con los que podemos crear una nueva base de datos para comenzar a trabajar. Esto lo hemos desarrollado en el apartado ***Creación de bases de datos*** del capítulo 21: ***Manejo básico de las bases de datos***.

OjO

En la versión 2003 todos los modos de creación de una base de datos pasan por pulsar en Crear un archivo nuevo.... Esto modifica el panel de tareas mostrando las opciones necesarias para crear la base de datos:

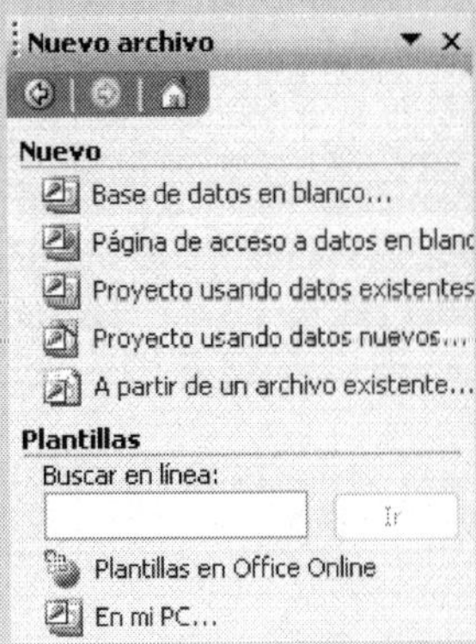

- **Nuevo a partir de un archivo existente**. Al igual que la anterior, crea una nueva base de datos (al hacer clic en Elegir archivo...), pero ésta estará basada en otra que ya exista.

- **Nuevo a partir de una plantilla**. También permite crear una nueva base de datos pero basándose en una plantilla que hayamos creado con anterioridad. Una plantilla forma el "esqueleto" de una base de datos en la que únicamente tendremos que hacer pequeños retoques, además de rellenar posteriormente con datos, para disponer de una base de datos completa.

Si crea una base de datos en blanco, lo primero que Access solicitará será que le dé nombre a la base de datos y seleccione una unidad de disco (y carpeta) en la que grabarla. De esto hablaremos en el apartado ***Creación de bases de datos*** del capítulo 21: ***Manejo básico de las bases de datos***.

Cuando ya esté preparado, Access mostrará la ventana de su nuevo documento, es decir, la ventana de base de datos:

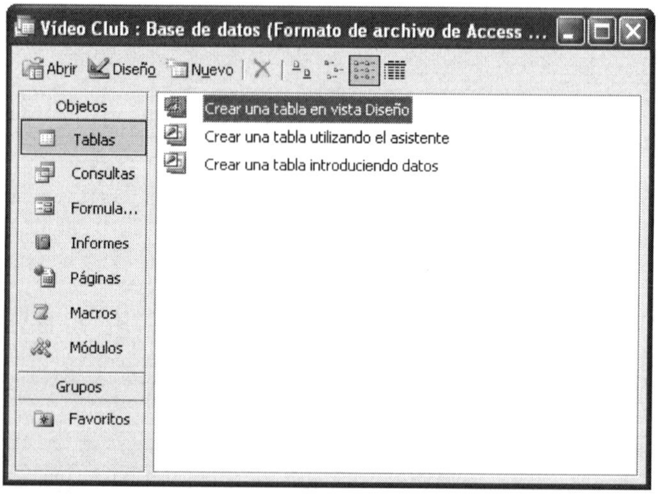

La ventana de la base de datos muestra a la izquierda un grupo de botones que representan cada tipo de elemento que puede contener una base de datos. Al activar un botón, obtenemos cuántos elementos de ese tipo contiene la base de datos.

A su izquierda, pueden verse los iconos de los elementos de la base de datos (**Tablas**, **Consultas**, **Formularios**, etc.), que permiten acceder a los distintos elementos que componen la base de datos. Haciendo un clic sobre cualquiera de ellos, podremos ver su contenido en la propia ventana de base de datos.

CAPÍTULO 21

MANEJO BÁSICO DE LAS BASES DE DATOS

En este capítulo trataremos las funciones básicas e imprescindibles de la administración de bases de datos con Access.

CREACIÓN DE BASES DE DATOS

Vamos a empezar por indicar la forma en que se crea una nueva base de datos. Podemos elegir la opción **Nuevo** (**Nueva** si se trata de Access 2000) en el menú **Archivo**, o bien pulsar el botón de la barra de herramientas, en cuyo caso aparecerá el panel de tareas.

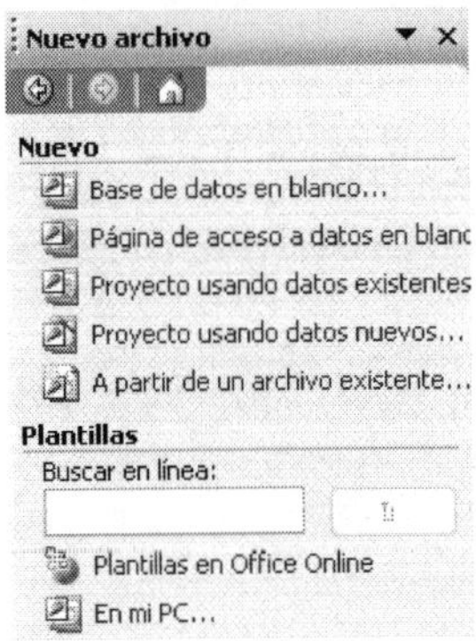

Versión 2003

Versión 2002

En la versión 2000, al no existir el panel de tareas, se obtiene el siguiente cuadro de diálogo:

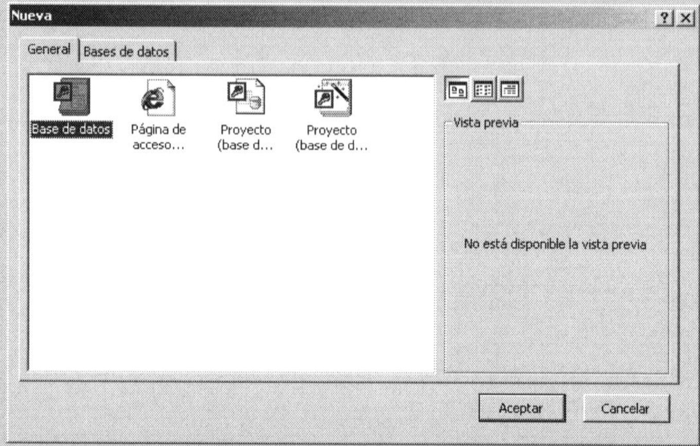

Observe que los iconos que puede ver aquí son similares a los que aparecen en el panel de tareas. Sus funciones son las mismas (las describimos a continuación).

Podemos crear una base de datos de tres formas diferentes:

1. **Nuevo**. Contiene iconos para crear tres tipos distintos de archivos:

   - **Base de datos en blanco**. Activar este icono supone la creación de una base de datos en la que no hay absolutamente nada definido.

   - **Página de acceso a datos en blanco**. Permite crear una página Web que tiene conexión a una base de datos (de momento, vacía). En ella podremos realizar las mismas tareas que en una base de datos normal, pero con la ventaja de que se trata de una página Web que puede publicarse en Internet (o en una Intranet).

   - **Proyectos**. Permite crear un documento de acceso a datos del sistema SQL Server, también de Microsoft. Podremos crear un proyecto desde cero, con **Proyecto (datos nuevos)** o **Proyecto usando datos nuevos**, o bien, un proyecto que ya contenga ciertos datos, con **Proyecto (datos existentes)** o **Proyecto usando datos existentes**.

2. **Nuevo a partir de un archivo existente**. Permite crear una nueva base de datos que ya contiene los elementos de otra. De esta forma si necesita una nueva base de datos que se parezca a otra, no será necesario que defina todos sus elementos: bastará con que utilice esta función y que modifique las diferencias. Para ello, Access añade un número detrás del nombre de la nueva base de datos, puesto que no pueden tener el mismo nombre en el disco. Así, si la base de datos original tenía el nombre **Vídeo club**, la nueva se llamará **Vídeo Club1**.

3. **Nuevo a partir de una plantilla** (o **Plantillas**). Contiene dos elementos con los que podremos utilizar varias bases de datos predefinidas por Microsoft en las que sólo será necesario rellenar los datos, puesto que la estructura de la base que se seleccione ya estará creada. Dispondrá de plantillas que ya ofrece el propio Access, a las que se puede acceder con **Plantillas generales** (o **En mi PC**) y bases de datos que se pueden descargar desde Internet (a las que se puede acceder con **Plantillas de Microsoft.com** o **Plantillas en Office Online**). Estas plantillas crean la base de datos en su ordenador y ofrecen muchas utilidades ya definidas (botones, funciones, tablas, consultas, etc.); se puede decir que son aplicaciones completas, listas para ser utilizadas.

Cuando se va a crear una nueva base de datos vacía, Access muestra un cuadro de diálogo en el que debemos dar nombre a la nueva base de datos, entre otras cosas. Se trata del cuadro que vimos para ***Archivar documentos*** en el capítulo 4: ***Funciones elementales y compartidas de Office***.

Una vez que haya dado nombre a la base de datos y elegido una carpeta en la que grabarla, Access crea dicha base de datos y muestra una ventana que contiene todos sus elementos hasta ahora vacíos. Esta ventana recibe el nombre de **ventana de base de datos** y su aspecto, vacío, es éste:

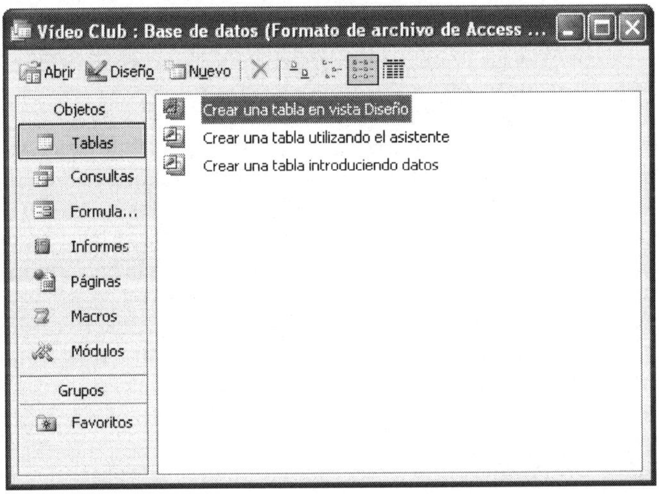

LA VENTANA DE BASES DE DATOS

La ventana de la base de datos muestra un sencillo sistema de navegación con botones que activan las listas de elementos contenidos en la base de datos. Al activar un botón, obtenemos cuantos elementos de ese tipo haya en la base. He aquí la lista de botones:

1. **Tablas**. Ya hemos comentado algo de las tablas y veremos más adelante datos nuevos sobre ellas, pero se puede decir que las tablas son los cimientos sobre los que se construyen las bases de datos, ya que éstas contienen los datos en bruto que utilizaremos para trabajar con el resto de las funciones.

2. **Consultas**. Las consultas ofrecen la posibilidad de extraer información de las tablas, puesto que éstas contienen la totalidad de los datos. En cada caso, buscaremos unos datos concretos que cumplen ciertas condiciones y eso es lo que nos permite hacer la consulta. Generalmente, las consultas generan un listado con el resultado de la cuestión que se ha planteado sobre una base de datos. Por ejemplo, podríamos consultar cuántos individuos de una tabla son mayores de edad y Access generaría una lista de aquellos que cumplen esa condición.

3. **Formularios**. Son ventanas de Windows cuya finalidad es actuar como una ficha rellenable para los datos de las tablas. El resultado de la creación de un formulario es que Access permitirá introducir y editar los datos de una tabla, o incluso de la base de datos completa, de una forma más cómoda (en lugar de directamente sobre la tabla original). Su función es puramente estética (a nivel de usuario) aunque su construcción puede llegar a ser muy compleja. Si se va a programar con Access, los formularios adquieren una importancia vital puesto que forman las ventanas en las que se depositan los datos del programa que se está creando (botones, listas desplegables, cuadros de texto, etc.).

4. **Informes**. Se trata de elementos cuya función es generar listados de alta calidad para la impresora, en los que se incluyen datos de las tablas. Cada registro de la tabla que aparece en un informe suele destinarse a una cara de la hoja de papel, aunque no necesariamente ha de ser así, por ejemplo las etiquetas postales que reúnen varios registros en una misma página.

5. **Páginas**. Se trata de páginas Web para Internet que contendrán datos de las tablas de la base. Así, dispondremos de bases de datos fácilmente publicables en Internet en las que los usuarios de la red podrán realizar consultas y buscar datos. Su diseño es prácticamente idéntico al de los informes, con lo que resultan muy sencillas de crear si se conoce el proceso de los informes (que también es muy simple).

6. **Macros**. Una macro es una función compleja que se ha construido partiendo de otras más simples. Podemos realizar macros de modo que al pulsar, por ejemplo, una tecla o seleccionar una opción de menú, Access realizará varias operaciones que usualmente efectuamos a menudo.

7. **Módulos**. Un módulo es una parte de un programa realizado con el lenguaje de programación que proporciona Access: Access Basic. Para utilizarlo, es necesario tener ciertas (a ser posible amplias) nociones sobre programación, así como un profundo conocimiento de dicho lenguaje.

Para acceder a cualquiera de estos elementos, bastará con llevar el ratón hasta uno de sus botones y hacer clic. Automáticamente aparece, en el cuadro de la derecha, una lista con el contenido disponible sobre ese apartado dentro de la base de datos. Por ejemplo, al pulsar sobre el botón 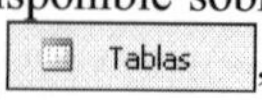

, obtendremos en el cuadro la lista de todas las tablas disponibles de la base de datos.

Veamos de nuevo la ventana de base de datos:

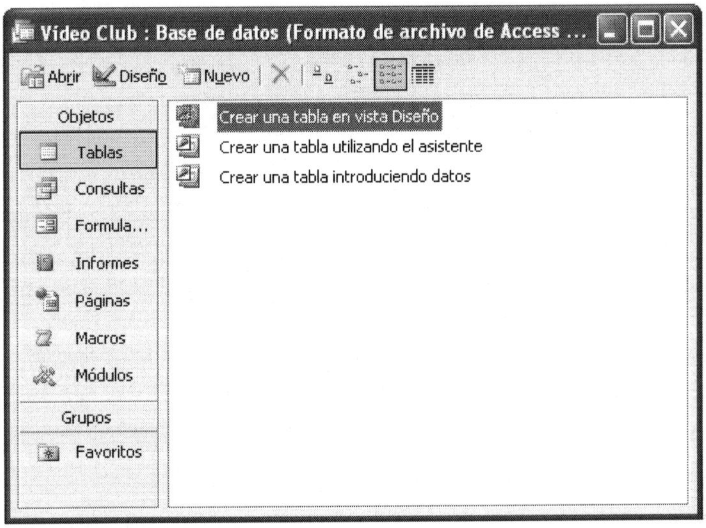

Existen en ella tres botones que aún no hemos visto:

1. [Abrir]. Con este botón podrá acceder al contenido de cualquier elemento de la base (tabla, consulta, etc.). Para ello, seleccione un elemento en el cuadro que muestra la lista de elementos (tablas, consultas, etc.) y pulse el botón [Abrir] (o bien haga un doble clic sobre el elemento) y Access lo abrirá para poder trabajar con él. Por ejemplo, si desea abrir una tabla, active el botón [Tablas], haga clic en una tabla de las que aparezcan en la lista y pulse el botón [Abrir]. Si no aparece ninguna tabla en la lista, es porque en esa base de datos no existen tablas. Pulse, pues, el botón [Nuevo] si desea crear una tabla para la base de datos actual.

Cuando se activa [Informes], el botón [Abrir] no existe y, en su lugar dispondremos de [Vista previa] (cuya función es la misma). Igualmente en los botones [Macros] y [Módulos] el botón varía, apareciendo como [Ejecutar].

2. [Diseño]. El botón de diseño permite modificar los datos con los que se ha diseñado un elemento de la base de datos. Por ejemplo, la estructura de una tabla está formada por los campos y sus tipos. Pulse este botón para modificar la estructura, añadiendo campos para cada registro o eliminando alguno que ya tenga. Puede ver la creación y modificación de estructuras de bases de datos en el capítulo 22: ***Creación y manejo de tablas***. Al igual que las tablas, el resto de los elementos de una base de datos tienen una estructura o forma (consultas, formularios, informes, etc.) que puede modificarse utilizando el botón [Diseño].

3. [Nuevo]. Utilice este botón para crear un elemento nuevo en la base de datos. Por ejemplo, si activamos [Consultas], con el botón [Nuevo] podrá crear otra consulta que se añadirá a las que ya tenga.

ABRIR BASES DE DATOS

Si se encuentra en Access y necesita abrir una base de datos, acceda al menú **Archivo** y seleccione la opción **Abrir**. También puede pulsar el botón de la barra de herramientas.

Esto le llevará al cuadro de diálogo para abrir archivos que ya vimos en el apartado ***Abrir documentos*** del capítulo 4: ***Funciones elementales y compartidas de Office***. Consúltelo si necesita información sobre ello.

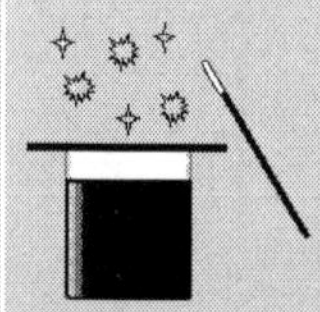

En ese cuadro de diálogo, el botón Abrir puede desplegarse y entre sus opciones podemos elegir **Abrir en modo exclusivo**. Si una base de datos se abre de forma exclusiva, ningún otro miembro de una red de ordenadores podrá abrirla si antes no la cierra aquel que la haya abierto de modo exclusivo. De este modo, un usuario puede asegurarse de que cuando abre una base de datos nadie la utilizará al mismo tiempo que él. Existen una serie de privilegios que pueden asignarse a usuarios de la red. Por ejemplo, se puede asignar a un usuario la capacidad de leer una base de datos únicamente, con lo cual tendrá restringido el acceso para cualquier otra operación como, por ejemplo, grabar los datos que incorpore a la base.

CAPÍTULO 22

CREACIÓN Y MANEJO DE TABLAS

Una acción fundamental para todas las bases de datos es la creación de sus tablas. Su buena planificación y definición pueden resultar trascendentales para un buen aprovechamiento de las funciones que ofrece este tipo de almacenamiento de datos. Si desarrollamos varias tablas para una base de datos en buenas condiciones, podremos ahorrar mucho espacio de almacenamiento en el disco e, igualmente, tendremos un mayor control, más seguridad y una gran facilidad a la hora de buscar y encontrar datos en una base que puede ser de dimensiones considerables.

Como dijimos anteriormente, las tablas constan de registros construidos mediante campos. Estos campos, que son los que contienen realmente los datos de la base, deben ser de un tipo adecuado, y será necesario analizar previamente cuántos van a incorporarse y de qué tipo será cada uno. De esta forma, no malgastemos innecesariamente espacio del disco, que podría resultar esencial para almacenar otros datos. Por ejemplo, si en una tabla vamos a incorporar como dato la fecha de nacimiento de un cliente, se considera desaprovechar espacio del disco crear el campo *fecha de nacimiento* y el campo *edad*, ya que, mediante la fecha de nacimiento es posible, fácilmente, calcular la edad sin necesidad de grabarla.

TIPOS DE CAMPOS CON ACCESS

Con Access existen varios tipos de campos para almacenar los datos que incorporamos del mundo real. Debemos asignar perfectamente los datos a su tipo, de forma que se ajusten de un modo natural. Por poner un ejemplo, si vamos a incorporar una fecha a la tabla, podemos utilizar el tipo *Fecha*. No será necesario, por tanto, definir la fecha de tipo numérico, ya que existe el mencionado tipo *Fecha* que se ajusta mucho mejor al dato que deseamos asignar a la tabla.

Los tipos de datos que ofrece Access son:

1. **Texto**. Se emplea para contener datos textuales con cualquier combinación de caracteres. Por tanto, no estamos restringidos a letras, sino que podremos utilizar cualquier tipo de carácter (interrogaciones, exclamaciones, asteriscos, signos de puntuación, números, etc.). Cada campo que definamos con este tipo contendrá un almacenamiento máximo de 255 caracteres de tamaño. Si intentamos definir un dato de tipo **Texto** con más de 255, obtendremos el correspondiente error. Ejemplos clásicos de este tipo de datos son *Nombres*, *Apellidos* o *Direcciones* (domicilios), ya que son claramente datos de texto que no superan 255 caracteres (generalmente nadie tiene un nombre, apellidos o dirección con más de 255 letras).

2. **Memo** (abreviatura de memorándum). Es capaz de contener datos de tipo **Texto** tal y como hemos descrito antes; sin embargo, difiere del tipo **Texto** en que su capacidad de almacenamiento de texto es mucho mayor. Con un dato de tipo **Memo** podremos almacenar hasta 65.535 caracteres en cada campo. Así pues, su utilidad es la misma que la del tipo **Texto**, pero para grandes cantidades. Por ello, es conveniente utilizarlo sólo para casos en los que se sepa con seguridad que en algún caso se va a superar la cantidad de 255 caracteres. Por ejemplo, este tipo de datos puede añadirse a una tabla en la que necesitemos el dato *Observaciones*, o un *Historial médico*, que suele necesitar bastante espacio de texto.

3. **Número** (**Numérico** en la versión 2000). Permite almacenar cifras con las que se pueden llevar a cabo operaciones matemáticas o de cálculo. Siempre que sea posible, resulta recomendable emplear el tipo **Número** para almacenar números, ya que generalmente ocupan menos espacio en el disco que si empleamos el tipo **Texto** para ellos. Sin embargo, existen casos en los que no tendremos más remedio que emplear el tipo **Texto** en lugar de **Número**. Por ejemplo, si se va a incluir el campo *Código postal* en una tabla, éste seguramente deba ser de tipo **Texto**, ya que algunos códigos postales comienzan por cero y Access eliminará el cero de cualquier cifra que comience con ese dígito. Un ejemplo de tipo **Número** puede ser la *Edad*, y otro ejemplo podría ser la *Estatura* de un individuo.

4. **Fecha/Hora**. Utilice este tipo de datos en las tablas en que tenga que incorporar datos horarios o de fecha. El formato de la fecha o de la hora puede ser de varios tipos, pero normalmente suele trabajarse con cifras (por ejemplo: 29-05-68). Los datos anuales tienen un rango que abarca desde el año 100 hasta el 9.999. Ejemplos típicos son *Fecha de nacimiento* o *Fecha de ingreso*.

5. **Moneda**. Con las mismas características que el tipo **Número**, existe el tipo moneda, que incorpora el detalle de añadir el dato *€* a cualquier cifra que contenga el campo en cuestión. Con un campo de tipo **Moneda** podemos también realizar operaciones, generalmente para hacer porcentajes (impuestos, IVA, comisiones, etc.). La coletilla monetaria que se añade, difiere en cada país, ya que Access extrae esta información de Windows (por ejemplo, $ en la versión norteamericana). Puede tener decimales (máximo 4). Los ejemplos clásicos de campos monetarios son *Salario* e *IVA*, que son

datos numéricos operables matemáticamente y que, por pertenecer al mundo financiero, pueden llevar añadido el símbolo monetario correspondiente.

6. **Autonumérico**. Los campos de tipo **Autonumérico** se utilizan para llevar algún tipo de recuento que Access incrementa automáticamente en cada registro nuevo que se incorpore a la tabla. Sin embargo, puede utilizarse para cualquier operación que reclame su contenido. Por ejemplo, si algún campo numérico necesita un dato que dependa del registro en que se encuentre, deberemos incorporar un contador que irá incrementándose paralelamente al número de registro.

7. **Sí/No**. Un tipo de dato que puede resultar útil es el tipo **Sí/No**. Se utiliza para datos que se definen claramente sólo conteniendo el dato Verdadero (Sí) o Falso (No). Un ejemplo para este tipo de datos puede ser *Trabaja* que al contener como datos posibles sólo Sí o No, informa de la situación laboral del sujeto al que pertenece la ficha (registro).

8. **Objeto OLE**. Para terminar, el tipo **Objeto OLE** puede contener información que provenga de otras aplicaciones Windows. Podemos incorporar datos de programas como Paint, o la Grabadora de sonidos, de modo que estaremos añadiendo a un registro una imagen o un sonido que proviene de otro programa ajeno a Access. Suele utilizarse para incorporar una *Fotografía* de la persona que ocupa el registro en cuestión. El tamaño máximo para cada objeto OLE que se incorpore a un registro es de 1 Gigabyte.

9. **Hipervínculo**. Básicamente se trata de un tipo **Texto** especializado en contener enlaces de Internet. Un hipervínculo es un enlace con cualquier parte de la red. Un campo de tipo **Hipervínculo** tiene como finalidad contener una dirección de la red de Internet, de modo que cuando el usuario haga clic sobre él, el enlace le llevará hasta la dirección que contenga. Cuando se está en una tabla que contenga algún campo de este tipo, puede generarse un enlace utilizando el botón (**Insertar hipervínculo**) de la barra de herramientas. El protocolo de hipertexto (Web) en Internet es el más popular de la red. Muestra todo tipo de datos imaginables (texto, vídeo, sonidos...) en un formato vistoso, potente y muy flexible. Es la parte más comercial de Internet, ya que se utiliza incluso como un tipo de publicidad. El tipo hipervínculo muestra los datos en color azul y subrayados de modo que, al hacer un clic, Access intentará llevarnos a la página Web en cuestión. En un campo de este tipo puede teclear todo tipo de datos puesto que se trata del tipo **Texto** pero especializado en direcciones de la red.

> **Ojo** Tenga en cuenta que el botón únicamente aparece cuando el usuario está rellenando datos en una tabla en el momento de disponerse a escribir en un campo de tipo **Hipervínculo**.

10. **Asistente para búsquedas**. Es un asistente para crear relaciones (de las que hablaremos más adelante) y su función es incorporar una consulta dentro de nuestra tabla de modo que, cuando seleccionemos un dato en este campo, aparezcan los datos relacionados en el resto del registro. El manejo de este asistente lo veremos más en profundidad en el apartado ***Campos de tipo*** **Asistente para búsquedas** del capítulo 25: ***Herramientas más útiles de Access***.

¿QUÉ SON LOS ÍNDICES?

Una base de datos utiliza los índices para la clasificación de su contenido. Gracias a los índices podemos ordenar una base de datos de modo que al añadir, borrar o modificar datos de la base, ésta se reorganiza automáticamente.

Los registros de una tabla se graban por orden de llegada, según se introducen. Por ello, ordenar físicamente la tabla podría resultar muy lento y poco práctico, ya que el sistema debería intercambiar los datos de los registros hasta haberlos ordenado completamente. Esta operación conlleva mucho tiempo y trabajo para la máquina.

Tabla

Nª de registro	Nombre	Apellidos
1	Ernesto	Rnudo
2	Elena	Nito
3	Almudena	Nito
4	Javier	Nestrece

La ordenación física implica que los datos se cambien de posición hasta quedar ordenados. La tabla que acabamos de presentar quedaría del siguiente modo si se le realizara una ordenación física (clasificando por Apellidos):

Tabla

Nª de registro	Nombre	Apellidos
1	Javier	Nestrece
2	Elena	Nito
3	Almudena	Nito
4	Ernesto	Rnudo

La ordenación mediante índices no recoloca los registros, sino que crea una tabla especial (que no se ve en la lista de tablas de Access) con el orden adecuado:

Tabla

Nª de registro	Nombre	Apellidos
1	Ernesto	Rnudo
2	Elena	Nito
3	Almudena	Nito
4	Javier	Nestrece

Índice

Nuevo Nº	Nº de registro
1	4
2	2
3	3
4	1

Según el índice, el nuevo primer registro es el 4, el siguiente es el 2, etc. Así, tenemos la tabla ordenada sin necesidad de cambiar los registros de lugar, ya que, cuando se pida un listado de alguna forma, Access seguirá el orden marcado por el índice y no el de la tabla.

Access acude al índice para consultar cuál es el siguiente registro que se va a tratar. Así pues, para comenzar el listado, Access irá al índice y le "preguntará" cuál es el primer registro que se va a visitar. El índice, según sus datos, "responderá" que es el registro número cuatro y se dirigirá a la tabla para mostrar ese registro. A continuación, irá de nuevo al índice para consultar el siguiente registro que se va a mostrar, repitiéndose todo el proceso para cada registro de la tabla.

Por otra parte, los índices son automáticos y transparentes para el usuario a todos los efectos. Sin embargo, todas las operaciones, que parecen sencillas al usuario, son el resultado de una gran cantidad de operaciones, por parte del ordenador, para reconstruir el índice según sea necesario.

Para poner un ejemplo de lo que queremos decir, supongamos que añadimos a la tabla el registro siguiente:

5	Alicia	Nuro

Físicamente, este registro va a pasar a la quinta posición, pero el índice debe reconstruirse, ya que el apellido del nuevo registro ha de aparecer entremedias de otros dos. La tabla y el índice quedarían como sigue:

Tabla

Nª de registro	Nombre	Apellidos
1	Ernesto	Rnudo
2	Elena	Nito
3	Almudena	Nito
4	Javier	Nestrece
5	Alicia	Nuro

Índice

Nuevo Nº	Nº de registro
1	4
2	2
3	3
4	5
5	1

Hay que hacer una matización. Si se crea un índice sobre un campo clave (acerca de los campos clave consulte el apartado siguiente), los datos de ese campo no se repetirán y no habrá problema. Pero, si el índice se crea sobre un campo cualquiera que pueda repetirse en algún otro registro de la tabla, nos encontraremos con el problema de que Access no ordenará esos datos idénticos, sino que los situará juntos (en registros contiguos) pero en el mismo orden en el que ya estaban sin clasificarlos.

Cuando esto ocurre, es necesario elegir un segundo campo por el que se indexará la tabla. Por ejemplo, ya que hemos estado ordenando por apellidos y hay dos que se repiten (*Nito*), aprovecharemos el campo nombre como segundo dato para indexar. De este modo, al encontrar dos apellidos iguales, Access utilizará el nombre para ordenar la tabla. El resultado sería, en nuestro ejemplo, que los registros 2 y 3 se intercambian la posición, ya que, el dato *Almudena*, debería ir antes que *Elena* (siguiendo el orden alfabético). El cambio quedaría así:

Tabla

Nª de registro	Nombre	Apellidos
1	Ernesto	Rnudo
2	Elena	Nito
3	Almudena	Nito
4	Javier	Nestrece
5	Alicia	Nuro

Índice

Nuevo Nº	Nº de registro
1	4
2	3
3	2
4	5
5	1

La creación de los índices en Access puede realizarse durante la creación de la tabla mediante la propiedad **Indexado**, como vamos a ver (consulte el apartado ***Creación y edición de índices*** en este mismo capítulo).

¿QUÉ SON LOS CAMPOS CLAVE?

En tablas importantes suele hacerse necesario tener los denominados campos clave. En terminología de bases de datos, una clave es un dato que define por sí solo a un registro de una tabla. Se trata de un campo del que se sabe con certeza que sus datos no se repetirán en ninguno de los registros de la tabla, ya que, para poder definir íntegramente al registro, debe ser un dato único en la tabla.

Pongamos ejemplos. Si estamos tratando con una base de datos sencilla en la que no vamos a incorporar tablas con una gran cantidad de registros, podría utilizarse como campo clave para la tabla los apellidos (si se incluyen ambos en un solo campo), ya que muy raramente se repetirán (ambos para cada persona). Todo lo contrario sucederá si la base de datos es grande, puesto que entonces la probabilidad de que ambos apellidos se repitan para cada persona aumenta considerablemente, en cuyo caso, el dato no nos sirve como clave. Debemos, entonces, elegir otro dato único para cada individuo de la tabla, como por ejemplo el DNI, que, por regla general, es único para cada persona.

Otro ejemplo para clave puede ser el número de teléfono, que también es único para cada registro (excepto si se incluyen dos individuos en la lista que vivan en el mismo domicilio y no ocupen el mismo registro de la tabla, ya que, en ese caso, ambos tendrán el mismo número de teléfono).

Es preferible que los campos clave sean datos de uso común (lo que no ocurre a menudo), ya que éstos se crean para encontrar fácilmente un registro en una base de datos y resultará más sencillo buscarlo si el dato por el que se busca se usa a menudo: es más fácil encontrar a alguien por sus apellidos que por su teléfono o DNI. Los campos clave se utilizan también como dato para crear índices en las tablas.

En el apartado ***Creación de una tabla con Access*** veremos cómo crear campos clave (mediante el botón  que aparece en la barra de herramientas cuando diseñamos la tabla).

RELACIONES ENTRE TABLAS DE UNA BASE DE DATOS

Dos tablas de una base de datos pueden estar relacionadas. Dicho de otra forma, dos tablas de una base de datos pueden tener un campo (o varios) común(es). Su utilidad consiste en aumentar la facilidad de creación de consultas y otras funciones que utilizarán los datos de ambas tablas para obtener una información más completa.

La relación entre dos tablas es fundamental en las bases de datos relacionales, que extraen su nombre de esta función. La relación entre tablas aumentan la productividad y potencia de un sistema de bases de datos, ya que, conociendo el dato común, es posible tener acceso a los registros completos de todas las tablas que contengan ese campo común.

Veamos un ejemplo. Supongamos que tenemos dos tablas de una base de datos llamada *Vídeo Club*: *Socios* y *Películas*. Es probable que, en ambas, exista un campo llamado *Número de socio*, con la siguiente finalidad:

1. En la tabla *Socios* existe porque es el campo clave de la tabla, ya que, gracias a él, tendremos acceso a todos los datos de un único cliente. Además, todos los videoclubs poseen números de socio para identificarlos.

2. En la tabla *Películas* puede existir para conocer cuál es el socio que ha alquilado la película perteneciente a un registro.

De este modo, si deseamos comunicarnos con el cliente que tiene alquilada la película "En busca del Pepito perdido", iremos a la base de datos de las *Películas* para obtener el número de socio que la tiene alquilada. Una vez conocido el número de socio, podemos utilizar la base de datos de *Socios* para encontrar allí cuál es el registro cuyo número de socio es el que hemos averiguado antes, obteniendo todos los datos del socio en cuestión, entre los que se encontrará, seguramente, su teléfono.

Este proceso se lleva a cabo mediante las consultas (de las que hablaremos en el capítulo 23: ***Consultas con Access***), que resultan realmente fáciles de utilizar si tenemos bien relacionadas entre sí las tablas de una base de datos.

CREACIÓN DE UNA TABLA CON ACCESS

Como ya hemos dicho anteriormente, la versión para Windows de Access incorpora los denominados asistentes para varias de sus funciones, que facilitan la creación y modificación de los elementos de una base de datos. Estos asistentes piden, paso a paso, los datos necesarios para la construcción de una estructura, especificando claramente la finalidad de cada paso. Una de las operaciones que ofrecen asistente es la creación de una tabla.

Una vez que se ha abierto una base de datos podemos crear una tabla nueva pulsando el botón Tablas en la ventana de base de datos y haciendo doble clic sobre uno de los tres iconos que ahí existen: **Crear una tabla en vista Diseño**, **Crear una tabla utilizando el asistente** y **Crear una tabla introduciendo datos**:

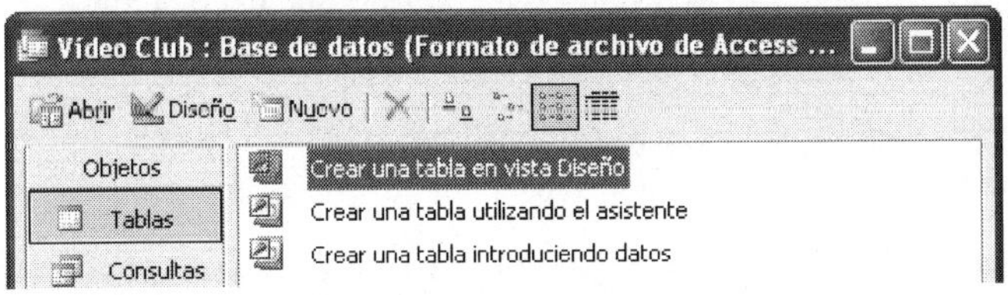

También podrá emplear el botón Nuevo que hay en la parte superior de la ventana de base de datos. Si se pulsa este botón, aparecerá el siguiente cuadro de diálogo:

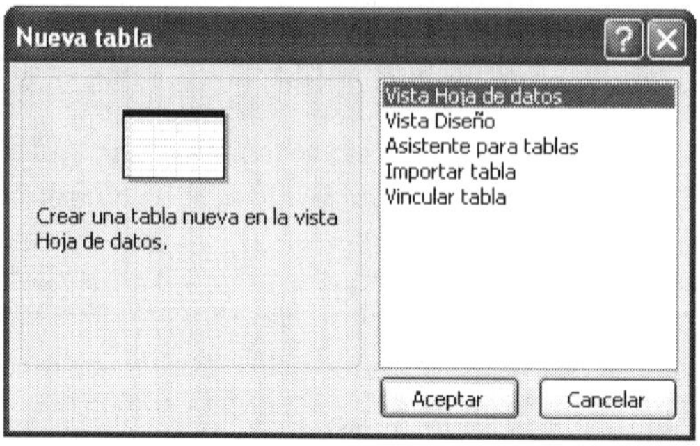

En la lista del cuadro debemos elegir entre uno de los siguientes tipos:

1. **Vista Hoja de datos**. Este sistema crea una nueva tabla predefinida por Microsoft. Los campos de esta tabla aparecen nombrados como *Campo1*, *Campo2*, etc., hasta el campo número 10. Igualmente, aparecen predefinidos 21 registros vacíos y dispuestos para ser rellenados. Según este sistema, podemos dar nombre a los campos haciendo un doble clic sobre ellos. Puede acceder al modo **Hoja de datos** haciendo doble clic sobre el icono **Crear una tabla introduciendo datos** de la ventana de base de datos.

2. **Vista Diseño**. Permite crear la tabla siguiendo el método más clásico. Éste lo vamos a seguir para modificar el diseño en el apartado ***Modificar el diseño de una tabla*** de este mismo capítulo; por tanto, si desea saber cómo se crea una tabla según el método clásico, consúltelo. Puede acceder al modo **Vista Diseño** haciendo doble clic sobre el icono **Crear una tabla en vista Diseño** de la ventana de base de datos.

3. **Asistente para tablas**. Crea la tabla según un asistente. Los pasos de este asistente los vamos a comentar después en este mismo apartado. Puede acceder al modo **Asistente para tablas** haciendo doble clic sobre el icono **Crear una tabla utilizando el asistente** de la ventana de base de datos.

4. **Importar tabla**. Más que la creación de una tabla, este elemento abre una que ya estuviese creada con otro sistema de gestión de bases de datos. Hablaremos de la importación de tablas en el apartado ***Importar y exportar tablas*** del capítulo 25: ***Herramientas útiles de Access***.

5. **Vincular tabla**. Crea un nexo de unión con tablas de otros sistemas como Excel, dBase, Paradox o Fox Pro. Al integrar la tabla vinculada en la base de datos de Access, cualquier cambio que se produzca en dicha tabla afectará tanto al sistema original como al vinculado.

Después de elegir una de estas opciones, pulsaremos el botón Aceptar para comenzar la creación de la tabla según el sistema seleccionado.

Si se selecciona la opción **Asistente para tablas** y se pulsa el botón Aceptar, se obtendrá el primer paso para la creación de éstas. Como todos los asistentes, el de creación de tablas tiene asociado un cuadro de diálogo para cada paso. He aquí el cuadro de diálogo que se presenta para darle datos al primer paso de este asistente:

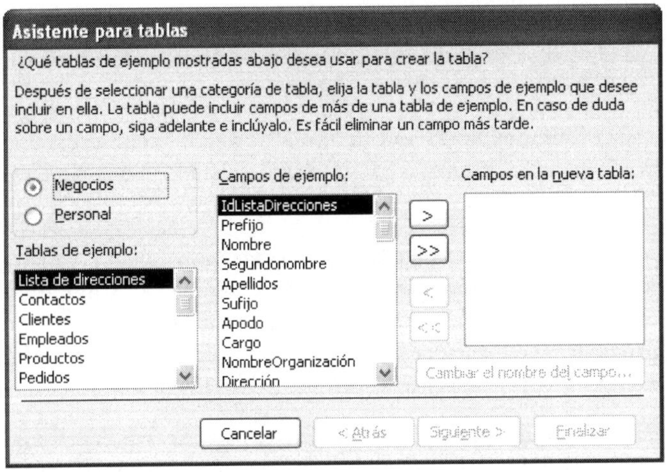

La ayuda que ofrece el asistente para crear las tablas de base de datos consiste en utilizar partes de tablas predefinidas por Microsoft. La lista contiene las tablas que se utilizan más a menudo. Si la tabla que se desea construir no tiene algún campo de la lista que Access ofrece, deberá crearlo por su cuenta y sin el asistente (apartado que veremos más adelante en este mismo tema). Veamos cómo se añaden campos a una tabla utilizando el asistente:

1. El botón de opción **Negocios** establece que la base de datos será utilizada para el trabajo. Si se selecciona este botón, observaremos cómo cambian las listas **Tablas de ejemplo** y **Campos de ejemplo** adaptándose mejor para datos de negocios (como *Clientes*, *Productos*, *Pedidos*, etc.).

2. Por el contrario, si se elige el botón **Personal**, se obtienen datos para la vida privada (como *Amigos*, *Recetas*, *Películas*, *Discos*, etc.).

3. La lista **Tablas de ejemplo** le permite elegir entre varias tablas para la creación de la nuestra. Cada tabla posee un nombre que hace referencia a un tema del que se puede elegir un dato. Por ejemplo, si va a utilizar unos apellidos para crear una agenda telefónica, puede elegir **Lista de direcciones** con lo que obtendrá campos de ella entre los que elegiremos **Apellidos**.

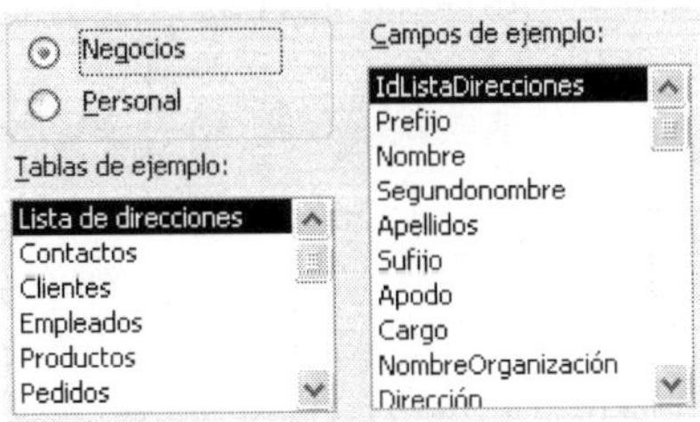

Cabe destacar que el campo **Apellidos**, al ser un dato muy común, aparece en la mayor parte de las tablas ejemplo de la lista y no sólo en la **Lista de direcciones**.

4. La lista **Campos de ejemplo** muestra otra relación que contiene los campos de la tabla elegida en **Tablas de ejemplo**. Es en esta lista donde se eligen los campos que ofrece Access para incluir en nuestra tabla.

5. En la lista **Campos en la nueva tabla** debemos incluir aquéllos de la relación campos de ejemplo que nos interese recopilar para la nueva. Para incluir los campos en esta lista, utilizaremos los botones destinados a ello:

   - [>]. Utilice este botón para añadir un campo de ejemplo a la lista **Campos en la nueva tabla**: elija primero el campo en la lista **Campos de ejemplo** que desea incorporar a la nueva tabla. También deberá seleccionar antes la tabla de ejemplo que contiene el campo de ejemplo que se va a añadir. Al pulsar el botón, se añade el campo elegido a **Campos en la nueva tabla**:

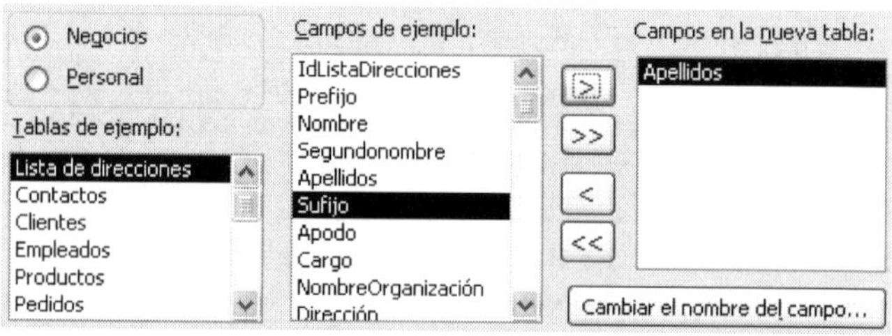

   - [>>]. Este botón incorpora todos los campos de la tabla elegida (que se encuentran en la lista **Campos de ejemplo**) a la nueva (en la lista **Campos en la nueva tabla**).

   - [<]. Elimina un campo de la nueva tabla. Para ello, elija en la lista **Campos en la nueva tabla** el campo que desea eliminar de ella y luego pulse el botón.

   - [<<]. Vacía la lista **Campos en la nueva tabla**. Suele utilizarse cuando se ha llegado a un punto confuso en la adición de campos a la nueva tabla y se desea comenzar de nuevo.

6. [Cambiar el nombre del campo...]. Este botón permite modificar el nombre de aquel campo que, ya situado en la lista **Campos en la nueva tabla**, no tiene un nombre que consideremos válido. Para ello, primero seleccione el campo en cuestión y luego pulse el botón. Se le ofrecerá un cuadro de diálogo para que teclee el nuevo nombre:

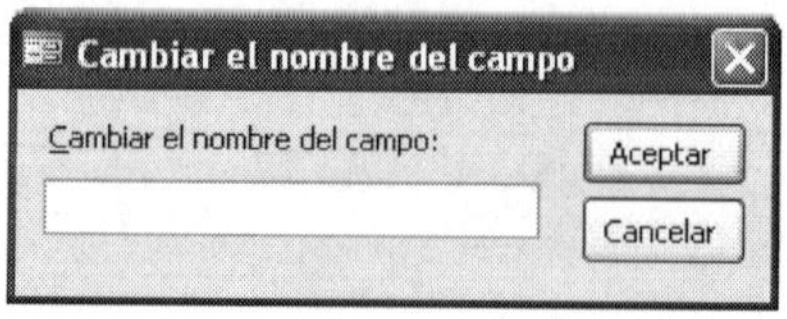

Una vez que se ha construido la nueva tabla, con los campos que ofrecen las tablas de ejemplo de Access, pulsaremos el botón [Siguiente >] para continuar la creación de la tabla con el siguiente paso, que presenta el aspecto siguiente:

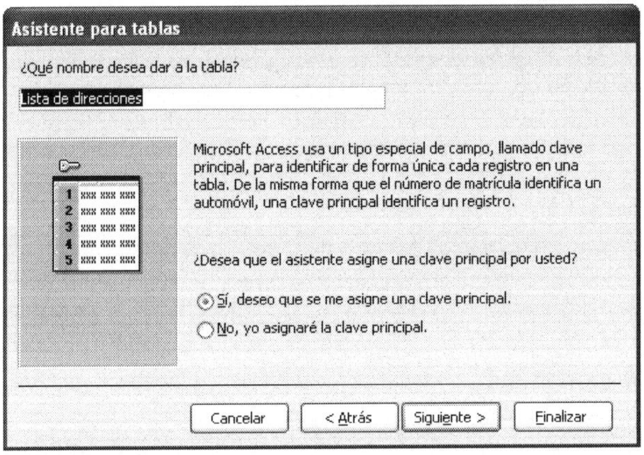

1. En este paso debemos comenzar por darle un nombre a la tabla, utilizando para ello el cuadro de texto **¿Qué nombre desea dar a la tabla?** El nombre de una tabla no puede dejarse vacío. Igualmente, no puede comenzar por un espacio en blanco, ni puede contener ciertos símbolos como corchetes ([y]) o el signo de admiración (!). Su tamaño máximo es de 64 caracteres.

2. Después debemos establecer si será Access quien decida por nosotros cuál será el campo clave de la tabla (con el botón **Sí, deseo que me asigne una clave principal**), o bien si seremos nosotros los que la indiquemos (con **No, yo asignaré la clave principal**).

En caso de que optemos por esto último, obtendremos un paso extra en el asistente para la creación de tablas, en el que deberemos especificar cuál será el citado campo clave. Éste es el aspecto del cuadro con el siguiente paso:

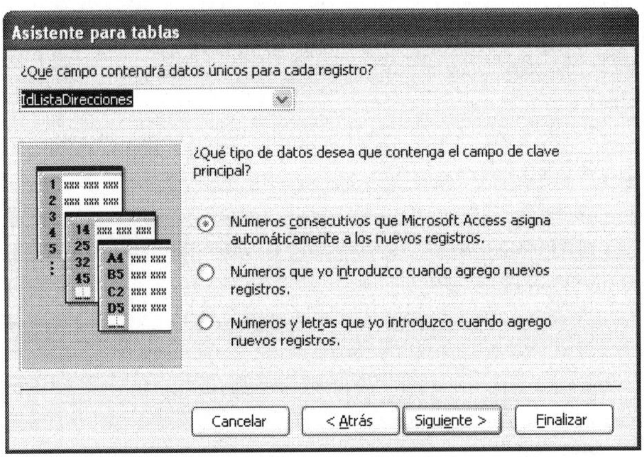

1. La lista **¿Qué campo contendrá datos únicos para cada registro?** debe contener el nombre del campo que será la clave principal de la tabla. Esta lista ofrece los nombres de los campos elegidos anteriormente. De todos ellos, debemos elegir uno, que tendrá siempre valores diferentes para cada registro de la tabla (recuerde las claves en el apartado ***¿Qué son los campos clave?*** en este mismo capítulo).

2. Después se debe establecer el tipo de datos del campo clave, aunque, al elegir un campo (del modo que acabamos de ver), Access selecciona automáticamente el que más se aproxima al tipo de dato que tenga el campo. Por ejemplo, si el campo clave es de tipo *Autonumérico*, Access activa automáticamente el botón **Números consecutivos que Microsoft Access asigna automáticamente a los nuevos registros** (consulte ***Tipos de campos con Access*** en este mismo capítulo para obtener más información).

Si se tienen otras tablas en la base de datos, también obtendremos algún paso extra cuando pulsemos el botón [Siguiente >], llegaremos a un nuevo paso del asistente para establecer posibles relaciones entre la tabla que estamos creando y las que ya existan. De lo contrario, accederíamos al último paso de dicho asistente. Vamos a ver el paso que aparece si hay más tablas en la base de datos:

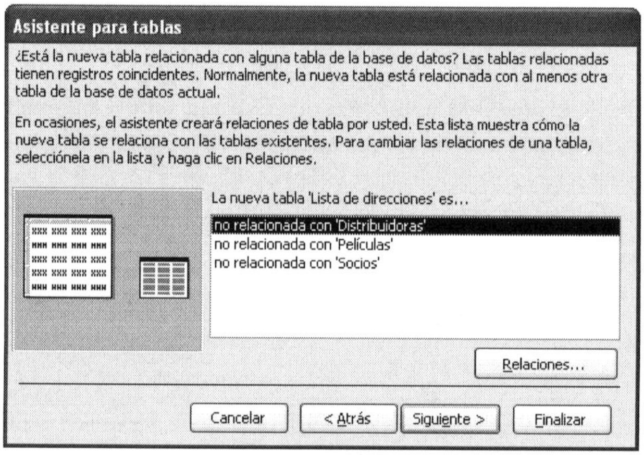

1. La lista muestra las relaciones actuales con otras tablas de la misma base de datos. Podremos elegir cualquiera para añadir o modificar sus relaciones.

2. Si la nueva tabla debe estar relacionada con otra, pulse el botón [Relaciones...]. Este botón lleva a un cuadro de diálogo en el que podrá establecer la forma en que ambas tablas estarán relacionadas:

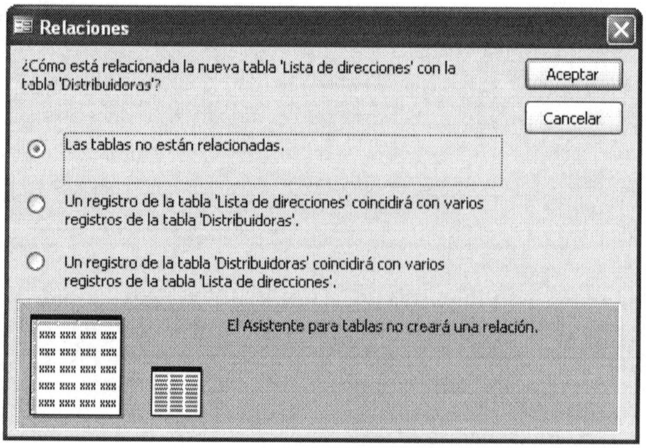

De las relaciones hablaremos más profundamente en el apartado ***Relaciones*** del capítulo 25: ***Herramientas más útiles de Access***.

Al pulsar el botón [Siguiente >], accederemos al último paso para la creación de la tabla:

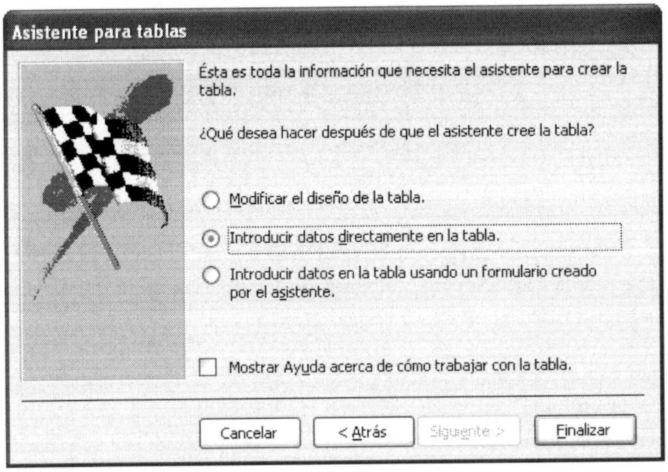

1. Si desea completar la creación de la tabla utilizando el diseño manual, pulse el botón de opción **Modificar el diseño de la tabla** (puede ver cómo se trabaja en este modo consultando el apartado ***Modificar el diseño de una tabla*** de este mismo capítulo).

2. Para añadir datos a la tabla, utilice el botón de opción **Introducir datos directamente en la tabla** (este método lo describimos en el apartado ***Añadir y modificar registros en las tablas*** de este mismo capítulo).

3. También se pueden **Introducir datos en la tabla usando un formulario creado por el Asistente**. Ese formulario se deberá crear a continuación mediante otro asistente (este asistente, así como los datos generales de los formularios, se describen con detalle en el apartado ***Formularios*** del capítulo 24: ***Formularios e Informes***). Estos tres últimos botones se pondrán a trabajar cuando se pulse el botón [Finalizar].

4. Active la casilla **Mostrar Ayuda acerca de cómo trabajar con la tabla** si desea más información acerca de cómo modificar la estructura de la tabla.

5. Generalmente, llegados a este punto, la tabla ya esta lista para su creación, por lo que podemos pulsar el botón [Finalizar] y Access creará la tabla con todos los datos que hemos ido especificando en los pasos del asistente.

MODIFICAR EL DISEÑO DE UNA TABLA

Como ya hemos mencionado en el apartado anterior, las tablas pueden crearse mediante el asistente, o bien, *a mano*, con el método clásico de ir escribiendo los campos que va a contener la base de datos, así como el tipo de cada uno y otras características.

Vamos a describir ahora el segundo método, ya que con él no sólo se pueden crear nuevas tablas, sino que también podemos modificar el diseño de una que haya sido creada con este método, o bien mediante el asistente que hemos descrito en el apartado anterior. A esta forma de trabajar puede accederse, por tanto, de dos formas distintas:

1. Creando una nueva tabla sin el uso del asistente (con el botón Nuevo):

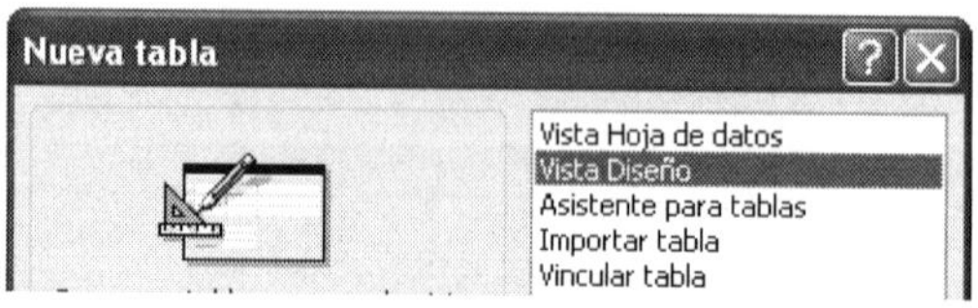

Elegiremos la opción **Vista Diseño** y pulsaremos el botón Aceptar. Esto también puede hacerse mediante un doble clic en el icono **Crear una tabla en vista Diseño** de la ventana de base de datos.

2. Pulsando el botón Diseño en la parte superior de la ventana de base de datos una vez seleccionada la tabla que deseamos modificar.

Con cualquiera de ellas se accede a la ventana **Vista Diseño**, con la que se modifica o crea el diseño de la tabla. Si se pulsa el botón Diseño, en la ventana aparecerán los datos de la tabla que fueron creados con anterioridad. Si lo que hacemos es crear una nueva tabla, la ventana aparecerá vacía. El aspecto que presenta esta ventana es el siguiente:

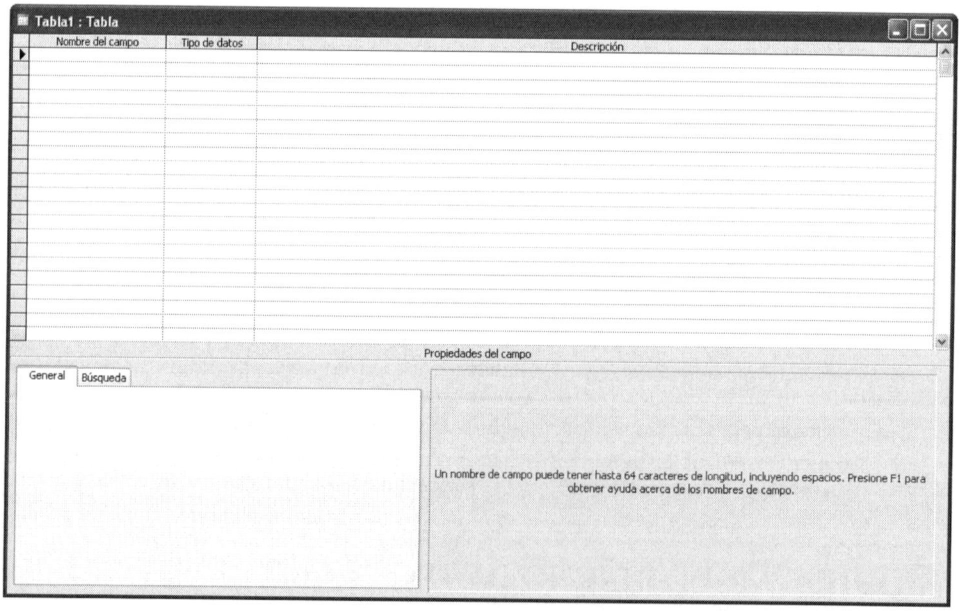

En esta ventana podemos ver tres columnas que utilizaremos para establecer los campos de la tabla:

1. **Nombre del campo**. En las diferentes filas de esta columna se van tecleando los identificadores de los campos. Éstos pueden tener un tamaño máximo de 64 caracteres, como se puede advertir en la parte inferior derecha de la ventana. He aquí unos ejemplos de nombres de campo (también llamados identificadores de campo):

Nombre del campo
Nombre
Apellidos
Dirección
Salario
Fecha de nacimiento

2. **Tipo de datos**. En esta columna se establecen los tipos de datos que tendrán los campos. Es muy importante establecer el tipo de dato adecuado para cada campo (puede ver la descripción de todos los tipos de datos de Access en el apartado ***Tipos de campos con Access*** de este mismo capítulo). Veamos unos tipos de datos para los campos que hemos puesto antes como ejemplo:

Nombre del campo	Tipo de datos
Nombre	Texto
Apellidos	Texto
Dirección	Texto
Salario	Moneda
Fecha de nacimiento	Fecha/Hora

3. **Descripción**. Los datos que podemos escribir en esta columna son opcionales, ya que son simplemente aclaratorios para el propio usuario. En este campo podemos describir la función que tendrá el campo en la tabla. Su contenido aparece en la barra de estado (la parte inferior de la ventana de Access) cuando se va a escribir o cambiar un dato en ese campo para cualquier registro de la tabla. Veamos unos ejemplos de descripciones:

Nombre del campo	Tipo de datos	
Nombre	Texto	Escriba el nombre del empleado
Apellidos	Texto	Escriba los apellidos del empleado
Dirección	Texto	Dirección del empleado
Salario	Moneda	¿Cuánto gana este empleado?
Fecha de nacimiento	Fecha/Hora	¿Cuándo nació este empleado?

Propiedades de los campos

Cuando se está escribiendo alguno de estos datos en la tabla, el panel de **Propiedades del campo**, en la parte inferior de la ventana, cambia para permitir la modificación de esas propiedades del campo sobre el que se esté trabajando en ese momento.

Supongamos, por ejemplo, que añadimos a la tabla el campo *Nombre* (de tipo *Texto*). En la ventana de diseño obtendríamos lo que puede ver en la figura de la página siguiente.

Como podemos apreciar, en la parte inferior de la ventana tenemos una ficha en cuya pestaña aparece el nombre **General**. En esta parte inferior de la ventana, podremos establecer las propiedades de cada uno de los campos que van a componer la tabla.

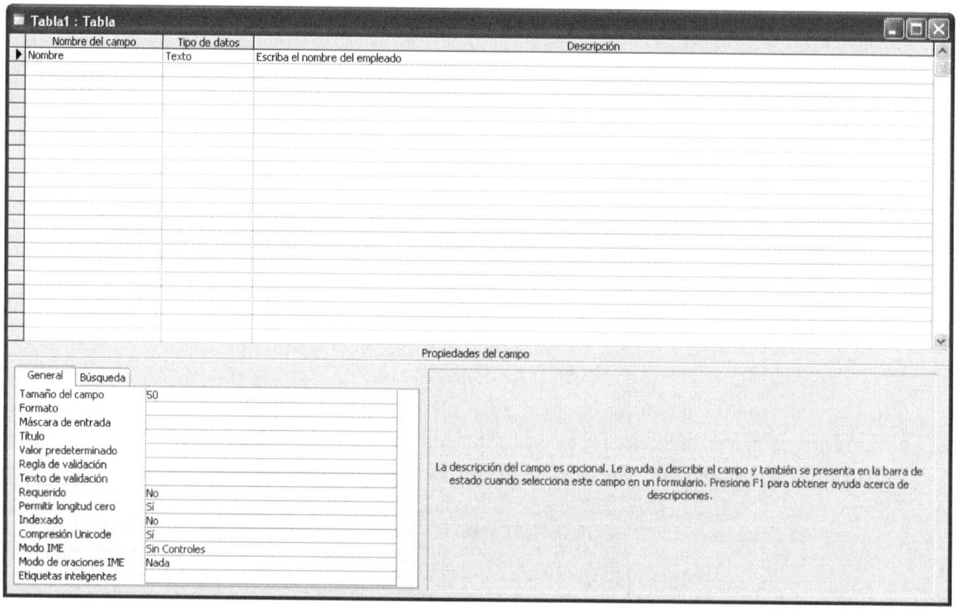

Vamos a ver las propiedades que pueden aparecer en esa parte para cada tipo de campo, después veremos la utilidad de todas ellas:

> Las propiedades **Modo IME**, **Modo de oraciones IME** y **Etiquetas inteligentes** no están disponibles en la versión 2000 (la propiedad **Etiquetas inteligentes** tampoco existe en la versión 2002). Esto es debido a que en las citadas versiones aún no se habían desarrollado dichas propiedades y, por tanto, su función no era aplicable en las tablas diseñadas con esas versiones.
>
> En la versión XP las propiedades **Modo IME** y **Modo de oraciones IME** podrían aparecer en inglés: *IME Mode* e *IME Sentence Mode*.

Propiedades para el tipo **Texto**:

- Tamaño del campo.
- Formato.
- Máscara de entrada.
- Título.
- Valor predeterminado.
- Regla de validación.
- Texto de validación.
- Requerido.
- Permitir longitud cero.
- Indexado.
- Compresión Unicode.
- Modo IME.
- Modo de oraciones IME.
- Etiquetas inteligentes.

Propiedades para el tipo **Memo**:

- Formato.
- Título.
- Valor predeterminado.
- Regla de validación.
- Texto de validación.
- Requerido.
- Permitir longitud cero.
- Indexado.
- Compresión Unicode.
- Modo IME.
- Modo de oraciones IME.
- Etiquetas inteligentes.

Propiedades para el tipo **Número**:

- Tamaño del campo.
- Formato.
- Lugares decimales.
- Máscara de entrada.
- Título.
- Valor predeterminado.
- Regla de validación.
- Texto de validación.
- Requerido.
- Indexado.
- Etiquetas inteligentes.

Propiedades para el tipo **Fecha/Hora**:

- Formato.
- Máscara de entrada.
- Título.
- Valor predeterminado.
- Regla de validación.
- Texto de validación.
- Requerido.
- Indexado.
- Modo IME.
- Modo de oraciones IME.

Propiedades para el tipo **Moneda**:

- Formato.
- Lugares decimales.
- Máscara de entrada.
- Título.
- Valor predeterminado.
- Regla de validación.
- Texto de validación.
- Requerido.
- Indexado.
- Etiquetas inteligentes.

Propiedades para el tipo **Autonumérico**:

- Tamaño del campo.
- Nuevos valores.
- Formato.
- Título.
- Indexado.
- Etiquetas inteligentes.

Propiedades para el tipo **Sí/No**:

- Formato.
- Título.
- Valor predeterminado.
- Regla de validación.
- Texto de validación.
- Requerido.
- Indexado.

Propiedades para el tipo **Objeto OLE**:

- Título.
- Requerido.

Propiedades para el tipo **Hipervínculo**:

- Formato.
- Título.
- Valor predeterminado.
- Regla de validación.
- Texto de validación.
- Requerido.
- Permitir longitud cero.
- Indexado.
- Compresión Unicode.
- Modo IME.
- Modo de oraciones IME.
- Etiquetas inteligentes.

Estas propiedades poseen características predefinidas por Microsoft. Para modificar una propiedad se hace clic en ella, con lo que mostrará un botón en su parte derecha. Así, dependiendo de la propiedad puede aparecer un botón para desplegar (: contiene una lista con datos), o bien, para acceder a un asistente (que necesita varios pasos para proporcionar un resultado).

Veamos a continuación la utilidad que ofrece cada propiedad y sus características predefinidas correspondientes:

1. **Tamaño del campo**. Esta propiedad establece cuál será el tamaño máximo del campo en cuestión. Sólo podremos emplear el tamaño en los tipos **Texto** y **Número**:

   - **Texto**: el tamaño de texto se mide en caracteres. Por ejemplo, si indicamos como tamaño el dato 30 a un campo de tipo *Texto*, el máximo número de caracteres que podrán escribirse para ese campo en cada registro será de 30. El tamaño máximo para el tipo *Texto* es de 255 caracteres.

   - **Número**: para los datos numéricos disponemos de cinco tamaños:

     a) **Byte**. Admite únicamente números enteros comprendidos entre 0 y 255.

     b) **Entero**. Admite únicamente números enteros comprendidos entre -32.768 y +32.767.

     c) **Entero Largo**. Admite únicamente números enteros comprendidos entre -2.147.483.648 y +2.147.483.647.

     d) **Simple**. Admite números reales (tanto enteros como fraccionarios con decimales). Si son negativos, podremos teclear valores que oscilen entre -3,402823 x 10^{38} y -1,401298 x 10^{-45}, mientras que si son positivos, estarán entre 1,401298 x 10^{-45} y 3,402823 x 10^{38}.

     e) **Doble**. Admite números reales (enteros y fraccionarios con decimales). Si utilizaremos números negativos, podremos teclear valores que oscilen entre 1,79769313486231 x 10^{308} y -4,94065645841247 x 10^{-324}, y si serán positivos, entre 1,79769313486231 x 10^{308} y 4,94065645841247 x 10^{-324}.

2. **Formato**. Con esta propiedad se establece la forma automática en que aparecerá el dato. El formato no se puede apreciar hasta que hemos terminado de escribir el dato y pasamos a otro campo para continuar escribiendo. Por ejemplo, si establecemos como formato que un supuesto campo *Nombre* debe aparecer en mayúsculas de forma automática y escribimos el nombre *Félix*, no veremos *FÉLIX* hasta que pasemos a escribir el siguiente campo.

   - El tipo *Texto* no tiene formatos predefinidos y, si se desea utilizar uno, debe construirse. Los dos formatos principales del tipo texto son el símbolo > (mayor que) que obliga a que todos los caracteres del campo aparezcan en mayúsculas y el símbolo < (menor que) que obliga a los caracteres a aparecer en minúscula.

   - Para los tipos **Número**, **Moneda** y **Autonumérico** (los tipos numéricos por excelencia) tenemos varios tipos de representación de números (con punto separador de miles, en formato científico, con el símbolo de pesetas o euros, etc.). Despliegue la lista mediante el botón que hay a la derecha del cuadro de texto de **Formato** (cuando esté en un campo numérico) y obtendrá los siguientes tipos y sus aspectos, con lo que bastará seleccionar el que necesite.

Número general	3456,789
Moneda	3.456,79 €
Euro	3.456,79 €
Fijo	3456,79
Estándar	3.456,79
Porcentaje	123,00%
Científico	3,46E+03

- El tipo **Fecha/Hora** también posee varios formatos para cambiar su aspecto, tanto para fecha solamente, como para hora o para ambos.

Fecha general	19/06/1994 17:34:23
Fecha larga	domingo, 19 de junio de 1994
Fecha mediana	19-jun-94
Fecha corta	19/06/1994
Hora larga	17:34:23
Hora mediana	5:34
Hora corta	17:34

- El tipo **Sí/No** sólo tiene tres posibles formatos. Recuerde que el tipo *Sí/No* sólo puede contener el dato Sí (o derivados) o el dato No (o derivados).

Sí/No

Verdadero/Falso	Verdadero
Sí/No	Sí
Activado/Desactivado	Activado

3. **Máscara de entrada**. Permite añadir una plantilla para los datos. Se utiliza con datos que tienen un aspecto uniforme (como la matrícula de un coche). Por ejemplo, si vamos a introducir como dato un DNI, podemos escribirlo separando los miles con un punto y la letra del final con un guión (por ejemplo: *50.000.000-A*). Podemos crear la máscara de entrada de dos formas: mediante asistente o de forma manual:

   - Para utilizar el asistente debemos hacer clic en el cuadro de texto de la máscara de entrada. Entonces, aparecerá el botón ... a su derecha y lo pulsaremos. Como ocurre con todos los asistentes, debemos realizar una serie de pasos, asociados con cuadros de diálogo, que nos guían mostrándonos lo que debemos hacer. Antes de iniciar el asistente, Access le obligará a guardar la tabla como esté hasta el momento. El primer paso del asistente puede verlo en la figura de la página siguiente. En él, podemos ver que existen varias plantillas predeterminadas, como el **Número de teléfono** o el **NIF**. Incluso existe el tipo **Contraseña** que no deja ver el contenido del campo. Después de este paso existen otros tres para detallar aún más los datos de la plantilla que se desea aplicar al campo en cuestión.

Ojo Si se emplea la plantilla para números de teléfono hay que tener precaución, ya que puede estar incluyendo el número de un móvil, que tiene distinta forma (sin prefijo ni guiones). Además, debe tener en cuenta que si el número llevará prefijo internacional la máscara que ofrece el asistente no le servirá.

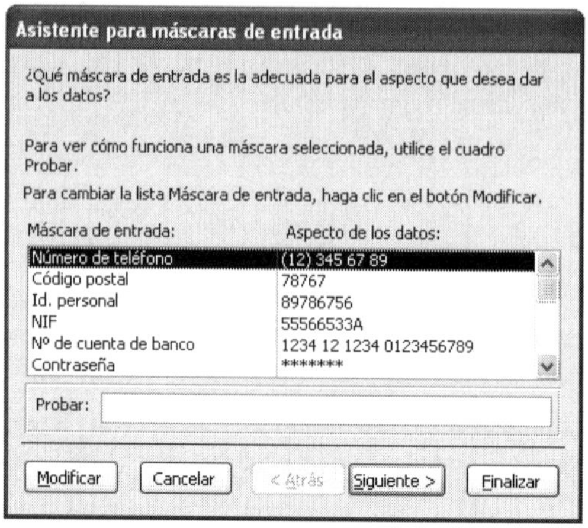

- Para crear una máscara de entrada manualmente deberemos servirnos de varios caracteres que tienen funciones especiales. Cuando añada una de éstas en su posición habrá un solo carácter de los siguientes tipos:

a) En los lugares de la máscara en los que teclee un **9**, luego podrá escribir un dígito (entre 0 y 9). Dicho dígito podrá dejarse sin teclear (en su lugar existirá un espacio en blanco).

b) El símbolo # es similar al anterior, pero una vez terminada la escritura del dato completo, aquellos espacios que se hayan dejado en blanco (en lugar de teclear una cifra) serán eliminados y no se grabarán en el disco.

c) En los lugares en los que teclee un **0** (cero) podrá escribir un dígito (entre 0 y 9) que no podrá dejarse sin teclear (será obligatorio escribirlo).

d) En los lugares en los que teclee una **L** podrá escribir cualquier letra. Esa letra no podrá dejarse sin teclear (es obligatorio escribirla).

e) En los lugares en los que teclee una **?** (interrogación) podrá escribir cualquier letra, que podrá dejarse sin teclear (no es obligatorio escribirla).

f) En los lugares en los que teclee una **a** podrá escribir cualquier letra o número, que podrá dejarse sin teclear (no es obligatorio escribirla).

g) En los lugares en los que teclee una **A** podrá escribir cualquier letra o número, que no podrá dejarse sin teclear (es obligatorio escribirla).

h) Cualquier carácter que teclee en una máscara aparecerá en el dato en la misma posición en la que la coloquemos (salvo si es cualquier símbolo de los que estamos viendo para las máscaras, como el **9**, la **A** o la **?**). No obstante, para asegurarse es preferible teclear el símbolo \ delante del carácter. Si se trata de varios caracteres en lugar de uno sólo, tecléelos entre comillas (por ejemplo, "kg.").

i) El símbolo > asegura que todas las letras que le sigan (a su derecha) aparecerán automáticamente en mayúsculas. Igualmente podrá emplear el signo < para que aparezcan en minúsculas.

Existen otros símbolos para las máscaras de entrada, hemos procurado detallar los más importantes, pero si necesita ver los demás le recomendamos que haga uso de la ayuda de Access en la que podrá encontrar todos ellos.

Veamos un ejemplo. Para una matrícula de coche (tanto las antiguas como las nuevas) podríamos teclear la siguiente máscara: **??\-0000\-L??.** Detalles:

a) Como las matrículas antiguas podían tener letras delante del número, en primer lugar tecleamos dos interrogaciones en las que se podrá escribir hasta dos letras (aunque se podrán dejar vacías). Igualmente, al final de la matrícula hacemos lo mismo: permitimos escribir hasta tres letras: **L??** (aunque la primera es una **L** para que, al menos esa letra sea obligatoria).

b) Tecleamos dos guiones (precedidos de \) para que aparezcan ya escritos en la matrícula (de este modo no tendremos que teclearlos nosotros).

c) Tecleamos cuatro ceros (cifras obligatorias) para que sea necesario teclear las cuatro cifras de la matrícula sin dejar ninguna vacía.

Los caracteres que añada a una máscara de entrada no formarán realmente parte del dato cuando lo escriba. Por ejemplo, si añade una máscara para un DNI con puntos separadores de miles y un guión para separar la letra del final, éstos (puntos y guión) no formarán parte del dato, que estará compuesto sólo por los dígitos de DNI y su letra a efectos de almacenamiento en el disco.

4. **Título**. Cuando se rellena una tabla, podemos ver en las columnas los nombres de los campos; sin embargo, esos nombres, que son realmente los identificadores de los campos, pueden sustituirse por otros rótulos sólo a efectos de presentación, ya que, como decimos, los nombres de los campos (y no los títulos) son los que realmente identifican a los campos. Si escribimos un título, éste aparecerá a la hora de escribir los datos en la tabla (o en el formulario), aunque su nombre real seguirá siendo el nombre del campo que hayamos escrito anteriormente. Por ejemplo, si vamos a emplear el dato D.N.I. en una tabla, no podremos teclearlo así debido a que lleva puntos. La solución es teclear DNI en el nombre y poner D.N.I. como **Título**.

5. **Valor predeterminado**. Si se escribe un valor predeterminado, Access lo asignará automáticamente al campo en cuestión cuando se vayan a rellenar los registros de una tabla. Por ejemplo, si tenemos el campo *País de origen de la película* en una tabla sobre Películas, podríamos teclear *USA* como valor predeterminado (porque la mayor parte de las películas vienen de allí). De este modo, en cada nuevo registro que vayamos a escribir aparecerá automáticamente el dato *USA* y no necesitaremos escribirlo nosotros. Cuando necesitemos teclear otro país, bastará con hacerlo como si el dato *USA* no estuviese ahí. Su función es ahorrarnos trabajo cuando sepamos que la mayor parte de los valores de un campo son uno concreto (en nuestro ejemplo, *USA*).

6. **Regla de validación**. Esta propiedad limita el dato que el usuario desee incorporar. Por ejemplo, una edad (poniéndonos optimistas) no superará el valor 150 (si hablamos de años para personas), por tanto, podríamos limitar el valor de entrada de forma que no se pudiera escribir un número mayor que 150 ni menor que 0. El proceso de validación se crea tecleando en el mismo cuadro de texto de la **Regla de validación**, o bien, mediante un cuadro de diálogo que aparecerá al pulsar el botón ... que hay a la derecha del mismo cuadro de texto. Éste es el aspecto del cuadro de diálogo:

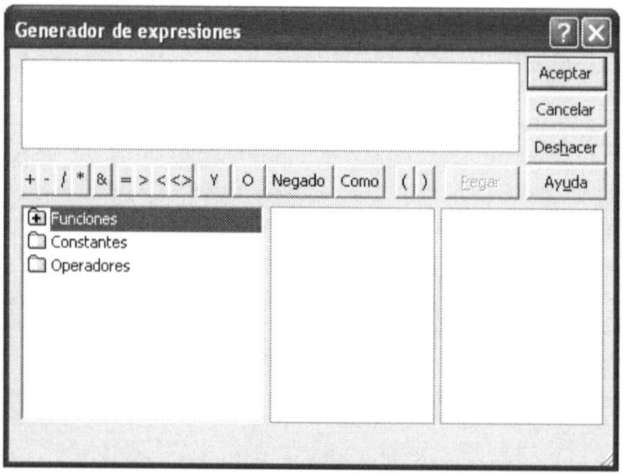

Para dar validez al ejemplo que hemos puesto, el campo *Edad* deberá ser mayor que 0 y menor (o igual) que 150, luego la expresión que validaría ese caso sería: *[Edad]>0 Y [Edad]<=150*, es decir, *Edad* mayor que cero **Y** menor o igual que 150.

Se pueden crear condiciones más complejas ayudándose de los operadores lógicos **Y** (*AND*) y **O** (*OR*).

1. Según el operador **Y** (*AND*), para que la condición general sea cierta, ambas condiciones deberán serlo igualmente. Por ejemplo, en un supuesto campo *Edad* para personas: *>=18 Y <=30*. Según esta condición, sólo se podrán escribir edades de personas cuya edad sea mayor o igual que 18 años y menor o igual a 30, es decir, las que tengan entre 18 y 30 años.
2. Según el operador **O** (*OR*), para que la condición general sea cierta, basta con que una de las dos condiciones lo sea. Por ejemplo, en un supuesto campo *Color de pelo* de personas: *="Rubio" O ="Castaño"*. Según esta condición, sólo se podrán escribir los datos *Rubio* y *Castaño* en el campo.

Algunas versiones de Access no permiten teclear estos datos en español, en cuyo caso deberá teclear **AND** en lugar de **Y** y **OR** en lugar de **O**.

a) Observe que el campo *Edad* se escribe entre corchetes, pero no es necesario teclearlos, ya que, si Access detecta que la palabra *Edad* se corresponde con un campo de la tabla, asumirá que dicha palabra es en realidad el campo *Edad* y le añadirá los corchetes automáticamente. Sólo será necesario teclearlos en campos cuyo nombre esté formado por más de una palabra (ejemplo *[Código postal]*).

b) La expresión que acabamos de mostrar puede escribirse con el teclado, o bien utilizando los botones que aparecen en el cuadro que hemos presentado. Por otra parte, dicha expresión debe ir escrita en el cuadro de texto *Regla de validación*, para lo cual, puede escribirla en este mismo cuadro de texto, o bien en la lista del cuadro que acabamos de presentar. Al pulsar el botón Aceptar, la expresión será alojada en el cuadro de texto *Regla de validación* automáticamente.

7. **Texto de validación**. Se escribe siempre que se ha añadido una **Regla de validación**. En él se teclea el mensaje de error que obtendrá el usuario si quebranta la regla de validación. Por ejemplo, si tecleamos *El número debe estar incluido entre 1 y 150* y hemos escrito correctamente la expresión en el cuadro de texto *Regla de validación*, al intentar escribir un valor incorrecto, obtendremos el siguiente cuadro de advertencia:

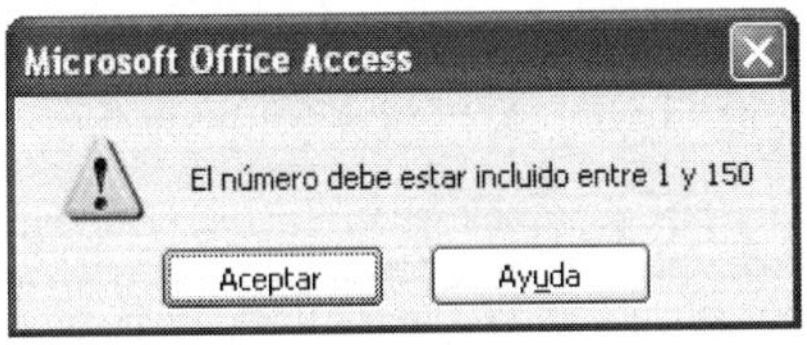

8. **Requerido**. Si elegimos **Sí** en **Requerido**, cuando escribamos datos en la tabla, será obligatorio teclear un dato en ese campo. Si elegimos **No** (o lo dejamos como aparece inicialmente), podremos dejar vacío el dato.

ojo

En un campo numérico Access asigna como valor predeterminado el 0 (cero). Esto significa que, aunque no se borre ese valor, el campo ya estará escrito con uno. Si necesita que no aparezca dicho cero en el dato, elimine el cero que aparece en la propiedad **Valor predeterminado** del campo numérico con el que esté trabajando. Entonces, al estar vacío el campo, la propiedad **Requerido** exigirá que el usuario añada un valor (aunque sea el cero) antes de pasar a otro registro.

9. **Permitir longitud cero**. Similar al anterior. En los campos de tipo Texto, Memo o Hipervínculo podemos dejar vacío su contenido (tamaño cero caracteres) si elegimos **Sí** para este dato. La cadena de longitud cero consiste en escribir dos comillas sin dato alguno entre ellas: “”. Si seleccionamos **No**, no podremos teclear “”. Se suele emplear el dato “” para indicar que ese dato no contiene nada.

10. **Indexado**. Crea un índice para la tabla. Su función es que los trabajos de ordenación y de consultas sean más rápidos cuando se emplea un campo indexado. Se puede optar por **Sí (Con duplicados)** o **Sí (Sin duplicados)**. Por ejemplo, si accedemos al campo **Apellidos** en la tabla y elegimos **Sí (Sin duplicados)** no podríamos escribir dos o más apellidos iguales a lo largo de la tabla. Si no desea que ese campo sea el que ordene la tabla, teclee **No** (o déjelo así si ya aparecía en ese modo). Para obtener más información acerca de los índices consulte los apartados ***¿Qué son los índices?*** y ***Creación y edición de índices*** en este mismo capítulo.

11. **Lugares decimales**. En los campos numéricos (tipos **Autonumérico**, **Número** y **Moneda**) podemos modificar esta propiedad, cuyo fin es el de establecer la cantidad

de cifras decimales que puede contener el campo numérico en cuestión. Para trabajar con esta propiedad, sencillamente escriba el número de decimales que desea ver en el campo, o bien elija el dato **Automático**, que le permite escribir una cantidad distinta de cifras decimales en cada registro, ajustándose a las necesidades de cada uno de ellos. Por ejemplo, supongamos que se añade el campo *Estatura* en una tabla. Si elegimos el tipo **Número**, para él podremos establecer los decimales que deseemos de modo que, aunque tecleemos posteriormente un número entero aparecerá una coma y tantos ceros detrás como decimales hayamos elegido. Si optamos por el dato *Automático*, cada registro (cada individuo de la tabla) tendrá en su campo *Estatura* los decimales que sean necesarios: *1,85* (metros), *2* (metros), etc.

12. **Nuevos valores**. En los campos de tipo **Autonumérico** puede utilizar la opción **Incrementalmente** que se limitará a ir aumentando el valor en cada registro nuevo que escribamos en la tabla, o bien **Aleatoriamente** que asigna un valor al azar a cada nuevo registro (aunque sin repetir ninguno).

13. **Compresión Unicode**. Unicode es un nuevo estándar mundial de comunicación entre ordenadores. Ofrece un método que mejora el sistema ASCII puesto que emplea dos bytes para cada carácter, en lugar de uno sólo. Esto permite mayor variedad de datos para cada carácter y ciertas ventajas a la hora de enviar datos de un ordenador a otro. Como contrapartida, cada texto que emplea el sistema Unicode ocupa más espacio en disco (el doble, puesto que cada letra ocupa dos bytes en lugar de uno). Si activamos la **Compresión Unicode** (con **Sí**), los datos de texto se almacenarán comprimidos (ocupando menos espacio en el disco) para compensarlo. Por ello, cada nuevo campo de tipo **Texto**, **Memo** o **Hipervínculo** que empleemos en una tabla aparecerá por defecto con esta propiedad en **Sí** (no se puede emplear **Compresión Unicode** en ningún otro tipo de datos de Access; de hecho, la propiedad **Compresión Unicode** sólo está disponible en esos tres tipos: **Texto**, **Memo** e **Hipervínculo**).

14. Las propiedades **Modo IME** e **Modo de oraciones IME** están relacionadas con la compatibilidad con idiomas asiáticos en Access, de ahí que aparezcan sólo en los campos textuales (**Texto**, **Memo** e **Hipervínculo**) y de fecha (**Fecha/Hora**).

15. La propiedad **Etiquetas inteligentes** permite asignar al dato estas etiquetas con las que podemos aplicarle acciones especiales (enviar un correo, mostrar un calendario, etc.). Se accede a estas acciones al rellenar la tabla (aparece el icono para que las elijamos). Inicialmente sólo se ofrecen dos tipos de etiquetas: **Nombres de persona** y **Fechas**, pero en el cuadro que ofrece esta propiedad (al pulsar en) se pueden añadir más mediante el botón Más etiquetas inteligentes.

Creación de campos clave

Para crear un campo clave, haga clic en él en la ventana de diseño de la tabla y pulse el botón de la barra de herramientas (o active la opción **Clave principal** del menú **Edición**).

Si volvemos a utilizar esta función en otro campo, el que hasta ahora lo era deja de serlo a favor del nuevo, ya que, como decíamos antes, la tabla sólo puede tener un campo clave.

Para desactivar un campo clave (sin activar otro), seleccione el campo clave en la ventana de diseño de la tabla y vuelva a pulsar el botón, o bien, seleccione de nuevo la opción **Clave principal** del menú **Edición**.

Creación y edición de índices

En caso de que la tabla tenga únicamente un campo según el cual deben ordenarse sus datos, sólo será necesario utilizar la propiedad **Indexado** del campo por el que se desea ordenar. Por ejemplo, si una tabla se va a ordenar por **Apellidos**, seleccionaremos el campo que lleva ese mismo nombre y, en sus propiedades, activaremos Indexado con la opción **Sí (Con duplicados)**, ya que es de esperar que algunos apellidos puedan repetirse. En este caso ya no es necesario nada más, puesto que la tabla se ordenará automáticamente por apellidos.

Sin embargo, si la tabla debe utilizar más de un campo para la ordenación, deberemos recurrir al botón de la barra de herramientas, o bien, a la opción **Índices** del menú **Ver**. Cualquiera de estas opciones nos llevará al siguiente cuadro de diálogo:

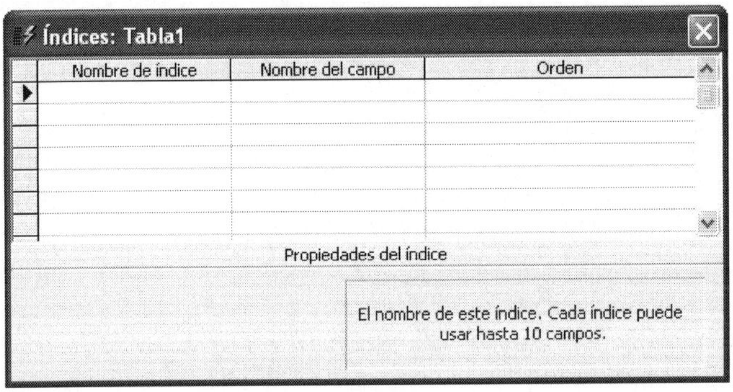

En la columna **Nombre del índice** debemos teclear el nombre que identificará al índice y en la columna **Nombre del campo** estableceremos, por orden, los campos por los que se debe ordenar. Por otra parte, en la columna **Orden** indicaremos si la clasificación se hará **Ascendente** (de la A a la Z) o **Descendente** (de la Z a la A). Veamos un ejemplo de ordenación por apellidos y nombre:

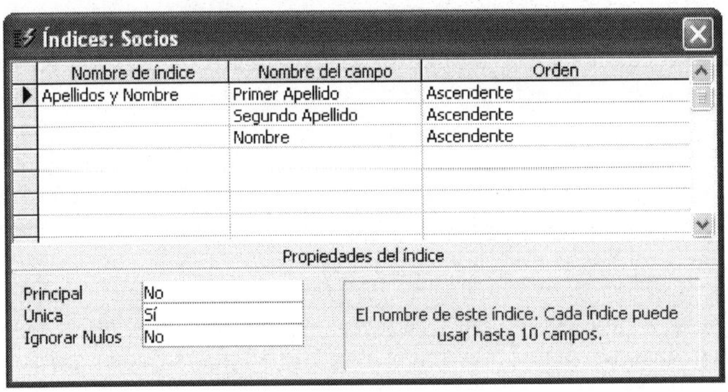

Como puede verse en la figura:

1. El índice se llama **Apellidos y nombre**.

2. Se ordena inicialmente según los primeros apellidos y, si se repite alguno, utilizará el segundo apellido para la ordenación. Igualmente, si ambos apellidos se repiten, Access utilizará el campo **Nombre** para clasificarlos. Observe que para los campos **Segundo apellido** y **Nombre** no ponemos nombre al índice, puesto que, de lo contrario, estaríamos creando tres índices y no uno sólo.

3. Todos los índices utilizados ordenan ascendentemente, es decir, de la A a la Z. Si se tratase de campos numéricos, la ordenación se realizaría comenzando por los números menores y terminando por los mayores.

> OjO
>
> Cuando emplee una **clave** en una tabla, ésta interferirá con el resto de los índices. El resultado es que Access ordenará los datos siguiendo el orden de la clave e ignorará el orden establecido por los índices que creemos. Por algún motivo, las claves tienen prioridad a la hora de ordenar una tabla que los propios índices. Dicho en otras palabras, es muy probable que no le sirva de gran cosa crear índices en una tabla si en la misma tiene una clave.

> Para eliminar un índice selecciónelo en el botón que le corresponde (a su izquierda en la lista) y pulse la tecla **SUPR** (siempre que se encuentre en el cuadro de diálogo de edición de índices).

Cuando se termina de crear un índice múltiple, debe pulsarse el botón de cerrar ([X]) para volver al diseño de la tabla.

AÑADIR Y MODIFICAR REGISTROS EN LAS TABLAS

Una vez que hemos definido una tabla, se puede rellenar con datos. Ésta es una de las funciones fundamentales para cualquier tabla o base de datos, si bien, es también la más pesada.

En Access existen varias formas de acceder a una tabla para escribir datos. La más común se realiza desde la ventana de base de datos seleccionando la tabla y pulsando el botón [Abrir] (o hacer doble clic sobre la tabla en cuestión).

Durante la creación de una nueva tabla en el modo **Vista diseño** (véase el apartado anterior), la barra de botones presenta uno (el primero por la izquierda) que permite pasar de la creación de la tabla a la adición de datos: [▦▾]

1. Si se pulsa sobre el botón en sí, se pasa al modo de añadir datos a la tabla (equivalente a pulsar el botón [Abrir]) también llamado **Vista Hoja de datos**. También puede hacerse eligiendo en el menú **Ver** la opción **Vista Hoja de datos**.

2. Si este botón presenta este otro aspecto , se pasa al modo de **Vista Diseño** (equivalente a pulsar el botón en la ventana de base de datos). Este modo le permite modificar los campos de la tabla. De este modo de trabajo ya hemos hablado en el apartado ***Modificar el diseño de una tabla*** de este mismo capítulo.

3. Si se despliega uno de los dos botones, aparece una lista con ambas opciones, entre otras, para elegir una:

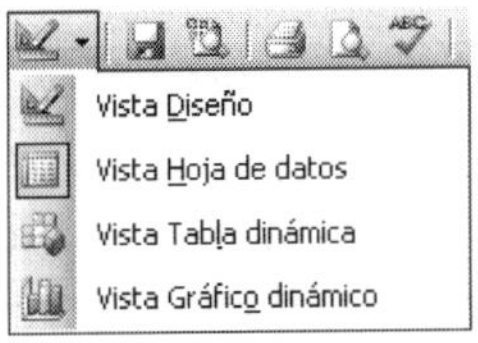

Elija uno de estos elementos para pasar al correspondiente modo de trabajo.

Al elegir el modo de hoja de datos o al pulsar el botón de la ventana de base de datos, se obtiene una tabla para rellenarla. El aspecto depende de los campos que contenga la tabla y de si está vacía o si, por el contrario, tenía algún dato añadido anteriormente. En cualquier caso, su aspecto genérico es éste:

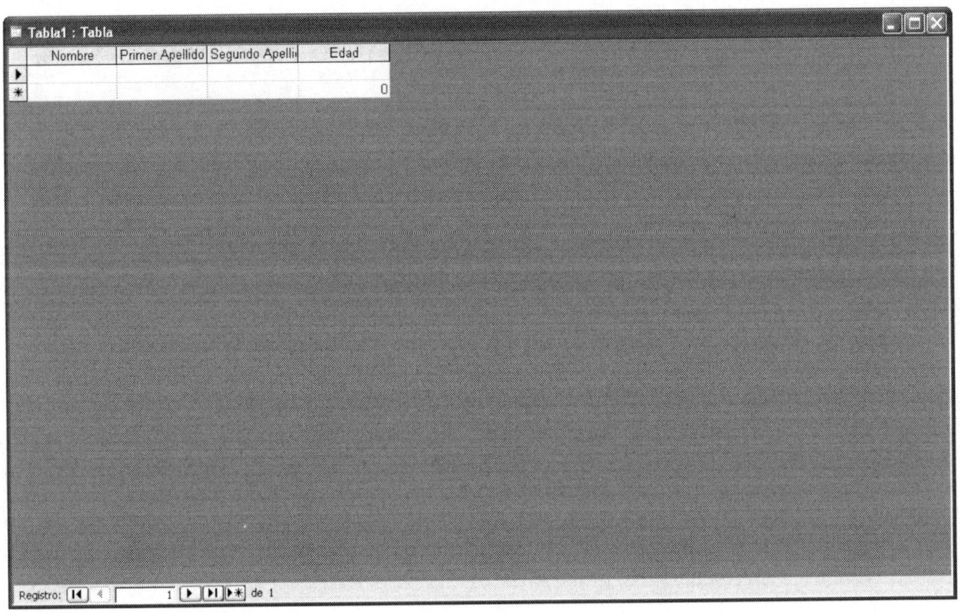

En las celdas que van apareciendo por filas (registros) iremos escribiendo los datos (campos), aunque debemos distinguir dos casos:

1. Si vamos a añadir registros, deberemos acceder a la última fila de la tabla (por ejemplo, mediante el botón que hay en la parte inferior de la ventana).

2. Si vamos a modificar datos de un registro debemos acceder a dicho registro (por ejemplo, mediante los botones [I◄], [◄], [►] y [►I] de la parte inferior de la ventana) y teclear los cambios.

> Si algún cambio consiste en modificar ligeramente el dato que haya en una celda de la tabla, no es necesario teclear todo el dato completo de nuevo: pulse la tecla **F2** cuando se haya situado en la celda en cuestión y aparecerá el cursor de texto para que utilice sus teclas (flechas izquierda y derecha) y el resto del teclado para modificar el dato.

Cuando hayamos terminado de teclear un dato en un campo (en su celda) podremos pasar a otro utilizando el ratón (haciendo clic en el campo en cuestión) o pulsando la tecla del **Tabulador**. Cuando se termina de rellenar un registro (toda una fila) con datos, bastará con pulsar la tecla **INTRO** para crear un nuevo registro vacío en el que podremos añadir más datos.

Si algún dato es incorrecto, Access lo indicará mediante un cuadro de diálogo cuando intentemos pasar al siguiente campo para continuar escribiendo datos. Por ejemplo, si tecleamos texto con letras o símbolos (guiones, comas, espacios, etc.) en una celda perteneciente a un campo numérico, obtendremos un error como el siguiente:

Otro ejemplo, si ha asignado la propiedad **Requerido** a un campo, no se podrá dejar vacío y si así lo hacemos obtendremos otro error:

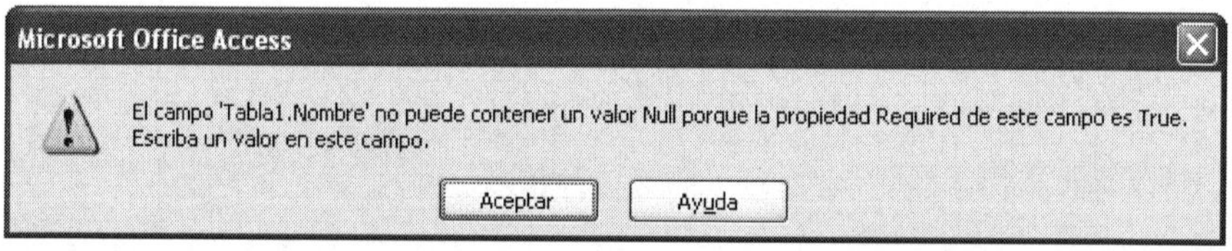

Un ejemplo más, si tiene un campo clave —o con la propiedad **Indexado Sí (sin duplicados)**— e intenta escribir un dato idéntico a otro que ya haya tecleado en el mismo campo antes, obtendrá el siguiente error (aunque esta vez, al intentar pasar a teclear en otro registro):

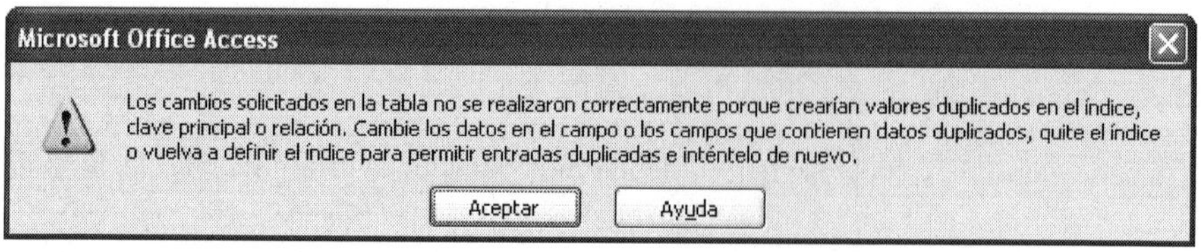

DESPLAZAMIENTOS A TRAVÉS DE LA TABLA

En la parte inferior de la ventana existe un indicador de nuestra posición actual en la tabla junto a unos botones que nos permiten desplazarnos por sus registros:

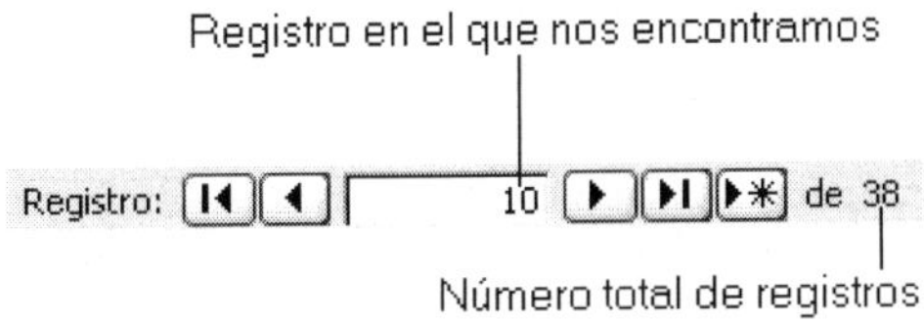

1. En el cuadro de texto del registro en el que nos encontramos podemos teclear el número de aquel al que queremos acceder y pulsar **INTRO**. Naturalmente, si tecleamos un valor más alto que el del número total de registros, no podremos acceder a él y nos avisará mediante un cuadro de error.
2. El botón nos lleva al primer registro.
3. El botón nos lleva al registro anterior.
4. El botón nos lleva al registro posterior.
5. El botón nos lleva al último registro.
6. El botón nos lleva al registro vacío del final de la tabla, que está listo para ser rellenado.

Al pasar al modo **Vista Hoja de datos** (por ejemplo, pulsando el botón Abrir en la ventana de base de datos), aparece, en la barra de menú, la opción **Edición**. Al seleccionar este menú, obtenemos una lista con opciones entre los que se encuentra **Ir a**. Si lo activamos, obtenemos un pequeño submenú con el que podremos llevar a cabo las cuatro operaciones de movimiento que acabamos de mostrar:

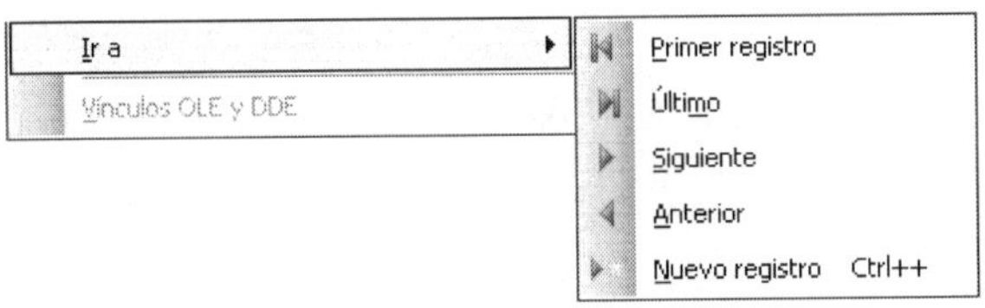

ELIMINAR REGISTROS

Existen varias formas de eliminar un registro, aunque lo primero siempre es situarse en aquel que vamos a borrar, para lo cual, utilizaremos los botones , , y o alguna de las funciones que hemos visto en el apartado anterior para ello.

Cuando vea el registro que desea borrar, pulse sobre la cabecera del registro:

Se hace clic...

... y queda seleccionado

Como vemos, al pulsar sobre la cabecera del registro, éste queda seleccionado. Bastará con pulsar la tecla **Supr** (en la parte derecha del teclado) o elegir la opción **Eliminar** del menú **Edición** para que el registro se elimine de la tabla. Incluso una función casi idéntica la ofrece **Eliminar registro** en el mismo menú. Antes de eliminar el registro, Access pedirá confirmación para el borrado mediante el siguiente cuadro de diálogo.

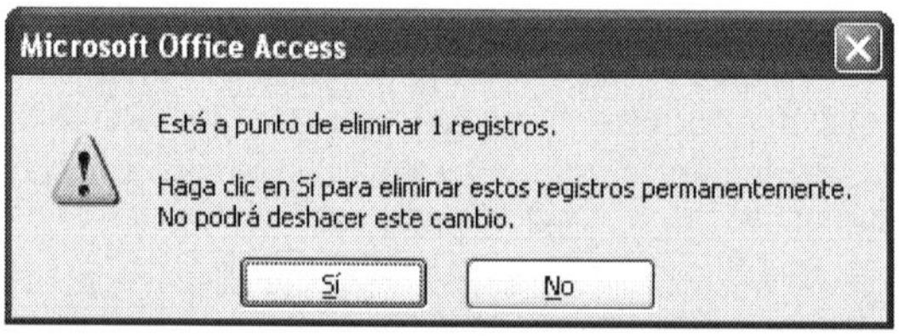

Pueden eliminarse varios registros a la vez seleccionándolos antes de pulsar la tecla **Supr** o de elegir la opción **Eliminar** del menú **Edición**.

Para elegir varios registros, si están contiguos, basta con pulsar sobre la cabecera del primero que se desea marcar y, sin soltar el botón del ratón, arrastrarlo hasta llegar al último. Observaremos que los registros se van marcando y, al liberar el botón del ratón, quedarán seleccionados:

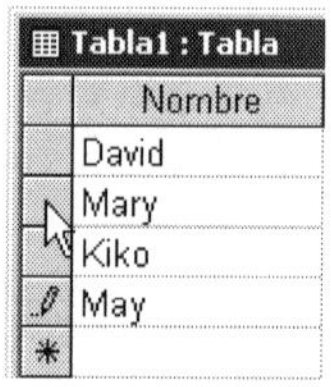

Antes de pulsar

Después de pulsar y arrastrar

Como decíamos, ahora bastará con pulsar la tecla **Supr**, o bien elegir **Eliminar** en el menú **Edición**, para borrar todos los registros seleccionados, eso sí, después de confirmar el borrado.

RELACIONES

Otra de las herramientas útiles que ofrece Access es el inspector de relaciones. Access permite crear y editar relaciones entre dos o más tablas de una base de datos.

Como ya hemos comentado en el apartado ***Relaciones entre tablas de una base de datos*** de este mismo capítulo, es posible relacionar los campos de una base de datos con los de otra.

Creación

La creación y modificación de estas relaciones se activa con la opción **Relaciones** del menú **Herramientas** o pulsando el botón de la barra de herramientas. Se obtiene lo siguiente:

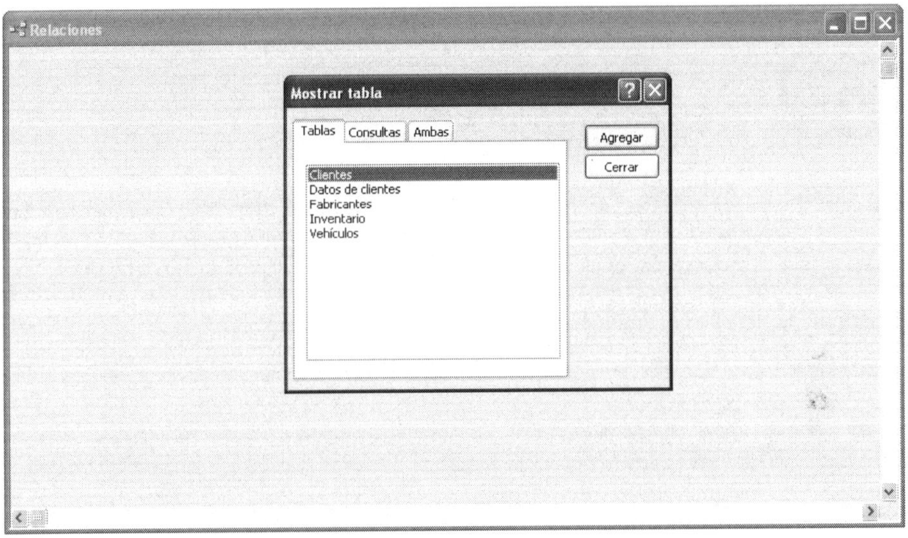

La ventana grande, **Relaciones**, contendrá las bases de datos que van a utilizarse para las relaciones, mientras que el cuadro de diálogo **Mostrar tabla** espera a que indiquemos qué tablas o consultas utilizaremos para las citadas relaciones.

1. En la ficha **Tablas**, obtendremos sólo las tablas de la base de datos en la lista.
2. En la ficha **Consultas**, obtendremos sólo las consultas de la base de datos en la lista.
3. En la ficha **Ambas**, obtendremos tanto las tablas como las consultas de la base de datos.
4. El botón Agregar añade a la ventana de *Relaciones* una tabla o consulta de la lista que previamente se haya seleccionado con el ratón o las teclas correspondientes.

Manejo

Una vez que se ha pulsado el botón Cerrar, desaparece el cuadro de diálogo, quedando sólo la ventana de relaciones con aquellas tablas que hayamos añadido con el botón Agregar, por ejemplo:

Si necesita eliminar una tabla (por ejemplo, porque aparezca dos veces y sólo necesite una), haga clic en la tabla y pulse la tecla **SUPR** (o seleccione la opción **Ocultar tabla** del menú **Relaciones**).

Observe que la clave principal aparece en la tabla resaltada en negrita para que resulte fácilmente reconocible.

Para un manejo más sencillo y claro le recomendamos que coloque la tabla principal de la base de datos en el centro de modo que las demás se sitúen a su alrededor. En todas las bases de datos hay una tabla principal (en nuestro ejemplo, en una supuesta base de datos sobre automóviles la más importante es la tabla de vehículos puesto que todo girará en torno a ella).

Para mover una tabla, haga clic sobre su barra de título y, sin soltar el botón del ratón, arrástrela hasta colocarla en el lugar deseado.

También le recomendamos que, mientras le sea posible, amplíe el tamaño de la ventana de las tablas hasta que vea bien todos sus campos: le resultará más fácil manejar sus campos.

En el menú obtenemos una nueva opción: **Relaciones**, y debajo del menú, la barra de herramientas del mismo nombre. Con ambos elementos podremos relacionar dos tablas.

Las posibles operaciones de relación de tablas son las siguientes:

1. Si se desea añadir más tablas o consultas, podemos pulsar el botón de la barra de herramientas, o bien seleccionar la opción **Mostrar tabla** del menú **Relaciones**. Si, por el contrario, deseamos eliminar una tabla, bastará con situarse sobre la tabla en cuestión y elegir la opción **Ocultar tabla** del mismo menú **Relaciones**.

2. Para crear una relación entre campos de tablas distintas, deberá hacer clic sobre un campo de una de las tablas y, sin soltar el botón del ratón, arrastrarlo hasta el campo de otra tabla con el que se desea efectuar la relación.

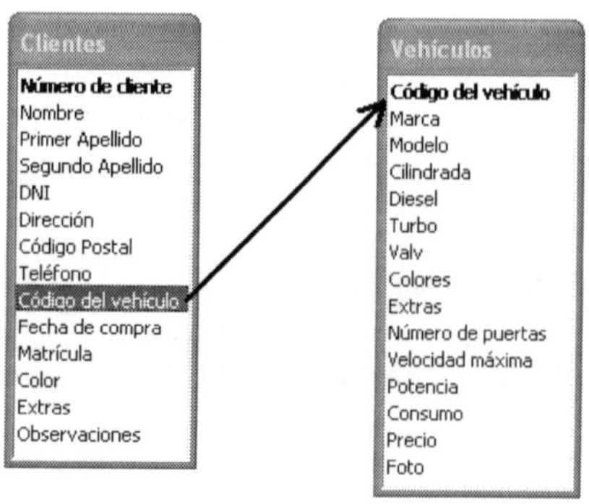

> A la hora de relacionar dos campos de dos tablas, no es necesario que ambos se llamen igual. Lo realmente importante es que contengan datos iguales. Por ejemplo, no servirá de nada relacionar el campo *Teléfono* de una tabla de *Clientes* con un campo *Teléfono* de una tabla de *Fabricantes*, puesto que ambos números de teléfono nunca coincidirán.
>
> Por el contrario, en una tabla puede haber el campo *Marca* y en otra el campo *Fabricante* (nombres distintos) cuyos datos sí que pueden coincidir y, por tanto, sí que pueden ser buenos candidatos para crear una relación entre ambas tablas.

Al arrastrar, pues, un campo de una tabla para relacionarlo con otro, se obtiene un cuadro de diálogo que también aparece cuando se activa la opción **Editar relación** del menú **Relaciones**:

> La opción **Editar relación** sólo estará disponible si antes se selecciona una relación (la línea que une los dos campos relacionados). Para seleccionar una relación, simplemente haga clic sobre la flecha que une ambos campos.

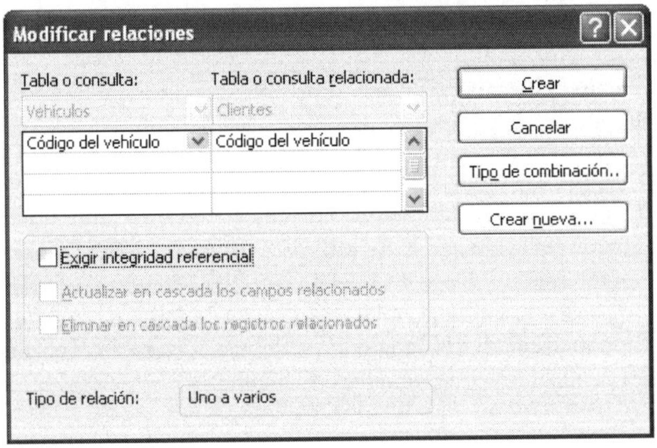

Las funciones más importantes de este cuadro de diálogo son las siguientes:

- La lista **Tabla o Consulta** muestra la tabla o la consulta con el campo que se eligió para la relación.
- La lista **Tabla o Consulta relacionada** muestra la tabla o tablas con el campo que se eligió para relacionar.
- Active la casilla **Exigir integridad referencial** si desea que Access compruebe que la relación sigue siendo válida cuando se añada o modifique algún dato implicado en una relación. Si se activa esta casilla, también se podrá activar **Actualizar en cascada los campos relacionados** (que actualizará los datos de las tablas relacionadas automáticamente cuando se realice un cambio en el dato de la clave principal) y **Eliminar en cascada los registros relacionados** (que borrará de las tablas aquellos registros relacionados con la principal cuando en ésta se

borre un dato de la relación). Para poder aplicar la integridad referencial, uno de los dos campos que se relacionen deberá ser clave.

Por ejemplo, suponga que dispone de las tablas **Clientes** y **Pedidos** en una base de datos. Si están relacionadas, la casilla **Eliminar en cascada los registros relacionados** puede resultar útil si se elimina un cliente de la tabla, ya que Access se encargará de borrar automáticamente todos sus pedidos.

Por otro lado esta casilla puede ser contraproducente (de ahí que sea el usuario el que deba elegir). Por ejemplo, suponga que dispone de las tablas **Películas** y **Distribuidoras** en una base de datos. Si están relacionadas y se ha activado la casilla **Eliminar en cascada los registros relacionados**, al borrar una distribuidora se borrarían automáticamente todos sus registros (sus películas). En este caso no interesa ya que en un videoclub seguimos disponiendo de todas las películas (y por tanto no deben ser eliminadas) a pesar de que su distribuidora haya desaparecido (o simplemente la hayamos eliminado de la lista).

A pesar de todo, siempre que vaya a eliminar un registro relacionado con otros, Access le advertirá primero con un cuadro de diálogo acerca de lo que puede suceder.

- El dato **Tipo de relación** mostrará qué clase de relación hay entre ambos campos de las tablas.

  a) **Uno a varios**. Este tipo de relación existe cuando se relaciona un campo clave de una tabla con otro campo de otra tabla que no lo es: un dato de una tabla puede coincidir con varios de otra. Por ejemplo, un código de vehículo es único en la tabla de vehículos (porque sólo un modelo de coche tiene ese código), mientras que en la tabla de clientes puede haber varios con ese código (debido a que hayan comprado el mismo tipo de coche).

  b) **Uno a uno**. Se produce cuando un campo clave de una tabla está relacionado con un campo clave de otra: un dato de una tabla coincide sólo con uno de la otra tabla. Existen pocos casos en los que haya relaciones de este tipo.

  c) **Indeterminado** (varios a varios). Se produce cuando un campo no clave de una tabla está relacionado con un campo no clave de otra: un dato de una tabla coincide con varios de otra y un dato de esa otra coincide con varios de la primera.

- El botón [Tipo de combinación...] permite establecer qué clase de relación existirá entre los campos relacionados de ambas tablas. Por ejemplo, puede definirse la relación sólo cuando los datos de un campo coincidan con los de su campo relacionado en la otra tabla.

- Una vez que haya establecido todos los datos necesarios, pulsaremos el botón [Crear nueva...], que creará definitivamente la relación entre ambas tablas.

Cuando se ha creado una relación entre dos tablas, la ventana de **Relaciones** muestra una línea que une los campos que están relacionados:

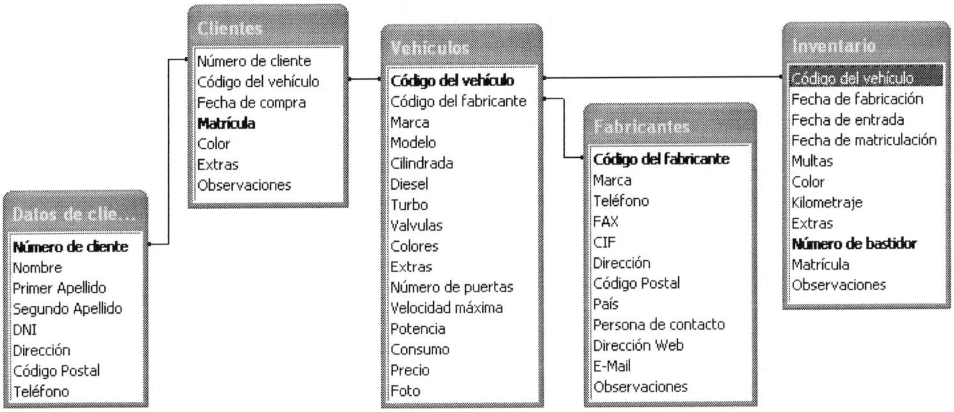

OjO

Si se empleó la función que exige la integridad referencial, las líneas mostrarán, además, los tipos de relaciones: uno a uno o uno a varios. Para ello, escribe un número 1 (para representar uno) y el símbolo infinito (para representar varios).

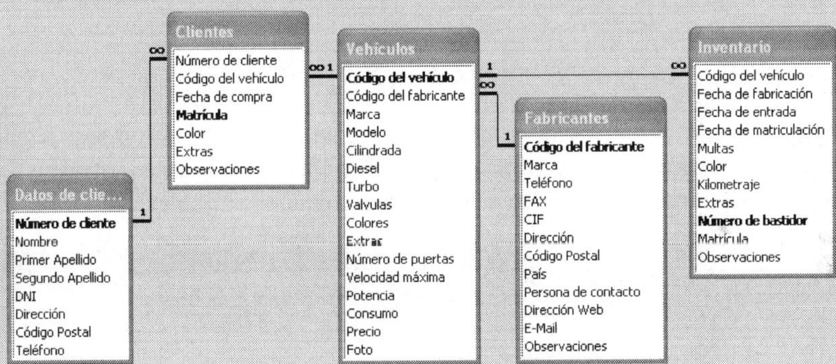

3. Pueden verse las relaciones entre tablas con los botones (**Mostrar relaciones directas**) y (**Mostrar todas las relaciones**), o bien utilizando las opciones **Mostrar directas** y **Mostrar todas** respectivamente en el menú **Relaciones**.

Cuando acabe de crear las relaciones cierre la ventana, ante lo cual, Access le preguntará si desea grabar las relaciones mediante un cuadro de diálogo en el que deberemos responder afirmativamente.

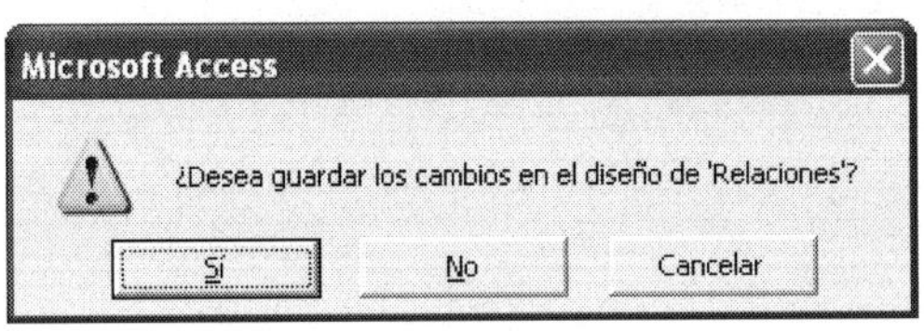

Modificar y eliminar relaciones

Si necesita modificar una relación deberá hacer doble clic en la línea que une los campos de dicha relación (o hacer clic en la línea para seleccionarla —con lo que aparecerá más gruesa— y seleccionar **Modificar relación** en el menú **Relaciones**). En ese caso, aparecerá el mismo cuadro de diálogo que utilizamos para crear la relación, aunque con los datos que hemos establecido al crearla:

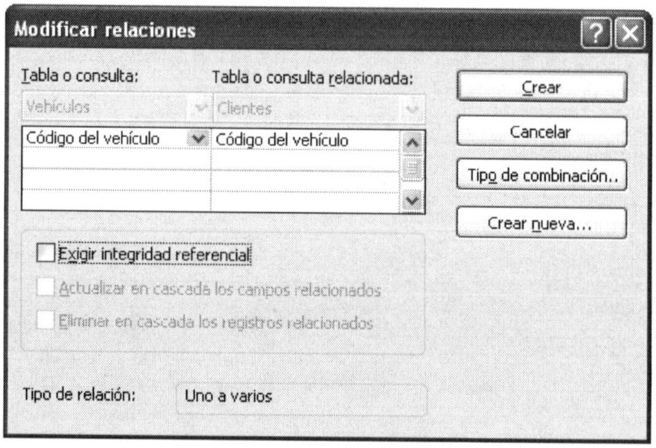

Una vez que esté en el cuadro puede modificar su contenido según convenga.

Si lo que necesita es borrar una relación entre dos campos, haga clic en la línea que los une y pulse la tecla **SUPR** (o seleccione **Eliminar** en el menú **Edición**). Access solicitará confirmación antes de borrar definitivamente la relación:

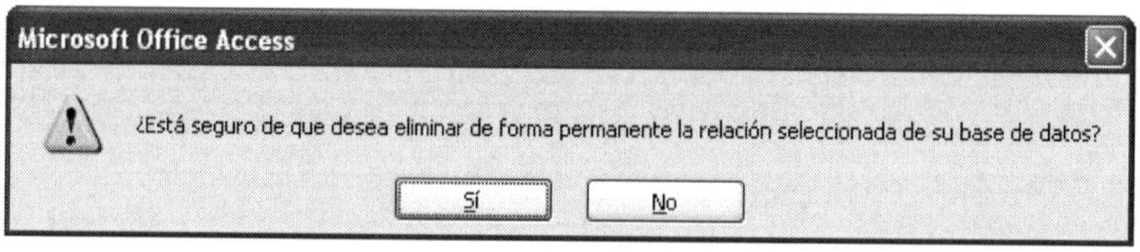

CAPÍTULO 23

CONSULTAS CON ACCESS

Tres de los elementos fundamentales de las bases de datos de Access son las consultas, los formularios y los informes.

En este apartado vamos a ver la creación y el manejo de los tres. Estos elementos resultan, por otra parte, muy útiles, ya que son herramientas que, de no existir por sí mismas, deberían ser creadas por nosotros, lo cual haría que su empleo fuese mucho más pesado y difícil.

CONSULTAS

Las consultas se emplean para separar ciertos datos pertenecientes a las tablas con el fin de mostrar información concreta. Las tablas representan los datos en bruto y las consultas permiten seleccionar información específica de dichas tablas.

Así, se puede preguntar sobre datos repetidos en la tabla, cuántos registros cumplen un determinado criterio (o condición), etc. Todo ello puede detallarse al máximo, de modo que obtenemos como resultado una tabla que contiene el resultado de nuestra pregunta.

Por ejemplo, si preguntáramos cuántos registros contienen el apellido *Pérez*, el resultado sería una tabla que contendría todos ellos.

Todo esto, además, puede ser simplificado gracias a que las consultas se realizan siguiendo el sistema QBE (Query By Example = Consulta Mediante Ejemplo), en el cual, para obtener un resultado, no hemos de utilizar datos teóricos, sino utilizar uno de los mismos datos de la tabla (un ejemplo) para llevar a cabo la consulta.

Por otro lado, las consultas se actualizan automáticamente, de modo que, una vez que tenga una consulta terminada, al modificar datos en cualquier tabla que afecte a esa consulta, ésta cambiará por sí sola.

Consultas con el Asistente

Como para las tablas, y otros elementos de bases de datos, Access proporciona un asistente para crear consultas. Seguiremos los pasos para la creación de consultas, si bien hemos de decir que existen varios tipos de ellas. Vamos a seguir un tipo de consulta muy sencillo y dejaremos que usted investigue el resto, ya que los demás son realmente parecidos al que vamos a exponer a continuación.

Para empezar, si se desea crear una consulta nueva, sea del tipo que sea, será necesario pulsar el botón Consultas en la ventana de base de datos. Luego, para crear la consulta tenemos dos posibilidades dependiendo de si vamos a crear una consulta manualmente o si emplearemos el asistente. Para ello, pulsaremos el botón Nuevo que aparece en la ventana de base de datos.

Al hacerlo, obtendremos un cuadro de diálogo en el que se nos preguntará cómo deseamos crear la consulta:

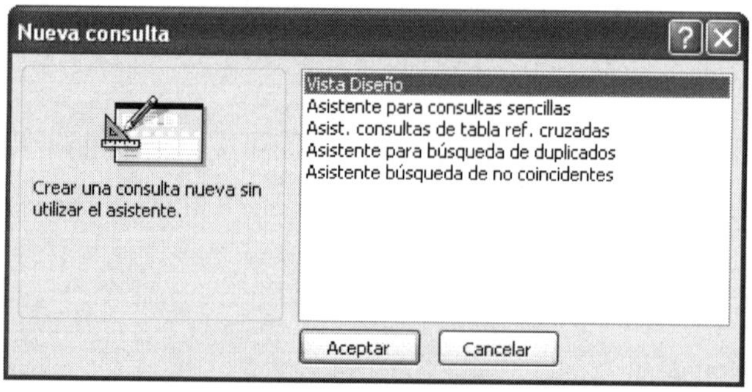

Existen cuatro asistentes para crear consultas, ya que como, hemos dicho, existen varios tipos de consultas en Access (la opción **Vista Diseño** no lleva a un asistente). Por tanto, debemos establecer qué asistente vamos a utilizar.

Como decíamos, nosotros vamos a seguir el **Asistente para búsqueda de duplicados**. Los demás asistentes funcionan de forma similar y le invitamos a que los estudie, después del que vamos a ofrecer aquí como ejemplo. No obstante, el modo más completo para crear una consulta es el modo **Vista Diseño**, que no tiene asistente puesto que con él debemos crear la consulta a mano. De eso hablaremos después, en el apartado ***Consultas en modo Vista Diseño*** de este mismo capítulo.

La consulta que vamos a ejecutar tiene como finalidad encontrar datos repetidos (si los hay) en una tabla. El resultado es una nueva tabla cuyo contenido lo constituyen exclusivamente aquellos registros que se repiten, más un campo especial que añade Access indicando el número de veces que lo hacen.

Elegiremos pues con el ratón el tipo de **Asistente para búsqueda de duplicados** y, al pulsar el botón [Aceptar], obtenemos el primer paso del asistente para la mencionada consulta. Éste es su aspecto:

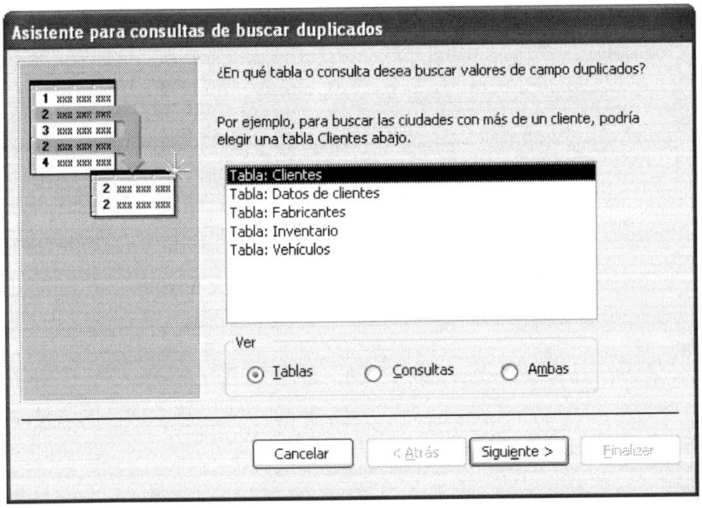

1. La lista del cuadro muestra una relación con todas las tablas y consultas existentes en la base de datos. Debemos elegir una tabla o consulta de ella sobre la que ejecutaremos la nueva consulta.

2. La lista muestra su contenido dependiendo de si activamos el botón **Tablas** (que sólo muestra las tablas en la lista), el botón **Consultas** (que únicamente muestra las consultas en la lista), o bien **Ambas** (que muestra tablas y consultas en la lista).

Después de elegir la tabla o consulta, y pulsar el botón [Siguiente >], obtendremos el segundo paso para la creación de la consulta:

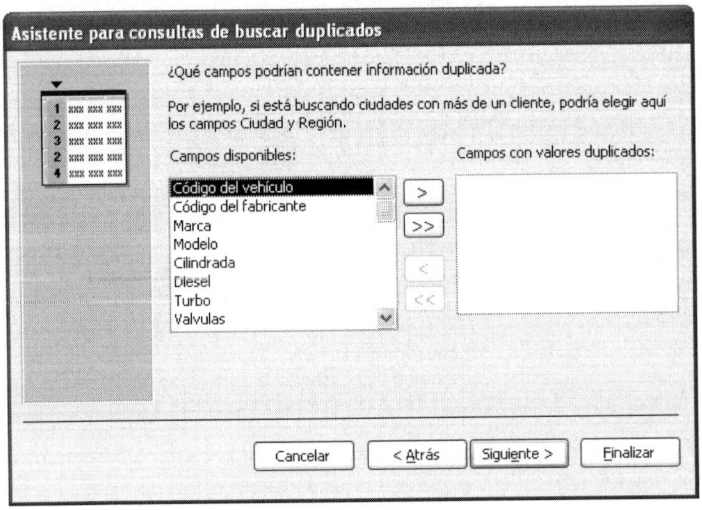

- En este paso debemos establecer cuáles son los campos sobre los que deseamos saber si están duplicados. Bastará con elegirlos, seleccionándolos y pulsando los botones que hay a su derecha:

  1. [>]. Añade un campo de la lista de **Campos disponibles** a la lista de **Campos con valores duplicados**. Para ello, elija primero el campo en la lista. Hasta que no añada al menos un campo a este cuadro, no podrá pasar al siguiente paso.

  2. [>>]. Incorpora todos los **Campos disponibles** a **Campos con valores duplicados**.

  3. [<]. Elimina un campo de la lista de **Campos con valores duplicados**. Para ello, elija el campo de esta lista que desea eliminar y luego pulse el botón.

  4. [<<]. Elimina todos los campos de la lista de **Campos con valores duplicados**.

Ojo

Existen ciertos campos en los que no interesa buscar duplicados, por lo que es recomendable que los deje fuera de la lista **Campos con valores duplicados**:

1. Los campos de tipo **Sí/No** se repiten constantemente puesto que sólo pueden contener el dato **Sí** o el dato **No**.

2. Los campos clave, los **Indexados** con la propiedad **Sí (Sin duplicados)** y los de tipo **Autonúmerico** no se repiten nunca, por lo que no pueden estar duplicados.

3. Los campos de tipo **Objeto OLE** pueden contener valores duplicados, pero muy raramente.

Una vez elegidos los campos que se suponen duplicados, pulsaremos el botón [Siguiente >] para pasar al próximo paso del asistente, cuyo aspecto es éste:

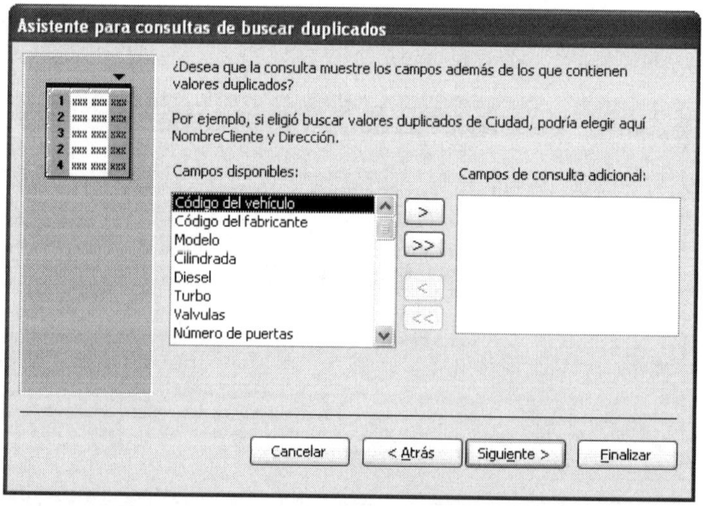

Mediante este paso podremos indicar qué campos aparecerán al terminar la consulta, además, naturalmente, de aquellos que estén duplicados.

- Haga un clic sobre aquellos campos que desee obtener, aparte de los resultados. Puede usar estos botones:

  1. [>]. Añade un campo de la lista de **Campos disponibles** a la lista de **Campos de consulta adicional**. Para ello, elija primero el campo en la lista. Hasta que no añada al menos un campo a este cuadro, no podrá pasar al siguiente paso.

  2. [>>]. Este botón incorpora todos los **Campos disponibles** a la lista de **Campos de consulta adicional**.

  3. [<]. Elimina un campo de la lista de **Campos de consulta adicional**. Para ello, elija el campo de esta lista que desea eliminar y luego pulse el botón.

  4. [<<]. Elimina todos los campos de la lista de **Campos de consulta adicional**.

Cuando haya elegido los campos, haga clic sobre el botón [Siguiente >] para acceder al último paso del asistente, que presentará este aspecto:

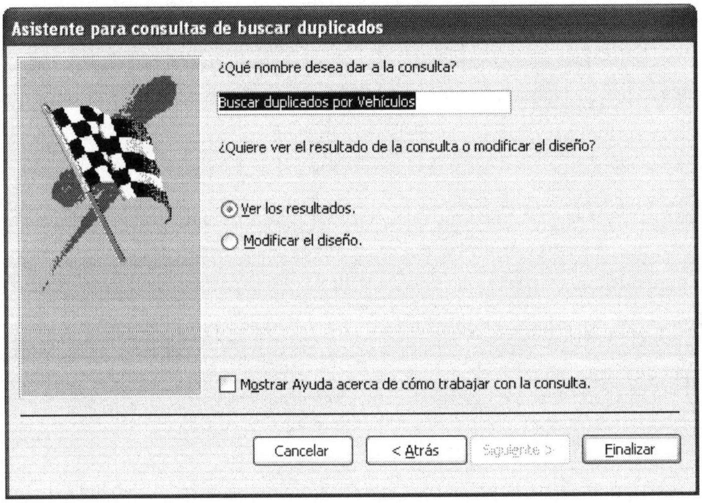

1. En este último paso del asistente debemos, para empezar, asignarle un nombre a la consulta, para lo que utilizaremos el campo **¿Qué nombre desea dar a la consulta?**

2. Después, podemos activar el botón **Ver los resultados**, de modo que obtendremos el resultado en la pantalla en forma de tabla.

3. También podremos alterar la consulta sin asistente una vez terminada, activando el botón de opción **Modificar el diseño**.

4. Si desea más información sobre la creación y modificación de consultas, puede activar el botón **Mostrar Ayuda acerca de cómo trabajar con la consulta** que muestra una ayuda sobre este tema.

5. Al pulsar el botón [Finalizar], obtendremos el resultado de la consulta.

Consultas en modo Vista Diseño

A pesar de la buena intención de los asistentes, no podremos crear cualquier consulta con ellos, por lo que existe otro modo de crear consultas manualmente utilizando ejemplos (recuerde QBE = Consulta mediante ejemplo).

Una vez pulsado el botón Consultas en la ventana de base de datos, pulse el botón Nuevo. Obtendrá un cuadro de diálogo:

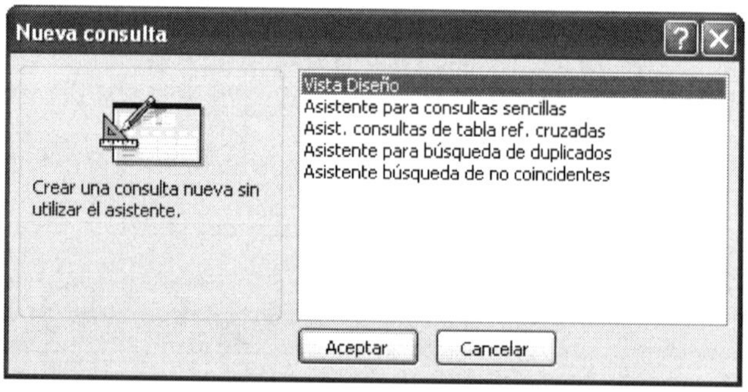

Elija **Vista Diseño**.

Access nos ofrecerá dos nuevas ventanas superpuestas:

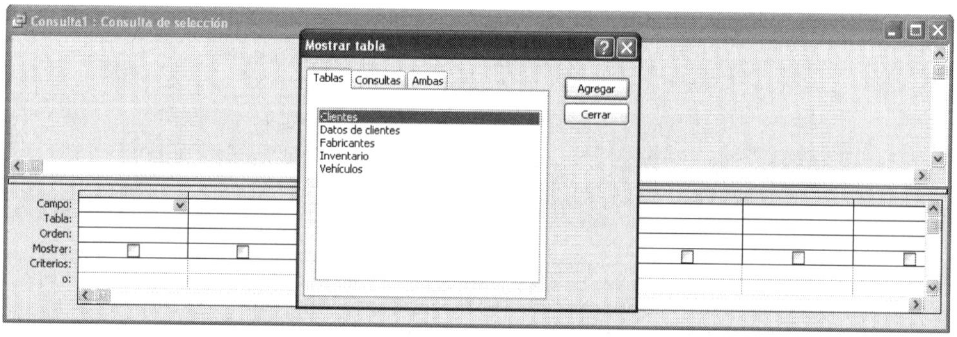

Para crear la consulta, deberá elegir qué tablas (u otras consultas) va a utilizar. Así deberá elegirlas en la lista, pulsando el botón Agregar según las vaya eligiendo. Debe elegir la tabla correcta pues de lo contrario, obtendrá datos que no necesita.

Vamos a poner un ejemplo, si buscamos datos relativos a un automóvil (vea la figura anterior), deberíamos seleccionar *Vehículos* puesto que *Clientes* nos ofrecerá información sobre personas, *Fabricantes* sobre empresas e *Inventario* sobre el almacén.

Puede seleccionar más de una tabla pulsando para cada una el botón Agregar; sin embargo, el resultado de una consulta que contiene varias tablas sólo tendrá coherencia si esas tablas están relacionadas, en cuyo caso, aparecerán ambas tablas mostrando la relación entre ellas.

Cuando haya elegido las consultas, pulse el botón Cerrar para definir los términos de la consulta. Esto le llevará a la tabla que puede ver de fondo en la figura, con las tablas elegidas:

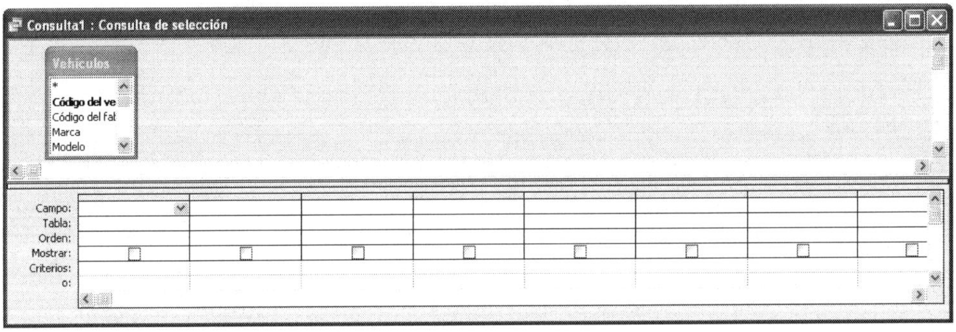

Observe que las tablas elegidas se muestran en una ventanita:

Haga un doble clic en cada campo que desee que aparezca en la consulta (recuerde que cuando termine, la consulta mostrará ciertos campos, por lo que ahora es el momento de elegir cuáles). Si tiene que aparecer todos los campos, haga doble clic en el asterisco (*). Cada campo que elija, irá apareciendo en una nueva columna en la parte inferior de la ventana de la consulta.

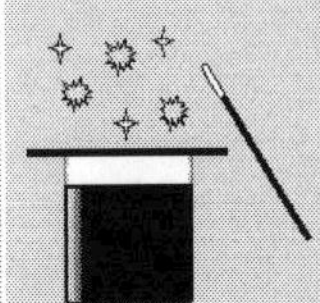

Si necesita utilizar varios campos en la consulta, puede ir haciendo doble clic en cada uno de ellos, aunque resulta algo pesado, sobre todo si son muchos los campos en cuestión. Existe un modo de conseguirlo con mayor comodidad:

1. Si se trata de varios campos que están contiguos en la lista, haga clic sobre el primero que desea seleccionar y, manteniendo pulsada la tecla de **MAYÚSCULAS**, haga clic sobre el último: todos los que se encuentren entre ambos campos quedarán seleccionados.
2. Si se trata de varios campos que están salteados en la lista, haga clic sobre esos campos manteniendo pulsada la tecla de **CONTROL** (o **CTRL**).

Una vez que haya seleccionado los campos, arrástrelos hasta la primera columna libre de la parte inferior de la ventana de la consulta. Podrá ver que cada campo se coloca automáticamente en una columna.

Si dejáramos la consulta con esos datos, aparecerían todos los registros; pero la consulta está para que pongamos una condición que limite los datos que aparecerán como resultado (los individuos mayores de edad, los que viven en una determinada ciudad, etc.), eliminando del resultado los datos que no cumplan esa condición. Veamos un ejemplo. En la tabla de vehículos, hagamos un doble clic sobre el asterisco para mostrar todos los campos (de la tabla de *Vehículos*) en el resultado:

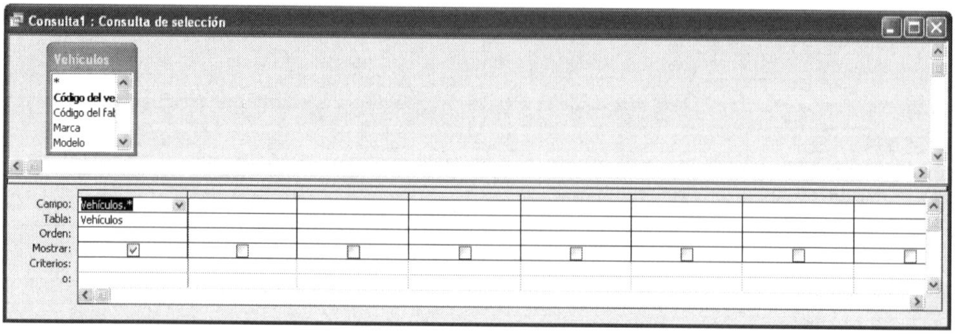

Como puede observar en el panel inferior, la lista **Campo** muestra el nombre de la tabla indicando que el resultado debe contener todos sus datos (**Vehículos.***). Si despliega esa lista, podrá elegir otro campo (por ejemplo, si se equivocó al elegir **Vehículos.***). Sin embargo, aún falta poner la condición. Supongamos que deseamos ver, en la consulta, únicamente los vehículos de motor Diesel. Entonces, deberemos seleccionar el campo **Diesel** para indicarlo, por lo que volveremos a ir a la ventanita que contiene la tabla en el panel superior, buscaremos el campo **Diesel** y haremos doble clic sobre él. Éste aparecerá junto a **Vehículos.***:

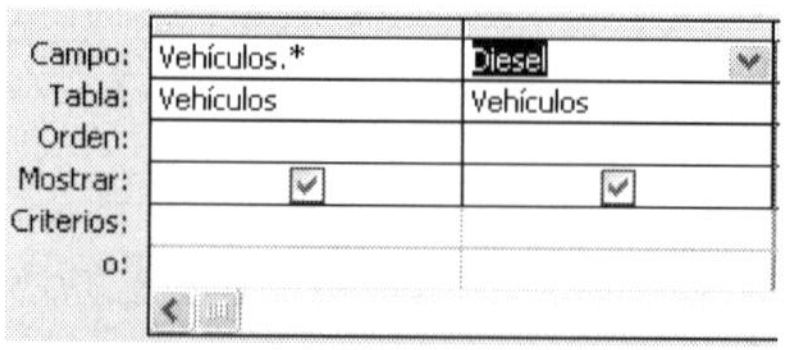

El campo **Diesel** no debe mostrarse, puesto que al haber seleccionado antes el asterisco (*) ya van a aparecer todos (incluyendo, por tanto, **Diesel**), lo que significa que si ahora también lo mostramos, aparecerá dos veces. Por tanto, en la segunda columna, desactivaremos la casilla **Mostrar** para que **Diesel** sólo se vea una vez en el resultado de la consulta.

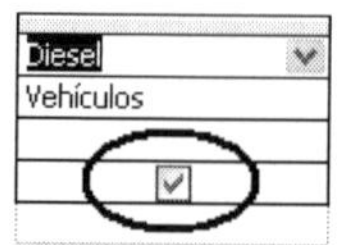

Para terminar, falta indicar la condición, para lo cual, utilizaremos el dato **Criterios** (de la segunda columna, que pertenece a **Diesel**). Puesto que el campo **Diesel** es de tipo **Sí/No**, y deseamos ver aquellos que sí tengan el motor Diesel, escribiremos **=Sí** (no olvide la tilde).

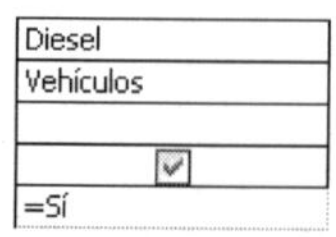

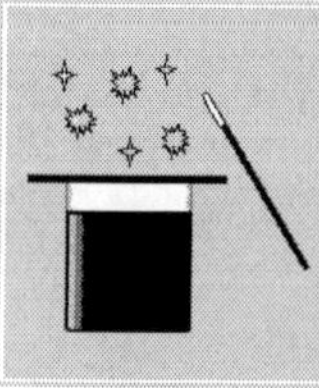

Si el resultado de una consulta debe aparecer ordenado alfabéticamente o numéricamente, emplee la lista desplegable **Orden** (sobre el cuadro **Mostrar**) eligiendo **Ascendente** para que la ordenación se realice de la A a la Z (o de menor a mayor para casos numéricos), o bien, **Descendente**, de la Z a la A (o de mayor a menor).

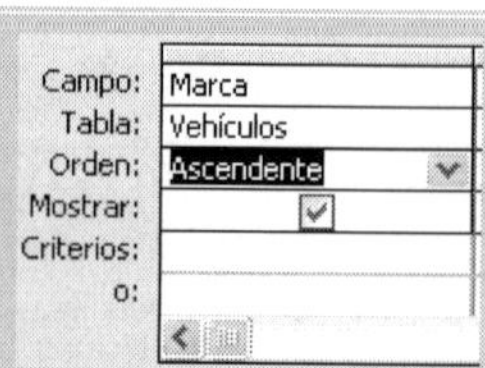

Cuando se termina una consulta, se debe cerrar la ventana en la que la hemos diseñado. Entonces, Access preguntará si deseamos grabarla en el disco y, si respondemos afirmativamente, nos pedirá que pongamos nombre a la consulta mediante el siguiente cuadro de diálogo:

Ojo Las consultas se actualizan automáticamente, es decir, su resultado cambiará si la tabla de la que depende cambia previamente. Así, tanto si añadimos o eliminamos como si modificamos datos de la tabla original, su consulta verá alterado su resultado.

Puede ver el resultado de una consulta desde la ventana de base de datos haciendo clic sobre el botón [Consultas] (lo que no será necesario si ya está pulsado), seleccionando la consulta en la lista y pulsando el botón [Abrir].

Existen varios tipos de consultas que puede ver en el menú **Consulta**. Los registros que ofrece la consulta como resultado son siempre los mismos; sin embargo, lo que varía es lo que Access haga con esos datos resultantes.

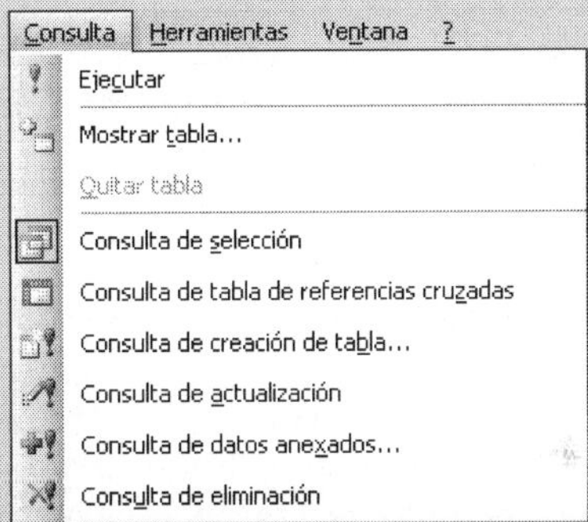

1. **Consulta de selección**. Son del tipo que hemos visto hasta ahora: ofrece como resultado una lista de registros que coincida con el criterio de búsqueda.
2. **Consulta de tabla de referencias cruzadas**. Se utilizan para hacer un cálculo empleando datos numéricos de ambas tablas y reunirlos en un resultado.
3. **Consulta de creación de tabla**. Se utiliza para crear una nueva tabla cuyo contenido esté formado por el resultado de la consulta. Preguntará el nombre de la nueva tabla.
4. **Consulta de actualización**. Se utiliza para cambiar datos de una tabla automáticamente según el resultado de una consulta. Por ejemplo, podríamos incrementar el valor de un campo en una tabla mediante un cálculo.
5. **Consulta de datos anexados**. Se utiliza para añadir datos a una tabla. Los datos a añadir son los que forman el resultado de la consulta. Pedirá el nombre de la tabla en la que vamos a añadir los datos.
6. **Consulta de eliminación**. Borra datos de una tabla. Los datos que elimina son los que coincidan con lo que ha aparecido como resultado de la consulta.

Antes de salir de la consulta, puede ejecutarla para ver su resultado antes de grabarla. Para ello, pulse el botón [!] de la barra de herramientas, o bien, seleccionando la opción **Ejecutar** del menú **Consulta**. Si así lo hace, podrá volver al modo de edición para seguir trabajando con ella pulsando el botón [ ] que podrá ver en la barra de herramientas.

En el ejemplo anterior sobre vehículos Diesel hemos tecleado el dato **Sí** sin más. No obstante, otros tipos de datos no pueden (o mejor dicho no deben) escribirse sin más:

1. Los datos de tipo **Texto**, **Memo** e **Hipervínculo** deben ir entre comillas.

   Criterios: ="Seat"

2. Los datos de tipo **Número**, **Autonumérico** y **Moneda** no necesitan nada, pueden teclearse sin más.

   Criterios: =1800

3. Los datos de tipo **Fecha/Hora** deben teclearse entre almohadillas (#).

   Criterios: =#16/02/99#

4. Los datos de tipo **Sí/No** pueden teclearse sin más pero, en el caso de **Sí**, no olvide teclear la tilde.

5. El tipo **Objeto OLE** no puede emplearse como criterio para las consultas.

Ojo

Aunque lo que acabamos de exponer no es estrictamente necesario, puede haber casos especiales en los que, de no hacerlo, la consulta no funcionará o no lo hará correctamente. Por ejemplo, si en un campo *Apellidos* buscamos *Ortega y Gasset* debemos teclear las comillas, puesto que si no lo hacemos, Access las pondrá como *"Ortega" y "Gasset"* en lugar de *"Ortega y Gasset"*.

Esto es debido a que la letra **Y** tiene una función especial en Access como vamos a ver en un momento.

Por otro lado, aunque Access añade automáticamente el operador igual que (=) para la condición (en el ejemplo para los vehículos diesel, **=Sí**), pueden utilizarse otros operadores:

= (igual que. Véase el ejemplo anterior sobre vehículos diesel)

< (menor que)

Campo:	Precio
Tabla:	Vehículos
Orden:	
Mostrar:	☑
Criterios:	<1900000
o:	

Precio menor que 1.900.000

Campo:	Primer Apellido
Tabla:	Clientes
Orden:	
Mostrar:	☑
Criterios:	<"Pérez"
o:	

Primeros apellidos que, por orden alfabético, estén antes que Pérez

Campo:	Fecha de compra
Tabla:	Clientes
Orden:	
Mostrar:	☑
Criterios:	<#16/02/99#
o:	

Fecha de compra anterior al 16 de febrero de 1999

> (mayor que)

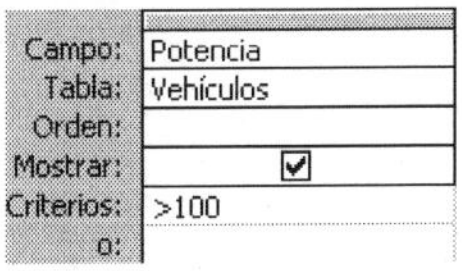

Potencia superior a 100 caballos

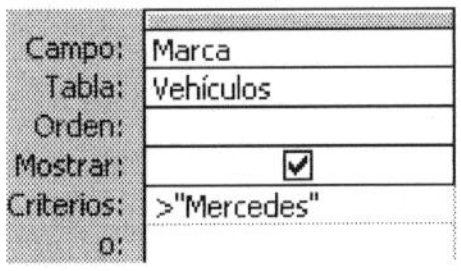

Marcas que, por orden alfabético, estén después de Mercedes

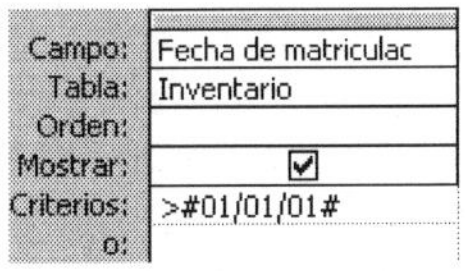

Fecha de matriculación posterior al 1 de enero de 2001

<= (menor o igual que)

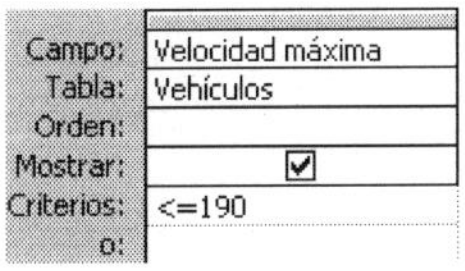

Velocidad máxima hasta 190 (incluidos): menor o igual que 190

>= (mayor o igual que)

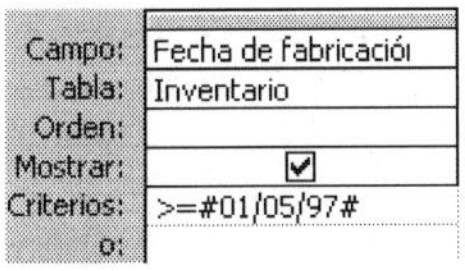

Fecha de fabricación a partir del 1 de mayo de 1997 (incluido)

<> (distinto que)

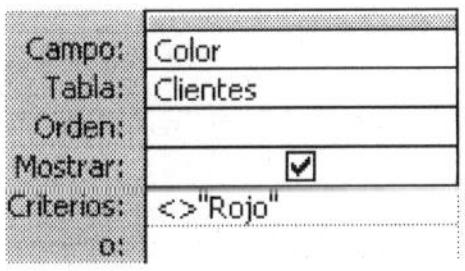

Todos los colores excepto el Rojo

Aparte de estos operadores de comparación, podemos teclear otras expresiones en los criterios de las consultas:

Es Nulo (buscar datos vacíos)

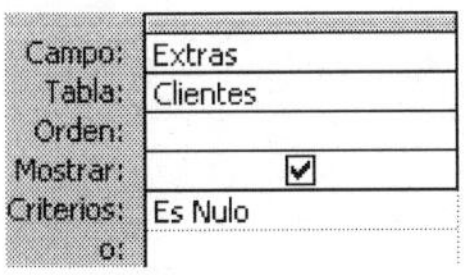

Clientes cuyo vehículo no tenga extras

Es Negado Nulo (buscar campos que contengan datos sean cuales sean)

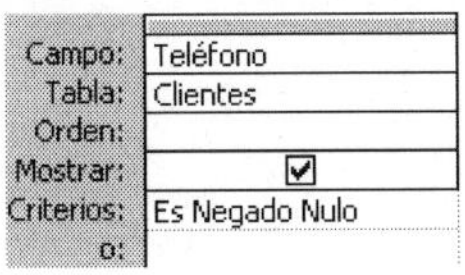

Clientes que tengan teléfono

Como "xxx*" (que comiencen por *xxx*; sólo para texto, memo e hipervínculo)

Campo:	Marca
Tabla:	Vehículos
Orden:	
Mostrar:	☑
Criterios:	Como "S*"
o:	

*Vehículos cuya marca comience por **S***

Como "*xxx" (que terminen en *xxx*; sólo para texto, memo e hipervínculo)

Campo:	Primer Apellido
Tabla:	Clientes
Orden:	
Mostrar:	☑
Criterios:	Como "*ez"
o:	

*Clientes cuyo primer apellido termine en **ez***

Como "*xxx*" (que contengan *xxx*; sólo para texto, memo e hipervínculo)

Campo:	Colores
Tabla:	Vehículos
Orden:	
Mostrar:	☑
Criterios:	Como "*blanco*"
o:	

Vehículos entre cuya gama de colores figure el blanco

Entre (que su valor oscile entre uno de dos datos; sólo funcionará en consultas cuyo criterio incluya datos de los tipos numéricos y de fecha/hora)

Campo:	Precio
Tabla:	Vehículos
Orden:	
Mostrar:	☑
Criterios:	Entre 9000 Y 12000
o:	

Vehículos cuyo precio oscile entre 9.000 y 12.000 €

Campo:	Fecha de fabricación
Tabla:	Inventario
Orden:	
Mostrar:	☑
Criterios:	Entre #01/01/1998# Y Fecha()
o:	

Vehículos fabricados entre el 1/1/98 y la fecha actual

[Pregunta] (con el fin de que el sistema solicite un dato antes de ejecutar la consulta. Resulta muy práctico para que la consulta se adapte al dato que se solicita, en lugar de ofrecer el resultado basándose siempre en el mismo dato. Este tipo recibe el nombre de **consulta de parámetros**)

Campo:	Marca
Tabla:	Vehículos
Orden:	
Mostrar:	☑
Criterios:	[¿Qué marca busca?]
o:	

Que nos pregunte la marca antes de ofrecer el resultado

Ojo

Recuerde **no** teclear entre los corchetes solamente el mismo nombre del campo o la pregunta no funcionará.

Delante de los corchetes puede emplear los operadores que vimos antes (=, <, >, <=, >=, <> y *Como*) para mejorar el resultado de la consulta con pregunta. Por ejemplo, si tecleamos **<>[Escriba la marca]** como criterio para el campo *Marca*, obtendremos una lista de los vehículos de todas las marcas excepto la que tecleemos cuando se nos pregunte.

Trabajos matemáticos con consultas

A veces necesitará que Access realice ciertos trabajos sencillos con datos numéricos de su tabla. Este trabajo resulta ciertamente sencillo desde el modo *vista Diseño* de las consultas. En dicho modo, el menú **Ver** ofrece una opción especial para esta tarea denominada **Totales**. Si selecciona esta opción, podrá ver una nueva fila de datos en el panel inferior de la consulta (entre **Tabla** y **Orden**):

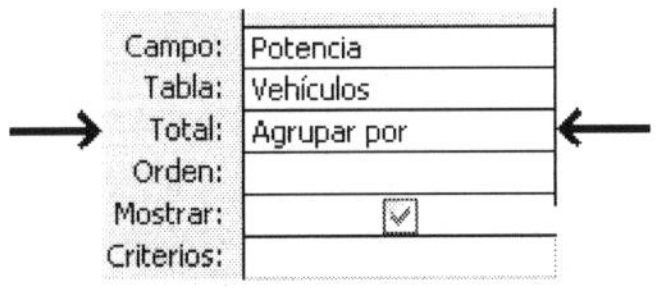

El cuadro que ofrece esta lista muestra una relación de posibles operaciones sencillas que podrán realizarse con los datos de la tabla (*Suma*, media —aquí llamada *Promedio*—, valor más alto —*Máx*—, valor más bajo —*Mín*—, etc.).

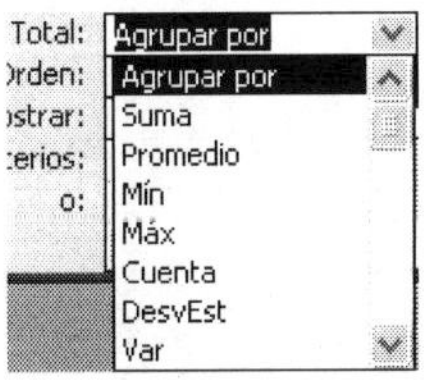

Tan sólo necesitará seleccionar la operación de la lista que desee.

Es necesario emplear la lista **Total** en un campo de tipo numérico (**Número**, **Moneda**, etc.: en el ejemplo de nuestra figura, la *Potencia* del motor de un coche).

Por otra parte, para emplear estos totales, deberá crear una consulta que no ofrezca ningún otro dato que aquel con el que se va a operar.

Si vuelve a elegir **Totales** en el menú **Ver**, la lista **Total** desaparecerá.

Expresiones matemáticas en consultas: campos calculados

Aparte de estas operaciones sencillas que ya ofrece Access programadas en la lista **Total** de las consultas, podremos crear fórmulas nosotros mismos para que la consulta nos ofrezca resultados de acuerdo con dichas fórmulas. Estas fórmulas, en Access, se denominan **Expresiones**.

Una vez que se han añadido a la consulta los campos que se desean mostrar, accedemos a la primera columna libre y teclearemos el nombre de la expresión seguida de dos puntos: este nombre será el encabezado cuando ejecutemos la consulta. Detrás de los dos puntos teclearemos la fórmula teniendo en cuenta que los campos deben teclearse entre corchetes y que disponemos de los siguientes operadores aritméticos:

- \+ para sumas. Ejemplo: [Cantidad]+825
- \- para restas. Ejemplo: [Precio]-[Descuento]
- * para multiplicaciones. Ejemplo: [Precio]*0,16
- / para divisiones. Ejemplo: [Precio]/2
- ^ para realizar potencias. Ejemplo: [Distancia]^2
- () paréntesis: para agrupar operaciones. Ejemplo: ([Precio]+[IVA])/2

Luego, en el criterio podemos establecer una condición. Por ejemplo, si el resultado de esa consulta es mayor que 5.000, con lo que, al ejecutar esa consulta únicamente obtenemos aquellos registros que, al aplicarles la fórmula, da como resultado un valor mayor que 5.000.

En principio Access muestra el resultado de una expresión (al ejecutar la consulta) como un número sin formato (sin separador de miles, o los símbolos monetarios como € o $). Si desea que el resultado se muestre con un mejor aspecto, haga clic con el botón derecho del ratón sobre la expresión de la fórmula: obtendrá un menú en el que deberá elegir **Propiedades**, que ofrecerá un cuadro de diálogo:

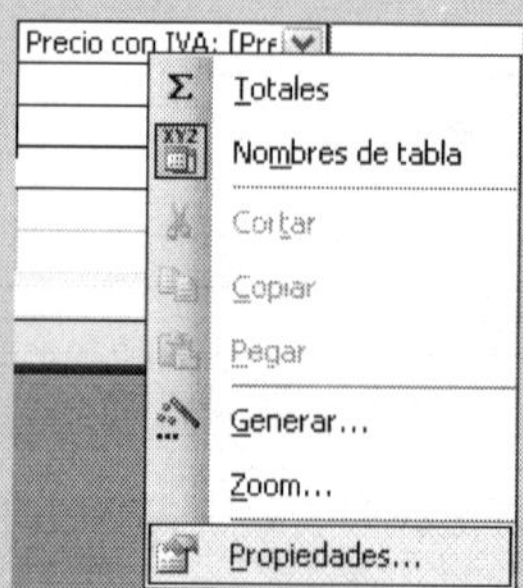

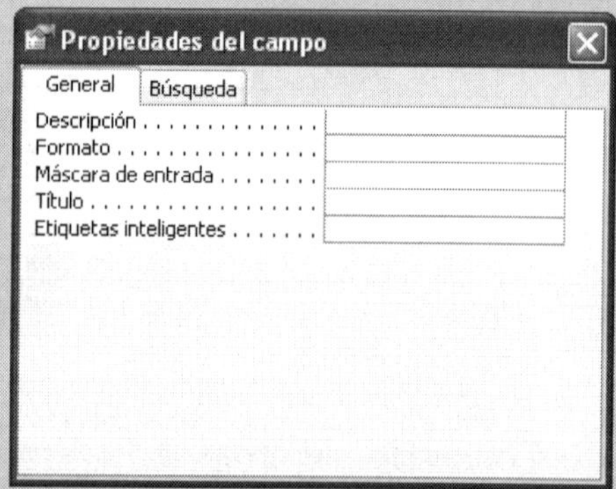

Puede utilizar las opciones de este cuadro para mejorar el aspecto del resultado que calcule la expresión. Por ejemplo, utilice **Formato** para desplegar las opciones que permiten elegir el aspecto numérico de la cifra resultante (como **Moneda** o **Euro**).

Veamos un ejemplo completo. Imaginemos una tabla en la que dispongamos de un campo denominado **Precio**. Aunque no dispongamos de otro que muestre el IVA (o el precio con IVA) podemos crear nosotros una expresión que lo calcule y lo muestre. Para ello, añadiríamos el campo calculado **Precio con IVA:** que escribiríamos en la primera columna libre de la consulta (no olvide los dos puntos, ya que esta sintaxis es la que indica a Access que vamos a crear una expresión). Puede verlo en la primera figura de la página siguiente.

Detrás de los dos puntos teclearemos la fórmula que nos calcule el porcentaje del impuesto IVA añadido al precio en sí del producto, es decir, el precio multiplicado por 16 y dividido por 100 (para calcular el 16%) más el precio (resumido, el precio multiplicado por 1,16). Valdrá cualquiera de las dos expresiones siguientes:

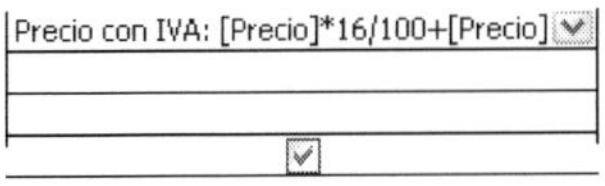

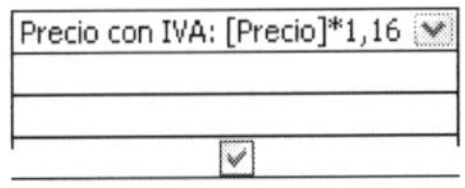

Con esto es suficiente para que la consulta nos muestre como resultado el precio con IVA del producto. Un ejemplo con el resultado:

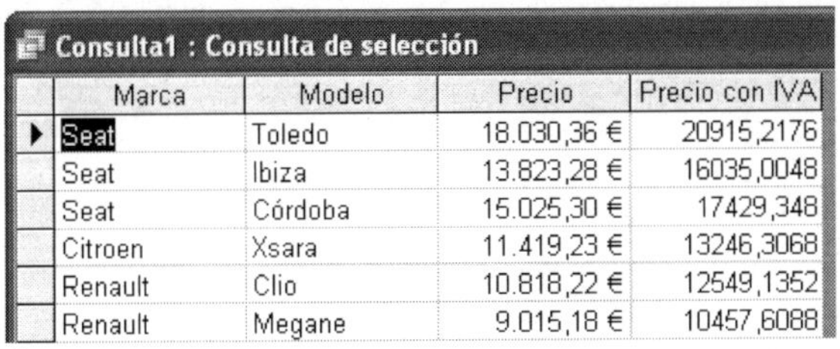

Marca	Modelo	Precio	Precio con IVA
Seat	Toledo	18.030,36 €	20915,2176
Seat	Ibiza	13.823,28 €	16035,0048
Seat	Córdoba	15.025,30 €	17429,348
Citroen	Xsara	11.419,23 €	13246,3068
Renault	Clio	10.818,22 €	12549,1352
Renault	Megane	9.015,18 €	10457,6088

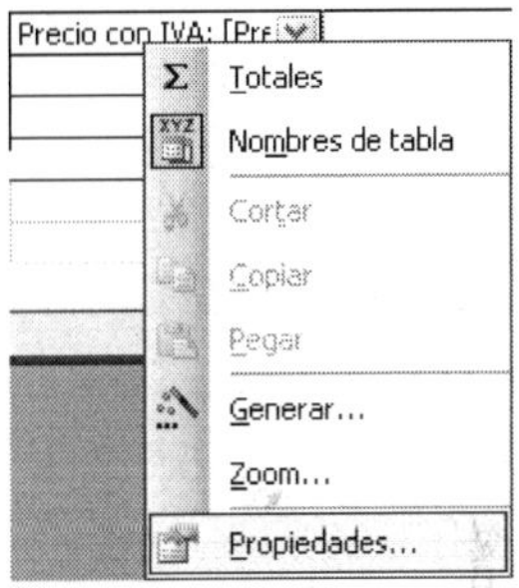

Aún podemos mejorar este resultado haciendo clic con el botón derecho del ratón sobre la expresión que ha escrito y eligiendo **Propiedades** en el menú que aparece (figura junto al margen).

En el cuadro de diálogo que aparece, elegimos **Moneda** en la lista desplegable **Formato** (así aparecerá el símbolo € —o el de la moneda que desee— detrás de cada valor en el resultado).

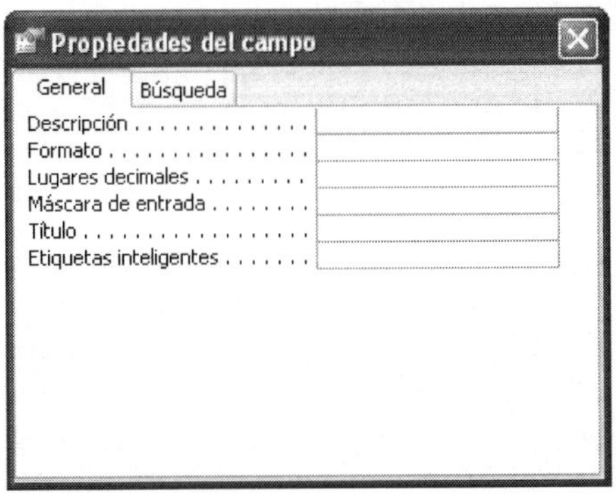

También podemos conseguir que sólo aparezcan los valores que cumplan una condición (escribiéndola en el criterio). Por ejemplo, que sólo aparezcan registros cuyo **Precio con IVA** oscile entre **2.000.000** y **3.000.000**:

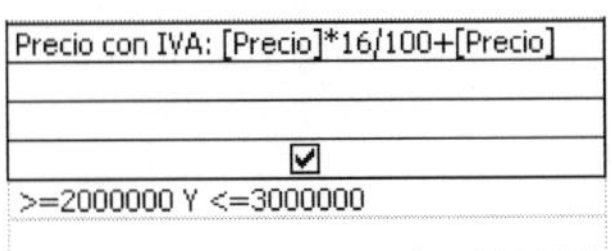

Una última mejora. El IVA es un valor que puede cambiar: si lo desea, puede conseguir que Access le pregunte el porcentaje de IVA antes de mostrar el resultado. Para ello, sustituya el valor 16 que ha tecleado en la expresión por **[IVA]** (no olvide los corchetes).

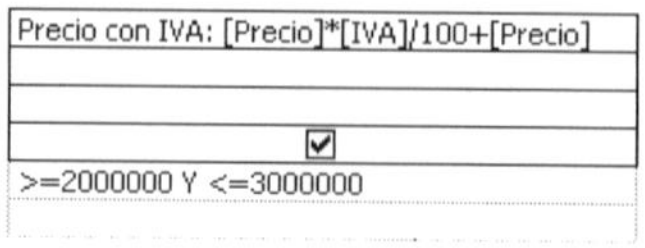

> Ojo
>
> No olvide que lo que escriba entre los corchetes para la pregunta no puede coincidir exactamente con el nombre de otro campo de la tabla. Además, resulta aconsejable que teclee, entre los corchetes, un mensaje lo más aclaratorio posible para evitar que el usuario entienda mal el dato que debe teclear. Por ejemplo:
>
> **[Valor del porcentaje de IVA (sin el símbolo %)]**

Así, Access preguntará al usuario el valor del IVA antes de ofrecer el resultado:

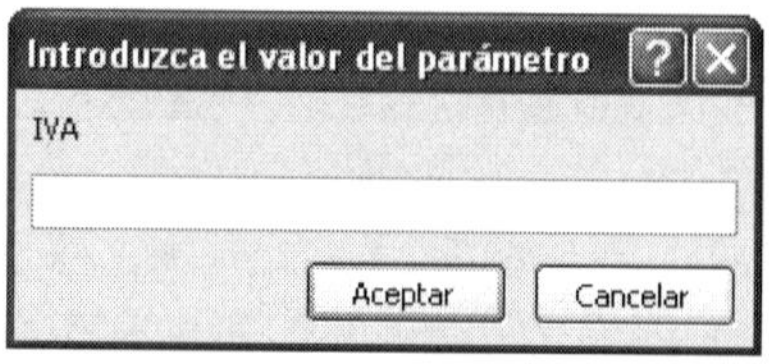

O mejor, tecleando el mensaje más completo entre los corchetes de la pregunta:

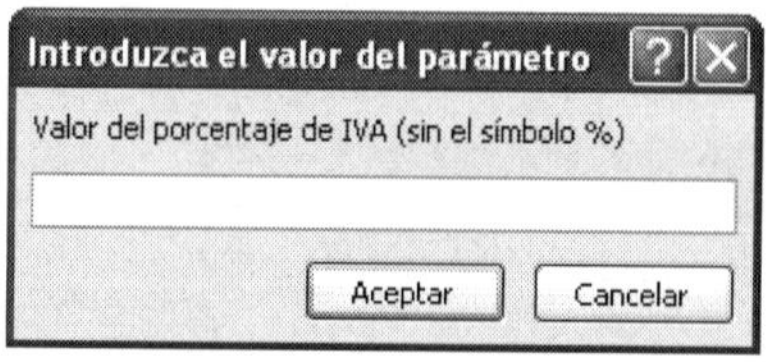

Abrir y modificar consultas

Para obtener el resultado de la consulta, lo más cómodo suele ser utilizar la ventana de base de datos. En ella pulsaremos el botón [Consultas] (lo que no será necesario si ya está pulsado). En la lista aparecerán todas las consultas que existan en la base de datos. Elegiremos una haciendo clic sobre ella y pulsaremos el botón [Abrir].

Si desea modificar una consulta, pulse el botón [Diseño]. Esto le llevará de nuevo a la edición de la consulta en la que podrá cambiar el criterio, el orden de los campos, etc.

> Ojo
>
> El único modo de modificar las consultas es en *vista Diseño*: no existen asistentes que permitan modificar una consulta ya terminada.

CAPÍTULO 24

FORMULARIOS E INFORMES

Los formularios y los informes permiten trabajar más cómodamente con las tablas y consultas. Los primeros porque permiten manejar los datos en pantalla en ventanas que ofrecen una mayor comodidad, tanto para consultar la información como para modificarla, mientras que los segundos ofrecen una sencilla y potente posibilidad de enviar a la impresora la información de las tablas y consultas con un aspecto profesional.

Dedicaremos este capítulo a profundizar en la creación y manejo de ambos elementos.

FORMULARIOS

Como ya hemos dicho anteriormente, los formularios son ventanas de Windows cuya finalidad es actuar como una ficha rellenable para los datos de las tablas. El resultado de la creación de un formulario es que Access permitirá introducir y editar los datos de una tabla de una forma más profesional (en lugar de hacerlo directamente sobre la tabla original). Se trata de algo más parecido a las fichas de un fichero que a escribir los datos directamente sobre la tabla.

La función de los formularios es puramente estética a nivel de usuario, para un manejo más cómodo de los datos. Sin embargo, un programador puede emplear los formularios como base en la que colocar los elementos de sus programas (botones, cuadros de texto, listas, menús, etc.).

Como ocurría en los anteriores elementos descritos, existe un asistente para la creación de formularios. Incluso, con Access, tenemos la posibilidad de crear los denominados **Autoformularios**.

Crear formularios

Vamos a comenzar por describir el asistente para la creación de formularios. Como hacíamos hasta ahora, para crear un formulario, pulsaremos el botón Formula... en la ventana de base de datos y, luego, el botón Nuevo.

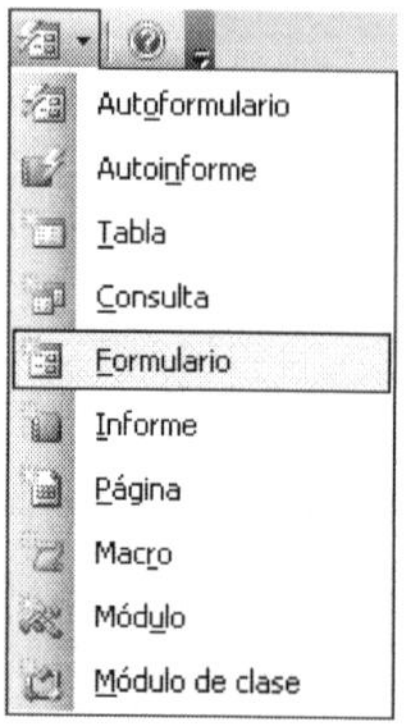

También se pueden crear formularios nuevos desplegando el botón de la barra de herramientas (habiendo accedido antes a la sección de tablas con el botón Tablas y habiendo seleccionado una tabla para hacer con ella el formulario; vea la figura junto al margen).

Al seleccionar **Formulario** obtenemos un cuadro de diálogo para establecer la forma en que definiremos el formulario:

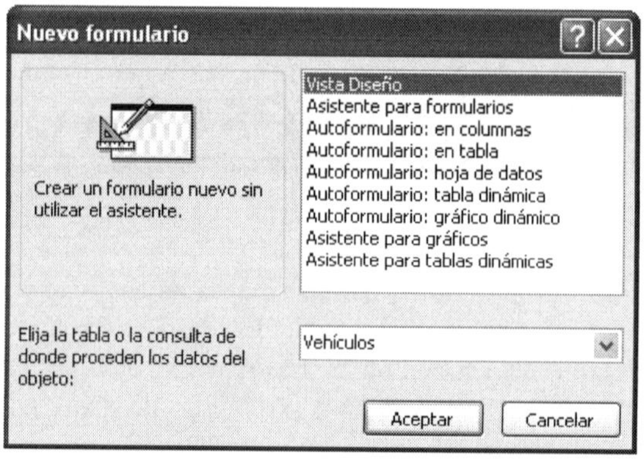

En este cuadro inicial los formularios exigen indicar la tabla o consulta sobre la que vamos a crear el formulario. Para ello, tenemos la lista **Elija la tabla o la consulta de donde proceden los datos del objeto**.

Como podemos ver, también existen varios asistentes para formularios. Como hacíamos antes, vamos a seguir uno para mostrar el procedimiento de trabajo, pero, debido a su utilidad, en apartados posteriores veremos gráficos aplicados a formularios y autoformularios. Por el momento, comencemos con formularios genéricos que nos enseñarán de forma más amplia y son muy sencillos.

Una vez seleccionada la tabla en el cuadro de diálogo, elegiremos la opción **Asistente para formularios** y pulsaremos el botón Aceptar. Obtendrá el cuadro de diálogo que puede ver en la primera figura de la página siguiente:

- Lo primero es establecer qué campos de la tabla o consulta elegida se incorporarán al formulario. Lo normal es añadir todos. Puede, incluso, seleccionar en este paso la tabla o consulta que contiene aquellos campos que desee utilizar. Para ello, utilice la lista **Tablas/Consultas**. Cuando la lista **Campos disponibles** contenga una relación adecuada de campos, utilice los siguientes botones:

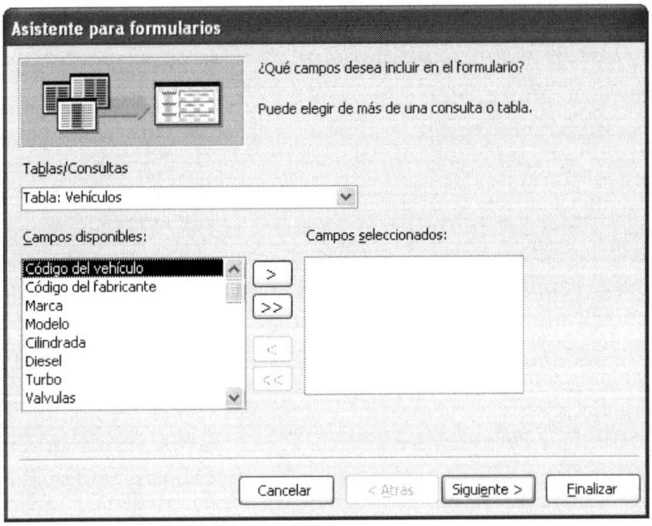

1. [>]. Añade un campo de la lista de **Campos disponibles** a la lista de **Campos seleccionados**. Para ello, elija primero el campo en la lista. Hasta que no añada al menos un campo a este cuadro no podrá pasar al siguiente paso del asistente.

2. [>>]. Incorpora todos los **Campos disponibles** a la lista de **Campos seleccionados**.

3. [<]. Elimina un campo de la lista de **Campos seleccionados**. Para ello, elija el campo de esta lista que desea eliminar y, luego, pulse el botón.

4. [<<]. Elimina todos los campos de la lista de **Campos seleccionados**.

Una vez elegidos los campos para el formulario, pulsaremos el botón [Siguiente >] para pasar al próximo paso del asistente, cuyo aspecto es éste:

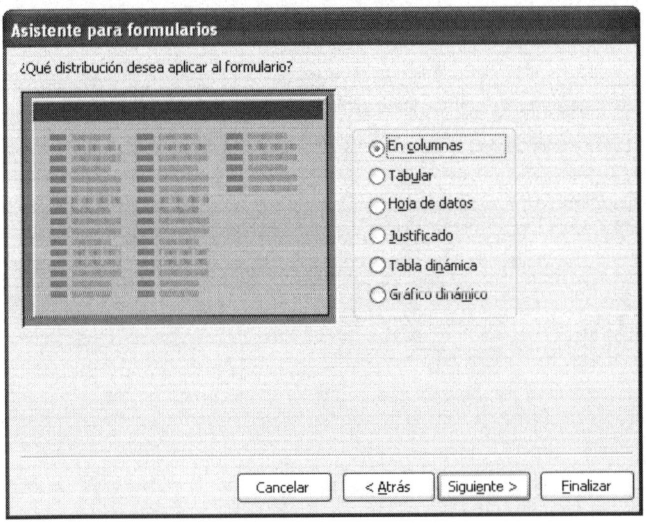

En este paso debe establecer cómo se distribuirán los datos en el formulario. Podrá elegir entre los siguientes:

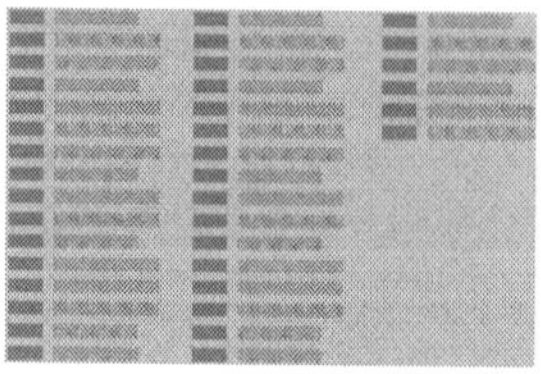

En columnas

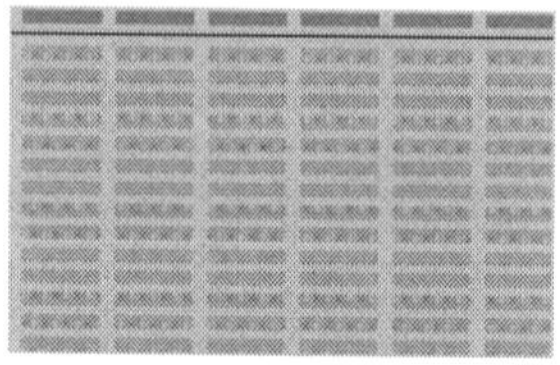

Tabular

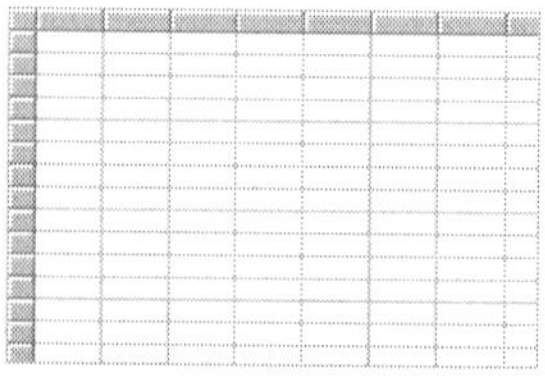

Hoja de datos

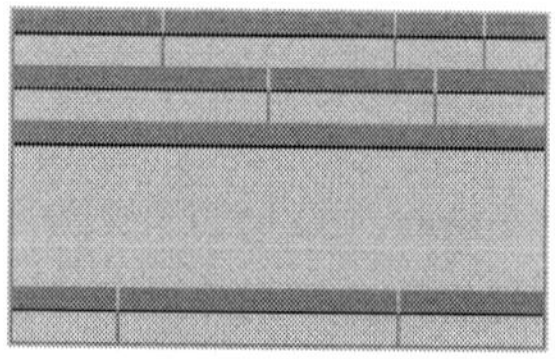

Justificado

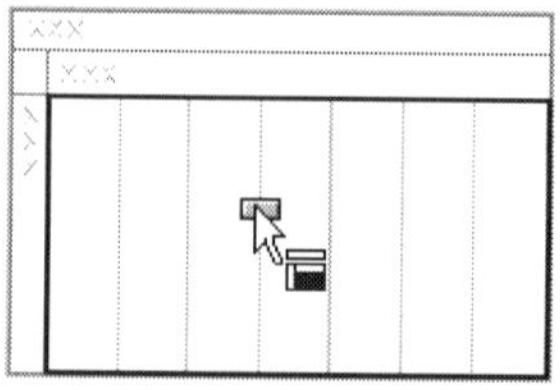

Tabla dinámica

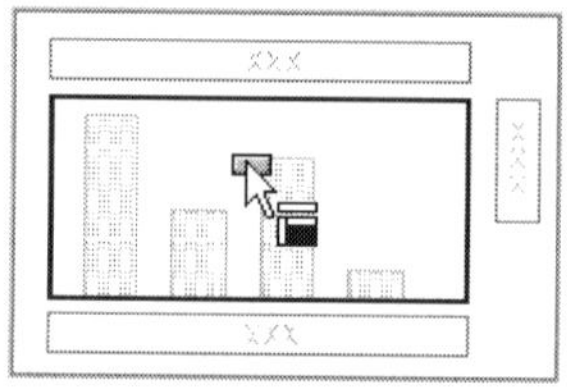

Gráfico dinámico

Una vez elegido el aspecto genérico, pulsaremos el botón Siguiente > para continuar con el asistente:

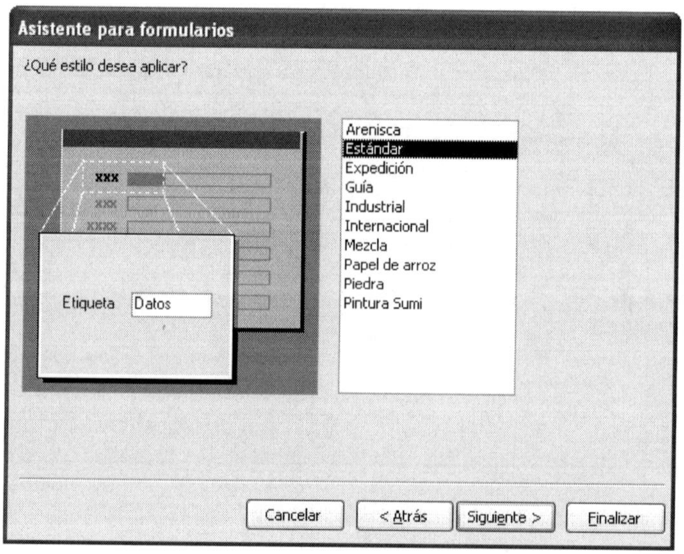

En este cuadro elegiremos el estilo con el que aparecerán los campos en el formulario. Al elegir un estilo, el cuadro de muestra cambia mostrándonos el aspecto que tendrán los campos con ese estilo (color de fondo, de texto, etc.), con el fin de facilitarnos la decisión.

Cuando haya elegido, pulse el botón Siguiente > para acceder al último paso de la creación del formulario. Su aspecto es éste:

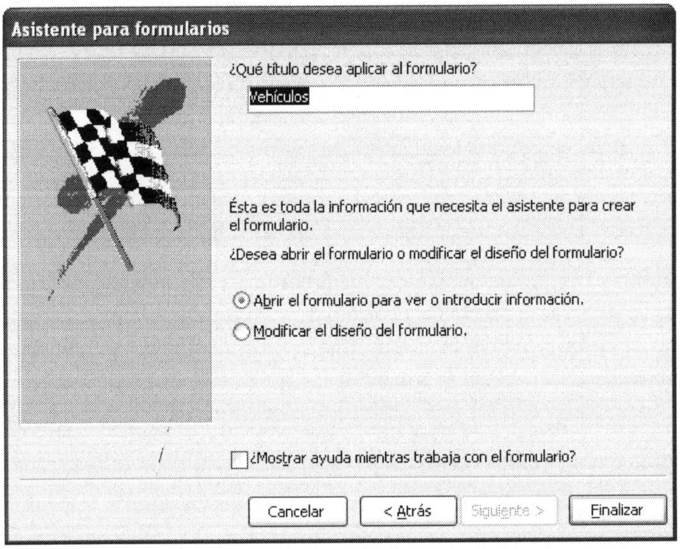

1. Si desea poner un nombre al formulario, utilice el cuadro de texto **¿Qué título desea aplicar al formulario?**
2. Si desea ver el resultado, elija el botón de opción **Abrir el formulario para ver o introducir información**.
3. Si desea alterar a mano el formulario que acaba de crear, elija el botón **Modificar el diseño del formulario**.
4. Active la casilla **¿Mostrar ayuda mientras trabaja con el formulario?** para ver información sobre el manejo de los formularios con mayor detalle. Sobre el manejo de la ayuda consulte el capítulo 2: ***Sistema de Ayuda***.
5. Pulse el botón Finalizar para salir del asistente.

Formularios con gráficos

Vamos a detallar la creación de un formulario cuyo contenido será un gráfico matemático creado mediante datos existentes en una base de datos de Access.

Como vimos en el apartado anterior, para crear un formulario pulsaremos el botón Formula... en la ventana de base de datos y, luego, el botón Nuevo.

Al hacer esto, obtendremos un cuadro de diálogo para establecer la forma en que definiremos el formulario:

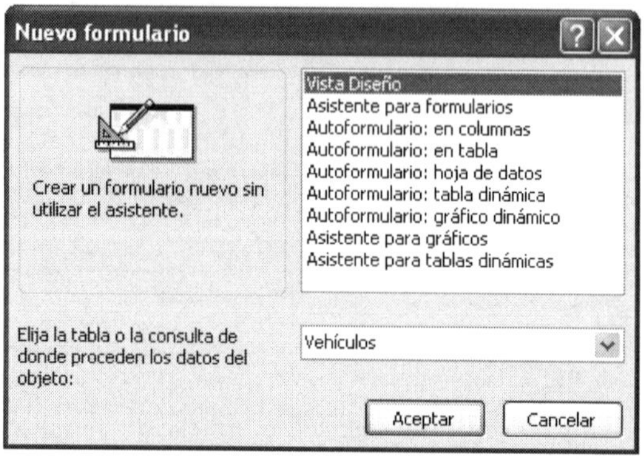

Como también vimos antes, los formularios exigen indicar, en este paso, la tabla o consulta sobre la que vamos a crear el formulario. Para ello, tenemos la lista **Elija la tabla o la consulta de donde proceden los datos del objeto**. Si no se selecciona una tabla o consulta, Access no podrá iniciar el asistente.

Para crear un gráfico matemático, una vez seleccionada la tabla en el cuadro de diálogo, elegiremos la opción **Asistente para gráficos** y pulsaremos el botón [Aceptar]. El cuadro de diálogo que obtendremos es éste:

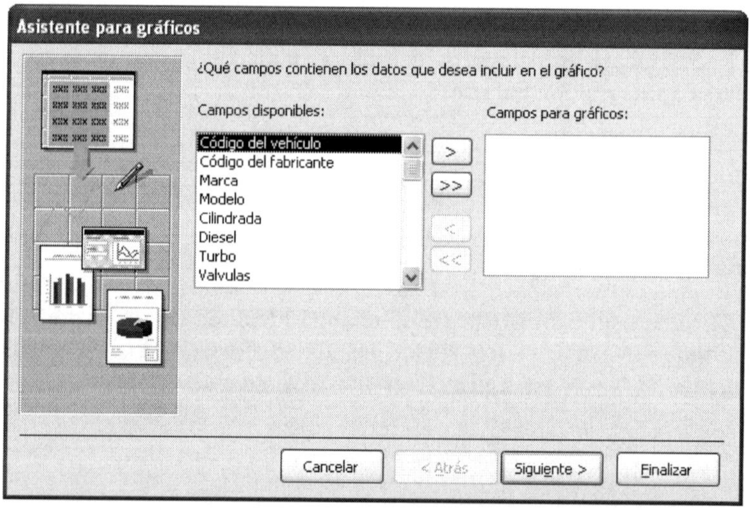

- Lo primero es establecer qué campos de la tabla o consulta elegida se incorporarán al gráfico. Los campos que seleccionamos proporcionarán los datos numéricos con los que Access construirá el gráfico. Tenga en cuenta que necesitará incluir, al menos, un campo de tipo numérico, puesto que los gráficos se basan en datos de este tipo para generar su representación. Cuando la lista **Campos disponibles** contenga una relación adecuada de campos, utilice los siguientes botones:

1. [>]. Añade un campo de la lista de **Campos disponibles** a la lista de **Campos para gráficos**. Para ello, elija primero el campo en la lista. Hasta que no añada al menos un campo a este cuadro no podrá pasar al siguiente paso del asistente.

2. [>>]. Incorpora todos los **Campos disponibles** a la lista de **Campos para gráficos.**

3. [<]. Elimina un campo de la lista de **Campos para gráficos**. Para ello, elija el campo de esta lista que desea eliminar y, luego, pulse el botón.

4. [<<]. Elimina todos los campos de la lista de **Campos para gráficos.**

Una vez elegidos los campos con los datos para el gráfico, pulsaremos el botón [Siguiente >] para pasar al próximo paso del asistente, cuyo aspecto es éste:

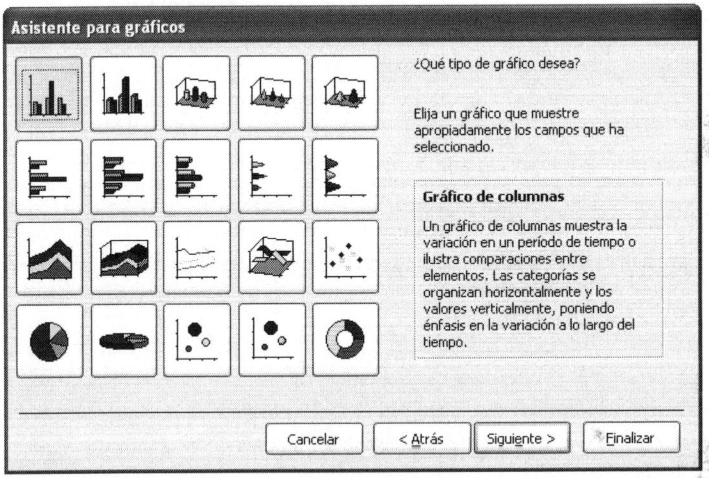

Este paso lo utilizaremos para seleccionar el tipo de gráfico que deseamos según su aspecto. Elija uno y pulse el botón [Siguiente >] para continuar con la creación del gráfico:

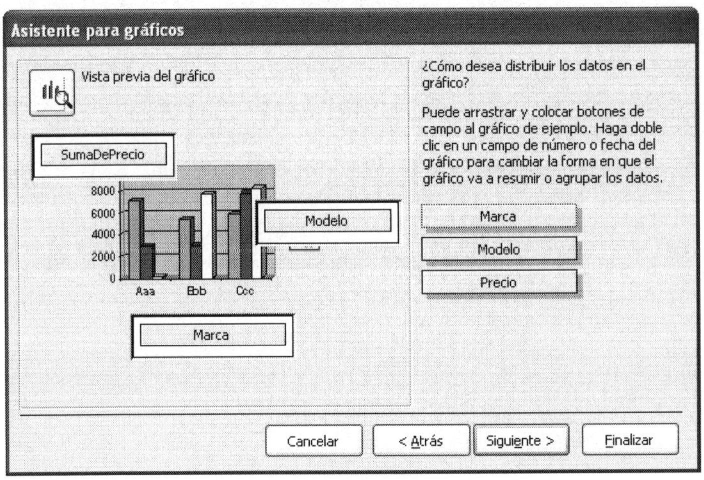

> El aspecto y contenido de este paso del asistente depende del tipo de gráfico seleccionado en el paso anterior. Nosotros mostramos el aspecto que ofrece el cuadro si el tipo elegido es el de **Gráfico de columnas en 3D**; no obstante, el resto de los tipos se manejan de forma similar a la que vamos a exponer.

Los campos pueden arrastrarse a los tres elementos del gráfico: **Datos**, **Series** y **Ejes**. Básicamente, este paso es para indicar cómo deben distribuirse los datos de los campos; es decir, si los campos irán a parar a la leyenda (*Series*), al eje X (*Ejes*) o al eje Y (*Datos*).

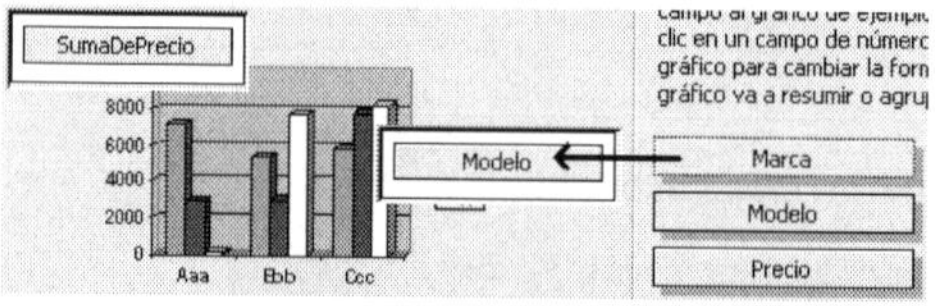

Se arrastra el campo Marca *hasta donde está el* Modelo

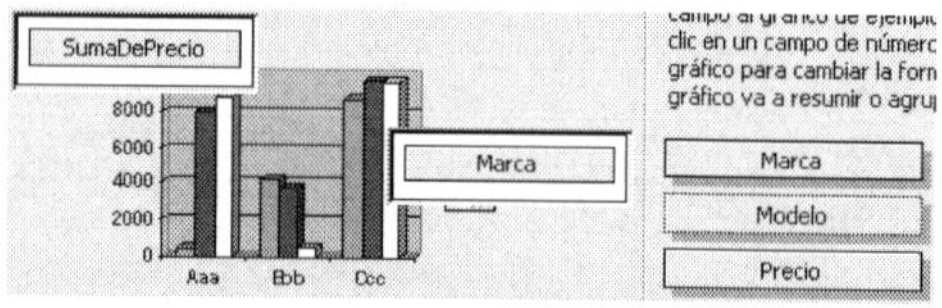

El campo queda instalado

Según este ejemplo, los datos del campo *Marca* aparecerán en la leyenda del gráfico. La leyenda es una agrupación de nombres que relacionan los colores del gráfico con los datos de éste. La leyenda suele aparecer en un cuadro aparte.

> El campo numérico (o uno de los campos numéricos que haya incorporado al formulario) debe arrastrarse al recuadro que hay encima del gráfico de muestra en el cuadro de diálogo. Ejemplo:
>
> 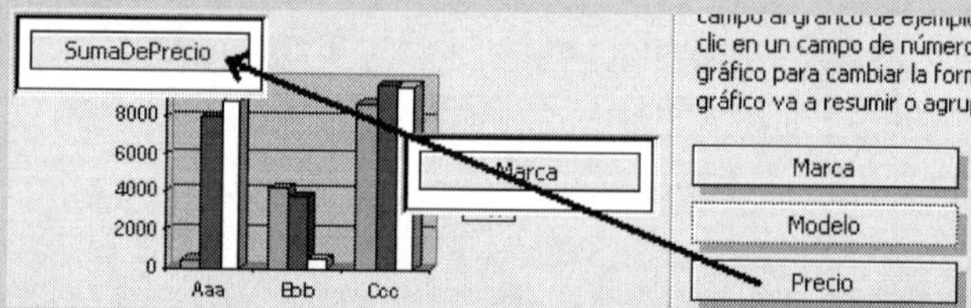
>
>
> 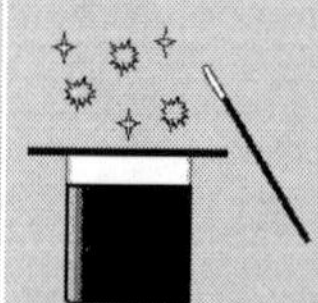
>
> Si ya había un dato en ese recuadro, ambos campos compartirán el gráfico, por lo que, si desea eliminar uno, arrástrelo fuera del recuadro.
>
> De este modo, podrá establecer con qué dato numérico debe hacerse el trabajo. Cuando tenga el campo numérico instalado en dicho recuadro, podrá elegir la función que deberá realizar Access con él. Para ello, haga doble clic en el recuadro (en nuestro ejemplo **SumaDePrecio**), con lo que la función que Access empleaba para mostrar el cuadro y que hasta ahora era la suma, puede ser otra, que debe seleccionarse en el cuadro de diálogo que aparecerá al hacer el doble clic (incluso puede elegir **Ninguno** para que aparezcan los datos en el gráfico sin calcular):
>
> 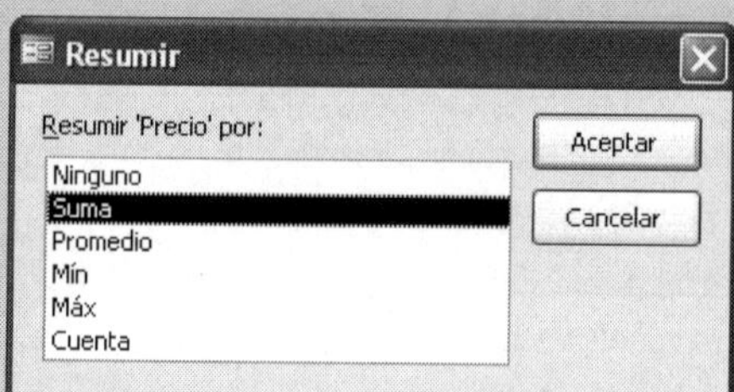
>

Dependiendo del lugar al que arrastremos los campos, el gráfico tomará un aspecto u otro. Dicho aspecto podemos verlo en el gráfico de muestra, que también varía dependiendo del lugar de destino del campo. No obstante, si no lo vemos muy claro, podemos pulsar el botón **Vista previa del gráfico**, que nos mostrará el aspecto del gráfico antes de aceptarlo.

El siguiente paso es el último del asistente para la creación de gráficos:

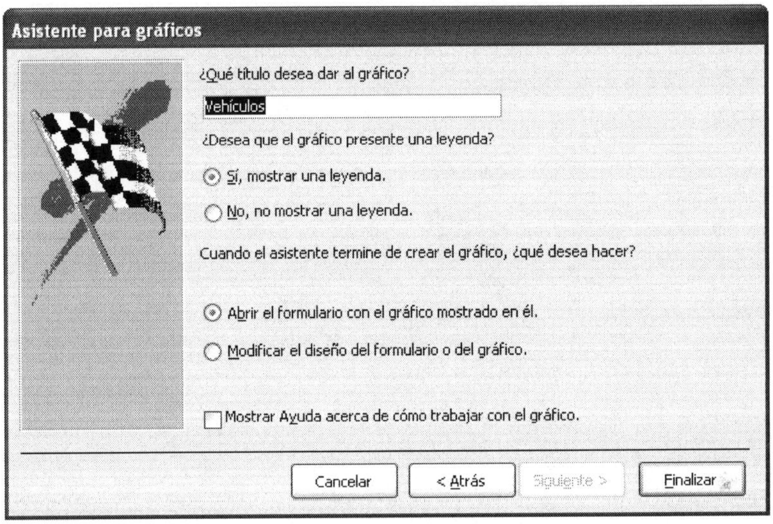

1. Puede ponerle nombre al gráfico escribiéndolo en el cuadro de texto **¿Qué título desea dar al gráfico?**

2. Si quiere obtener una leyenda en el gráfico, puede activar el botón **Sí, mostrar una leyenda**. Por el contrario, pulse el botón **No, no mostrar una leyenda** para que ésta no aparezca.

3. El resultado puede verse, mediante el botón de opción **Abrir el formulario con el gráfico mostrado en él**, finalizando el asistente.

4. Si desea alterar a mano el gráfico que acaba de crear, elija el botón **Modificar el diseño del formulario o del gráfico**, finalizando, a continuación, el asistente.

5. Active la casilla **Mostrar Ayuda acerca de cómo trabajar con el gráfico** para obtener información acerca del manejo de los gráficos en profundidad. Puede repasar el manejo de la ayuda en el capítulo 2: ***Sistema de Ayuda***.

6. Pulse el botón [Finalizar] para salir del asistente.

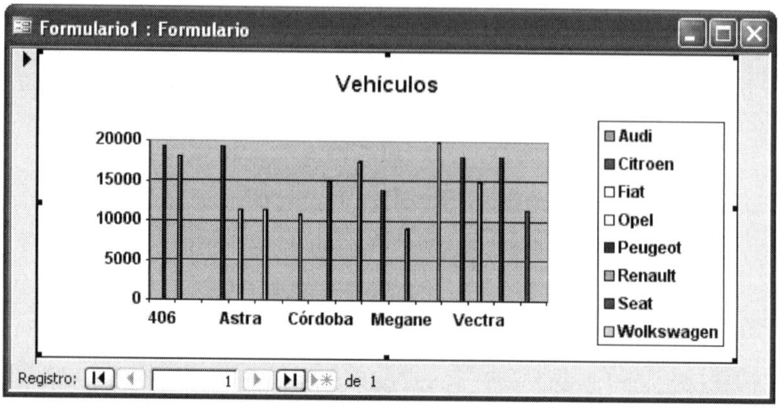

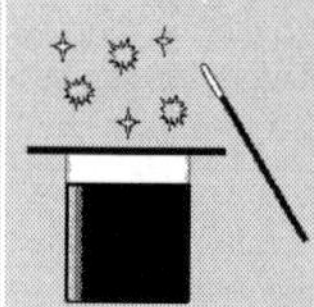

Para modificar el contenido del gráfico realice los pasos siguientes:

1. Seleccione el formulario del gráfico en la ventana de base de datos y pulse el botón Diseño.
2. Una vez que esté en el modo diseño, haga clic con el botón derecho del ratón sobre el gráfico y, en el menú que aparezca, seleccione la opción **Objeto de gráfico**. Ésta ofrece un pequeño submenú en el que deberá seleccionar **Modificar**.
3. Esto le permitirá cambiar los datos de la tabla que genera el gráfico.

Formularios automáticos (Autoformularios)

Para acabar con la creación de formularios, vamos a ver que existe un sistema de formularios de creación rápida denominado *Autoformulario*. En Access existen varios tipos de Autoformularios. Vamos a describir la forma más sencilla de seguir los pasos para crear un formulario automáticamente.

Lo primero es seleccionar una tabla o consulta para el formulario, por lo que será necesario activar uno de estos dos botones de la ventana de base de datos: Tablas o Consultas. Después haremos clic en el icono de la tabla o consulta que deseamos utilizar para la creación del formulario automático.

A continuación, seleccionaremos la opción **Autoformulario** en el menú **Insertar**. Esta operación también puede realizarse mediante el botón de la barra de herramientas. Si se despliega este botón, se obtiene una lista de elementos entre los que se encuentra **Autoformulario**.

Cuando se elige el autoformulario, se obtiene un cuadro con el formulario exponiendo el primer registro de la tabla. Así pues, ya no es necesario nada más, excepto rellenar o modificar registros de la tabla utilizando un formato de aspecto agradable.

Formularios dinámicos

Existen dos tipos de formularios dinámicos. Estos formularios permiten cambiar los datos al usuario de modo que igualmente cambiarán los resultados que muestre el formulario. Los dos tipos son:

1. **Formularios de tablas dinámicas**. Son formularios cuyo resultado final es una tabla. Generalmente, se emplean para realizar cálculos con los datos numéricos de una tabla (o consulta) con la posibilidad de cambiar fácilmente, tanto los datos con los que se hace el cálculo como sus combinaciones (como su posición en la tabla).

2. **Formularios de gráficos dinámicos**. Son formularios cuyo resultado final es un gráfico. Se emplean para conseguir representar gráficamente los datos numéricos de una tabla (o consulta), con la posibilidad de cambiar fácilmente los datos que se representan en el gráfico.

Ojo: En la versión 2000 no existen autoformularios para tablas dinámicas ni para gráficos dinámicos, por lo que ambas funciones no pueden aplicarse en él. Sí que dispone de un **Asistente para tablas dinámicas** que funciona de forma parecida a lo que vamos a exponer para dichas tablas.

Para crear formularios de este tipo pulse el botón [Formula...] en la ventana de base de datos y, luego, el botón [Nuevo]. Como antes, obtendrá un cuadro de diálogo como éste:

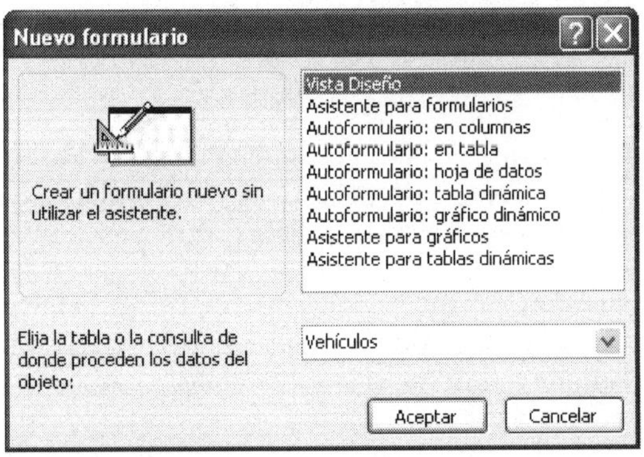

Para crear un formulario de tabla dinámica podemos elegir **Autoformulario: TablaDinámica**, mientras que para crear un formulario de gráfico dinámico podemos elegir **Autoformulario: GráficoDinámico**. En cualquiera de ambos casos Access ofrecerá el formulario resultante y podremos comenzar a trabajar con él.

Ojo: Los formularios dinámicos también pueden crearse con el **Asistente para formularios**, y así podremos dar al formulario las características que deseemos. Para ello, no olvide que en uno de los pasos se le pide que indique la distribución de los datos en el formulario: en ese momento deberá elegir **Tabla dinámica** o **Gráfico dinámico**, según necesite uno u otro.

En el caso de las tablas dinámicas, obtendrá el formulario y una ventana con los campos para que los coloque donde le interese. Veamos un ejemplo con la tabla de **Vehículos**:

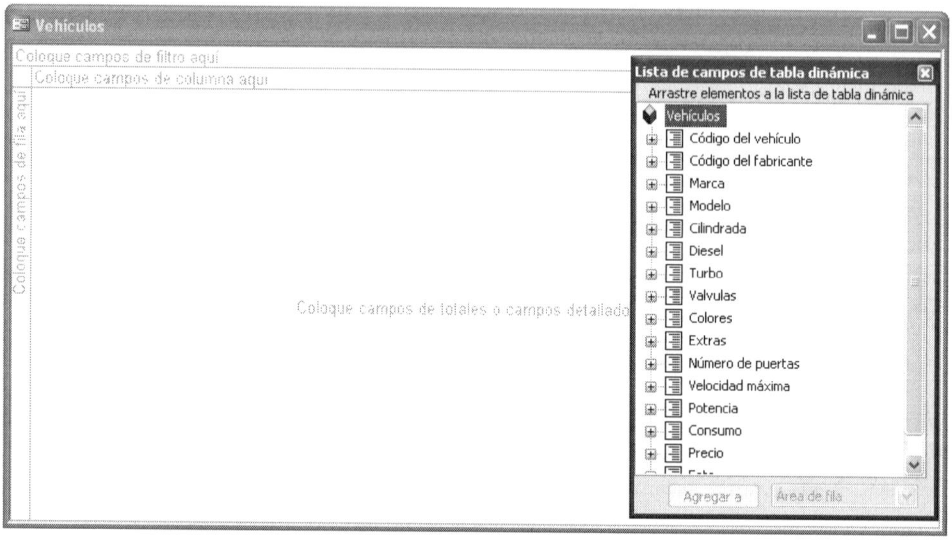

Se trata situar en la tabla los campos necesarios. Fundamentalmente, disponemos de tres áreas en las que colocar campos:

1. **El área de datos**: donde se colocan los datos numéricos. En el formulario podemos ver esa área rotulada como **Coloque campos de totales o campos detallados aquí** (la zona principal de la tabla).

2. **El área de fila**: donde se colocan campos con rótulos que irán a parar a las filas de la tabla. En el formulario podemos ver esa área rotulada como **Coloque campos de fila aquí** (la zona izquierda de la tabla).

3. **El área de columna**: donde se colocan campos con rótulos que irán a parar a las columnas de la tabla. En el formulario podemos ver esa área rotulada como **Coloque campos de columna aquí** (la zona superior de la tabla).

Disponemos de otras zonas como el área de filtro con la que podemos añadir condiciones para limitar los datos que deben aparecer en la tabla del formulario.

Veamos un ejemplo del manejo de la tabla. En la ventana de campos (**Lista de campos de tabla dinámica**) elegimos el campo numérico cuyos valores aparecerán en la tabla: en nuestro caso el **Precio**.

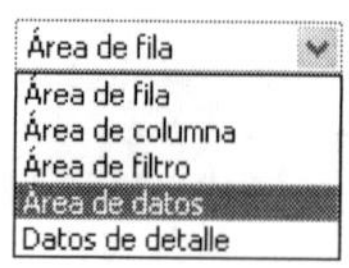

Una vez que hemos elegido el campo en cuestión, desplegamos la lista 

de la parte inferior de la misma ventana. Esta lista nos permite elegir el área de la tabla a la que deberán ir a parar los datos del campo (en nuestro caso, el **Precio**).

Elegiremos **Área de datos** para que el campo numérico se coloque en la zona principal de la tabla y pulsaremos el botón [Agregar a] (situado a la izquierda de la lista desplegable).

A continuación, realizaremos la misma tarea para colocar datos de texto que indiquen el contenido de esos valores. Por ejemplo, podemos colocar los campos **Marca** y **Modelo** en el **Área de fila**, con lo que obtendríamos lo siguiente:

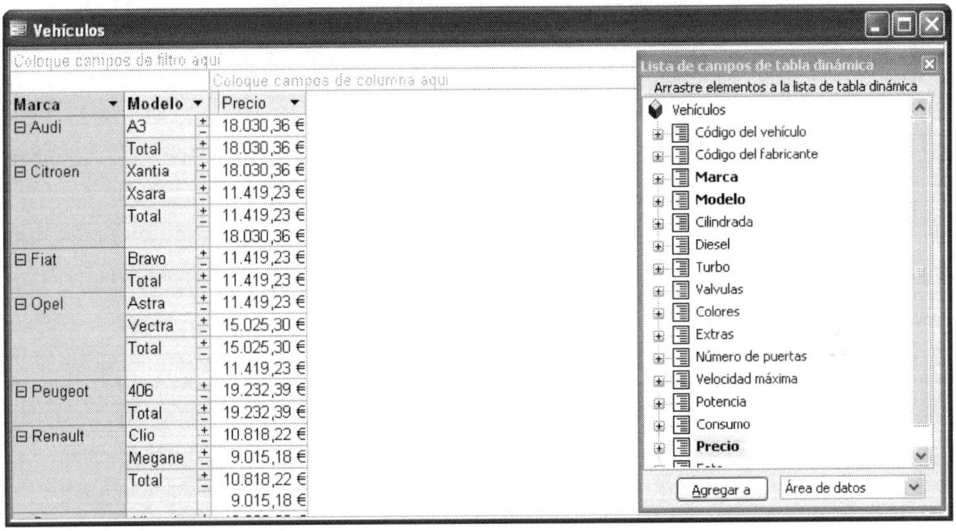

Como vemos, la tabla queda resumida por marcas y modelos (los datos que hemos elegido) y, a pesar de que en la figura anterior no se ve, Access genera una suma debajo de la tabla de todas las cifras que hay en ella. Veamos otros detalles:

1. Puede desactivar ciertos datos utilizando la cabecera de los campos. Por ejemplo, puede conseguir que ciertas marcas no se muestren desplegando su botón en la cabecera:

Simplemente desactive o active las casillas de los campos que desee ocultar o mostrar y pulse [Aceptar].

2. Puede quitar campos de la tabla (de cualquier área) haciendo clic con el botón derecho del ratón sobre uno y, en el menú que aparece, eligiendo **Quitar**.

3. Puede emplear otra colocación para los campos, por ejemplo, en lugar de colocar el modelo en el **Área de fila**, puede hacerlo en el **Área de columna**. El resultado de nuestro ejemplo, en ese caso sería el que puede ver en la siguiente figura:

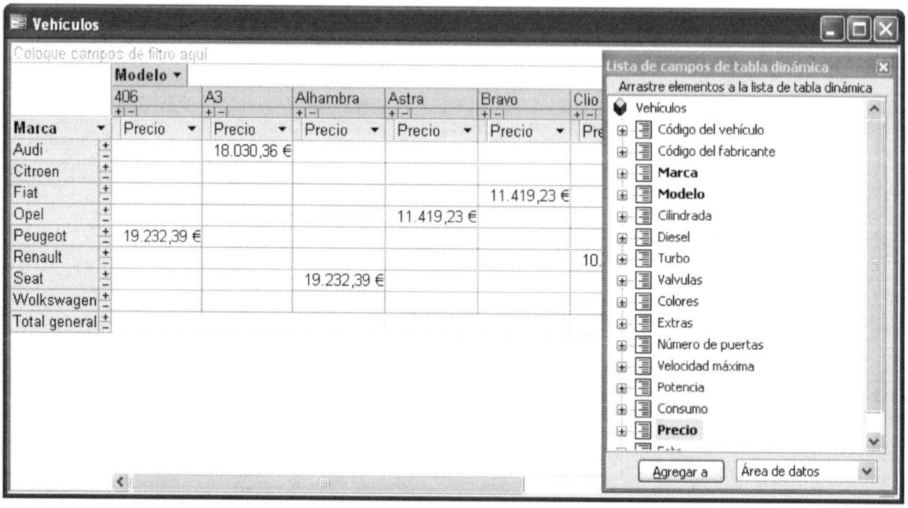

El caso de los gráficos dinámicos es prácticamente idéntico y lo único que varía es la terminología de las áreas en las que colocamos los campos para que el gráfico muestre sus datos.

Una vez que el gráfico dinámico está creado en el formulario, obtenemos lo siguiente:

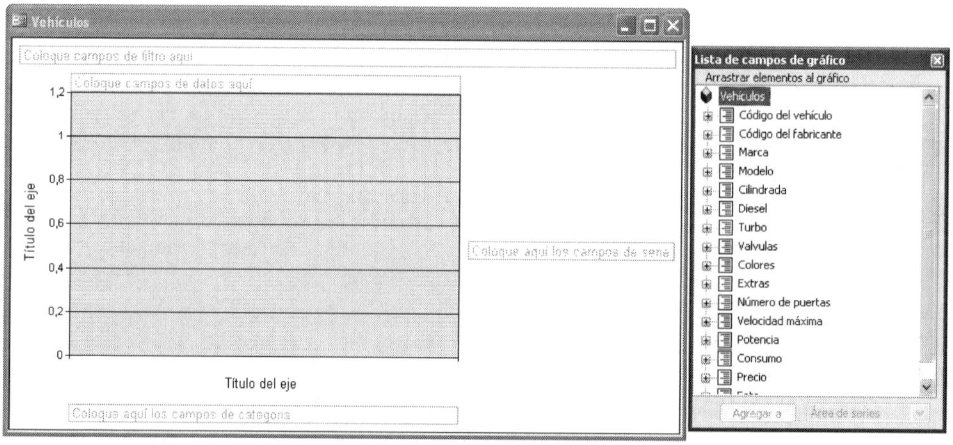

Como vemos, aparece un gráfico vacío, esperando a que añadamos campos en él. Como en el caso de las tablas dinámicas, tendremos que colocar, al menos, un campo numérico y otros de texto para que el gráfico muestre datos con sentido.

Así, el campo numérico deberá colocarse en el **Área de datos**, mientras que el campo de texto deberá situarse en el **Área de series**. Un ejemplo, si colocamos el campo **Precio** en el **Área de datos** y el campo **Modelo** en el **Área de series** obtendremos el siguiente gráfico:

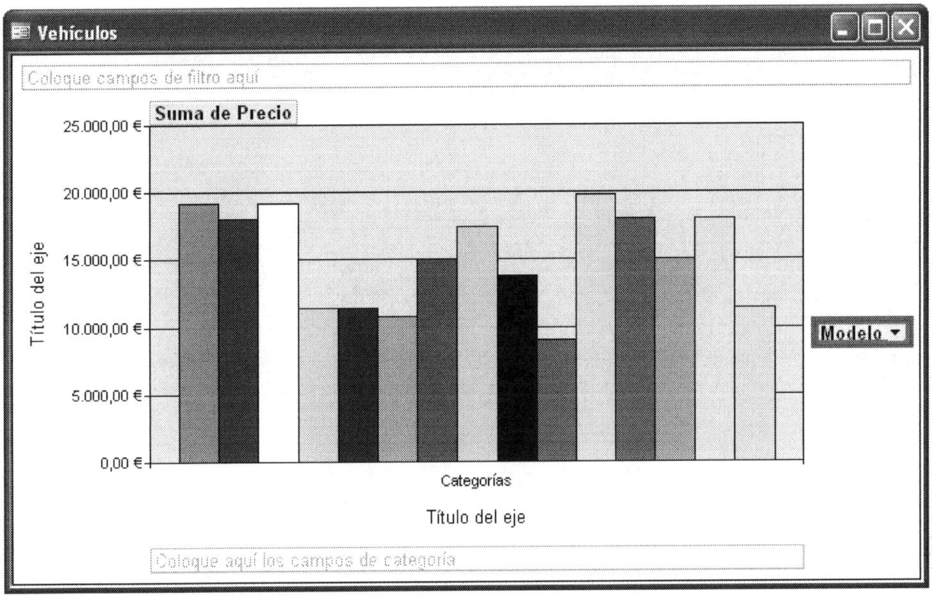

Otros detalles:

1. Puede desactivar ciertos datos utilizando la cabecera de los campos. Por ejemplo, puede conseguir que ciertos modelos no se muestren en el gráfico desplegando su botón:

Simplemente desactive o active las casillas de los campos que desee ocultar o mostrar y pulse Aceptar.

2. Puede quitar campos de la tabla (de cualquier área) haciendo clic sobre su botón y pulsando la tecla **Supr** (suprimir).

3. Si lo necesita, puede utilizar otras funciones de mejora del gráfico haciendo clic con el botón derecho del ratón sobre el elemento que desee y, en el menú que aparece eligiendo **Propiedades**. Por ejemplo, podrá cambiar los colores de las barras del gráfico o el tipo de letra de los rótulos.

4. También puede cambiar el tipo de gráfico mediante el botón de la barra de herramientas. Igualmente, con otros botones podrá modificar el gráfico como añadiendo o eliminando la leyenda ( ) o cambiando los datos del gráfico por filas (de datos) o columnas ( ).

Desplazamientos a través de formularios

Como podemos ver, todos los formularios tienen algo en común, tanto entre ellos como con las tablas. Nos referimos a la parte inferior de la ventana que contiene los datos. Esta parte de la ventana nos permite movernos a través de los distintos registros de una tabla, tanto si aparece como tal como si se muestra en modo de formulario:

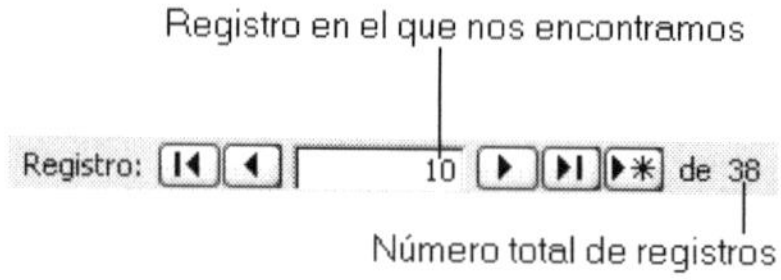

1. En el cuadro de texto del registro en el que nos encontramos podemos teclear el número de aquel al que queremos acceder y pulsar **INTRO**. Naturalmente, si tecleamos un valor más alto que el del número total de registros, no podremos acceder a él y nos avisará mediante un cuadro de error.

2. El botón nos lleva al primer registro.

3. El botón nos lleva al registro anterior.

4. El botón nos lleva al registro posterior.

5. El botón nos lleva al último registro.

6. El botón nos lleva al registro vacío del final de la tabla, que está listo para ser rellenado.

Cerrar formularios

Recuerde que puede cerrar un elemento de una base de datos seleccionando la opción **Cerrar** del menú **Archivo** o pulsando el botón de la ventana correspondiente.

Cuando cierre un formulario de cualquier clase por primera vez, Access le preguntará si desea almacenarlo en la base de datos del disco mediante el siguiente cuadro de diálogo:

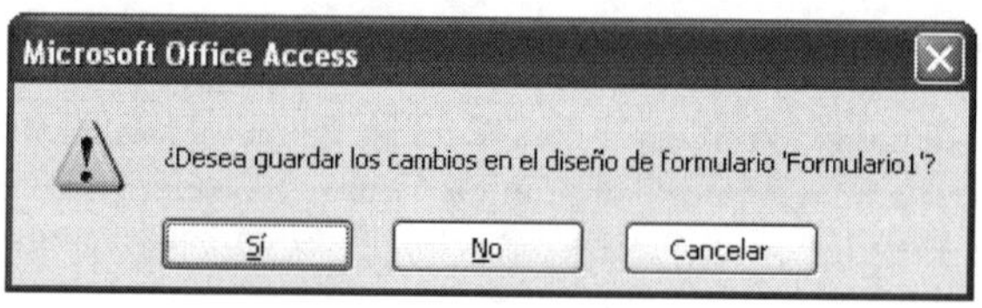

Si elige Sí, Access requerirá un nombre para el formulario:

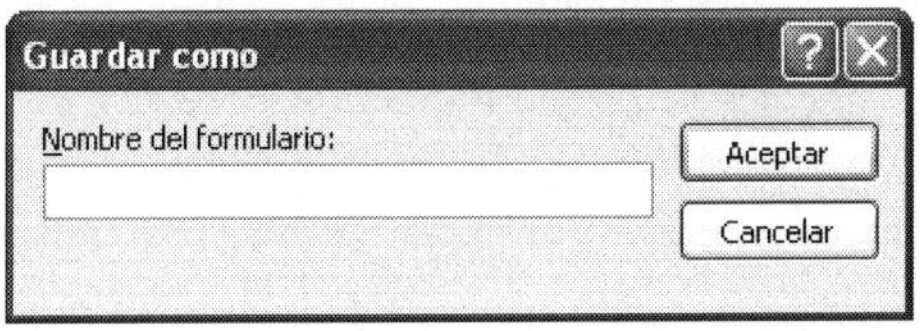

Access suele ofrecer como nombre el mismo que tenga la tabla usada para el formulario seguida de un número que consiga diferenciarlo de los demás nombres. Pero si prefiere otro, puede teclearlo en el cuadro de texto **Nombre del formulario** y, después, pulse el botón Aceptar.

Abrir formularios

El proceso de apertura de los formularios es idéntico al que se llevaría para abrir cualquier otro elemento de una base de datos. Lo más cómodo suele ser utilizar la ventana de base de datos. En ella pulsaremos el botón de formularios:

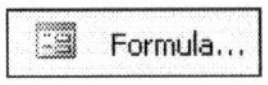

En la lista aparecerán todos los formularios que tengamos. Elegiremos uno y pulsaremos el botón Abrir. Aunque, si lo que necesitamos es modificar a mano las características de un formulario, emplearemos el botón Diseño.

INFORMES

Los informes constituyen una manera de presentar los datos de las tablas y consultas en la impresora, en forma de documento de texto.

El modo de tratar los informes es realmente similar al de los formularios que hemos visto en el tema correspondiente. Básicamente, consiste en elegir una tabla (o una consulta) de la base de datos para generar después una plantilla que presentará los datos en una página. Por otro lado, en la misma página podremos incorporar funciones automáticas como encabezados y pies de página.

La ventaja que ofrecen los informes es una presentación impecable de la información almacenada en las tablas y consultas de la base de datos para generar un mismo documento común, relleno con datos diferentes de los distintos registros de dichas tablas y consultas.

Crear informes

La creación de informes en Access puede realizarse con asistentes. Como en los formularios, en modo **Vista Diseño** necesitaremos ligeros conocimientos de programación visual para poder crearlos.

Así pues, pulsaremos el botón [Informes] en la ventana de base de datos y, luego, el botón [Nuevo]. También puede crearse un informe haciendo clic sobre una tabla o consulta de la base de datos y desplegando el botón [ ] de la barra de herramientas.

Seleccionaremos **Informe** en la lista que ofrece el botón.

Como podemos ver, también existe la posibilidad de crear un informe automáticamente (**Autoinforme**) con la misma lista, pero de esto hablaremos más adelante.

Lo primero que aparece en el asistente, cuando se selecciona un nuevo informe, es un cuadro de diálogo en el que hemos de establecer qué método deseamos seguir para crear el nuevo informe:

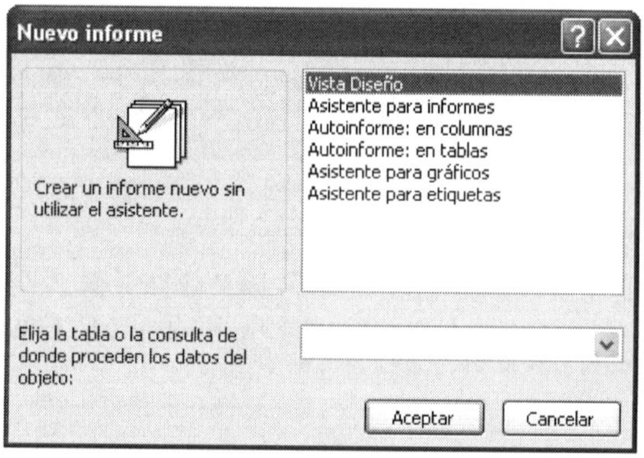

Como en temas anteriores, vamos a seguir el asistente más sencillo, para que resulte más fácil aprender a crear informes; aunque más adelante veremos también el asistente para crear cartas personalizadas. El resto de los asistentes se manejan de forma similar y necesitarán datos parecidos.

Antes de decidirnos por un asistente, debemos indicar qué tabla o consulta usaremos para crear el informe. Para ello, utilizaremos la lista **Elija la tabla o consulta de donde proceden los datos del objeto**.

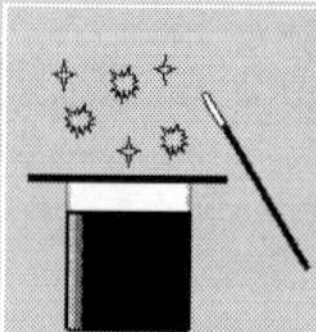

En los informes, la posibilidad de elegir una consulta en lugar de una tabla cobra una mayor importancia, ya que el listado que genere un informe puede ser más útil si se realiza con ciertos registros en lugar de con todos ellos. Así, no tendrá que imprimir etiquetas de todos los clientes sino de los que necesite según el resultado de una consulta, en cuyo caso, primero debemos diseñar esa consulta que nos ofrece como resultado los datos deseados.

Así pues, en nuestro caso, elegiremos **Asistente para informes** y pulsaremos el botón [Aceptar].

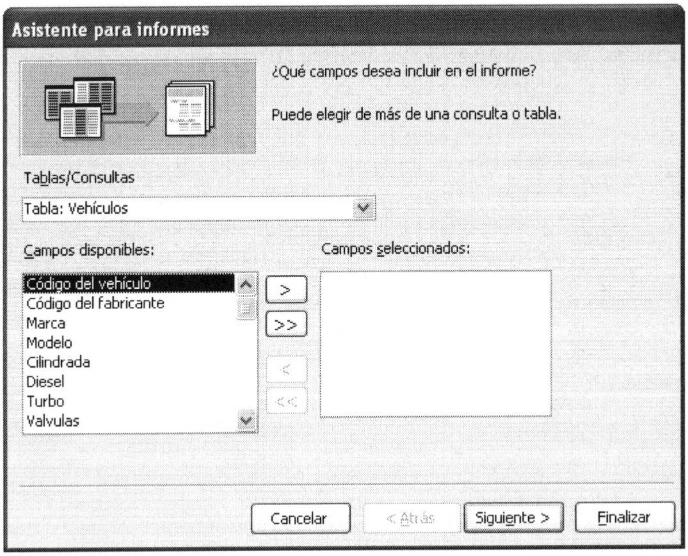

Como es habitual en los asistentes de Access, lo primero es elegir qué campos aparecerán en el nuevo objeto, en este caso, el informe. Para llevar a cabo esta tarea también se puede seleccionar, en este paso, la tabla o consulta que contiene los campos que desee utilizar. Para ello, utilice la lista **Tablas/Consultas**. Cuando la lista **Campos disponibles** contenga una relación adecuada de campos, utilice los botones [>], [>>], [<] y [<<] del mismo modo que hemos visto en ocasiones anteriores:

Al pulsar el botón [Siguiente >], pasaremos al próximo paso del asistente:

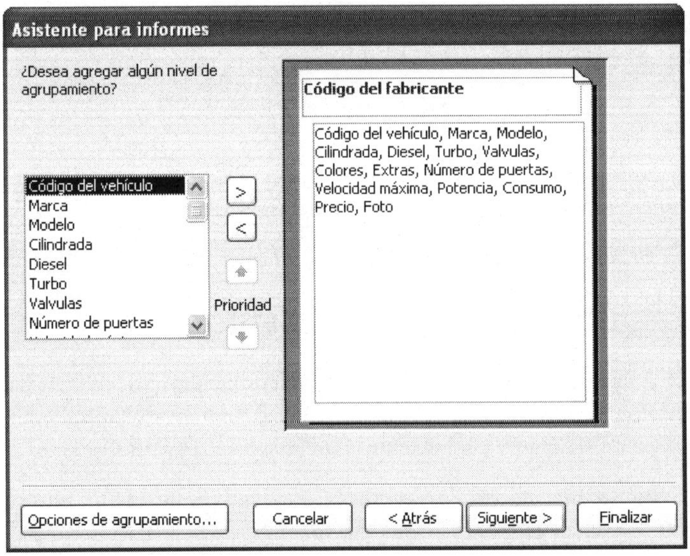

Si lo desea, puede reunir los datos por grupos:

- [>]. Selecciona ese grupo como dato para agrupar los demás. Se trata de que si se repiten datos de un campo, todos los registros en los que se repita el dato aparecerán agrupados. Un ejemplo agrupando por *Marca*:

Marca	*Modelo*	*Cilindrada*	*Diesel*	*Potencia*	*Precio*
Citroen					
	Xantia	2.100	☑	110	18.030,36 €
	Xsara	1.800	☐	105	11.419,23 €
Opel					
	Astra	1.600	☐	85	11.419,23 €
	Vectra	1.800	☐	105	15.025,30 €
Renault					
	Clio	1.400	☐	80	10.818,22 €
	Megane	1.900	☑	75	9.015,18 €
Seat					
	Alhambra	1.900	☑	90	19.232,39 €
	Córdoba	1.900	☑	90	15.025,30 €
	Ibiza	1.900	☑	90	13.823,28 €
	Toledo	1.900	☑	110	18.030,36 €

- [<]. Vuelve a incluir en el grupo un campo que esté apartado. Para ello, es necesario hacer un clic sobre el grupo que contiene el campo apartado y, después, pulsar el botón [<]: el campo vuelve a formar parte del grupo general.

Si se han apartado varios campos del grupo principal, podemos reordenarlos a nuestro gusto del siguiente modo.

1. Primero, seleccionamos el campo que deseamos cambiar de lugar haciendo un clic sobre él.

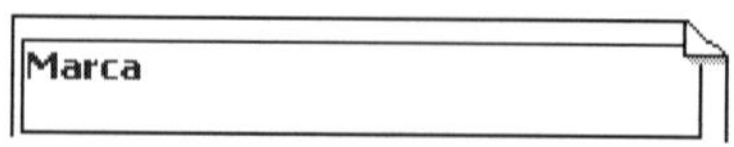

2. Después, seleccionaremos uno de estos dos botones:

   - [↑] Aumenta la prioridad del campo, situándolo una posición hacia arriba en la página. Si el campo está en primer lugar, no podremos utilizar este botón, ya que tiene la máxima prioridad posible hasta ese momento.

   - [↓] Disminuye la prioridad del campo, pasándolo una posición hacia abajo en la página. Si el campo está en último lugar, antes del grupo principal, no podremos utilizar este botón, ya que tiene la mínima prioridad posible hasta ese momento.

Una vez establecido el orden y posición de los campos en el informe, pulsaremos el botón [Siguiente >] para pasar al próximo paso del asistente:

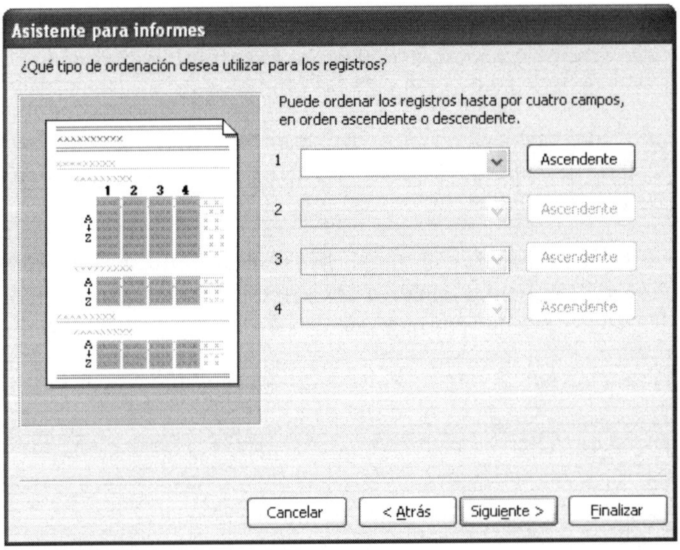

Si lo desea, puede solicitar que los datos del informe aparezcan ordenados, usando para ello este paso del asistente. Elija el dato por el que desea ordenar en las listas desplegables numeradas del **1** al **4**. En principio, Access ordenará el informe siguiendo el primero de los datos, establecido en la lista **1** (por ejemplo, por apellidos). Pero si encuentra dos datos iguales en ese campo, podría ordenarse entre ellos según el campo **2** (por ejemplo, por nombre).

Por otra parte, la ordenación puede ser ascendente (de menor a mayor, o de la A a la Z) o descendente (a la inversa) según pulsemos el botón [Ascendente] a la derecha de cada lista.

Cuando haya elegido el tipo de ordenación que desea (no utilice las listas desplegables si no necesita ningún tipo de ordenación), pulse el botón [Siguiente >] para acceder al próximo paso:

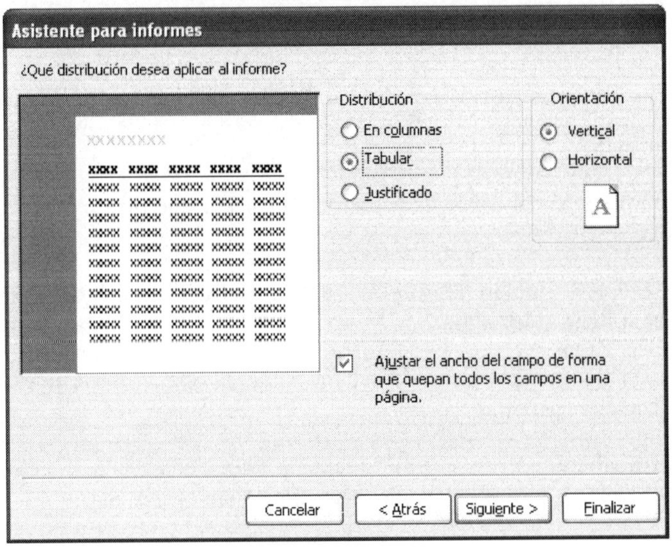

- En este paso debemos indicar cómo deseamos que se coloquen los datos en la página. Para ello, puede elegir cualquier botón del grupo **Distribución** que otorgan al informe diferentes tipos de colocación para los campos.

- Por otro lado, también podemos establecer con qué **Orientación** queremos obtener las páginas del informe. Podremos elegir entre **Vertical** (suele ser la normal) y **Horizontal** (apaisado).

- Active el botón **Ajustar el ancho del campo de forma que quepan todos los campos en una página** si desea que Access reduzca la anchura de las columnas con los datos hasta que encajen todos los de la tabla en cada página.

  Al pulsar el botón Siguiente >, obtenemos el penúltimo paso del asistente:

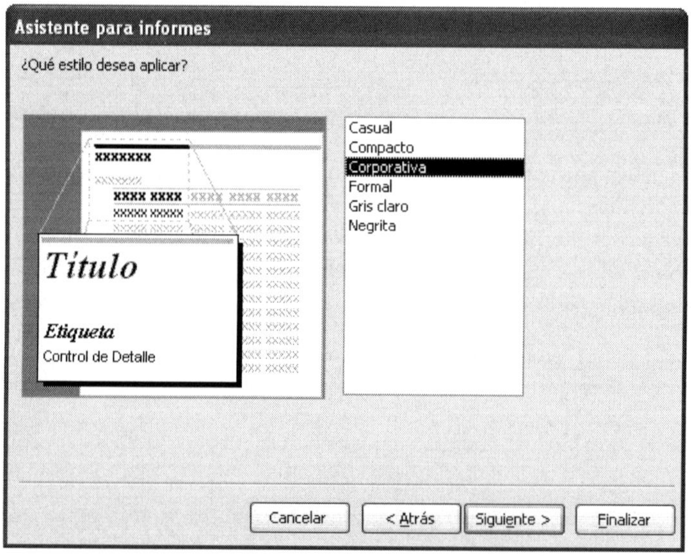

Como puede verse, en este paso debemos establecer el formato que deseamos aplicar al informe. Podemos elegir entre los distintos aspectos que muestra la lista situada a la derecha del cuadro.

El último paso del asistente presenta el aspecto que ofrecemos en la figura de la página siguiente:

1. Puede ponerle nombre al informe escribiéndolo en el cuadro de texto **¿Qué título desea aplicar al informe?**

2. El resultado puede verse, mediante el botón de opción **Vista previa del informe**, finalizando el asistente.

3. Si desea alterar a mano el informe que acaba de crear, elija el botón **Modificar el diseño del informe**, finalizando, a continuación, el asistente.

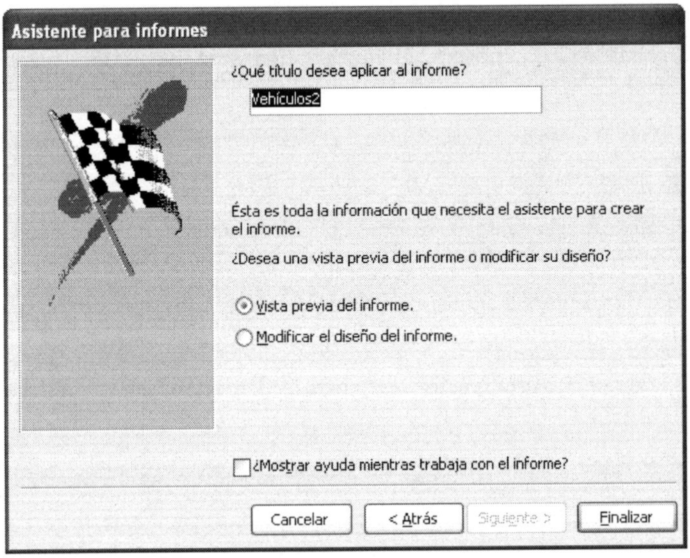

4. Active la casilla **Mostrar ayuda mientras trabaja con el informe** para obtener información acerca del manejo de los informes al detalle. Puede ver más sobre el manejo de la ayuda en el capítulo 2: ***Sistema de Ayuda***.

Informes para etiquetas postales

Un tipo de informe que puede resultar ciertamente práctico es el de etiquetas postales. Gracias a él podremos crear fácilmente etiquetas para pegar en sobres de correo. Los datos de las etiquetas serán los que contenga alguna tabla de nuestra base de datos, por lo que, si no existe ninguna con los datos adecuados, será necesario crearla.

Como antes, pulsaremos el botón [Informes] en la ventana de base de datos y, luego, el botón [Nuevo]. Aparecerá el mismo asistente que vimos antes:

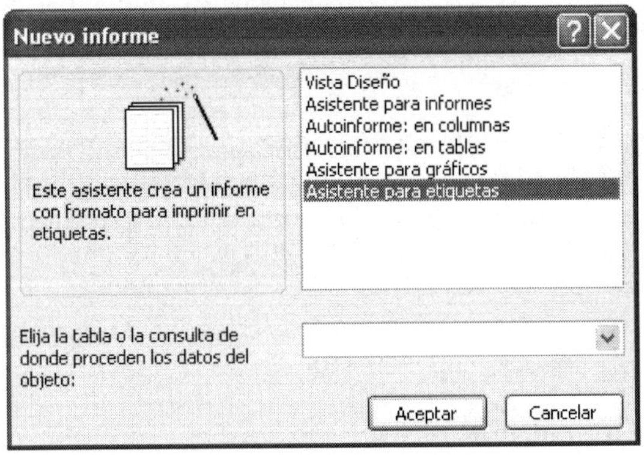

Antes de elegir el asistente, debemos indicar qué tabla o consulta usaremos para crear el informe de etiquetas para correo (normalmente una tabla que tenga direcciones de calles). Para ello, utilizaremos la lista **Elija la tabla o consulta de donde proceden los datos del objeto**.

> **Ojo** No olvide que lo más común es elegir una consulta ya que en la mayor parte de los casos, no se envía correo a todos los clientes sino únicamente a los que cumplen ciertas condiciones, para lo cual es necesario crear una consulta y utilizarla en el informe de etiquetas.

Así pues, en nuestro caso, elegiremos **Asistente para etiquetas** y pulsaremos el botón Aceptar.

Obtendremos el primero de los pasos del asistente para crear las etiquetas. Su aspecto es el siguiente:

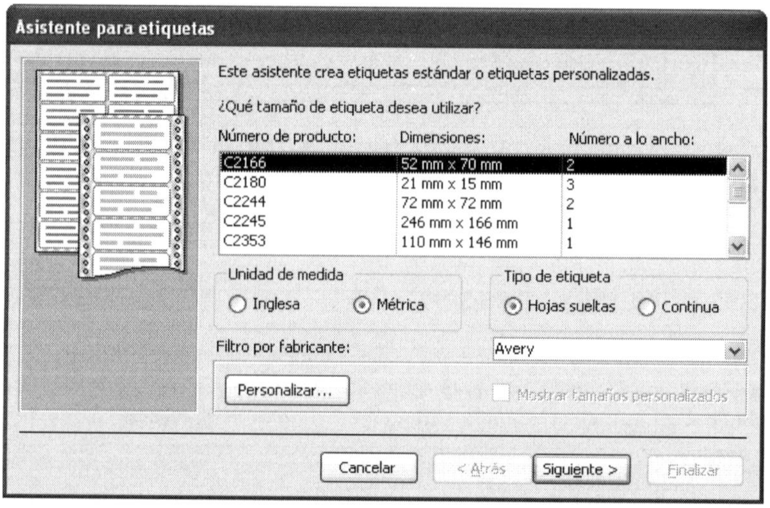

En este primer paso debemos establecer qué tipo de etiquetas tenemos para imprimir en ellas los datos del correo. Existen varios estándares, muy utilizados en etiquetas. Estos tipos llevan asociados unas especificaciones en cuanto a tamaño vertical y horizontal de las etiquetas, así como el número de éstas que debe haber por cada fila:

1. La lista **¿Qué tamaño de etiqueta desea utilizar?** muestra una relación con los distintos tipos de etiquetas predefinidos por Microsoft. Si el tipo de etiquetas que usted utiliza normalmente coincide con alguno de los que se listan aquí, bastará con seleccionarlo en la relación. En tal caso, no será necesario hacer nada más en este paso; de lo contrario, será necesario emplear el resto de los elementos de este paso del asistente. Si no es ninguno de ellos, podrá desplegar la lista **Filtro por fabricante** para buscar otra marca de etiquetas.

2. Con el grupo **Unidad de medida** puede elegir el sistema de medida para precisar los distintos tamaños de etiqueta. Puede elegir entre el sistema métrico (más usado en nuestro país) y el sistema inglés, que utilizará pulgadas para indicar las medidas.

3. Con el grupo **Tipo de etiqueta** puede establecer si las etiquetas están incluidas en **Hojas sueltas** o si, por el contrario, están en papel continuo de impresora (opción **Continua**).

4. Recuerde que la lista desplegable **Filtro por fabricante** le ofrece varias marcas con listas de etiquetas para que elija la que desee.

5. El botón Personalizar... le permitirá establecer medidas distintas a las que aparecen en la lista. Utilizaremos este botón si nuestro tipo de etiquetas no coincide con ninguno en la lista. Si se pulsa este botón, será necesario establecer lo siguiente para las etiquetas en un cuadro de diálogo:

   - Su altura.
   - Su anchura.
   - Los márgenes superior e inferior.
   - El número de etiquetas por fila.
   - La orientación de las etiquetas en el papel: vertical o apaisada.
   - Un nombre para el nuevo tipo de etiquetas.

6. Si creamos etiquetas personalizadas, deberemos solicitar que aparezcan en la lista en lugar de las que ofrecen los fabricantes de la lista **Filtro por fabricante**. Para ello, activaremos la casilla de verificación **Mostrar tamaños personalizados**.

   Cuando hagamos clic sobre el botón Siguiente >, Access nos llevará a un nuevo paso:

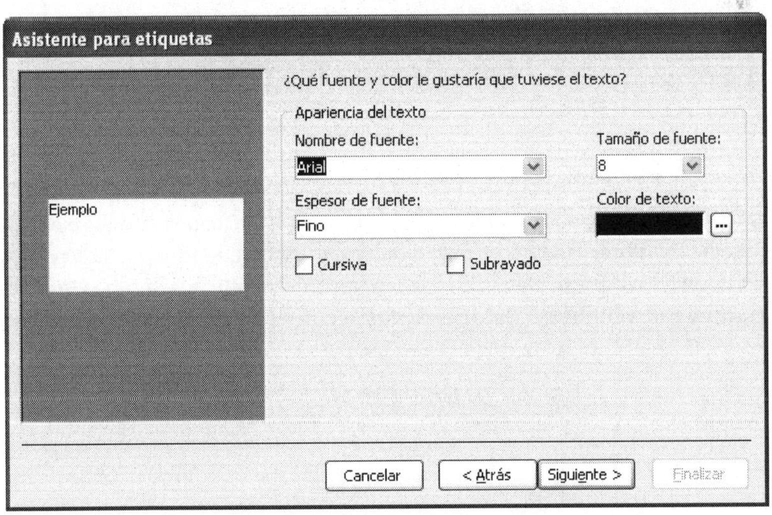

Este cuadro está destinado a contener información acerca del tipo de letra que usaremos en las etiquetas:

1. Con la lista **Nombre de fuente** podremos elegir el tipo de letra que aplicaremos al texto de las etiquetas.

2. La lista **Tamaño de fuente** permite establecer la medida que tendrá la letra en las etiquetas.

3. **Espesor de fuente** permite indicar la anchura de la letra, pudiendo elegir entre varias opciones que oscilan entre el fino y la negrita.

4. Podemos cambiar también el **Color de texto** con el botón que lleva ese nombre, aunque, naturalmente, no tendrá ningún efecto si la impresora con la que se obtengan los resultados no trabaja con colores.

5. Se pueden establecer, además, los aspectos *Cursiva* y <u>Subrayado</u> con las casillas de verificación correspondientes.

   El siguiente paso presenta este aspecto que ofrecemos en la siguiente figura:

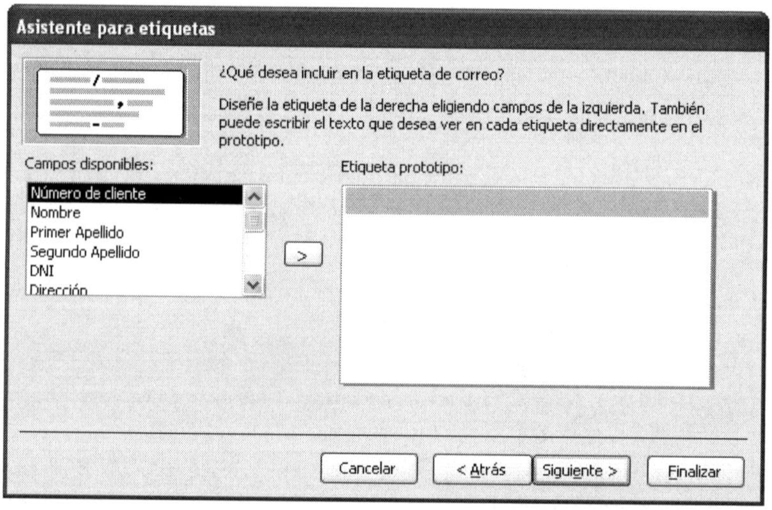

En este cuadro hemos de indicar qué campos de la tabla que hayamos elegido aparecerán en las etiquetas (nombres, apellidos, direcciones, etc.) y de qué forma añadiéndolos al cuadro titulado **Etiqueta prototipo.** Para ello, sólo hemos de incluir los campos que deseemos de la lista **Campos disponibles** (seleccionándolos con el ratón y pulsando el botón [>]) y escribir, si es necesario, el texto que los acompañará en la etiqueta. Por ejemplo:

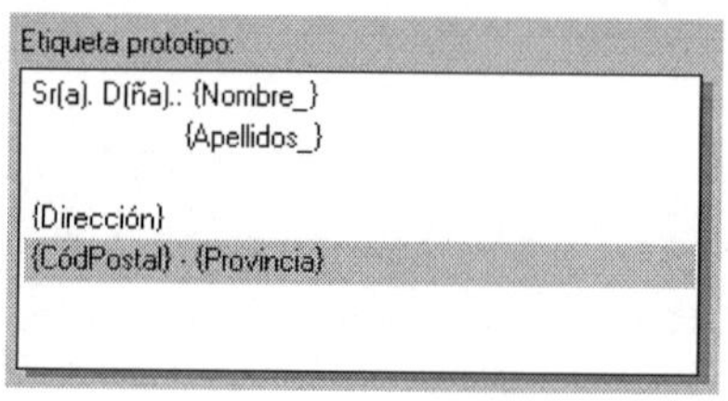

Al pulsar el botón [Siguiente >], accedemos al próximo paso del asistente:

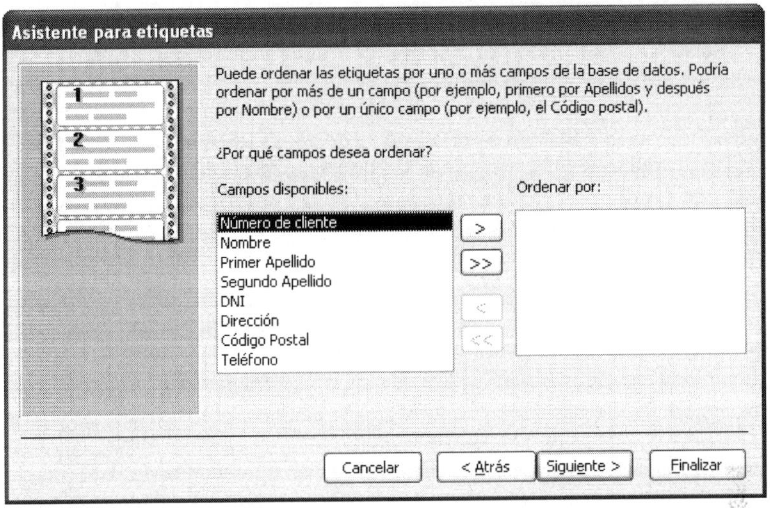

La lista de etiquetas puede aparecer ordenada por uno o más campos. Por ejemplo, si desea que las etiquetas aparezcan ordenadas alfabéticamente por apellidos, elija el campo **Apellidos** y pulse el botón [>]. Si sabe que puede haber apellidos iguales, puede establecer también que, en ese caso, Access ordene las etiquetas según el **Nombre**, eligiéndolo igualmente en la lista y volviendo a pulsar el mismo botón. Del mismo modo podrá añadir más campos a la lista **Ordenar por**. Utilice los botones [>], [>>], [<] y [<<] del mismo modo que hemos visto en ocasiones anteriores.

Cuando se haya establecido el orden de clasificación, como siempre, se pulsa el botón [Siguiente >] para pasar al último paso del asistente:

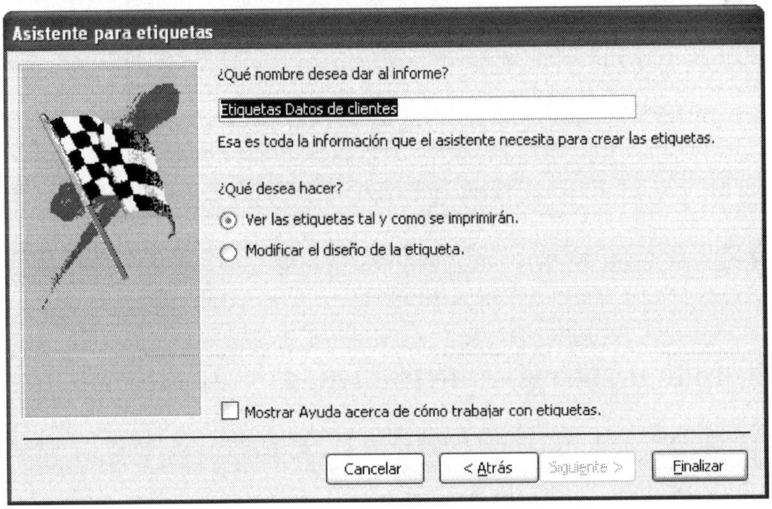

1. Si desea ver las etiquetas resultantes, elija el botón de opción **Ver las etiquetas tal y como se imprimirán**.
2. Si desea alterar a mano el informe con las etiquetas que acaba de crear, elija el botón **Modificar el diseño de la etiqueta**.
3. Active la casilla **Mostrar Ayuda acerca de cómo trabajar con etiquetas** para obtener información acerca del manejo de los informes de etiquetas postales en profundidad.

Informes automáticos (Autoinformes)

Para finalizar con la creación de informes, vamos a ver que existe uno de creación rápida denominado *Autoinforme*. Access elige por nosotros todos los datos necesarios creando un informe sencillo.

El proceso de creación de un informe automático es realmente simple. Elija, en la ventana de base de datos, una tabla o consulta con la que hacer el informe. A continuación, despliegue el botón [botón] de la barra de herramientas. Al hacerlo, se obtiene una lista de elementos entre los que se encuentra **Autoinforme** (vea la figura junto al margen).

Otra forma es elegir la opción **Informe** (o pulsar el botón [Nuevo] en la ventana de base de datos), en cuyo caso aparece un cuadro de diálogo en el que hemos de establecer qué método deseamos seguir para crear el nuevo informe:

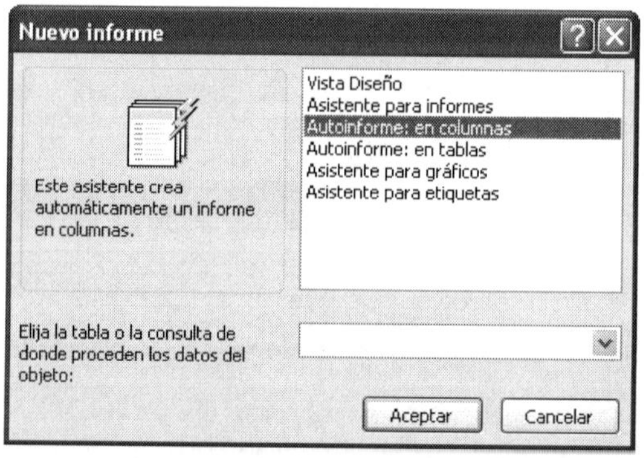

Elija una de las opciones cuyo nombre comienza con **Autoinforme** y pulse el botón [Aceptar]. Access crea un informe, sin necesidad de ningún otro dato.

Desplazamiento a través de informes

Como podemos ver, todos los informes tienen algo en común, tanto entre ellos como con las tablas. Nos referimos a la parte inferior de la ventana que contiene los datos. Esta parte de la ventana nos permite movernos a través de los distintos registros de una tabla, tanto si aparece como tal como si se muestra en modo de formulario:

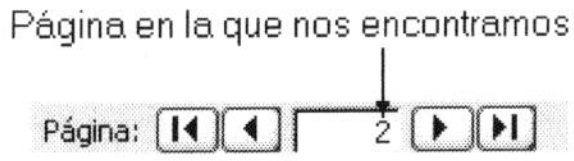

1. En el cuadro de texto de la página en el que nos encontramos podemos teclear el número de aquella a la que queremos acceder y pulsar **INTRO**. Si tecleamos un valor más alto que el del número total de páginas, nos llevará a la última del informe.
2. El botón [|◄] nos lleva a la primera página del informe.
3. El botón [◄] nos lleva a la página anterior.
4. El botón [►] nos lleva a la página siguiente.
5. El botón [►|] nos lleva a la última página del informe.

Cerrar informes

Cuando cierre un informe de cualquier clase por primera vez, Access le preguntará si desea grabarlo en la base de datos mediante el siguiente cuadro:

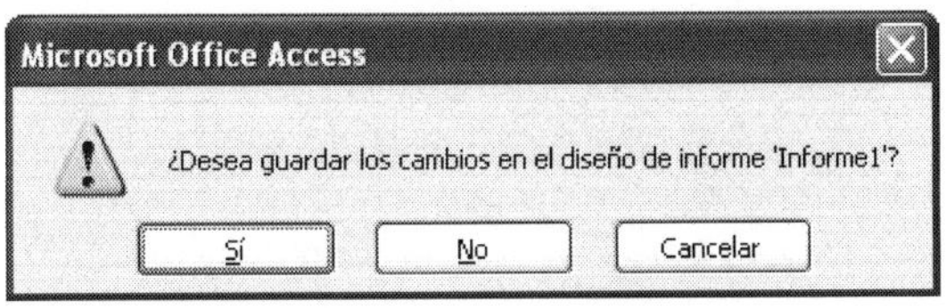

Si elige [Sí], Access requerirá un nombre para el informe:

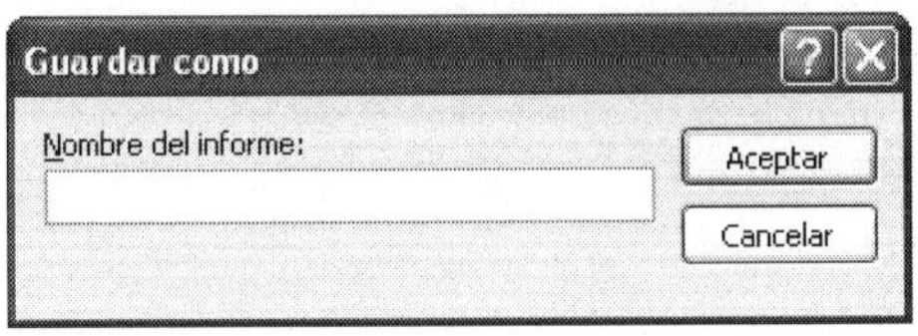

Escriba el nombre que desea para el informe en el cuadro de texto **Nombre del informe** y después pulse el botón [Aceptar].

Abrir informes

El proceso de apertura de los informes es idéntico al que se llevaría para abrir cualquier otro elemento de una base de datos. Lo más cómodo suele ser utilizar la ventana de base de datos. En ella pulsaremos el botón de formularios: [Informes].

En la lista aparecerán todos los formularios que tengamos. Elegiremos uno y pulsaremos el botón [Vista previa].

Si desea modificar las características de un formulario, pulse el botón [Diseño].

CAPÍTULO 25

HERRAMIENTAS MÁS ÚTILES DE ACCESS

Como complemento a todo lo que hemos ido viendo, vamos a destacar el uso de ciertas funciones que Access proporciona para hacernos más llevadero el trabajo común.

BÚSQUEDA DE DATOS

En este apartado desarrollaremos los aspectos fundamentales requeridos para encontrar datos en una tabla; sin embargo, el proceso para encontrar datos en cualquier otro elemento de la base de datos, es rigurosamente similar.

Para buscar datos en una base, podemos elegir la opción **Buscar** del menú **Edición**, pulsar las teclas **CONTROL + B**, o bien, pulsar el botón de la barra de herramientas; eso sí, **teniendo abierta una tabla** previamente en la que se realizará la búsqueda. Obtendremos en pantalla un cuadro de diálogo que nos permite establecer lo necesario para encontrar un dato en la tabla que esté activa en ese momento.

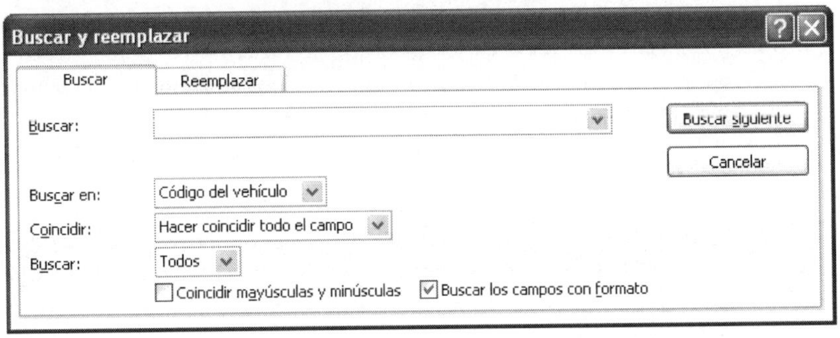

1. En la lista desplegable **Buscar** podemos indicar los caracteres que buscamos. Si ya habíamos escrito algunos para buscar con anterioridad, aparecen ya escritos en este cuadro de texto y no será necesario reescribirlos para su búsqueda. Si Access encuentra alguna celda de la tabla que contiene el dato en cuestión, se situará sobre ella para que se pueda trabajar con el dato. Como decíamos antes, Access sólo busca el dato en la tabla que tengamos activa en ese instante y, por tanto, ignorará el resto de los elementos de la base de datos (incluidas otras tablas).

2. Pulse el botón [Buscar siguiente] para comenzar la búsqueda de nuevo. Se puede buscar el mismo dato en el resto de la tabla pulsando el botón más veces.

3. Utilice la lista **Buscar en** para indicar si va a buscar sólo en el campo en el que se encuentre, o bien, en toda la tabla.

4. La lista **Coincidir** permite establecer en qué parte del campo debe detenerse Access si encuentra el dato:

   - **Cualquier parte del campo** especifica que Access se detenga si el dato forma parte del dato total que haya en el campo.

   - **Hacer coincidir todo el campo**. Con esta opción, Access sólo se detendrá si el dato que se busca conforma él solo el campo en que se encuentre.

   - **Comienzo del campo**. Funciona igual que la opción *Cualquier parte del campo*, salvo que el dato debe encontrarse al principio del campo, si se encuentra.

5. Es posible indicar la dirección global hacia la que deseamos buscar los datos. En principio, el botón [Buscar siguiente] busca desde la celda en que nos encontramos hacia el final de la tabla, pero podemos buscar en otras direcciones. Para ello, utilizaremos la lista **Buscar** (la de la parte inferior del cuadro de diálogo) que nos proporciona estas tres posibilidades:

   - **Arriba**, que busca desde la posición actual hasta el principio de la tabla.

   - **Abajo**, que busca desde la posición actual hasta el final de la tabla.

   - **Todos**, que busca en todos los campos de la tabla, tanto en los que haya arriba como en los que se encuentren abajo.

6. Puede buscarse el texto (si es texto lo que se busca) tal y como se haya escrito indicando que diferencie mayúsculas y minúsculas. Al activar la casilla marcada como **Mayúsculas y minúsculas**, obligamos a Access a que señale que se encontró el dato sólo si lo que se ha hallado coincide no sólo en cuanto a contenido sino también, letra por letra, en sus mayúsculas y minúsculas.

7. La casilla **Buscar los campos con formato** establece que se buscará también en los campos que tengan algún tipo de formato especial. Por ejemplo, aquellos campos que contengan una fecha con formato específico, o los que contengan datos numéricos con formato monetario.

8. Cuando Access encuentra un dato en la tabla, lo señala seleccionándolo, pero no oculta el cuadro de diálogo. Si desea salir de las búsquedas, pulse [Cancelar].

REEMPLAZO AUTOMÁTICO DE DATOS

Podemos reemplazar automáticamente varios datos (iguales) de una tabla mediante la opción **Reemplazar** del menú **Edición**, teniendo abierta la tabla en la que desea buscar. También podemos acceder al cuadro de diálogo de reemplazar activando la ficha **Reemplazar** en el cuadro de búsqueda. En cualquiera de ambos casos, obtenemos un cuadro de diálogo similar al que aparece al solicitar una búsqueda, pero con ciertos cambios:

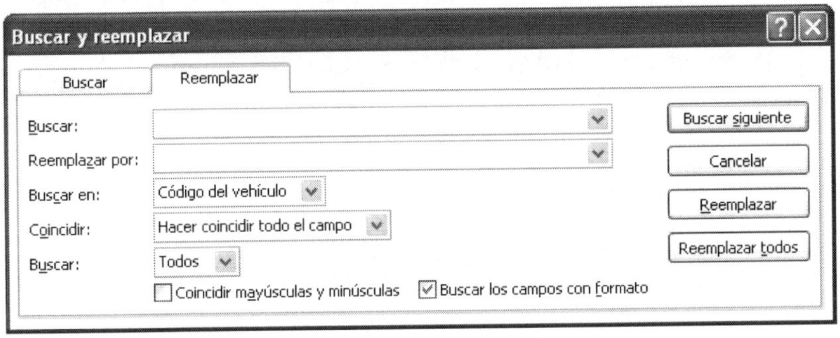

1. Como puede observarse, el cuadro es similar al utilizado para las búsquedas, con la diferencia de que se añade el cuadro de texto **Reemplazar por**, en el que debemos especificar la palabra (o dato) que sustituirá a la que hayamos escrito en el cuadro de texto **Buscar**. Por tanto, escriba en el cuadro de texto **Buscar** el dato o datos que desea encontrar para su sustitución y, en el cuadro de texto **Reemplazar por**, el dato que va a sustituir al que se busca.

2. Llegado a este punto existen tres posibilidades:

   - Usar el botón [Buscar siguiente], con lo que Access nos llevará a la palabra que se busca. Si volvemos a pulsar este botón, Access dejará como estaba el dato que se encontró, volviendo a buscarlo en otros lugares de la tabla.

   - Utilizar el botón [Reemplazar], para que, al pulsarlo, la palabra que se busca sea reemplazada y podamos pasar a la siguiente.

   - Utilizar el botón [Reemplazar todos], con lo que Access sustituirá el texto que se busca en la totalidad de la tabla automáticamente. Esta función no pide ningún tipo de confirmación, de modo que, al pulsar el botón, se modifican los cambios de una vez.

3. Cuando haya terminado de sustituir datos automáticamente, pulse [Cancelar].

Por lo demás, como puede observar, las opciones de este cuadro son las mismas que en el de búsquedas, por lo que le remitimos al apartado correspondiente si desea conocer su manejo.

FILTROS

Cuando se encuentre en una tabla o una consulta, puede filtrar ciertos datos para que sólo aparezcan los que cumplan una condición. Ciertamente el resultado es similar al de las consultas, pero un filtro, mucho más simple, se activa y se desactiva con facilidad, con lo que podemos acceder rápidamente a ciertos datos que nos interesen en un momento determinado.

El filtro no se graba ni almacena en modo alguno en la base de datos, por lo que una vez que se aprecian sus resultados, desaparecen.

Para crear un filtro disponemos de una opción del menú, siempre y cuando hayamos abierto antes una tabla o una consulta (mediante los botones [Tablas] o [Consultas] y [Abrir]). Se trata de la opción **Filtro** del menú **Registro**, que ofrece un submenú con varias opciones:

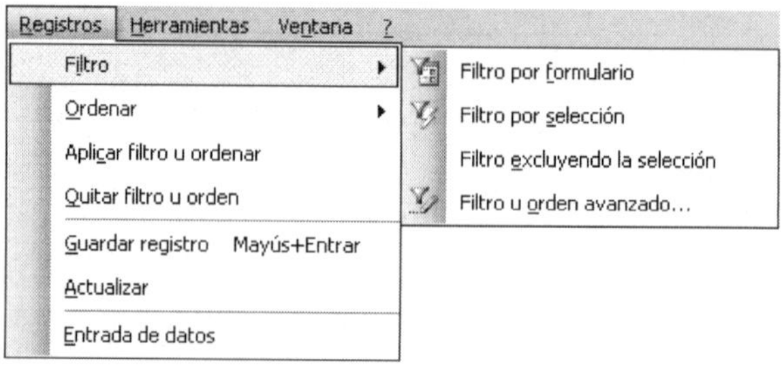

1. **Filtro por formulario**. Esta opción permite desplegar cualquier campo de la tabla para que elijamos un dato en él. Access reducirá la lista de registros mostrando únicamente aquellos en los que, en ese campo, aparezca el dato elegido al desplegar la lista. Ejemplo:

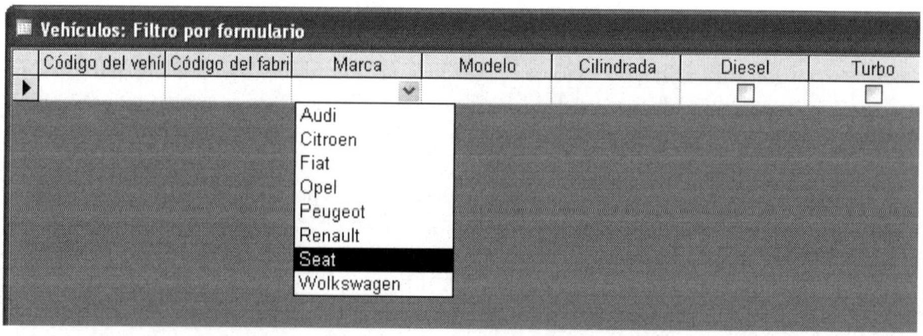

Si, una vez activada la opción **Filtro por formulario** (que también puede hacerse mediante el botón [ ] de la barra de herramientas), desplegamos el campo **Marca** y elegimos *Seat*, obtendremos una relación de registros que contienen como marca *Seat* exclusivamente. Para ello, además, debemos activar el filtro, mediante el botón [ ] (**Activar filtro**) de la barra de herramientas:

Vehículos : Tabla

	Código del vehí	Código del fabri	Marca	Modelo	Cilindrada	Diesel	Turbo	Número de válv	Color
▶ +	1	1	Seat	Toledo	1.900	☑	☑	8	Blanco, F
+	2	1	Seat	Ibiza	1.900	☑	☑	8	Blanco, F
+	3	1	Seat	Córdoba	1.900	☑	☑	8	Blanco, F
+	8	1	Seat	Alhambra	1.900	☑	☑	8	Blanco, F
*	(Autonumérico)	0	Seat		1.800	☐	☐	8	

No tenemos por qué limitarnos a desplegar un solo campo para el filtro: antes de activarlo (mediante el botón [Y]) podemos desplegar otros campos para elegir más datos que limiten aún más el resultado que deberá mostrar el filtro. Por ejemplo, además de la marca *Seat*, podemos elegir la cilindrada *1900* y *Diesel* para que se muestren sólo los vehículos de marca *Seat* que tengan una cilindrada de *1900 c.c.* y que sean *Diesel*.

Vehículos: Filtro por formulario

	Código del vehí	Código del fabri	Marca	Modelo	Cilindrada	Diesel	Turbo
▶			"Seat"		1900	☑	☐

2. **Filtro por selección**. Reduce la lista de registros mostrando únicamente aquellos que coincidan con aquel en el que nos encontremos. Ejemplo:

Vehículos : Tabla

	Código del vehí	Código del fabri	Marca	Modelo	Cilindrada	Diesel	Turbo	Número de válv	Colores
▶ +	1	1	Seat	Toledo	1.900	☑	☑	8	Blanco, Ro
+	2	1	Seat	Ibiza	1.900	☑	☑	8	Blanco, Ro
+	3	1	Seat	Córdoba	1.900	☑	☑	8	Blanco, Ro
+	4	2	Citroen	Xsara	1.800	☐	☐	16	Blanco, Ro
+	5	4	Renault	Clio	1.400	☐	☐	8	Blanco, Ro
+	6	4	Renault	Megane	1.900	☑	☐	8	Blanco, Ro
+	7	2	Citroen	Xantia	2.100	☑	☑	8	Blanco, Ro
+	8	1	Seat	Alhambra	1.900	☑	☑	8	Blanco, Ro
+	9	3	Wolkswagen	Golf	2.000	☐	☐	16	Blanco, Ro
+	10	3	Wolkswagen	Passat	1.900	☑	☑	8	Blanco, Ro
+	11	5	Fiat	Bravo	1.800	☑	☑	8	Blanco, Ro
+	12	11	Audi	A3	1.900	☑	☑	8	Blanco, Ro
+	13	6	Peugeot	406	1.900	☑	☐	8	Blanco, Ro
+	14	10	Opel	Vectra	1.800	☐	☐	16	Blanco, Ro
+	15	10	Opel	Astra	1.600	☐	☐	8	Blanco, Ro
*	(Autonumérico)	0	Seat		1.800	☐	☐	8	

Si nos encontramos en el dato *Seat* del campo **Marca**, al aplicar el **Filtro por selección** (que también puede hacerse mediante el botón [Y] de la barra de herramientas) y activar el filtro (con el botón [Y]), obtendremos únicamente los vehículos de marca *Seat*:

Vehículos : Tabla

	Código del vehí	Código del fabri	Marca	Modelo	Cilindrada	Diesel	Turbo	Número de válv	Colores
▶ +	1	1	Seat	Toledo	1.900	☑	☑	8	Blanco, Ro
+	2	1	Seat	Ibiza	1.900	☑	☑	8	Blanco, Ro
+	3	1	Seat	Córdoba	1.900	☑	☑	8	Blanco, Ro
+	8	1	Seat	Alhambra	1.900	☑	☑	8	Blanco, Ro
*	(Autonumérico)	0	Seat		1.800	☐	☐	8	

3. **Filtro excluyendo la selección**. Funciona exactamente a la inversa que el anterior, el resultado muestra todos los datos de la tabla, excepto aquellos que coincidan con el que nos encontremos. Ejemplo:

Vehículos : Tabla

Código del vehí	Código del fabri	Marca	Modelo	Cilindrada	Diesel	Turbo	Número de válv	Colores
1	1	Seat	Toledo	1.900	☑	☑	8	Blanco, Ro
2	1	Seat	Ibiza	1.900	☑	☑	8	Blanco, Ro
3	1	Seat	Córdoba	1.900	☑	☑	8	Blanco, Ro
4	2	Citroen	Xsara	1.800	☐	☐	16	Blanco, Ro
5	4	Renault	Clio	1.400	☐	☐	8	Blanco, Ro
6	4	Renault	Megane	1.900	☑	☐	8	Blanco, Ro
7	2	Citroen	Xantia	2.100	☑	☑	8	Blanco, Ro
8	1	Seat	Alhambra	1.900	☑	☑	8	Blanco, Ro
9	3	Wolkswagen	Golf	2.000	☐	☐	16	Blanco, Ro
10	3	Wolkswagen	Passat	1.900	☑	☑	8	Blanco, Ro
11	5	Fiat	Bravo	1.800	☑	☑	8	Blanco, Ro
12	11	Audi	A3	1.900	☑	☑	8	Blanco, Ro
13	6	Peugeot	406	1.900	☑	☐	8	Blanco, Ro
14	10	Opel	Vectra	1.800	☐	☐	16	Blanco, Ro
15	10	Opel	Astra	1.600	☐	☐	8	Blanco, Ro
(Autonumérico)	0	Seat		1.800	☐	☐	8	

Si nos encontramos en el dato *Seat* del campo **Marca**, al aplicar el **Filtro excluyendo la selección** y activar el filtro (con el botón), obtendremos todos los vehículos excepto los de marca *Seat*:

Vehículos : Tabla

Código del vehí	Código del fabri	Marca	Modelo	Cilindrada	Diesel	Turbo	Número de válv	Colores
4	2	Citroen	Xsara	1.800	☐	☐	16	Blanco, Ro
5	4	Renault	Clio	1.400	☐	☐	8	Blanco, Ro
6	4	Renault	Megane	1.900	☑	☐	8	Blanco, Ro
7	2	Citroen	Xantia	2.100	☑	☑	8	Blanco, Ro
9	3	Wolkswagen	Golf	2.000	☐	☐	16	Blanco, Ro
10	3	Wolkswagen	Passat	1.900	☑	☑	8	Blanco, Ro
11	5	Fiat	Bravo	1.800	☑	☑	8	Blanco, Ro
12	11	Audi	A3	1.900	☑	☑	8	Blanco, Ro
13	6	Peugeot	406	1.900	☑	☐	8	Blanco, Ro
14	10	Opel	Vectra	1.800	☐	☐	16	Blanco, Ro
15	10	Opel	Astra	1.600	☐	☐	8	Blanco, Ro
(Autonumérico)	0	Seat		1.800	☐	☐	8	

4. **Filtro y orden avanzado**. Ofrece una ventana de trabajo idéntica a la de las consultas para que podamos filtrar los datos mediante el mismo método que utilizaríamos para crear una consulta (si lo desea, consulte el apartado ***Consultas en modo Vista Diseño*** del capítulo 23, dedicado a las ***Consultas con Access***, para recordar su manejo y todas las funciones que en ellas hay para poder aplicarlas igualmente a los filtros de este tipo):

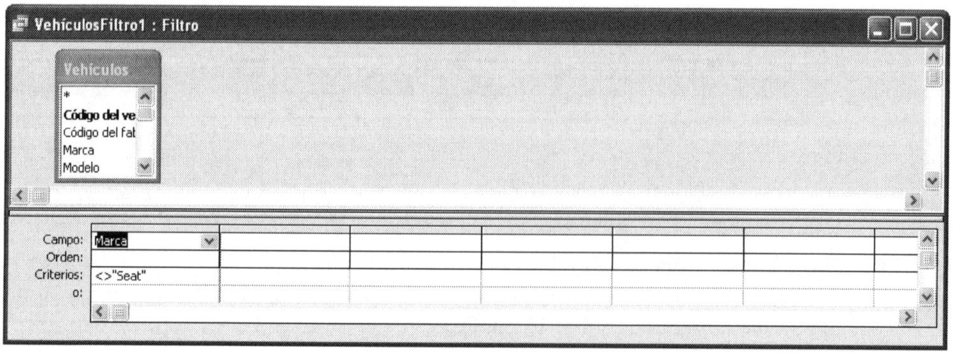

Ojo Para desactivar cualquiera de los filtros, sean del tipo que sean, vuelva a pulsar el botón (**Aplicar filtro**).

Ojo El menú **Registros** contiene las opciones **Aplicar filtro u ordenar** y **Quitar filtro u orden**, que realizan las mismas funciones que el botón (**Aplicar filtro**).

GRABAR DATOS

En realidad, si Access se utiliza correctamente, la función que vamos a ver aquí no será necesaria como tal. Sin embargo, sí que puede ser útil de vez en cuando.

Si abandonamos Access utilizando la opción **Salir** del menú **Archivo**, él se encargará de grabar automáticamente en el disco todos los cambios realizados en una base de datos: tabla, consulta, formulario, etc.

Por ello, es muy aconsejable que no se abandone Access de algún otro modo, que podríamos denominar anormal, ya que no se grabarían los últimos cambios realizados, obteniéndose, entonces, la correspondiente pérdida de datos.

Pero, independientemente de si salimos después de Access o no, podremos grabar los datos en cualquier momento. La función que vamos a exponer aquí sólo estará disponible cuando trabajemos con algún elemento de la base de datos o mientras realizamos su diseño.

Dicho en otras palabras, si **no** estamos situados en la ventana de base de datos, suele aparecer el botón en la barra de herramientas. Bastará con pulsarlo para grabar lo que tengamos hasta ese momento. Incluso, en ocasiones en que no sea visible este botón, el menú **Archivo** puede contener la opción **Guardar** con el que, igualmente, se almacena en el disco lo que hayamos hecho hasta ese instante.

IMPRIMIR DATOS

La fase de impresión de datos es un proceso idéntico para cada elemento de la base de datos, si bien el resultado será obviamente diferente: si elegimos una tabla y activamos la impresión, el resultado será, naturalmente, una tabla (si antes de imprimir activamos los botones Tablas y Abrir), mientras que si elegimos un informe y lo imprimimos, obtendremos en la página el informe correspondiente.

Ojo La función de imprimir resulta muy importante en los **Informes**, ya que un informe suele estar destinado a la impresora para obtener en papel los resultados que se hayan extraído de una tabla o una consulta.

Para imprimir cualquier parte de una base de datos, bastará con abrir el elemento en cuestión mediante la ventana de base de datos y después pulsar el botón de la barra de herramientas (que imprime todo el elemento completo). Si desea tener más control sobre lo que se imprime, active la opción **Imprimir** del menú **Archivo**. Al realizar esta acción, obtenemos en pantalla un cuadro de diálogo con los datos necesarios para imprimir:

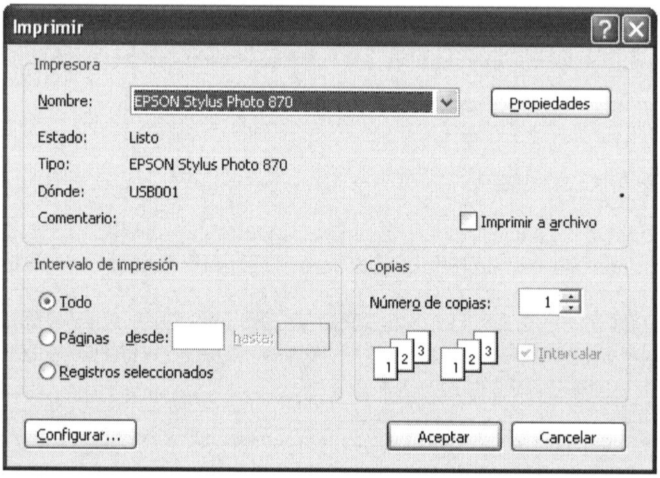

Como decíamos, este cuadro es el mismo para todos los elementos de la base de datos, aunque no así los resultados.

1. **Todo**: imprime el elemento completo (toda la tabla, el formulario entero, etc.).

2. **Páginas**: con este botón imprimiremos algunas páginas del elemento elegido en lugar de todas. Para ello, establezca en el cuadro de texto **desde** la primera hoja que vaya a imprimir y en **hasta** la última.

3. **Registros seleccionados**: imprime sólo los datos seleccionados previamente (varios registros, algunas páginas del informe, etc.). Para más información sobre la selección de datos consulte el apartado ***Cortar, Copiar y Pegar: Portapapeles*** en este mismo capítulo.

4. **Imprimir a archivo**: si se activa este botón, Access reproducirá en un archivo del disco lo mismo que aparecería por la impresora. Si utiliza este dato, será necesario escribir un nombre para el archivo.

5. **Número de copias**: establece el número de ejemplares que se obtendrán impresos. Utilícelo si desea imprimir varias copias del mismo elemento.

6. **Intercalar**: si se establecen varias copias (con la opción anterior), podrán intercalarse o no, activando el botón que posee este nombre. Si las copias se intercalan, aparecerá la primera copia completa del texto que se imprime, a continuación, la segunda, etc. Si no se intercalan, Access imprime la primera página del documento tantas veces como sea necesario, después, la segunda página, etc., hasta llegar al final del documento.

7. Propiedades: utilice este botón cuando desee modificar las características de impresión. El cuadro de diálogo que aparece muestra ciertas funciones que dependen enteramente de la impresora que se tenga conectada al equipo. Pero, en general, estas funciones son: modificar la calidad de impresión, la orientación del papel (vertical o apaisado), el tamaño de las hojas, etc.

8. Cuando haya terminado de seleccionar los datos necesarios, pulse el botón Aceptar para que la impresión se ponga en marcha.

COPIAR Y MOVER ELEMENTOS DE UNA BASE DE DATOS A OTRA

Otra función de Access en la que puede ser útil el portapapeles es la que permite trasladar tablas de una base de datos a otra, ya sea moverlas, eliminándolas de la base de datos original, o duplicándolas en otra base de datos.

En principio, el proceso es el similar a los casos anteriores:

1. Se selecciona una tabla de la base de datos (haciendo clic sobre ella en la ventana de base de datos).

2. Se elige la opción **Copiar** del menú **Edición**, o cualquiera de sus variantes; así, si lo que deseamos es mover la tabla de una base a otra, elegiríamos **Cortar** en lugar de **Copiar**.

3. Se abre la base de datos en la que vayamos a alojar la copia de la tabla.

4. Se elige la opción **Pegar** del menú **Edición**.

Hasta aquí es el mismo proceso que hemos empleado siempre para el uso de las funciones del portapapeles. Ahora bien, en Access, cuando se pega una tabla en una base de datos aparece un cuadro de diálogo como el siguiente:

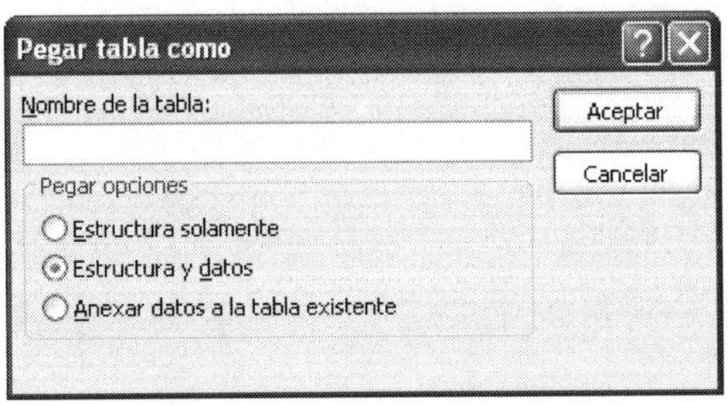

En este cuadro de diálogo deberá dar nombre a la copia de la tabla (en **Nombre de la tabla**; normalmente el mismo nombre que tenga la tabla original) y elegir si va a copiar la tabla sin los datos de sus registros (**Estructura solamente**), con los datos de sus registros (**Estructura y datos**), o bien, si los datos de la tabla original deberán añadirse a los de la tabla cuyo nombre escribamos (**Anexar datos a la tabla existente**, en cuyo caso, deberá existir dicha tabla en la base de datos para tener dónde añadirlos).

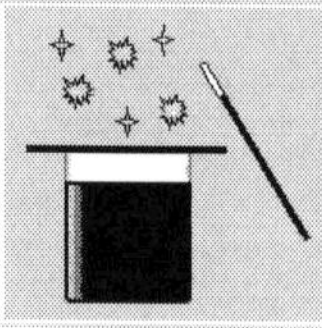

Las funciones de **Copiar** y **Pegar** pueden realizarse dentro de la misma base de datos si lo que desea es duplicar una tabla en la misma base, aunque, en ese caso, el nombre de la nueva tabla deberá ser forzosamente diferente al de la tabla original (no puede haber dos tablas con el mismo nombre dentro de una misma base de datos).

ELIMINAR ELEMENTOS DE LA VENTANA DE BASE DE DATOS

Si una tabla, consulta, informe, formulario, etc., se vuelve innecesario, lo mejor es eliminar el elemento de la base de datos. Para ello, seleccione el elemento en la ventana de base de datos y pulse la tecla **Supr** (o elija la opción **Eliminar** del menú **Edición**).

Hemos de advertir que los elementos que se eliminen de la base de datos no pasan a la papelera de reciclaje de Windows, por lo que, una vez borrados, no podrán recuperarse de ningún modo.

Para eliminar un elemento de la base de datos, selecciónelo. Por ejemplo, podríamos borrar una tabla:

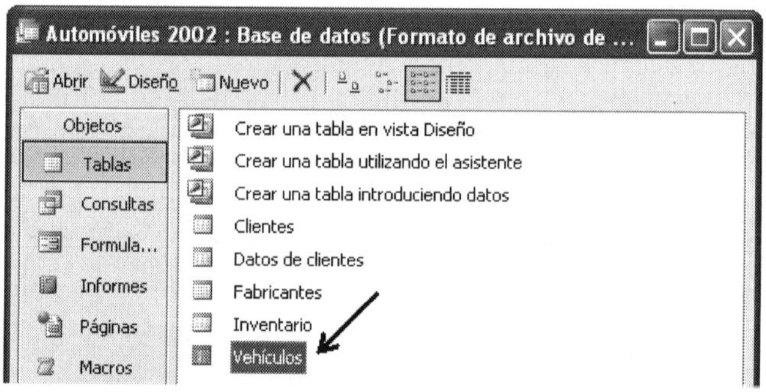

Una vez elegido el elemento (en nuestro caso la tabla *Vehículos*) y pulsada la tecla **Supr** (o el botón  de la ventana de base de datos), Access nos pedirá confirmación para el borrado del elemento (y deberemos pulsar el botón 

para realizarlo):

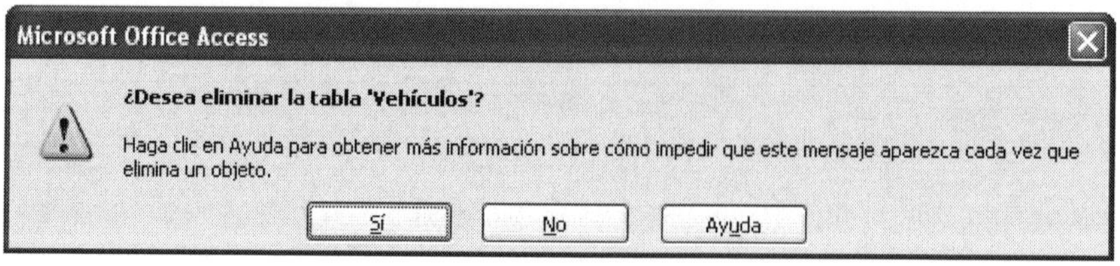

CAMBIAR DE NOMBRE A LOS ELEMENTOS DE UNA BASE DE DATOS

Si el nombre de un elemento de la base de datos no le satisface, puede cambiarlo por otro utilizando la opción **Cambiar nombre** del menú **Edición**. Para ello, debe elegir primero el elemento de la base de datos al que desea renombrar (por ejemplo, la tabla *Clientes*). Cuando lo haya elegido, utilice la opción **Cambiar nombre**. También puede pulsar la tecla **F2** o hacer dos clics en el elemento en cuestión. Recuerde no hacer ambos clics demasiado rápido, ya que, de lo contrario, Windows detectará un doble clic en lugar de dos clics.

Cuando realice una de estas dos acciones, aparecerá un cursor para que pueda escribir el nuevo nombre del elemento directamente en el mismo icono y pulse **INTRO** cuando termine. Esto aparecerá en la pantalla del siguiente modo: 

GRUPOS

Puede crear grupos para colocar iconos con los elementos de su base de datos más utilizados. Inicialmente, la ventana de base de datos ya ofrece el grupo **Favoritos** en su parte inferior.

Podemos utilizarlo para crear iconos de acceso directo a nuestras tablas, consultas, formularios, etc. Así, si se necesita acceder a uno de ellos, no hay que activar antes el botón correspondiente (
, 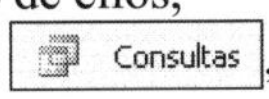
, 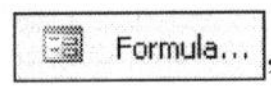
, etc.), sino que podremos ver su icono en el grupo **Favoritos** y activarlo desde allí.

Para crear accesos directos en el grupo, bastará con arrastrar cualquier elemento de la base de datos (una tabla, una consulta, etc.) hasta el grupo en cuestión:

Esto crea un icono de acceso directo dentro del grupo al que podemos acceder como si se encontrara en su lugar original (en la lista de tablas, de consultas, etc.).

Crear, modificar y eliminar grupos

Aparte del grupo **Favoritos** que ya ofrece Access en cada nueva base de datos, podemos crear nuestros propios grupos si los necesitamos. Para ello, debemos acceder al menú **Edición** y seleccionar la opción **Grupos**, lo que nos ofrece un pequeño submenú con las siguientes opciones (aunque esta opción no existe en la versión 2000, puede utilizar el botón derecho del ratón y elegir **Nuevo grupo** en el menú que aparece para añadirlo):

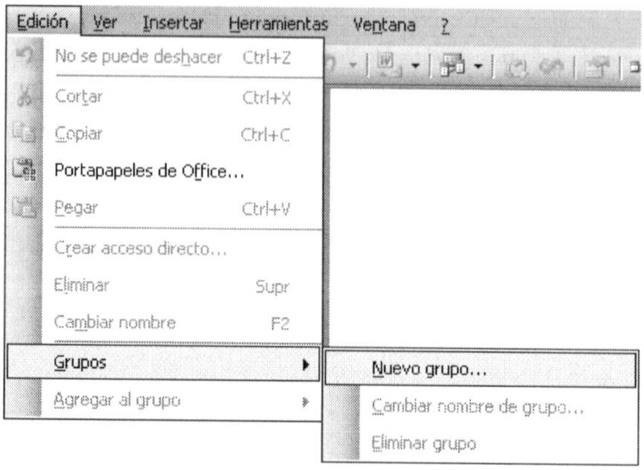

Seleccione **Nuevo grupo** y Access le ofrecerá un cuadro de diálogo en el que deberá escribir el nombre del nuevo grupo:

Al hacerlo, el grupo aparecerá en la ventana de base de datos debajo del de **Favoritos**:

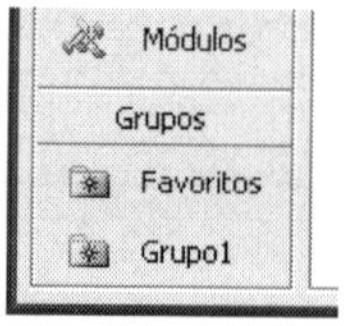

Si hace clic en él, el menú anterior le permitirá cambiar su nombre (mediante la opción **Cambiar nombre de grupo**) y borrarlo (mediante la opción **Eliminar grupo**). En la versión 2000 estas opciones aparecen pulsando el botón derecho sobre el grupo.

COMPACTAR Y REPARAR BASES DE DATOS

Con todos los cambios que se realizan en una base de datos, el archivo que la contiene en el disco suele plagarse de huecos vacíos que pertenecieron a datos ahora eliminados. Esto provoca que el tamaño del archivo ocupe un espacio artificialmente alto en el disco, ya que si pudiésemos eliminar esos huecos el archivo ocuparía menos espacio.

Esta operación puede conseguirse accediendo al menú **Herramientas** y seleccionando la opción **Utilidades de la base de datos**, ya que en el submenú que aparece disponemos de la opción que es capaz de realizarla: **Compactar y reparar base de datos**. Esta opción no le preguntará nada, simplemente se pondrá a trabajar para conseguir el objetivo.

Asimismo, si una base de datos está dañada, esa misma opción podría repararla (dependiendo del tipo de daño de la base de datos). Siempre es aconsejable intentar repararla con dicha opción por si puede corregir el error.

Ojo

Los huecos vacíos se generan cada vez que se elimina algo de la base de datos (uno o varios registros, un formulario, un informe, una tabla, una consulta, etc.) o cuando se reduce el tamaño de un campo. Por este motivo, resulta adecuado utilizar la opción **Compactar y reparar base de datos** de vez en cuando para procurar que el archivo de nuestra base de datos no se haga excesivamente grande.

CAMPOS DE TIPO *OBJETO OLE*

Un ejemplo más concreto para el uso del portapapeles que hemos visto en el apartado anterior puede surgir cuando vamos a incorporar a un registro un campo de tipo **Objeto OLE**, que puede contener varios tipos de datos soportados por Windows: texto, imágenes y sonidos. Un campo de este tipo está pensado para almacenar datos procedentes de otros programas.

Si se diseña una tabla con un campo de tipo **Objeto OLE**, al introducir datos en ese campo debemos tener una consideración especial. Para incorporar su contenido al campo (suponiendo que aún esté vacío) podemos utilizar el botón derecho del ratón sobre él en la tabla, con lo que obtendremos un menú con varias funciones que permiten el manejo sencillo de este tipo de datos:

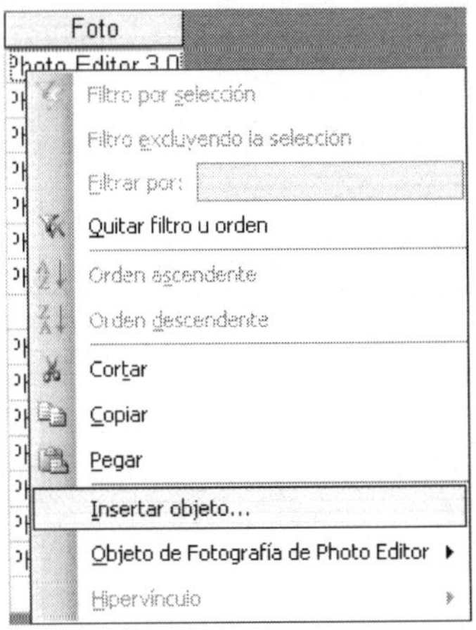

1. Con **Insertar objeto** podemos dar un contenido al campo. También puede activarse desde el menú **Insertar** mediante la opción **Objeto**. Al seleccionar uno de ambos, obtendremos un cuadro de diálogo con todos los posibles objetos que se pueden insertar. La lista de objetos posibles depende de las aplicaciones que tengamos instaladas en el equipo. No obstante, el aspecto general que ofrece este cuadro es el siguiente:

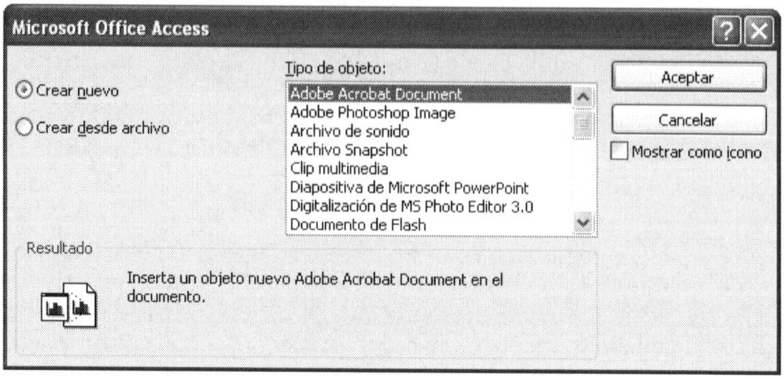

2. **Cortar**, **Copiar** y **Pegar** tienen las funciones que ya hemos explicado en el apartado anterior. Por ejemplo, si el portapapeles contiene información que desea incorporar al campo **Objeto OLE** (que se habrá cortado o copiado), bastará con seleccionar **Pegar** y la información se incorporará al campo en cuestión.

CAMPOS DE TIPO *ASISTENTE PARA BÚSQUEDAS*

Ya sabemos que, cuando se va a seleccionar un tipo de dato para un campo durante la creación de una tabla, uno de los tipos que se nos ofrece es **Asistente para búsquedas**. Esta opción es, en realidad, una forma de insertar una consulta directamente en una tabla relacionando dos tablas de la base de datos.

OjO Existen ciertos campos en los que no se puede elegir esta opción, por ejemplo, los campos que estén relacionados con otros de otra tabla o los campos en los que previamente hayamos elegido el tipo **Objeto OLE**.

Cuando se selecciona **Asistente para búsquedas** en un campo (al crear una tabla en el modo **Vista Diseño**), aparece lo siguiente:

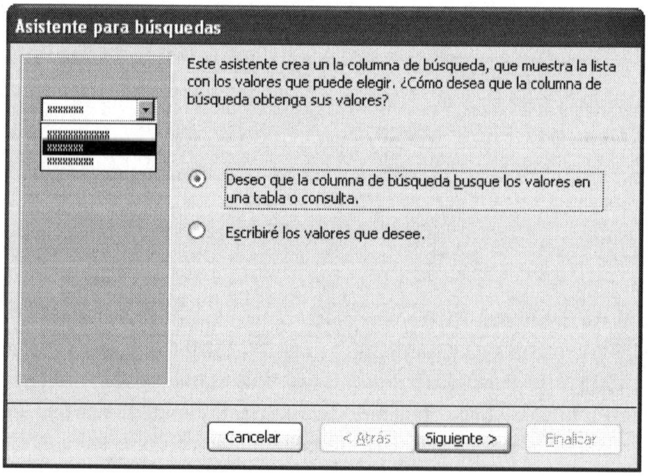

En este primer paso del asistente podemos elegir si la consulta utilizará datos de otra tabla para relacionar dos de ellas, activando el botón **Deseo que la columna de búsqueda busque los valores en una tabla o consulta**, o bien si la consulta utilizará los datos que el mismo usuario indique, activando el botón **Escribiré los valores que desee**.

Nosotros seguiremos la primera opción, aunque la segunda es similar y sólo habrá que ofrecer los datos de los siguientes pasos del asistente. Según nuestra opción, el cuadro de diálogo del siguiente paso del asistente presentará este aspecto:

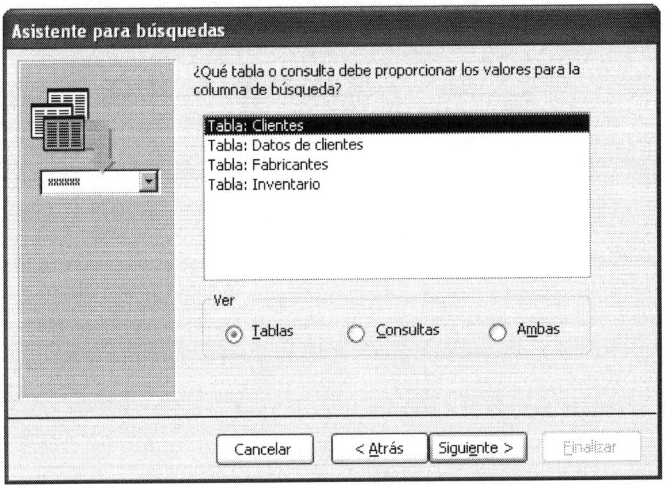

Este paso muestra el resto de las tablas de la base de datos con las que podremos relacionar el campo que estamos creando. Este cuadro no sólo permite elegir tablas, sino también consultas, para lo cual utilizaremos los botones del grupo **Ver**.

Una vez elegida la tabla con la que vamos a relacionar la que estamos creando, pulsaremos el botón Siguiente > para pasar al próximo paso:

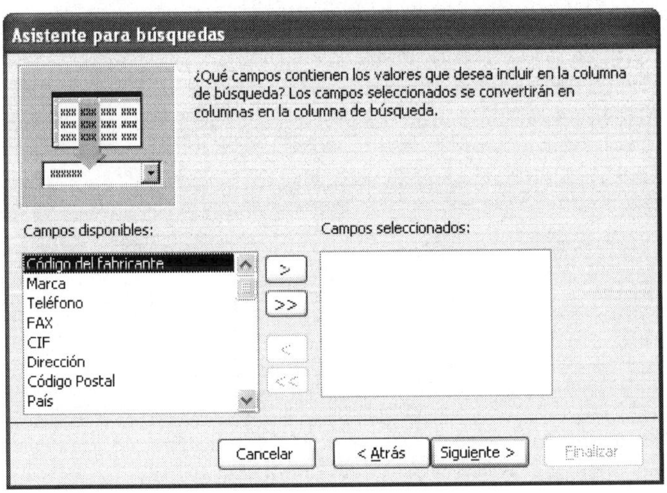

Elija los campos de la tabla elegida que formarán parte de la nueva. Para ello, utilice los botones [>], [>>], [<] y [<<] del mismo modo que hemos visto en ocasiones anteriores. Hasta que no añada al menos un campo a este cuadro, no podrá pasar al siguiente paso, lo que se consigue mediante el botón [Siguiente >], accederá al siguiente paso (este paso es nuevo a partir de la versión 2003 y no existe en las anteriores):

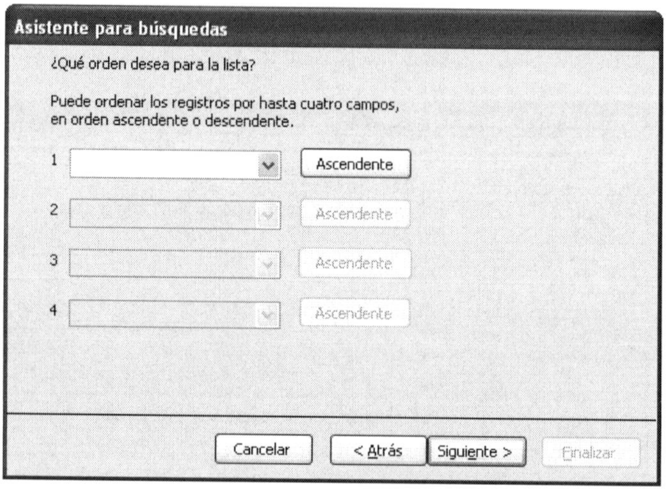

Se emplea para elegir qué dato debe emplearse para que el resultado aparezca ordenado. Puede elegir hasta cuatro campos para la ordenación.

Al pulsar el botón [Siguiente >] obtenemos un nuevo paso (que existe en todas las versiones de Access):

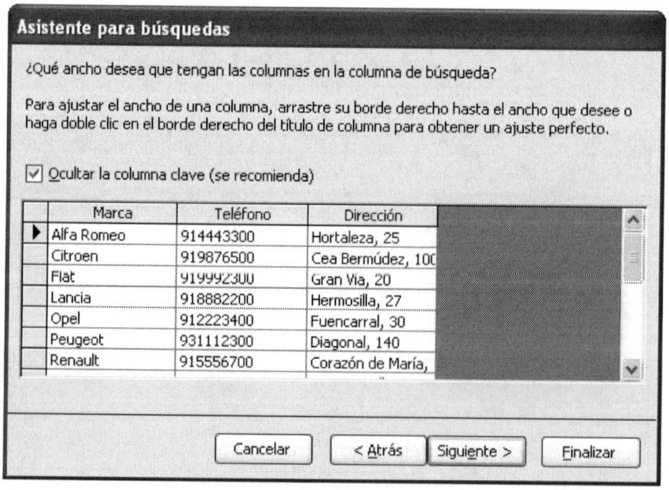

En este paso, aparecen los campos elegidos. Su función es permitir ampliar o reducir la anchura de éstos. Para ello, lleve el puntero del ratón hasta un borde (izquierdo o derecho) del campo, haga clic y, sin soltar el botón del ratón, arrastre a un lado u otro.

Cuando pulse el botón [Siguiente >], accederá al último paso:

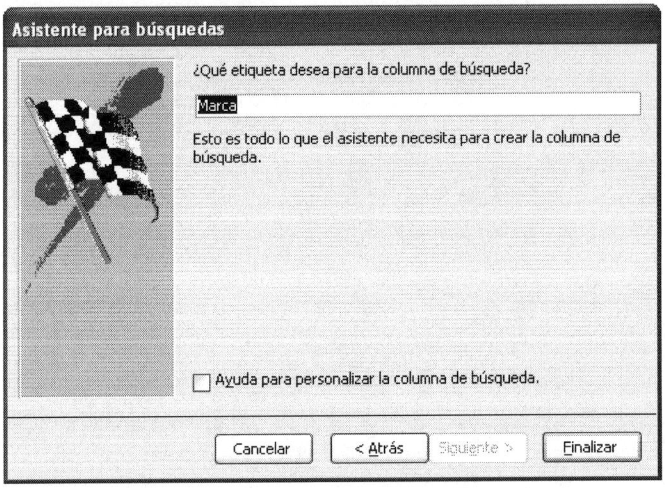

En este último paso deberá escribir el nombre que tendrá la columna del nuevo campo en la tabla. Cuando lo escriba, pulse el botón [Finalizar].

Ahora podrá ver en la tabla los campos *Marca*, *Teléfono* y *Dirección* que hemos creado en nuestro ejemplo con el asistente. Este campo es, en realidad, un dato que procede de otra tabla, relacionando ambas.

SISTEMAS DE PROTECCIÓN DE DATOS

Access dispone de varios sistemas para la protección de una base de datos. Para ello, lleva incorporado un submenú con opciones cuyo nombre es **Seguridad**, dentro del menú **Herramientas**, que aparece siempre que tengamos activada la ventana de base de datos:

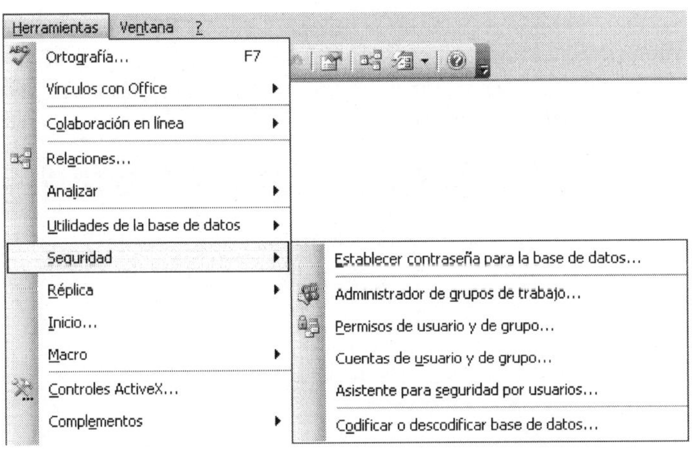

1. La opción **Establecer contraseña para la base de datos** le permite establecer una clave gracias a la cual podrá impedir a usuarios no autorizados el uso de una base de datos. Como es habitual se maneja mediante un cuadro de diálogo:

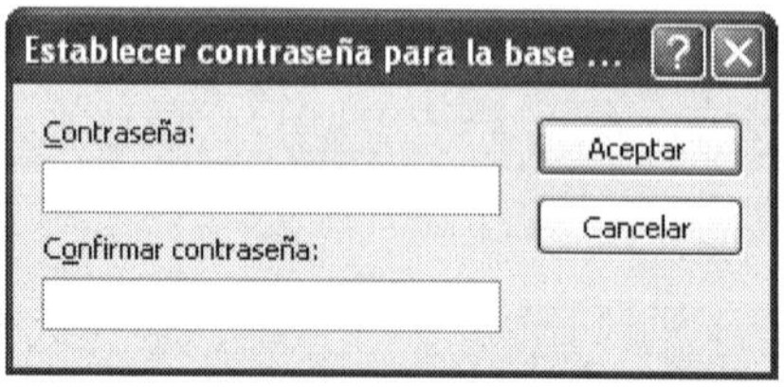

Ojo

Para que esta opción funcione correctamente debemos tener abierta la base de datos en modo exclusivo (sin que ningún otro usuario la esté utilizando en ese momento al mismo tiempo que nosotros). Si no es así, Access le advertirá que debe cerrar la base de datos y abrirla de nuevo en modo exclusivo. Para abrirla en este modo, seleccione **Archivo**, **Abrir** y, en el cuadro de diálogo que aparezca, despliegue el botón 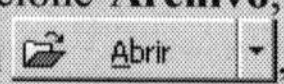, seleccionando **Abrir en modo exclusivo** en las opciones que vea.

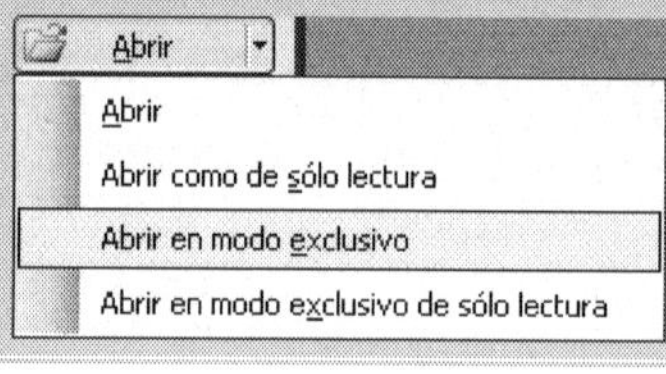

- La nueva clave debe escribirse en el cuadro de texto **Contraseña**. La contraseña no puede verse para mayor seguridad e irán apareciendo asteriscos al teclear.

- En el cuadro de texto **Confirmar contraseña** escribiremos la clave de nuevo. Como las contraseñas no se ven, será necesario escribir la clave dos veces. De este modo, si nos equivocamos al escribir una de ellas, como serán diferentes, Access nos advertirá de ello y será necesario escribir ambas de nuevo (él no puede saber cuál de las dos claves es la correcta).

2. El **Administrador de grupos de trabajo** permite crear y modificar grupos de trabajo: grupos de usuarios que comparten una base de datos para trabajar en equipo. Esta opción nos lleva al siguiente cuadro de diálogo:

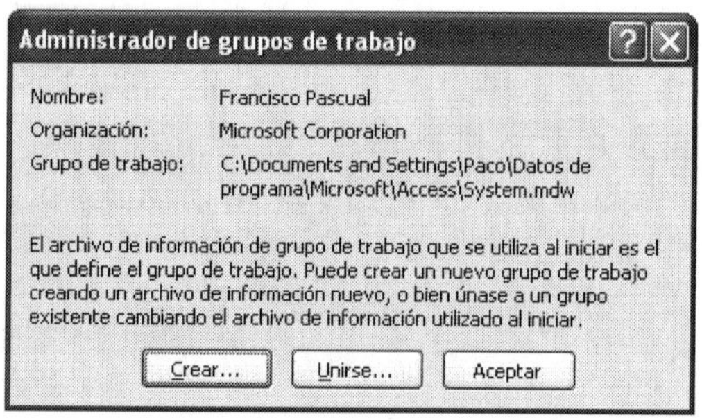

- Utilice [Crear...] para definir nuevos grupos de trabajo. Para ello, será necesario asignar ciertos datos al grupo (Nombre del grupo, Empresa y un identificador para reconocer el grupo) mediante el cuadro de diálogo que se ofrece al pulsar este botón:

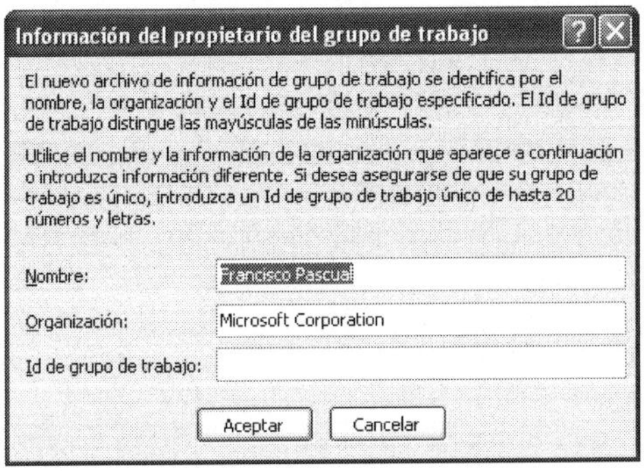

A continuación, Access le pedirá que indique el nombre del archivo en el que se va a registrar la información del grupo. Teclee el nombre del archivo o utilice el botón [Examinar...].

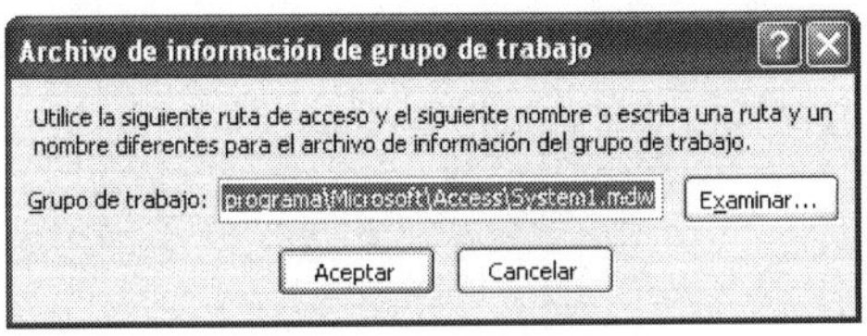

- Utilice [Unirse...] para unirse a un grupo de trabajo. Esta opción lleva al cuadro de diálogo que acabamos de ver para teclear el nombre del archivo (y su unidad de disco y carpeta) que contiene la información del grupo al que deseamos unirnos.

3. Con **Permisos de usuario y de grupo** podemos establecer privilegios sobre una base de datos. Se obtiene un cuadro de diálogo con dos fichas:

- La ficha **Permisos** permite establecer autorizaciones:

  a) La lista **Nombre del usuario o de grupo** contiene datos sobre los posibles autorizados: **Administrador** (en principio, dueño y creador de la base de datos o supervisor de la red en la que ésta se encuentre) e **Invitado** (un usuario de la base de datos: no necesariamente su creador).

  b) La lista **Nombre de objeto** contiene los elementos que se van a autorizar. Puede ser cualquier elemento de una base de datos (tabla, consulta, informe, etc.). Esta lista puede mostrar los elementos de la base de datos gracias a la lista desplegable **Tipo de objeto**, en la que elegimos el elemento en cuestión.

  c) El grupo **Permisos** muestra una lista de los privilegios que se pueden otorgar a un usuario sobre los elementos de la base de datos. Por ejemplo, si se activa el botón **Leer datos**, el usuario estará autorizado a leer el elemento indicado en la lista **Nombre de objeto** (pero no podrá grabar nada en él, a menos que también se le autorice a ello mediante el botón **Actualizar datos**).

- La ficha **Cambiar propietario** permite indicar quién es el *dueño* de un elemento de la base de datos (tabla, consulta, etc.). Para ello, se ofrece una lista con los elementos y los usuarios, permitiendo establecer el nuevo propietario del elemento. Utilizaremos este cuadro de diálogo:

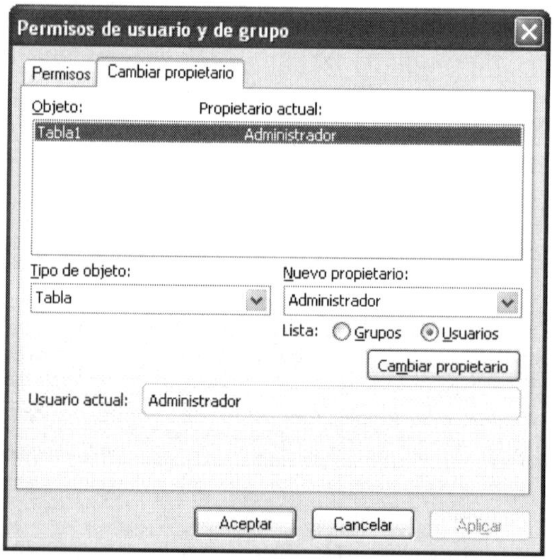

3. De vuelta en el menú, la opción **Cuentas de usuario y de grupo** permite establecer datos complementarios para usuarios y grupos con respecto a la seguridad. Este cuadro de diálogo de Access ofrece tres fichas para asignar los datos necesarios:

   - La ficha **Usuarios** permite crear y cambiar usuarios. Generalmente, cada miembro de una red de ordenadores es un usuario, y será necesario actualizar Access cada vez que se añada o cambie un usuario de la red.

a) En el grupo **Usuario** se establece el nombre del nuevo usuario, para lo que utilizaremos el cuadro de texto **Nombre**. Pulse el botón [Nueva...] para añadir el nuevo usuario a la lista. Si desea borrar un usuario, utilice el botón [Eliminar]. Y si es necesario eliminar la contraseña de un usuario, pulse [Borrar contraseña].

b) Con los datos de **Miembro del grupo** puede establecer un nombre que engloba a varios usuarios (el grupo). Utilice los **Grupos disponibles** para añadirlos a la lista **Miembro de**. Para ello, utilice los botones [Agregar >>] y [<< Quitar] que, respectivamente, añaden y eliminan un grupo a la lista.

- La ficha **Grupos** permite manejar los grupos que contienen usuarios. Si con la opción anterior manejábamos los usuarios, con ésta crearemos y eliminaremos grupos de usuarios. Para ello, utilizaremos el siguiente cuadro de diálogo:

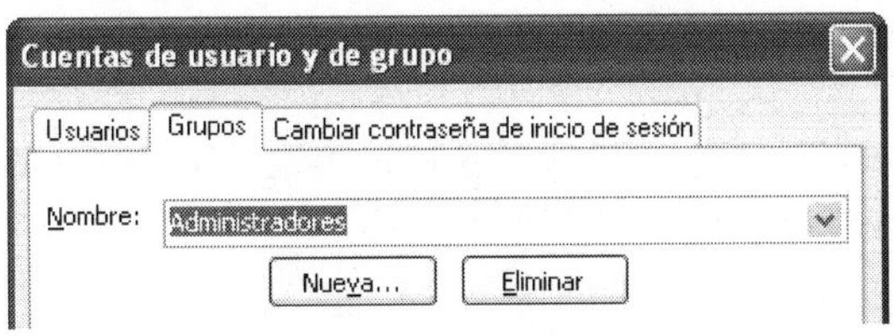

a) Escriba el nombre del grupo en el cuadro de texto **Nombre**. El que escriba será el que vaya a crear o eliminar.

b) Para indicar que el nombre escrito es un nuevo grupo, pulse el botón [Nueva...].

c) Para borrar el grupo que se haya escrito, pulsaremos el botón [Eliminar].

- La ficha **Cambiar contraseña de inicio de sesión** permite también cambiar las contraseñas de la base de datos. El aspecto que presenta esta ficha es el siguiente:

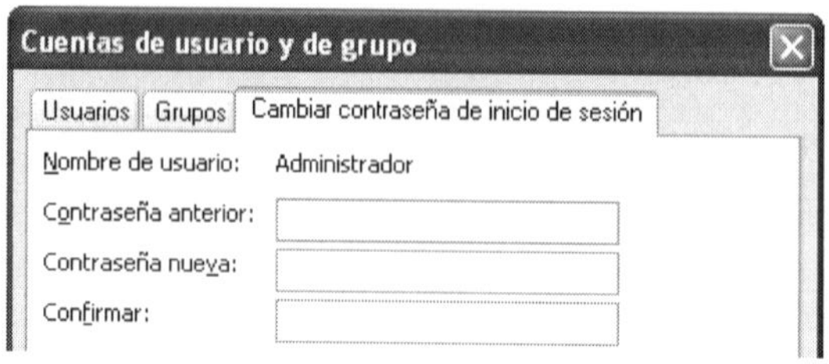

a) Antes de poder cambiar la clave, será necesario escribir la antigua. Para ello, utilizaremos el cuadro de texto **Contraseña anterior**.

b) La nueva clave debe escribirse en el cuadro de texto **Contraseña nueva**. La contraseña no puede verse para mayor seguridad.

c) En el cuadro de texto **Confirmar** escribiremos la clave de nuevo. Como las contraseñas no se ven, será necesario escribir la clave dos veces. De este modo, si nos equivocamos al escribir una de ellas, como serán diferentes, Access nos advertirá de ello y será necesario escribir ambas de nuevo (Access no puede saber cuál de las dos claves es la correcta).

4. **Asistente para seguridad por usuarios** (dentro del menú **Herramientas/Seguridad**) permite establecer a qué parte de la base de datos deseamos asignar todos los datos que hemos explicado para la protección de datos, utilizando para ello un asistente, que nos guiará, paso a paso, con esa finalidad.

5. Por último, la opción **Cifrar o descifrar base de datos** se utiliza para codificar una base de datos completa de modo que otro sistema de gestión de base de datos (como dBASE, Paradox, etc.) no pueda leerla. Esta opción lleva al cuadro de diálogo de *abrir documentos* para que elijamos la base de datos que deseamos codificar (o decodificar si la base ya estaba codificada).

FORMATOS PARA LAS TABLAS

Como su nombre indica, la opción de formato permite dar forma. En nuestro caso vamos a dar forma a las tablas de una base de datos.

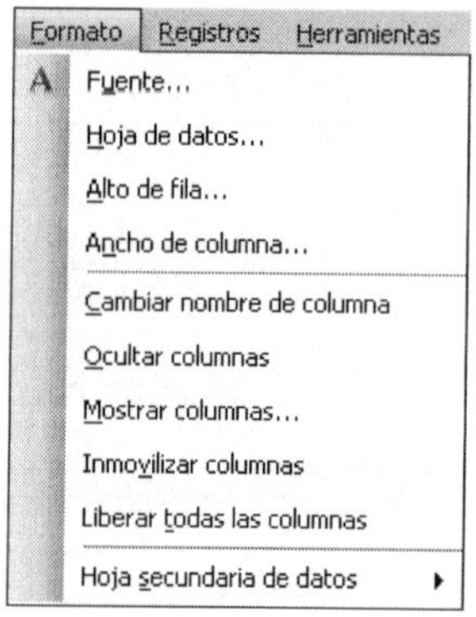

Cuando se abre una tabla para trabajar con su contenido (con los botones Tablas y Abrir), aparece en el menú la opción **Formato**. Este menú tiene varias opciones para darle forma a la tabla. Puede ver el menú en la figura junto al margen.

> **OjO** Tenga presente que las opciones que ofrece este menú afectan a toda la tabla. Por ejemplo, no servirá de nada seleccionar un par de columnas con la intención de cambiar su tipo de letra porque Access cambiará el tipo de letra de todas las columnas de la tabla a pesar de que haya seleccionado esas dos.

1. La opción **Fuente** permite establecer un tipo de letra para los datos de la columna. Una vez que se establece un tipo de letra, aspecto, tamaño, color, etc., todos los datos utilizan esas funciones para ofrecer su aspecto al aparecer en la tabla. El cuadro de diálogo que debemos utilizar para este trabajo es el siguiente:

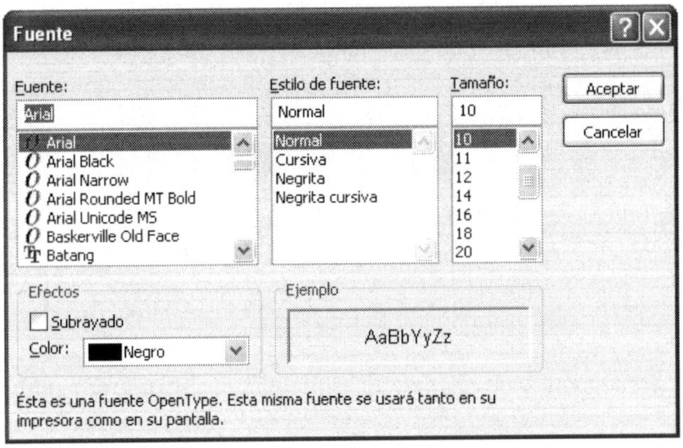

2. Con la opción **Hoja de datos** podremos rellenar de color y asignar un borde a las celdas de la tabla que previamente se hayan seleccionado. Es posible, incluso, añadir efectos tridimensionales utilizando las opciones **Efecto de la celda** que aparecen en el cuadro de diálogo que ofrece esta opción cuando se activa:

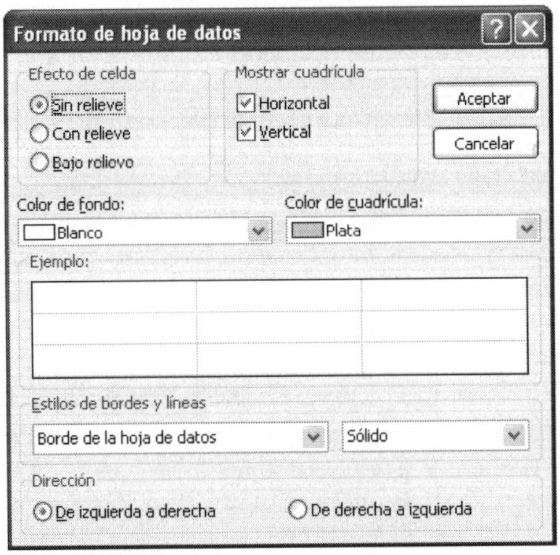

3. La opción **Alto de fila** permite establecer la altura de las filas. Primero elija la fila o filas a las que va a cambiar de altura y después active esta opción que le ofrecerá el siguiente cuadro de diálogo:

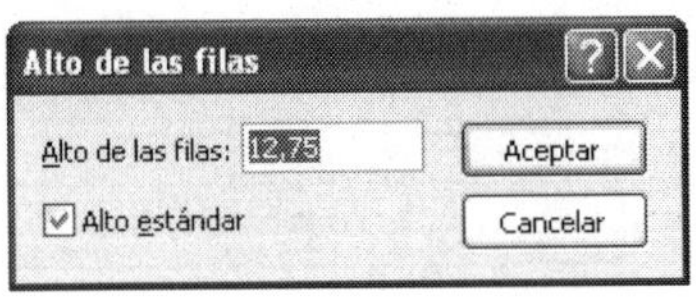

- Establezca la nueva altura con el cuadro de texto **Alto de las filas**.
- Active la casilla **Alto estándar** para establecer la altura original de las tablas de Access.

4. La opción **Ancho de columna** permite variar la anchura de la columna o columnas que previamente se seleccionen. El cuadro de diálogo que se ofrece es similar al anterior:

- Establezca la nueva anchura con el cuadro de texto **Ancho de columna**.
- Active la casilla **Ancho estándar** para asignar la anchura original de la tabla.
- El botón 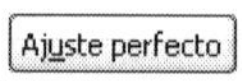

ajusta cada columna a su anchura ideal, ampliándola o reduciéndola hasta que encajen perfectamente todos sus datos.

5. La opción **Cambiar nombre de columna** permite establecer un nuevo nombre para el campo que previamente se seleccione. Para ello, aparecerá un cursor junto al antiguo nombre y podremos escribir el nuevo para la columna.
6. La opción **Ocultar columnas** esconde las columnas previamente seleccionadas.
7. La opción **Mostrar columnas** abre un cuadro de diálogo que permite mostrar y ocultar columnas de la tabla. Para ello, sólo será necesario hacer un clic sobre el campo cuya columna deseamos mostrar. Podrán verse, en la tabla, aquellos campos cuyo botón activemos. Si desactivamos su botón, la columna no aparecerá en la tabla. Éste es un ejemplo del cuadro de diálogo con algunos campos:

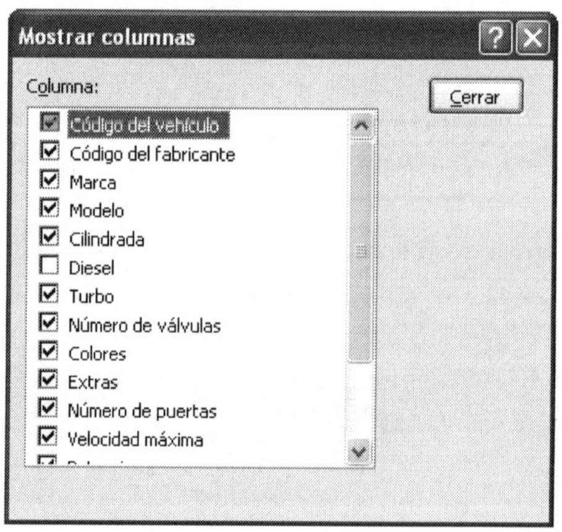

8. La opción **Inmovilizar columnas** fija la columna o columnas seleccionadas a la izquierda de la tabla y no podrán moverse a otro lugar entre las demás.

9. La opción **Liberar todas las columnas** libera las columnas que se hayan inmovilizado mediante la opción anterior.

10. Por último, la opción **Hoja secundaria de datos** permite añadir una hoja que contenga datos de otras tablas con las que esté relacionada. Veamos esto más al detalle.

Hojas secundarias de datos

Cuando una tabla está relacionada con otras, puede resultar interesante que podamos ver de forma ágil y sencilla datos de esas tablas relacionadas desde aquella en la que nos encontramos. Esa tarea la podemos realizar creando hojas secundarias de datos.

Comience por abrir una tabla y, observe que a la izquierda de la columna que compone el primer campo aparece una columna con un signo de sumar (+) en cada fila. Se trata del **indicador de expansión** (ya que muestra si la hoja secundaria está o no expandida):

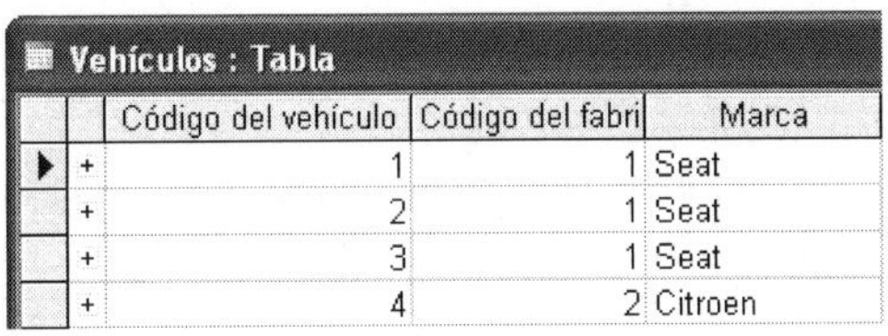

Haga clic sobre uno de esos indicadores de expansión (+) para crear la nueva hoja de datos. Access ofrecerá el siguiente cuadro de diálogo:

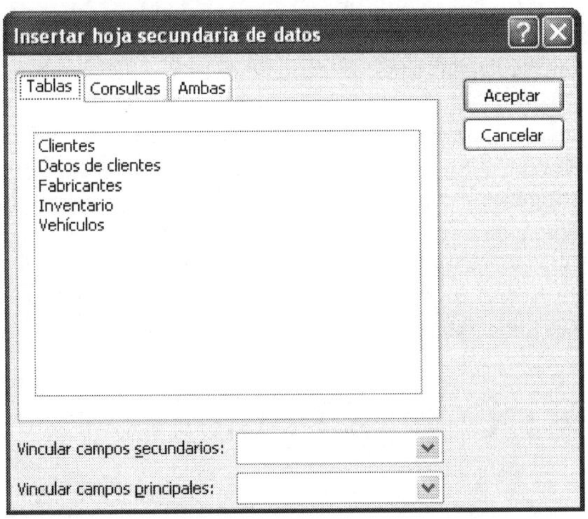

En la lista de tablas (en nuestro ejemplo, *Clientes*, *Datos de clientes*, *Fabricantes*, *Inventario* y *Vehículos*) debemos elegir aquella cuyos datos deseamos ver en la hoja secundaria. Al hacerlo, podrá elegir los campos que relacionen ambas tablas en las listas **Vincular**

campos secundarios y **Vincular campos principales** (normalmente debe ser el mismo campo pero, como vimos en las relaciones, lo importante no es que ambos campos se llamen igual, sino que contengan datos que coincidan). En cuanto acepte el resultado, ambas tablas quedarán vinculadas y podrá ver los datos relacionados de las dos en la misma ventana.

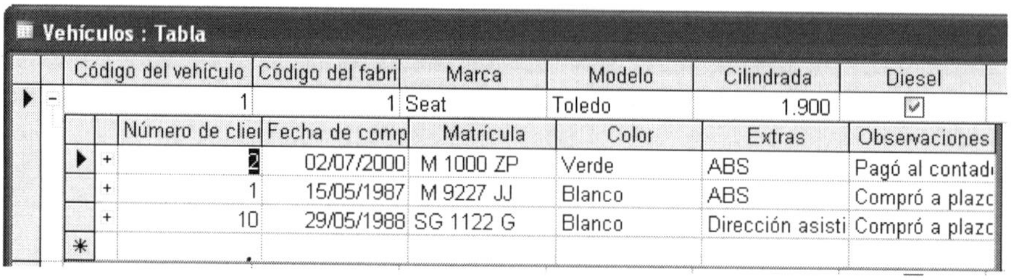

Así, en nuestro ejemplo puede ver que el número de cliente *2* está relacionado con un *SEAT Toledo* (que probablemente sea su coche puesto que hablamos de un cliente).

Para esa fila (la del *Seat Toledo*) ha cambiado el indicador de expansión (+: que realiza la función de desplegar) y, en su lugar, tenemos uno con el símbolo de restar (-: que realiza la función de contraer). Así pues, haga clic sobre el nuevo indicador de expansión si desea que desaparezca momentáneamente la hoja secundaria. Bastará con hacer clic de nuevo sobre él (en cualquier fila) para volver a ver sus datos relacionados en una hoja secundaria.

Recuerde que el sistema de manejo de las hojas secundarias se realiza desde el menú **Formato**, mediante su opción **Hoja secundaria de datos**, que ofrece un submenú con tres más (vea la figura junto al margen):

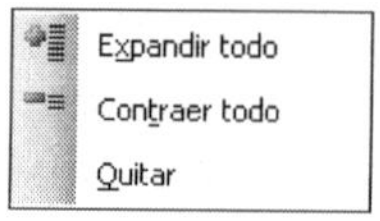

1. Con **Expandir todo** se desplegarán todas las filas mostrando sus datos relacionados en hojas secundarias. Es el equivalente de hacer clic en todos los indicadores de expansión de la tabla cuando están en el estado +. Si se emplea esta opción sin haber creado el vínculo entre las tablas, aparecerá el cuadro de diálogo que vimos antes para que podamos crear el vínculo ahora.

2. **Contraer todo** realiza la función inversa, es decir, contrae todas las hojas secundarias. Es el equivalente de hacer clic en todos los indicadores de expansión de la tabla cuando se encuentran en el estado -.

3. **Quitar** elimina el vínculo entre las tablas. Gracias a él podremos, además, crear un vínculo distinto con otras tablas creando otras hojas secundarias de datos mediante el menú **Insertar**, seleccionando su opción **Hoja secundaria de datos**.

IMPORTAR Y EXPORTAR TABLAS

Una posibilidad que ofrece Access es la de utilizar tablas de otros sistemas de base de datos como dBase, Paradox o Fox Pro. Las dos funciones que pueden realizarse con respecto a esto son las importaciones y las exportaciones:

1. Importar consiste en traer a un programa datos de otro utilizando el archivo en que esos datos fueron almacenados. En nuestro caso, Access puede importar tablas de otras bases de datos y de otros programas como hojas de cálculo o procesadores de texto.

2. Exportar es la operación contraria: grabar datos de una tabla de Access como si se estuviesen grabando con otro sistema. El resultado es una tabla con el formato de otro programa.

Las funciones de importar y exportar datos con Access se encuentran en el menú **Archivo**. Para importar datos de otro programa, utilizaremos su opción **Obtener datos externos**. Esta opción genera un submenú entre cuyas opciones se encuentra **Importar** cuyo cuadro de diálogo se maneja igual que el de abrir documentos; sin embargo, en el tema de las importaciones, hay un dato de este cuadro que adquiere más importancia. Se trata de **Tipo de archivo**, que nos permitirá seleccionar el programa original con el que se creó la base de datos que vamos a importar.

Cuando hayamos seleccionado esos datos, en el cuadro central se nos mostrará una lista con las bases de datos disponibles, entre las que deberemos elegir la adecuada, para pulsar a continuación el botón [Importar]. Si hay algún problema a la hora de importar la tabla elegida, Access mostrará un cuadro de diálogo indicándolo.

La exportación se realiza de un modo similar. Lo primero es elegir una tabla de la base de datos y después activar una de las dos opciones siguientes del menú **Archivo**:

1. **Guardar como**. Como de costumbre obtendremos un cuadro de diálogo:

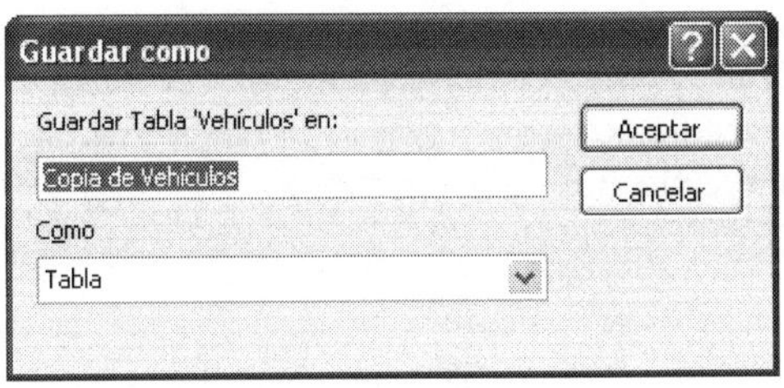

- En este cuadro de diálogo hemos de indicar en el cuadro de texto **Guardar Tabla 'XXXX' en** un nuevo nombre para la tabla seleccionada (en nuestro ejemplo *Copia de Vehículos*), ya que lo que hará Access es crear una copia de la tabla en la base de datos con un nombre distinto del que hasta ahora tenía.

- Por otro lado, podemos guardar la copia transformándola en un **Formulario**, un **Informe**, etc., desplegando la lista **Como**, si bien, no siempre es factible la conversión: depende de si el original es o no convertible en uno de esos elementos.

También puede utilizar **Guardar como** del menú **Archivo** para duplicar tablas, consultas y otros elementos de la base de datos. Para ello, simplemente siga los pasos que acabamos de describir. De este modo si necesita crear dos elementos casi iguales, bastará con duplicar el original y modificar las diferencias, y no será necesario crear el nuevo elemento completamente desde el principio.

2. Si, por el contrario, se va a guardar la tabla en un archivo aparte, se debe seleccionar **Exportar** del menú **Archivo**, lo que nos ofrecerá el mismo cuadro de diálogo que el que empleamos para abrir bases de datos, por lo que su manejo es el mismo. El dato que adquiere relevancia en este cuadro, a la hora de exportar, es **Guardar como tipo**, que mostrará una lista con los posibles tipos de bases de datos según los cuales podremos grabar nuestra tabla. En esa lista elegiremos un tipo de programa (por ejemplo, dBASE 5). La tabla quedará almacenada en el disco como si lo hubiéramos hecho con el programa seleccionado (en nuestro caso dBASE 5).

CONVERTIR VERSIONES

Si tiene bases de datos que fueron creadas con versiones anteriores de Access, al intentar abrirlas con la última versión, obtendrá lo siguiente:

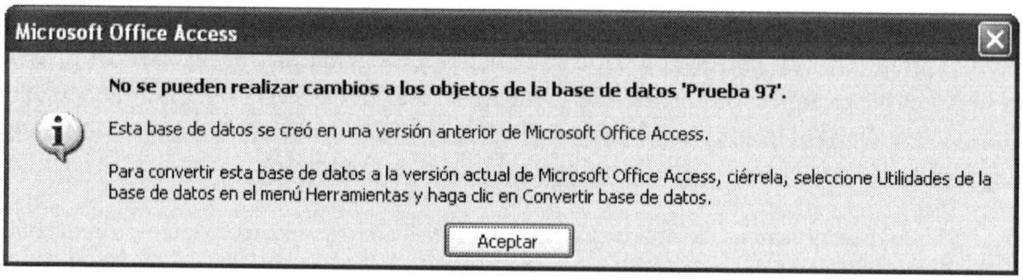

Esto indica que, aunque Access abrirá la base de datos, no podrá grabar los cambios que realice en ella. Sin embargo, puede actualizar la base de datos a la última versión mediante el menú **Herramientas**, seleccionando **Utilidades de la base de datos** y, en el submenú que aparece, eligiendo **Convertir base de datos**. Esto, a su vez, ofrecerá otro submenú en el que únicamente tendremos que elegir la versión de Access a la que se desea convertir la base de datos (generalmente la última versión).

Si necesita transformar una base de datos de una versión moderna de Access al formato de la versión anterior (por ejemplo, Access 97), sólo tendrá que abrir la base, acceder al menú anterior y elegir dicha versión (**A formato de archivo de Access 97**). En cuanto seleccione una de esas opciones, Access le llevará al cuadro de diálogo de Guardar para que indique el nombre que tendrá la nueva base de datos, así como la unidad de disco y la carpeta en la que deberá almacenarse (el mismo que utilizamos siempre para guardar documentos).

ORDENAR RÁPIDAMENTE

Access proporciona una herramienta sencilla y potente para ordenar registros en las tablas. Consiste en abrir una (con los botones Tablas y Abrir), situarse en un campo (una columna de la tabla) y pulsar uno de estos botones de la barra de herramientas: o .

La ordenación puede llevarse a cabo **ascendentemente** (de menor a mayor o de la A a la Z) pulsando el botón o **descendentemente** (de mayor a menor o de la Z a la A) pulsando el botón .

Las ordenaciones también pueden ejecutarse mediante el menú **Registros**, éste muestra como una de sus opciones **Ordenar**:

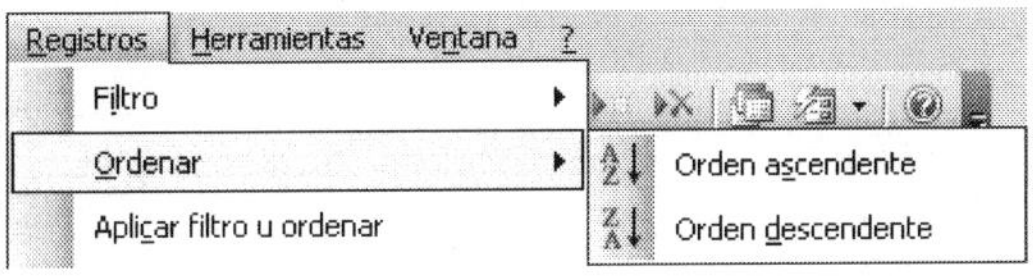

Si elegimos **Orden ascendente**, la clasificación se realizará de esa forma, mientras que **Orden descendente** la lleva a cabo a la inversa.

Por último, hay que decir que puede ordenarse según dos criterios, marcando dos o más campos de la tabla en lugar de sólo uno. Si así lo hacemos y el campo principal contiene datos repetidos, se ordenará según el segundo campo, y así sucesivamente:

Actor principal	Director
Harrison Ford	George Lucas
Harrison Ford	Richard Marquand
Harrison Ford	Irvin Keshner
Harrison Ford	Phillip Noyce
Sam Neill	Steven Spielberg
	James Cameron
William Shatner	Leonard Nimoy
Michael J. Fox	Robert Zemeckis

Si seleccionamos dos columnas con datos repetidos en algunos campos y ordenamos rápidamente

Actor principal	Director
	James Cameron
Harrison Ford	George Lucas
Harrison Ford	Irvin Keshner
Harrison Ford	Phillip Noyce
Harrison Ford	Richard Marquand
Michael J. Fox	Robert Zemeckis
Sam Neill	Steven Spielberg
William Shatner	Leonard Nimoy

El resultado es una clasificación en la que se ordena según el segundo campo elegido cuando el primero coincide con otros

Ojo: Debido a lo que acabamos de explicar recuerde que resulta fundamental una buena colocación de los datos para que éstos se clasifiquen por el orden adecuado. Si necesita cambiar de lugar la columna de un campo, haga clic sobre su cabecera y, haciendo un nuevo clic, arrastre en la dirección adecuada hasta situarla en el lugar correcto, donde podrá liberar el botón del ratón.

EL MODO *VISTA PRELIMINAR*

Existe un modo de saber cómo aparecerá impreso cualquier elemento de la base de datos antes de pasarlo a imprimir.

Para activar ese modo se abre el elemento (tabla, consulta, etc., o bien se selecciona en la ventana de base de datos) y se utiliza la opción **Vista preliminar** del menú **Archivo**. En lugar de esto último, también puede pulsar el botón de la barra de herramientas.

Al seleccionar esta opción, obtenemos un boceto con la muestra de lo que se va a imprimir. La ventana que se ofrece para ello es la siguiente:

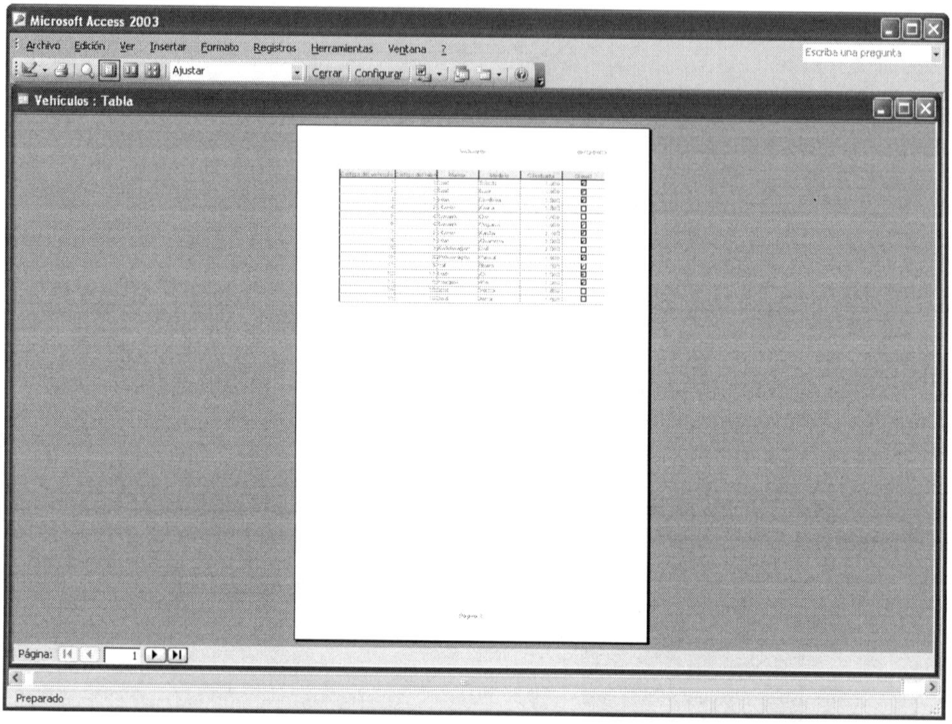

El cursor del ratón cambia de aspecto mostrando una pequeña lupa. Al hacer clic sobre cualquier parte de la hoja que se muestra, Access aumenta el tamaño de la muestra para una mejor percepción de los detalles de esa parte de la hoja. Si se vuelve a pulsar, se obtendrá de nuevo una vista general.

Para salir del modo de presentación preliminar podemos pulsar el botón Cerrar que aparece en la barra de herramientas.

PÁGINAS WEB CON ACCESS

Con Access podemos crear una página Web que contenga acceso a las tablas y consultas de una base de datos para que un internauta pueda acceder a esos datos. Para ello, debemos pulsar el botón Páginas de la ventana de base de datos.

Cuando nos encontremos en ella, deberemos pulsar el botón Nuevo para crear una página. Este botón ofrece un cuadro de diálogo como el que mostramos en la página siguiente.

Nosotros vamos a emplear el **Asistente para páginas**, si bien, los usuarios que tengan cierta experiencia en programación visual podrán emplear el modo **Vista Diseño** para crear la página de un modo más completo. Además de seleccionar **Asistente para páginas**, debemos indicar la tabla (o consulta) que va a contener la página Web mediante la lista desplegable **Elija la tabla o la consulta de donde proceden los datos del objeto**.

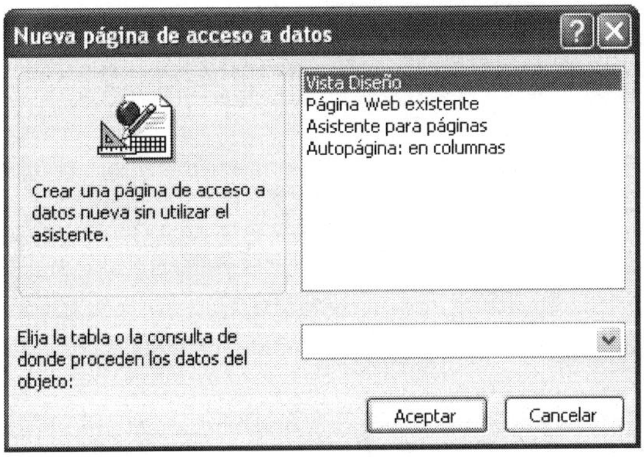

Como vamos a tener oportunidad de ver, el asistente que vamos a emplear es muy similar al que hemos visto para crear informes, por lo que, si conoce su manejo, ahora no tendrá problema alguno para crear una página Web con Access.

Al pulsar el botón Aceptar, comenzará el asistente que muestra el primer paso:

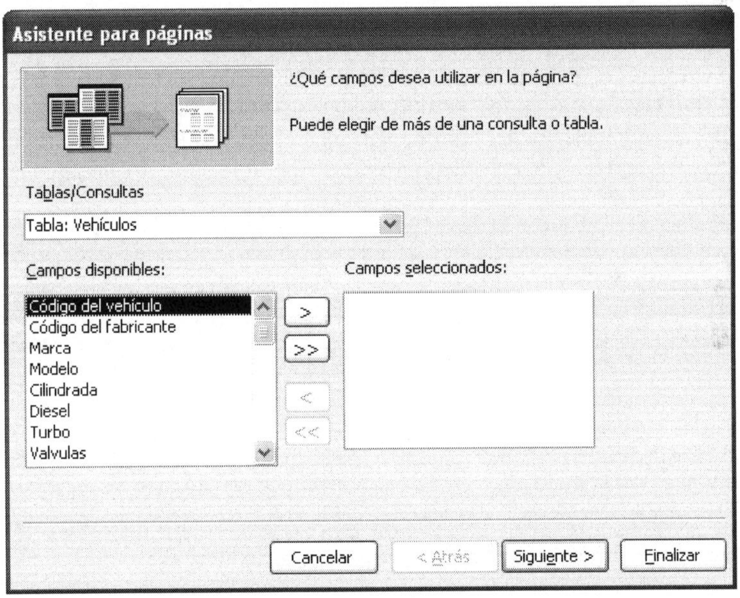

Lo primero es elegir qué campos aparecerán en el nuevo objeto, en este caso, la página. Para llevar a cabo esta tarea también se puede seleccionar, en este paso, la tabla o consulta que contiene los campos que desee utilizar. Para ello, utilice la lista **Tablas/Consultas**. Cuando la lista **Campos disponibles** contenga una relación adecuada de campos, utilice los botones >, >>, < y << del mismo modo que hemos visto en ocasiones anteriores.

En el momento en que pulsemos el botón Siguiente >, pasaremos al próximo paso del asistente, cuyo aspecto es el que presentamos en la primera figura de la página siguiente.

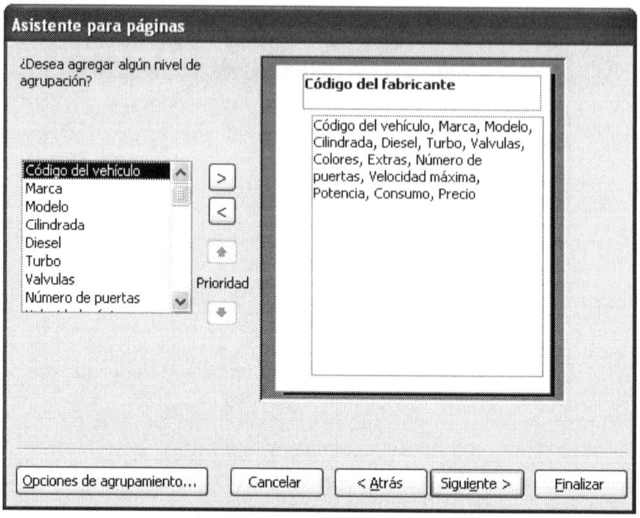

Se utiliza para elegir los campos que deben emplearse para agrupar los registros en el informe:

1. [>]. Aparta del grupo principal el campo seleccionado previamente. El campo abandona el grupo y queda aislado en un nuevo grupo que Access crea para él en la parte superior de la página del informe. Por ejemplo, si seleccionamos el campo *Marca* y, a continuación, pulsamos sobre el botón [>], obtendremos lo siguiente (el campo *Marca*, queda apartado encabezando la lista.):

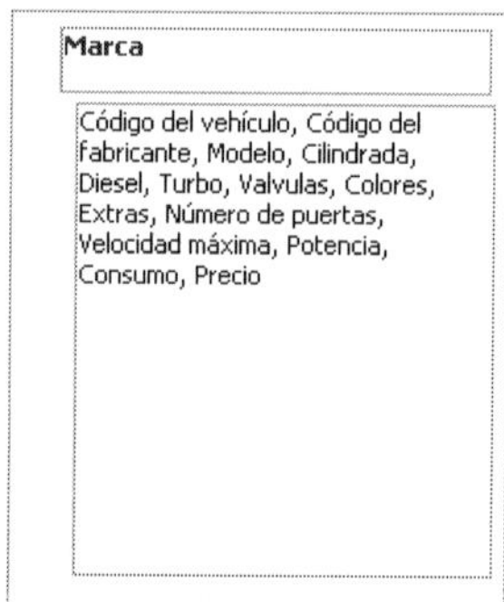

2. [<]. Vuelve a incluir en el grupo un campo que esté apartado. Para ello, es necesario hacer un clic sobre el grupo que contiene el campo apartado y, a continuación, pulsar el botón [<]. El campo vuelve a formar parte del grupo general.

3. Si se han apartado varios campos del grupo principal, podemos reordenarlos a nuestro gusto del siguiente modo.

   - Primero seleccionamos el campo que deseamos cambiar de lugar haciendo un clic sobre él.

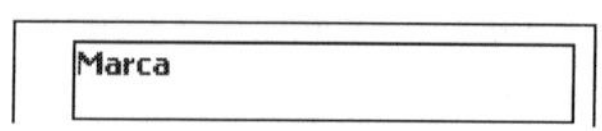

- Después seleccionaremos uno de los dos botones de prioridad:

  a) Aumenta la prioridad del campo, situándolo una posición hacia arriba en la página. Si el campo está en primer lugar, no podremos utilizar este botón, ya que tiene la máxima prioridad posible hasta ese momento.

  b) Disminuye la prioridad del campo, pasándolo una posición hacia abajo en la página. Si el campo está en último lugar, antes del grupo principal, no podremos utilizar este botón, ya que tiene la mínima prioridad posible hasta ese momento.

Una vez establecido el orden y posición de los campos en el informe, pulsaremos el botón Siguiente > para pasar al próximo paso del asistente, cuyo aspecto es el siguiente:

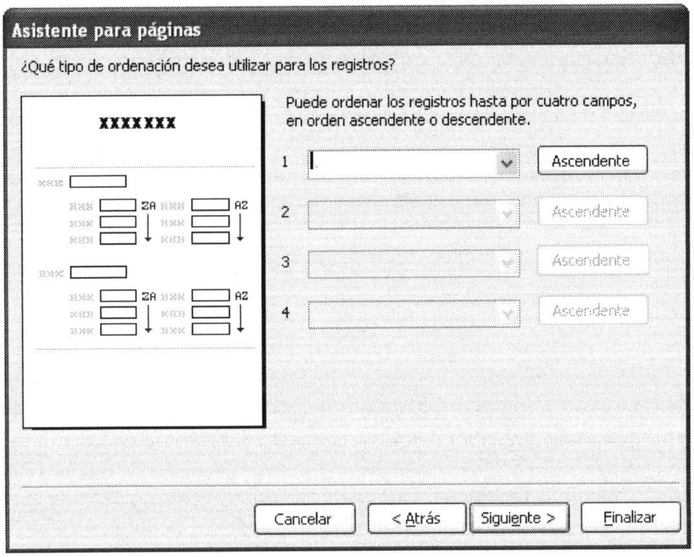

Si lo desea, puede solicitar que los datos del informe aparezcan ordenados, usando para ello este paso del asistente. Elija el dato por el que desea ordenar en las listas desplegables numeradas del **1** al **4**. En principio, Access ordenará el informe siguiendo el primero de los datos, establecido en la lista **1** (por ejemplo, por apellidos). Pero si encuentra dos datos iguales en ese campo, podría ordenarse entre ellos según el campo **2** (por ejemplo, por nombre).

> **Ojo**
> La ordenación de los datos depende del tipo de dato del campo que se use para ordenar. Por ejemplo, si el campo es de tipo carácter (nombres, apellidos, etc.), la ordenación será alfabética. Por otro lado, Access no tendrá en cuenta los índices y ordenará según se establezca en este paso.

Por otra parte, la ordenación puede ser ascendente (de menor a mayor, o de la A a la Z) o descendente (a la inversa) según pulsemos el botón Ascendente a la derecha de cada lista.

Cuando haya elegido el tipo de ordenación que desea (deje vacías las listas desplegables si no necesita ningún tipo de ordenación), pulse el botón Siguiente > para acceder al último paso:

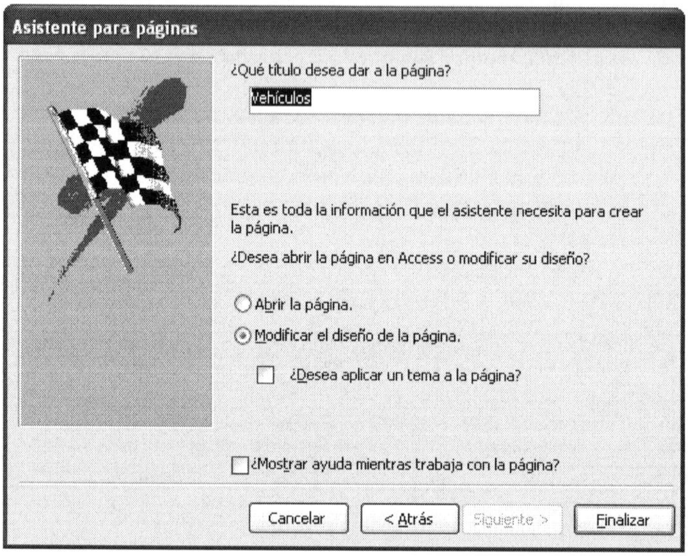

1. Puede ponerle nombre al informe escribiéndolo en el cuadro de texto **¿Qué título desea dar a la página?**

2. El resultado puede verse, mediante el botón **Abrir la página**, finalizando el asistente.

3. Si desea alterar a mano el informe que acaba de crear, elija el botón **Modificar el diseño de la página**, finalizando, a continuación, el asistente.

4. Active la casilla **¿Desea aplicar un tema a la página?** para que Access asigne un formato especial a la página (un grupo de colores, tipos de letra, etc.).

5. Active la casilla **Mostrar ayuda mientras trabaja con la página** para obtener información acerca del manejo de los informes al detalle. Puede ver más sobre el manejo de la ayuda en el capítulo 2: ***Sistema de Ayuda***.

Una vez que cierre la página para volver a la ventana de base de datos, Access le preguntará si desea grabar la página en el disco (además de en la base de datos). Si responde afirmativamente, Access le llevará al cuadro de diálogo de guardar donde podrá dar nombre a la página, así como elegir la carpeta y unidad de disco en las que se grabará la página.

Una vez que la página se ha finalizado se puede emplear FrontPage u otro programa similar para añadir, eliminar o modificar elementos de la página que acaba de crear.

También puede emplear el modo **Vista Diseño** de Access (mediante el botón Diseño) para modificarla.

CAPÍTULO 26

MACROS Y MÓDULOS

Dicho con palabras sencillas, una macro es una función que reúne varias. Las macros suelen emplearse para procesos que requieren varias funciones utilizadas con frecuencia. La macro se encargará de ejecutar automáticamente todas las funciones que se hayan incorporado en ella.

Las macros en Access, y en cualquier otro sistema de su categoría, forman todo un lenguaje de programación completo, mediante el cual se puede llegar a construir funciones realmente complejas. En el caso de Access, macros y programación forman dos partes bien diferenciadas.

De modo que en este tema comenzaremos por ver cómo se crean macros más o menos sencillas y después iniciaremos una breve inspección a la programación con Access.

CREACIÓN DE MACROS

Las macros se crean como un elemento más de la base de datos. Para ello, existe en la ventana de base de datos un botón cuyo nombre es **Macros**: Macros.

En su correspondiente apartado se almacenan todas las macros de la base de datos abierta. Como de costumbre, bastará con pulsar el botón Nuevo para definir una nueva macro para la base de datos.

Lo que se obtiene es una ventana con la que podremos definir la macro. Su aspecto y manejo es similar al de la creación de tablas:

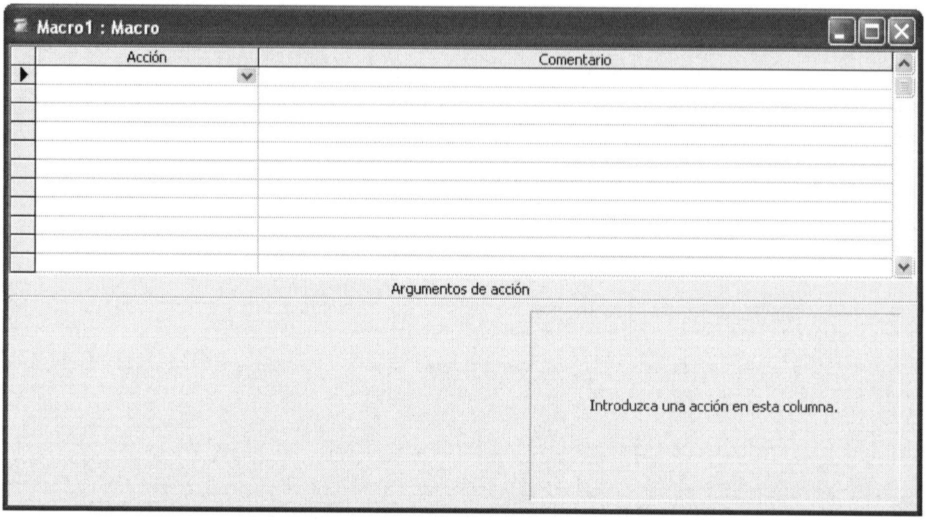

Las macros son secuencias de instrucciones, por lo que debemos ir añadiendo una por una todas las acciones que deberá realizar la macro cuando se ejecute.

La columna **Acción** contendrá, pues, las funciones que la macro ejecutará por riguroso orden automáticamente (desde la primera hasta la última). Utilice el dato **Comentario** para establecer una pequeña descripción de lo que hace cada función, aunque este dato es opcional.

Observe que en la nueva acción que vayamos a crear aparece el botón  a su derecha. Su función es mostrar una lista alfabética con todas las posibles funciones que pueden incorporarse a una macro. Cuando se elige una acción de esta lista, en la parte inferior de la ventana aparecen sus argumentos (similares a las propiedades de las tablas). Por ejemplo, si utilizamos la función **AbrirTabla**, uno de los argumentos será el nombre de la tabla que se va a abrir. Veámoslo:

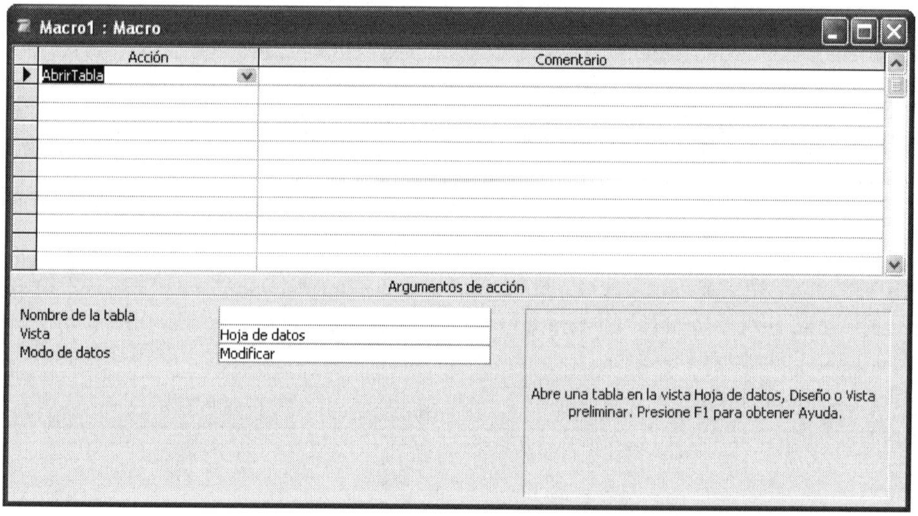

Como podemos ver, los argumentos de la función **AbrirTabla** son **Nombre de la tabla**, **Vista** y **Modo de datos**. Si se pulsa el botón que aparece al hacer clic sobre el cuadro de texto **Nombre de la tabla**, se mostrará una lista con todas las tablas que hay en la base de datos para poder elegir una.

Access tiene una gran cantidad de funciones que pueden incorporarse a cualquier macro. La mejor forma de aprender el funcionamiento de todas ellas es practicando. La información sobre las funciones aparece en el sistema de ayuda de Access, que puede mostrar todas las funciones, para qué sirve cada una y cuáles son sus argumentos. Para obtener más información acerca del manejo de la ayuda, consulte el capítulo 2: ***Sistema de Ayuda***.

En cualquier momento de la creación de la macro podemos grabar lo que tengamos hasta entonces pulsando el botón de la barra de herramientas.

Vamos a realizar un ejemplo sencillo de macro. Crearemos una que abra una tabla, que después nos lleve hasta el último registro de ésta y para terminar produzca un pitido final.

Comenzaremos pues por crear la nueva macro desde la ventana de base de datos tal y como comentábamos al principio de este apartado. Cuando nos muestre la ventana de edición de macros, iremos añadiendo las siguientes acciones:

1. **AbrirTabla** (recuerde que para elegir una función deberá pulsar el botón que hay a la derecha de la columna). Como hemos dicho, esta función se encargará de abrir una tabla. Iremos a los argumentos (en **Tipo de objeto** y **Nombre del objeto**) y allí elegiremos, respectivamente, la opción **Tabla** y una tabla de la base de datos.

2. Como segunda función en la siguiente acción elegiremos **IrARegistro** (recuerde que las funciones están listadas por orden alfabético). Esta función nos lleva a un registro de la tabla que determinemos en los argumentos (en **Registro**) y en la lista elegiremos **Último**, para que se acceda a él. Si elige la opción **Ir a**, podrá emplearse el argumento **Desplazamiento** para teclear el número del registro al que se quiere acceder.

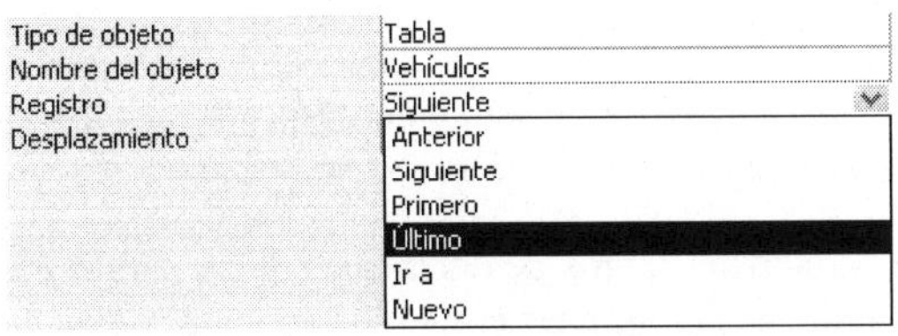

3. Para hacer sonar un pitido hemos de elegir como tercera acción la función **Bip** que, al ser una función tan simple, no lleva ningún argumento.

4. Para terminar la creación de la macro, la grabaremos antes de cerrarla. Para ello, pulsaremos el botón . Al hacerlo, obtenemos un cuadro de diálogo en el que debemos ponerle un nombre a la nueva macro, a no ser que ya la hubiéramos grabado con anterioridad, en cuyo caso Access almacenará la macro automáticamente con el nombre que le pusiéramos entonces. Éste es el cuadro que pide el nombre:

Utilizaremos el cuadro de texto **Nombre de la macro** para escribirlo. Una vez escrito el nuevo nombre, pulsaremos el botón Aceptar y la macro se incorporará a la base de datos, en la ficha **Macros** de la ventana de base de datos.

EJECUCIÓN Y MODIFICACIÓN DE MACROS

Cuando estamos situados en la sección de **Macros** de la ventana de base de datos, los tres botones que existen en su parte superior no son los mismos de siempre:

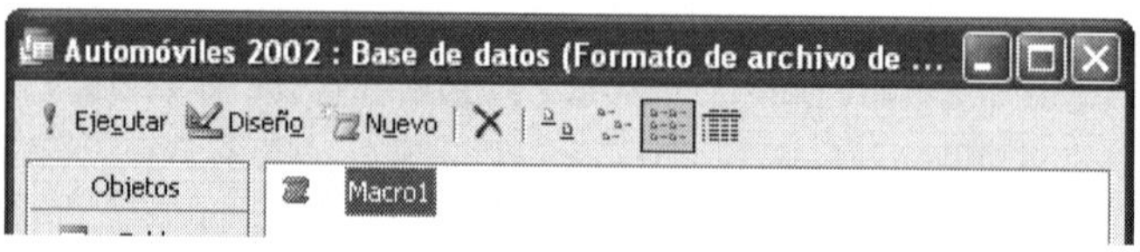

1. El botón Ejecutar pone en marcha una macro que previamente debemos seleccionar.
2. El botón Diseño permite modificar una macro que ya hubiéramos creado con el botón Nuevo (véase el apartado anterior). La ventana en que se nos deposita es la misma en ambos casos y se maneja del mismo modo, con la diferencia de que Nuevo muestra la ventana vacía, y Diseño la presenta con los datos que la macro tenía hasta ahora, para su modificación.

INTRODUCCIÓN A VISUAL BASIC CON ACCESS

Access incorpora un lenguaje de programación con el que podemos realizar funciones más complejas que las macros. Este lenguaje de programación es un descendiente directo de *Visual Basic*, cuyo nombre es *Access Basic*.

Antes de comenzar, hemos de decir que lo que vamos a crear aquí son programas: secuencias de instrucciones agrupadas con el fin de realizar una tarea.

Como el hecho de crear un programa grande en una sola pieza resulta difícil, hace tiempo que se desarrollaron unas normas para crear programas. Con ello se llegó a la que hoy se denomina programación estructurada y modular. Básicamente consiste en dividir la gran tarea que realizará el programa en varias otras más pequeñas, ya que resulta más cómodo resolver el programa por partes que en su conjunto.

Access y también Visual Basic utilizan una mejora sobre la programación estructurada que Windows se encarga de hacer más fácil gracias a su entorno gráfico. Esta mejora recibe el nombre de *programación orientada a objetos*. En ella, cada elemento del programa es un objeto con unas propiedades y características que pueden incluso heredarse para otros objetos. Por ejemplo, un botón de una ventana puede ser un objeto que tiene asociado cierto grupo de instrucciones, de modo que cuando se pulsa el botón, las instrucciones asociadas a él se ponen en marcha realizando, entre todas, una tarea para el usuario. De hecho, éste es el modo general en que trabaja Windows.

Access, por tanto, permite crear un programa por objetos que son partes del programa general. Este programa contiene módulos con instrucciones que se ejecutan desde las macros. Cada módulo, a su vez, puede dividirse en varias funciones o procedimientos (partes del programa). Cada procedimiento o función puede hacerse funcionar desde otro o desde una macro.

CREACIÓN Y MANEJO DE MÓDULOS

Así pues, será necesario crear módulos y macros:

1. Los módulos estarán divididos en funciones o procedimientos (o ambos) que contendrán las instrucciones cuya función será resolver la tarea para la que sean programados.
2. Las macros contienen la orden que pondrá en marcha la ejecución de las funciones o procedimientos que hayamos programado en los módulos. Esa orden es, en realidad, la instrucción **EjecutarCódigo** que tiene un solo argumento: **Nombre de función**.

Para crear un nuevo módulo con instrucciones, debemos hacer clic en el botón Módulos de la ventana de base de datos y luego pulsar en el botón Nuevo. Al hacer esto, obtenemos en la pantalla una ventana nueva en la que podremos escribir las instrucciones para el módulo y una barra de herramientas adaptada al manejo de éste:

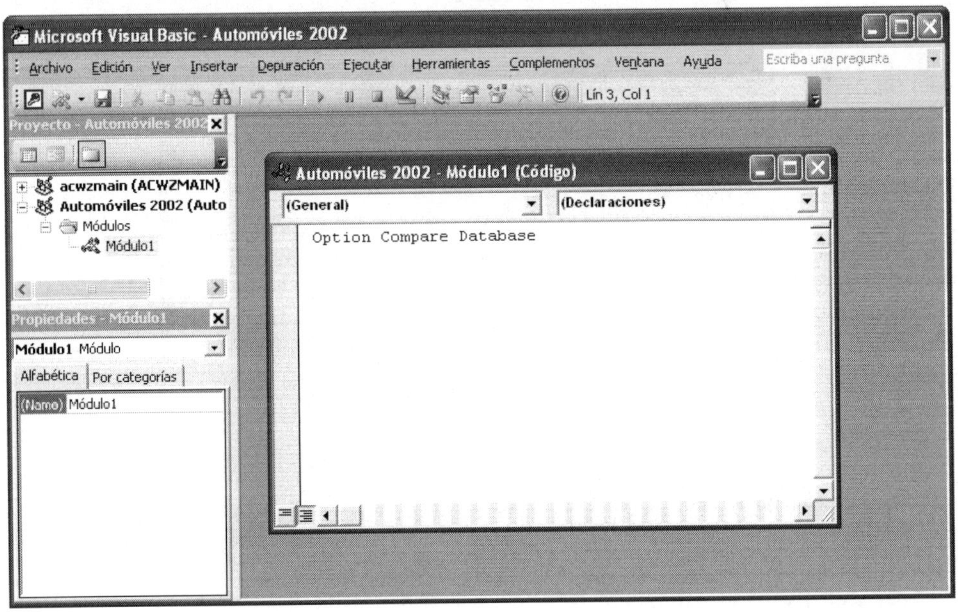

Para crear un nuevo procedimiento o función para el módulo, accederemos al menú **Insertar** en el que seleccionaremos **Procedimiento** y, así, obtendremos un cuadro de diálogo para las especificaciones iniciales:

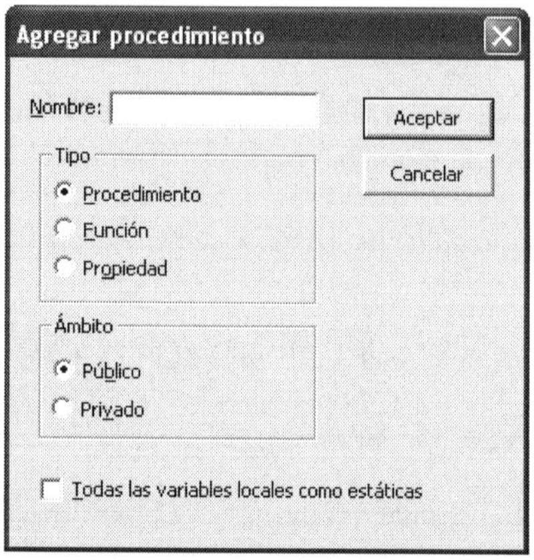

Elegiremos **Procedimiento** o **Función** dependiendo de lo que deseemos crear. El procedimiento (o la función) debe tener un identificador para distinguirla de las demás; para ello, escribiremos este identificador en el cuadro de texto **Nombre** (pongamos, por ejemplo, el nombre *Diálogo*). Si deseamos que el procedimiento pueda ser utilizado desde cualquier parte del programa de Access, elegiremos **Público**, pero si queremos que el procedimiento sólo funcione dentro de otro, elegiremos **Privado**. Nosotros elegiremos **Público** y **Función** para seguir el ejercicio.

Cuando pulsemos el botón 

, obtendremos la ventana vacía para rellenar la función con instrucciones:

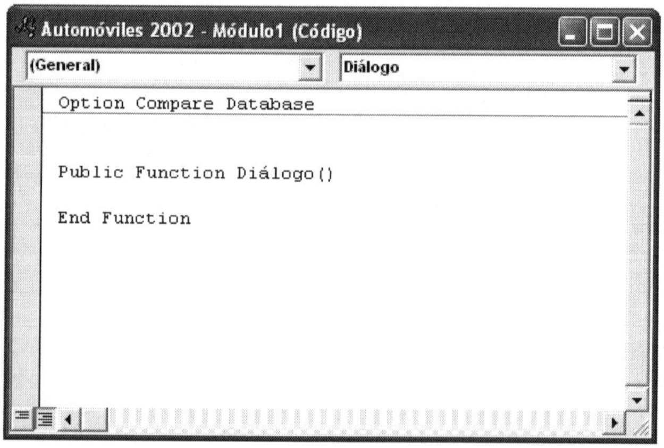

Public Function Diálogo () es el encabezado que marca el inicio de la función, mientras que **End Function** marca su final. El cursor aparece entremedias de ambos para que escribamos ahí las instrucciones de esta función. Naturalmente, estas instrucciones también pueden teclearse en el programa.

Llegados a este punto, las instrucciones tienen unas posibilidades casi ilimitadas. Nosotros vamos a ir siguiendo estos pasos para poner un ejemplo sencillo de programación; sin embargo, la creación de un programa completo puede ser larga, por lo que debe estar bien estudiada y exige un amplio conocimiento del lenguaje Access Basic.

Vamos a crear un ejemplo sencillo con programación. Se trata de un sencillo programa que realiza una pregunta y nos responde con el dato que hemos tecleado como respuesta, o bien, nos avisa si hemos pulsado el botón de anulación (**Cancelar**). Para ello, teclearemos lo siguiente:

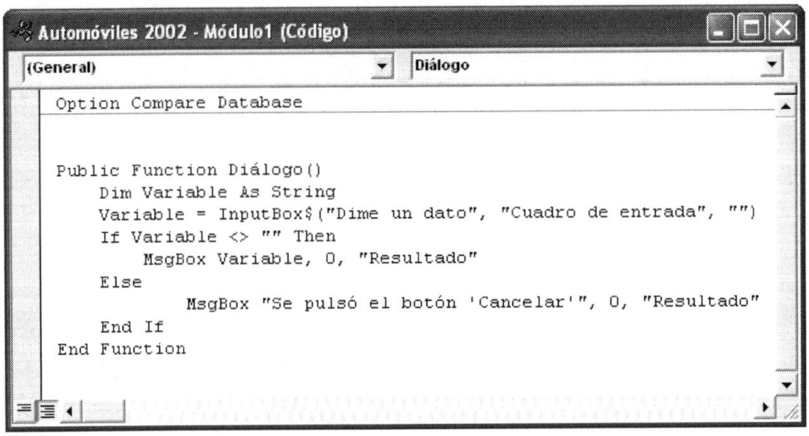

1. **Dim Variable As String**. Define un nuevo dato (llamado *Variable*) de tipo texto (string).

2. **Variable – InputBox$...** Con esta instrucción asignamos al dato *Variable* un valor con la función *InputBox$*.

3. **InputBox$("Dime un dato", "Cuadro de entrada", "")**. Abre un cuadro de diálogo que lleva por título *Cuadro de entrada* y que muestra el mensaje *Dime un dato* esperando a que escribamos uno. El aspecto que generará este cuadro cuando lo hagamos funcionar es el siguiente:

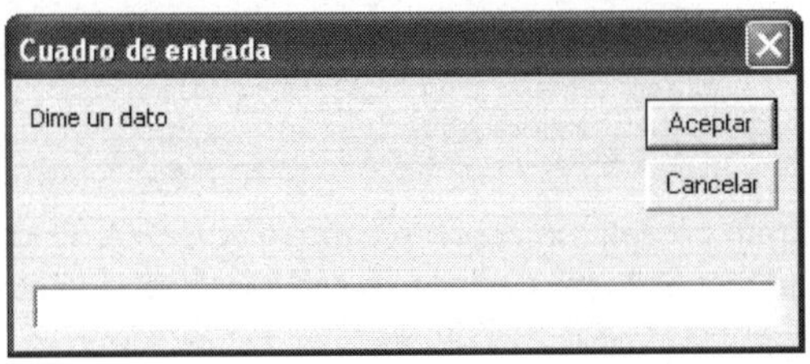

Supongamos que escribimos el mensaje *Ejemplo de programa*.

4. **If Variable<>"" Then**. Traducido literalmente significa "Si la Variable no está vacía, entonces...".

Si la variable no esta vacía, se ejecutará la instrucción:

MsgBox Variable, 0, “Resultado”

de lo contrario, (**Else**) se ejecutará:

MsgBox “Se pulsó el botón ‘Cancelar’”, 0, “Resultado”

5. **MsgBox Variable, 0, “Resultado”**. Ofrece un cuadro de diálogo con el título *Resultado* conteniendo el dato *Ejemplo de programa* que habíamos escrito en el cuadro de diálogo anterior. El valor 0 implica que sólo aparecerá el botón Aceptar en este cuadro:

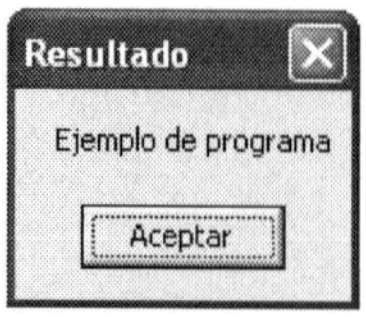

6. **MsgBox “Se pulsó el botón ‘Cancelar’”, 0, “Resultado”**. Muestra un cuadro de diálogo con las características similares al anterior, con el título *Resultado* y el aspecto siguiente:

Cuando se tienen varios procedimientos o funciones en el mismo módulo es posible desplazarse a través de ellos con la lista **Procedimiento** que aparece en la parte superior derecha de la ventana del módulo. Haga un clic sobre ella y elija el módulo al que desea acceder.

Para grabar el programa que hemos escrito, debemos pulsar el botón de la barra de herramientas. Aparece un cuadro de diálogo para ponerle nombre al módulo:

Por ejemplo, aceptaremos el que nos sugiere Access: **Módulo1**, y este nombre aparecerá como un elemento más en la ficha **Módulo** de la ventana de base de datos.

EJECUCIÓN DE FUNCIONES

Como ya hemos dicho, las funciones de los módulos se ejecutan mediante macros. Por ello, el siguiente paso es ir a la ventana de base de datos y activar el botón Macros.

Luego pulsaremos el botón Nuevo (en la misma ventana de base de datos) para definir una nueva macro. Al hacer esto, como ya hemos visto en un apartado anterior, obtendremos una ventana en la que tendremos que establecer las acciones que conformarán la macro:

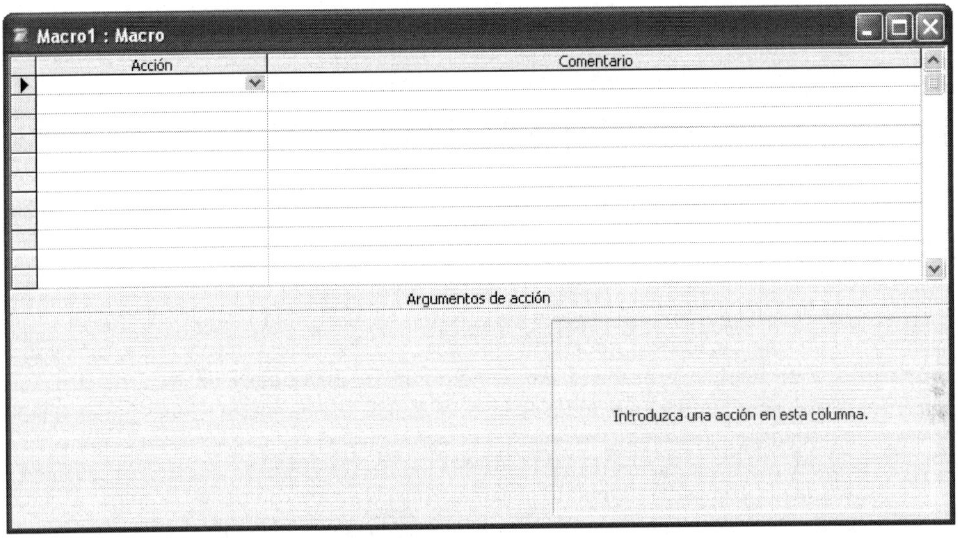

La única acción que es realmente necesaria es **EjecutarCódigo**, de modo que pulsaremos el botón (en la columna de **Acciones**) y, en la lista que nos ofrezca al desplegarse, elegiremos esta acción (recuerde que todas las acciones aparecen por orden alfabético de modo que resulta mucho más fácil localizar una entre todas).

Una vez hecho esto, debemos ir a la zona de los argumentos (en la parte inferior de la ventana) en la que habremos obtenido automáticamente el argumento **Nombre de función**.

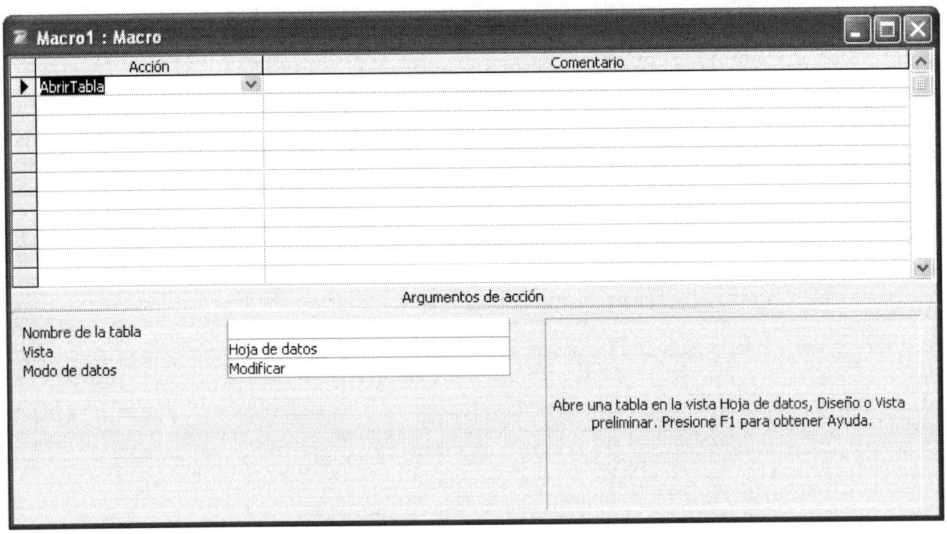

En el argumento **Nombre de función** escribiremos el nombre que le pusimos a la función: **Diálogo ()**.

Una vez grabada la macro, si todos los datos son correctos y están bien escritos, podremos poner en marcha el pequeño programa que hemos escrito antes.

Para grabar la macro, será suficiente con pulsar el botón de la barra de herramientas, que nuevamente nos preguntará un nombre para la macro.

En la ventana de base de datos tendremos la nueva macro con ese nombre. Para ejecutarla, debemos hacer un doble clic sobre el nombre *Macro1* (o el que le hayamos puesto), o bien elegirlo y pulsar el botón Ejecutar de la ventana de base de datos. Al hacerlo, la macro se pondrá en marcha ejecutando una a una las instrucciones que habíamos escrito en la función del módulo.

Recuerde que si desea modificar la macro para añadir, eliminar o modificar alguna acción, puede hacerlo con el botón Diseño de la ventana de base de datos.

POWERPOINT

PARTE V

INTRODUCCIÓN A POWERPOINT

De todas las funciones para las que es útil un sistema informático, son quizá las relacionadas con las imágenes las que más llaman la atención: desde los sencillos programas de dibujo que aparecieron con las primeras tarjetas gráficas, hasta los modernos y sofisticados programas de diseño gráfico y CAD (diseño asistido por ordenador), pasando por los sistemas de tratamiento de imágenes, tanto fijas como en movimiento.

Hoy en día, mediante un sistema informático, pueden crearse imágenes sencillas o diseñarse secuencias completas de imágenes cinematográficas.

Pero una parte especial del tratamiento de imágenes es la que está formada por los programas de presentación, que mezclan esas imágenes con texto y sonidos para la exposición de datos en salas con un público más o menos amplio.

PowerPoint, de la compañía Microsoft, es uno de los programas de presentación más extendidos en la actualidad. Éste viene integrado en el paquete Microsoft Office como un miembro más, que puede aprovechar las ventajas que le ofrecen los demás componentes del equipo para obtener un resultado óptimo.

Con PowerPoint podremos crear todo tipo de productos relacionados con las presentaciones: Diapositivas estándar de 35 mm, transparencias, documentos impresos para los asistentes a la presentación, así como notas y esquemas para el presentador.

COMIENZO

Lo primero que ofrecerá PowerPoint al entrar es una presentación con una única diapositiva vacía esperando a que la rellenemos. El aspecto que presentará será similar a éste:

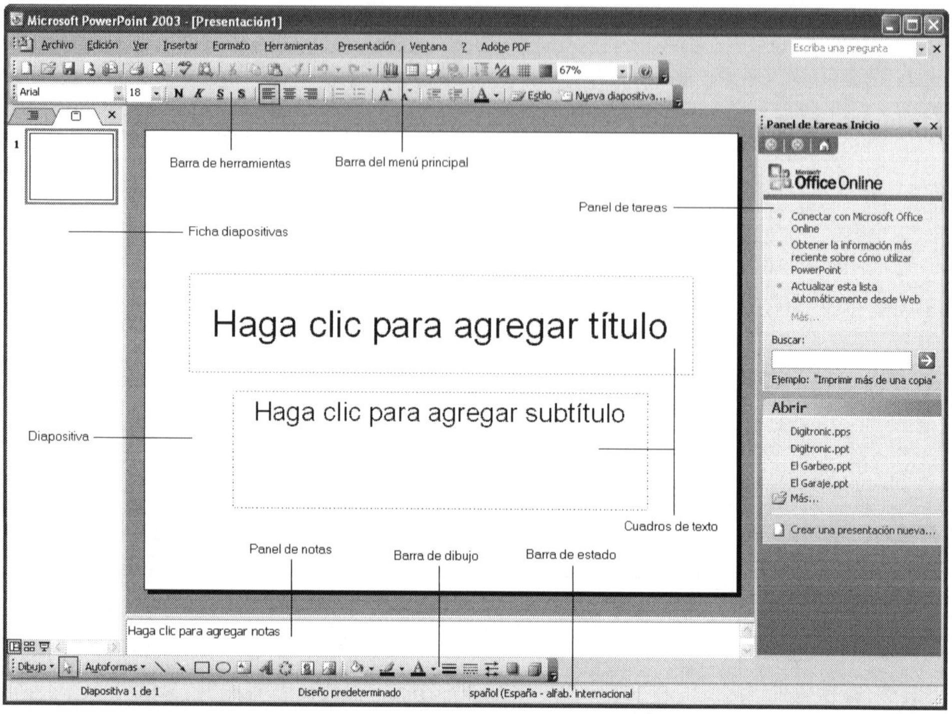

1. **Barra de menú principal**. Contiene el menú con las opciones principales.
2. **Barras de herramientas**. Contiene botones con las funciones más importantes.
3. **Diapositiva**. Es el lienzo sobre el que se desarrolla el trabajo, en el que iremos incorporando los diferentes objetos: cuadros de texto, imágenes, animaciones, etc.
4. **Cuadros de texto**. Son objetos rectangulares capaces de contener texto en su interior.
5. **Barra de dibujo**. Contiene todas las funciones con las que se dibuja en las diapositivas.
6. **Panel de notas**. Contiene anotaciones que puede emplear el orador para no perderse durante la presentación al público.
7. **Ficha diapositivas**. Contiene miniaturas de las diapositivas para que podamos acceder a ella fácilmente, así como eliminar las que sobren o cambiarlas de lugar.
8. **Barra de estado**. Muestra continuamente la situación en que se encuentra el documento.
9. **Panel de tareas** (no disponible en la versión 2000). Tiene una función similar a la de las barras de herramientas ya que contiene algunas de las funciones más comúnmente utilizadas, si bien disponemos de otros elementos aparte de botones. En cuanto se abre un documento, el panel de tareas desaparece; sin embargo, en cualquier momento podemos activarlo mediante el menú **Ver**, seleccionando la opción **Panel de tareas**. El panel de tareas aparece automáticamente al activar una función que lo necesita.

CAPÍTULO 27

BÁSICO EN POWERPOINT

Lo primero, es comenzar por los elementos que componen una presentación. En este capítulo trataremos los fundamentos que rigen este sistema para, posteriormente, describir con más detalle el aprovechamiento de las funciones que puede ofrecer PowerPoint.

Si no se tiene conocimiento alguno de lo que es un sistema de presentaciones, será necesario comenzar por aquí, ya que quien esté familiarizado con este tipo de programas (como *Harvard Graphics*) no necesita esta pequeña introducción.

ELEMENTOS DE UNA PRESENTACIÓN

El conjunto global de una presentación puede dividirse en varias partes que servirán de ayuda al diseñador:

1. **Diapositivas**. Elementos fundamentales que constituyen la presentación. Las diapositivas son los cuadros con información que se van sucediendo secuencialmente durante la ejecución de la presentación.

2. **Esquema**. Las diapositivas se pueden agrupar por temas que constituyen el contenido completo. El esquema de la presentación muestra todos los temas, así como las diapositivas que contiene cada uno.

3. **Notas**. Con PowerPoint pueden generarse anotaciones que el orador puede utilizar para guiarse durante la presentación. Generalmente, suelen ser notas aclaratorias, ya que, como guía, tenemos el esquema.

Para añadir nuevas diapositivas a la presentación, seleccione la opción **Nueva diapositiva** del menú **Insertar** o pulse el botón Nueva diapositiva... de la barra de herramientas (en la versión 2000 es necesario desplegar primero el botón Tareas comunes ▾), aunque al hacer esto último aparece una diapositiva vacía, mientras que con las dos primeras opciones podremos elegir un tipo de diapositiva que ya contenga ciertos elementos prediseñados.

En cualquier caso, será necesario tener abierta una presentación en la que podamos incorporar la diapositiva.

Al insertar una nueva, aparecerá el panel de tareas (o un cuadro de diálogo en la versión 2000) en el que se debe establecer el tipo de diapositiva que se desea incorporar:

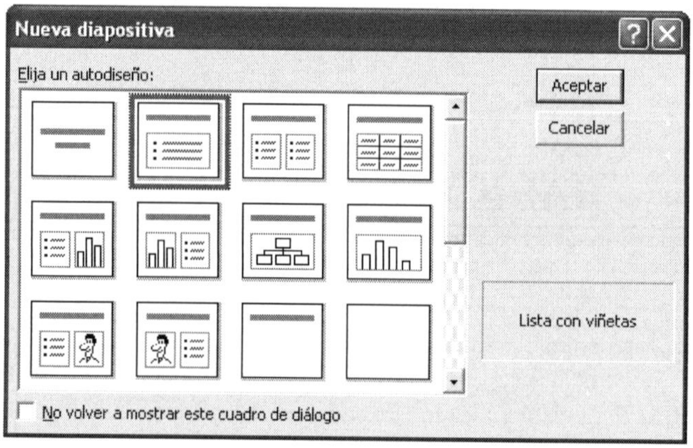

Versión 2000

En este elemento debemos hacer clic en el tipo de diapositiva que deseamos añadir, utilizando, si es necesario, la barra de desplazamiento que aparece a la derecha del panel. Por ejemplo, si la que vamos a añadir es la diapositiva que contiene el título de la presentación, podemos elegir la primera de la lista (**Diapositiva de título**), que ya está prediseñada para contener uno:

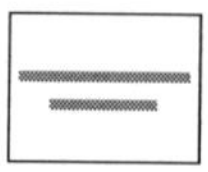

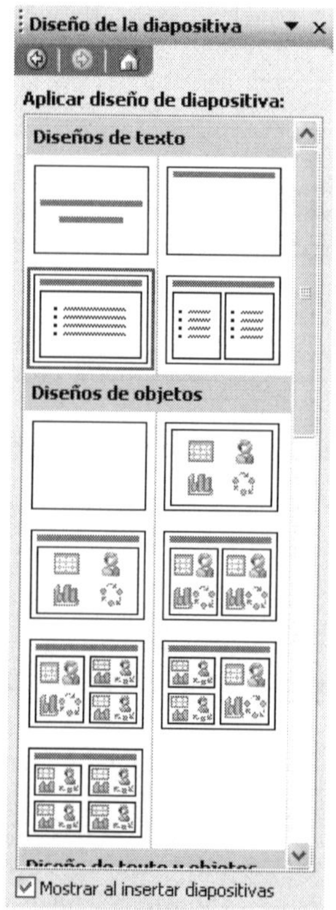

Versiónes 2002 y 2003

Ojo En el panel de tareas, al llevar el ratón sobre uno de los tipos de diapositiva, aparecerá un botón para desplegar opciones. De él hablaremos posteriormente, pero tenga en cuenta que para añadir la diapositiva deberá hacer clic en el cuadro y no desplegar sus opciones.

No es necesario elegir una diapositiva para un propósito concreto, ya que podemos elegir el tipo de diapositiva **En blanco** y diseñar su contenido a nuestro gusto.

Una vez añadida la diapositiva, ésta aparece con el formato elegido para que incorporemos los datos relacionados con la diapositiva. Por ejemplo, si elegimos el tipo de diapositiva **Título y texto** (**Lista con viñetas** en la versión 2000), obtendremos lo siguiente:

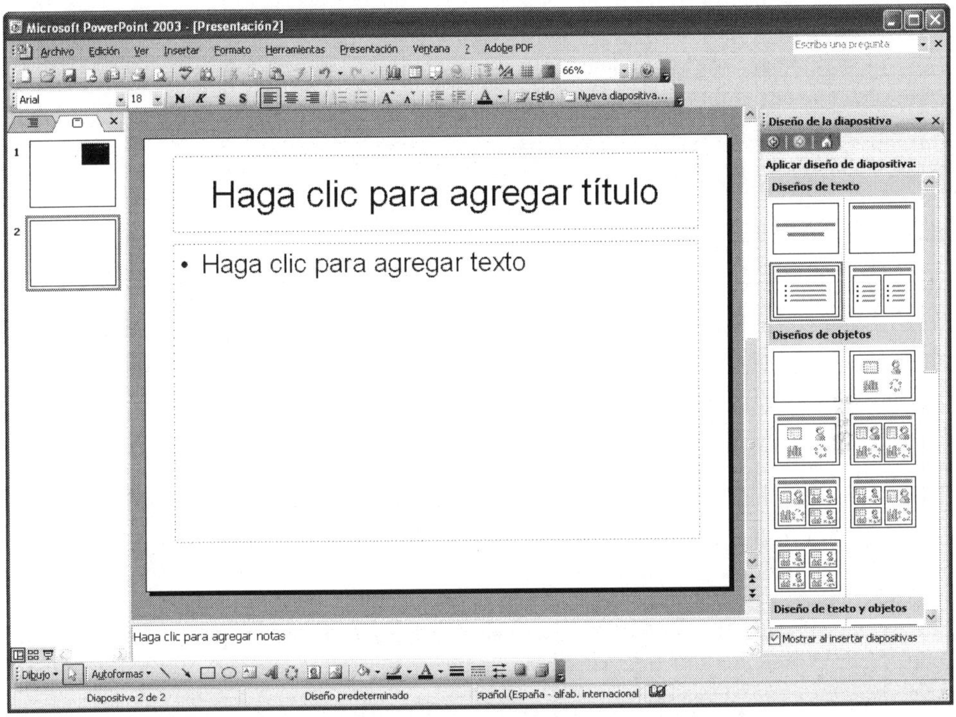

Como podemos ver, existen dos cuadros de texto bien diferenciados que PowerPoint sitúa ahí para facilitarnos el trabajo de crear el título. Bastará con hacer un clic sobre cualquiera de los cuadros para poder escribir en su interior el texto que rellenará su contenido.

El resto de los tipos de diapositivas contienen cuadros de texto similares a éstos, pero con funciones distintas para incorporar en ellos elementos diferentes, tales como gráficos matemáticos, imágenes, etc.

Sin embargo, el hecho de que hayamos elegido la diapositiva de tipo **Título y texto** no significa que no podamos añadirle más elementos como imágenes, gráficos e incluso sonidos.

SELECCIONAR OBJETOS DE LAS DIAPOSITIVAS

Generalmente, es necesario seleccionar un objeto para trabajar con él después. Puede ver cómo dibujar esos objetos en el apartado ***Dibujar*** del capítulo 10: ***Imágenes en el texto*** (lo que se puede ver ahí funciona de forma idéntica en PowerPoint). De hecho, existe la posibilidad de seleccionar varios para realizar una acción común sobre ellos.

Si deseamos seleccionar un solo objeto, bastará con hacer un clic sobre él.

La mayor parte de las veces, el sistema de selección es automático, haciendo clic sin más en el objeto; sin embargo, podría no ser así, en cuyo caso, active primero el botón (**Seleccionar objetos**) de la barra de herramientas de dibujo, en la parte inferior de la ventana de PowerPoint.

Reconoceremos un objeto seleccionado porque a su alrededor aparecen sus puntos controladores de cambio de tamaño:

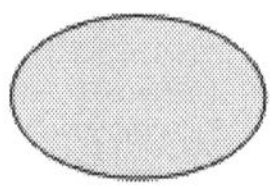

Objeto de la diapositiva

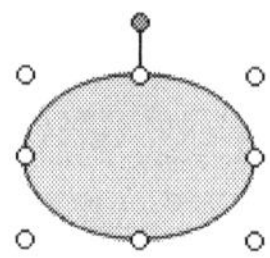

Objeto seleccionado

En los objetos que no tengan relleno sólo puede realizarse la selección haciendo el clic sobre su borde. También sucede en objetos que aún no tengan contenido (por ejemplo, en los que aparezca un mensaje similar a **Haga un clic para...**).

Si se desean seleccionar varios objetos mediante este método, haremos clic sobre todos ellos manteniendo pulsada la tecla de **MAYÚSCULAS**.

Otra forma de seleccionar objetos es englobarlos con el ratón, tanto si se trata de uno sólo como de varios. Para ello, será necesario hacer un clic en algún lugar de la diapositiva que no contenga objeto alguno y, sin soltar el botón del ratón, arrastrar generando así un recuadro punteado que debe contener todos los elementos que se quieren seleccionar. Asegúrese de que engloba sólo aquellos objetos que desea, ya que lo que haga después afectará a todos los que queden seleccionados.

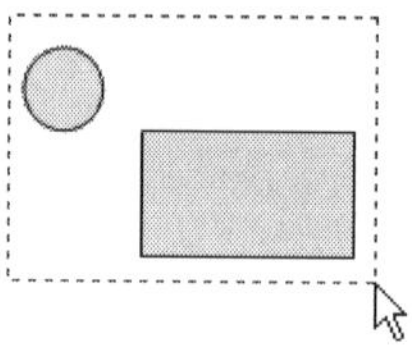

Se engloban los objetos...

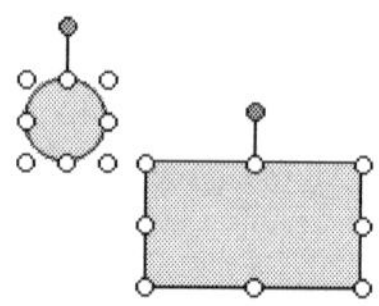

... y quedan seleccionados

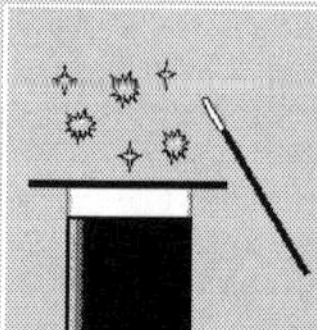

Si desea seleccionar varios objetos entre los que se encuentra uno que no debe seleccionarse, puede hacer lo siguiente:

1. Englóbelos todos con el ratón, según hemos explicado.
2. Pulse la tecla de **MAYÚSCULAS** y, sin soltarla, haga un clic sobre el elemento que **no** debe seleccionarse.

Si necesita seleccionar todos los objetos de una diapositiva, active la opción **Seleccionar todo** del menú **Edición** o pulse las teclas **CONTROL + E**. Estas teclas funcionan así en la mayor parte de los programas para Windows.

ELIMINAR OBJETOS DE LAS DIAPOSITIVAS

Tan importante como incorporar elementos a las diapositivas puede ser eliminarlos.

Para eliminar un objeto de una diapositiva basta con seleccionarlo, según hemos visto en el tema anterior, y a continuación, pulsar la tecla **SUPR** en el teclado. También podemos eliminarlo activando la opción **Borrar** del menú **Edición**.

MOVER OBJETOS

Para mover un objeto a través de la diapositiva, con el fin de colocarlo en otra parte, bastará con hacer un clic sobre el objeto (u objetos) previamente seleccionado(s) y, sin soltar el botón del ratón, arrastrar. Según arrastramos, un boceto del objeto en cuestión acompaña nuestro movimiento, indicando el lugar en que situaríamos el objeto en ese instante.

Para depositarlo, bastará con liberar el botón del ratón, con lo que el objeto queda colocado en el punto en que se suelta.

OjO Recuerde que los objetos que no tengan relleno, como los cuadros de texto sólo pueden seleccionarse (y por lo tanto, moverse) haciendo el clic sobre su borde.

CAMBIAR EL TAMAÑO DE LOS OBJETOS

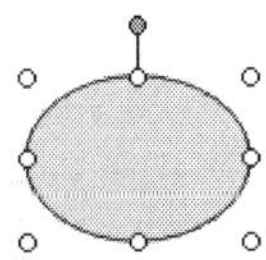

Recordemos el aspecto que tiene un objeto cuando está seleccionado y aparecen a su alrededor los puntos controladores. Observe la figura junto al margen.

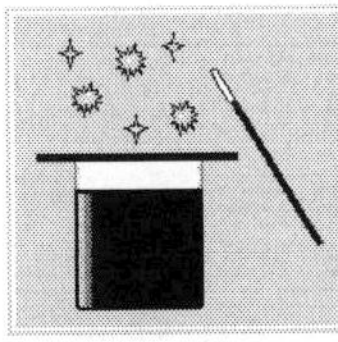

Observe que cuando selecciona una figura aparece un punto verde redondo sobre ella: se trata del controlador de giro. Si se hace clic sobre él y, sin soltar el botón del ratón, se arrastra, se conseguirá girar la figura en mayor o menor medida.

Para cambiar el tamaño y la forma de los objetos, podemos hacer un clic sobre cualquiera de sus puntos controladores y, sin soltar el botón del ratón, arrastrar en la dirección adecuada. El objeto se irá deformando y mostrará el aspecto resultante si en ese momento soltamos el botón del ratón. Eso es exactamente lo que debemos hacer cuando el objeto adquiera la forma o tamaño deseado, es decir, liberar el botón del ratón.

Cuando situamos el cursor del ratón sobre alguno de los puntos controladores, su aspecto cambia mostrando uno de los siguientes: ↔ ↕ ⤡ ⤢.

Entonces podemos hacer un clic sobre el punto controlador y arrastrar para alterar el tamaño del objeto.

Veamos un ejemplo. Si queremos alargar horizontalmente el objeto anterior, haremos lo siguiente:

1. Seleccionaremos uno de los puntos controladores horizontales, por ejemplo, el de la derecha:

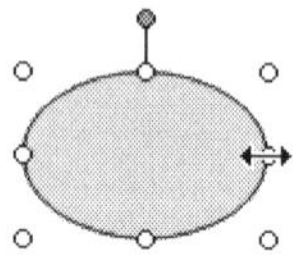

2. Haremos un clic y arrastraremos sin soltar el botón del ratón. Al liberar el botón, obtendremos el resultado:

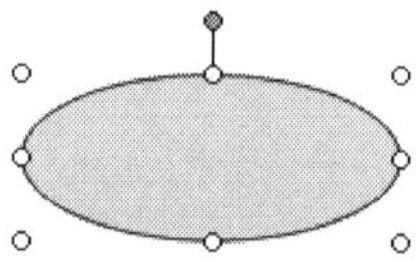

DESPLAZAMIENTOS POR LAS DIAPOSITIVAS

Si existen varias diapositivas en una presentación, podremos pasar de una a otra utilizando los botones que aparecen en la parte inferior derecha de la ventana que contiene las diapositivas. Observe la figura que le ofrecemos junto al margen derecho.

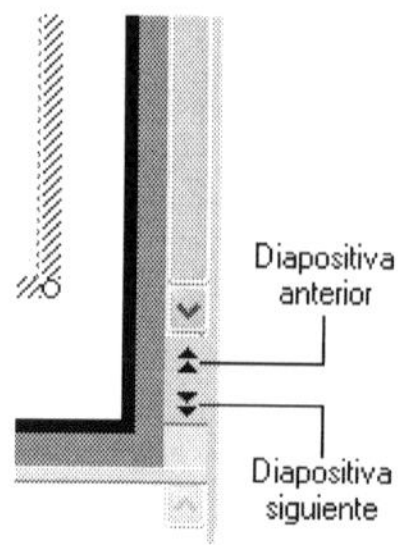

También podremos pulsar las siguientes teclas para movernos por las diapositivas de la presentación:

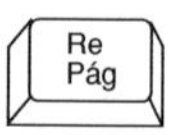

Lleva a la diapositiva anterior.

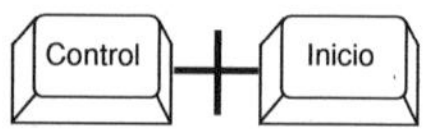

Lleva a la primera diapositiva.

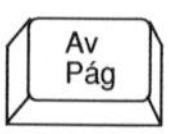

Lleva a la diapositiva siguiente.

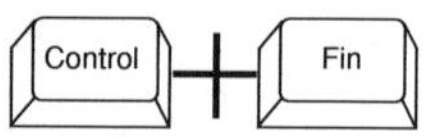

Lleva a la última diapositiva.

Por último, existe la posibilidad de moverse por las diapositivas de la presentación utilizando la barra de desplazamiento vertical situada a la derecha de la ventana de PowerPoint:

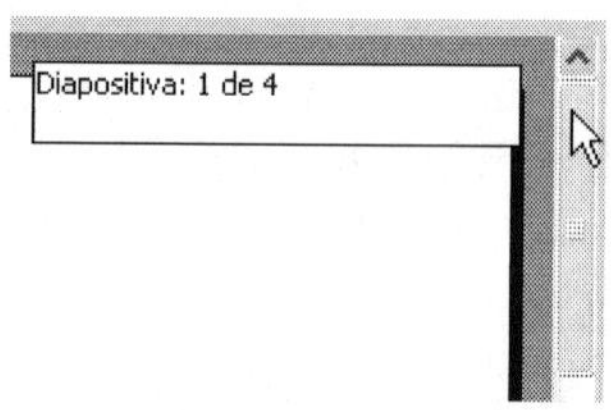

Recuerde que, para ello, puede utilizar los botones de las flechas que contiene la barra en sus extremos, o el recuadro gris de su interior, arrastrándolo en una u otra dirección.

Una vez que esté en una diapositiva, puede borrarla de la presentación, seleccionando la opción **Eliminar diapositiva** del menú **Edición**.

MODOS DE TRABAJO CON POWERPOINT

La ventana de PowerPoint aparece inicialmente dividida en tres partes:

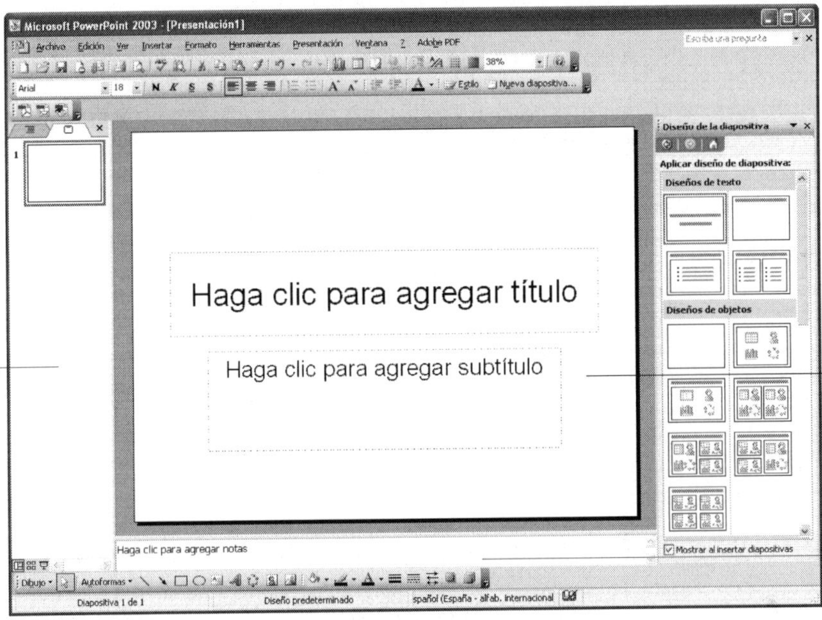

Las cuatro primeras funciones del menú **Ver** tienen como finalidad permitirnos indicar el modo de trabajo con las presentaciones.

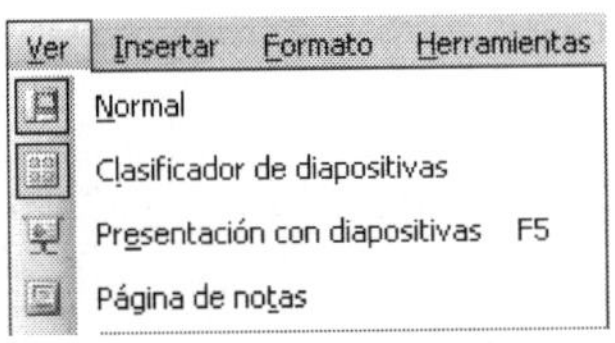

1. Con la opción **Normal** vemos los tres paneles como hemos presentado hace un momento. Como indica su nombre, es el modo normal de trabajo. Podemos acceder a este modo de trabajo pulsando el botón que aparece en la parte inferior izquierda de la ventana de la presentación.

2. **Clasificador de diapositivas** muestra todas las diapositivas de la presentación en tamaño reducido. Este modo también es accesible pulsando el botón que aparece en la parte inferior izquierda de la ventana de la presentación. En el clasificador podremos realizar fácilmente ciertas funciones, por ejemplo:

- **Seleccionar varias diapositivas**. Como este modo muestra las diapositivas en forma de lista, podremos seleccionar varias (con el fin de hacer algo con ellas más tarde) pulsando la tecla de **MAYÚSCULAS** y, sin soltarla, haciendo clic en aquellas que se desean elegir. Para quitar la selección, haga un clic fuera de cualquier diapositiva.

- **Borrar diapositivas**. Una vez seleccionadas varias diapositivas (o una sola) son fácilmente borrables pulsando la tecla **SUPR**.

- **Cambiar diapositivas de sitio**. Haga clic sobre una de las diapositivas y, sin soltar el botón del ratón, arrástrela hasta llevarla entre otras dos (o al principio o al final).

3. **Presentación con diapositivas** ejecuta una presentación. Puede utilizarse para hacer un ensayo de ésta, o bien, para realizar la presentación si se va a llevar a cabo mediante un ordenador y una pantalla gigante. Puede accederse también a este modo pulsando el botón que aparece en la parte inferior izquierda de la ventana de la presentación.

4. **Página de notas** muestra las notas para el orador. Gracias a él podemos teclear las anotaciones que el orador necesitará durante su conferencia.

5. Además, si se trabaja en el modo **Normal**, en la parte superior izquierda de PowerPoint hay dos fichas que pueden resultar útiles:

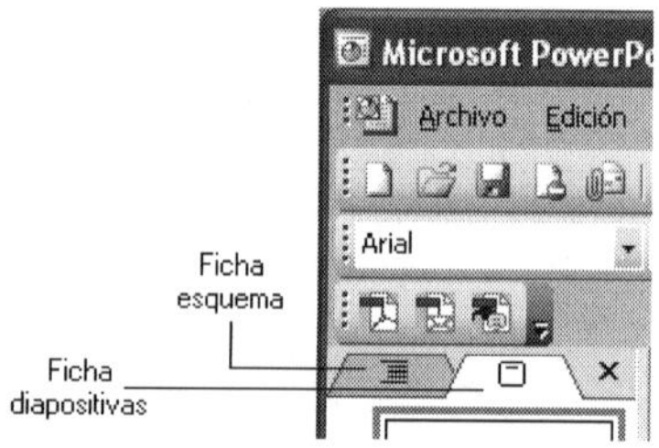

- La **Ficha Esquema** permite trabajar, como su nombre indica, con el esquema de la presentación. Al activar esta ficha, se amplía el panel de esquema y se reducen los otros dos (el de diapositivas y el de notas).

- La **Ficha Diapositiva** amplía el panel de diapositivas y reduce los otros dos (el **panel de esquema** y el **panel de notas**).

La siguiente opción del menú **Ver** es **Patrón**, cuya función es mostrar el modelo general de cada elemento de la presentación.

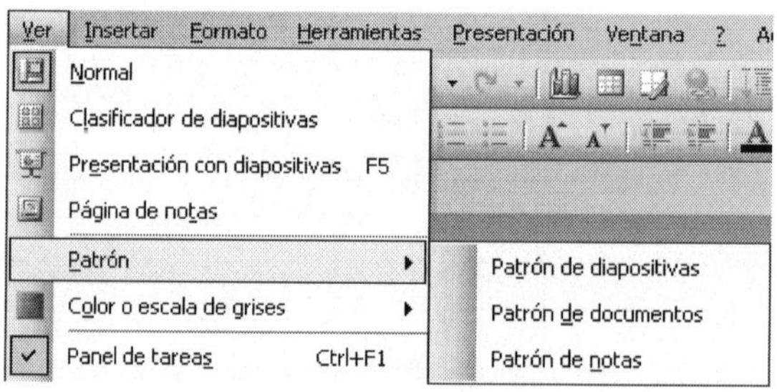

Por ejemplo, si se desea que todas las diapositivas tengan un dato en común, éste se diseña como patrón. De ese modo, todas las diapositivas tendrán ese dato. La opción **Patrón** permite mostrar y modificar los patrones de los elementos de una presentación mediante el submenú de opciones que ofrece.

Existen, pues, patrones (como si se tratase de plantillas) para los elementos que muestra el submenú, que pueden ser modificados utilizando las tres opciones. Para cerrar los patrones, podrá emplear una pequeña barra de botones que aparece al activar un patrón (pulsando su botón **Cerrar vista Patrón**):

Siguiendo con las opciones del menú, nos encontramos con **Color o escala de grises** (en la versión 2000 sólo disponemos de la opción **Blanco y negro**) que muestra las diapositivas, según trabajamos con ellas, de tres posibles formas:

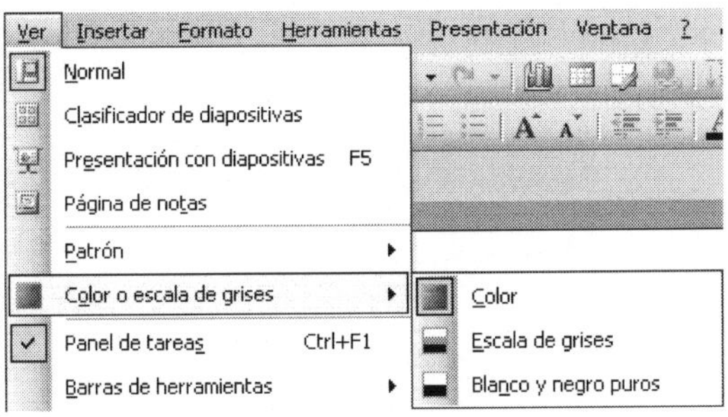

1. **Color**. Permite trabajar en el modo normal, a todo color.

2. **Escala de grises**. Permite trabajar únicamente con tonos de gris.

3. **Blanco y negro puros**. Permite trabajar sólo con los colores blanco y negro.

OjO PowerPoint mantiene los colores originales de las diapositivas aun cuando trabajemos en los modos **Escala de grises** y **Blanco y negro puros** por si más adelante decidiéramos continuar trabajando en color.

PRESENTACIÓN DE FUNCIONES EN PANTALLA

Siguiendo con el menú **Ver** nos encontramos con las siguientes opciones:

1. **Panel de tareas**. Muestra o no dicho panel, aunque éste suele aparecer por sí solo cuando se le necesita.

2. **Barras de herramientas**. Permite indicar cuáles de ellas queremos que estén activas en pantalla. Otra de sus funciones es editar dichas barras, con el fin de añadir y eliminar los botones que deseemos en ellas. Ya hemos visto estas barras en el capítulo 3: ***Barras de Office y de herramientas***. Consúltelo para obtener más información.

3. **Regla**. Su función es presentar o no las reglas. Éstas nos permiten realizar funciones como modificar los márgenes o las tabulaciones. Además, la regla nos permitirá percibir mejor las medidas de las distintas partes de las diapositivas.

Las reglas sólo pueden activarse si se está trabajando sobre una diapositiva y presentan el siguiente aspecto:

4. **Cuadrícula y guías**. Permite configurar la cuadrícula y las guías para las diapositivas. Estas líneas se utilizan para situar objetos al mismo nivel, tanto horizontal como verticalmente, ya que existen guías horizontales y verticales. Si se acerca lo suficiente un objeto a una guía, ésta lo atraerá a modo de imán hasta que el objeto quede perfectamente alineado con ella. Si se repite eso mismo sobre todos los elementos que se desean alinear, quedarán todos al mismo nivel. Por otra parte, la cuadrícula es un entramado de líneas verticales y horizontales que actúan como las guías. La opción **Cuadrícula y guías** genera un cuadro de diálogo como el siguiente para asignar las características de las guías y de la cuadrícula:

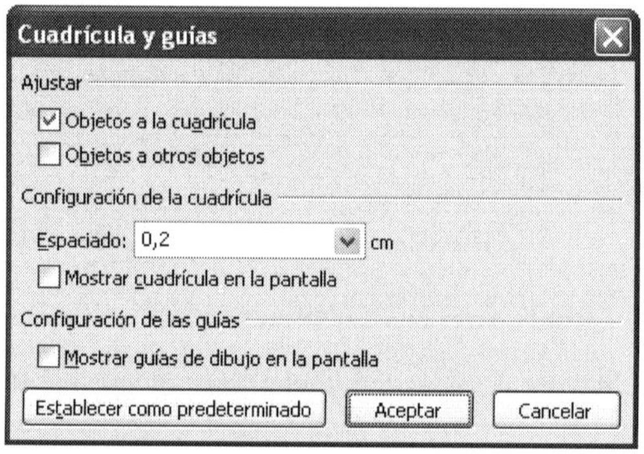

- La casilla **Objetos a la cuadrícula** activa el "imán" de la cuadrícula de modo que los objetos serán atraídos por las líneas de la cuadrícula cuando aquéllos se acerquen a éstas.

- La casilla **Objetos a otros objetos** activa el "imán" de unos objetos con otros, consiguiendo que un objeto sea atraído por cualquier otro del dibujo para que se puedan colocar a la misma altura fácilmente.

- La lista desplegable **Espaciado** permite establecer la distancia que habrá entre las líneas verticales y horizontales que forman la cuadrícula.

- La casilla **Mostrar cuadrícula en la pantalla** expone las líneas de la cuadrícula en la diapositiva. Aunque no se vean dichas líneas, si tenemos activada la casilla **Objetos a la cuadrícula**, el imán de ésta seguirá en funcionamiento.

- La casilla **Mostrar guías de dibujo en la pantalla** activa las guías. Si no se ven las guías, no podremos utilizarlas a modo de imán para alinear objetos.

- El botón 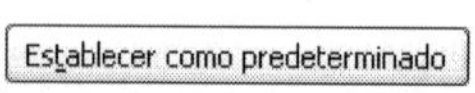

se encarga de registrar los datos que hayamos establecido en el cuadro de diálogo para que se utilicen en todas las presentaciones a partir de ese momento.

Puede mover una guía arrastrándola hasta situarla donde necesite.

Para obtener más guías arrastre una manteniendo pulsada la tecla de **CONTROL** (o **CTRL**).

5. **Encabezado y pie de página**. Permiten añadir encabezamientos y pies de página que se repetirán en varias diapositivas (generalmente en todas). De esto hablaremos con más detalle en el apartado ***Encabezados y pies para diapositivas*** del capítulo 31: ***Herramientas más útiles de PowerPoint***.

6. **Marcas (Comentarios** en la versión 2000). Se pueden "pegar" comentarios como si se tratase de etiquetas *Post-it*. También se pueden colocar otros elementos que funcionen a modo de recordatorio. Todos estos elementos se denominan genéricamente *marcas* y se pueden añadir a la presentación desde el menú **Insertar**. De todo esto hablaremos en el apartado ***Comentarios*** del capítulo 31: ***Herramientas más útiles de PowerPoint***. En cualquier caso, las **Marcas** sólo pueden verse en pantalla si hemos activado la opción que lleva ese mismo nombre en el menú **Ver** (que no está disponible hasta que incorporemos una marca a la presentación).

7. **Zoom**. Permite ampliar o reducir la vista de una diapositiva para percibir mejor los detalles o tener una vista más general. Al seleccionar esta opción, se obtiene un cuadro de diálogo en el que podremos establecer el porcentaje de visualización:

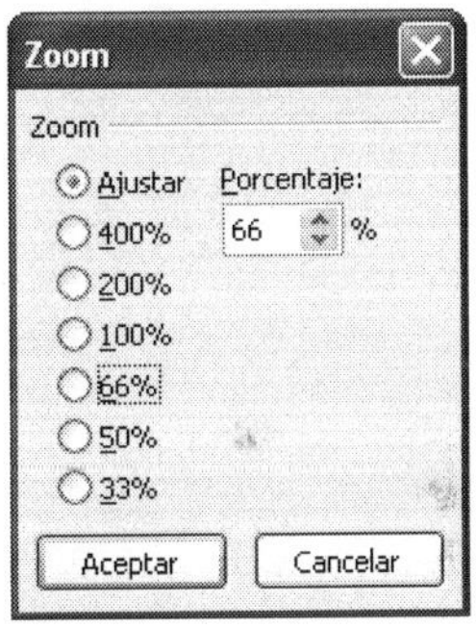

   - El porcentaje normal es el **100%**. Basándonos en esta medida, podemos ampliar o reducir la imagen. Por ejemplo, si utilizáramos el botón **200%**, ampliaríamos la imagen al doble de lo normal, y si utilizáramos el botón **50%**, la reduciríamos a la mitad.

   - El cuadro de texto **Porcentaje** permite establecer otro tamaño distinto al que ofrecen el resto de los botones.

La función de zoom también puede manejarse desde el botón de la barra de herramientas que presenta este aspecto: . Para ello, desplegaremos su lista que contiene varios porcentajes similares a los del cuadro de diálogo anterior. Ahí podremos elegir el tamaño de visualización del mismo modo que vimos en dicho cuadro.

EJECUCIÓN DE UNA PRESENTACIÓN

Una vez que se ha finalizado el desarrollo de una presentación, o durante éste, podemos ejecutar la presentación para estudiar el resultado. Para ello, pulsaremos el botón que existe en la parte inferior de cualquier ventana de diapositivas, o activaremos la opción **Presentación con diapositivas** del menú **Ver**.

Cuando comienza la presentación diseñada para exponerse en público, al mover el ratón durante unos instantes, se obtienen varios botones en la parte inferior izquierda de la pantalla (hasta la versión 2002 sólo aparece un botón:

Versión 2003

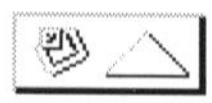

Versiones anteriores

La función de estos botones es permitir al orador decidir el siguiente paso a seguir en la presentación. En la versión 2000 todas estas funciones aparecen reunidas en un menú que aparece al hacer clic en el botón.

1. Si se activan los botones de las flechas (y) accederemos a la diapositiva anterior y a la siguiente, respectivamente.

2. Si hacemos clic sobre el botón , se desplegará un menú con opciones relativas al puntero del ratón. En este caso, podremos elegir un puntero que deje rastro (para que el orador pueda resaltar objetos de las diapositivas) así como sus características (**Bolígrafo** de trazo fino, **Rotulador** de trazo más grueso, colores para el trazo, etc. En las versiones anteriores a la 2003 sólo disponemos de un elemento trazador denominado **Pluma**):

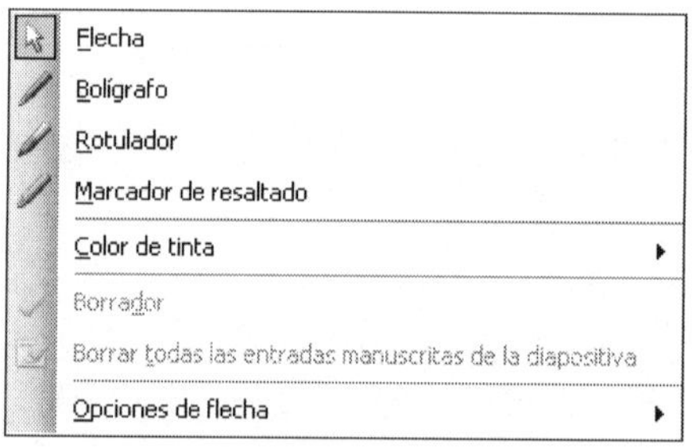

3. Si hacemos clic sobre el botón , se desplegará otro menú:

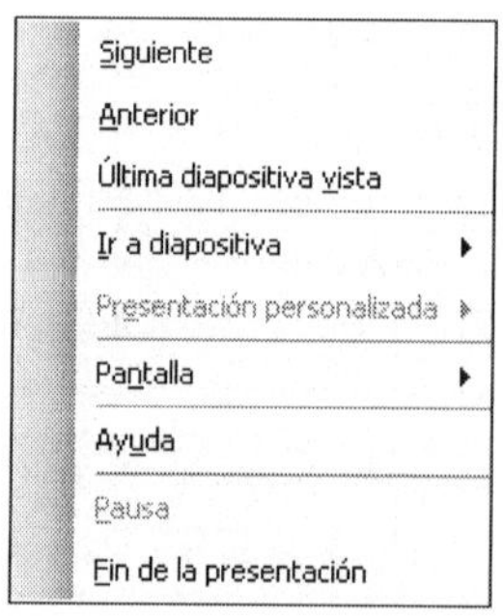

- **Siguiente**. Lleva a la siguiente diapositiva de la presentación.

- **Anterior**. Lleva a la diapositiva precedente de la presentación.

- **Última diapositiva vista**. Lleva a la anterior diapositiva que se ha mostrado (en las versiones anteriores a 2003 esta opción se llama **Vista anterior**).

- **Ir a diapositiva**. Permite acceder directamente a cualquier diapositiva de la presentación. Para ello, muestra un submenú con sus diapositivas.

- **Presentación personalizada**. Una presentación personalizada es una presentación dentro de otra. Su función es que pueda accederse a ella fácilmente desde la principal. De este modo, la personalizada puede mostrarse sólo para ciertos públicos y no para otros. Esta opción genera un cuadro de diálogo en el que debemos elegir la presentación personalizada que deseamos ejecutar en ese mismo momento. Cuando ésta termina, continúa la principal, que dejamos en pausa.

- **Pantalla**. Ofrece un submenú con elementos que se pueden mostrar durante la presentación al público. Así, podremos oscurecer momentáneamente la pantalla (**Pantalla en negro**), aclararla (**Pantalla en blanco**), mostrar las **Notas del orador** (y editarlas), etc.

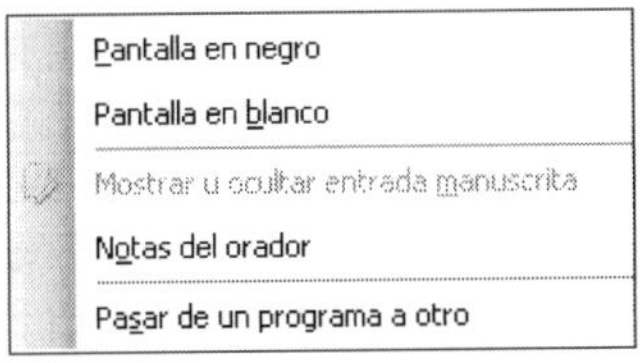

- **Ayuda**. Ofrece un cuadro de diálogo con teclas útiles que pueden emplearse durante la ejecución de la presentación.

- **Pausa**. Detiene la presentación momentáneamente.

- **Fin de la presentación**. Termina la ejecución de la presentación en ese instante volviendo a la ventana de trabajo de PowerPoint. Puede hacer lo mismo pulsando la tecla Escape (**ESC**).

En las versiones anteriores a la 2003, el menú que aparece al hacer clic en el botón es el siguiente (observe que las opciones son prácticamente las mismas que hemos descrito antes):

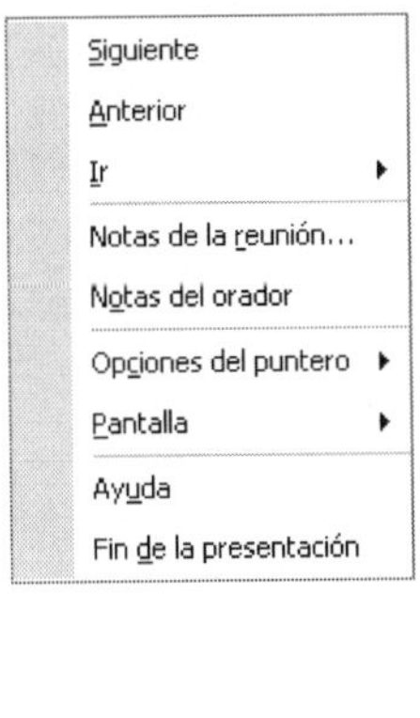

CAPÍTULO 28

ARCHIVOS Y DOCUMENTOS CON POWERPOINT

En este capítulo vamos a ver cómo trabajar con presentaciones completas. Las tareas que vamos a contemplar son:

1. La creación de nuevas presentaciones (cómo empezamos una presentación nueva si nos encontramos en otra, puesto que una nueva presentación se puede crear sólo con entrar en PowerPoint).

2. Presentaciones nuevas con el asistente de autocontenido (un asistente que ayuda a crear una presentación por pasos según el contenido que deseemos darle).

3. Imprimir la presentación (todas las posibilidades que ofrece PowerPoint para imprimir los distintos elementos de una presentación en la impresora).

PRESENTACIONES NUEVAS

Puede crearse una nueva presentación al entrar en PowerPoint. Cuando se hace esto, puede verse el panel de tareas (o un cuadro de diálogo en la versión 2002). Si se va a emplear el panel de tareas, bastará con hacer clic en el enlace **Crear una presentación nueva** que aparece en la parte inferior, en cuyo caso, el panel de tareas cambiará de contenido para que podamos elegir qué tipo de presentación deseamos crear. Si se trata de la versión 2000, en el cuadro de diálogo que obtendremos será necesario elegir eso mismo mediante botones de opción (puede ver ambos elementos en las figuras correspondientes que mostramos en la página siguiente).

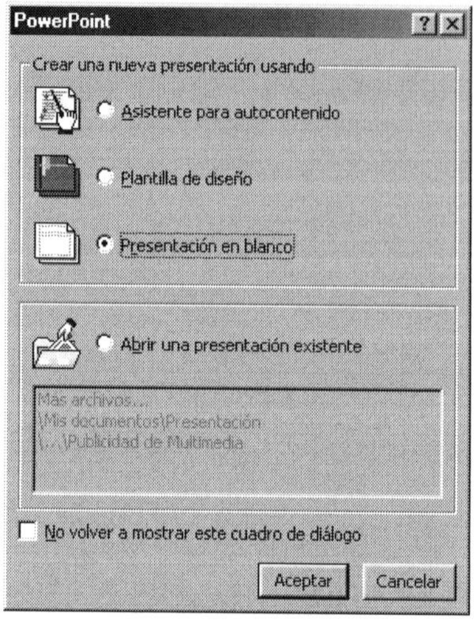

Versión 2000

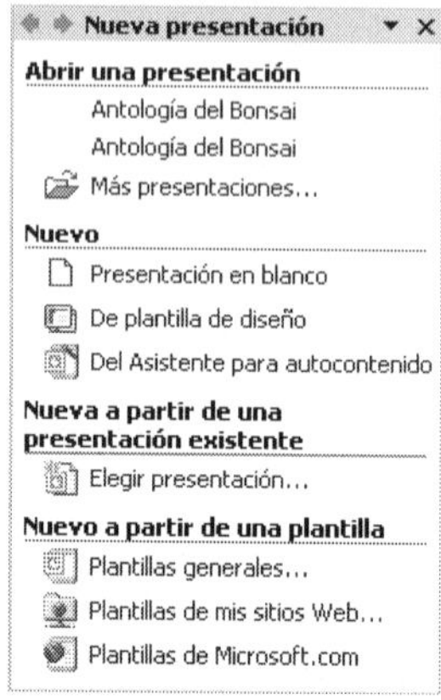

Versión 2002

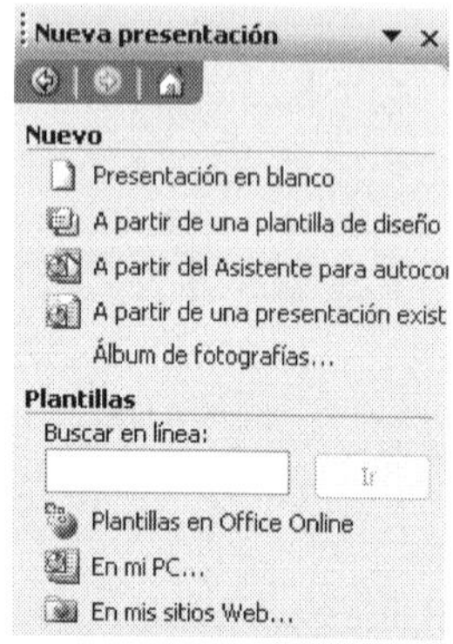

Versión 2003

1. En las versiones anteriores a la 2003 existe la posibilidad de abrir una presentación del disco (**Más presentaciones** en 2002 y **Abrir una presentación existente** en 2000).

2. La opción **Presentación en blanco** crea una presentación vacía con una diapositiva de **Título** lista para ser rellenada.

3. La opciones de **plantilla de diseño** muestran una lista de plantillas con parte del contenido ya diseñado para que sólo tengamos que rellenar parte de ellas. Cuando se selecciona esta opción, se ofrecen varias plantillas para elegir una, generalmente aquella que más se ajuste al contenido y aspecto que vamos a desarrollar en la presentación.

4. Las opciones del **Asistente para autocontenido** ponen en marcha un asistente que le ayuda a elegir, paso a paso, el contenido básico de la nueva presentación. De esto hablaremos con más detalle en el siguiente apartado de este mismo capítulo.

5. Las opciones **a partir de una presentación existente** (no disponibles en la versión 2000) permiten escoger una presentación de entre todas las que tengamos almacenadas en el disco, para crear otra que se parezca a la existente. De este modo bastará con retocar la original para obtener el resultado, en lugar de tener que diseñarla desde el principio.

6. Las opciones **a partir de una plantilla** permiten elegir una plantilla para crear una presentación basada en ella.

Pero si ya nos encontramos en PowerPoint, para comenzar una presentación nueva, será necesario activar la opción **Nuevo** del menú **Archivo**, lo que activará el panel de tareas (o el cuadro de diálogo en la versión 2000) que podremos emplear tal y como acabamos de explicar. También podremos hacer clic en el botón de la barra de herramientas, aunque esta última opción lleva directamente a una nueva presentación vacía.

ASISTENTE PARA AUTOCONTENIDO

Como acabamos de ver, existe un sistema que facilita la creación de una nueva presentación. Se trata del asistente para autocontenido.

Ya hemos visto antes cómo se accede a este asistente, pero recordémoslo. Cuando se arranca PowerPoint (o cuando se selecciona **Nuevo** en el menú **Archivo**), aparece el panel de tareas (o el cuadro de diálogo en la versión 2000) entre cuyas opciones podremos elegir **Del Asistente para autocontenido**. Esta opción nos lleva a un asistente con el que podremos seleccionar ciertos datos para crear una presentación en la que PowerPoint ya nos ofrecerá algunas partes ya terminadas (como un número determinado de diapositivas o elementos prediseñados: gráficos vacíos listos para rellenar, tablas vacías también para rellenar, etc.). Veamos el cuadro de diálogo que ofrece el primer paso del asistente para autocontenido:

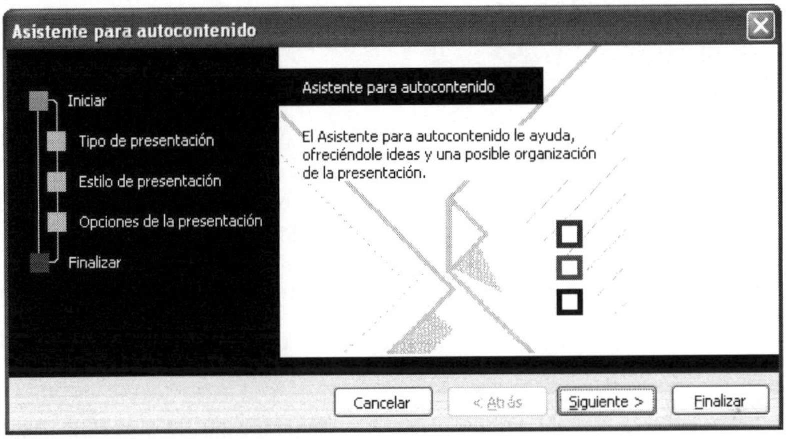

Este paso es meramente informativo, por lo que pulsaremos el botón [Siguiente >] para continuar con el asistente. El segundo paso ofrece lo siguiente:

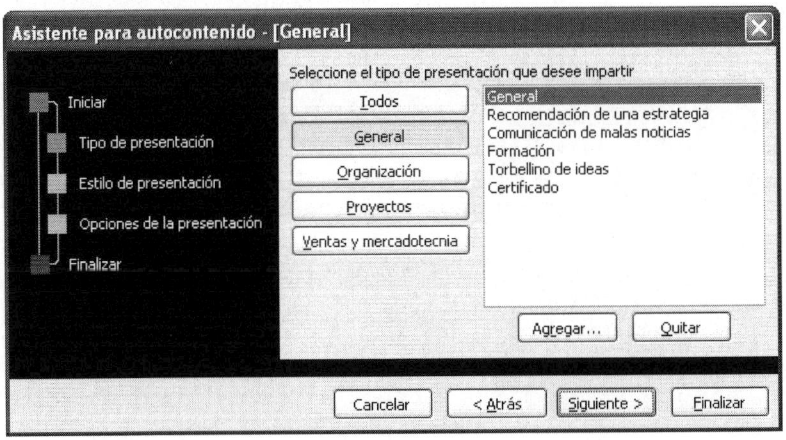

En este paso debemos elegir el tipo de presentación que vamos a crear utilizando los botones del cuadro. Cuando se pulsa uno de ellos, la lista de la derecha muestra un grupo de presentaciones posibles que pueden elegirse.

El siguiente paso permite elegir cómo se ejecutará la presentación. Muestra este aspecto:

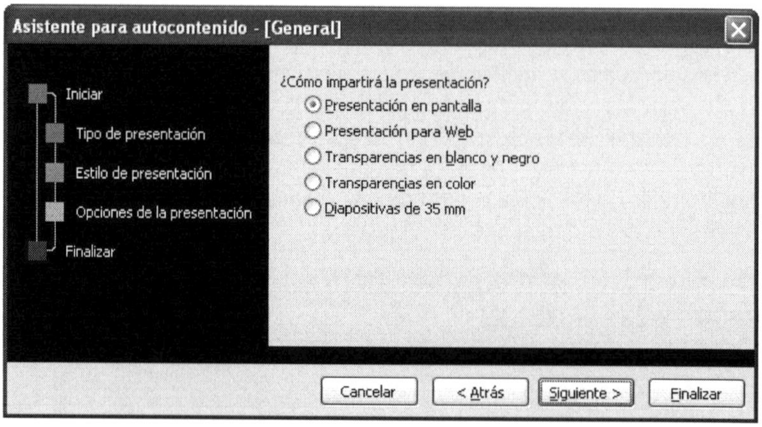

1. **Presentación en pantalla**. La presentación se realizará en una pantalla de ordenador (de cualquier tamaño existente en el mercado, incluidas pantallas de proyecciones).

2. **Presentación para Web**. Selecciona el modo de presentación en Internet.

3. **Transparencia en blanco y negro**. Crea la presentación para transparencias (folios transparentes) con el contenido en blanco y negro.

4. **Transparencias en color**. Crea la presentación para transparencias (folios transparentes) con el contenido en color.

5. **Diapositivas de 35 mm**. Diapositivas clásicas para un proyector de este tipo.

Al pulsar el botón Siguiente >, accedemos al penúltimo paso del asistente:

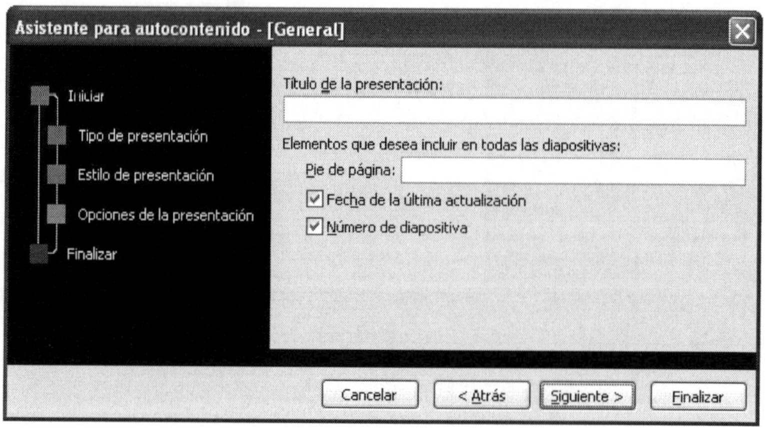

1. En el cuadro de texto **Título de la presentación** escriba el nombre que va a darle a la nueva presentación.

2. En el cuadro de texto **Pie de página** puede añadir algún dato que se repetirá automáticamente en la parte inferior de todas las diapositivas.

3. Además, puede incluir la **Fecha de la última actualización** y el **Número de diapositiva** activando sus respectivas casillas.

El siguiente y último paso del asistente es éste:

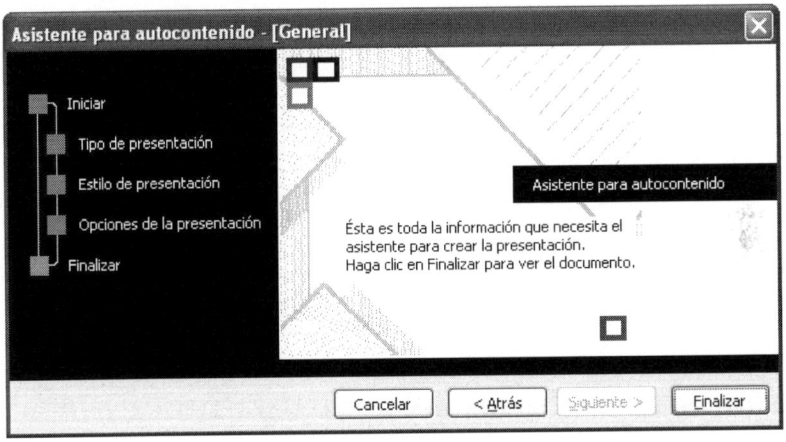

Con los datos que hemos ido dando al asistente en los distintos pasos, PowerPoint está listo para generar una presentación básica que nosotros deberemos rellenar con texto e imágenes posteriormente. Por tanto, pulse el botón [Finalizar] para salir del asistente con su nueva presentación básica terminada.

IMPRIMIR PRESENTACIONES

Entre otras funciones básicas de PowerPoint, existe la posibilidad de obtener impresos los datos que conforman una presentación.

Recordemos que una presentación dispone de varios tipos de elementos (diapositivas, notas de orador, etc.). Por tanto, podremos imprimir éstas, juntas o por separado.

Por otra parte, PowerPoint permite generar copias impresas de los distintos elementos que integran la presentación para repartir al público presente durante su proyección. De esto también hablaremos en este capítulo.

Para comenzar a imprimir datos, podemos elegir la opción **Imprimir** del menú **Archivo**. Al hacerlo se obtiene un cuadro de diálogo en el que se puede especificar lo que se desea imprimir:

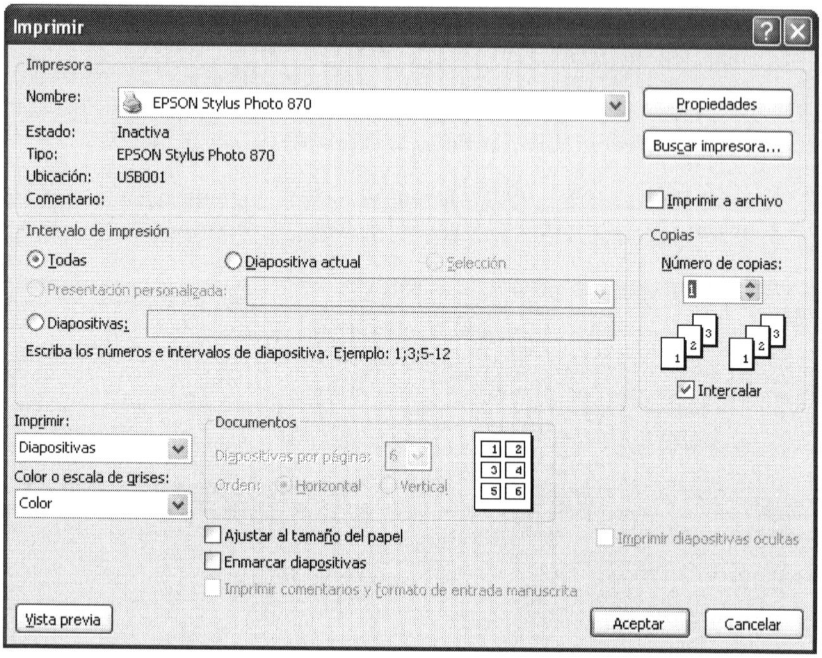

Selección de la parte de la presentación para imprimir

1. Lo primero es especificar qué parte de la presentación vamos a reproducir por la impresora. Para ello, desplegaremos la lista **Imprimir** que, por defecto, muestra **Diapositivas**. En esta lista podremos elegir:

   - **Diapositivas**. Imprime las diapositivas de la presentación.
   - **Documentos**. Imprime los documentos para el público. Podemos elegir el formato de dos, tres o seis diapositivas por página. Si activamos esta opción, podremos elegir el número de **Diapositivas por página** y si se deberán imprimir de modo **Horizontal** o **Vertical** (todo ello en el grupo **Documentos**).
   - **Páginas de notas**. Imprime las notas para el orador.
   - **Vista esquema**. Imprime el esquema general de la presentación para el orador.

2. Después podemos establecer el número de copias que deseamos obtener utilizando el grupo **Copias**. En él existe el cuadro de texto **Número de copias**, en el que se puede establecer la cantidad de ejemplares que deseamos obtener por la impresora. En el mismo grupo, si se activa la opción **Intercalar**, se imprimirá la primera copia completa antes de pasar a la siguiente. Si por el contrario, se desactiva esta casilla, PowerPoint imprimirá la primera página de cada copia antes de pasar a la segunda, y así sucesivamente.

3. El grupo **Intervalo de impresión** permite elegir qué diapositivas de la presentación se imprimirán:

- El botón **Todas** nos permite imprimir todas las diapositivas de la presentación con la que estemos trabajando. Esta misma función puede ejecutarse pulsando el botón de la barra de herramientas.

- **Diapositiva actual** imprime únicamente la diapositiva en la que nos encontremos en ese instante.

- **Selección** permite imprimir las diapositivas que se elijan previamente. Para elegir las diapositivas haremos lo siguiente:

  a) Pase al clasificador de diapositivas pulsando el botón en la barra de estado (parte inferior de la ventana) o seleccionando **Clasificador de diapositivas** en el menú **Ver**. Acerca de los modos de trabajo con PowerPoint consulte el apartado ***Modos de trabajo con PowerPoint*** en el capítulo 27: ***Básico en PowerPoint***.

  b) Obtendrá una relación de todas las diapositivas de la presentación en tamaño reducido. Seleccione las diapositivas que desee manteniendo pulsada la tecla de **MAYÚSCULAS** y haciendo clics sobre ellas.

  c) Acceda al cuadro de diálogo de imprimir y active el botón **Selección** en el grupo **Intervalo de impresión**.

- **Presentación personalizada**. Permite imprimir cualquier presentación personalizada que esté asociada a la presentación actual. Este botón sólo estará disponible si se tiene alguna presentación de este tipo. Como veremos después, cada presentación personalizada tendrá un nombre que la distinguirá del resto. En esta opción deberá elegir el nombre de la presentación personalizada que desea imprimir.

- **Diapositivas**. Permite elegir las diapositivas que serán impresas utilizando su número de orden:

  a) Si escribimos las diapositivas que deseemos separadas por un punto y coma, se imprimirán tales diapositivas.

  b) Si escribimos el número de una diapositiva, un guión y el número de otra, se imprimirá desde la primera diapositiva escrita antes del guión hasta la otra. Ejemplo:

  5-18 => Imprimirá desde la diapositiva 5 hasta la 18, ambas inclusive.

4. La lista desplegable **Color o escala de grises** permite establecer el modo tonal en el que se imprimirán las diapositivas: Podremos elegir entre las opciones:

- **Color**. Imprime las diapositivas con los mismos colores con los que se diseñaron en pantalla.

- **Escala de grises**. Imprime en escala de grises en modo similar a como veríamos una imagen en un televisor en blanco y negro.

- **Blanco y negro puros**. Imprime las diapositivas utilizando únicamente los colores blanco y negro. Todos los objetos de color blanco de la diapositiva se imprimirán como tales, mientras que el resto de los colores se imprimirán en negro.

5. **Incluir animaciones** (sólo hasta la versión 2000). Imprime también los objetos animados (como iconos).

6. **Ajustar al tamaño del papel**. Amplía o reduce automáticamente los datos de las diapositivas hasta hacerlos encajar perfectamente al papel que vayamos a utilizar para imprimir.

7. **Enmarcar diapositivas**. Añade un borde a cada diapositiva de la presentación que se vaya a imprimir.

8. **Incluir páginas de comentarios**. Imprime también los comentarios que hayamos añadido a la presentación.

9. **Imprimir diapositivas ocultas**. Imprime también las diapositivas que hayamos ocultado. No estará disponible si antes no hemos ocultado una o más diapositivas (para ocultar una diapositiva, seleccione **Ocultar diapositiva** en el menú **Presentación**).

Seleccionar impresora

Si se dispone de varias impresoras conectadas al ordenador o si la que lo está es compatible con otras, puede indicarse con cuál se desean imprimir las presentaciones a partir de entonces. Para ello, utilizaremos la lista **Nombre** del grupo **Impresora**. En ella obtendremos una lista con los controladores de impresoras instalados en Windows, lo que significa que podrá utilizar cualquiera de dichos controladores para imprimir. Recordemos el cuadro de diálogo que se obtiene para imprimir:

Observe la lista **Nombre** en la que podrá seleccionar la impresora.

CAPÍTULO 29

IMÁGENES EN DIAPOSITIVAS

Algo que puede resultar sumamente útil es la incorporación de imágenes en las diapositivas de una presentación, ya sean éstas digitalizadas (hoy se emplea mucho el término *escaneadas*) o dibujos creados mediante algún programa de diseño gráfico por ordenador. Las imágenes confieren calidad a la presentación y, por otra parte, resultan explicativas.

Los programas de diseño gráfico están muy extendidos hoy en día. El mismo Windows ofrece un sencillo programa de diseño de imágenes denominado *Paint*, que almacena los dibujos en el disco en forma de archivos con extensión BMP (*Bitmap* = Mapa de bits, formato estándar de las imágenes Windows).

Por su parte, PowerPoint (como otros programas de Microsoft) también ofrece su propio sistema de dibujo, ya que las imágenes forman una parte muy importante de las presentaciones.

No obstante, hemos de distinguir entre dos posibles acciones a la hora de incorporar un dibujo a una diapositiva de PowerPoint:

1. Incorporar un dibujo ya creado.
2. Incorporar un dibujo que nos disponemos a diseñar en ese momento.

INCORPORAR UNA IMAGEN YA CREADA

Esta operación puede realizarse mediante dos formas: el portapapeles de Windows, o bien mediante la opción **Imagen** del menú **Insertar**.

Según el sistema del portapapeles, deberá crear el dibujo con el programa adecuado (por ejemplo, *Paint*), seleccionarlo con sus correspondientes teclas (o ratón) y pasarlo al portapapeles. Una vez hecho esto y, ya en PowerPoint, es necesario recurrir al menú **Edición** y seleccionar **Pegar**, como vimos en el apartado dedicado al portapapeles.

Según el segundo sistema es cuestión, como podrá imaginar, de activar el menú **Insertar** y seleccionar la opción **Imagen**. Al hacerlo, se obtiene un submenú con varias opciones. Algunas de ellas nos permitirán incorporar una imagen completa:

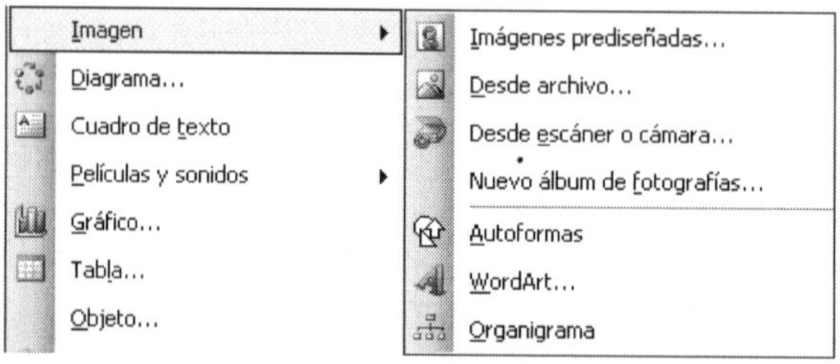

1. **Imágenes prediseñadas**. Activa el panel de tareas para que podamos elegir una imagen que se incorporará a la diapositiva en la que se encuentre. Esta opción muestra imágenes de ejemplo que proporciona Office. Para conocer su funcionamiento, consulte el apartado ***Imágenes prediseñadas*** del capítulo 4: ***Funciones elementales y compartidas de Office***.

2. La opción **Desde archivo** permite elegir un archivo del disco cuyo contenido sea una imagen. Esta opción genera un cuadro de diálogo para elegir el archivo en cuestión:

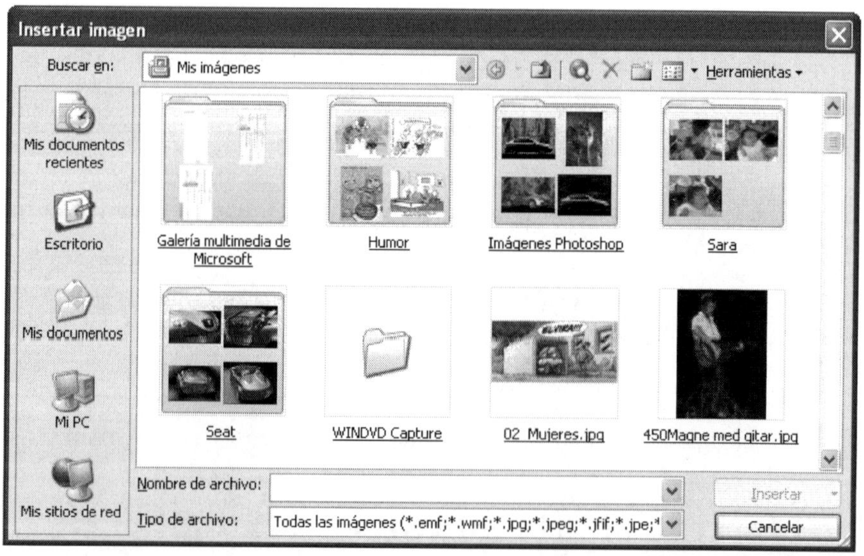

Como puede observar, se trata del clásico cuadro de Microsoft para abrir archivos. Haga clic sobre la miniatura (o el icono) de la imagen que necesite y luego pulse el botón Insertar.

3. La opción **Desde escáner o cámara** permite recuperar imágenes directamente desde un dispositivo óptico lector de imágenes: el escáner. Como es natural, será necesario tener un escáner para poder realizar esta tarea. Al activar esta opción, PowerPoint abrirá el programa de digitalización que corresponda con el escáner que esté instalado en el ordenador que, si bien es distinto para cada modelo de escáner, suele tener ciertos datos comunes, como la resolución. Observe, además, que también se le ofrecerá recuperar imágenes desde una cámara digital que captura la imagen transfiriéndola directamente a PowerPoint.

La resolución de una imagen mide su calidad: a mayor resolución, mejor calidad final. La resolución se mide en **puntos por pulgada** (ppp): cuantos más puntos por pulgada empleemos en la resolución, más puntos de colores entrarán en la mismo espacio y, por tanto, más pequeños serán los puntos en cuestión, con lo que la calidad de la imagen mejora sustancialmente. Como contrapartida, cuanto mayor sea la resolución que empleemos para digitalizar una imagen, más espacio ocupará en el disco cuando la grabemos.

Una vez que la imagen se encuentra en la diapositiva se puede hacer clic sobre ella para seleccionarla, en cuyo caso aparecen a su alrededor ocho puntos controladores de tamaño. Se le pueden aplicar varias funciones:

1. Puede moverla, haciendo clic sobre ella y arrastrándola hasta su nueva posición.
2. Puede cambiar su tamaño haciendo clic en uno de sus controladotes de tamaño (los puntos que aparecen rodeando la figura). Lo más seguro y sencillo es emplear uno de los controladores de las esquinas de la imagen ya que así se cambiará el tamaño de la imagen proporcionalmente: si se arrastran hacia el interior de la figura se reduce el tamaño de ésta, mientras que si se arrastran hacia fuera se amplía su tamaño.
3. Puede borrar la imagen pulsando la tecla **SUPR** (suprimir).

DIBUJAR

Para crear una imagen nueva en una diapositiva de PowerPoint es necesario utilizar los botones de las dos barras de herramientas de dibujo que existen para ello, ya que la imagen que vamos a crear se forma por partes que llamamos objetos que, a su vez, son definidos mediante los botones que aparecen en dichas barras.

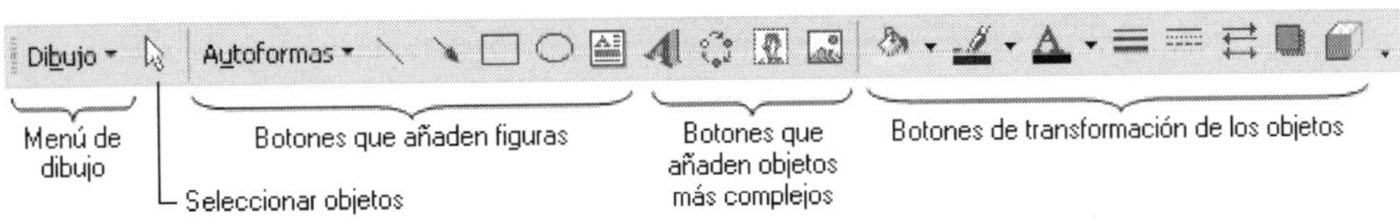

Cada uno de los botones que se ven en esta barra ya los hemos visto en el apartado ***Dibujar*** del capítulo 10: ***Imágenes en el texto***, por lo que le remitimos a él si desea recordar su manejo.

GRÁFICOS MATEMÁTICOS Y ESTADÍSTICOS

Una herramienta sumamente útil a la hora de diseñar una presentación es incorporar gráficos que muestren datos de una forma esquemática a una diapositiva para su rápida comprensión o percepción.

En el caso de *Microsoft Graph*, esta función es relativamente sencilla y no tiene los complicados detalles necesarios para su creación en una hoja de cálculo. No obstante, la forma de crear e insertar un gráfico en el texto es parecida a sus homólogas de las citadas hojas electrónicas. *Microsoft Graph* es una herramienta que no forma parte de Microsoft PowerPoint; sin embargo, está pensada para crear gráficos que podrían incorporarse a cualquiera programa del sistema Windows que lo solicite.

Para acceder a los gráficos desde PowerPoint, podemos pulsar el botón de la barra de herramientas, o bien seleccionar la opción **Gráfico** del menú **Insertar**. Cuando se activa una de las dos posibilidades, Graph se incrusta en PowerPoint para ofrecer un gráfico sencillo, en el que deberemos realizar los cambios necesarios para adaptarlo al gráfico real que deseamos crear. He aquí lo que Graph ofrece en PowerPoint:

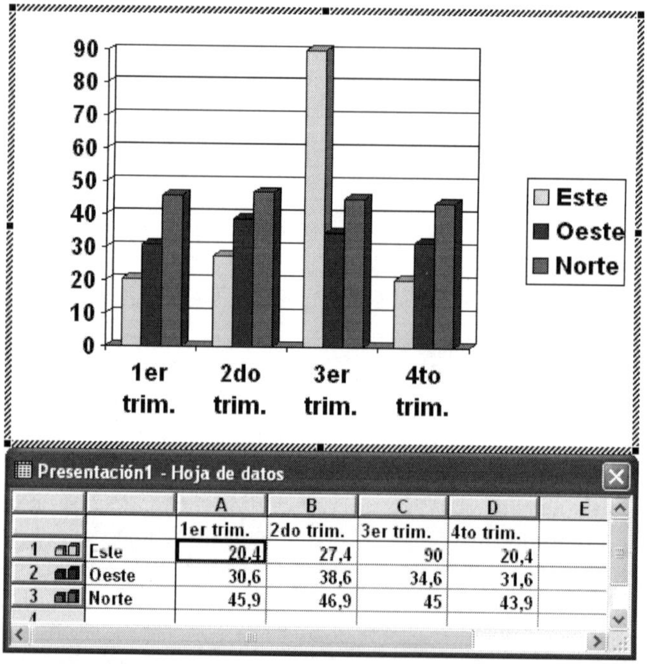

Todas las funciones de gráficos las hemos visto en capítulo 10: ***Imágenes en el texto*** dentro de su apartado ***Gráficos matemáticos***. Consúltelo para obtener información sobre cómo manejar los gráficos en PowerPoint.

CAPÍTULO 30

FORMATOS

Una de las características que más hace resaltar la calidad de cualquier programa es añadir formatos a los datos que haya en su contenido. Gracias a ellos se puede asignar color, cambiar tipos de letra, poner formatos numéricos y otras funciones que suelen tener como objetivo una mejor presentación y una mayor legibilidad de los datos que componen la información, en nuestro caso, de la presentación.

Ésta es, quizás, la parte que más se asemeja a un procesador de textos, al menos en lo que a textos se refiere, ya que contiene funciones muy similares a las que encontramos en uno (por ejemplo, en Microsoft Word).

Este capítulo vamos a dedicarlo a mostrar cómo se puede manejar PowerPoint para conseguir unos resultados claros, agradables a la vista y bien presentados, condiciones fundamentales para una buena presentación con diapositivas. Para todo ello, describiremos en este capítulo el menú **Formato**:

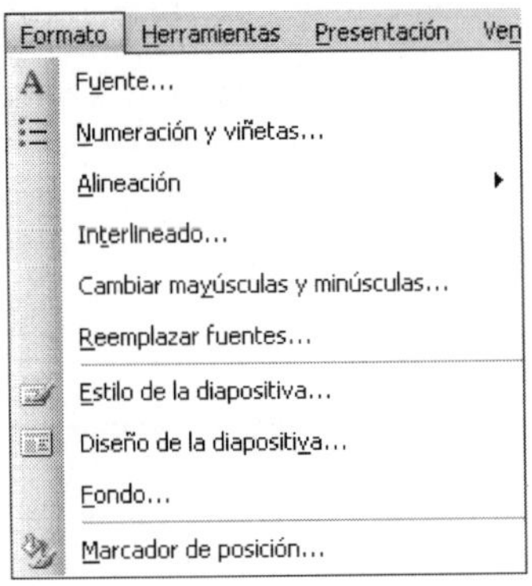

Tenga en cuenta que estamos hablando de formatos para texto, por lo que antes de utilizarlos deberá haber trazado un cuadro de texto y haber seleccionado todo él, o una parte, para aplicarle las funciones que vamos a describir.

TIPOS DE LETRA (FUENTES)

Los tipos de letra confieren una mayor calidad a la hora de exponer una presentación. La mayor parte de las aplicaciones de Microsoft llaman *fuentes* a los tipos de letra. Una vez que se activa la opción **Fuente** en el menú **Formato**, obtenemos un cuadro de diálogo en el que podremos establecer el tipo de letra que utilizaremos para el texto que se escriba a continuación o que haya sido previamente seleccionado. Éste es su aspecto:

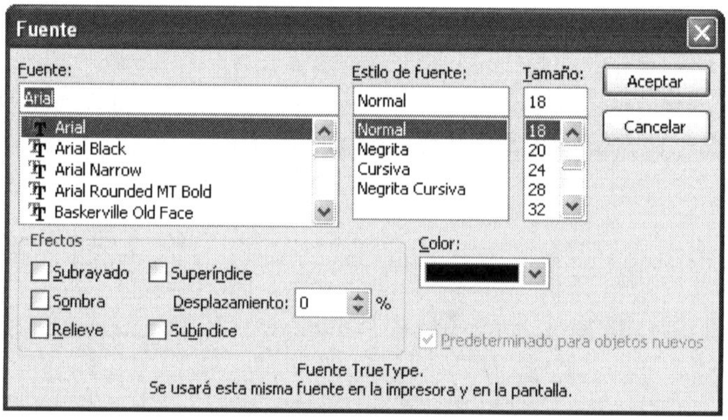

1. La lista **Fuente** contiene varios tipos de letra disponibles, que se encuentran instalados en Windows, con un aspecto diferente cada uno. Elija el que le guste para aplicarlo al texto. Esto también puede hacerse utilizando lista desplegable Arial de la barra de herramientas.

2. Cada fuente puede tener un estilo estándar añadido. Para ello, tenemos una segunda lista titulada **Estilo de fuente**. Con ella podemos elegir el tipo **Normal** (o **Regular**), **Negrita** (que también puede activarse con el botón **N**), **Cursiva** (botón *K*) y **Negrita-Cursiva** (utilizando ambos botones).

3. Otro dato a tener en cuenta es el **Tamaño** de la fuente con el que podemos ampliar o reducir las dimensiones de la letra. Esto también puede hacerse utilizando la lista desplegable 18 de la barra de herramientas. También puede ampliarse el tamaño con el botón A de la misma barra, y disminuirse con A.

4. El grupo **Efectos** permite cambiar el aspecto de la letra del siguiente modo:

- Subrayado, que también puede activarse con el botón S.
- **Sombra**, también activable mediante el botón S. La sombra puede acentuarse más o menos con el botón **Desplazamiento**.

- Relieve
- Texto con Superíndice
- Texto con Subíndice

5. Utilice **Color** para escribir texto con distintos colores. Al desplegar la lista obtenemos los que podemos emplear. Lo mismo puede hacerse pulsando el botón  en la barra de herramientas de dibujo.

6. Si activamos la casilla de verificación **Predeterminado para objetos nuevos**, las características que seleccionemos en el cuadro se aplicarán a los futuros cuadros de texto que incorporemos en las diapositivas automáticamente.

NUMERACIÓN Y VIÑETAS

Esta función se encarga de numerar automáticamente los párrafos de un texto, o bien de generar viñetas (también llamadas bolos: símbolos situados a la izquierda de los párrafos).

El modo más fácil de aplicar esta función consiste en seleccionar los párrafos que conforman la lista en un cuadro de texto y, a continuación, pulsar cualquiera de los dos botones que activan y desactivan los esquemas:  o . Con el primero puede crear el esquema numerado, y con el segundo, creará la lista con viñetas (por ejemplo, asteriscos) no numéricas al principio de cada párrafo.

Puede cambiar las características de los esquemas que haya utilizado en sus escritos con la opción **Numeración y viñetas** que aparece listada en el menú **Formato**.

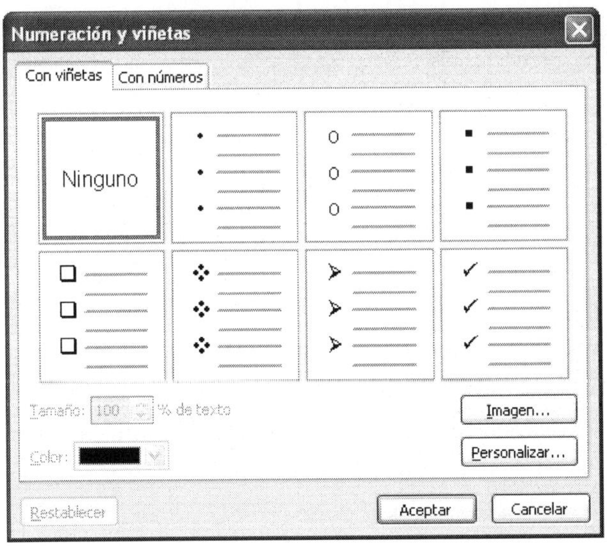

1. El tipo de viñeta que desea utilizarse se elige activando con el ratón cualquiera de los siete formatos que aparecen. El primer cuadro, que aparece marcado con el dato **Ninguno**, desactiva los esquemas. Para realizar bien la tarea, deberemos seleccionar previamente todos los párrafos que contienen numeración o viñetas.

2. Utilice el cuadro de texto **Tamaño** para utilizar viñetas más grandes o más pequeñas que el texto. El **100%** confiere un tamaño idéntico al del texto de los párrafos: si teclea un **200%** conseguirá una viñeta con el doble del tamaño del texto y si teclea un **50%** conseguirá la mitad.

3. Utilice la lista desplegable **Color** para que las viñetas aparezcan en ese color (el color del texto de los párrafos no varía).

4. Con el botón [Imagen...] podremos elegir una imagen archivada en el disco como viñeta para los párrafos. Aunque PowerPoint le permitirá incorporar como viñeta cualquier tipo de imagen, le recomendamos que emplee dibujos pequeños o el resultado no será muy bueno. Este botón le ofrecerá una lista de viñetas diseñadas por Microsoft. En ese cuadro de diálogo podrá ver el botón [Importar...] con el que podrá elegir cualquier imagen que tenga grabada en un disco:

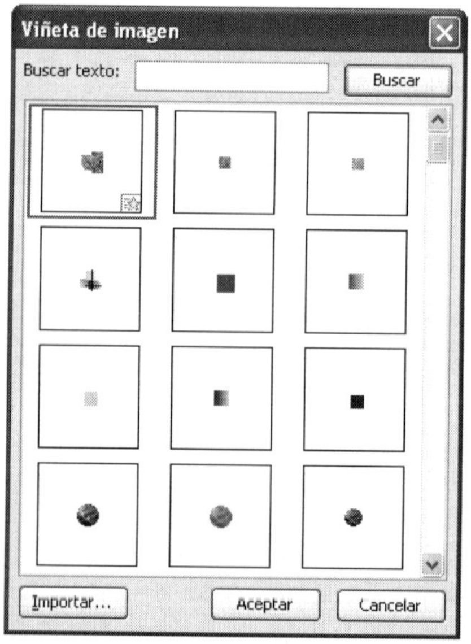

5. El botón [Personalizar...] permite configurar las características de la viñeta que se elija. De ello hablaremos en seguida.

6. Si ha personalizado un tipo de viñetas, podrá volver a dejar la configuración original mediante el botón [Restablecer].

Como hemos visto, las viñetas y numeraciones pueden configurarse mediante el botón [Personalizar...]. Este botón nos ofrece otro cuadro de diálogo con los datos necesarios para este trabajo:

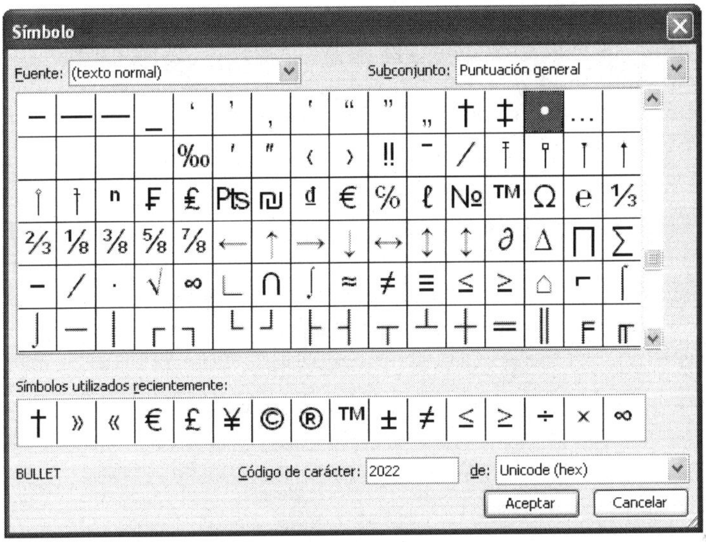

1. Elija el símbolo que desee emplear para las viñetas, haciendo clic sobre él.

2. La lista desplegable **Fuente** permite elegir un tipo de letra. Dicho tipo de letra puede contener varios otros símbolos que se pueden emplear para los párrafos. Si elige un tipo de letra, la lista de símbolos cambiará mostrando los que pertenecen a él.

Párrafos numerados

Si desea que el párrafo aparezca esquematizado con números, vuelva a seleccionar **Numeración y viñetas** en el menú **Formato** y seleccione la pestaña de la ficha **Con Números**. El cuadro de diálogo variará en consecuencia para que elija el tipo de numeración:

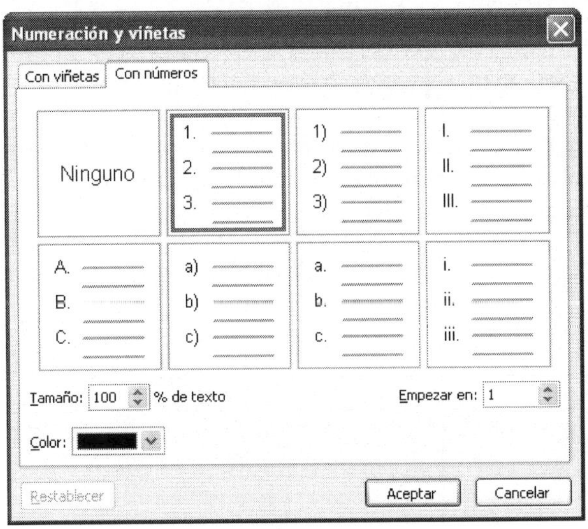

Esta ficha contiene un cuadro de texto añadido, **Empezar en**, con el que podemos indicar el número que marcará el comienzo de la numeración de los párrafos (para que la lista de párrafos no comience forzosamente en el **1** o en su equivalente en otras numeraciones —**I** o **A**—. Por otro lado, observe que el botón [Personalizar...] desaparece, por lo que no podremos modificar las características de la numeración.

ALINEACIÓN Y JUSTIFICACIÓN

Cuando sea necesario colocar un texto con relación al cuadro que lo contiene, utilizaremos las funciones de alinear y justificar que pueden llevarse a cabo mediante el menú **Formato**. Para ello, elegiremos en él la opción **Alineación**, que nos ofrece cuatro opciones:

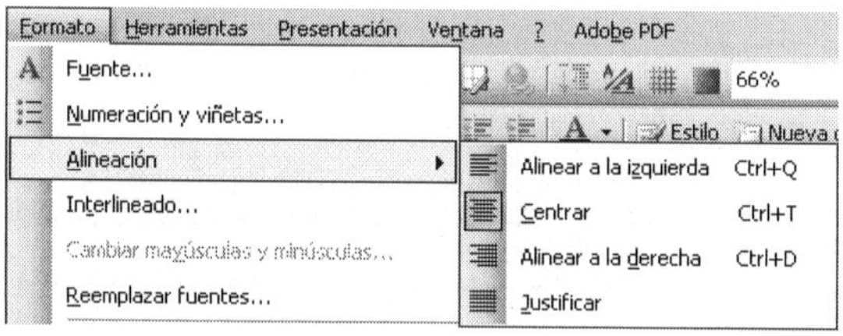

1. Si seleccionamos **Alinear a la izquierda**, el texto se colocará a la izquierda, dentro del cuadro de texto. También puede hacerse con el botón de la barra de herramientas.
2. Si elegimos **Centrar**, el texto quedará centrado entre los bordes izquierdo y derecho del cuadro de texto. También puede hacerse con el botón de la barra de herramientas.
3. Si seleccionamos **Alinear a la derecha**, el texto se colocará a la derecha, dentro del cuadro de texto. También puede hacerse con el botón de la barra de herramientas.
4. Si elegimos **Justificar**, el texto se alineará perfectamente por ambos lados, dentro del cuadro de texto.

ESPACIO ENTRE LÍNEAS

Otra función regulable es el espacio existente entre dos (o más) líneas de un cuadro de texto. Para modificar este parámetro elegiremos la opción **Interlineado** del menú **Formato**. Al hacerlo, obtenemos un cuadro de diálogo en el que podemos modificar este dato:

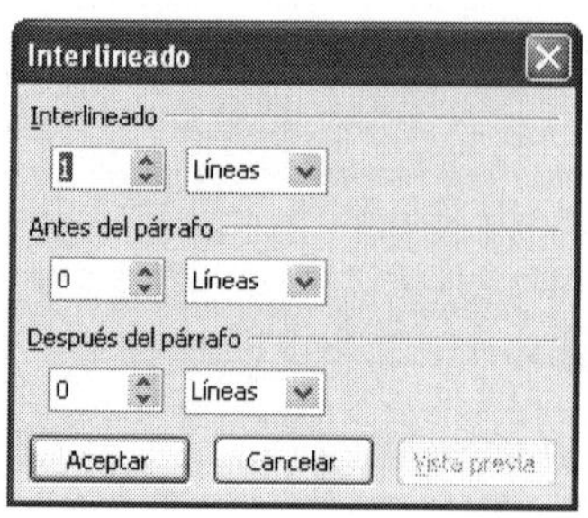

1. Con el grupo **Interlineado** podemos establecer el número de líneas que deseamos. Escriba **2** si desea un espaciado doble, **3** si lo desea triple, etc. Este dato se establece en **Líneas** si en la lista correspondiente aparece ese nombre. No obstante, podemos medir la distancia en **Puntos** (píxeles de pantalla e impresora).

2. Con el grupo **Antes del párrafo** podemos especificar el número de líneas que deseamos como distancia antes de un párrafo. La medida también puede establecerse mediante líneas o puntos.

3. Con el grupo **Después del párrafo** podemos indicar el número de líneas que deseamos como distancia después de un párrafo. La medida también puede establecerse mediante líneas o puntos.

CAMBIO A MAYÚSCULAS Y MINÚSCULAS

Igualmente, un texto que hayamos seleccionado puede ser transformado convirtiéndolo a mayúsculas o a minúsculas. Utilizaremos el menú **Formato**. En este caso, la opción es **Cambiar mayúsculas y minúsculas** que nos ofrece, a su vez, un cuadro de diálogo con cinco funciones:

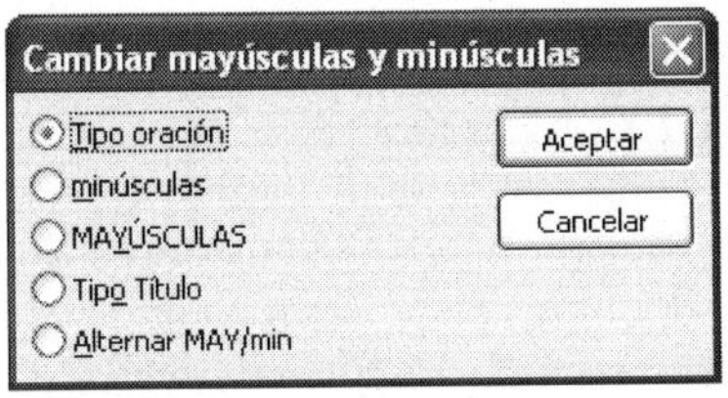

1. **Tipo oración**: asigna mayúsculas a la primera letra de cada frase. El resto queda en minúsculas.

2. **minúsculas**: asigna minúsculas a todo el texto seleccionado.

3. **MAYÚSCULAS**: asigna mayúsculas a todo el texto seleccionado.

4. **Tipo Título**: asigna minúsculas a todas las letras excepto a la primera de cada palabra que quedará en mayúsculas.

5. **Alternar MAY/min**: cambia las que están en mayúsculas por minúsculas, y viceversa.

REEMPLAZAR TIPOS DE LETRA AUTOMÁTICAMENTE

Esta función permite cambiar un tipo de letra de toda la presentación por otro. De este modo, todos los textos que aparezcan escritos hasta ahora con una determinada fuente se presentarán, a partir de ahora, con otra distinta.

Para ello, seleccione **Reemplazar fuentes** en el menú **Formato** y PowerPoint ofrecerá el siguiente cuadro de diálogo:

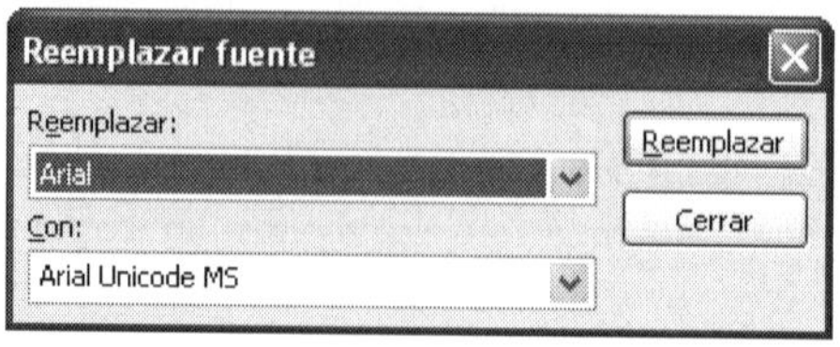

1. Utilice la lista **Reemplazar** para elegir el tipo de letra que debe sustituirse.
2. Utilice la lista **Con** para elegir el tipo de letra que sustituirá al otro.

Ojo

Recuerde que esta función cambia los tipos de letra de todas las diapositivas de la presentación y **no únicamente** en el cuadro de texto en el que se encuentre.

Por otro lado, tenga en cuenta que ciertos tipos de letra no se pueden cambiar por otros (las de dos bytes no pueden cambiarse por las de un byte).

CAMBIAR EL DISEÑO Y EL ESTILO DE UNA DIAPOSITIVA

Como ya sabemos, siempre que añadimos una nueva diapositiva, PowerPoint muestra el panel de tareas (o un cuadro de diálogo en la versión 2000) para que indiquemos el tipo de diapositiva que vamos a incorporar.

Si la diapositiva ya está creada, pero su tipo no es el adecuado, podremos cambiarlo. También podremos cambiar el diseño de la diapositiva de un modo similar:

1. Sitúese en la diapositiva a la que va a cambiar el tipo (por ejemplo, haciendo clic en ella dentro de la **Ficha diapositivas**).
2. Seleccione la opción **Diseño de la diapositiva** del menú **Formato**, aunque, si lo que va a cambiar es el estilo, deberá elegir **Estilo de la diapositiva** (**Aplicar plantilla de diseño** en la versión 2000). En cualquiera de ambos casos, obtendrá una lista de los diseños (o estilos).
3. Haga clic en el diseño (o estilo) de la lista que necesite. La diapositiva se adaptará al tipo especificado, añadiendo los objetos predeterminados que faltasen.

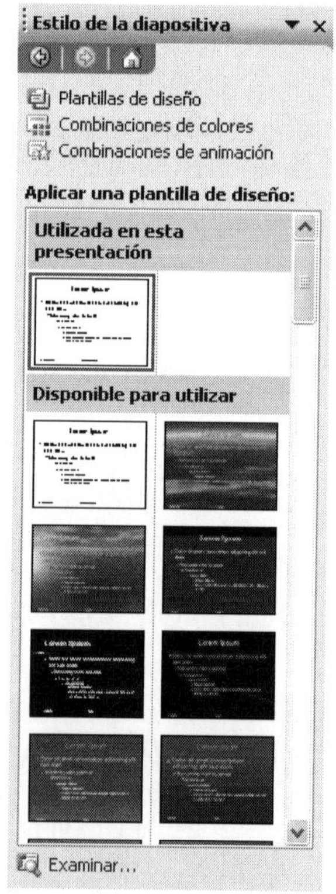

Versión 2003

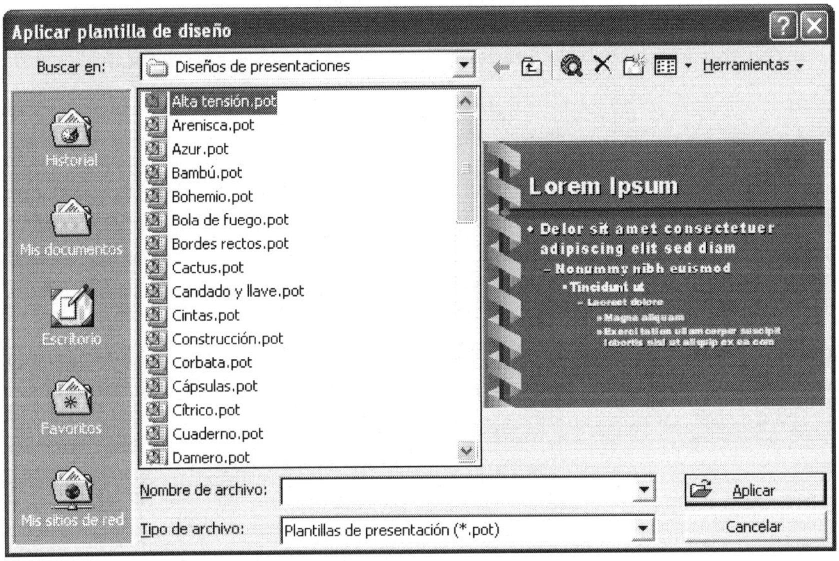

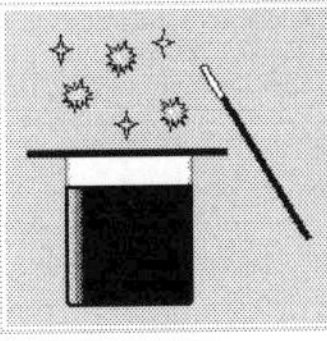

Si desea aplicar un mismo diseño o un mismo estilo a varias diapositivas, selecciónelas primero en la **Ficha diapositivas** y luego haga clic en el diseño o el estilo del panel de tareas que necesite. Para seleccionar varias diapositivas, mantenga pulsada la tecla de **CONTROL** y haga clic en aquellas diapositivas que desee seleccionar (en la **Ficha diapositivas**).

FONDOS PARA DIAPOSITIVAS

El fondo de una diapositiva puede rellenarse con colores y degradados. Para ello, debemos utilizar la opción **Fondo** en el menú **Formato**. Cuando se activa, podemos ver un cuadro de diálogo capaz de mostrar los cambios en la diapositiva antes de aceptarlos:

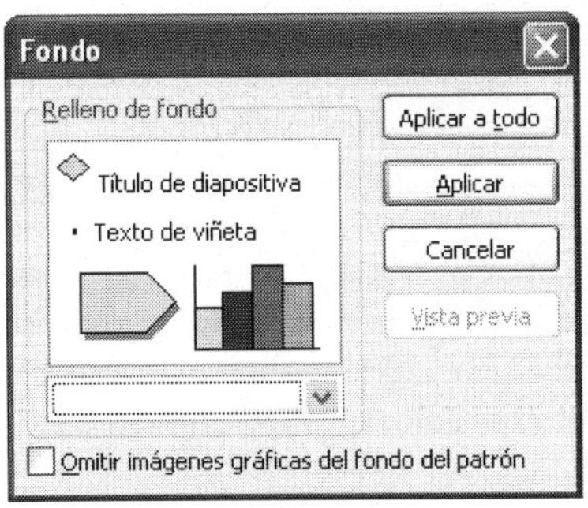

Utilice la lista  para seleccionar todas las propiedades que daremos al fondo de las diapositivas. Una vez elegido, podremos utilizar los botones 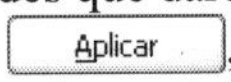

, que asigna los datos al fondo de la diapositiva actual, y 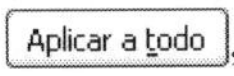

, que asigna los datos al fondo de todas las diapositivas de la presentación.

Cuando se despliega la lista, se obtiene un pequeño menú de opciones:

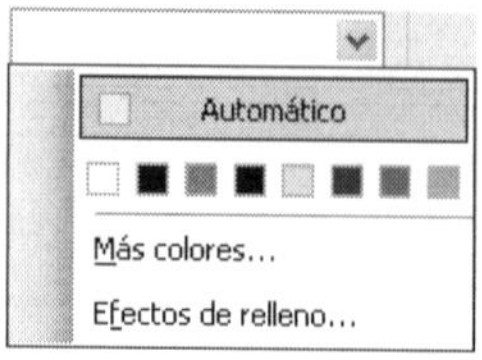

1. **Automático**. Permite indicar que deseamos el color predeterminado como relleno para el fondo de la diapositiva.

2. Los cuadros de los colores permiten elegir uno cualquiera de los que aparecen. Si el color que necesita no se encuentra entre ellos, seleccione **Más colores** que le ofrecerá una paleta completa para elegirlo:

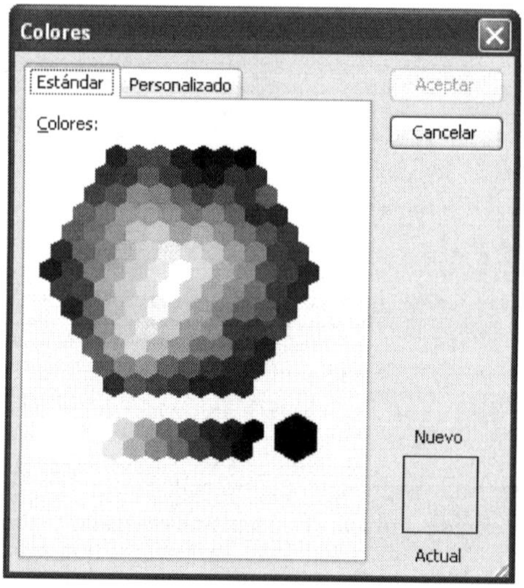

Puede ver la lista total de colores que soporte su adaptador de vídeo (para elegir uno) en la ficha **Personalizado**. Simplemente elija el color que necesite.

3. Con **Efectos de relleno** puede elegir tramados, texturas y otros efectos similares. En esta opción PowerPoint ofrece un cuadro de diálogo con cuatro fichas:

- **Degradado**. Permite establecer el tipo de sombreado del fondo. El sombreado se activa mediante un cuadro de diálogo que permite, incluso, crear mezclas de dos colores en progresión de uno al otro. El cuadro puede verlo en la figura de la página siguiente:

  a) El grupo **Colores** contiene cinco elementos con los que podemos crear degradados para el fondo (un degradado es una mezcla progresiva de dos colores que comienza en uno de ellos y termina en el otro):

* **Un color**. Crea un degradado basándose en el color negro y otro que elijamos en el cuadro de texto **Color**.

* **Dos colores**. Crea un degradado basándose en dos colores que nosotros elegimos. Cuando seleccionamos esta opción, la barra de desplazamiento **Oscuro/Claro** es sustituida por otro cuadro de texto **Color**. Debemos utilizar ambos cuadros de texto de color para indicar los tonos del degradado.

* **Preestablecer**. Permite elegir entre varios degradados predefinidos por Microsoft. Esto lo haremos en el cuadro de texto **Color**.

b) Puede utilizar las barras del grupo **Transparencia** para conseguir que el degradado sea transparente en uno u otro extremo del degradado.

c) **Estilos de sombreado**. Permite indicar qué dirección tomará la mezcla de colores que formen el degradado. Podremos elegir entre **Horizontal**, **Vertical**, **Diagonal hacia arriba**, **Diagonal hacia abajo**, **Desde la esquina** y **Desde el título**. Según elijamos uno de estos elementos, la muestra de **Variantes** cambia para que elijamos la orientación.

d) Puede activar la casilla **Girar efecto de relleno con la forma** para que el relleno que apliquemos gire, cuando nosotros giremos la figura. Esta casilla aparece desactivada puesto que la diapositiva no se puede girar; sin embargo, en otras ocasiones en las que utilice este cuadro (por ejemplo, cuando vaya a rellenar una figura dibujada) la casilla estará disponible y realizará la función que hemos expuesto si se activa.

- **Textura**. Las texturas que podemos aplicar al relleno de las figuras pretenden dar sensación de superficie o de tacto. Para añadir una textura, este botón ofrece un cuadro de diálogo con una lista en la que debemos elegir la textura que deseemos:

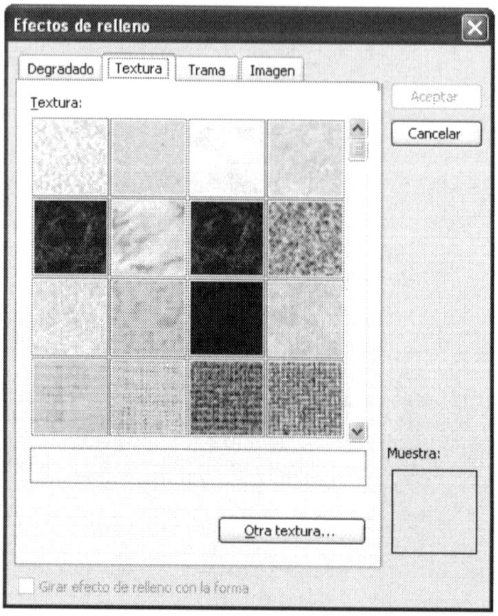

Puede elegir más texturas pulsando el botón [Otra textura...].

- **Trama**. Crea un tramado de fondo (a base de líneas —horizontales, verticales, inclinadas—, de cuadros, de puntos, etc.). Se ofrece un cuadro de diálogo en el que podemos elegir tanto el tipo de trama como los colores con los que ésta aparecerá:

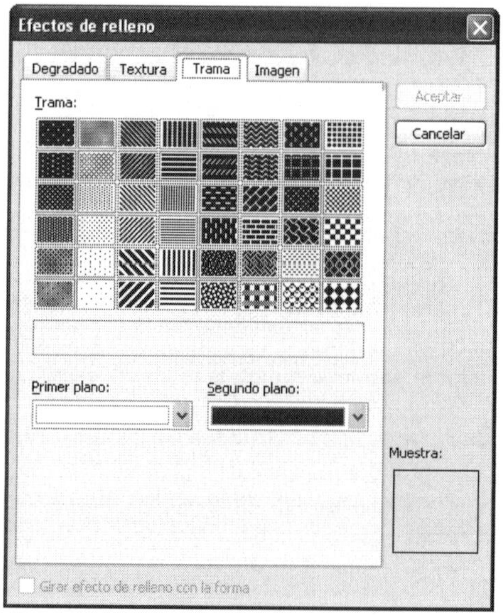

a) En el cuadro **Trama** elegiremos un tipo de tramado para el fondo.

b) Desplegaremos las listas de los colores de **Primer plano** y **Segundo plano** para establecer los dos colores que forman la trama: **Primer plano** contendrá el color para las tramas en sí, mientras que **Segundo Plano** contendrá el color para el fondo: lo que complemente las líneas, cuadros, etc.

- **Imagen**. Utiliza un archivo de dibujo (que se encuentre grabado en el disco o almacenado en algún sitio Web de Internet) como imagen de fondo:

a) El botón Seleccionar imagen... muestra el clásico cuadro de diálogo de Microsoft para abrir/archivar documentos, por lo que puede utilizarlo para seleccionar una imagen que rellenará la diapositiva.

b) Si se activa la casilla **Bloquear relación de aspecto de la imagen**, cuando cambiemos el tamaño del objeto, también lo hará la imagen que contiene en proporción al nuevo tamaño. Esta casilla no está disponible cuando se va a cambiar el fondo de las diapositivas, aunque sí lo estará para otros objetos, como figuras dibujadas en la diapositiva.

FORMATO DE OBJETOS

Las características de un objeto que hayamos colocado en una diapositiva pueden modificarse mediante un cuadro de diálogo, al que se puede acceder mediante la opción **Autoforma** del menú **Formato**, siempre y cuando hayamos seleccionado previamente uno o varios de esos objetos en la diapositiva.

Si lo que se ha seleccionado es una imagen de la diapositiva (por ejemplo, una imagen incorporada con las imágenes prediseñadas), la opción **Objeto** cambia por **Imagen** y, si lo que se ha seleccionado es un **Cuadro de texto**, ésa será la opción que aparezca en el menú.

El cuadro de diálogo presenta el siguiente aspecto:

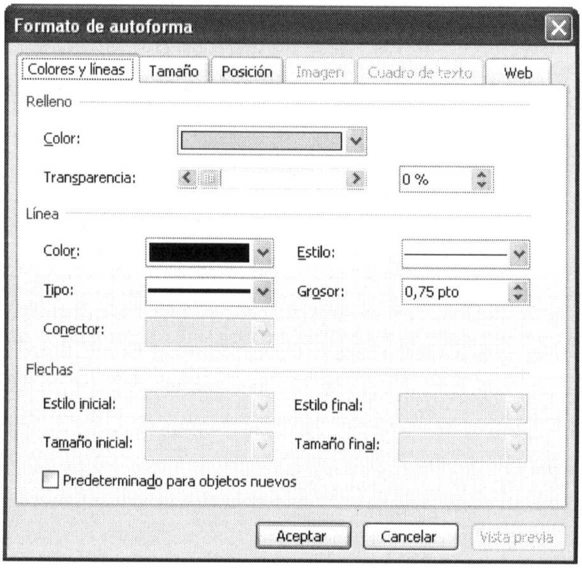

1. En cuanto al grupo **Relleno**, sólo hay que pulsar sobre el botón ▾ de la lista **Color** para que aparezca una lista con los colores posibles para el fondo del objeto (u objetos). Si el objeto seleccionado es lineal (no una figura), no podrá accederse a esta función. En el mismo grupo **Relleno**, la casilla **Transparencia** consigue transparentar en mayor o menor medida el objeto, pudiendo verse a través de él lo que haya de fondo.

2. El grupo **Línea** contiene, como vemos, cinco elementos:

   - **Color** permite desplegar una lista de colores para las líneas.
   - **Estilo** permite desplegar una lista de tipos de borde (línea sencilla, doble, etc.).
   - **Tipo** permite elegir qué clase de línea discontinua desea para el borde.
   - Con el cuadro de texto **Grosor** podrá establecer la anchura del borde del objeto.
   - Con la lista **Conector** podrá establecer el aspecto de cualquier conector que una dos objetos (o más) del dibujo. Para ello, el objeto seleccionado deberá ser un conector (la línea) que une dos objetos. Podrá elegir entre los siguientes tipos:

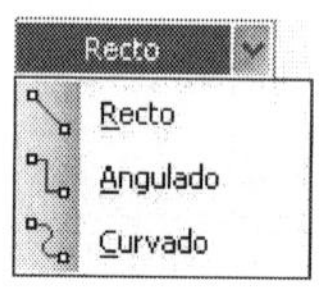

Veremos cómo conectar dos objetos del dibujo en el apartado ***Inserción de conectores*** del capítulo 31: ***Herramientas más útiles de PowerPoint***.

3. Si el objeto es una línea de cualquier clase (y **no** cualquier otra figura, como un rectángulo), podrá añadirle una punta de flecha con los datos del grupo **Flechas**.

4. Active la casilla **Predeterminado para objetos nuevos** si desea que los objetos que dibuje a partir de ese instante tengan las mismas características que haya elegido en el cuadro de diálogo.

OjO Observe que el cuadro de diálogo anterior dispone de otras fichas con las que podrá cambiar el **Tamaño** del objeto, su **Posición**, o el **Texto alternativo** si el objeto se va a ver en un navegador **Web**.

FORMATO PARA CUADROS DE TEXTO

Dentro de un cuadro de texto, no sólo es posible alinear horizontalmente el contenido (con la opción **Alineación**, véase el apartado ***Alineación y justificación*** en este mismo capítulo), sino que podemos realizar más funciones sobre el texto. Para ello, hemos de elegir la opción **Cuadro de texto** del menú **Formato**, que sólo estará disponible si previamente se selecciona un cuadro de este tipo (o varios) en la diapositiva. Esta opción genera un cuadro de diálogo en el que debemos elegir la ficha **Cuadro de texto**, que mostrará lo siguiente:

1. Utilice **Punto de delimitación del texto** para aproximar dicho texto a la parte elegida del cuadro: **Arriba**, **Medio**, **Inferior** y todas sus opciones derivadas.

2. Con los datos del grupo **Margen interno** puede establecerse la distancia que habrá entre el texto y los bordes del cuadro que lo contiene.

3. **Ajustar línea de texto de la autoforma**. Si se activa esta casilla y se está escribiendo dentro de un objeto, el texto se ajustará al tamaño del objeto, ampliándose o reduciéndose, dependiendo del tamaño del objeto que lo contiene.

4. **Ajustar tamaño de la autoforma al texto**. Consigue que otro objeto de la diapositiva se amplíe o reduzca automáticamente ajustándose al tamaño del texto.

5. **Girar el texto 90º dentro de la autoforma**. Gira el texto 90º dentro del objeto.

FORMATO PARA IMÁGENES

Si lo que se selecciona en la diapositiva es una imagen, la correspondiente opción del menú **Formato** es **Imagen** y, al seleccionarla, obtendremos el siguiente cuadro de diálogo:

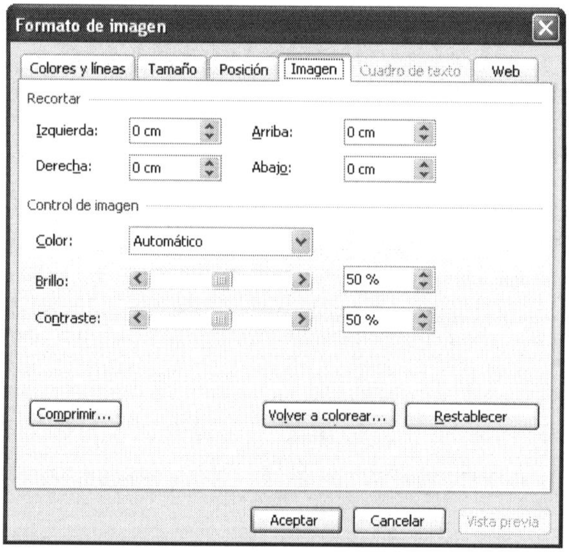

1. Los elementos del grupo **Recortar** permiten borrar parte de la imagen por su zona exterior (por la **Izquierda**, por **Arriba**, etc.). Para ello teclee la cantidad de margen que se va a recortar (en centímetros).

2. Los elementos del grupo **Control de imagen** permiten modificar otras características de la misma:

   - **Color**. Permite establecer si la imagen ha de mostrarse con sus colores originales (**Automático**), en tonos de gris (**Escala de grises**), en **Blanco y negro** o con los colores suavizados (**Marca de agua**).

   - **Brillo**. Permite aumentar o reducir el brillo de la imagen (como en un televisor).

   - **Contraste**. Permite aumentar o reducir el contraste de la imagen (como en un televisor).

3. Utilice el botón [Comprimir...] para establecer si la imagen debe comprimirse o no (para que la presentación ocupe menos espacio en el disco cuando se grabe). Este botón ofrece otro cuadro para que establezcamos si se debe comprimir la imagen y en qué forma:

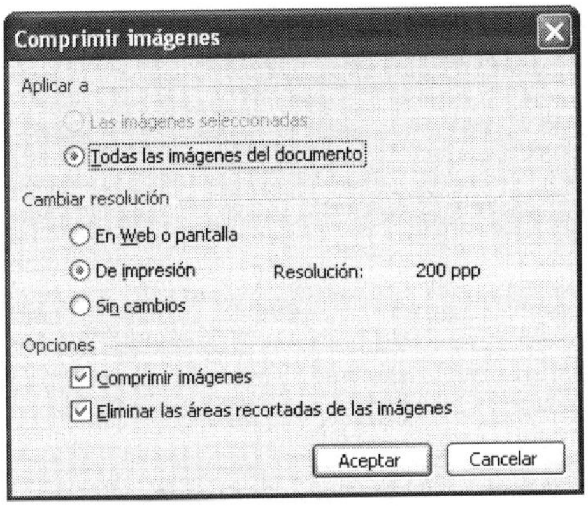

4. Utilice el botón [Restablecer] para dejar la imagen como estaba originalmente.

5. Utilice el botón [Volver a colorear...] para poder elegir otros colores para la imagen. Al pulsar este botón se obtiene un cuadro de diálogo como el siguiente:

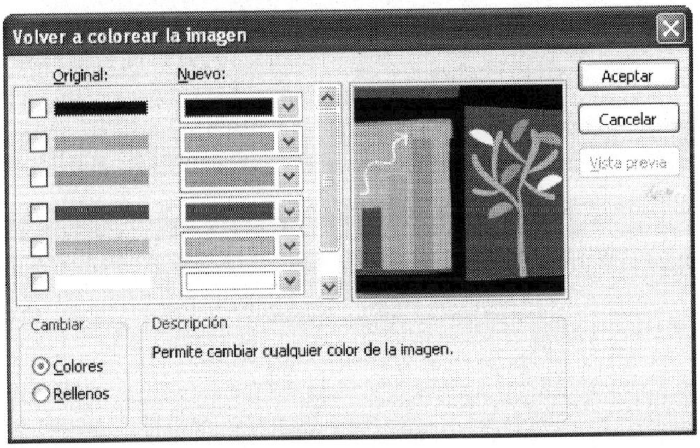

- La lista **Original** ofrece los colores que están siendo usados en la imagen hasta el momento: haga clic en el que desee cambiar y luego despliegue la lista que hay junto a él y seleccione otro color.

- Active el botón **Rellenos** si únicamente desea cambiar los colores de relleno de la imagen, dejando intactos los colores de las líneas que bordean las figuras.

OBTENER Y APLICAR PROPIEDADES

Una función práctica de PowerPoint es la posibilidad de almacenar las propiedades de un objeto para aplicárselas a otro después. De este modo, si varios objetos deben tener las mismas propiedades (fondos, tramados, bordes, rellenos, y otros que veremos más adelante), no será necesario definirlas para todos ellos, sino que bastará con recogerlas de uno, crear el resto de los objetos y aplicarles las propiedades recogidas del primero.

Para recoger las propiedades, debemos seleccionar un objeto de la imagen y, a continuación, pulsar el botón (**Copiar formato**) de la barra de herramientas. Después haremos otro clic sobre el objeto que debe tener las mismas propiedades que el original.

CONFIGURAR PÁGINA

En PowerPoint también existe la posibilidad de ajustar las características generales de las diapositivas sobre las que generamos la presentación. Todas estas características se aplican desde un cuadro de diálogo que aparece al seleccionar la opción **Configurar página** del menú **Archivo**. El cuadro de diálogo es el siguiente:

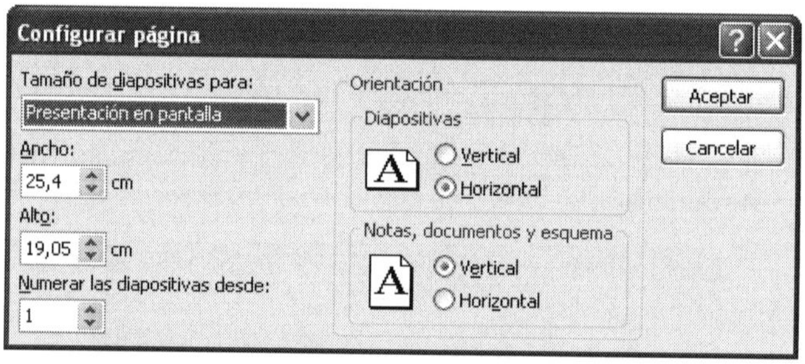

1. Puede seleccionarse el tamaño de las diapositivas mediante dos formas diferentes:

   - Utilizando la lista **Tamaño de diapositivas para**, que ofrece una lista con varios tamaños estándar (DIN-A4, Diapositivas de 35 milímetros, etc.).

   - Utilizando los cuadros de texto **Ancho** y **Alto** con los que podremos ajustar el tamaño a nuestro gusto.

2. **Numerar las diapositivas desde**. Las presentaciones nuevas numeran las diapositivas desde el número **1**. Sin embargo, con esta opción podemos indicar que la primera diapositiva tendrá otro número, así como las que la sigan, que continuarán la numeración automáticamente.

3. **Orientación**. Permite establecer si el contenido de la diapositiva aparecerá en modo normal (con el botón **Vertical**), o bien, si lo hará apaisado (con el botón **Horizontal**).

4. **Notas, documentos y esquema**. Permite elegir si las notas de orador, los archivos que incorporemos a las diapositivas y los esquemas aparecerán en modo normal (con el botón **Vertical**), o bien, si lo harán de forma apaisada (con el botón **Horizontal**).

CAPÍTULO 31

HERRAMIENTAS MÁS ÚTILES DE POWERPOINT

Algunas de las funciones que más se utilizan con PowerPoint no están directamente relacionadas con la creación de presentaciones, sino con su manejo. PowerPoint proporciona una serie de accesorios para un manejo más cómodo y rápido de los datos que se añaden a una presentación. Dedicaremos el presente capítulo a estas funciones.

AÑADIR Y ELIMINAR DIAPOSITIVAS

Cuando se necesita añadir una diapositiva únicamente deberemos pulsar el botón Nueva diapositiva... de la barra de herramientas (en la versión 2000 es necesario desplegar primero el botón Tareas comunes ▾).

La diapositiva siempre se añade detrás de aquella en la que nos encontremos en el momento de insertarla. Sin embargo, recuerde que puede moverla a otra posición utilizando la **Ficha diapositivas** (haciendo clic sobre la miniatura de la diapositiva y, sin soltar el botón del ratón, arrastrando arriba o abajo hasta llevarla a la posición adecuada, donde soltaremos el botón del ratón).

Cuando desee eliminar una diapositiva, en la misma **Ficha diapositivas** haga clic sobre su miniatura y seleccione la opción **Eliminar diapositiva** del menú **Edición**, o bien, pulse la tecla **SUPR** (suprimir).

Si no se encuentra en la **Ficha diapositivas**, podrá eliminar una accediendo a ella en la ventana de PowerPoint y seleccionando la mencionada opción **Eliminar diapositiva** del menú **Edición**.

BÚSQUEDA Y REEMPLAZO AUTOMÁTICO DE DATOS

He aquí dos funciones cuyo uso se extiende, sobre todo, a presentaciones de gran tamaño en las que es difícil encontrar una palabra (o un conjunto de caracteres).

Como su nombre indica, la primera se utiliza para buscar palabras o grupos de caracteres. Con grupos de caracteres nos referimos no solamente a letras o números, sino también a otros datos (por ejemplo, signos de puntuación, paréntesis, etc.).

Cuando se desea encontrar una palabra (o una expresión o cualquier otro dato similar) en una presentación de PowerPoint, se puede seleccionar la opción **Buscar...** del menú **Edición**, o bien, pulsar las teclas **Control + B**. Al hacerlo, obtenemos un cuadro de diálogo en el que podremos indicar todos los datos necesarios acerca de la palabra o, mejor dicho, del texto que deseamos encontrar.

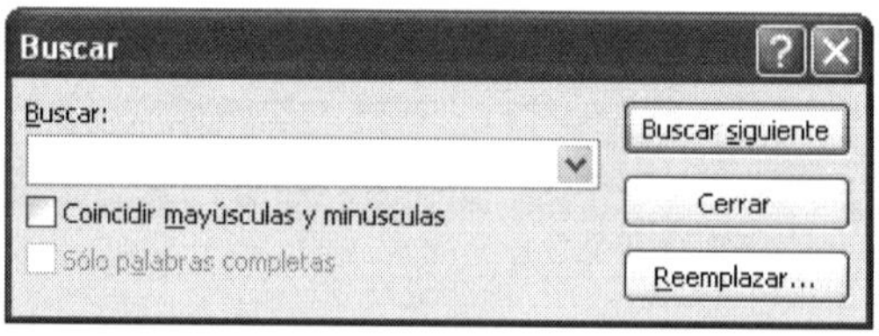

1. En la lista desplegable **Buscar** podemos escribir lo que buscamos. Si ya habíamos buscado algún dato anteriormente, éste aparece ya en este cuadro de texto y no será necesario escribirlo de nuevo. Si PowerPoint encuentra algún objeto de la presentación que contenga el dato en cuestión, se situará sobre él para que se pueda trabajar con el dato. Si ha buscado varios datos distintos, podrá desplegar la lista **Buscar**, que le ofrecerá una lista con todos ellos. Bastará con elegir uno y hacer clic sobre el botón [Buscar siguiente] para que se comience la búsqueda sin necesidad de escribirlo de nuevo.

2. Puede buscarse el texto, tal y como se haya escrito, indicando que se diferencien mayúsculas de minúsculas. Al activar la casilla marcada como **Coincidir mayúsculas y minúsculas**, obligamos a PowerPoint a que señale el dato si lo que se ha hallado coincide no sólo en cuanto a contenido sino también letra por letra, en sus mayúsculas y minúsculas.

3. La casilla **Sólo palabras completas** fuerza a PowerPoint a detectar el texto que se buscaba únicamente si lo que se escribió aparece en la presentación formando una palabra aislada. Por ejemplo, si este botón **no** se activa e indicamos que se busque la palabra *que*, PowerPoint se detendrá en palabras como *queso* y no sólo en la palabra *que*, ya que la palabra *queso* contiene las letras *q*, *u*, y *e*, que son las que se buscan. Del mismo modo, se detendría en palabras como *aquel* o *choque* que contienen, igualmente, las tres letras especificadas para la búsqueda. Por el contrario, si se activa el botón que ahora nos ocupa, PowerPoint sólo se detendría si encontrara la palabra *que* aislada de las demás letras en un objeto cualquiera que pertenezca a la presentación.

4. Pulse el botón [Buscar siguiente] para comenzar la búsqueda una vez que haya establecido todos los datos necesarios.

Si desea buscar nuevamente lo último que ya haya buscado, no es necesario acceder al cuadro de diálogo de búsquedas, ya que bastará con pulsar las teclas **MAYÚSCULAS + F4**, para localizar ese mismo dato otra vez.

5. Podemos reemplazar automáticamente varios datos (iguales) de la presentación pulsando [Reemplazar...] o, directamente desde la barra de menú, seleccionando la opción **Reemplazar** en **Edición**. En cualquiera de estos casos, el cuadro de diálogo cambia:

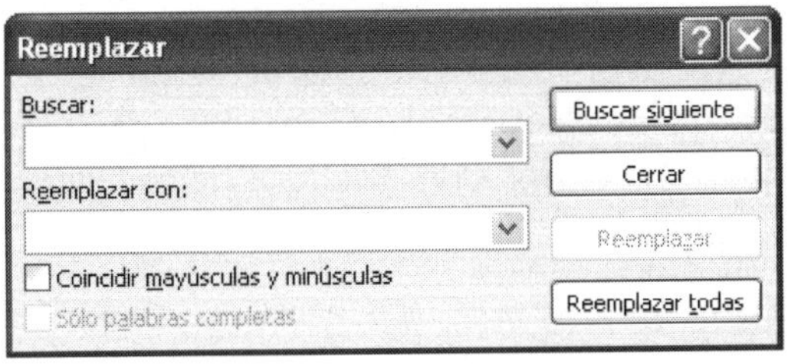

- Como puede verse, el cuadro es similar al utilizado para las búsquedas, con la diferencia de que se añade la lista desplegable **Reemplazar con**, en el que debemos especificar la palabra (o dato) que sustituirá a la que hayamos escrito en el cuadro de texto **Buscar**. Por tanto, escriba en este cuadro de texto el dato o datos que desea encontrar para su sustitución y en el de **Reemplazar con** el dato que va a sustituir al que se busca.

- Llegado a este punto existen dos posibilidades:

  a) Utilizar el botón [Reemplazar...], con lo que PowerPoint nos llevará a la primera coincidencia que encuentre para que, al pulsarlo de nuevo, sea reemplazada y podamos pasar a la siguiente.

  b) Utilizar el botón [Reemplazar todas], con lo que PowerPoint sustituirá el texto que se busca en la totalidad de la presentación automáticamente. Esta función no pide ningún tipo de confirmación, de modo que, al pulsarlo, se modifican de una vez todos los datos coincidentes.

6. Cuando termine de trabajar con el cuadro de diálogo, ya sea para buscar o para reemplazar datos, pulse el botón [Cerrar].

DUPLICAR OBJETOS

Siempre que se desee copiar un objeto de una diapositiva en otro lugar, podemos hacerlo sin recurrir a las funciones **Copiar** y **Pegar** del menú **Edición** que manejan el portapapeles.

Para duplicar objetos, sólo hay que seleccionar el objeto u objetos con el ratón pulsando previamente el botón [ ] (**Seleccionar objetos**) de la barra de herramientas de *Dibujo* (vea el apartado ***Seleccionar objetos de las diapositivas*** del capítulo 27: ***Básico en PowerPoint***) y, a continuación, seleccionar la opción **Duplicar** del menú **Edición**. Se obtiene automáticamente el objeto u objetos seleccionados para llevarlos al lugar deseado o modificar su contenido.

Para duplicar un objeto de forma cómoda y rápida pulse la tecla de **CONTROL** (o **CTRL**), haga clic sobre el objeto que desea duplicar y, sin soltar ambos botones, arrastre hasta el lugar que desee, donde deberá liberar ambas teclas.

ENCABEZADOS Y PIES PARA DIAPOSITIVAS

Una función útil es crear encabezados y pies de página en las presentaciones. De este modo, conseguiremos repetir ciertas partes de texto en todas las diapositivas y notas del orador de la presentación. Avanzamos que en las diapositivas sólo pueden incluirse pies de página.

Para poder definir los encabezados y pies de página, debemos activar la opción **Encabezado y pie de página** del menú **Ver**. Obtendremos el siguiente cuadro de diálogo:

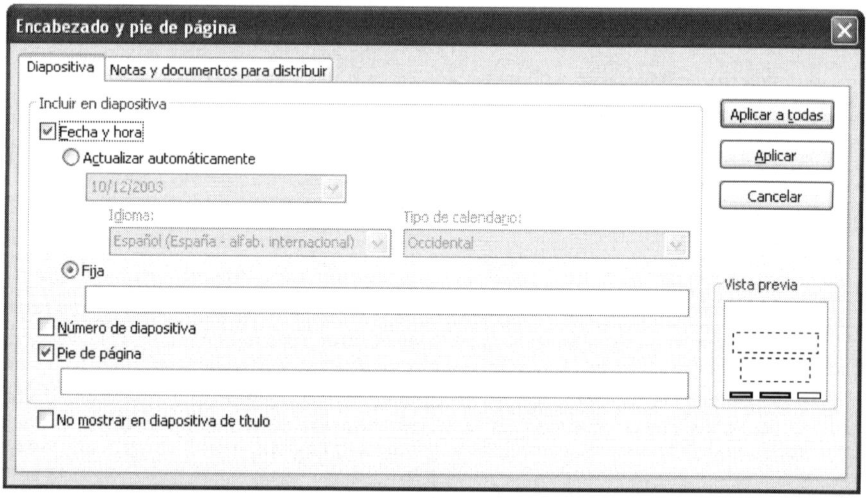

Como puede verse, en el cuadro hay dos fichas cuyas pestañas son **Diapositiva** y **Notas y documentos para distribuir**:

1. **Diapositiva**. Permite establecer los datos destinados al pie de página en las diapositivas (puede ver sus elementos en la figura anterior):

   - **Fecha y hora**. Permite incorporar la fecha y la hora actuales como pie de página en las diapositivas. Podremos elegir **Actualizar automáticamente**, que asigna la hora actual (renovándola por sí misma día a día), o bien, **Fija**, que no modificará la hora o fecha una vez que la hayamos escrito en el cuadro de texto correspondiente.

   - **Número de diapositiva**. Añade el número de la diapositiva actual.

- En el cuadro de texto **Pie de página** debemos escribir el texto que formará el pie. Para ello deberá haber activado antes su casilla de verificación.
- **No mostrar en diapositiva de título**. Se encarga de ocultar el pie de página en la diapositiva de tipo título que haya en la presentación.
- [Aplicar a todas]. Añade el pie de página a todas las diapositivas de la presentación.
- [Aplicar]. Añade el pie de página sólo a la diapositiva actual de la presentación.

2. **Notas y documentos para distribuir**. Permite establecer los datos para el pie de página o el encabezado de las notas de orador y de los folletos que se repartirán entre el público asistente:

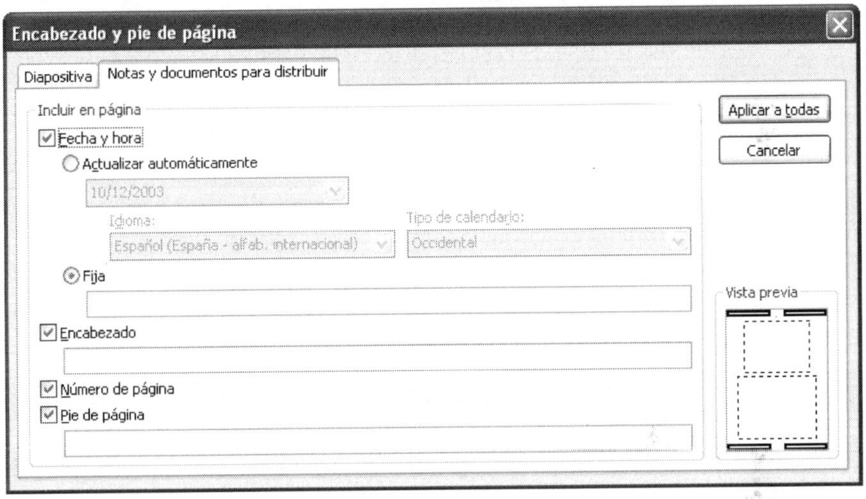

Este cuadro contiene los mismos elementos que para las diapositivas, a excepción del cuadro de texto **Encabezado**, en el que podremos escribir el texto que conformará el encabezamiento de todas las notas de orador, así como de todos los folletos que distribuiremos entre los asistentes. El botón [Aplicar] no existe, ya que es obligatorio realizar el encabezado (o pie) en todas las notas y folletos.

INSERCIÓN DE SONIDOS

Los efectos sonoros pueden remarcar y acentuar un mensaje que deseemos transmitir durante la presentación. Igualmente, pueden ser útiles para añadirle comicidad y conseguir, gracias a ello, una mayor atención del público.

Si se desea incorporar un sonido a una diapositiva, será necesario seleccionar la opción **Películas y sonidos** del menú **Insertar**. Esta opción genera un pequeño submenú dividido en dos grupos:

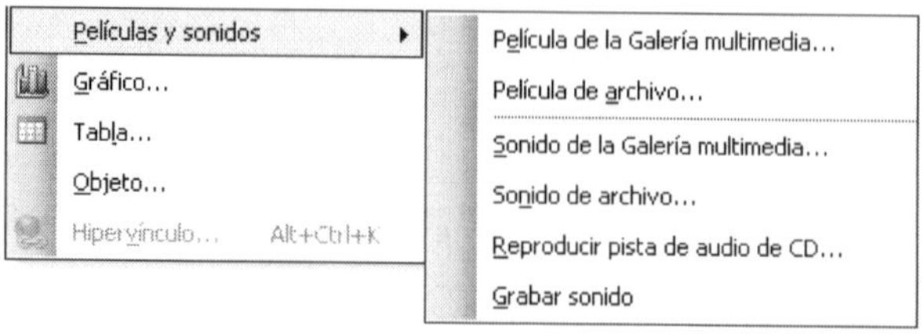

1. **Sonido de la Galería multimedia**. Lleva al panel de tareas de imágenes prediseñadas para que seleccionemos uno de los sonidos de muestra que ofrece PowerPoint. Para recordar el manejo de esta función consulte el apartado ***Imágenes prediseñadas*** del capítulo 4: ***Funciones elementales y compartidas de Office***.

2. **Sonido de archivo**. Lleva a un cuadro de diálogo en el que podremos seleccionar un archivo de sonido que haya grabado en el disco. El cuadro de diálogo que se mostrará es el mismo que se utiliza para abrir cualquier tipo de documentos. PowerPoint ofrece varios sonidos de ejemplo que se pueden incorporar a la presentación. Bastará con elegir uno para que quede incorporado a ésta.

3. **Reproducir pista de audio de CD**. Incorpora un enlace en la diapositiva con una canción de un CD de Audio. Para que esta función tenga efecto durante la presentación, será necesario tener el CD dentro de la unidad lectora de CD-ROM.

4. **Grabar sonido**. Lleva a la grabadora de sonidos de PowerPoint con el fin de que podamos grabar uno apropiado para la presentación. He aquí el aspecto de la grabadora:

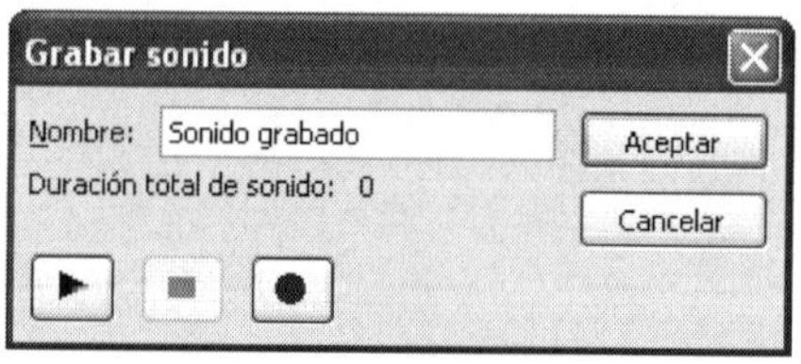

- En el cuadro de texto **Nombre** debemos darle uno al nuevo sonido.
- El botón ▶ pone en marcha la reproducción del sonido que acabamos de grabar.
- El botón ■ detiene la reproducción. Sólo estará disponible mientras se escucha un sonido.
- El botón ● pone en marcha la grabación. Será necesario disponer de un micrófono o de un CD de Audio que reproduzca alguna canción para grabar el sonido.

Una vez incorporado el sonido, en el centro de la diapositiva aparece un icono:

Este icono se comporta como un objeto más de la imagen, por lo que sería recomendable desplazarlo fuera de la diapositiva para que no interfiera con el resto de los objetos de la misma y no se vea durante la proyección de la presentación al público. Sin embargo, si desea poder escuchar el sonido en cualquier momento durante la proyección de la presentación, deberá dejarlo dentro de la diapositiva (aunque ligeramente apartado para que no estorbe ni resalte mucho, puesto que el público lo verá) para poder hacer clic sobre él en cualquier momento y escuchar el sonido.

Tras elegir el archivo del sonido, obtendremos un cuadro de diálogo como el siguiente:

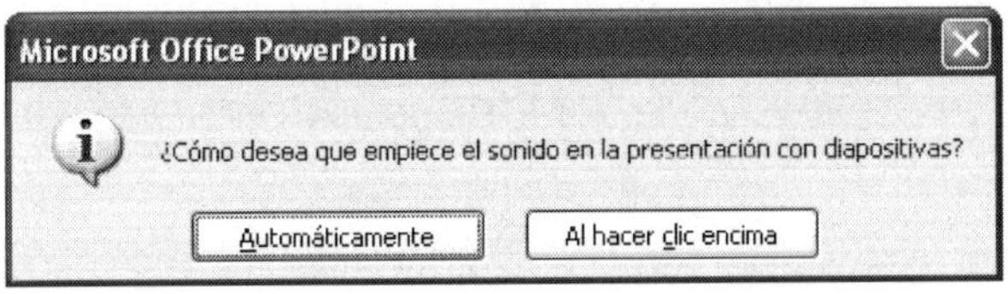

Versión 2003

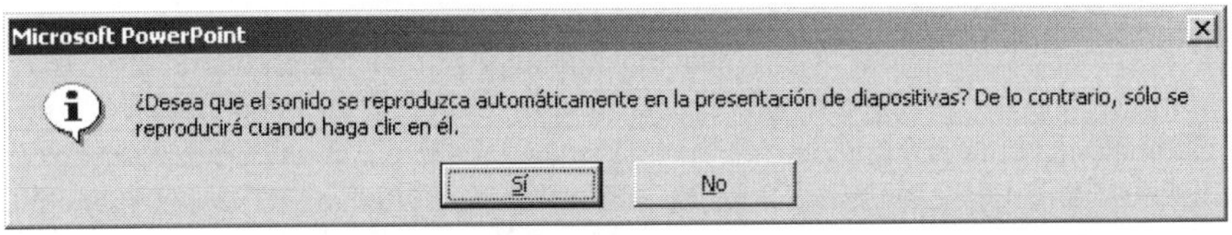

Versiones anteriores

Elija Automáticamente (o Sí) si desea que el sonido se reproduzca en cuanto aparezca la diapositiva o Al hacer clic encima (o No) si desea que se escuche cuando se haga clic sobre él.

> **OjO** Para eliminar el sonido, haga clic sobre el icono del altavoz y pulse la tecla **SUPR**.

INSERCIÓN DE VIDEOCLIPS

Si se dispone de vídeos para complementar la presentación, podrán añadirse a la presentación según vamos a describir.

Como en el caso de los sonidos, recurriremos al menú **Insertar** y activaremos la opción **Películas y sonidos**. Por tanto, el menú que obtendremos será el mismo que antes:

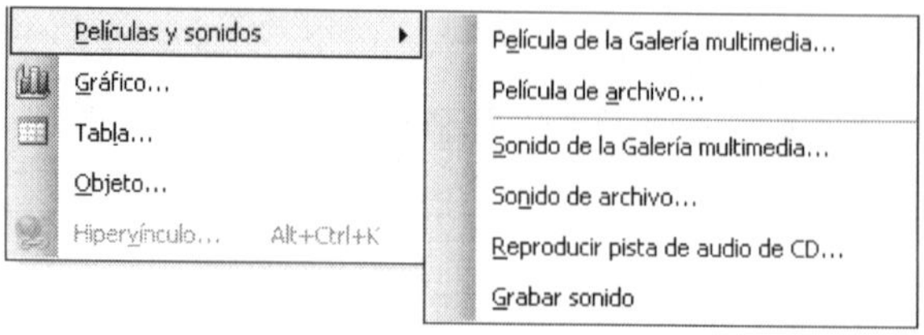

1. **Película de la Galería multimedia**. Lleva al panel de tareas en el que se activa la galería de imágenes prediseñadas con una lista de películas de ejemplo.

2. **Película de archivo**. Lleva al cuadro de diálogo en el que podremos seleccionar un archivo de vídeo que haya grabado en el disco. El cuadro de diálogo que se mostrará es el mismo que se utiliza para abrir cualquier tipo de documentos (que ya hemos comentado en el apartado ***Archivar y abrir documentos*** del capítulo 4: ***Funciones elementales y compartidas de Office***). PowerPoint ofrece una serie de vídeos de ejemplo que se pueden incorporar a la presentación. Bastará con elegir uno para que quede incorporado a ésta.

Tras elegir el archivo de la película, obtendremos un cuadro de diálogo como el que vimos antes para los sonidos, solicitando que indiquemos si la película debe reproducirse cuando aparezca la diapositiva o no.

Aparecerá un objeto rectangular mostrando el primer fotograma de la película. Este objeto indica la posición de la diapositiva en la que se reproducirá la película. El tamaño de este elemento depende del que ocupen las imágenes del vídeo; sin embargo, podemos ampliar o reducir su tamaño como si se tratase de un objeto cualquiera de la presentación. Para recordar el cambio de tamaño en los objetos, consulte el apartado ***Cambio de tamaño para objetos*** del capítulo 27: ***Básico en PowerPoint***.

No es muy aconsejable ampliar demasiado el tamaño de la ventana de proyección, ya que las imágenes perderán calidad y se podrá apreciar un cierto parpadeo. Piense que un archivo de vídeo va mostrando imagen tras imagen, ofreciendo una sensación de movimiento que se ve acentuada si la secuencia de las imágenes fijas que la componen se sucede a gran velocidad. Como el ordenador debe dibujar línea a línea cada una de las imágenes de vídeo, cuanto más grandes sean éstas (y, por tanto, más área de la pantalla deberá dibujar) peor resulta el efecto de movimiento y más se deteriora la calidad de la proyección.

INSERCIÓN DE TABLAS

Ciertos datos resultan más informativos si se presentan en forma de tabla. PowerPoint proporciona una función con la que podremos incorporar tablas con esta finalidad.

Pueden incorporarse tablas a las diapositivas mediante el botón (**Insertar tabla**) de la barra de herramientas. Cuando se pulsa este botón, PowerPoint despliega un pequeño cuadro en el que debemos indicar el número de filas y columnas que debe contener la nueva tabla (haciendo clic en una y arrastrando hasta indicar el número de filas y columnas que deberá tener la nueva tabla):

También puede hacerse recurriendo al menú **Insertar**, en el que deberá elegir la opción **Tabla**, que lleva a un cuadro de diálogo:

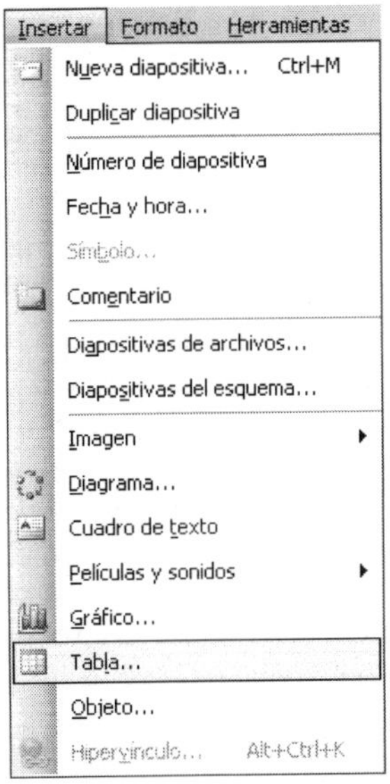

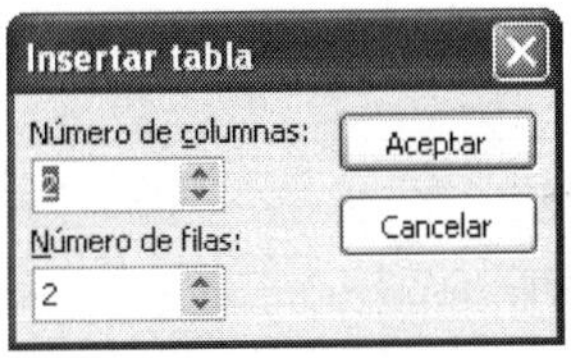

Su finalidad es que establezcamos el **Número de filas** y el **Número de columnas** que tendrá la tabla en la diapositiva. Cuando indiquemos ambos datos, la tabla aparecerá en el centro de la diapositiva en la que nos encontremos y su aspecto inicial será el siguiente:

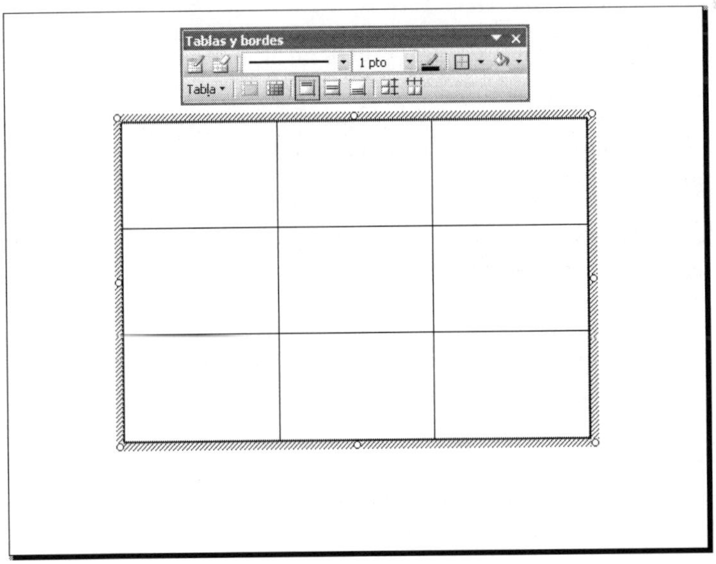

Entonces, podremos escribir los datos que deseemos en cada celda de la tabla. Ésta ha de trabajarse de un modo similar al que emplearíamos con una tabla de Word:

1. Utilice los bordes de las celdas para arrastrarlos y cambiar así la anchura o altura de las celdas.

2. Utilice el borde exterior de la tabla para cambiarla de sitio dentro de la diapositiva. También puede borrar la tabla completa haciendo clic sobre uno de sus bordes exteriores y pulsando la tecla **SUPR** (suprimir).

3. Utilice los controladores de tamaño que aparecen alrededor de la tabla para ampliar o reducir el tamaño de ésta (dependiendo si arrastra uno de estos puntos hacia dentro de la tabla —reducir— o hacia fuera —ampliar—).

4. Utilice los botones de la barra de *Tablas y bordes* para mejorar el aspecto de la tabla y de sus datos.

He aquí las funciones de los botones:

(**Dibujar tabla**). Este primer botón es el encargado de permitir el dibujo de la tabla. Cuando está pulsado, podemos ir a la parte de la hoja en la que deseamos crear la tabla y, haciendo clic sobre la página y sin soltar el botón del ratón, arrastrar dibujando un rectángulo que dé la forma externa a la tabla. Normalmente, una tabla completa no se dibuja con un único trazo y, por tanto, es recomendable comenzar por dibujar el marco de la tabla y después crear dentro las divisiones.

(**Borrador**). Este botón permite borrar líneas de la tabla. Sólo será necesario pasar el ratón, con el botón pulsado, por la línea de la tabla que desee borrar.

(**Estilo de borde**). Permite elegir el tipo de línea que se utilizará para dibujar (con los botones y).

(**Ancho de borde**). Permite elegir la anchura de la línea que se utilizará para dibujar (con los botones y).

(**Color del borde**). Permite elegir el color de la línea que se utilizará para dibujar (con los botones y).

(**Bordes externos**). Permite elegir el lado del borde que debe enmarcarse. Para ello, es necesario elegir la celda o celdas de la tabla que deben tener ese borde y, a continuación, elegir uno de la lista que aparecerá cuando se despliegue.

(**Color de sombreado**). Permite elegir el color que se utilizará como fondo para las celdas elegidas previamente.

Continuemos con la segunda fila de botones:

Permite crear una nueva tabla (incluso dentro de una celda de otra en la que nos encontremos). Para ello, nos lleva al cuadro de diálogo que vimos antes para crear tablas. Observe que se trata de un botón desplegable, por lo que si lo pulsa, desplegará una lista con la que podrá añadir filas, columnas, eliminarlas, seleccionarlas, etc.

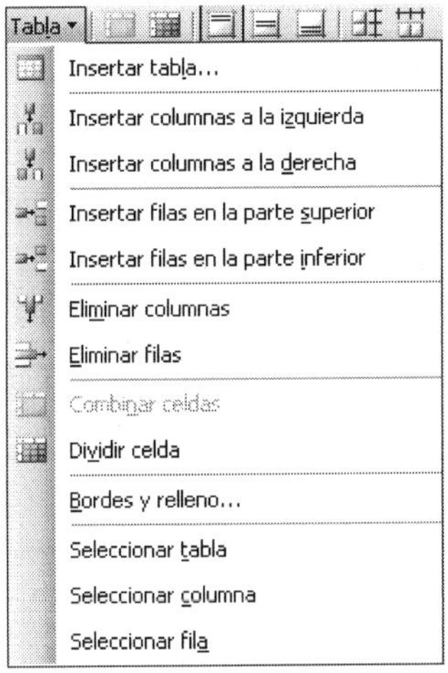

 (**Combinar celdas**). Reúne varias celdas en una sola. Para llevar a cabo esta tarea debemos seleccionar previamente las celdas de la tabla que se van a combinar.

 (**Dividir celda**). Separa una celda en dos (en columnas).

 (**Alinear en la parte superior**). Este botón lleva el texto a la parte superior de su celda:

	Texto alineado en la parte superior

 (**Centrar verticalmente**). Este botón centra el texto entre las partes superior e inferior de la celda.

 (**Alinear en la parte inferior**). Este botón lleva el texto a la parte inferior de su celda.

 (**Distribuir filas uniformemente**). Asigna la misma altura a todas las filas seleccionadas, repartiendo el tamaño entre todas. Para realizar esta operación, será necesario seleccionar previamente varias filas completas.

 (**Distribuir columnas uniformemente**). Asigna la misma anchura a todas las columnas seleccionadas, repartiendo el tamaño entre todas. Para hacer esto, será necesario seleccionar previamente varias columnas completas.

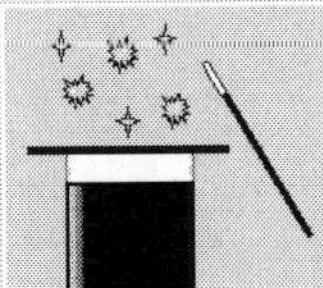

Puede emplear el botón  de la barra de herramientas para activar y desactivar la barra de herramientas *Tablas y bordes*.

Resulta muy práctico mostrar la regla cuando se trabaja con tablas (menú **Ver**, opción **Regla**), puesto que, además de las medidas para trabajar con los distintos elementos de la diapositiva, obtendremos los marcadores de sangría para que podamos sangrar el texto dentro de las celdas de la tabla:

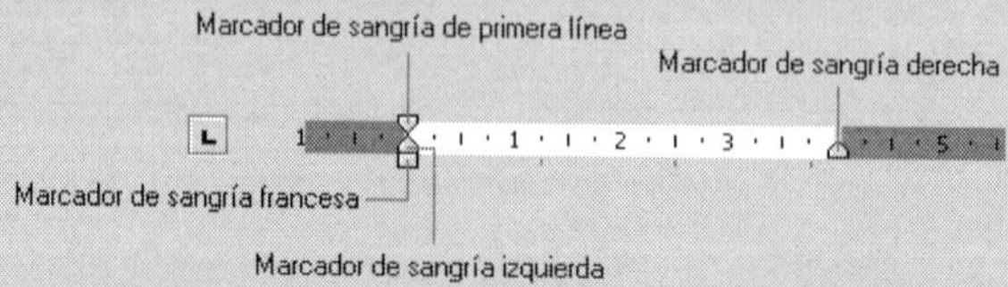

El manejo de estos marcadores deslizables es idéntico al que hemos visto en el apartado ***Sangrados*** del capítulo 7: ***Formatos*** para Microsoft Word.

Para continuar trabajando con la diapositiva, bastará con hacer un clic sobre ésta fuera de la tabla, con lo que PowerPoint recupera su aspecto y funciones normales.

Si desea volver a la tabla para modificar alguno de sus datos, haga un doble clic sobre ella.

INSERCIÓN DE CONECTORES

Los conectores son líneas que unen dos objetos distintos de una diapositiva. Estas líneas mantienen conectados ambos objetos aunque éstos se desplacen a otros lugares, por lo cual resultan ideales, por ejemplo, para generar organigramas y diagramas de flujo. Los conectores están integrados en la lista de **Autoformas** y pueden ser de varios tipos (vea la figura junto al margen).

Por tanto, si desea crear uno de estos conectores, deberá recurrir a la barra de herramientas de dibujo para elegirlo. Después, deberá hacer clic sobre uno de los objetos y, a continuación, sobre el otro (antes de hacer el segundo clic asegúrese de que la línea conectora llega hasta el punto adecuado). Ambos objetos quedarán unidos por una línea, que será recta, curva, o del tipo elegido en las autoformas y, aunque cambie de lugar los objetos, entre ambos seguirá trazada la línea conectora que los una.

Una vez que la línea esté uniendo dos objetos, puede desconectarlos para conectar otros. Para ello, ayúdese de sus extremos, haciendo clic sobre ellos y, sin soltar el botón del ratón, arrastrando hasta otro objeto (o hasta otra parte del mismo objeto).

Ojo

Algunas líneas conectoras presentan puntos controladores amarillos entre medias de sus extremos que podemos desplazar para ajustar el trayecto de la línea según necesitemos.

Para eliminar un conector, haga clic sobre él y pulse la tecla **SUPR**.

INSERCIÓN DE FECHA Y HORA

Si necesita que se muestre la fecha o la hora en una diapositiva podrá hacerlo mediante un cuadro de texto y la opción **Fecha y hora** del menú **Insertar**. Obtendrá lo siguiente:

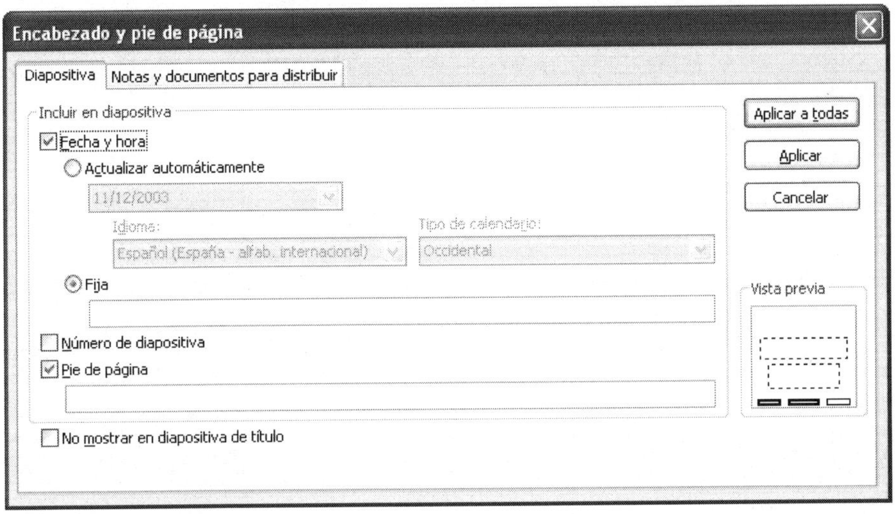

Como puede verse, se trata del cuadro de diálogo de encabezados y pies de página, por lo que se maneja igual que hemos descrito en el apartado ***Encabezados y pies para diapositivas*** de este mismo capítulo.

Simplemente, active la casilla **Fecha y Hora** y despliegue la lista del botón **Actualizar automáticamente** para elegir el formato de la fecha. Si lo prefiere, podrá activar el botón **Fija** para que la fecha no cambie cada día y quede, por tanto, invariable.

Ojo: Recuerde que puede utilizar el botón Aplicar para que la fecha quede situada en la diapositiva en la que se encuentre, o bien, el botón Aplicar a todas para que la fecha aparezca en todas las diapositivas de la presentación.

CREACIÓN DE LAS NOTAS DEL ORADOR

Como hemos dicho anteriormente, las anotaciones pueden ser fundamentales para el orador. Generalmente, el diseñador de la presentación es el mismo que posteriormente dará el discurso, por lo que él mismo deberá crear sus notas, conociendo de antemano aquellos temas clave en los que necesite un recordatorio como sencillo sistema de ayuda.

Las anotaciones van asociadas a las diapositivas, de forma que, durante la ejecución de la presentación, cuando se alcanza la diapositiva clave, el orador tendrá a mano notas que le recuerden por dónde continúa su discurso. En ocasiones, estas notas pueden conseguir incluso que eludamos una situación comprometida a causa de un olvido.

Para crear notas de orador, podemos recurrir al menú **Ver**, activando la opción **Páginas de notas**, que reforma la ventana de PowerPoint para que podamos crear o modificar las anotaciones.

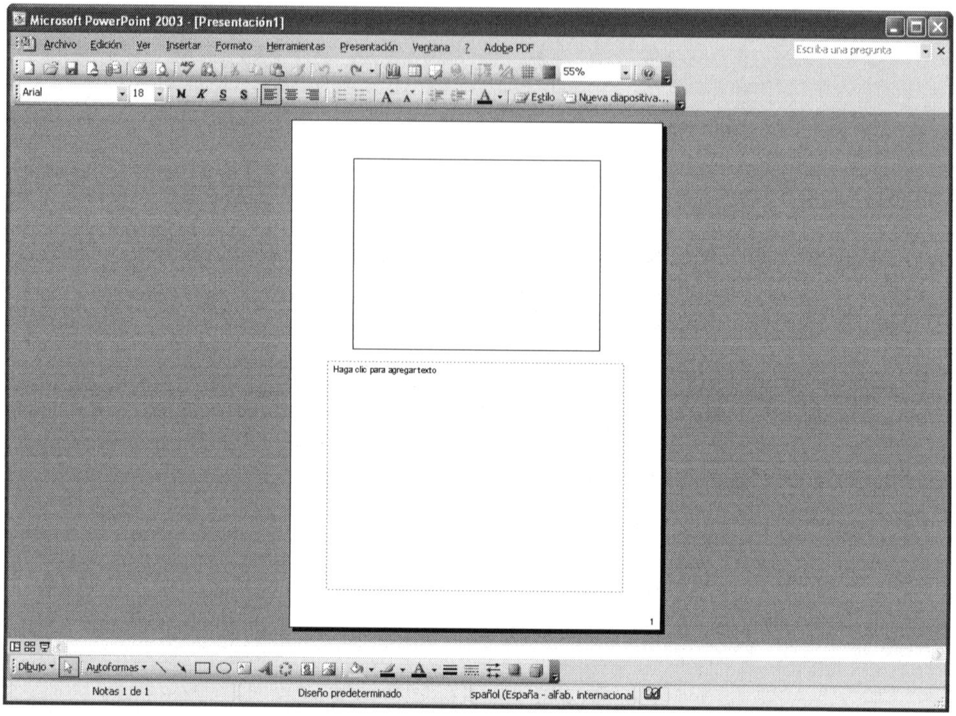

En la parte inferior de la página correspondiente a la diapositiva actual, aparece un recuadro con el mensaje **Haga clic para agregar texto**. Es en ese lugar donde debemos escribir las anotaciones, por lo que, efectivamente, haremos un clic y comenzaremos a escribir.

Si la vista le resulta demasiado reducida, utilice el zoom para ampliarla y escribir con mayor comodidad (puede consultar acerca del zoom en el apartado ***Presentación de funciones en pantalla*** del capítulo 27: ***Básico en PowerPoint***).

COMENTARIOS

En las diapositivas pueden "pegarse" anotaciones que permitan, por ejemplo, recordar tareas que haya que terminar. Al igual que los papeles adhesivos, podemos colocarlos de forma visible para que nos recuerden algo constantemente.

Los comentarios se crean desde el menú **Insertar**, en el que seleccionaremos la opción **Comentario**. Al hacerlo, aparece un recuadro de texto con el nombre del usuario autorizado de PowerPoint, en el que escribiremos el comentario:

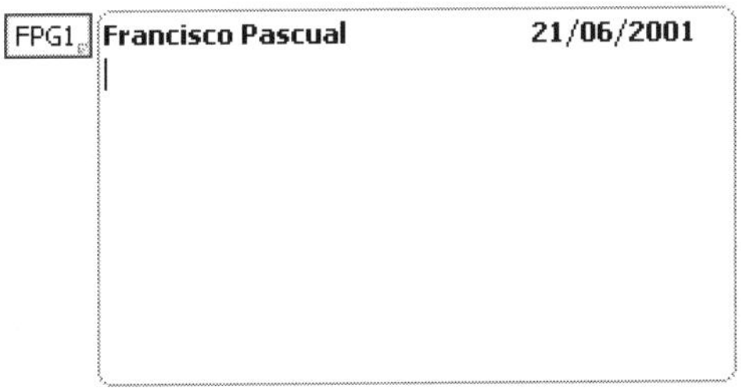

Cuando termine de teclear el comentario y haga clic fuera de él para continuar trabajando en la diapositiva únicamente quedará su etiqueta en pantalla: FPG1. Bastará con que haga un clic sobre dicha etiqueta para ver el texto del comentario. Si necesita modificar dicho texto, haga doble clic sobre la etiqueta.

A la hora de ejecutar la presentación, los comentarios también aparecen, comportándose exactamente como los cuadros de texto clásicos de PowerPoint. Por tanto, durante su diseño, pueden ampliarse, reducirse, moverse, borrarse y editarse como un cuadro de texto cualquiera.

Si uno de estos comentarios no debe aparecer durante la proyección al público de la presentación, pero desea tenerlos permanentemente a la vista mientras diseña la diapositiva de su presentación, arrastre sus etiquetas fuera de ella. Eso hará que los comentarios no se vean durante la presentación, pero sí mientras ésta se diseña:

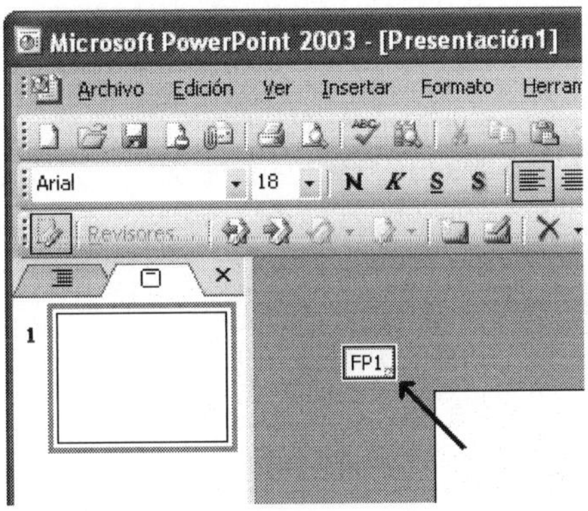

ANIMACIÓN DE DIAPOSITIVAS

Una presentación mejora sustancialmente si se añaden a sus objetos ciertos efectos de animación.

El sistema más fácil que ofrece PowerPoint para la creación de animaciones consiste en acceder a una diapositiva y, a continuación, seleccionar la opción **Efectos de animación** (**Prestablecer animación** en la versión 2000) del menú **Presentación**. Esta opción activa el panel de tareas (o despliega un submenú en la versión 2000) con los elementos necesarios para que podamos animar la diapositiva:

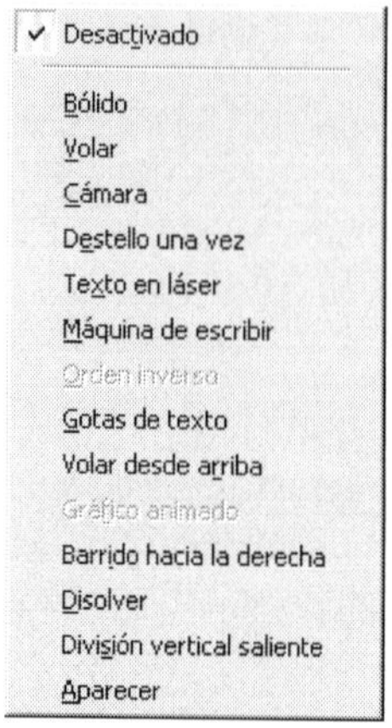

Versión 2000

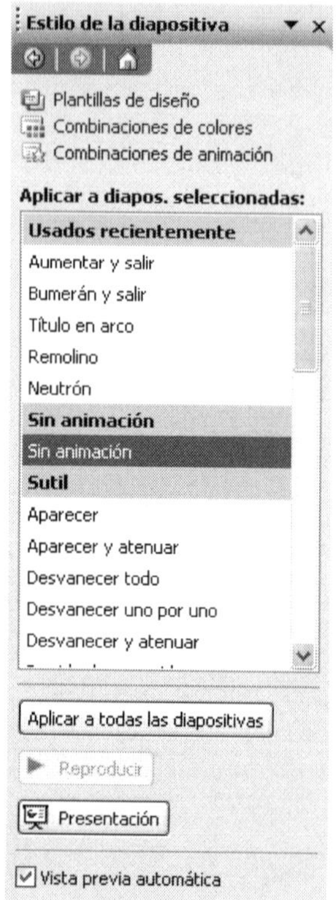

Versiones 2002 y 2003

La lista de animaciones que ofrece el panel se encuentra distribuida por temas (**Sutil**, **Moderado** y **Llamativo**), que indican la intensidad de la animación. Dentro de cada tema, disponemos de varios efectos: basta con elegir uno para que la diapositiva disponga de animación, aunque si ya tenía una y deseamos eliminarla para que vuelva a quedar estática, elegiremos **Sin animación** en la misma lista.

Si desea que el efecto funcione en todas las diapositivas de la presentación, active el botón [Aplicar a todas las diapositivas].

Puede ver el efecto pulsando el botón [▶ Reproducir] que pondrá en marcha la animación para que se vea claramente cómo quedará la diapositiva cuando se proyecte al público.

Con respecto al menú de la versión 2000 decir únicamente que basta con elegir una de las animaciones de la lista. En esta versión no había funciones como la reproducción de la animación para ver cómo quedaba antes de dejarla definitivamente incorporada. Si desea ver el resultado, lo mejor es que active la **Presentación con diapositivas** (o que pulse el botón en la parte inferior de la ventana de PowerPoint) para ver el resultado. En el próximo apartado comentaremos los retoques que se pueden realizar sobre las animaciones y ahí sí que es posible previsualizar la animación.

ANIMACIÓN DE OBJETOS

También podemos animar los objetos de las diapositivas. Para ello, debemos empezar por seleccionar uno (el que vayamos a animar) y después acceder al menú **Presentación** y elegir la opción **Personalizar animación**. Esto activa el panel de tareas (o un cuadro de diálogo en la versión 2000) con los elementos necesarios para que podamos animar el objeto de la diapositiva que hayamos seleccionado:

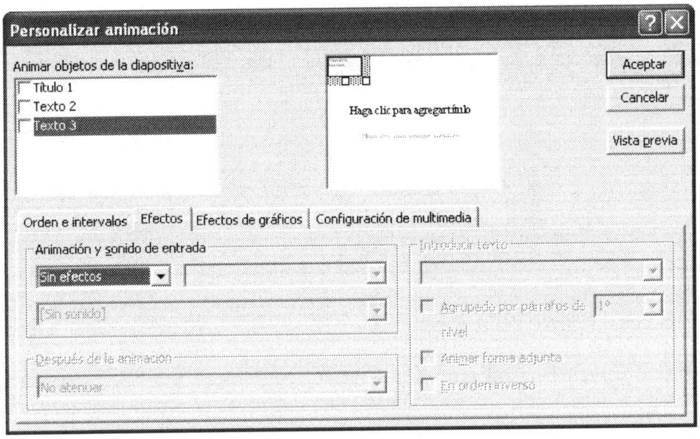

Versión 2000

Versiones 2002 y 2003

OjO Comenzaremos por describir el trabajo con las versiones 2002 y 2003. Veremos todo lo relativo a la versión 2000 después.

Comience por desplegar el botón [Agregar efecto ▾] para poder seleccionar la animación que desea aplicar al objeto.

Al desplegar la lista que ofrece este botón obtenemos cuatro opciones que, a su vez desplegarán un submenú cada una:

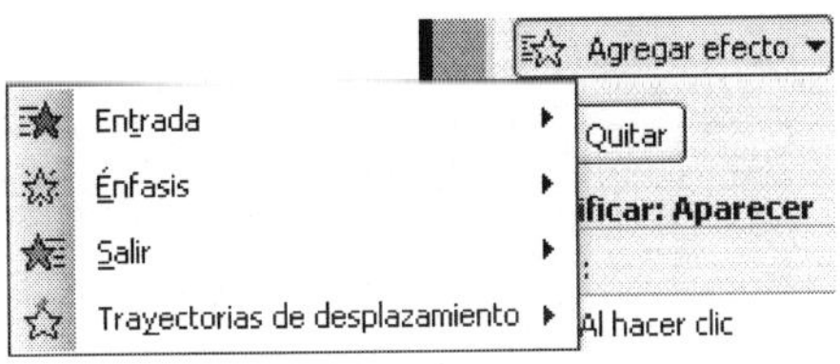

1. **Entrada** contiene animaciones adecuadas para presentar el objeto en la pantalla.

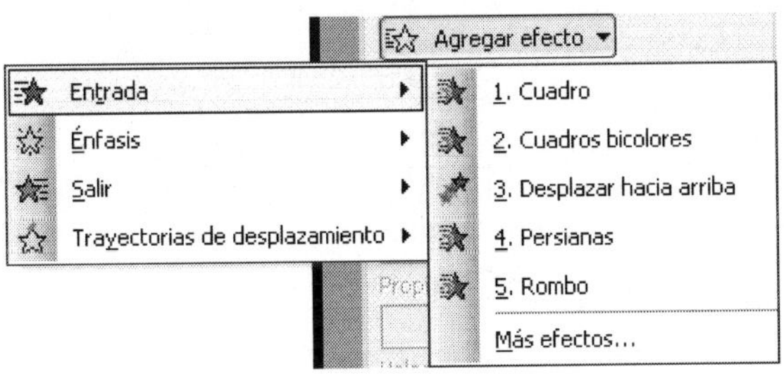

2. **Énfasis** contiene animaciones adecuadas para resaltar objetos que ya estén en pantalla.

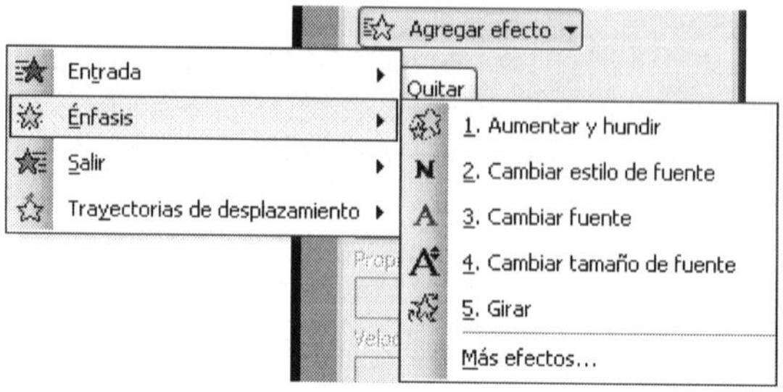

3. **Salir** contiene animaciones adecuadas para hacer desaparecer objetos.

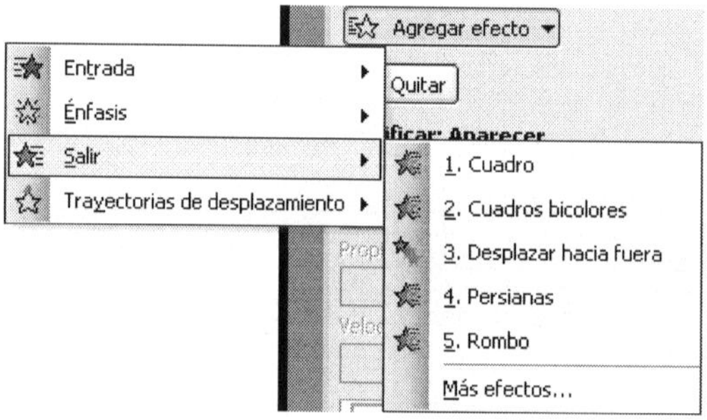

4. **Trayectorias de desplazamiento** contiene opciones para establecer la dirección y ruta que deberá seguir un objeto animado con movimiento.

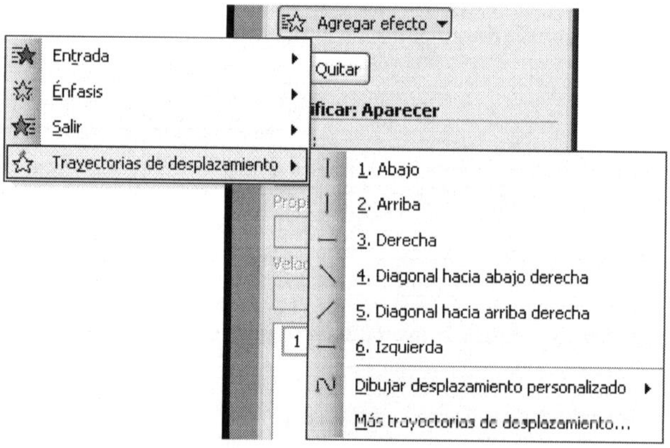

Observe que **Entrada**, **Énfasis** y **Salir** ofrecen, al final, la opción **Más efectos** (o **Trayectorias de desplazamiento** la opción **Más trayectorias de desplazamiento**). Si selecciona esta opción obtendrá un cuadro de diálogo con bastantes más animaciones. Véalo en las figuras que le ofrecemos en la página siguiente.

Como en el caso de las diapositivas, disponemos de varios modos de animar la figura dependiendo de la intensidad con la que necesitemos llamar la atención con la animación: **Básica**, **Sutil**, **Moderado** y **Llamativo** (o **Básica**, **Líneas y curvas**, etc.). Elija una (podrá ver su efecto en cuanto haga clic sobre ella) y pulse Aceptar.

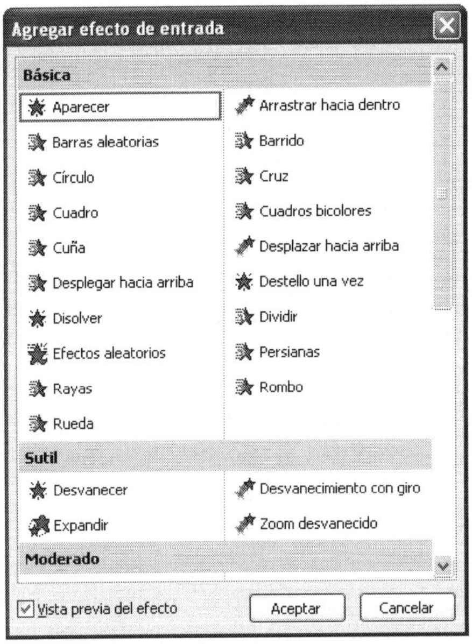

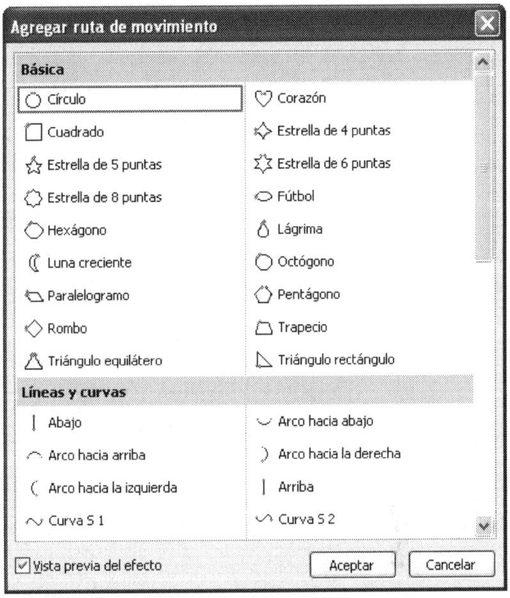

Cuando un objeto está animado aparece un número en un cuadro junto a su esquina superior izquierda:

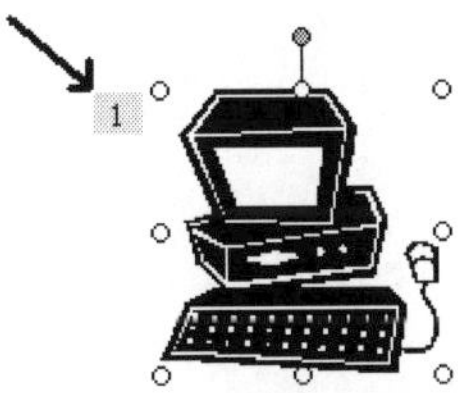

Ese número indica el orden de animación: si es un **1** se trata del objeto que se animará en primer lugar al aparecer la diapositiva, si es un **2**, será el segundo, etc.

Además, el panel de control activará el resto de los elementos que hasta ahora estaban inhabilitados debido a que aún no había ninguna animación asignada al objeto:

1. [Agregar efecto] ahora aparece como [Cambiar] para que podamos sustituir el efecto de animación por otro (el manejo es igual que cuando teníamos el botón [Agregar efecto]).
2. Utilice el botón [Quitar] para anular la animación en ese objeto.
3. La lista desplegable **Inicio** ([Al hacer clic]) permite elegir la acción que debemos realizar durante

la proyección para que comience la animación. Por ejemplo, **Al hacer clic** significa que la animación se pondrá en marcha cuando el orador (o quien maneje la presentación durante su proyección al público) haga clic sobre el objeto.

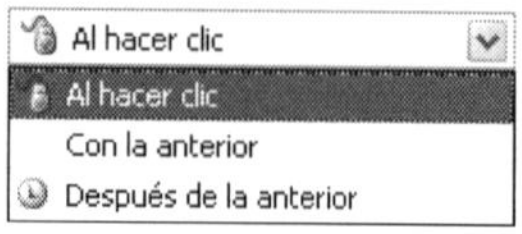

- **Con la anterior** implica que la animación se pondrá automáticamente en marcha al mismo tiempo que la animación anterior, sin que el usuario tenga que hacer nada para ponerla en marcha.

- **Después de la anterior** implica que la animación se pondrá automáticamente en marcha en cuanto termine la anterior, sin que el usuario tenga que hacer nada para ponerla en marcha.

Ojo: Dependiendo del efecto de animación que elijamos, la siguiente lista puede variar y no mostrar tamaño, sino otros datos como la **Dirección**. En cualquier caso su finalidad es la de indicar la cantidad de movimiento que llevará a cabo la animación.

4. Si se trata de una animación con trayecto, se podrá ver la lista **Ruta de acceso** (Desbloqueado) que permite modificar la trayectoria de desplazamiento del objeto (**Modificar puntos**) o cambiar su dirección de movimiento (**Invertir la dirección de la ruta**), mientras que si se trata de una animación que cambia el tamaño del objeto, se podrá ver la lista **Tamaño** (150%), que permite elegir la cantidad de movimiento que realizará la animación en cuanto al tamaño que adquirirá ofreciendo varios tamaños (**Minúscula**, **Pequeña**, **Grande** y **Enorme**), una opción manual (**Personalizar**) y una dirección de movimiento (**Horizontal**, **Vertical** y **Ambos**):

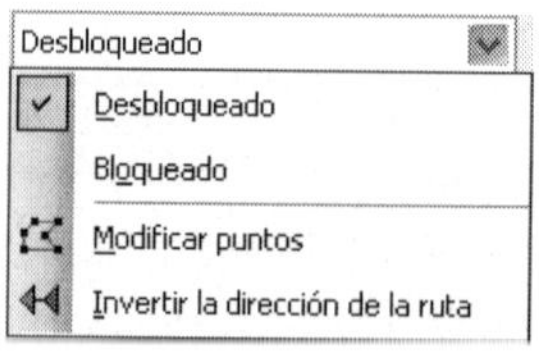

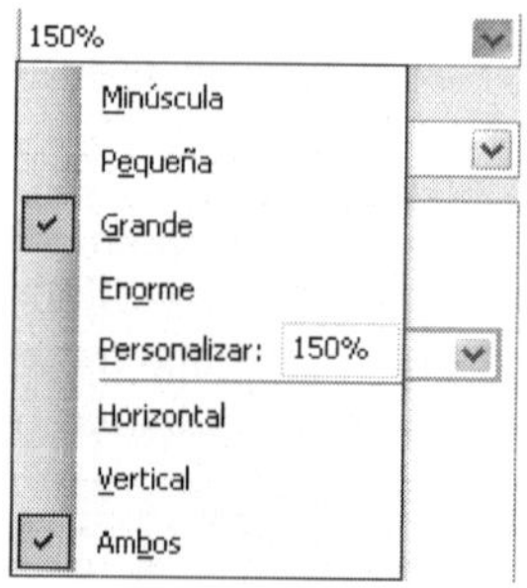

5. La lista desplegable **Velocidad** (Medio) permite establecer la rapidez con que se ejecutará la animación cuando se esté mostrando al público.

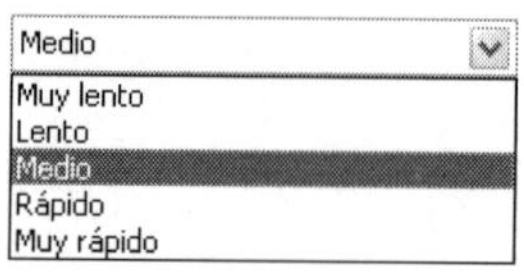

A medida que vayamos añadiendo animaciones a otros objetos de la misma diapositiva, la lista del panel de tareas irá aumentando:

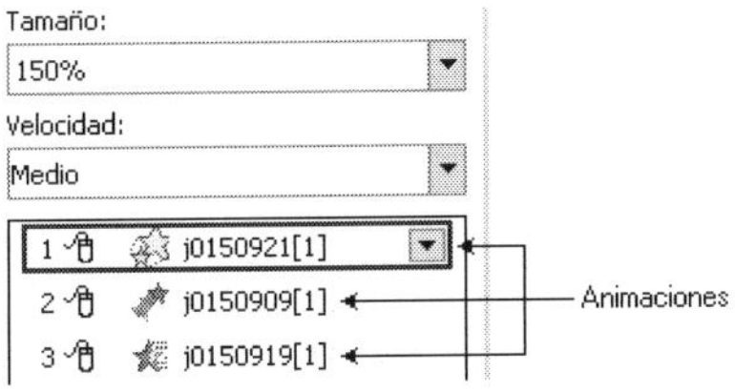

La lista ofrece las animaciones por orden de ejecución, es decir, según vayan a irse sucediendo en la diapositiva. Puede cambiarse ese orden seleccionando una animación y utilizando los botones [↑] y [↓] de la parte inferior del panel de tareas.

Cada una de esas animaciones puede desplegarse para que se establezca el modo con el que se pondrán en marcha:

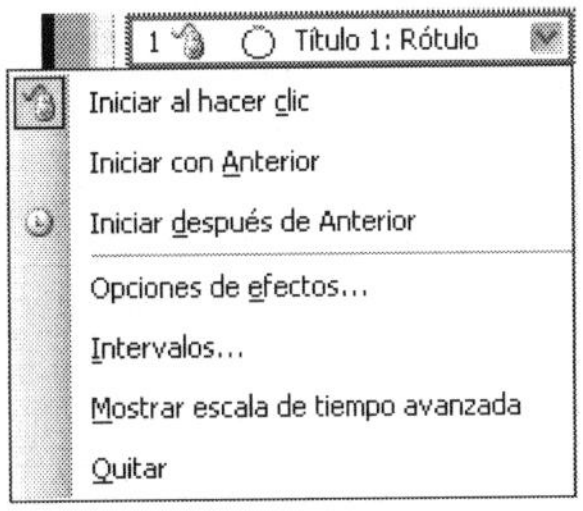

1. **Iniciar al hacer clic** comienza la animación cuando se haga clic en la diapositiva (durante la visualización de la presentación).
2. **Iniciar con Anterior** comienza la animación al mismo tiempo que la anterior.
3. **Iniciar después de Anterior** comienza la animación cuando termina la anterior.
4. **Opciones de efectos** ofrece más características de animación tales como añadir un sonido, o si se desea cambiar los colores del objeto durante su animación.
5. **Intervalos** ofrece datos sobre la duración del efecto, el tiempo que debe tardar en iniciarse la animación y si se debe repetir cuando termine.
6. **Mostrar escala de tiempo avanzada** ofrece una regleta con la que se puede establecer la duración de la animación en segundos.
7. **Quitar** desactiva la animación.

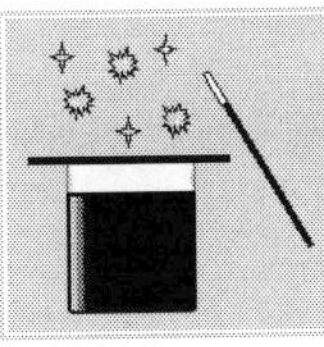

Puede ver la animación provisionalmente si pulsa el botón [▶ Reproducir] en la parte inferior del panel de tareas. También puede ver la diapositiva completa con el botón [Presentación] ([icono] en la versión 2002), que pone en marcha la proyección de la presentación, pero únicamente de esa diapositiva.

La versión 2000 ofrece menos opciones de animación. Recordemos el cuadro de diálogo que aparece al seleccionar, en dicha versión, la opción **Personalizar animación** del menú **Presentación**.

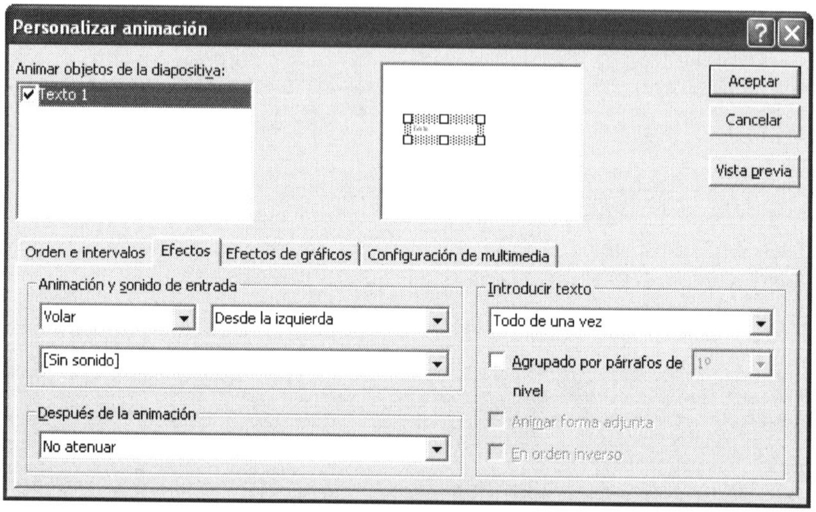

Se debe activar la casilla del objeto (en nuestro ejemplo, *Texto 1*) para añadirle animación. Después se elige el efecto (Volar), su dirección (Desde la izquierda), si le debe acompañar un sonido ([Sin sonido]) y si debe cambiar de color al terminar (No atenuar).

Si se trata de la animación para un cuadro de texto, se puede elegir, entre otras cosas, si se animará todo el cuadro, si se realizará por palabras o por letras (Todo de una vez) o si se desea que funcione al revés (**En orden inverso**).

La ficha **Orden e intervalos** ofrece datos sobre la duración del efecto, el orden con el que se animan los distintos objetos y si las animaciones deben empezar al hacerse clic con el ratón o bien, tras un periodo de tiempo (que también puede ser nulo).

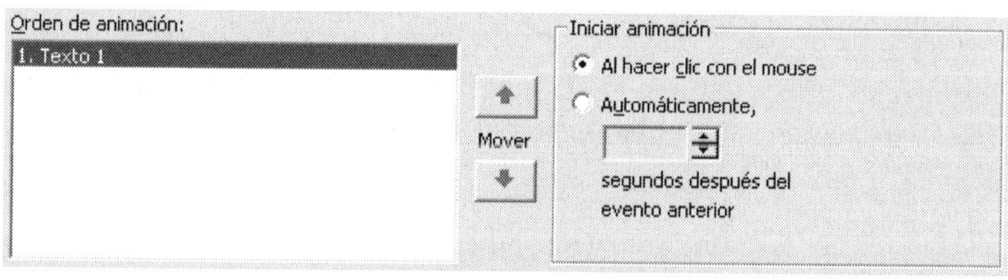

La ficha **Efectos de gráficos** permite establecer animaciones especiales para gráficos matemáticos (por ejemplo, si las barras del gráfico deben aparecer desplegándose poco a poco).

La ficha **Configuración de multimedia** permite establecer animaciones para objetos especiales multimedia incorporados a la diapositiva (vídeo clips).

TRANSICIONES

Una transición es la forma en la que aparecerá una diapositiva durante su proyección. Para gestionar las transiciones debemos utilizar el menú **Presentación**, seleccionando la opción **Transición de diapositiva**. Aparecerá el panel de tareas (o un cuadro de diálogo en la versión 2000) con el siguiente aspecto:

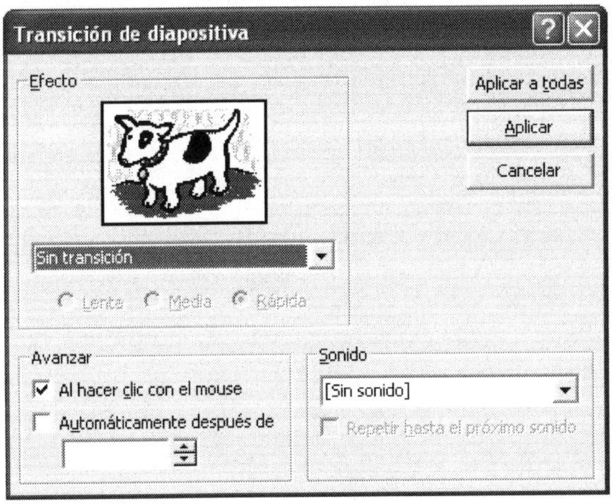

Versión 2000

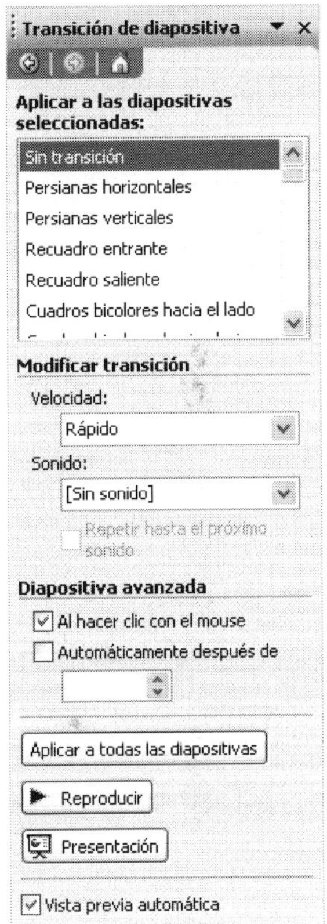

Versiones 2002 y 2003

En cuanto a la versión 2000, elegimos un efecto de transición en la lista [Sin transición] e indicamos la velocidad el efecto (**Lenta**, **Media** o **Rápida**). Después podemos elegir si la transición se activará **Al hacer clic con el mouse** o una vez transcurrido cierto tiempo (**Automáticamente después de**). Por último, se puede reproducir un sonido mientras la transición esté en marcha, con la lista [Sin sonido].

Tenga presente que la transición se puede asignar sólo a la diapositiva en la que se encuentre (Aplicar), o bien, a todas las diapositivas (Aplicar a todas).

En cuanto a las versiones 2002 y 2003, elija la transición que desee (**Persianas horizontales**, **Recuadro entrante**, etc.) y podrá ver una muestra de sus efectos en la diapositiva. Luego podrá emplear los datos que hay bajo la lista para ajustarla a su gusto:

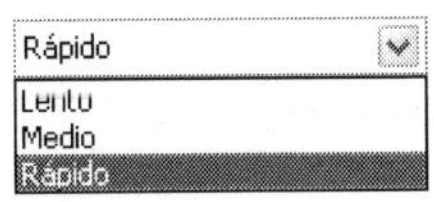

1. Utilice la lista desplegable **Velocidad** para elegir la rapidez con la que se realizará la transición (vea la figura junto al margen).

2. Utilice la lista desplegable **Sonido** para elegir el que debe escucharse durante la transición. Si se activa la casilla **Repetir hasta el próximo sonido**, el que ahora elijamos se reproducirá indefinidamente hasta que suene otro.

3. **Al hacer clic con el mouse**. Pasará a la siguiente diapositiva únicamente cuando el orador haga clic con el ratón sobre la anterior.

4. **Automáticamente después de** (en segundos). Accederá a la siguiente diapositiva cuando transcurran los segundos establecidos.

5. Con que utilice las opciones anteriores será suficiente para que la transición se aplique a la diapositiva en la que se encuentre; sin embargo, puede pulsar el botón [Aplicar a todas las diapositivas] para que funcione en todas las diapositivas de la presentación.

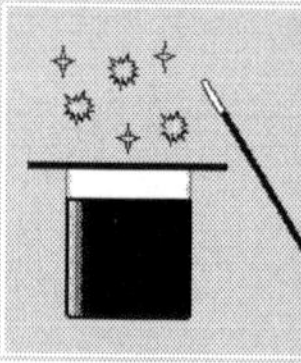

Puede ver la transición provisionalmente si pulsa el botón [▶ Reproducir] en la parte inferior del panel de tareas. También puede ver la diapositiva completa con el botón [Presentación] ([ ] en la versión 2002), que pone en marcha la proyección de la presentación, pero únicamente de esa diapositiva.

Si desea eliminar una transición, seleccione la opción **Sin transición** en la lista principal del panel (**Aplicar a las diapositivas seleccionadas**).

PRESENTACIONES PERSONALIZADAS

Ya hemos comentado anteriormente que pueden definirse presentaciones personalizadas que contengan ciertas diapositivas con el fin de poder mostrar o no partes de la presentación. A cada parte de la presentación (o presentación personalizada) deberemos darle un nombre para distinguirla de las demás.

Todo el manejo de las presentaciones personalizadas se llevan a cabo mediante la opción **Presentaciones personalizadas** del menú **Presentación**. Al seleccionarla obtendrá el siguiente cuadro de diálogo:

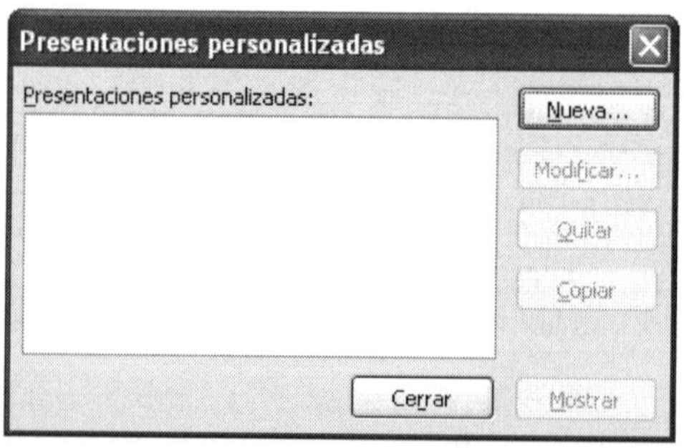

1. El botón [Nueva...] permite crear una presentación personalizada. Este botón genera un cuadro de diálogo (el mismo que si pulsamos el botón [Modificar...]) en cuyo cuadro de texto **Nombre de la presentación con diapositivas** se puede escribir el nombre que quiera darle a la presentación personalizada.

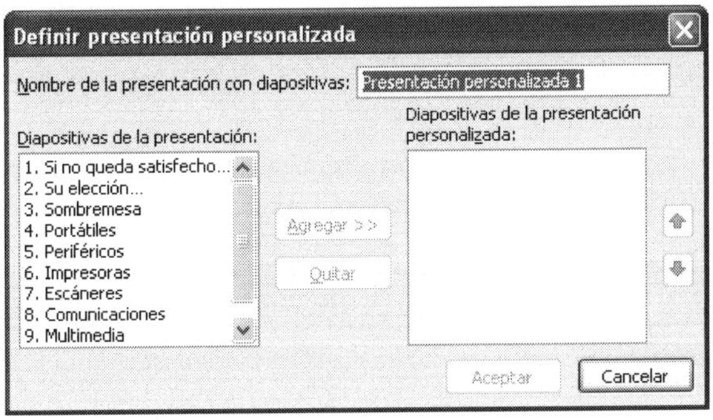

La idea consiste en pasar elementos de la lista **Diapositivas de la presentación** a la lista **Diapositivas de la presentación personalizada**. Las diapositivas que se lleven a esta segunda lista serán las únicas que se vean durante la proyección.

- [Agregar >>]. Añade un elemento de la lista **Diapositivas de la presentación** a la lista **Diapositivas de la presentación personalizada**.

- [Quitar]. Elimina un elemento de la lista **Diapositivas de la presentación personalizada** que previamente hayamos seleccionado.

- Los botones [↑] y [↓] permiten cambiar el orden en el que se mostrarán las diapositivas. Seleccione una en la lista y utilice los botones para desplazarla.

2. De vuelta al cuadro de diálogo principal, el botón [Quitar] elimina una presentación personalizada que hayamos seleccionado previamente.

3. El botón [Copiar] duplica una presentación personalizada. Es útil cuando se necesitan dos presentaciones personalizadas casi iguales, en cuyo caso duplicamos una y la modificamos todo lo que sea necesario sin tener que volver a crearla completamente.

4. El botón [Mostrar] pone en marcha la presentación preliminar para que podamos comprobar que está bien diseñada.

INTERNET CON POWERPOINT

Existen varias tareas de PowerPoint relacionadas con Internet. Por ejemplo, una diapositiva creada con él puede grabarse en el disco en modo HTLM, es decir, como una página Web que podrá publicarse en Internet. También podremos obtener objetos de la red que podremos incorporar a nuestras diapositivas, y hasta ejecutar una presentación en la red.

Grabar datos como página Web

Si necesita que las diapositivas que diseñe tengan el formato de una página Web (por ejemplo, para publicarla en Internet), acceda al menú **Archivo** y seleccione la opción **Guardar como página Web**. Esta opción nos ofrece un cuadro de diálogo:

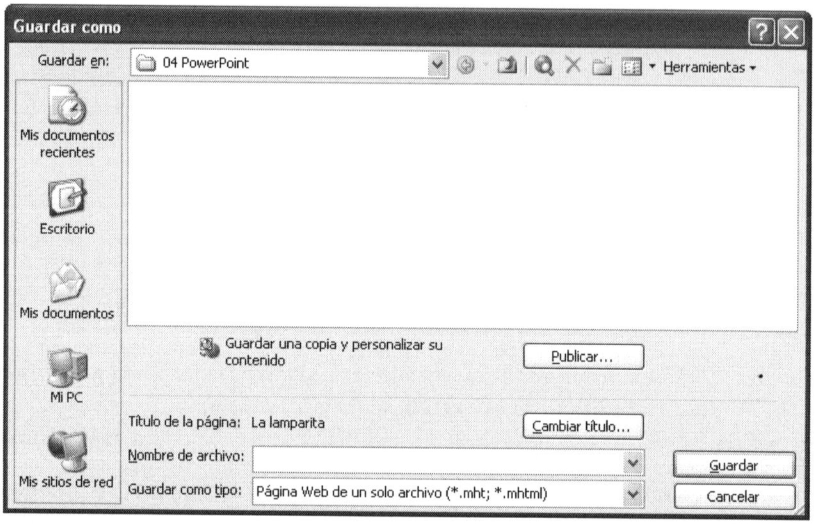

Aparte del funcionamiento común del cuadro como cualquier otro para grabar archivos, podemos destacar dos botones:

1. 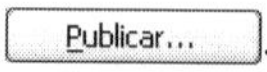

. Le permitirá llevar su página Web a Internet donde cualquier internauta podrá visitarla.

2. 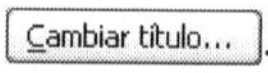

. Permite dar un título a la página que está grabando (si no pone uno, PowerPoint empleará el nombre de la presentación). Este título aparecerá en la barra de título de la ventana del navegador cuando alguien la visite.

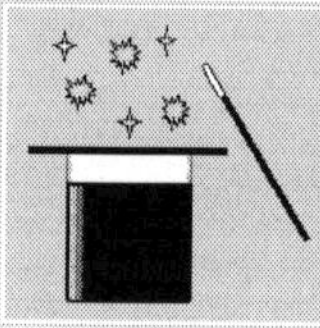

Para ver cómo quedará la página Web en un navegador, puede seleccionar **Vista previa de la página Web** del menú **Archivo**. Esta opción arranca Internet Explorer mostrando la presentación tal y como lo vería cualquier internauta. Para poder utilizar esta función, necesitará tener instalado Internet Explorer.

Colaboración en línea

Con PowerPoint puede crear presentaciones en colaboración con otros diseñadores utilizando Internet como medio de comunicación y reunión. Para ello, el menú **Herramientas** ofrece la opción **Colaboración en línea** que genera un sencillo submenú con tres opciones:

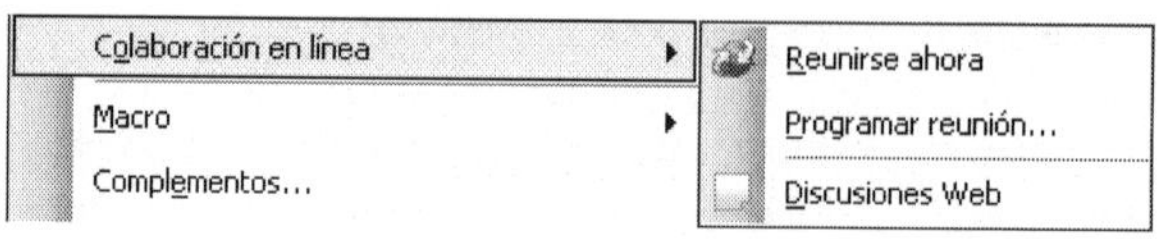

1. **Reunirse ahora**. Conecta con Microsoft NetMeeting para poder conectar con otro usuario en Internet en tiempo real de modo que ambos (o todos los que se unan a la conexión) puedan poner en común datos sobre la presentación.

Microsoft NetMeeting es un sistema que ofrece Internet Explorer con el que podemos hablar (o comunicarnos de varios modos distintos) con otros usuarios que se encuentren conectados a Internet. Si es la primera vez que utiliza NetMeeting, obtendrá un cuadro de diálogo en el que deberá escribir sus datos personales:

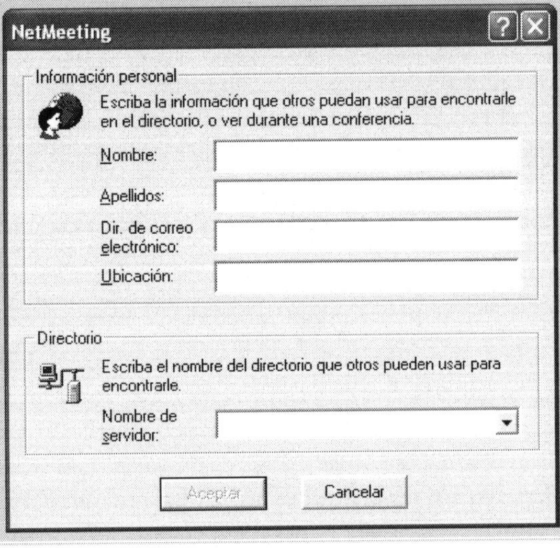

2. **Programar reunión**. Funciona como la opción anterior pero está pensada para que la reunión no se realice inmediatamente, sino de común acuerdo en el futuro.

3. **Discusiones Web**. Activa la barra de discusiones de Internet Explorer (en la parte inferior de la ventana de PowerPoint) para que podamos señalar posibles cambios que otros usuarios podrán ver para aceptarlos o rechazarlos según su opinión. Gracias a este sistema se pueden crear presentaciones en grupo mediante Internet.

CONFIGURAR PRESENTACIONES

Una utilidad que puede emplear para perfeccionar la presentación está en el menú **Presentación**, en su opción **Configurar Presentación**. Esta opción ofrece un cuadro de diálogo como el que mostramos en la página siguiente.

En la versión 2000 el cuadro es ligeramente distinto, pero sólo varía en que tiene menos funciones. Detallaremos aquellas que no estén disponibles en esta versión.

1. El grupo **Tipo de presentación** ofrece varios botones para elegir la clase de presentación que vamos a crear. Debemos activar los botones y casillas que ofrece este grupo para elegir las características de la presentación.

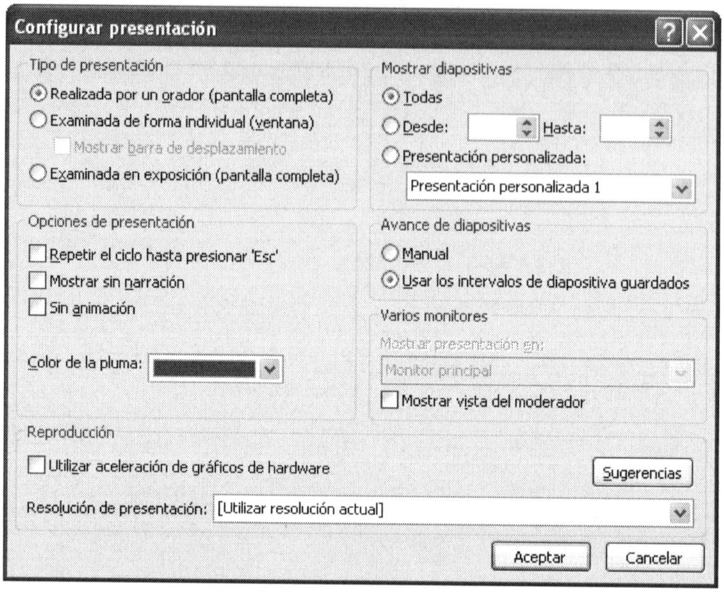

2. El grupo **Mostrar diapositivas** permite indicar qué diapositivas forman la presentación.

3. El grupo **Opciones de presentación** permite establecer el modo en que debe proyectarse la presentación al público.

4. Con **Avance de diapositivas** podemos indicar si las diapositivas se sucederán por acción del usuario (**Manual**), o bien, en un tiempo establecido (**Usar los intervalos de diapositiva guardados**).

5. Utilice el grupo **Varios monitores** si necesita que la presentación se proyecte al público en más de una pantalla (por ejemplo, en la pantalla general que el público ve y en la pantalla del orador).

6. El grupo **Reproducción** ofrece utilidades de mejora de la presentación. Por ejemplo, podremos utilizar el botón [Sugerencias] para que PowerPoint nos proponga ciertos detalles que podrían mejorar la presentación.

EMPAQUETAR PARA CD-ROM

PowerPoint permite compactar una presentación en discos para poder llevarla a otros equipos fácilmente. Este sistema se activa desde el menú **Archivo**, seleccionando la opción **Empaquetar para CD-ROM**.

> Ojo: En las versiones anteriores a la 2003 esta función se denomina **Presentaciones portátiles** (en el mismo menú **Archivo**) y está orientada a grabar la presentación en disquetes, en lugar de CD-ROM, mediante un asistente.

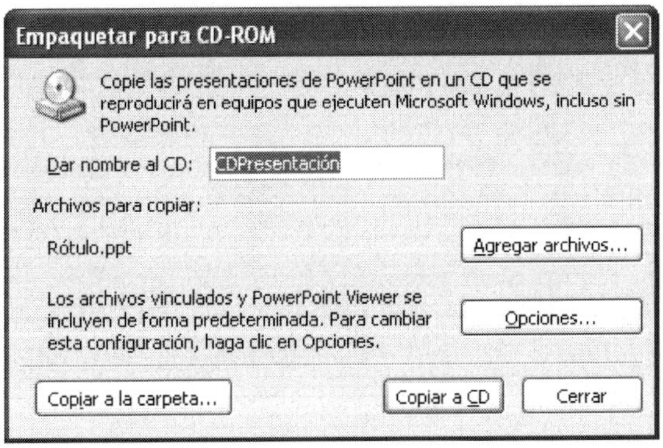

1. Escriba un nombre para el disco en **Dar nombre al CD**.
2. Si necesita más archivos para el disco, deberá añadirlos al CD mediante el botón [Agregar archivos...].
3. Sin embargo, todos los archivos incluidos en su presentación que estén vinculados en lugar de insertados, serán incluidos automáticamente por el sistema en el disco. Ahora bien, esta función se puede desactivar utilizando el botón [Opciones...]. Al pulsarlo se obtiene un cuadro de diálogo en el que, además de la función anterior, se puede añadir un reproductor de diapositivas por si el ordenador en el que se muestre la presentación no sea necesario tener instalado PowerPoint. También se puede añadir una contraseña y las fuentes TrueType que se hayan empleado en la presentación.
4. Cuando esté listo, coloque un disco grabable vacío en la unidad y pulse el botón [Copiar a CD] para iniciar la grabación.

OCULTAR DIAPOSITIVAS

Si alguna diapositiva de la presentación debe ocultarse al público durante un tiempo, puede utilizarse la opción **Ocultar** diapositiva del menú **Presentación**. Si se activa esta opción, PowerPoint no mostrará la diapositiva en la que se encuentre durante la presentación, a menos que vuelva a activar la misma opción.

BOTONES DE ACCIÓN

En una diapositiva pueden incorporarse botones que realicen funciones configurables. Se añaden activando la opción **Botones de acción** del menú **Presentación** (véalo en la figura que mostramos en la página siguiente).

1. Seleccione un botón en el menú.
2. En la diapositiva, trace un recuadro que será el botón insertado.

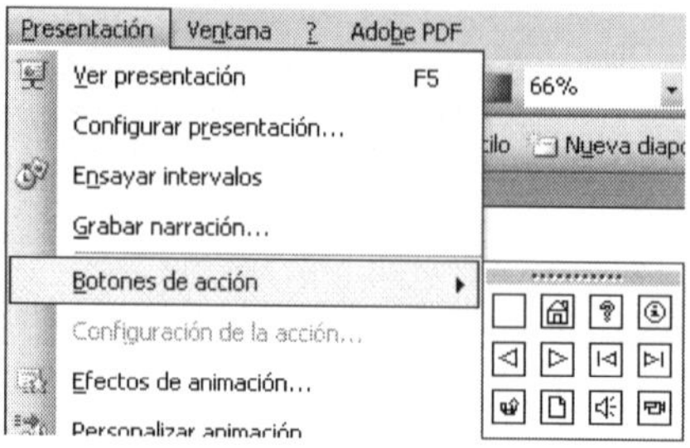

3. Cuando ejecute la presentación, bastará con hacer clic sobre el botón para que su función se active. Por ejemplo, el segundo botón ( ) tiene como función volver a la primera diapositiva de la presentación.

Estos botones tienen una función asignada, excepto el primero, con el que podemos programar la acción que realizará en cuanto lo dibujemos, mediante el siguiente cuadro:

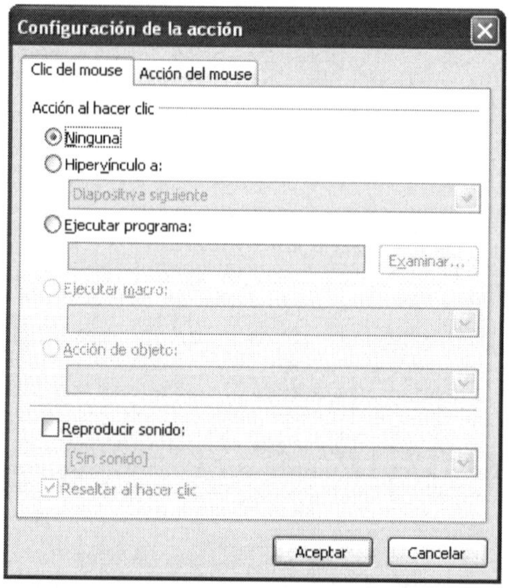

1. Si selecciona **Hipervínculo a**, el botón le llevará a una diapositiva que deberá elegir en su lista desplegable.

2. Si selecciona **Ejecutar programa**, tendrá que elegir un programa instalado en Windows (o una macro, o la acción de otro objeto) para que el botón lo ponga en marcha.

3. Puede añadir un sonido para que se escuche al activar el botón activando la casilla **Reproducir sonido** y eligiendo después uno.

Estas acciones pueden asignarse a cualquier elemento de una diapositiva y no sólo a los botones. Por ejemplo, podría aplicar estas acciones a una imagen seleccionándola y eligiendo **Configuración de la acción** en el menú **Presentación**, ya que aparece el mismo cuadro de diálogo que acabamos de detallar.

PARTE VI

OUTLOOK

INTRODUCCIÓN A OUTLOOK

Microsoft Outlook es una agenda electrónica informatizada a la que se le ha añadido funciones extras que resultan muy prácticas para organizar el trabajo de una oficina: un organizador. Hasta la versión 95 podíamos utilizar Microsoft Schedule para crear y planificar citas, tareas, etc. A partir de Office 97 lleva uno nuevo cuyo nombre es Microsoft Outlook.

En el sector de la oficina un sistema organizador resulta realmente útil, ya que permite planificar perfectamente las futuras ocupaciones de una o varias personas.

Outlook es un programa de este tipo: un organizador. Básicamente se utiliza a modo de una agenda clásica, con la ventaja añadida de que incorpora toda la automatización que un ordenador puede proporcionar.

El aspecto que Outlook va a ofrecer es el de una agenda con botones que llevan a las distintas operaciones que pueden realizarse:

- Correo electrónico
- Calendario
- Lista de contactos
- Tareas
- Diario
- Notas

Todas las opciones incluyen, como vamos a ver, un sistema de aviso previo que nos anuncia el trabajo que tenemos que realizar o la reunión con otra(s) persona(s) con antelación.

Microsoft Outlook permite trabajar en red, es decir, podrían utilizarlo varios usuarios de una red de ordenadores conectados entre sí desde sus respectivos terminales, lo que aumentaría su productividad, puesto que cualquier usuario podría conectar más fácilmente con cualquier otro en la red para citarse con él o recordarle tareas. Sin embargo, con Outlook también puede emplearse sin conexión a la red, lo que reduciría su capacidad de actuación a un único usuario que manejase el ordenador en el que Outlook esté instalado.

COMIENZO

Una vez en Outlook, presentará este aspecto:

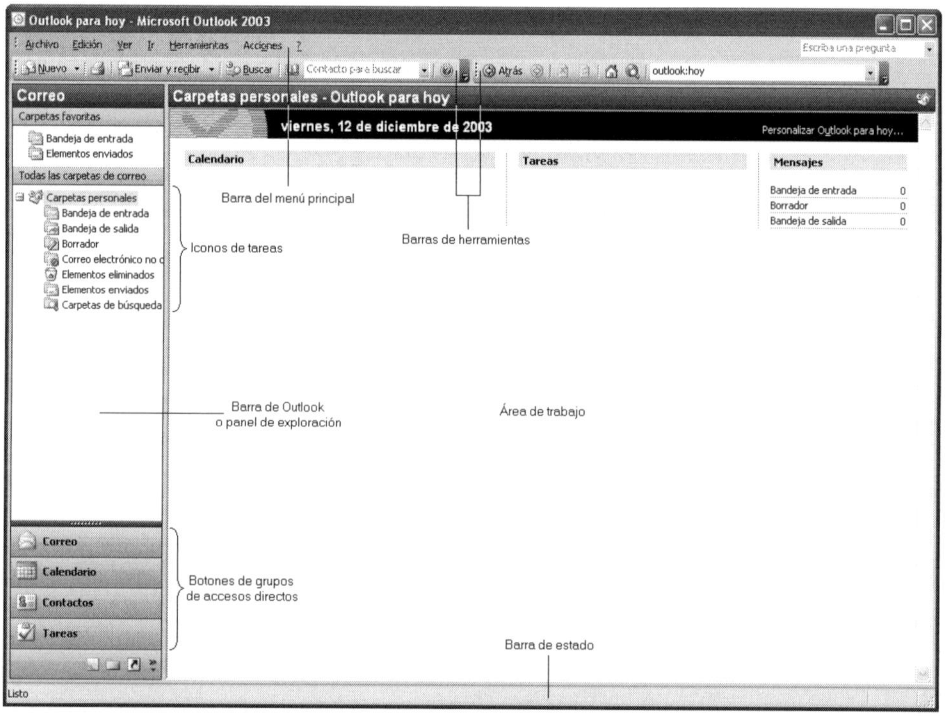

1. **Barra del menú principal**. Contiene el menú con las opciones principales. Todas ellas despliegan una lista de opciones cuando se activan.

2. **Barras de herramientas**. Contiene botones con las funciones más importantes del programa.

3. **Barra de estado**. Muestra en todo momento la situación en que se encuentra el usuario en el programa.

4. **Área de trabajo**. Muestra los elementos con los que trabajar en cada instante (el calendario, la lista de contactos, etc.).

5. **Barra de Outlook** (o **Panel de exploración**). Contiene los iconos con los que podemos navegar por las distintas tareas que nos ofrece Outlook: haciendo clic sobre un botón o icono, el área de trabajo nos muestra lo necesario para trabajar con esa materia.

6. **Botones de grupos de accesos directos**. En la barra de Outlook podemos encontrar botones de grupos de accesos directos. Cada grupo contiene iconos cuyas funciones están orientadas a resolver una tarea (organizar una cita, enviar correo, etc.). Se puede arrastrar la barrita azul que hay sobre el conjunto de grupos para mostrar más o menos grupos.

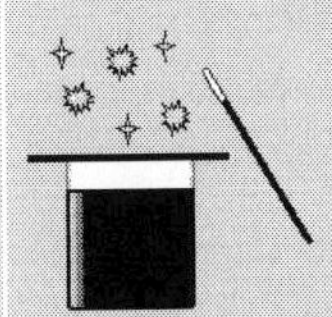

Podemos crear otros grupos con iconos con las funciones que utilicemos más frecuentemente para un manejo más cómodo. También podremos cambiar su nombre (el mensaje que aparece en el botón) y eliminar un grupo:

1. En la versión 2003 se despliega el grupo de **Accesos directos** (inicialmente con el botón  en la parte inferior del panel de exploración) y activar **Agregar nuevo grupo** (que aparece en la parte superior del panel). Aparece entonces un cuadro de texto en el que se debe teclear el nombre del nuevo grupo.

2. En las versiones anteriores haga clic con el botón derecho del ratón sobre una zona de la barra de Outlook que esté vacía y, en el menú que aparezca, elija **Agregar nuevo grupo**. Aparecerá el grupo en la parte inferior de la barra esperando a que tecleemos el nombre para el botón: hágalo y pulse **INTRO** para obtener el nuevo grupo.

Si desea cambiar el nombre a un botón de grupo, haga clic sobre él con el botón derecho del ratón y, en el menú que aparezca, seleccione **Cambiar nombre de grupo** para que pueda teclear el nuevo nombre.

Si desea eliminar un botón (y por tanto todo su grupo de iconos), haga clic con el botón derecho del ratón sobre él y, en el menú que aparezca, seleccione **Quitar grupo**.

7. **Iconos de tareas**. Contienen las tareas a resolver. Haga clic en un icono y el área de trabajo (y las barras de herramientas) ofrecerá los elementos necesarios para resolver la tarea en cuestión.

CAPÍTULO 32

TRABAJO CON OUTLOOK

Antes de ver el manejo de las tareas de Outlook, vamos a comentar cómo podemos movernos por los elementos de la ventana que los contiene, puesto que esto resulta tan útil como necesario.

LA VENTANA DE OUTLOOK

Como veíamos antes, la ventana de Outlook tiene varios elementos agrupados con varios botones, iconos, etc. Estos elementos nos ayudarán a generar las tareas que proporciona Outlook en un entorno sencillo y fácil de manejar. Para ello, basta con hacer clic sobre ellos como hemos hecho con cualquier otro botón anteriormente.

La función general de Outlook es la de ayudar a planificar el trabajo del usuario, por lo que los elementos que contiene están destinados a contener esas funciones. Además, también ofrece un completo sistema para administrar correo electrónico, si bien esto último también podemos hacerlo con Outlook Express del que disponemos gracias a que forma parte de Internet Explorer (y éste, a su vez, de Office).

Como veíamos antes, la ventana de Outlook presenta un aspecto como el que le ofrecemos en la página siguiente:

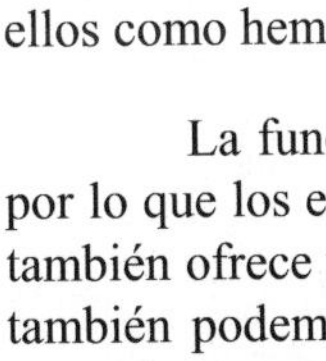

Recuerde que la línea que separa el área de trabajo de la barra de Outlook (el panel de exploración) se puede emplear para ampliar o reducir el tamaño de ambos. Haga clic sobre ella y, sin soltar el botón del ratón, arrastre a izquierda o derecha hasta que ambas zonas dispongan del tamaño más adecuado.

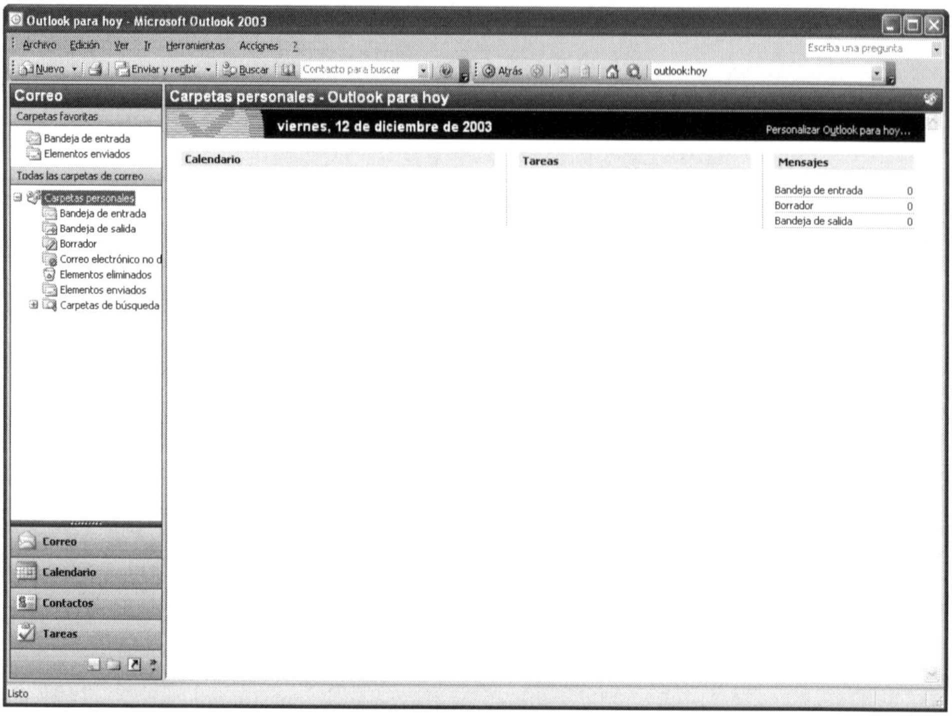

Si se pulsa el botón (**Accesos directos de Outlook**) en la barra de Outlook, se obtendrá una lista de botones con iconos. Si no pueden verse todos en la ventana, podrá utilizar el botón (en las versiones anteriores a la 2003) en la esquina inferior derecha de la barra de Outlook para acceder a los que se encuentran más abajo.

Cada grupo según el tema que trata, muestra unas funciones mediante iconos en el panel de exploración. Vamos a ir viendo estas funciones y cómo se manejan para facilitar el trabajo de organización.

CALENDARIO

El apartado del calendario en Outlook tiene como finalidad realizar las mismas funciones que se esperan en una agenda personal: crear citas, anotar futuras tareas, etc.

El aspecto que presentará Outlook si activamos el calendario es el que puede verse en la página siguiente. Como podemos apreciar en la figura anterior, el área de trabajo del calendario se encuentra dividida en tres partes:

> **Ojo** En las versiones anteriores a la 2003, la distribución de los siguientes tres elementos es diferente (justo a la inversa: lo que en la siguiente figura vemos a la derecha, en las otras versiones está a la izquierda, y viceversa). Sin embargo, todo su funcionamiento es idéntico.

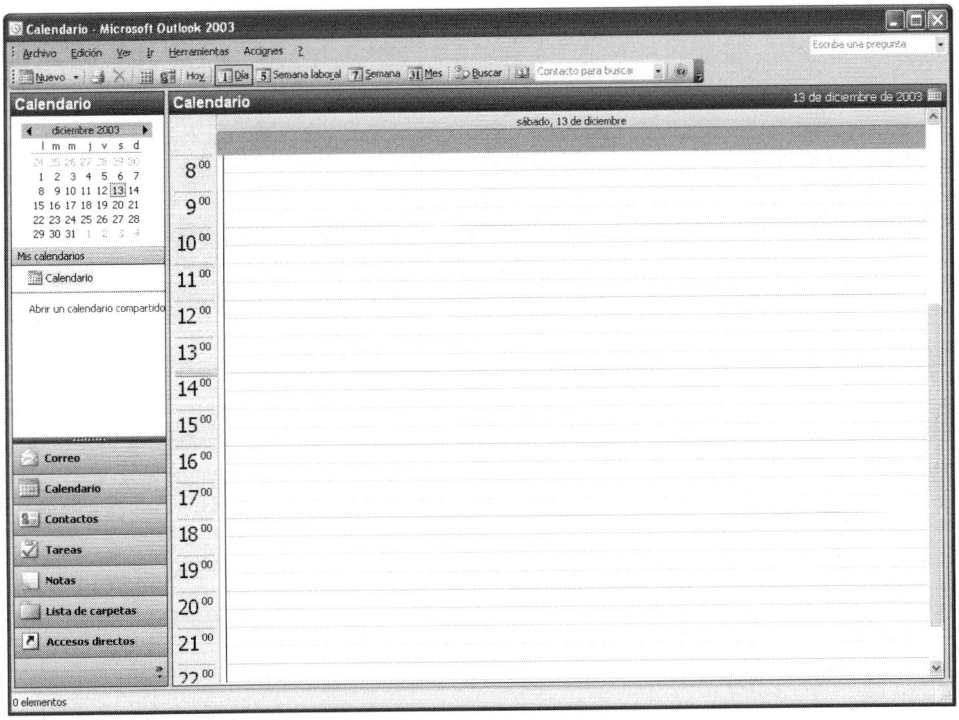

1. A la derecha está la lista de citas, hasta ahora vacía.

2. A la izquierda, en la parte superior, está el calendario en sí.

3. Debajo del calendario nos encontramos la zona de los calendarios compartidos (en las versiones anteriores a la 2003, está la lista de tareas con los trabajos pendientes).

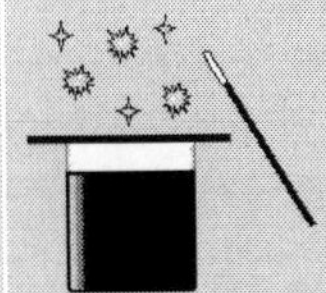

El calendario muestra inicialmente la agenda del día en el que se encuentre; sin embargo, se pueden emplear los botones de la barra de herramientas para que nos muestre el calendario de la semana laboral, de la semana completa o del mes:

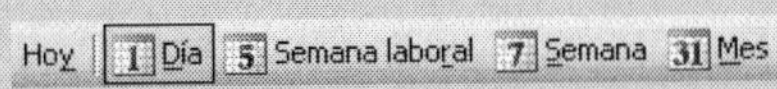

Así, si ha estado visitando otras fechas del calendario, no es necesario volver a mano al día en el que se encuentre, puesto que puede pulsar el botón Hoy de la barra de herramientas que le llevará automáticamente.

Citas

La función de citas que ofrece Outlook permite concertar una reunión con alguien en una fecha determinada y a una hora determinada. Esta función cuenta, incluso, con un sistema de aviso que nos notificará el momento de la reunión con antelación.

Si deseamos anotar una nueva cita, podremos utilizar el botón Nuevo de la barra de herramientas, o bien seleccionar **Nueva cita** en el menú **Acciones**. Esto mismo también puede hacerse mediante un doble clic sobre la hora del día en que debe tener lugar la cita.

> Ojo
> Tenga en cuenta que las opciones del menú **Acciones** cambiarán según se elija un icono u otro de la barra de Outlook, adaptándose al trabajo que deba realizarse con dicho icono.

No es realmente necesario situarse primero sobre una hora concreta, ya que, como vamos a ver, se puede modificar la hora posteriormente. Al solicitar la creación de una nueva cita, obtendremos el siguiente cuadro de diálogo en el que debemos establecer sus datos:

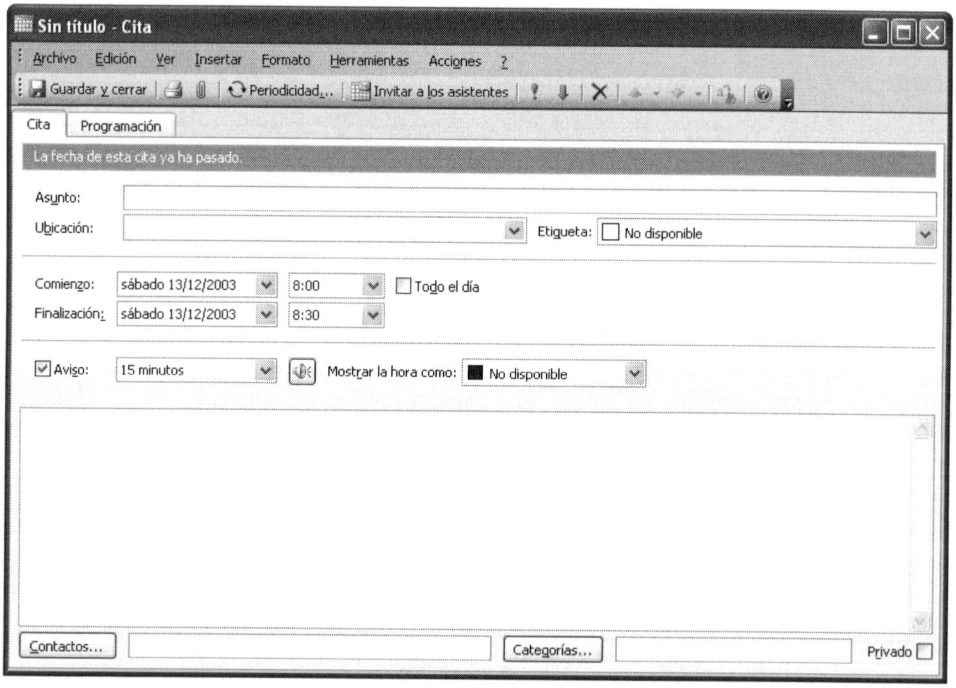

1. Puede escribirse el motivo de la cita en **Asunto**. Ese mensaje aparecerá en la lista de las citas y en el momento del aviso previo que ofrece Outlook.

2. Puede establecer el sitio en que tendrá lugar la cita mediante la lista **Ubicación**. Cada lugar que se escriba queda registrado en la lista por si es necesario utilizarlo de nuevo. En este caso, no será necesario escribirlo, sino que bastará con seleccionarlo en la lista, desplegándola.

3. La hora de la cita puede ajustarse en este cuadro de diálogo:

- La hora en que hayamos concertado la cita se indica en la lista **Comienzo** (tanto el día como la hora).
- Si la cita debe terminar en una hora concreta, ésta se señalará en la lista **Fin**.
- Podremos indicar si se trata de una cita que deba durar todo el día (o que sea nuestra única cita ese día) mediante la casilla **Todo el día**.

4. Active la casilla **Aviso** para que Outlook le notifique la cita con antelación:
   - Puede indicarse dicha antelación en **X minutos**, **horas**, y hasta **2 semanas**.
   - El aviso puede acompañarse con un sonido que llame nuestra atención. Para ello, utilizaremos el botón , que lleva a un cuadro de diálogo en el que podremos elegir el sonido en una lista que ofrece Outlook.

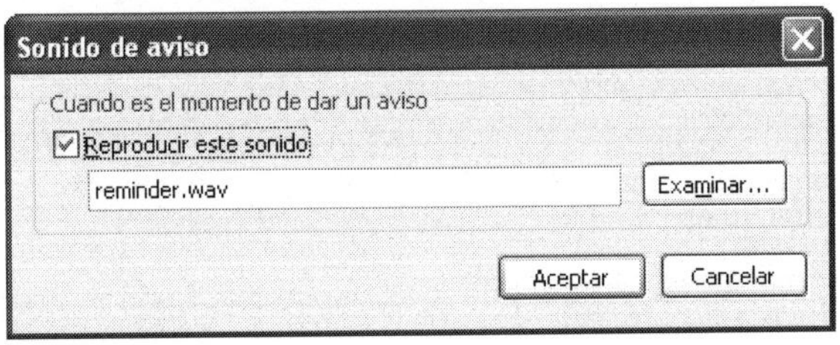

5. La cita puede marcarse de una forma u otra para futuras consultas propias. La lista **Mostrar la hora como** permite elegir si esa entrada en la agenda debe marcarse como **Libre**, **Provisional**, **No disponible** o **Fuera de la oficina**.
6. En la lista más grande situada en la parte inferior del cuadro de diálogo podemos teclear anotaciones relativas a la cita.

Cuando se pulsa el botón Guardar y cerrar, la cita queda anotada en la agenda. Veamos un ejemplo. Si rellenásemos el cuadro como sigue:

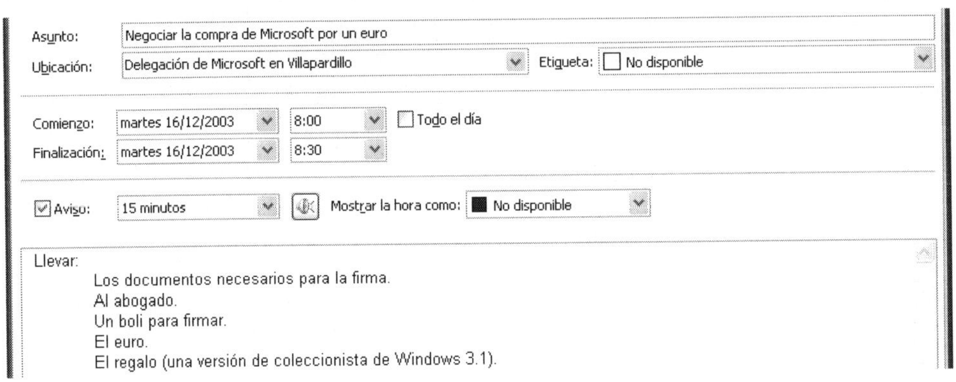

Esta cita quedaría anotada en la agenda según vemos en la siguiente figura:

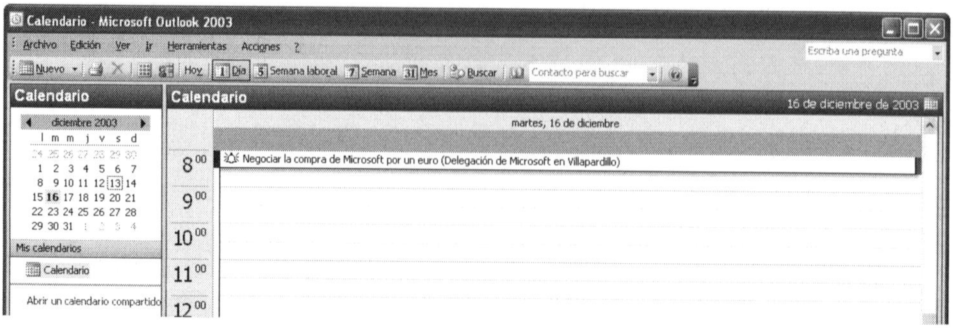

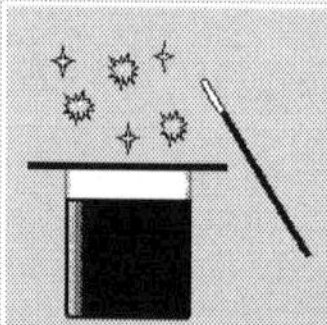

En la figura anterior puede ver la cita anotada para las 8:00 y, en ella, puede hacer un doble clic para acceder de nuevo a la ventana de edición de la cita donde podremos modificar los datos que necesitemos.

Lleve el ratón hasta una cita y manténgalo ahí unos instantes: aparecerá un mensaje indicando el **Asunto** de la cita y su **Ubicación**.

En este ejemplo, 15 minutos antes de la cita, Outlook nos avisaría mediante un sonido (si tenemos tarjeta de audio conectada) y mostrando el motivo de la cita en un cuadro de diálogo, que aparecería tapando el resto de las ventanas Windows:

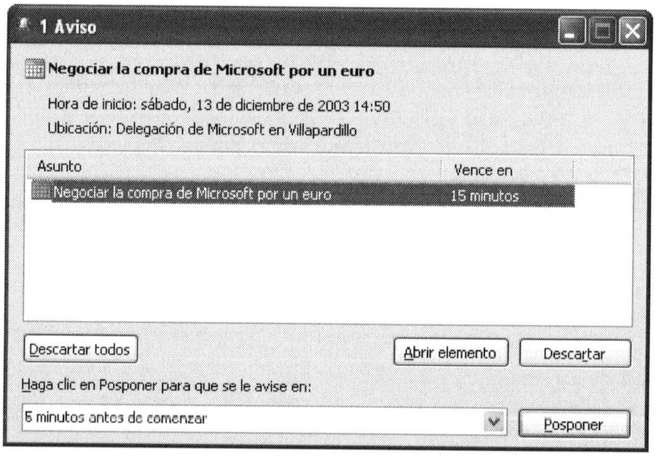

1. Utilice el botón Posponer si desea que se le vuelva a avisar posteriormente. El periodo de tiempo que se tardaría en avisar de nuevo sería el que se indicase en la lista de la parte inferior del cuadro que, hasta ahora, muestra **5 minutos antes de comenzar**. Si no se pulsa este botón, Outlook no volverá a avisarnos de la cita.

2. Con Descartar cerrará el cuadro de diálogo y cancelará la cita.

3. Con Abrir elemento accederá de nuevo a la ventana de edición de la cita para modificar sus datos.

Modificación y borrado de citas

Una vez que tengamos las citas, podemos modificar alguno de sus datos en caso de que, al crear la cita, hayamos cometido algún error. También podremos eliminar una cita del calendario si ya ha vencido o incluso si se anula antes de la reunión.

Para editar una cita, haga un doble clic sobre ella. Esta operación abre el mismo cuadro de diálogo que vimos en la creación de nuevas citas. Una vez en él, lo usaremos como en el caso de crear la nueva cita con el fin de modificar los datos.

Un modo sencillo de cambiar la hora de la cita consiste en hacer un clic sobre ella en el calendario y, sin soltar el botón del ratón, arrastrar arriba o abajo hasta colocarla en la hora deseada, donde liberaremos el botón del ratón y la cita quedará establecida.

Si lo que se quiere es eliminar la cita del cuaderno, debemos hacer clic sobre ella y pulsar el botón  de la barra de herramientas.

Citas periódicas

En las ocasiones en que sea necesario citarse con alguien a diario, o de forma repetitiva, podemos utilizar citas periódicas, que nos permitirá concertar reuniones regulares cada cierto tiempo.

El sistema para concertar este tipo de reuniones es similar al que hemos visto en el apartado anterior, con el dato añadido de la periodicidad.

Para generar citas periódicas, debemos seleccionar la opción **Nueva cita periódica** en el menú **Acciones**. El cuadro de diálogo para la creación de este tipo de citas es el mismo que el que vimos para las citas comunes, aunque, antes de entrar en él, Outlook nos mostrará otro en el que deberemos establecer la periodicidad:

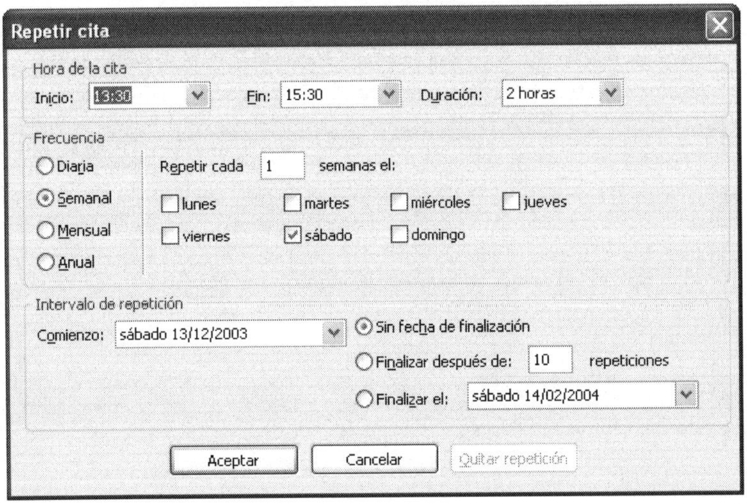

Como vemos, este cuadro muestra una cita **Semanal** que comienza el mismo día en que se crea la cita periódica (en nuestro caso cada **sábado** comenzando el *13 de diciembre de 2003*).

Las citas pueden concertarse según:

1. La periodicidad, usando el grupo **Frecuencia**:
   - **Diaria**.
   - **Semanal**.
   - **Mensual**.
   - **Anual**.

2. El día de la semana, usando los datos situados a la derecha del grupo **Frecuencia**. Este grupo varía dependiendo de lo que hayamos elegido a la izquierda. Así, si elegimos **Diaria**, en lugar de obtener un cuadro de texto en el que teclearemos la periodicidad (por ejemplo, **Cada 2 días**), podremos elegir si la cita será los días laborables.

3. Su comienzo y duración, utilizando el grupo **Intervalo de repetición**:
   - Indique la fecha en que deben iniciarse las reuniones periódicas en la lista **Comienzo**.
   - Indique en el cuadro de texto **Finalizar el** la fecha en que finalizarán las reuniones periódicas. Si desconoce la fecha en que debe terminar la cita periódica, active **Sin fecha de finalización**, mientras que si el número de citas que debemos mantener es fijo, podremos establecerlo mediante **Finalizar después de X repeticiones**.

Reuniones

Otra de las utilidades de Outlook es la de permitir la convocatoria de reuniones. Siempre que deseemos reunirnos con una o varias personas, utilizaremos el menú **Acciones**, en el que seleccionaremos la opción **Organizar una reunión**. Ofrece el siguiente cuadro de diálogo:

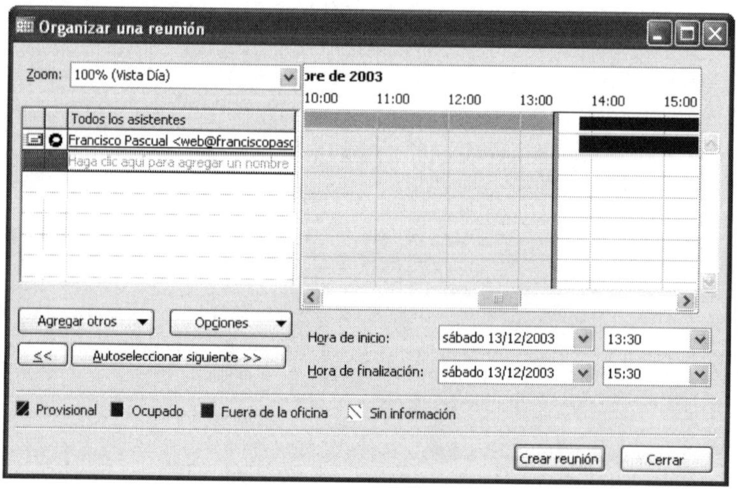

1. Debemos escribir el nombre de las personas que deben asistir a la reunión en la lista **Todos los asistentes**. Para añadir los nombres correctamente, debemos pulsar el botón [Agregar otros ▾], ya que será necesario indicar las direcciones de correo electrónico de esas personas en las que Outlook dejará el mensaje de cita para la reunión y el mencionado botón nos permitirá hacerlo.

2. Como en los cuadros de diálogo de citas será necesario indicar la fecha y hora de la reunión, lo que podremos hacer del mismo modo que en aquéllos.

3. Cuando hayamos terminado, debemos pulsar el botón [Crear reunión] para acceder al cuadro general de reuniones.

Al pulsar este botón, Outlook nos lleva a dicho cuadro que, como vamos a poder ver, es similar al de la creación de citas:

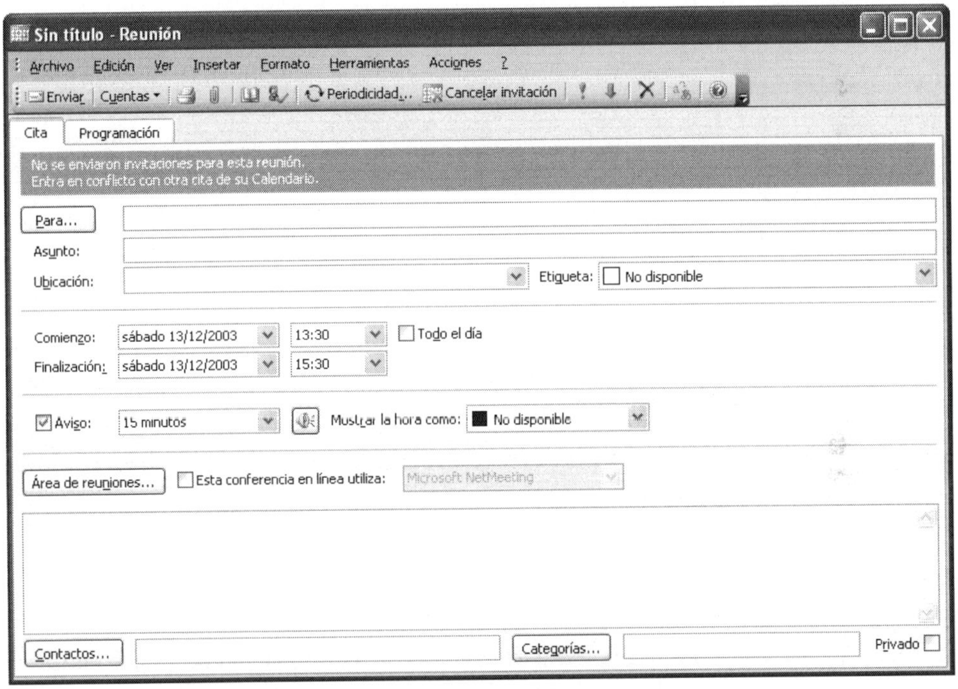

Como vemos, este cuadro es similar al de las citas, por lo que lo manejaremos igual que aquél. Aun así, si deseamos modificar la lista de asistentes a la reunión, podremos utilizar el botón [Para...] en cuyo cuadro de diálogo estableceremos dichos datos. Una vez establecidos todos los datos de la reunión, pulsaremos el botón [Enviar], que utilizará el servidor de correo electrónico para transmitir el mensaje de la reunión a todos los asistentes.

Manejo del calendario de fechas

Recordemos el aspecto general de Outlook cuando nos encontramos en el calendario:

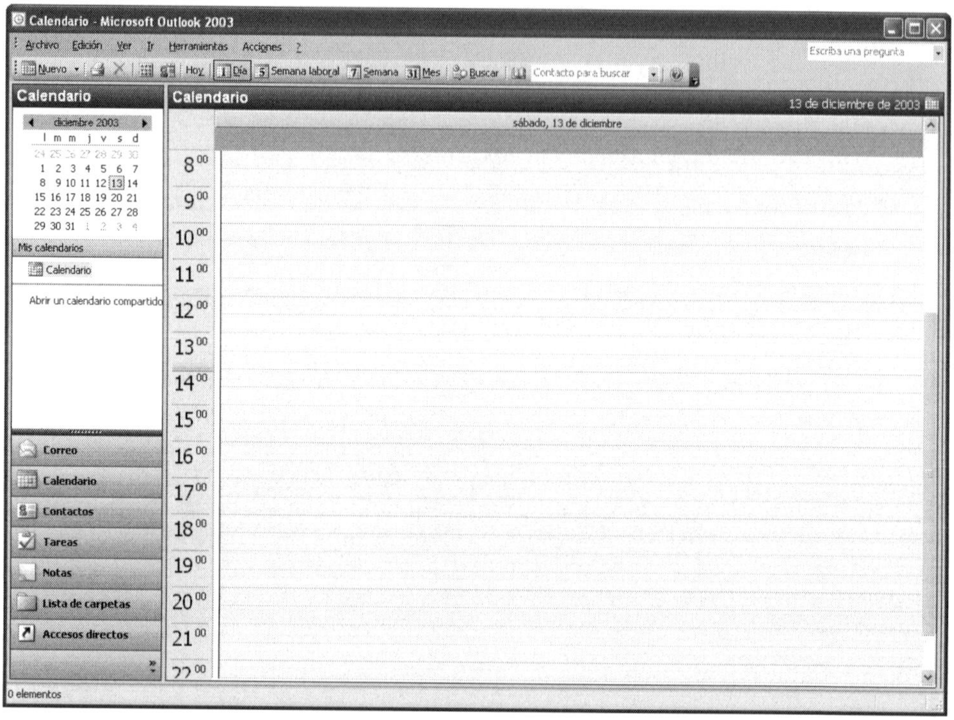

El calendario de fechas es muy sencillo de manejar, ya que su única función es la de permitirnos elegir una fecha en la que generar citas, reuniones o tareas:

1. Si la fecha que desea seleccionar se encuentra a la vista, haga un clic sobre ella.

2. Si la fecha no se encuentra a la vista, utilice los botones superiores para elegir otro mes.

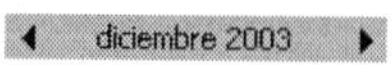

Versión 2003

Versiones anteriores

3. Una vez elegido el mes, seleccione el día del mes haciendo clic sobre él.

4. Recuerde que puede emplear los botones de la barra de herramientas para elegir un calendario más genérico (de semanas, de meses, etc.) o más concreto.

Gestión de tareas

En la ventana de Outlook podemos ver el apartado dedicado a las tareas (en la versión 2000 siempre que nos encontremos en el calendario). Se trata de una lista que nos permite recordar los trabajos pendientes que aún no se hayan terminado.

Para crear una nueva tarea en la versión 2003 hay que acceder a su sección, pulsando el botón correspondiente del panel de exploración (o mediante el menú **Ir**):

En la versión 2000 disponemos, en la parte inferior derecha de la ventana (siempre que nos encontremos en el calendario), del apartado dedicado a las tareas (también desplegando el menú **Ver** y seleccionando **Ir a**). Se trata de una lista que nos permite recordar los trabajos pendientes que aún no se hayan terminado.

Para crear una nueva tarea, debemos hacer clic en el cuadro en el que aparece escrito el mensaje **Haga clic aquí para agregar un nuevo tarea**:

Versión 2003

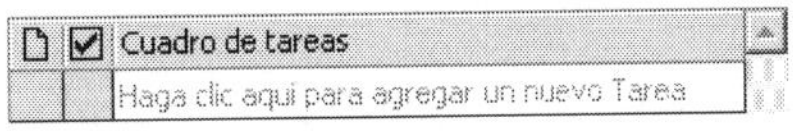

Versiones anteriores

Ahí escribiremos la descripción de la tarea (sería recomendable escribir algo breve y conciso). Una vez escrita, podremos hacer un doble clic en ella para editar sus características. Obtendremos un cuadro de diálogo en el que podremos indicarlas:

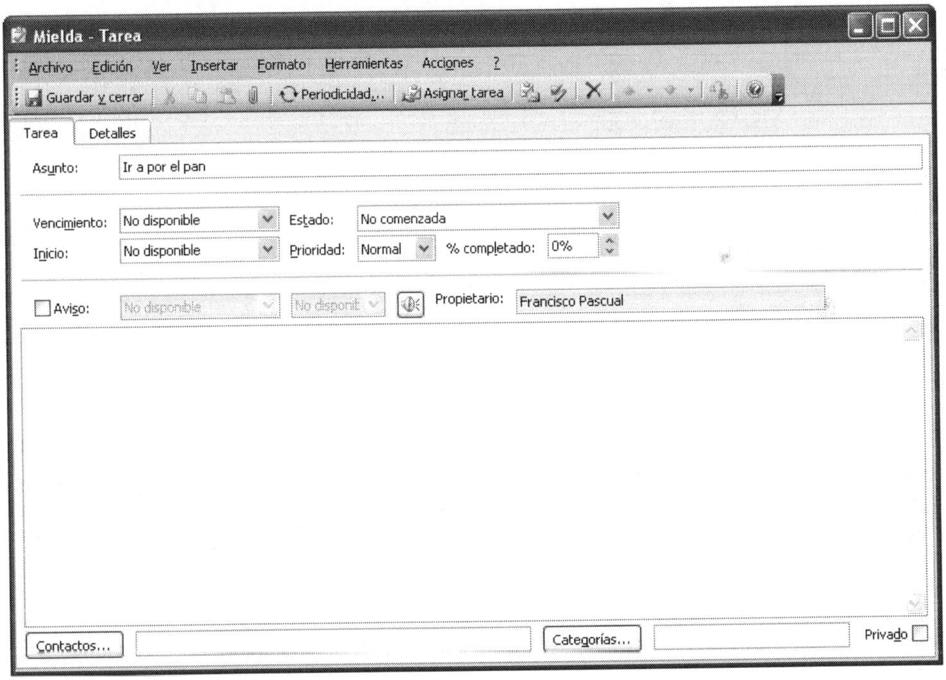

1. En el cuadro de texto **Asunto** aparecerá escrito el título que debe recordarnos la tarea. Si se desea cambiar el asunto, no habrá más que escribirlo.

2. La lista **Vencimiento** debe contener la fecha en que debe finalizar la tarea.

3. Con **Inicio** indicaremos la fecha en que comienza el trabajo.

4. La lista **Estado** señalará la situación actual del trabajo. Podremos elegir entre: **No comenzada**, **En curso**, **Completada**, **A la espera de otra persona** y **Aplazada**.

5. También se puede establecer una **Prioridad** de la tarea con respecto a las demás. En esa lista podremos elegir entre: **Baja**, **Normal** y **Alta**. La prioridad sólo se manifiesta con un símbolo que muestra la urgencia del mensaje para que el usuario la lea antes, aunque dependerá de éste que así sea.

6. Se puede pedir que Outlook nos notifique el inicio o el final de la tarea activando la casilla **Aviso**:

- En la parte izquierda, utilizaremos las listas desplegables de la fecha y la hora para indicar el momento en el que Outlook debe avisarnos.

- Con el botón estableceremos el sonido que nos avisará.

7. Utilice la lista más grande del cuadro de diálogo para escribir una sencilla descripción de la tarea.

Cuando termine de establecer los datos, la tarea quedará incorporada a la lista del cuadro perteneciente al calendario cuando pulse el botón Guardar y cerrar.

Como ocurría para las citas, si desea eliminar una tarea, selecciónela con el ratón en la lista y pulse el botón de la barra de herramientas.

CONTACTOS

También resulta útil tener a mano datos de personas que puedan aportarnos un beneficio en cualquier momento. Igualmente resulta muy práctica para el correo electrónico, ya que podremos elegir el destinatario de esta lista, en lugar de teclearla.

Para todo ello, Outlook ofrece un apartado muy completo denominado **Contactos** que nos permite anotar todos los datos relacionados con la persona con la que tenemos contacto (en la versión 2003 con el menú **Ir** y en las anteriores, con el menú **Ver** y su opción **Ir a**, o con los botones que ofrecemos a continuación).

Versión 2003

Versiones anteriores

Cuando seleccionamos el icono de **Contactos**, obtendremos una lista de botones con las letras del alfabeto para que, al hacer clic sobre uno, aparezcan las personas correspondientes a la letra del botón como en un listín telefónico. También disponemos de un gran número de alternativas para mostrar la lista de personas en el panel de exploración (**Vista actual**).

Podremos añadir datos de personas con el botón Nuevo de la barra de herramientas o activando **Nuevo contacto** en el menú **Acciones**. Esto ofrecerá el siguiente cuadro de diálogo:

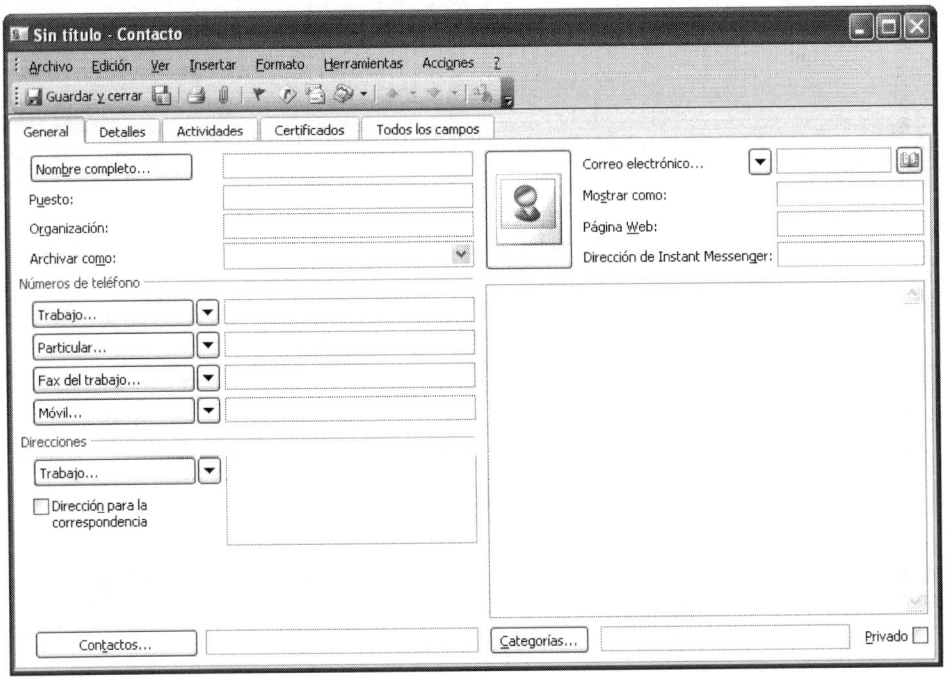

1. Comenzaremos por anotar su nombre y apellidos pulsando el botón [Nombre completo...]. Este botón ofrece una ficha en la que podremos dar todos los datos relativos al nombre de la persona de contacto (**Tratamiento**: **Sr. Dr.**, etc.; **Nombre**, **Apellidos**, etc.):

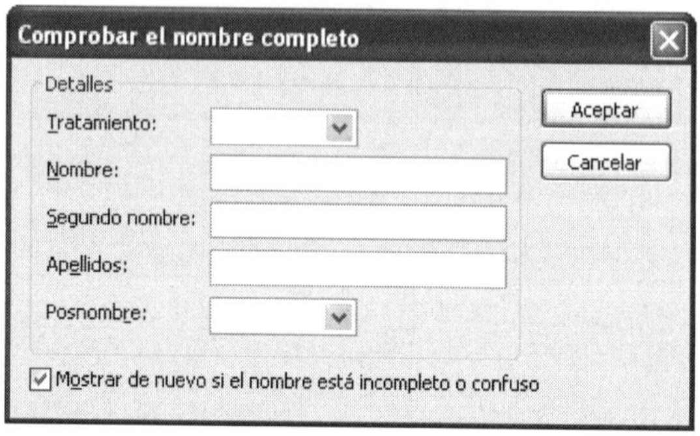

2. Relacionado con el nombre están los datos:

   - **Puesto** de trabajo que ocupa en la empresa.
   - **Organización**, en la que escribiremos la compañía en la que trabaja nuestro contacto.
   - **Archivar como**, que permite dar una variación del nombre de la persona de contacto, o bien, un alias por el que se le conozca.

3. Rellene los demás datos (direcciones, teléfonos, cuentas de correo electrónico, etc.). No son imprescindibles, por lo que puede rellenar únicamente aquellos que conozca. Puede, incluso, añadir una fotografía digital de la persona en cuestión siempre y cuando disponga de ella y de la versión 2003 de Outlook.

Ojo: Observe que el cuadro de diálogo anterior para crear contactos dispone de otras fichas (**Detalles**, **Actividades**, **Certificados** y **Todos los campos**) con las que podremos añadir otros datos complementarios.

La lista de personas de contacto tiene como ventaja que puede utilizarse cuando se va a establecer una cita, o bien, cuando se organiza una reunión. En otros apartados de Outlook también tiene cierta utilidad, siempre que intentemos contactar con alguien cuyos datos tengamos en la lista.

NOTAS

Las notas permiten crear anotaciones para nosotros mismos a modo de recordatorio tal y como haríamos pegando una hojita adhesiva en la pantalla del ordenador. Para ello, Outlook ofrece un apartado muy completo denominado **Notas** que nos permite apuntar con detalle todos los datos relacionados con dichos trabajos pendientes (en la versión 2003 con el menú **Ir** y en las anteriores, con el menú **Ver** y su opción **Ir a**, o con los botones que ofrecemos a continuación).

Versión 2003

Versiones anteriores

Cuando activamos el icono de **Notas**, el área de trabajo de la ventana de Outlook aparecerá vacía hasta que insertemos una nota. Para ello, pulsaremos el botón Nuevo de la barra de herramientas, o bien, podremos activar la opción **Nueva Nota** del menú **Acciones**. Esta opción hace aparecer una ventanita dentro de la ventana de Outlook que hará las veces de papel adhesivo en el que podremos escribir dentro un mensaje:

En esta ventanita escribiremos el texto de la nota de la forma más resumida posible para que no resulte incómodo de colocar ni de leer en el futuro. Una vez escrito el mensaje, pulse sobre el botón ✖ de la ventanita para cerrarla. Suponiendo que escribiésemos el texto "Mensaje de ejemplo", la nota quedará almacenada como sigue:

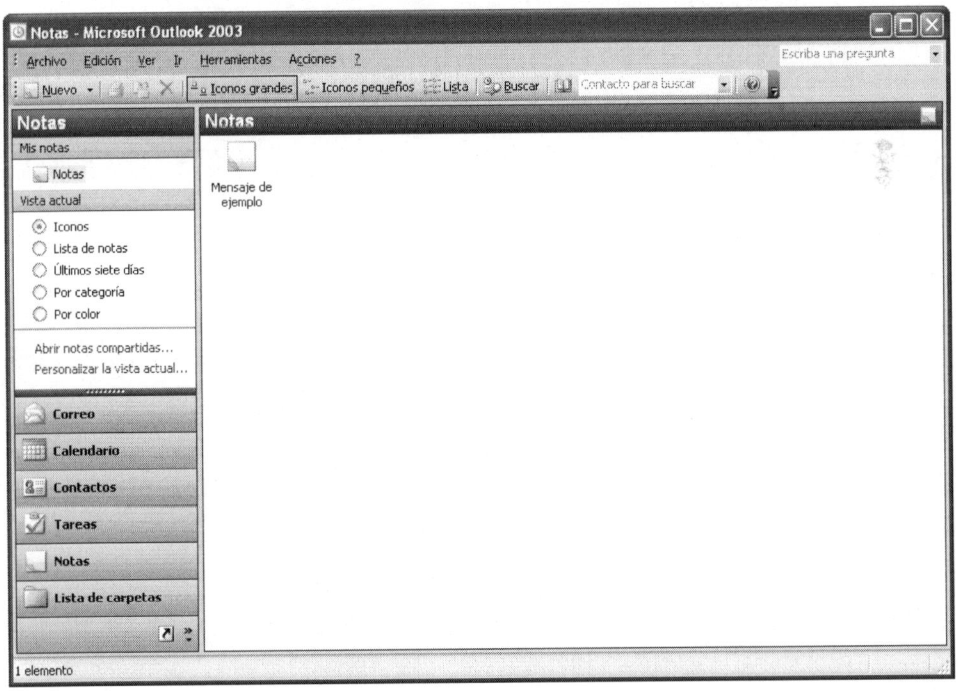

Bastará con hacer un doble clic para poder cambiar su contenido. Si desea eliminar una nota, haga clic sobre ella y pulse el botón [X] o la tecla **SUPR** (no le pedirá confirmación, de modo que asegúrese de haber seleccionado la nota adecuada antes de borrarla).

> **OjO** Recuerde, por tanto, que puede anotar tantos mensajes recordatorios como desee y que sólo deberá acceder al icono de **Notas** para poder ver todas. Nuestro consejo es que si se acostumbra a anotar mensajes de este tipo, visite el icono de **Notas** a diario para recordar todo lo que allí haya escrito.

DIARIO

Este apartado de Outlook permite administrar el trabajo diario con el resto de los programas de Microsoft Office.

Como cualquier otro diario, el Outlook contiene un calendario por páginas en el que podremos escribir datos relativos a nuestra agenda de trabajo. Todo ello se maneja desde el **Diario** (en la versión 2003 dentro del grupo [Lista de carpetas] o con el menú **Ir**, mientras que en las versiones anteriores se encuentra dentro del grupo perteneciente al botón [Mis accesos dire...] o con el menú **Ver** y su opción **Ir a**) que nos permite anotar todos los datos relacionados con el trabajo diario. Al activarlo, la ventana de Outlook muestra lo siguiente:

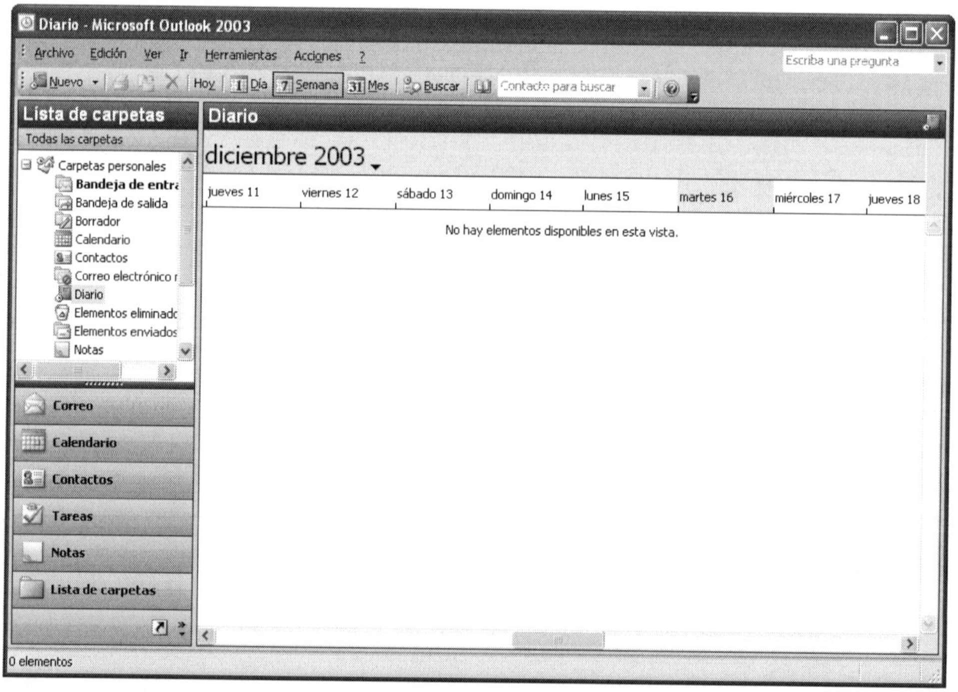

En realidad, esta ventana tiene la función clásica de un diario en el que se nos recuerda la fecha en la que se realizaron trabajos relativos a Office ordenados por antigüedad.

La primera vez que utilice el diario en la versión 2003, Outlook solicitará que indiquemos qué elementos tienen que aparecer en el diario automáticamente. Active los que desee:

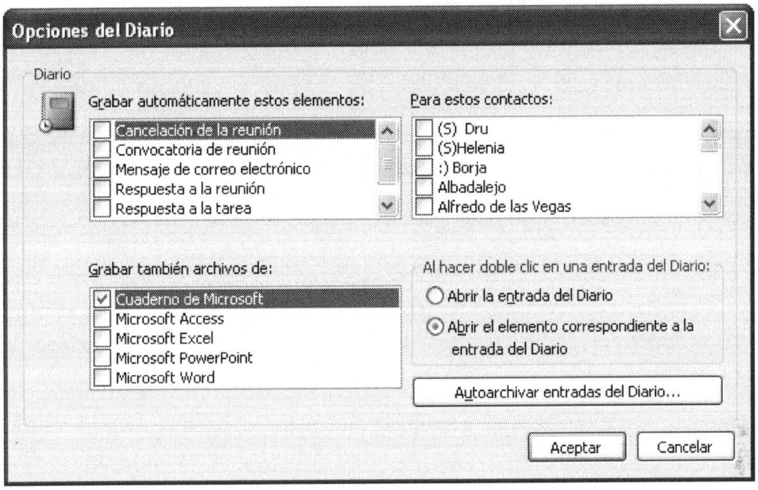

Cuando añadamos una nueva entrada de diario, aparecerá en el día correspondiente. Para crearla, utilice el botón 

en la barra de herramientas, o bien, seleccione la opción **Nueva entrada del Diario** del menú **Acciones**, lo que nos ofrece el siguiente cuadro de diálogo:

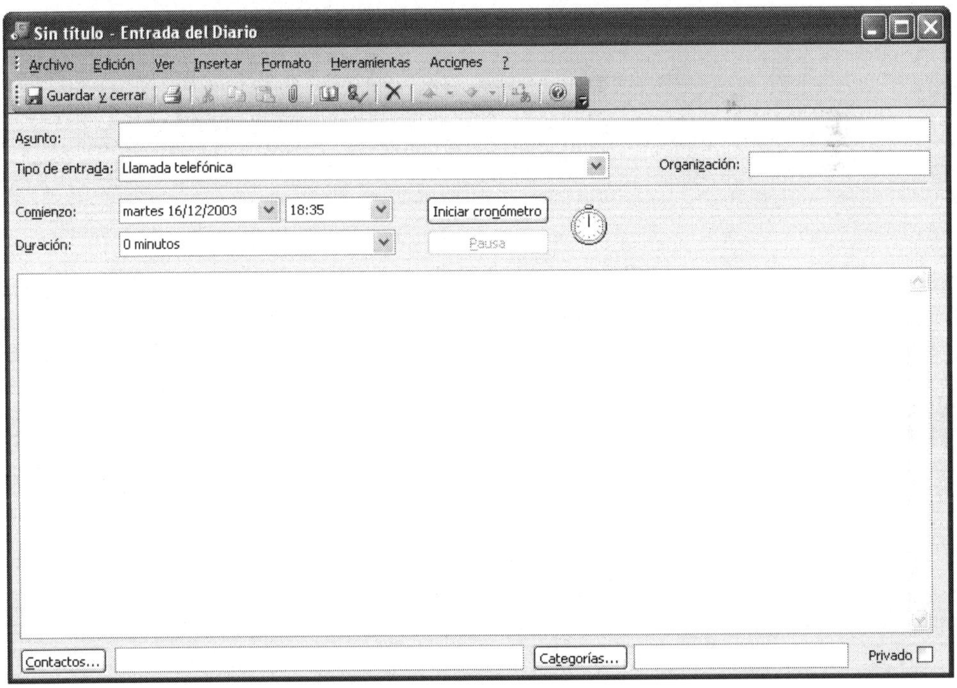

Como puede observar, los datos del cuadro hacen referencia al asunto por el que se escribe el apunte en el diario o la descripción de éste (en el cuadro más grande, en cuyo interior no sólo podemos incorporar una descripción sino un archivo de Office, es decir, un texto, una hoja de cálculo, etc.):

1. Utilice **Asunto** para teclear un título que le ayude a reconocer el trabajo en el futuro.

2. Despliegue **Tipo de entrada** para elegir qué clase de trabajo va a anotar en el diario: un texto de **Microsoft Word**, una **Llamada telefónica**, una **Tarea** de Outlook, etc.

3. Puede anotar la **Organización** relacionada con la tarea (la empresa o compañía).

4. Utilice las listas desplegables de **Comienzo** para indicar la fecha y la hora en la que se deberá comenzar el trabajo que estamos anotando en el diario. También puede elegir la **Duración** del trabajo, aunque, si lo prefiere, puede utilizar los botones [Iniciar cronómetro] y [Pausa] para anotar dicha duración.

5. También puede anotar en la entrada de diario las personas que estén relacionadas con el trabajo mediante el botón [Contactos...] que puede encontrar en la parte inferior izquierda de la ventana. También puede añadir algunas palabras que ayuden a describir la finalidad del trabajo mediante el botón [Categorías...].

6. Active la casilla **Privado** si no desea que nadie pueda ver la entrada de diario.

ADMINISTRAR ELEMENTOS BORRADOS

En la versión 2003 dentro del grupo [Lista de carpetas] (o del menú **Ir**), o bien en las versiones anteriores dentro del grupo perteneciente al botón [Accesos directos...] (o del menú **Ver** y su opción **Ir a**), disponemos de un icono cuyo nombre es **Elementos eliminados**.

Al activarlo aparecen todos los elementos de Outlook que hayamos borrado (citas, tareas, etc.). Su función es idéntica a la que realiza la papelera de reciclaje de Windows.

1. En la lista de elementos eliminados, haga clic en uno y pulse el botón [X] de la barra de herramientas (o la tecla **SUPR**) para eliminar definitivamente el elemento. Esta opción pide confirmación antes del borrado.

Ojo

Una vez que elimine un elemento de la bandeja de elementos eliminados, no podrá volver a recuperarlo.

Puede seleccionar varios elementos antes de borrarlos: para ello, haga clic sobre uno y, manteniendo pulsada la tecla de **MAYÚSCULAS** haga clic sobre otro, con lo que quedarán seleccionados todos los elementos que haya entre ambos. Si desea seleccionar elementos salteados, haga clic sobre ellos manteniendo pulsada la tecla de **CONTROL** (o **CTRL**).

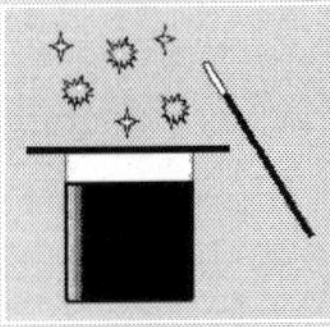

Puede borrar definitivamente todos los elementos que se encuentran en **Elementos eliminados** accediendo al menú **Herramientas** y seleccionando la opción **Vaciar carpeta "Elementos eliminados"**.

2. Para volver a colocar un objeto en su sitio, si es que no se debió eliminar, selecciónelo y, en el menú **Edición**, seleccione **Mover a una carpeta**.

Al hacerlo obtendrá un cuadro de diálogo con una lista de los iconos de la barra de Outlook:

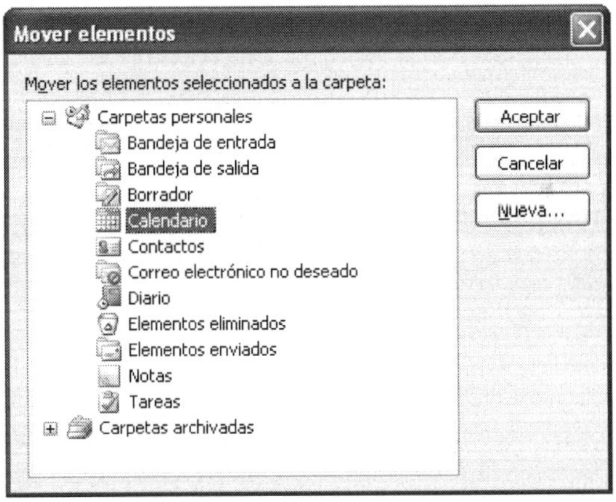

Elija un icono y pulse 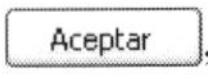, con lo que el elemento eliminado volverá a ese lugar.

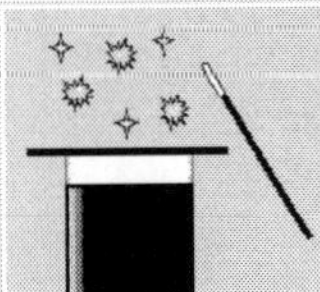

La función que acabamos de detallar para devolver a su lugar original un elemento eliminado puede realizarse con cualquier elemento el cualquier momento. Por ejemplo, si desea mover un elemento de la bandeja de entrada a la de salida utilice el método anterior: seleccionando el elemento, accediendo al menú **Edición**, activando **Mover a una carpeta** y eligiendo la **Bandeja de salida**.

CAPÍTULO 33

CORREO ELECTRÓNICO

Una de las funciones más importantes de Outlook es intercambiar correo electrónico (e-mail) con otros usuarios. Los mensajes de correo contienen texto al que pueden acompañar otros elementos como imágenes o sonidos, y pueden intercambiarse con usuarios de una red de cualquier tipo, tanto en Internet, como una red de área amplia (WAN) o de área local (LAN). El correo electrónico, al igual que el convencional, no ofrece una comunicación inmediata entre ambos comunicantes.

Nuestros mensajes quedan almacenados en buzones de correo hasta que el destinatario "abra" dicho buzón ejecutando un comando de su programa cliente de correo, que buscará todos los mensajes que le hayan enviado desde la última vez que abrió el buzón.

Outlook comprueba todas las cuentas de correo al entrar para leer los mensajes que nos hayan enviado desde la última sesión.

E-MAIL

En la versión 2003 existe de un apartado especial para esta tarea (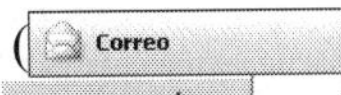

), mientras que en las versiones anteriores se maneja activando el botón 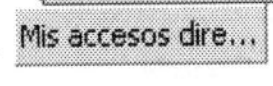

en la barra de Outlook.

Cualquier programa cliente de correo electrónico como Outlook tiene, al menos, dos partes para administrar los mensajes:

1. **Bandeja de entrada**, que lleva el control de los mensajes que se reciben.
2. **Bandeja de salida**, que controla los que vamos a enviar.

Bandeja de entrada

Como decíamos antes, la bandeja de entrada gestiona los mensajes de correo electrónico que llegan a nuestro equipo informático. Para acceder a ella podemos activar el siguiente icono de Outlook:

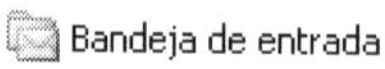

Versión 2003

Versiones anteriores

Al activarlo, el área de trabajo de Outlook mostrará un aspecto como el siguiente:

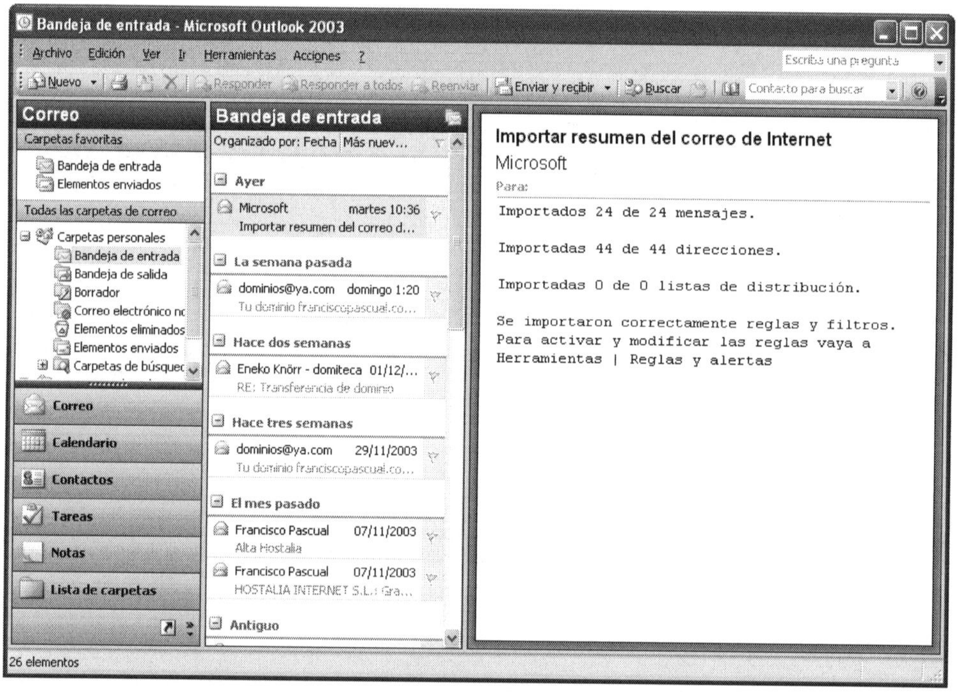

En las versiones anteriores a 2003 el marco que en nuestra figura aparece a la derecha, muestra su contenido en la parte inferior de la ventana.

Lo que ofrece es una lista de los mensajes recibidos hasta el momento. Puede comprobar si se tienen más mensajes esperando en la red mediante la opción **Enviar y recibir** del menú **Herramientas** (que ofrece un submenú en el que puede elegir **Enviar y recibir todo** o la cuenta que necesite) o pulsando el botón 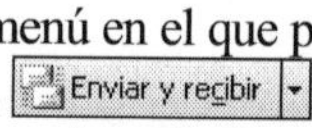

de la barra de herramientas. Si se hace esto y estamos conectados a la red (por ejemplo, Internet), la lista se actualizará, añadiéndose en ella aquellos mensajes que hayan dejado para nosotros en la red.

Para ver el contenido de un mensaje, bastará con hacer clic sobre él, lo que hace aparecer su contenido en el panel inferior de la ventana de Outlook.

Si queremos responder al mensaje, podremos pulsar el botón . Esto crea un nuevo mensaje en la bandeja de salida y nos lleva a él para que lo rellenemos con el texto de respuesta. Cuando se responde a un mensaje, Outlook crea una copia del mensaje original (al que vamos a responder) y añade la dirección de la persona que nos lo envió automáticamente.

Otra alternativa consiste en enviar ese mensaje recibido a otro u otros destinatarios. A esta acción se la denomina **reenviar** y podemos emplear el botón  para ello. En ese caso, Outlook lleva al cuadro de dialogo de diseño del mensaje con el contenido original y espera a que establezcamos las direcciones de los destinatarios a los que se lo vamos a reenviar.

Cualquier mensaje de la lista que aparezca en la bandeja de entrada puede borrarse haciendo un clic sobre él y pulsando la tecla **SUPR** o el botón  de la barra.

En la versión 2000, los botones que encabezan la lista de mensajes permiten clasificarlos:

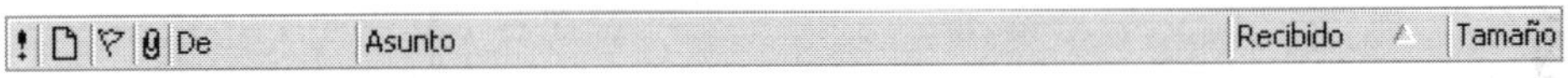

Simplemente haga clic sobre el botón que desee (**De**, **Asunto**, **Recibido**, **Tamaño**, etc.) para que la lista aparezca ordenada según ese dato: **De** y **Asunto** alfabéticamente, **Recibido** ordenado cronológicamente y **Tamaño** de menor a mayor, aunque si volvemos a hacer clic sobre el mismo botón de nuevo, la lista se reordenará a la inversa de cómo estaba. Por defecto, Outlook muestra los datos clasificados por orden de llegada (botón **Recibido**).

En la versión 2003, la clasificación inicial es por fecha de recepción (más arriba estarán los más recientes). Podemos hacer clic en el botón **Organizado por: Fecha** que encabeza la lista de mensajes para obtener un menú con el que elegir el dato para la ordenación.

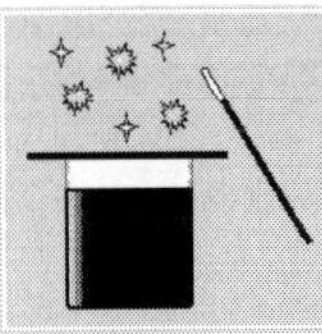

Puede mover un mensaje de una bandeja a otra haciendo clic sobre él y, sin soltar el botón del ratón, arrastrándolo hasta el botón de la bandeja que deseemos (**Bandeja de salida**, **Elementos eliminados**, etc.).

Bandeja de salida

La bandeja de salida tiene la función contraria a la de entrada. Aunque su aspecto es el mismo y su contenido también está formado por mensajes, se trata de datos que están esperando a ser enviados.

En la versión 2003 existe de un apartado especial para esta tarea (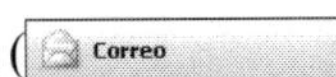), mientras que en las versiones anteriores se maneja activando el botón 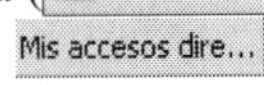 en la barra de Outlook.

El aspecto de esta bandeja es idéntico al de la de entrada y se maneja igual. Sin embargo, existen ciertas funciones especiales inherentes a esta bandeja.

Para empezar, el botón 

(o la opción **Nuevo mensaje** del menú **Acciones**), que permite crear un nuevo mensaje que enviaremos más tarde por correo electrónico.

Ojo

Si se tiene instalado Microsoft Word, éste se hará cargo de la edición del mensaje, con lo que dispondremos de una gran variedad de funciones para mejorar el documento del mensaje. Pero si no se dispone de Microsoft Word para editar el mensaje, las funciones para escribir el texto estarán más limitadas, aunque siempre podremos aplicar ciertas funciones especiales como alineación, sangría o tipos de letra.

Como podrá ver en la próxima figura, el aspecto que ofrece este cuadro es muy similar al de la ventana que se obtiene cuando se utiliza Microsoft Word, por lo que las funciones que vamos a ver son muy parecidas. Si desea activar o desactivar Word como editor de su correo electrónico, acceda al menú **Herramientas** de Outlook y seleccione **Opciones**. Obtendrá un cuadro de diálogo con varias fichas: active la ficha **Formato de correo** y, entre sus datos, podrá ver la casilla **Usar Microsoft Word para modificar mensajes de correo electrónico**. Si activa esta casilla, se empleará Word; sino se empleará el editor del propio Outlook.

A lo largo del libro iremos especificando cómo se activan o desactivan las distintas funciones para crear el mensaje de correo, tanto en la ventana de Word como en el editor de Outlook; sin embargo, debe tenerse en cuenta que aunque ciertas funciones tienen el aspecto ligeramente distinto, su trabajo es el mismo: en esos casos nos limitaremos a mostrar el icono que ofrecerá la ventana si se tiene activado Word.

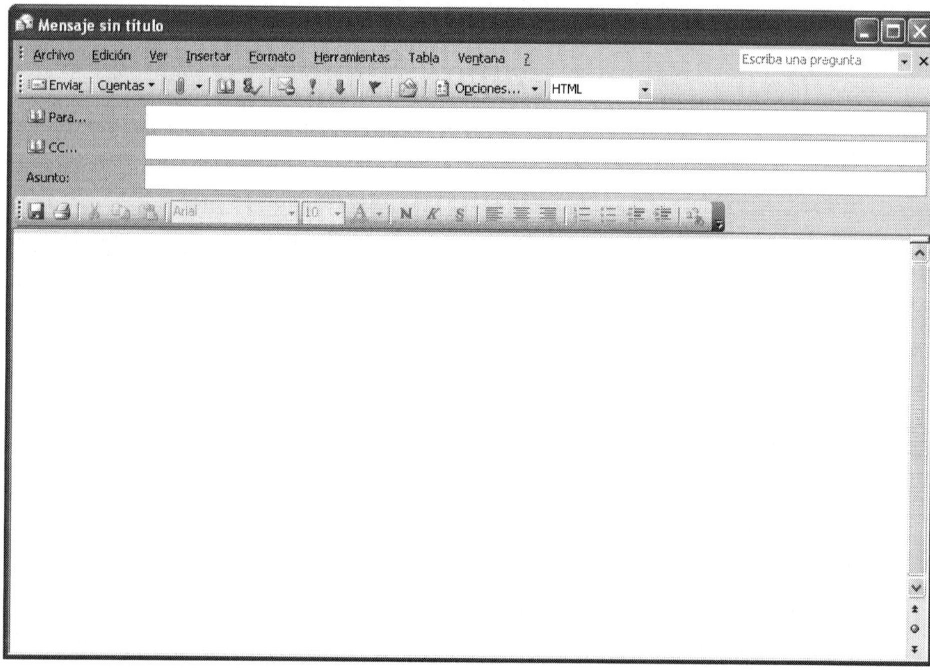

1. En este cuadro debemos establecer el nombre y dirección de correo del destinatario de nuestro mensaje, para lo cual utilizaremos el botón 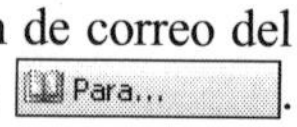

. Este botón nos lleva a un cuadro en el que estableceremos o elegiremos dichos datos.

2. Con el botón [CC...] (**Copia de Cortesía**) establecemos aquellos otros usuarios que recibirán una copia del mismo mensaje por el que deban estar informados.

3. En el cuadro de texto **Asunto** estableceremos el motivo por el que enviamos el mensaje.

4. En el cuadro más grande (correspondiente al papel para escribir) teclearemos el mensaje completo que se va a enviar. En el apartado ***Edición del mensaje de correo***, detallaremos sus funciones de procesamiento de texto (alineación, la sangría, los tipos de letra, etc.).

5. Cuando termine de crear el mensaje, podrá enviarlo mediante el botón [Enviar].

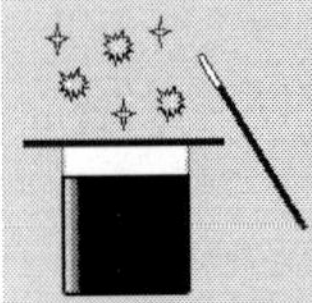

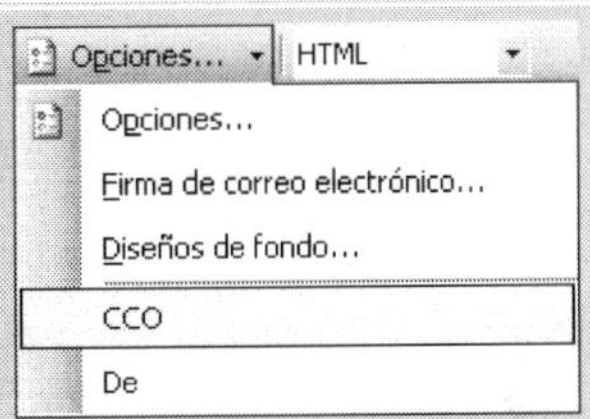

Si necesita enviar alguna copia de cortesía oculta, despliegue la lista [Opciones...] y seleccione la opción **CCO**. Aparecerá el cuadro de texto (y botón) [CCO...] para elegir el destinatario de la copia de cortesía oculta en la libreta. La opción **De** en este mismo menú permite indicar quién envía el mensaje (generalmente usted). Si no se utiliza, el destinatario obtendrá el nombre del usuario que lo envía.

Si no tiene activado Word como editor de correo electrónico, tanto la función **CCO** como **De** se activarán en el menú **Ver**.

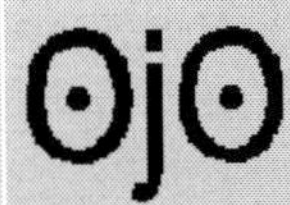

Los botones [Para...], [CC...] y [CCO...] llevan a un cuadro de diálogo de la libreta de direcciones para que elijamos el destinatario. Su distribución en las versiones anteriores a 2003 es ligeramente distinta a la que vamos a exponer pero su funcionamiento es el mismo:

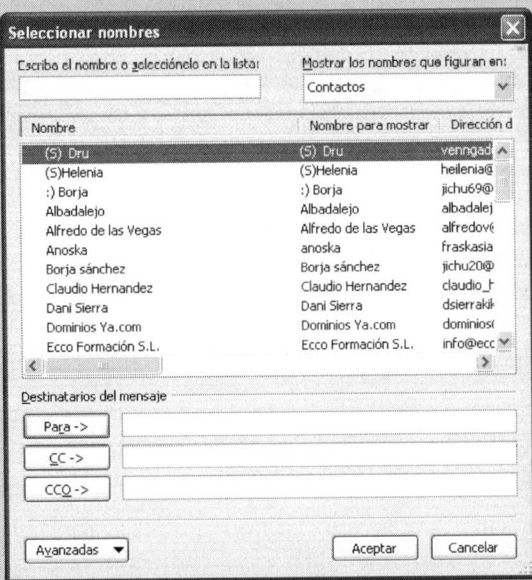

Elija el destinatario en la lista **Nombre** y utilice los botones [Para ->], [CC ->] y [CCO ->] para elegir dónde colocarlo.

Elementos enviados

En la versión 2003 existe de un apartado especial para esta tarea (Correo), mientras que en las versiones anteriores se maneja activando el botón Mis accesos dire... en la barra de Outlook: el icono **Elementos enviados**. Cuando se activa este icono, Outlook muestra el mismo aspecto que para la bandeja de entrada, aunque su contenido son los mensajes que ya hemos enviado.

De nuevo, entran en escena los botones para la clasificación de los mensajes, el botón X para eliminarlos y el doble clic sobre un mensaje para ver su contenido.

LIBRETA DE DIRECCIONES

Anteriormente hemos mencionado a la libreta de direcciones en algunos apartados del libro. La libreta de direcciones contiene una lista de datos relativos a personas con las que tenemos contacto. Gracias a esta libreta, podremos ahorrarnos el trabajo de indicar el nombre, dirección y demás datos del usuario con el que deseemos contactar, ya sea mediante correo electrónico o para una cita.

Podremos acceder a la libreta de direcciones mediante el botón (**Libreta de direcciones**) de la barra de herramientas con el fin de añadir, modificar o borrar datos en su contenido, o bien, elegir **Libreta de direcciones** en el menú **Herramientas**.

Cualquiera de ambas ofrece un cuadro de diálogo para el manejo de la libreta:

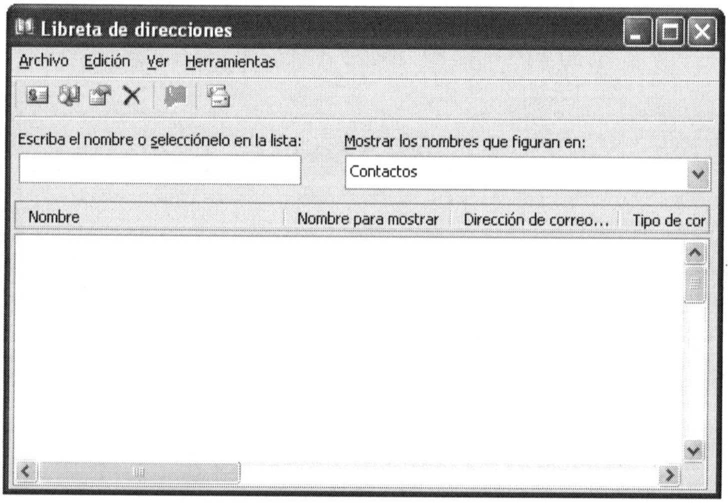

Para empezar, si necesita localizar una persona de la libreta, teclee su nombre en el cuadro de texto **Escriba el nombre o selecciónelo en la lista**, aunque, si la tiene a la vista en la ventana será suficiente con hacer clic en ella.

Por otra parte, puede mantener almacenados datos de distintas personas en varias “libretas”; por ejemplo, aparte de la libreta en sí (opción **Libreta de direcciones de Outlook** de la lista desplegable **Mostrar los nombres que figuran en**), puede elegir **Contactos** (en la misma lista desplegable) para que aparezcan en la lista los **Contactos** que tenga almacenados en Outlook.

Tenga presente que la libreta permite añadir más contactos, eliminarlos o buscar el que necesite para realizar alguna tarea con él, como enviarle un mensaje de correo electrónico.

Añadir datos de un nuevo contacto

Al tratarse de una agenda, aunque electrónica, la libreta contiene apartados para que se agreguen datos relativos a una persona tanto de la vida privada como de los negocios.

Para añadir datos de un individuo a la libreta, utilizaremos el botón **Nueva entrada** (del menú **Archivo**) o bien, pulsaremos ese mismo botón de la barra de herramientas: (en las versiones anteriores a la 2003). Al hacerlo, obtendremos el siguiente cuadro de diálogo:

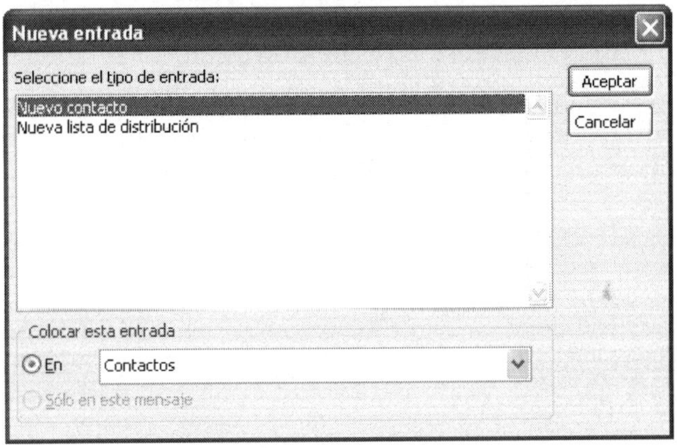

Según este cuadro podremos añadir una nueva persona de contacto a nuestra lista (**Nuevo contacto**) o un grupo de personas (**Nueva lista de distribución**). Cualquiera de los dos, se almacenará en la libreta que seleccionemos desplegando la lista **En** (nuestra recomendación es que lo añada en la lista de **Contactos** de Outlook).

Empezaremos por ver cómo se añade una persona a la lista. Al seleccionar **Nuevo contacto** y pulsar el botón Aceptar accederemos a un cuadro de diálogo en el que deberemos rellenar los datos del individuo en cuestión. Se trata del mismo que hemos visto en el apartado ***Contactos*** del capítulo 32: ***Trabajo con Outlook***, repáselo si desea recordar su manejo.

Ojo El cuadro siguiente puede variar si elige otra libreta como la de direcciones, en lugar de la lista de **Contactos**.

Crear grupos

Si desea definir conjuntos de personas que estén relacionadas entre sí por algún motivo, podrá hacerlo mediante las llamadas listas de distribución. Estas listas facilitan el trabajo en caso de que se vaya a mantener correo electrónico con personas que tengan cierta relación entre sí (formando un grupo).

Por ejemplo, podrá enviar un mismo mensaje de correo electrónico a todos los miembros de un grupo si, en lugar de enviar un mensaje de correo a uno o más usuarios, elige una lista de distribución (un grupo).

Para añadir datos a una lista de distribución, utilizaremos el mismo cuadro anterior, eligiendo la opción **Nueva lista de distribución** y pulsando el botón Aceptar. Al hacerlo obtendremos otro cuadro de diálogo:

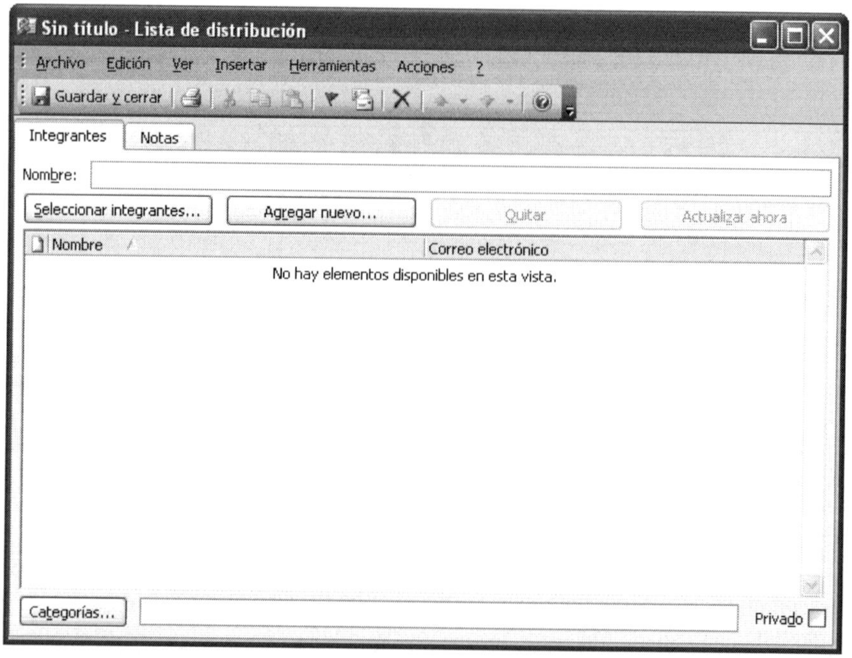

1. Lo primero que debemos hacer es dar un nombre al grupo mediante el cuadro de texto **Nombre**, puesto que con él identificaremos al grupo.

2. Para establecer qué personas deberán estar incluidas en el grupo (en la lista de distribución) utilice el botón Seleccionar integrantes.... Este botón lleva a un cuadro de diálogo en el que podremos seleccionar una persona de nuestra lista. Seleccione a cada persona en la lista **Nombre** de ese cuadro haciendo clic en una pulsando el botón Integrantes -> para añadirlo a la lista de distribución. Cuando termine de elegir a todos los integrantes del grupo, pulse el botón Aceptar (puede ver el cuadro de diálogo en la figura que mostramos en la página siguiente).

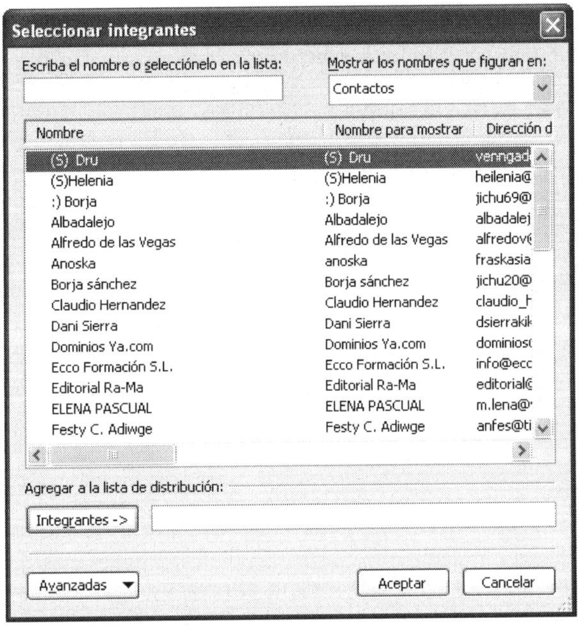

3. Si necesita añadir una persona al grupo que aún no forme parte de su lista de contactos, pulse el botón [Agregar nuevo...], que le llevará de nuevo al cuadro de diálogo en el que deberá establecer los datos de esa persona.

4. Para separar una persona del grupo, selecciónela en la lista y pulse [Quitar]. Dicha persona seguirá formando parte de la libreta de direcciones, pero no estará incluida dentro del grupo del que era miembro hasta ahora.

5. Utilice el botón [Actualizar ahora] para que Outlook revise la lista y elimine personas del grupo que ya no estén en la lista de contactos (cuando se elimina alguien de la lista de contactos que pertenezca a un grupo, **no** será eliminado del grupo de forma automática, de ahí que este botón pueda resultar útil).

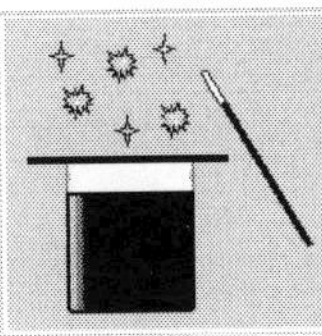

Puede utilizar la ficha **Notas** para escribir datos relativos al grupo que está creando. Estos datos pueden describir la naturaleza del grupo para que resulte más fácilmente reconocible en el futuro (el motivo por el que se creó el grupo).

Cuando termine de crear un grupo, podrá distinguirlo en la libreta porque aparece en negrita y precedido del icono (en las versiones anteriores a la 2003).

Editar y eliminar datos de usuarios y de grupos

Si necesita modificar algún dato de cualquier persona de la lista de la libreta, haga doble clic en ella, o bien, selecciónela y pulse el botón () **Propiedades** en su barra de herramientas. Este botón le lleva al mismo cuadro de diálogo que utilizó para crear la persona o el grupo para que modifique su contenido.

Si lo que necesita es eliminar los datos de una persona o de una lista de distribución (un grupo), selecciónela y pulse el botón (X) **Eliminar** de la barra de herramientas. Este botón hará desaparecer los datos de la persona en cuestión. La libreta le pedirá que confirme el borrado mediante un cuadro de diálogo en el que deberá responder afirmativamente para que los datos de la persona de contacto desaparezcan.

Si necesita eliminar varias entradas de la lista, podrá seleccionarlas haciendo clic sobre cada una manteniendo pulsada la tecla **CONTROL** (o **CTRL**). Si todas las que desea seleccionar se encuentran contiguas, haga un clic en la primera y, después, manteniendo pulsada la tecla de **MAYÚSCULAS** haga un clic sobre la última: todas las entradas de la lista que haya entre ambas quedarán seleccionadas.

Búsqueda de datos en la libreta

Utilice esta función si necesita encontrar a una persona de contacto en la lista que tenga. Esta función sólo suele ser útil si la lista es grande, ya que, de lo contrario, es fácil encontrar un dato simplemente buscando a ojo. También permite encontrar personas en los distintos servidores de conferencia de Internet.

Para encontrar una persona en la lista utilice el botón ( ) **Buscar elementos** de la barra de herramientas, o bien, active el menú **Herramientas** y seleccione **Buscar**, lo que le ofrecerá un cuadro de diálogo en el que podrá indicar datos de la persona o grupo que busca:

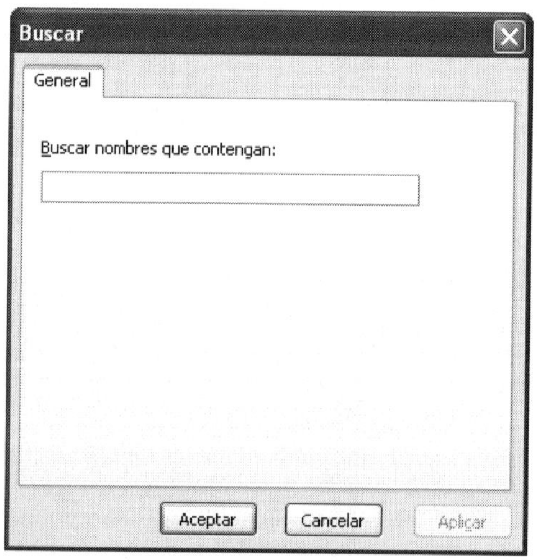

Si se encuentra algún dato al ejecutar la búsqueda, la libreta ofrecerá el resultado como un filtro, mostrando únicamente las personas o grupos cuyo nombre coincida (total o parcialmente) con lo que hayamos tecleado en el cuadro de texto **Buscar nombres que contengan** del cuadro de diálogo anterior. Ejemplo:

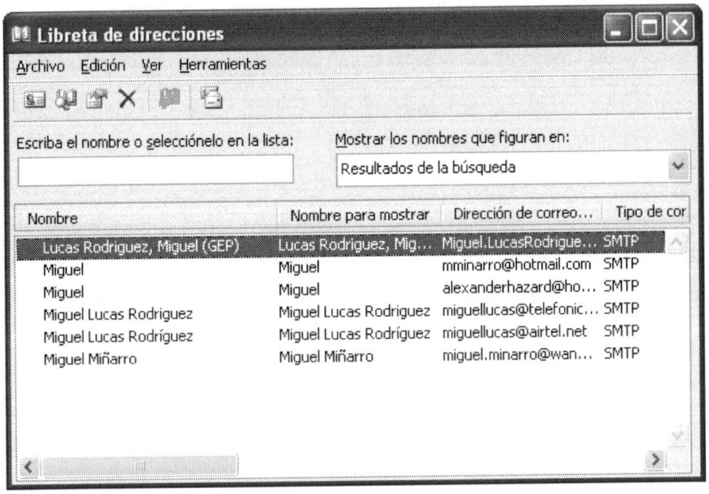

Como se puede ver en la figura, la lista de contactos se ha filtrado y únicamente se nos muestran aquellos cuyo nombre coincida con lo que hemos tecleado, en nuestro ejemplo, *Miguel*.

Para volver a mostrar la lista completa de contactos, despliegue la lista **Mostrar los nombres que figuran en** y elija **Contactos** (o la libreta con la que estuviese trabajando).

En muchas ocasiones podrá notar que la lista muestra nombres duplicados, como en el ejemplo anterior; esto ocurre cuando una misma persona dispone de dos o más direcciones de correo y están anotadas en la libreta.

Si se encuentra en la ventana de la libreta y necesita enviar un mensaje de correo a uno de sus contactos, podrá hacerlo rápidamente si hace clic sobre la persona en cuestión de la lista y pulsa el botón (**Mensaje nuevo**, en la versiones anteriores a la 2003), que le llevará a la ventana de creación del mensaje de correo con la dirección de la persona ya anotada en el cuadro de texto **Para**.

EDICIÓN DEL MENSAJE DE CORREO

Antes hemos visto cómo crear un mensaje vacío para enviarlo por la red. Sin embargo, aún no hemos detallado las funciones que podemos emplear para redactar el mensaje con todas las aplicaciones prácticas que ello conlleva. Así pues, regresemos al momento en el que habíamos creado un nuevo mensaje y veamos esas funciones. Al pulsar el botón Nuevo en las bandejas de entrada o de salida de Outlook, obtenemos la ventana de edición del mensaje:

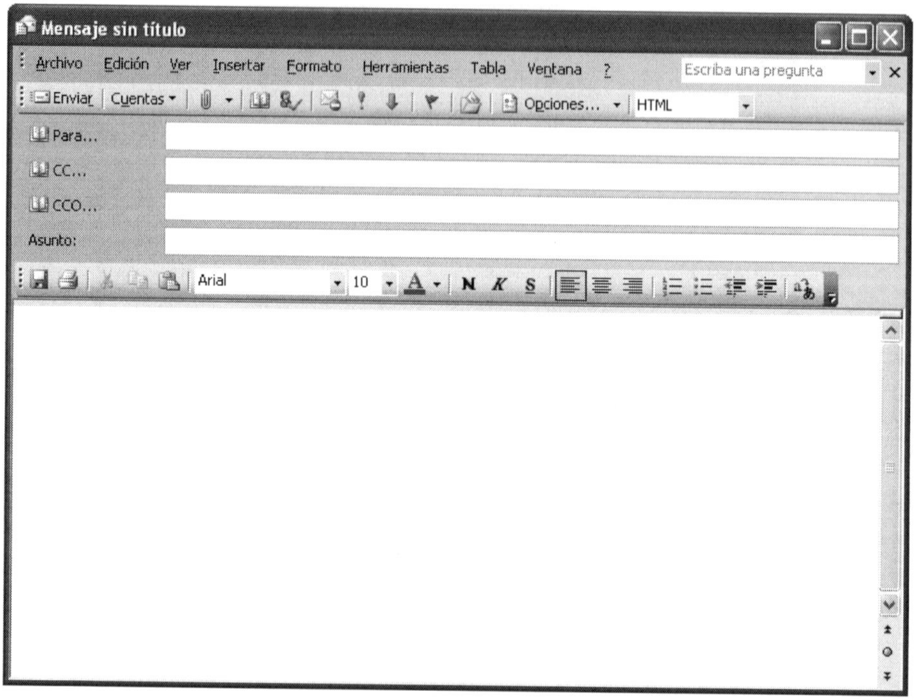

Una vez que estemos en ella y hayamos establecido el destinatario, las copias de cortesía, el asunto, etc., podemos comenzar por elegir si enviaremos un mensaje que sólo contenga texto, o bien, uno que contenga texto, imágenes y otros elementos gráficos.

La ventana de edición del mensaje pertenece a Microsoft Word (si lo tiene instalado) por lo que podrá emplear todas las herramientas que éste ofrece para diseñar el mensaje: tipos de letra, formato de párrafos, numeración y viñetas, tablas, etc.

Funciones útiles para la creación de mensajes de correo

Mientras escribe un mensaje de correo, existe una barra de botones que contiene ciertas herramientas con las que se puede mejorar el mensaje. La barra es la siguiente:

Veamos la utilidad de estos botones:

1. El botón  se emplea para enviar el mensaje una vez terminado.
2. Despliegue el botón  para elegir la cuenta de correo con la que se enviará el mensaje. Este botón sólo es útil si dispone de varias cuentas de correo (por ejemplo, una personal, otra para el trabajo, etc.).

3. Con el botón (**Insertar archivo**) puede añadir archivos que se enviarán junto con el mensaje. Este botón le llevará al clásico cuadro de diálogo en el que deberá seleccionar los archivos que necesita enviar.

4. El botón (**Libreta de direcciones**) le lleva a la ventana que contiene la libreta de direcciones (tratada en el apartado ***Libreta de direcciones*** de este mismo capítulo).

5. El botón (**Comprobar nombres**) verifica que todos los nombres de los destinatarios que hayamos tecleado en el cuadro de texto de Para... son correctos.

6. El botón (**Permiso**, sólo disponible en la versión 2003) permite autorizar o no la lectura del mensaje. Para que esta función esté disponible tendrá que descargar un plug-in del sitio Web de Microsoft.

7. El botón (**Importancia: Alta**) asigna una prioridad elevada al mensaje.

8. El botón (**Importancia: Baja**) asigna una prioridad baja al mensaje.

9. El botón (**Seguimiento**. En las versiones anteriores a la 2003 **Marca de mensaje**) asigna un sistema de seguimiento al mensaje.

10. El botón (**Crear regla**. Sólo en la versión 2003) permite establecer una serie de condiciones para la recepción de mensajes. Le ofrecerá un cuadro de diálogo:

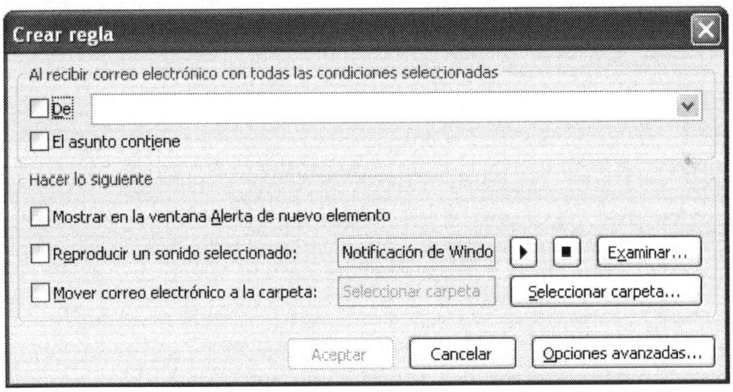

- Active la casilla **De** si necesita condicionar los mensajes que se reciban de la dirección de correo que aparezca escrita ahí.

- Active la casilla **El asunto contiene** para condicionar los mensajes que se reciban cuyo asunto contenga las palabras que aparezcan escritas ahí.

- Elija una de las casillas del grupo **Hacer lo siguiente** para establecer qué debe hacer Outlook cuando reciba un mensaje que cumpla las condiciones **De** o **El asunto contiene**. Por ejemplo, elija **Reproducir un sonido seleccionado** para escuchar dicho sonido cuando se reciba un mensaje de la dirección establecida en **De** o que contenga las palabras que aparezcan en **El asunto contiene**.

- Si necesita un condicionamiento más complejo, active el botón Opciones avanzadas..., que ofrece un asistente más detallado acerca del filtrado de mensajes.

11. El botón Opciones... ofrece un cuadro de diálogo con el que puede elegir ciertas características para el mensaje. Si en lugar de pulsar el botón lo desplegamos, obtendremos algunas características más como la posibilidad de enviar el mensaje como copia de cortesía oculta (**CCO**). Si se activa el cuadro de diálogo, obtendremos las opciones de la barra de herramientas que estamos describiendo y otras más:

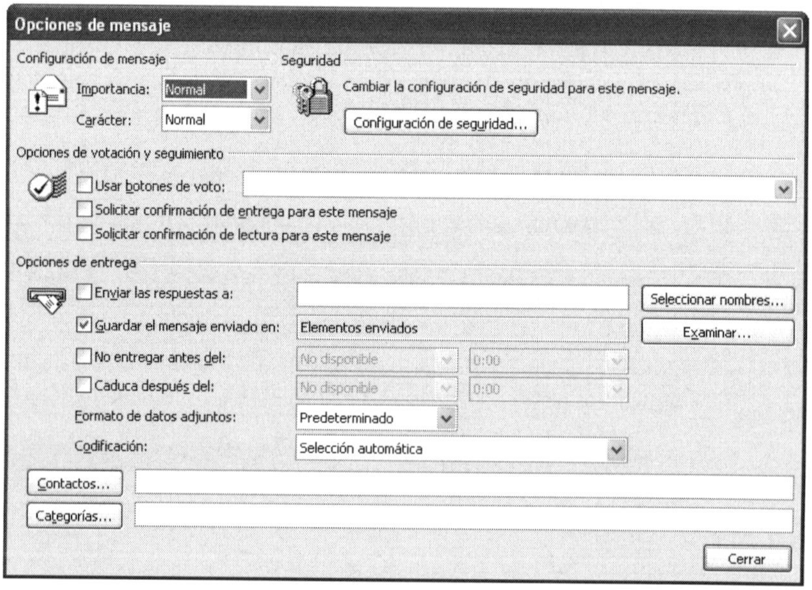

12. El botón HTML permite elegir el formato con el que se diseñará el mensaje:

- **HTML**. Permite crear el mensaje con todas las funciones típicas de un texto HTML: el mismo que se emplea para mostrar páginas Web, por lo que podremos incluir los mismos elementos que vemos en una página de este tipo: texto (con formato —tipos de letra, tamaño, alineación, etc.—), imágenes, animaciones, sonidos, etc.

- **Texto enriquecido**. Permite crear el mensaje con texto e imágenes (el texto podrá ofrecer formatos: tipos de letra, tamaño, alineación, etc.).

- **Texto sin formato**. Permite teclear el mensaje únicamente con texto y sin formatos (sin tipos de letra, sin tamaño, sin alineación, etc.).

> Si no tiene activado Word como editor de correo, podrá emplear sólo **HTML** y **Texto sin formato**, desde el menú **Formato**. El resto de las funciones de la barra de herramientas anterior las vamos a detallar en los siguientes apartados y le indicaremos, en cada uno, lo que debe hacer si no tiene activado Word como editor de correo electrónico, o si no lo tiene instalado.

Adjuntar archivos

Una de las funciones que pueden resultar más útiles aplicadas al correo electrónico es el envío de archivos adjuntos al mensaje.

Si necesita enviar un archivo a otro usuario de la red, puede generar un mensaje con Outlook e incorporarlo como parte de éste, de modo que, cuando el destinatario reciba el mensaje, recibirá igualmente el archivo en cuestión.

Para realizar esta función deberá recurrir al menú **Insertar** y seleccionar la opción **Archivo** (o pulsar el botón de la barra de herramientas). Al hacerlo obtendremos un cuadro de diálogo como el que utilizamos para abrir o guardar archivos y en él se debe buscar el archivo que va a enviar al destinatario.

Esta tarea puede realizarla tantas veces como desee para un mismo mensaje, ya que puede enviar varios archivos adjuntos al mismo.

Observe que debajo de los datos Para..., CC... y **Asunto**, aparece el cuadro de texto **Adjuntar**. En él se mostrarán los iconos y nombres de los archivos que van a ser enviados junto con el mensaje.

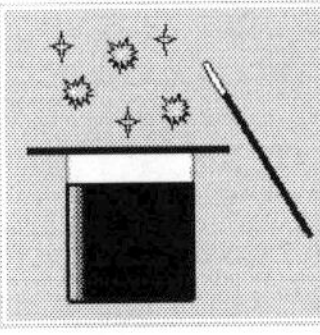

Si ha añadido un archivo erróneamente, selecciónelo con el ratón haciendo clic sobre él (en el cuadro de texto **Adjuntar**) y pulse la tecla **SUPR** (suprimir) en el teclado. Al ser eliminado de la lista, ese archivo no será enviado.

Firmas

Outlook permite diseñar firmas que se pueden insertar al final de un mensaje de correo. Se trata de diseñar un mensaje con su nombre que ofrezca ciertas características especiales, como color de tinta, tamaño, tipo de letra, alineación, etc. Una vez que diseñe una firma, puede conseguir que aparezca automáticamente al final de cada mensaje de correo que escriba para enviarlo a alguien.

Para añadir una firma despliegue el botón Opciones... de la barra de herramientas y seleccione la opción **Firma de correo electrónico**:

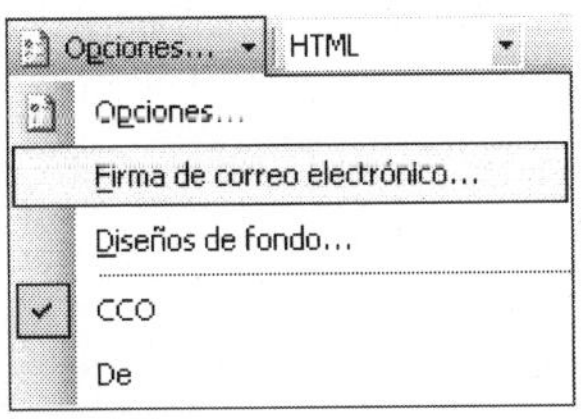

Al hacerlo, obtendrá el siguiente cuadro de diálogo:

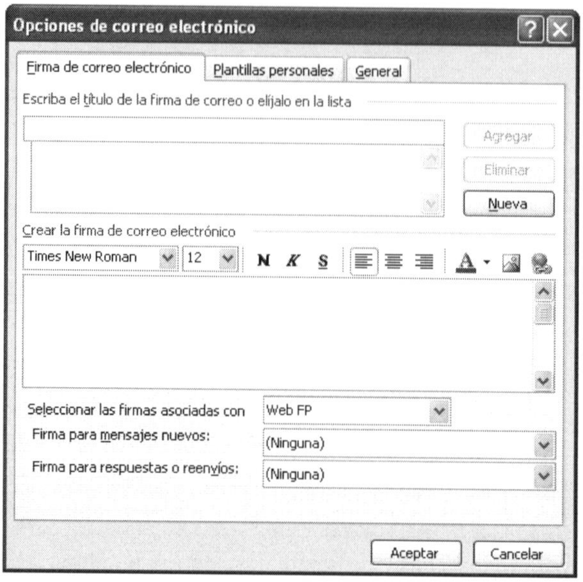

1. Teclee el nombre que desee darle a la firma en el cuadro de texto **Escriba el título de la firma de correo o elíjalo en la lista**: una buena idea es escribir su nombre, aunque al poder diseñar varias firmas diferentes es posible que le interese numerar cada firma para distinguir unas de otras.

2. Utilice la pequeña barra de herramientas para asignar las propiedades que desee al texto con su nombre: tipo de letra, alineación, color, etc.

3. Teclee su nombre en el cuadro de texto que hay bajo la barra de herramientas (recuerde que puede seleccionar parte del texto —por ejemplo, un apellido—, y aplicarle sólo a él ciertas características como el color de la tinta).

4. Pulse el botón [Agregar].

5. Si desea borrar una firma, selecciónela en la lista y pulse el botón [Eliminar].

6. Una vez que disponga de una firma (o de varias) puede desplegar la lista **Firma para mensajes nuevos**. Esta lista ofrece una relación de todas las firmas que haya diseñado para que elija una. La que seleccione se añadirá automáticamente al final de cada **nuevo** mensaje que vaya a enviar a alguien. Si hace lo mismo en la lista **Firma para respuestas o reenvios**, la firma que elija se añadirá automáticamente al final de cada mensaje que sea la respuesta de otro, o bien un mensaje que se reenvíe.

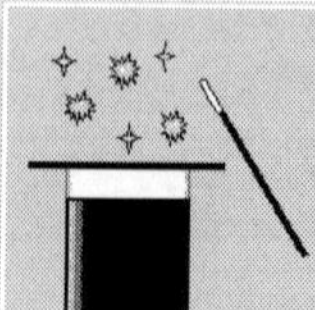

Si lo desea, podrá diseñar su firma real con un programa de dibujo y archivarla en el disco, en cuyo caso, podrá emplear el botón del cuadro de diálogo anterior para seleccionar ese archivo y que su firma real aparezca al final de cada nuevo mensaje de correo que envíe.

Si no tiene Word activado como editor de correo electrónico, esta función debe activarla desde el menú **Insertar**, seleccionando la opción **Firma**, que genera un submenú en el que deberá elegir la opción **Más**. Al activar esta opción, Outlook le ofrecerá un asistente para que establezca, paso a paso, los mismos datos que hemos visto en el cuadro de diálogo anterior. Una vez que haya diseñado una firma (o más) aparecerá en la opción **Firma** del menú **Insertar** y la opción **Más** sólo le permitirá borrarla: a partir de entonces, podrá crear otras.

Seguridad en un mensaje

Si va a enviar un mensaje de correo confidencial y no desea que nadie no autorizado lo inspeccione puede utilizar las funciones de seguridad que ofrece Outlook, aunque, la seguridad informática no siempre es infalible al cien por cien.

Podemos asegurar el mensaje desde dos frentes distintos: cifrar el mensaje y firmarlo digitalmente. Ambas tareas se realizan activando el botón [Opciones...] de la barra de herramientas (siempre en el editor de correo cuando esté creando un mensaje).

Si no tiene Word activado como editor de correo electrónico, esta función deberá activarla desde el menú **Ver**, seleccionando **Opciones**. El cuadro que aparecerá es el mismo que estamos a punto de ver.

Al hacerlo, obtendremos un cuadro de diálogo con el botón [Configuración de seguridad...]:

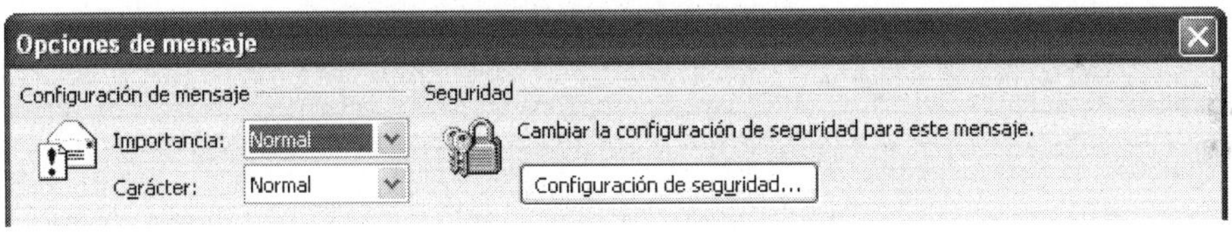

Al pulsarlo obtendremos otro (puede verlo en la primera figura que mostramos en la página siguiente).

Cifrar un mensaje consiste en codificarlo para que cualquier otro usuario que no sea el destinatario del mensaje obtenga un contenido ilegible si intenta verlo. Así pues, si desea cifrar el mensaje, active la casilla **Cifrar el contenido del mensaje y los datos adjuntos**.

Cuando se firma digitalmente un mensaje se está añadiendo un código especial, denominado identificador digital, que posee el usuario emisor del mensaje. Este identificador consta de una clave pública y una clave privada. El dueño del identificador conoce, naturalmente, ambas claves; sin embargo, alguien que desee leer un mensaje cifrado de ese individuo necesitará conocer su clave pública (y si la conoce es porque su dueño se la ha comunicado). Por otro lado, el receptor del mensaje se asegura de que quien envía el mensaje es realmente el que lo firma y que nadie ha alterado dicho mensaje.

Para firmar digitalmente un mensaje, deberá activar la casilla **Agregar firma digital a este mensaje**. Una vez que active esta casilla, todos los demás elementos necesarios para incluir la firma se habilitarán para adaptar la firma a las necesidades de ese mensaje en particular. Por ejemplo, puede activar el botón Cambiar configuración... para seleccionar la firma que va a emplear, o activar la casilla **Enviar este mensaje cifrado con texto simple** para que puedan leer ese mensaje los destinatarios que no dispongan del protocolo de cifrado S/MIME.

Un usuario que necesite el identificador digital debe obtenerlo de una autoridad de certificación independiente. Dicha autoridad tendrá una página Web en Internet, que exigirá los datos personales del solicitante para comprobar su identidad. Si no hay problemas (que es lo común), se le envía el identificador y puede usarse a partir de entonces.

Hay varios tipos de identificadores digitales, que ofrecen distintos niveles de seguridad, dependiendo de los datos que reciba la autoridad de certificación para comprobar la identidad del solicitante.

Para poder utilizar el identificador digital de un usuario de la red debe pedir que le envíe correo firmado digitalmente (lo cual incluirá su identificador). También puede buscarse en la base de datos del Web de la autoridad de certificación, aunque este dato no siempre estará disponible, dependiendo de si su propietario lo autoriza o no.

Enviar el mensaje

Cuando termine de crear el mensaje y esté dispuesto para enviarlo puede pulsar el botón Enviar de la barra de herramientas. En cuanto lo pulse, Outlook intentará hacer la operación. Ahora bien, si no está conectado a Internet en ese momento (o a la red en la que se encuentre el destinatario), Outlook no podrá enviar el mensaje, en cuyo caso lo almacenará en la **bandeja de salida** para que quede a la espera de ser enviado posteriormente.

ENVIAR Y RECIBIR CORREO

Si ha creado mensajes de correo sin estar conectado a la red (por ejemplo, a Internet), necesitará enviar ese correo en cuanto conecte. Para enviar mensajes almacenados en la bandeja de salida, necesitará acceder al menú **Herramientas** y seleccionar el submenú **Enviar y recibir** (también con el botón 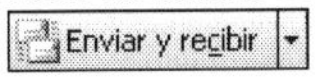

de la barra de herramientas):

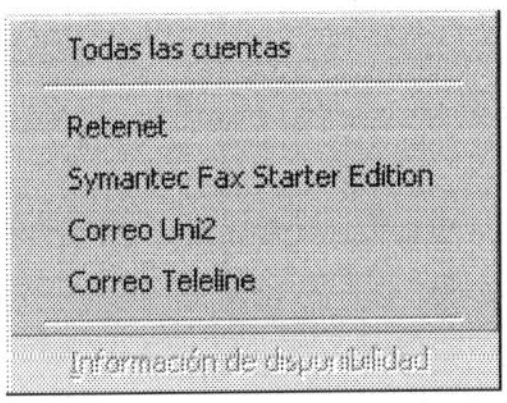

Versión 2000

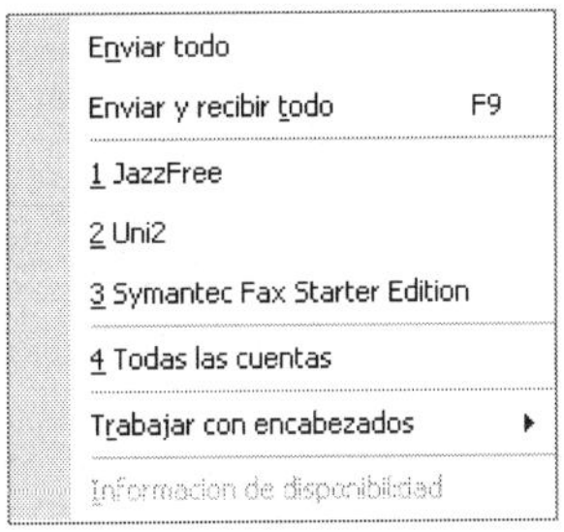

Versión 2002

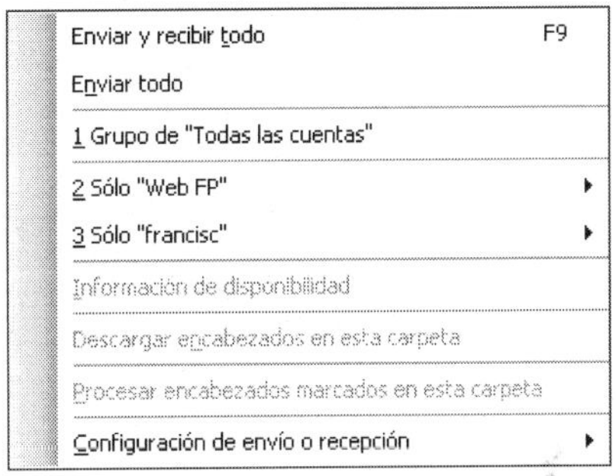

Versión 2003

Como puede verse, el submenú que aparece ofrece una lista de cuentas de correo. Deberá elegir una de esas cuentas para emplearla al enviar y recibir los mensajes de correo correspondientes a esa cuenta (recuerde que una de las opciones que le ofrece Outlook cuando va a escribir su mensaje de correo es la función **De**, con la que puede elegir la cuenta con la que se enviará el mensaje). Si no estaba conectado a Internet, Outlook intentará conectar en ese momento, enviando el correo si tiene éxito en la conexión.

También puede emplear la opción **Todas las cuentas**, para enviar y recibir mensajes de correo con cada una de las cuentas que tenga configurada en Outlook.

Una opción similar a la anterior es **Enviar y recibir todo**, mientras que **Enviar todo** se limita a enviar todos los mensajes sin comprobar si tenemos mensajes nuevos.

CUENTAS DE CORREO

Microsoft Outlook puede configurarse con varias cuentas de correo. Esas cuentas permiten mantener varios buzones a los que otros usuarios nos podrán enviar mensajes de correo. Podremos crear cuentas, modificar sus datos y eliminarlas cuando no las empleemos más. Todo ello lo vamos a detallar en los próximos apartados.

Crear cuentas de correo

Para crear una cuenta de correo debemos acceder al menú **Herramientas** y activar la opción **Cuentas de correo electrónico** (**Cuentas** en la versión 2000, que ofrece una distinta funcionalidad y que comentaremos en el próximo apartado) que lleva a un asistente con el que podremos crear, modificar o eliminar cuentas de correo por pasos:

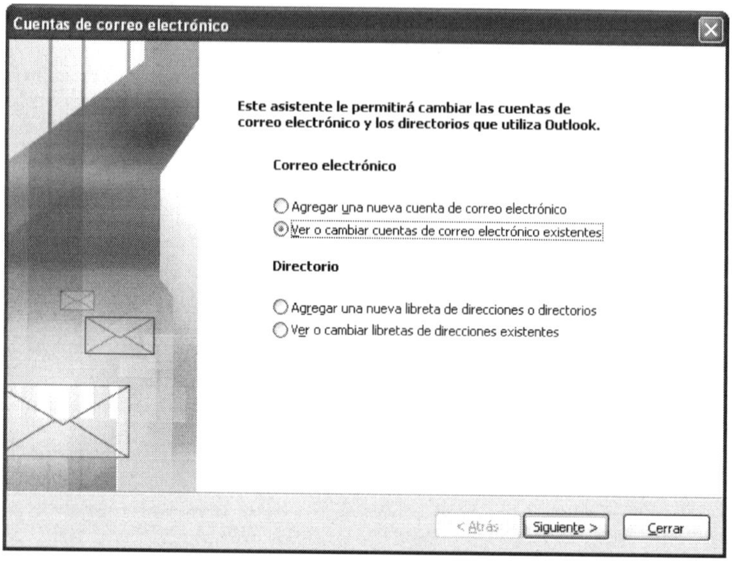

Como puede apreciarse, este asistente permite realizar cuatro operaciones relacionadas con el correo electrónico y las libretas de direcciones. En cuanto a las libretas únicamente decir que se pueden crear libretas locales (en su ordenador) o libretas en red (en un servidor LDAP) con las que puede utilizar datos de contactos que estén almacenados en otro ordenador y a los que podremos acceder vía Internet.

En cuanto al correo electrónico, que es el tema que ahora nos interesa, disponemos de la posibilidad de crear una nueva cuenta o modificar una que ya exista. Comencemos por lo primero. Para añadir una cuenta seleccione el botón **Agregar una nueva cuenta de correo electrónico** y pulse [Siguiente >]. Aparecerá el segundo paso del asistente:

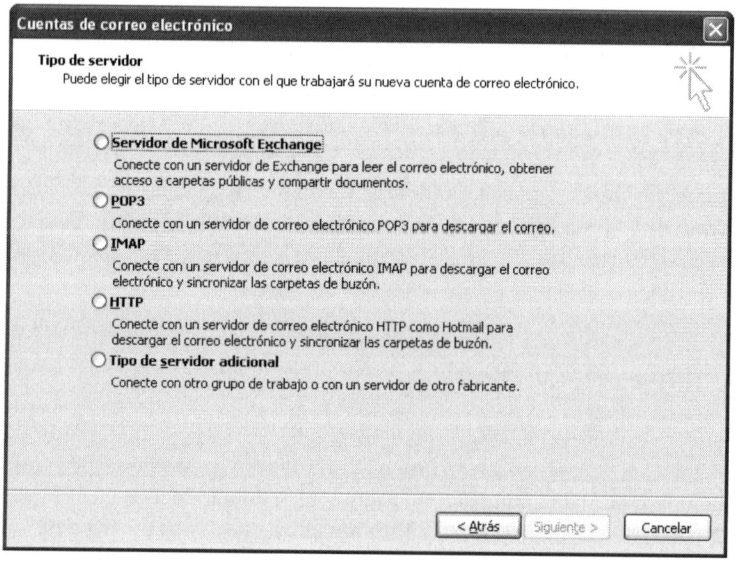

Este paso ofrece varios sistemas de gestión de correo electrónico para que elijamos el que se adapta a nuestra cuenta. El sistema de correo clásico de Internet es el **POP3** que descarga los mensajes del servidor al equipo del usuario; sin embargo, se puede disponer de una cuenta de correo que funciona con el Web (como el correo que ofrece Hotmail o Yahoo) en cuyo caso, debería elegir **HTTP**, o bien una cuenta IMAP con la que los mensajes no se descargan en su equipo, sino que permanecen en el servidor y se administran directamente en él.

Dependiendo del dato que elija, el asistente continuará por un camino u otro y, aunque son similares, no son exactamente iguales. Nosotros vamos a describir lo que ocurre si se elige **POP3**, que cubre a una mayoría de usuarios de correo. Al pulsar, pues, el botón [Siguiente >] accederemos al tercer paso:

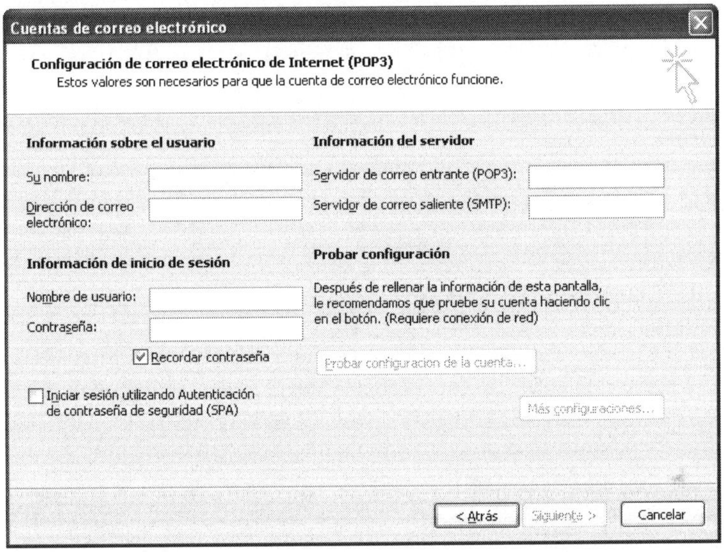

1. Escriba **Su nombre** completo (este nombre aparecerá junto con los mensajes que usted envía con esa cuenta).

2. Teclee la **Dirección de correo** de su cuenta para que aquellos usuarios que reciban un correo suyo puedan responderle (o al menos verla y anotarla).

3. A continuación teclee los nombres de sus dos servidores de correo (entrante y saliente) en los cuadros de texto **Servidor de correo entrante (POP3)** y **Servidor de correo saliente (SMTP)**. Estos dos datos se los proporcionará el servidor que le facilite el acceso a Internet. Si se trata de una cuenta de correo en una red de área local, se los ofrecerá el administrador de la red.

4. En el cuadro de texto **Nombre de usuario** teclee el nombre por el que le reconocerá el servidor de acceso a Internet. Este dato se lo ofrecerá el servidor que le facilite acceso a Internet (o el administrador de su red), aunque le preguntará cuál será el que prefiera y, en caso de estar disponible, se lo asignará (en caso negativo, le sugerirá otro parecido que sí esté disponible).

5. Por último, deberá teclear su **Contraseña**, que el proveedor de acceso a Internet le preguntará cuando vaya a configurar su conexión a Internet por primera vez (si se trata de una red de área local podría ser que el mismo administrador de la red se la asigne). Si deja activa la casilla **Recordar contraseña**, no necesitará teclearla cada vez que vaya a leer el correo.

Puede probar si los servidores de correo y otros datos son correctos mediante el botón [Probar configuración de la cuenta...].

> Ojo
>
> Otro ejemplo, si ha seleccionado correo **HTTP**, el paso que acabamos de describir habría ofrecido la mayor parte de los datos del cuadro anterior. La única diferencia la marca la lista desplegable **Proveedor de servicios de correo HTTP**, que ofrece una lista de proveedores que Outlook es capaz de reconocer para controlar su correo con ellos. Ahora bien, si elige **Otros** en esa lista, necesitará especificar la dirección Web en la que se encuentra el servidor de dicho proveedor de correo **HTTP** (en el cuadro de texto **Dirección URL del servidor**).

Al pulsar el botón [Siguiente >] pasaremos al último paso con lo que concluye la creación de la cuenta de correo y que se limita a felicitarnos por la creación de la cuenta.

Modificar cuentas de correo

Para modificar una cuenta de correo debemos acceder al menú **Herramientas** y seleccionar la opción **Cuentas de correo electrónico**, igual que haríamos para crearla. Esta opción nos lleva al mismo asistente que hemos empleado para crear una cuenta aunque, empleando otras opciones, podremos modificar o eliminar su contenido:

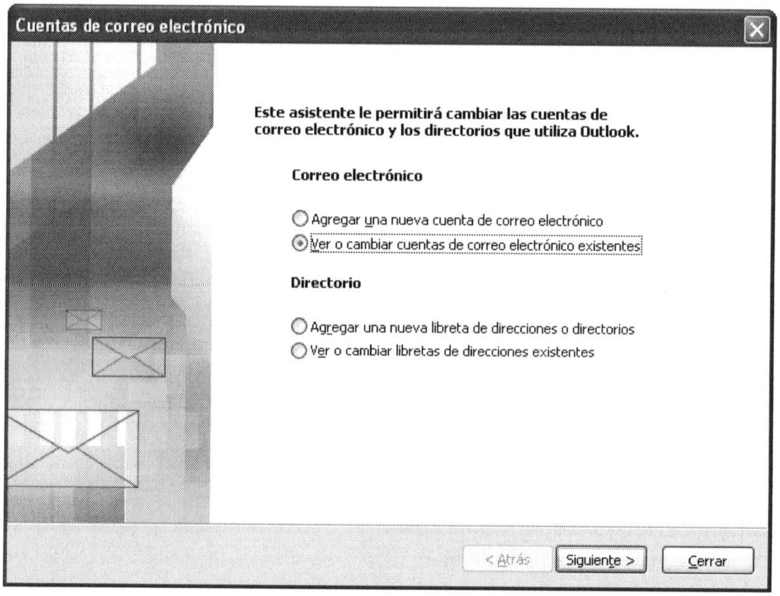

En este caso, activaremos el botón de opción **Ver o cambiar cuentas de correo electrónico existentes** y pulsaremos [Siguiente >]. El nuevo paso del asistente ofrecerá este aspecto:

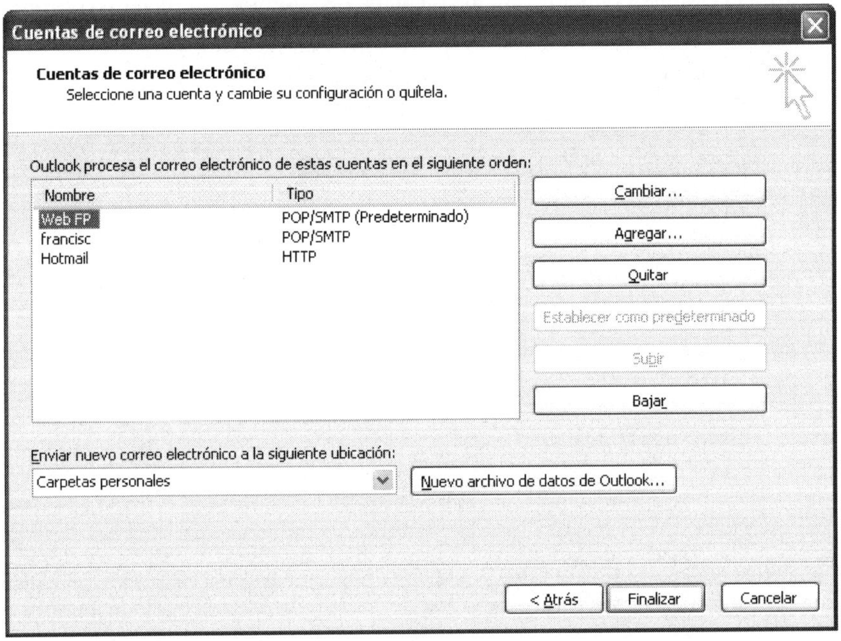

Observe que la lista muestra, en nuestro ejemplo, tres cuentas de correo. Seleccione una con el ratón y utilice los botones de la derecha para trabajar con ella:

1. [Cambiar...] permite modificar los datos de la cuenta seleccionada, para ello lleva a otro cuadro de diálogo (el mismo del segundo paso del asistente para crear cuentas) que mostrará los datos que tiene la cuenta hasta el momento (nombre, dirección de correo, servidores de correo entrante y saliente, etc.) para que pueda cambiar el que esté equivocado.

2. [Agregar...] para añadir otra cuenta de correo: también llevará al cuadro de diálogo en el que deberá establecer los datos de la cuenta (nombre, dirección de correo, servidores de correo entrante y saliente, etc.).

3. [Quitar] para eliminar una cuenta de correo.

4. [Establecer como predeterminado] para emplear por defecto una cuenta de correo.

5. [Subir] y [Bajar] permiten cambiar el orden de las cuentas en la lista para situarlas antes o después, lo cual se aplicará igualmente cuando consulte las cuentas de correo para ver si hay mensajes, ya que también entonces se seguirá ese orden a la hora de consultar las cuentas.

6. Cuando termine, pulse el botón [Finalizar].

Manejo con la versión 2000

En la versión 2000, la opción de creación de **Cuentas** del menú **Herramientas** se maneja de forma diferente. Al seleccionar esta opción del menú aparece el siguiente cuadro:

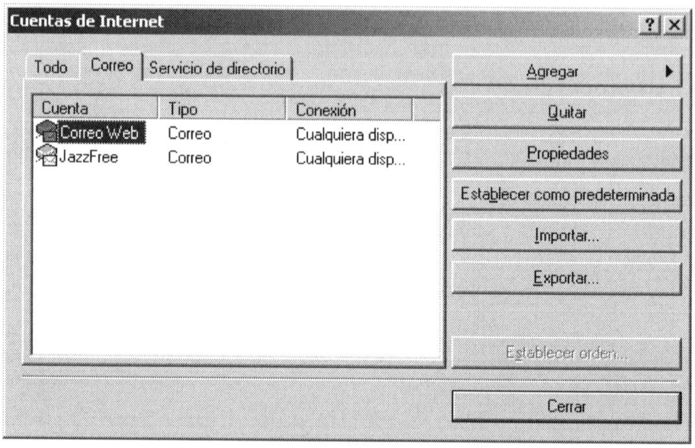

Para añadir una nueva cuenta, utilice el botón Agregar, que ofrece un menú en el que deberá elegir **Correo**. Esta opción lleva a un asistente que solicitará los mismos datos que hemos visto para las versiones 2002 y 2003 (consulte el apartado anterior).

Puede elegir una cuenta y pulsar el botón Establecer como predeterminada para que dicha cuenta sea la que se utilice por defecto al enviar un mensaje de correo.

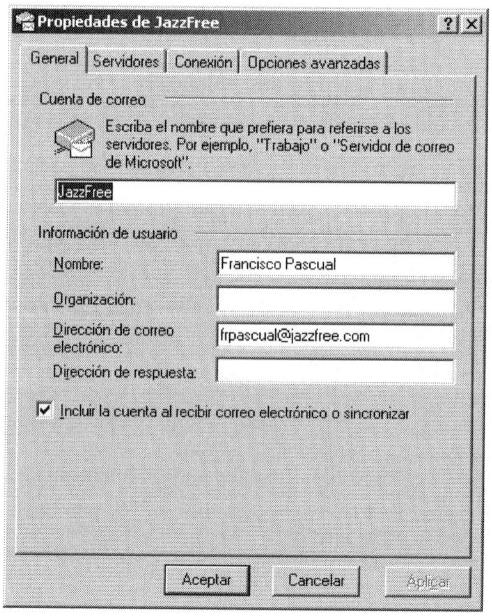

El botón Quitar elimina la cuenta que previamente hayamos elegido. También podremos obtener cuentas de otros sistemas con Importar... y realizar la función contraria con el botón Exportar....

Si lo que desea es modificar una de las cuentas que ya existen, selecciónela en la lista y pulse Propiedades. Esto activará el cuadro de diálogo que le ofrecemos en la figura junto al margen. Utilice sus fichas para modificar los datos relativos a la cuenta (su nombre, la dirección, los servidores de entrada y de salida, la contraseña, etc.).

Cuando termine, pulse el botón Aceptar para salir.

CAPÍTULO 34

HERRAMIENTAS MÁS ÚTILES DE OUTLOOK

Para concluir el apartado del organizador, vamos a ver otras operaciones que se pueden llevar a cabo con Outlook y que pueden resultar muy prácticas. Se trata de utilidades genéricas que puede emplear en la mayor parte de los apartados de Outlook para obtener resultados prácticos.

BÚSQUEDA DE DATOS

Outlook dispone de una función que permite encontrar rápidamente datos distribuidos por las citas o las tareas que se hayan creado en la agenda. Para ello, accederemos al menú **Herramientas**, desplegaremos el submenú **Buscar** y elegiremos **Búsqueda avanzada**.

Existe un método más sencillo de búsqueda rápida: seleccionar, en el mismo menú **Herramientas**, el submenú **Buscar** y su opción **Buscar**. Esta opción amplía el área de trabajo de Outlook añadiendo un cuadro más, en el que obtendremos un cuadro de texto para teclear el dato que buscamos. Ese dato se buscará en el apartado de Outlook en el que nos encontremos en ese momento (bandeja de entrada, calendario, etc.).

Cuando haya escrito el dato que desea encontrar, pulse el botón Buscar ahora.

Al activar la **Búsqueda avanzada**, se obtiene un cuadro de diálogo en el que se puede establecer el dato que se busca:

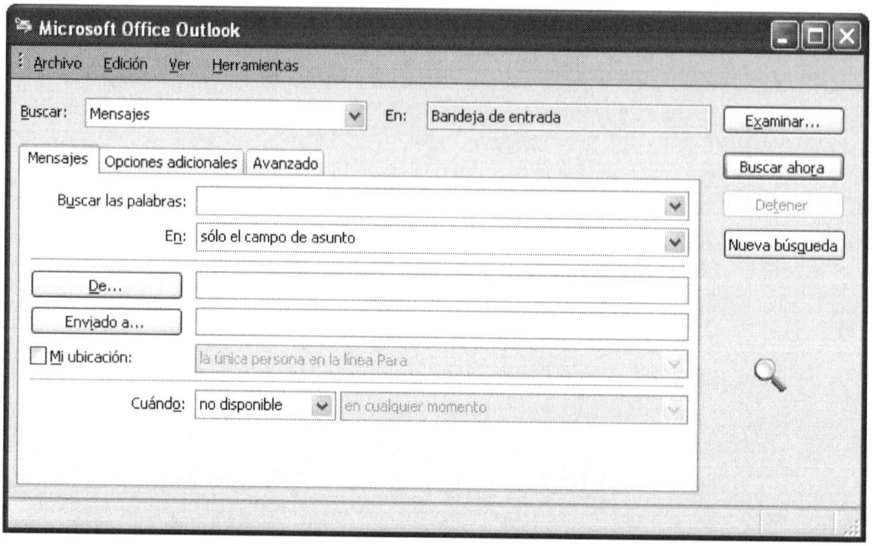

1. En la lista desplegable **Buscar** elegiremos el apartado de Outlook en el que se debe realizar la búsqueda.

2. En el cuadro de texto **Buscar las palabras** escribiremos el dato que buscamos.

3. El botón Buscar ahora pone en marcha el trabajo para encontrar el dato. Si Outlook lo encuentra, ampliará el cuadro de búsquedas y, en la parte inferior, añadirá una lista con lo que se haya encontrado. De lo contrario, mostrará un mensaje indicando que el dato señalado no existe en la agenda. Si desea terminar una búsqueda que está en marcha, pulse el botón Detener.

4. Si ha buscado un dato y desea buscar otro distinto, pulse Nueva búsqueda.

El resto de los elementos que aparezcan en el cuadro dependen de lo que se elija en la lista desplegable **Buscar**, aunque siempre se trata de opciones con las que variaremos el modo de buscar para que resulte más rápido o más concreto.

IMPRIMIR DATOS CON OUTLOOK

Cada uno de los distintos apartados de Outlook permite imprimir su contenido en un papel. Por ejemplo, si se encuentra en la bandeja de entrada (o la de salida) podrá imprimir el contenido de los distintos mensajes que allí se encuentren.

La mayor parte de las opciones que se emplean en cada caso son las mismas, por ejemplo, en todos los apartados de Outlook podrá elegir un número de copias para obtener varios ejemplares en lugar de uno sólo.

Sea cual sea la vista en la que se encuentre, podrá intentar **Imprimir** su contenido seleccionando la opción que lleva ese mismo nombre en el menú **Archivo**.

Imprimir mensajes de correo

Si se encuentra en cualquiera de las vistas que ofrece mensajes de correo electrónico (bandeja de entrada, bandeja de salida, borrador o elementos enviados), podrá acceder al menú **Archivo** para **Imprimir** el contenido de aquel mensaje que seleccione en la lista previamente. Obtendrá el siguiente cuadro de diálogo:

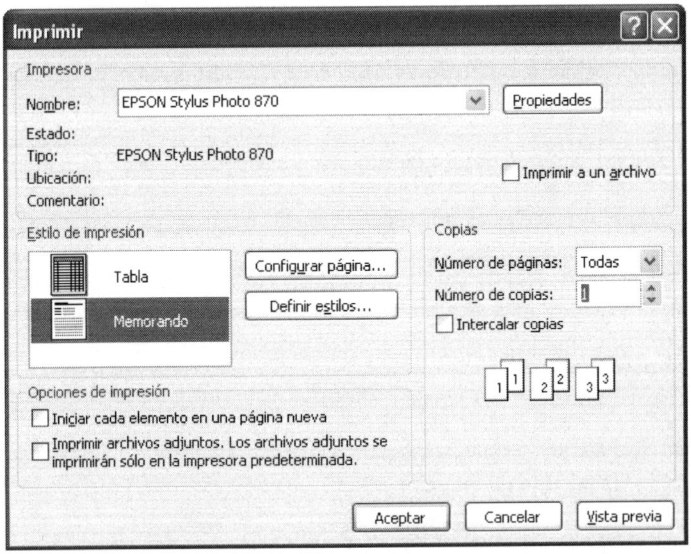

1. Podemos elegir la impresora que vamos a emplear en la lista **Nombre**. Por regla general, un ordenador está conectado a una única impresora; sin embargo, es posible que un ordenador tenga conectadas dos o más impresoras, ya sea directamente, o bien, mediante una red. Si todas están correctamente instaladas, no tendremos más que elegir la que necesitemos en cada momento utilizando la lista **Nombre**. Esta opción está disponible en este cuadro sea cual sea el elemento de Outlook que vaya a imprimir.

2. El grupo **Estilo de impresión** permite elegir el modo en el que la impresora reproducirá el mensaje o mensajes de correo. Deberá elegir uno de los estilos haciendo clic sobre él. Puede emplear los botones [Configurar página...] y [Definir estilos...] para ajustar los estilos a su gusto.

3. El grupo **Copias** ofrece tres datos:

   - **Número de páginas**. Permite indicar si va a imprimir todas las páginas del texto del mensaje (**Todas**), sólo las páginas pares (**Par**), o bien, sólo las impares (**Impar**).

> Si va a imprimir un documento de varias páginas por ambas caras de las hojas, imprima primero las páginas impares y después, colocando de nuevo las hojas recién impresas (al revés), imprima las pares. Ahorrará mucho tiempo de impresión con ello.

- **Número de copias**. Permite imprimir varios ejemplares del mensaje o mensajes de correo. Indique el número en el cuadro de texto correspondiente.

- **Intercalar copias**. Afecta al orden en el que se imprimirán las hojas. Si se intercalan las páginas activando la casilla, Outlook imprimirá las páginas en su orden natural (1, 2, 3, etc.) y cuando termine, comenzará de nuevo, mientras que si no se intercalan (desactivando la casilla), se imprimirán todas las copias de la primera página, luego todas las de la segunda y así sucesivamente.

4. El grupo **Opciones de impresión**, permite modificar dos de las características de la impresión:

   - **Iniciar cada elemento en una página nueva**.

   - **Imprimir archivos adjuntos**.

5. Utilice el botón Vista previa para ver en pantalla cómo quedará impreso el documento.

Imprimir calendario

Cuando se encuentre en el calendario y vaya a imprimirlo, las opciones serán prácticamente las mismas. Obtendremos el siguiente cuadro de diálogo (recuerde, opción **Imprimir** del menú **Archivo**):

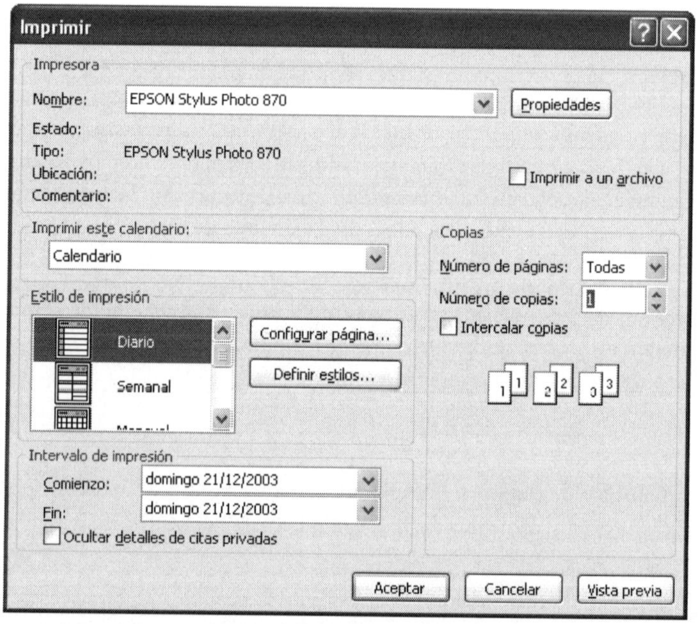

Las dos únicas diferencias que muestra este cuadro de diálogo con respecto al que hemos detallado para imprimir mensajes de correo son las siguientes:

1. Los **Estilos de impresión** son, obviamente, diferentes, puesto que vamos a imprimir datos que tienen una naturaleza y distribución diferentes a los mensajes de correo.

2. En lugar del grupo **Opciones de impresión** disponemos de otro denominado **Intervalo de impresión**, en el que debemos indicar el periodo de tiempo que deseamos imprimir. Para ello utilice las listas desplegables **Comienzo** y **Fin** para elegir las fechas de inicio y fin respectivamente. Estas listas, al ser desplegadas, ofrecen un pequeño calendario mensual para que seleccionemos un día en él:

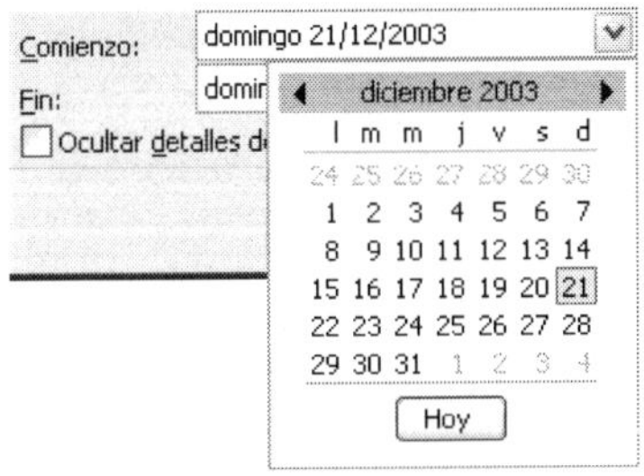

- Utilice las flechas al lado del mes (según nuestro ejemplo **julio 2001**) para cambiar, precisamente, el mes. Luego, haga clic sobre el día del mes que desee.

- También puede emplear el botón [Hoy] para seleccionar la fecha del día en el que se encuentre.

Imprimir contactos

La sección de contactos permite imprimir los datos de forma similar a la que hemos visto para los mensajes y el calendario. Al seleccionar **Imprimir** del menú **Archivo**, obtendremos un cuadro de diálogo como el siguiente:

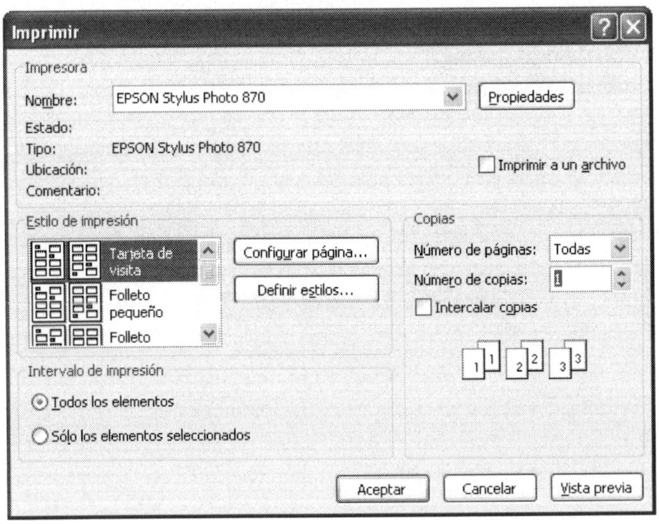

Aparte de los distintos **Estilos de impresión** que ofrece este cuadro (con respecto a los dos que hemos visto hasta ahora), el grupo **Intervalo de impresión** ofrece dos elementos que también difieren de los casos anteriores:

1. **Todos los elementos**. Imprime la lista completa de las personas de contacto.

2. **Sólo los elementos seleccionados**. Imprime únicamente aquellas personas de contacto que hayamos seleccionado previamente.

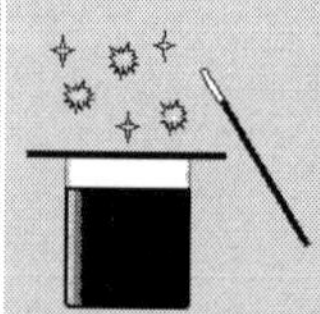

Para seleccionar varias personas de contacto de la lista haga lo siguiente:

1. Si se trata de personas de contacto que están contiguas en la lista, haga clic sobre la primera, pulse la tecla de **MAYÚSCULAS** y, sin soltarla, haga clic sobre la última: todas aquellas que se encuentren entre ambas, quedarán seleccionadas.

2. Si se trata de personas de contacto que están salteadas en la lista, mantenga pulsada la tecla **CONTROL** (o **CTRL**) y, sin soltarla, haga clic en cada persona de la lista que desee seleccionar.

Imprimir tareas

Cuando se encuentre en la vista de **Tareas** y active la opción **Imprimir** del menú **Archivo** obtendrá un cuadro de diálogo como el siguiente:

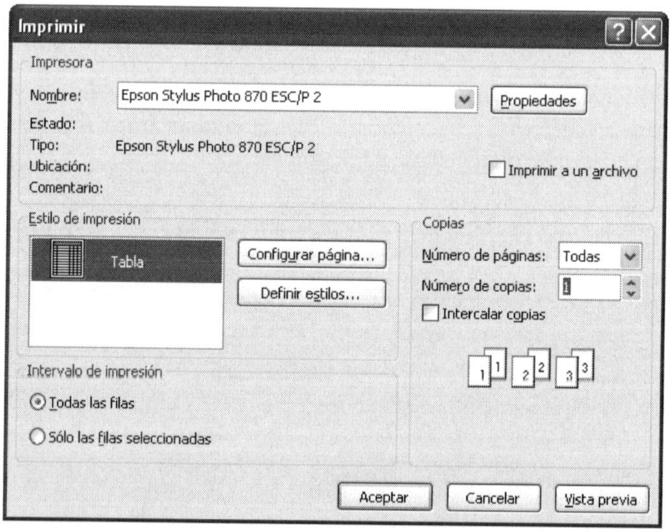

Este cuadro de diálogo no ofrece ninguna novedad con respecto a los anteriores. Recuerde que la lista de tareas está compuesta por una tabla en cuyas filas añadimos las tareas, y por tanto, lo que imprimimos ahora es una cierta cantidad de esas filas, que podrán ser todas (**Todas las filas**), o bien, sólo las que seleccionemos previamente (**Sólo las filas seleccionadas**).

Puede seleccionar varias tareas siguiendo el mismo método que hemos visto para los contactos.

Imprimir citas y otros elementos

Para terminar con el apartado de imprimir vamos a comentar cómo se pueden llevar al papel otros elementos de Outlook, como, por ejemplo, datos de las citas.

En general, cualquier elemento de Outlook se puede imprimir utilizando los menús contextuales: haga clic con el botón derecho del ratón sobre el objeto y, en el menú que aparezca, seleccione la opción **Imprimir**. La impresora se pondrá a trabajar automáticamente y obtendrá una hoja impresa con la información deseada.

Por ejemplo, si necesita imprimir datos de una cita, acceda al **Calendario**, busque la cita en él y, una vez encontrada haga clic sobre ella con el botón derecho del ratón. Obtendrá un menú contextual en el que deberá elegir la opción **Imprimir**. No necesitará hacer más: la impresora se pondrá automáticamente a trabajar.

IMPORTAR Y EXPORTAR CUENTAS Y CONTACTOS

Siempre que se instala Outlook en un ordenador, existe la posibilidad de que hasta entonces estuviésemos utilizando otro sistema de gestión de correo electrónico que tenga su propia libreta de direcciones y cuentas de correo electrónico. En este caso, puede resultar muy práctico importar a Outlook esos elementos para evitar tener que configurarlos de nuevo. De esta forma podremos importar las cuentas de correo y nos evitaremos tener que crearlas otra vez.

Para realizar esta tarea accederemos al menú **Archivo** y seleccionaremos la opción **Importar y exportar**: Esta opción nos llevará a un asistente:

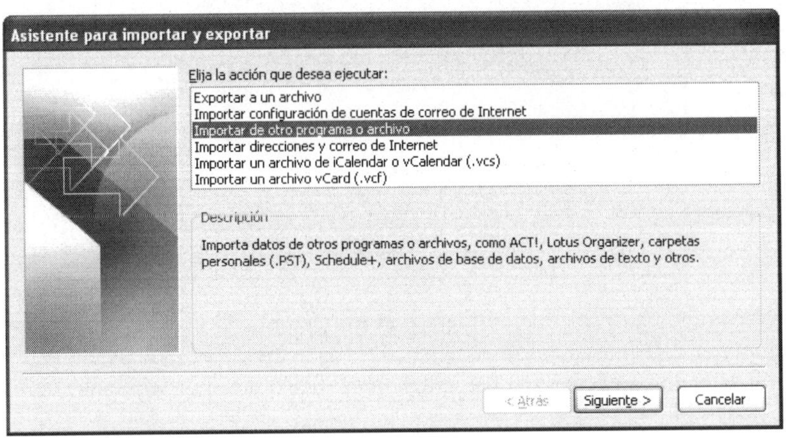

En él se muestran todos los elementos que pueden importarse: en nuestro caso elegiremos **Importar direcciones y correo de Internet**, con lo que ya estaremos listos para pulsar [Siguiente >] y acceder así al próximo paso del asistente:

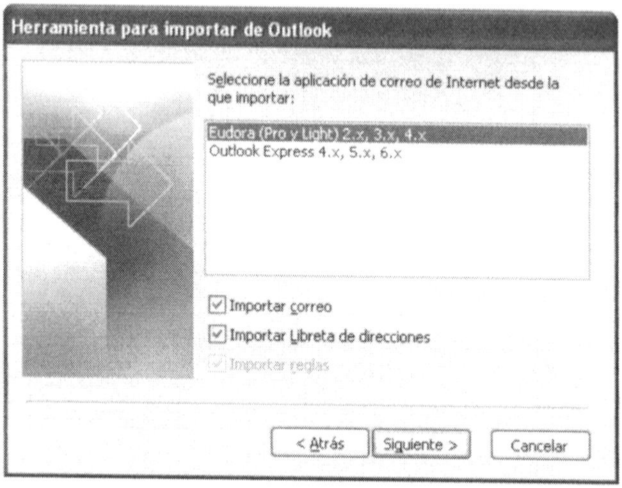

Este paso muestra una lista de sistemas de gestión de correo electrónico que Outlook puede reconocer para importar sus datos. Escoja el que desee (por ejemplo, **Outlook Express 4.x, 5**) y elija, mediante las casillas de verificación que estén disponibles qué datos desea importar: **Importar correo**, **Importar Libreta de direcciones** e **Importar reglas**. Cuando lo haya hecho, pulse [Siguiente >] para acceder al último paso del asistente:

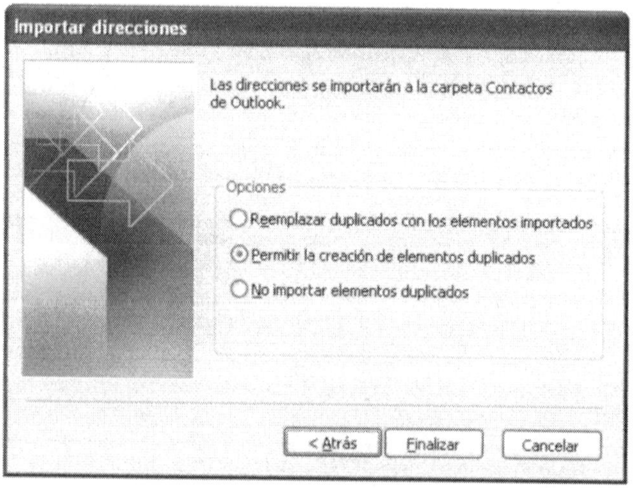

Active los botones que le interesen (por ejemplo, si los datos de las personas que vaya a importar deben ir a parar a la carpeta de contactos o a la libreta de direcciones y qué debe pasar cuando se encuentren datos repetidos: datos que ya tuviésemos en nuestra lista de contactos) y pulse [Finalizar].

PRÁCTICAS

P
A
R
T
E

VII

CAPÍTULO 35

EJERCICIOS

EJERCICIO DE WORD (Nº 1)

En este ejercicio diseñaremos en una página la plantilla de una factura (le ofrecemos una muestra en la página siguiente):

1. Los datos de las celdas de la primera columna (*Cantidad*) deben aparecer centrados correctamente.

2. Los datos de las celdas de la segunda columna (*Concepto*) deben aparecer alineados a la izquierda.

3. Los datos de las celdas de las columnas tercera y cuarta (*Precio unitario* y *Precio total*) deben aparecer alineados a la derecha con el fin de que coincidan unidades, decenas, centenas, etc.

4. Los precios totales son el resultado de multiplicar las cantidades por los precios unitarios: realice las fórmulas necesarias para obtener el resultado correcto.

5. La celda del *IVA* debe contener la suma de todos los precios totales multiplicados por el IVA (actualmente el 16) y divididos entre 100: realice igualmente la fórmula necesaria (no utilice el símbolo % para el IVA, es decir, utilice únicamente los números y funciones correspondientes).

6. En el *Total*, sume todas las cantidades que haya en esa columna.

Empresa *Achaco S.A.* sábado, 31 de enero de 2004

C\ <escriba aquí la dirección>
<escriba aquí el código postal> - <escriba aquí la provincia>
Tel.: <escriba aquí el teléfono>
Fax.: <escriba aquí el fax>

Factura número:

Cantidad	**Concepto**	**Precio unitario**	**Precio total**
10	Ordenadores Ultratecla	150000	1.500.000 pta
10	Impresoras Tintapringosa	50000	500.000 pta
		Precio sin IVA	**2.000.000 pta**
		IVA (16%)	**320.000 pta**
		Total:	**2.320.000 pta**

Una vez que haya terminado puede convertir el resultado en una verdadera plantilla de Word siguiendo los siguientes pasos:

1. Con la factura **vacía** a la vista, es decir sin datos, despliegue el menú **Archivo** y seleccione **Guardar como**.

2. En el cuadro de diálogo que aparezca, despliegue la lista **Guardar como tipo** (o **Tipo de archivo**, según la versión) y elija **Plantilla de documento (*.dot)**.

3. Asigne un nombre a la plantilla (por ejemplo, *Factura*) en el cuadro de texto **Nombre de archivo** y pulse el botón Guardar.

4. A partir de ese momento, para crear una factura, elija **Nuevo** en el menú **Archivo** y busque la plantilla que ha creado para que el nuevo documento esté basado en ella.

EJERCICIO DE WORD (Nº 2)

Diseñe un menú para la carta de un restaurante que contenga los siguientes elementos:

1. Una primera página con el rótulo *Menú* bien presentado. Se puede diseñar con WordArt o simplemente con un tamaño grande y una letra llamativa (en la siguiente figura hemos empleado el tipo de letra ***Stacatto555 BT,*** pero si no dispone de esa fuente, utilice otra que le guste. Por ejemplo:

2. En las páginas interiores del menú, un encabezado que contenga el nombre del restaurante y su dirección. También añadiremos, junto al margen derecho, un tenedor

dibujado con la barra de herramientas de Dibujo, duplicado tantas veces como tenedores tenga nuestro restaurante.

3. Los platos estarán clasificados por grupos y, cada uno de ellos, anotado con su precio alineado a la derecha, para ello, deberá emplear tabulaciones.

4. Coloque una imagen (por ejemplo, puede buscar *Chef* en la **Galería de imágenes prediseñadas**) de colores suaves de fondo (añadiendo marca de agua) en cada página del menú. La imagen deberá estar colocada centrada en la página y detrás del texto.

5. Puede colocar un borde para remarcar las páginas.

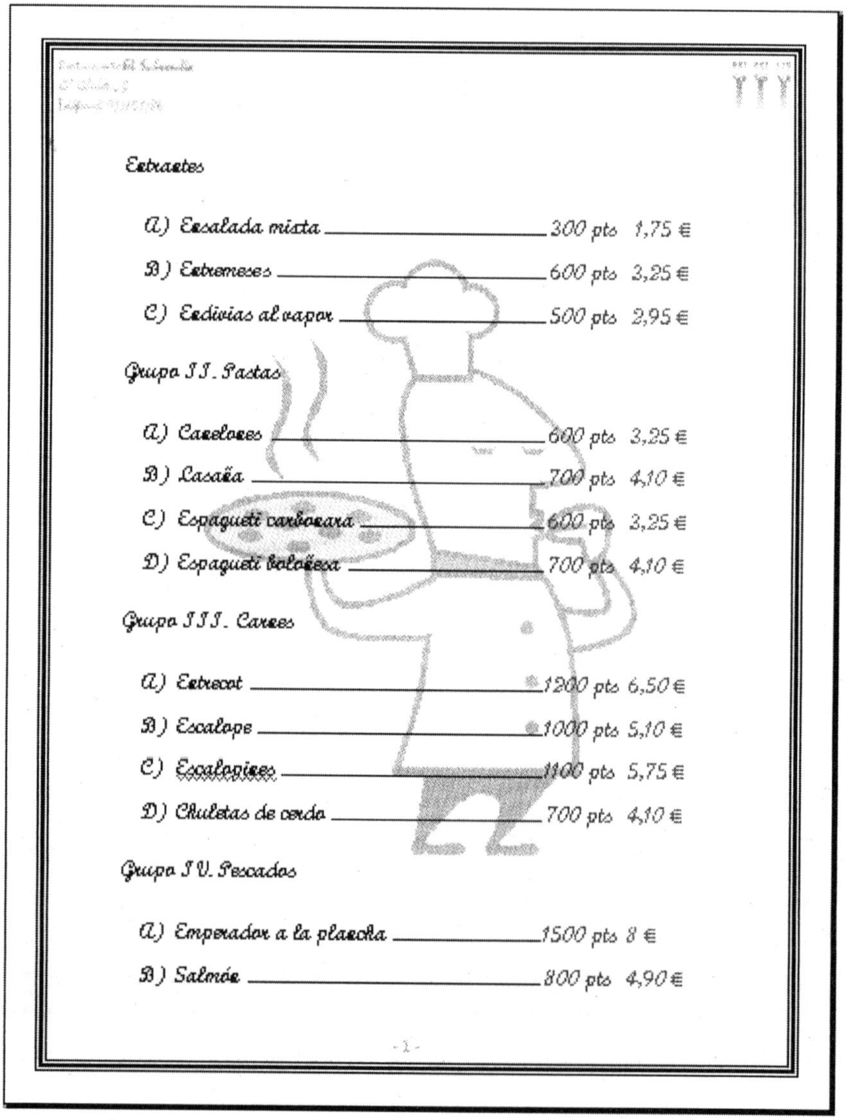

Entrantes

A) Ensalada mixta ____ 300 pts 1,75 €

B) Entremeses ____ 600 pts 3,25 €

C) Endivias al vapor ____ 500 pts 2,95 €

Grupo II. Pastas

A) Canelones ____ 600 pts 3,25 €

B) Lasaña ____ 700 pts 4,10 €

C) Espaguetti carbonara ____ 600 pts 3,25 €

D) Espaguetti boloñesa ____ 700 pts 4,10 €

Grupo III. Carnes

A) Entrecot ____ 1200 pts 6,50 €

B) Escalope ____ 1000 pts 5,10 €

C) Escalopines ____ 1100 pts 5,75 €

D) Chuletas de cerdo ____ 700 pts 4,10 €

Grupo IV. Pescados

A) Emperador a la plancha ____ 1500 pts 8 €

B) Salmón ____ 800 pts 4,90 €

- 1 -

EJERCICIO DE WORD (Nº 3)

Diseñe la siguiente tabla (puede localizar sus imágenes, u otras similares, en Internet):

Recórtese por la línea de puntos

Actualizaciones y precios de productos de Macromedia

900-973131	900-973132	software@macromedia.es

Sistema	*Completo*	*Con IVA*	*Cant.*	*Actualiz.*	*Con IVA*	*Cant.*
Authorware 6.5	2.229 €	2585,64 €		219 €	254,04 €	
Dreamweaver MX	479 €	555,64 €		239 €	277,24 €	
Coldfusion MX Server	959 €	1112,44 €		659 €	764,44 €	
Coldfusion MX for J2EE	3.599 €	4174,84 €				
Fireworks MX	359 €	416,44 €		179 €	207,64 €	
Macromedia Flash MX	599 €	694,84 €		239 €	277,24 €	
Macromedia Flash Remoting MX	1.069 €	1240,04 €				
Macromedia Flash Communication Server MX	579 €	671,64 €				
Fontographer	449 €	520,84 €				
Homesite 5	119 €	138,04 €		33 €	38,28 €	
Macromedia FreeHand 10	499 €	578,84 €		179 €	207,64 €	
					Total	
					IVA (16%)	
					Total con IVA	

Forma de pago				
	VISA ☒	Num:	Cad.	
	Contrarembolso ☐	Dirección: Ciudad:	CP.:	
	Transferencia ☐	Ciudad		

Una vez adquirido el producto dispone de 15 días para probarlo. Si no lo recibimos al cabo de ese tiempo, consideraremos definitiva la compra. Gracias por su confianza.

Procure respetar los formatos en la tabla: alineación de datos, relleno de color de las celdas adecuadas, tamaños de fila y columna, tipo de borde, etc.

EJERCICIO DE EXCEL (Nº 1)

A continuación le ofrecemos un sencillo balance de una tienda de informática. Tenga presente que en un caso real la lista de productos se multiplica: nosotros nos limitaremos a poner unos datos de ejemplo para que la práctica sea consistente pero evitando emplear un tiempo excesivo en ella.

1. Entre en Excel y teclee los siguientes datos en la **Hoja1**.

	A	B	C	D	E	F
1	INGRESOS					
2		Ordenadores	Impresoras	Consumibles	Multimedia	Total meses
3	Enero	3005,06052	1502,5303	300,506052	1803,03631	6611,13315
4	Febrero	721,214525	420,70847	72,1214525	721,214525	1935,25898
5	Marzo	1202,02421	480,80968	120,202421	781,315736	2584,35205
6	Abril	1502,53026	601,0121	150,253026	901,518157	3155,31355
7	Mayo	1202,02421	901,51816	120,202421	1202,02421	3425,76899
8	Junio	3606,07263	1803,0363	360,607263	2103,54237	7873,25857
9	Julio	601,012104	300,50605	60,1012104	601,012104	1562,63147
10	Agosto	0	0	0	0	0
11	Septiembre	721,214525	480,80968	72,1214525	781,315736	2055,4614
12	Octubre	1803,03631	540,91089	180,303631	841,416946	3365,66778
13	Noviembre	2103,54237	841,41695	210,354237	1141,923	4297,23655
14	Diciembre	3305,56657	1202,0242	330,556657	1502,53026	6340,6777
15	Total prods.	19773,2982	9075,2828	1977,32982	12380,8494	
16						
17	Total ingres	43206,7602				

- Tenga en cuenta que los datos de la fila *Total prods.* y de la columna *Total meses* son sumas realizadas por columnas y por filas respectivamente.
- El *Total de ingresos* es la suma de los datos de *Total prods.* o de *Total meses*.
- Las etiquetas de las hojas deberán tener los nombres *Ingresos*, *Gastos*, *Impuestos* y *Balance final*, en lugar de *Hoja1*, *Hoja2*, *Hoja3* y *Hoja4*.

2. En la hoja *Gastos* deberá teclear más datos y calcular los totales:

	A	B	C	D	E	F	G	H
1	Gastos							
2		Ordenadores	Impresoras	Consumibles	Multimedia	Luz	Alquiler	Total meses
3	Enero	601,012104	300,50605	60,1012104	360,60726	90,15182	480,80968	1893,18813
4	Febrero	144,242905	84,141695	14,4242905	144,24291	0	480,80968	867,861479
5	Marzo	240,404842	96,161937	24,0404842	156,26315	126,2125	480,80968	1123,89264
6	Abril	300,506052	120,20242	30,0506052	180,30363	0	480,80968	1111,87239
7	Mayo	240,404842	180,30363	24,0404842	240,40484	81,13663	480,80968	1247,10012
8	Junio	721,214525	360,60726	72,1214525	420,70847	0	480,80968	2055,4614
9	Julio	120,202421	60,10121	12,0202421	120,20242	93,15688	480,80968	886,492854
10	Agosto	0	0	0	0	0	480,80968	480,809684
11	Septiembre	144,242905	96,161937	14,4242905	156,26315	72,12145	480,80968	964,023415
12	Octubre	360,607263	108,18218	36,0607263	168,28339	0	480,80968	1153,94324
13	Noviembre	420,708473	168,28339	42,0708473	228,3846	102,1721	480,80968	1442,42905
14	Diciembre	661,113315	240,40484	66,1113315	300,50605	0	480,80968	1748,94522
15	Total prods.	3954,65965	1815,0566	395,465965	2476,1699	564,9514	5769,7162	
16								
17	Total gastos	14976,0196						

3. La hoja de *Impuestos* reunirá varios datos de las otras dos:

	A	B	C
1	IMPUESTOS		
2			Cantidad
3	Total ingresos		43206,7602
4	Total Gastos		14976,0196
5	Beneficio Bruto		28230,7406
6	Porcentaje de impuesto		0,2
7	Impuestos		5646,14811
8	Beneficio Neto		22584,5925

- El total de ingresos se adquiere de la hoja *Ingresos*: *=Ingresos!B17* (se supone que **B17** contiene el total de *Ingresos* en esa hoja).
- El total de gastos se adquiere de la hoja *Gastos*: *=Gastos!B17*.
- El *Beneficio bruto* es la resta de esos dos valores.
- El valor de los *Impuestos* se adquiere multiplicando el *Beneficio bruto* por el *Porcentaje de impuesto* (20%).
- El *Beneficio neto* resta los *Impuestos* y el *Total Gastos* del *Total ingresos*.
- Dejamos la última hoja (*Balance final*) para luego.

4. Asigne unos formatos vistosos a las hojas (procurando que sea el mismo estilo para todas con el fin de mantener una cierta homogeneidad). Ejemplo:

	A	B	C	D	E	F
1	**INGRESOS**					
2		Ordenadores	Impresoras	Consumibles	Multimedia	Total meses
3	**Enero**	3.005,06 €	1.502,53 €	300,51 €	1.803,04 €	**6.611,13 €**
4	**Febrero**	721,21 €	420,71 €	72,12 €	721,21 €	**1.935,26 €**
5	**Marzo**	1.202,02 €	480,81 €	120,20 €	781,32 €	**2.584,35 €**
6	**Abril**	1.502,53 €	601,01 €	150,25 €	901,52 €	**3.155,31 €**
7	**Mayo**	1.202,02 €	901,52 €	120,20 €	1.202,02 €	**3.425,77 €**
8	**Junio**	3.606,07 €	1.803,04 €	360,61 €	2.103,54 €	**7.873,26 €**
9	**Julio**	601,01 €	300,51 €	60,10 €	601,01 €	**1.562,63 €**
10	**Agosto**	- €	- €	- €	- €	**- €**
11	**Septiembre**	721,21 €	480,81 €	72,12 €	781,32 €	**2.055,46 €**
12	**Octubre**	1.803,04 €	540,91 €	180,30 €	841,42 €	**3.365,67 €**
13	**Noviembre**	2.103,54 €	841,42 €	210,35 €	1.141,92 €	**4.297,24 €**
14	**Diciembre**	3.305,57 €	1.202,02 €	330,56 €	1.502,53 €	**6.340,68 €**
15	**Total prods.**	**19.773,30 €**	**9.075,28 €**	**1.977,33 €**	**12.380,85 €**	
16						
17	**Total ingres**	**43.206,76 €**				

5. La hoja *Balance final* deberá contener datos de las anteriores y un gráfico (vea un ejemplo en la página siguiente).

- El *Total ingresos* es, como antes, la celda **B17** de la hoja *Ingresos*.
- La *Suma de gastos e impuestos* se obtiene sumando los datos *Total Gastos* e *Impuestos* de la hoja *Gastos*.

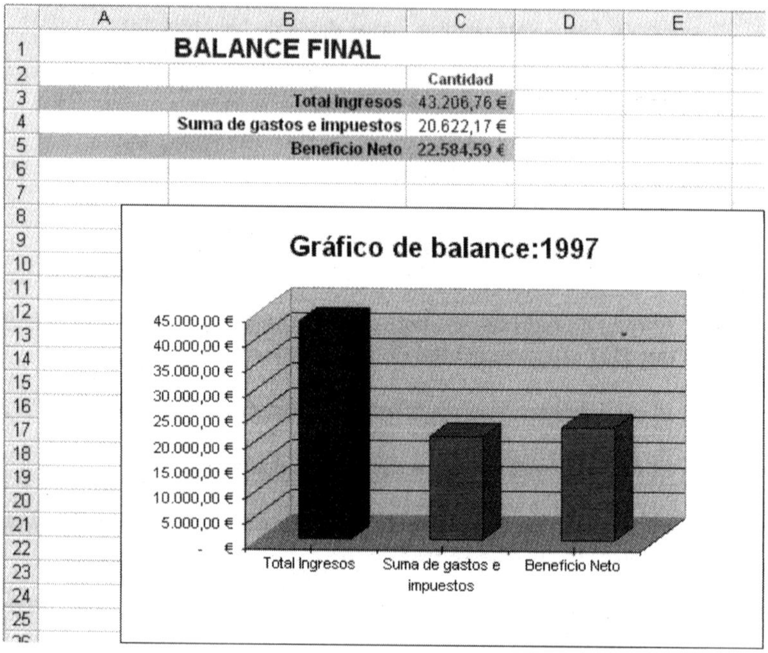

6. Para terminar crearemos cuatro macros que nos lleven a las hojas. Nuestra finalidad es dibujar botones en las hojas que, al ser pulsados, nos lleven a otras páginas del libro. Para crear una de estas macros realice los siguientes pasos:

   - Si no está en la hoja *Ingresos*, haga un clic en su etiqueta.
   - Acceda al menú **Herramientas**, seleccione **Macros** y en el submenú que obtenga active **Grabar nueva macro**.
   - En el cuadro de diálogo que aparezca, teclee *IrAGastos* (todo junto) como **Nombre** de la macro y pulse Aceptar.
   - Ya está grabando la macro y, por tanto, deberá realizar las tareas que ésta ejecutará; por tanto, haga clic en la etiqueta de la hoja *Gastos*.
   - La macro ya está terminada, así que la detendremos pulsando el botón (**Detener grabación**) de la barra de herramientas que apareció al pulsar el botón Aceptar.

7. Deberá crear otras tres macros que le lleven a las otras hojas. Acceda al menú **Ver**, seleccione **Barras de herramientas** y active **Formularios**.

8. Dibuje tres botones (mediante la barra de **Formularios** con el botón) y asígneles tres de las cuatro macros que ha creado (en la hoja *Ingresos*: *Ir a Gastos*, *Ir a Impuestos* e *Ir a Balance final*). Teclee nombres adecuados para ellos.

9. Haga lo mismo en las otras tres hojas con los botones adecuados (por ejemplo, en la hoja de *Gastos* no sirve para nada el botón *Ir a Gastos*).

EJERCICIO DE EXCEL (Nº 2)

A continuación, realizaremos un ejercicio para la gestión sencilla de unos multicines. Le animamos a que lo mejore con los elementos que guste. Fundamentalmente, el ejercicio va a consistir en un rótulo (el logotipo del cine), una imagen, una hoja que recopile datos (la principal) y seis hojas más que contengan un "mapa" de las seis salas de que disponemos.

1. Comience por diseñar un rótulo de WordArt que represente el logotipo de los cines y añada una imagen prediseñada a su lado que esté relacionada con el cine. Ejemplo:

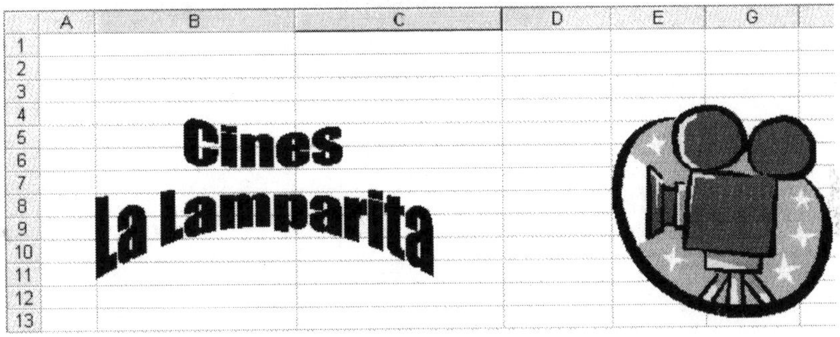

2. A continuación, diseñe una tabla en la que colocará la fecha y el precio de la entrada:

17		
18	Fecha	31 de enero de 2004
19	Precio de la localidad	4,81 €
20		

3. Después, diseñe otra tabla que se utilizará para recopilar los datos de las salas:

22	SALA	PELÍCULA	ALQUILER SALA/DÍA	CAPACIDAD	1ª SESIÓN	2ª SESIÓN	3ª SESIÓN
23	1	El retorno del rey	250,56 €	60	20	22	24
24	2	Buscando a Nemo	310,61 €	72	64	64	74
25	3	Master and commander	400,76 €	84	64	64	66
26	4	Love actually	300,59 €	70	44	64	66
27	5	Matrix: Revolutions	400,71 €	84	80	80	90
28	6	Días de fútbol	450,00 €	96	63	54	52
29		Totales	2.113,23 €	466			
30				Recaudación............	1.611,35 €	348,00 €	372,00 €

Tenga presente que los datos de esta tabla se van a extraer de hojas que aún no hemos diseñado, de modo que puede dejar vacío su contenido por el momento. Más adelante, deberá incluir esta información desde las hojas de las salas.

4. Para terminar con la hoja principal, diseñaremos una pequeña tabla que contenga un resumen con recaudaciones y número de espectadores. Ejemplo:

32		
33	Total de espectadores	1055
34	Total recaudación día	2.331,35 €
35	Beneficio	218,12 €
36		

5. Para terminar diseñaremos una sala y la copiaremos cinco veces para obtener un total de seis. A las cinco restantes sólo tendremos que aumentar o reducir el número de butacas según deseemos para cada caso.

Observe que en la figura sólo le mostramos las butacas de la primera sesión (se deben diseñar 2 sesiones debajo de la primera), el nombre de la sala y el título de la película que se va a proyectar, reduciendo las celdas para que activemos con una X la butaca que esté ocupada. Resultará muy práctico emplear la **Validación** del menú **Datos** para que en esas celdas únicamente se pueda escribir dicha letra X.

6. Una vez terminadas las salas, colocamos los datos en la hoja principal. Será útil la función **CONTARA** para obtener la ocupación del cine durante las 3 sesiones. También recurriremos a otras funciones como **SUMA** para calcular los totales.

EJERCICIO DE EXCEL (Nº 3)

En este ejercicio vamos a diseñar una hoja de cálculo en la que un operario de pizzería podría rellenar datos para facturar a un cliente. Comenzaremos por crear una tabla bien presentada con los datos de las pizzas. Por ejemplo:

	A	B	C	D	E	F
1				Pizzas		
2		Código	Pizza	Pequeña	Mediana	Grande
3		1	Super Queso	12,50 €	17,50 €	20,00 €
4		2	Margarita	7,30 €	10,22 €	11,68 €
5		3	Hawaiana	9,90 €	13,86 €	15,84 €
6		4	Carbonara	13,80 €	19,32 €	22,08 €
7		5	Chicha	13,80 €	19,32 €	22,08 €
8		6	Vegetariana	11,20 €	15,68 €	17,92 €

Como observación diremos que las pizzas medianas tienen el valor de las pequeñas multiplicadas por 1,4 y las grandes multiplicadas por 1,6. Es preferible hacer la operación en lugar de escribir los valores, porque así podemos duplicar la fórmula en las filas inferiores y obtener más rápidamente, y con menos trabajo, el resultado.

Debajo colocaremos dos tablas: una con los ingredientes adicionales para las pizzas y otra con complementos para las pizzas. Ejemplo:

11	**Ingredientes adicionales**		
12	1	Mozzarella	1,30 €
13	2	Anchoas	1,55 €
14	3	Atún	1,25 €
15	4	Bacon	1,35 €
16	5	Cebolla	1,00 €
17	6	Champiñones	1,10 €
18	7	Jamón	1,25 €
19	8	Pepperoni	1,33 €

Complementos		
1	Alitas de pollo	3,00 €
2	Pan de ajo	2,15 €
3	Ensalada Americana	1,80 €
4	Coca-Fila	1,05 €
5	Cerveza	1,20 €
6	Agua Mineral	0,90 €
7	Helado	1,75 €
8	Tarta de chocolate	1,80 €

Un par de filas más abajo añadiremos una tabla con las celdas que vayan recogiendo los datos y en cuyas celdas irá introduciendo valores el operario. No vamos a mostrar el ejemplo completo debido a su anchura; sin embargo, observe lo siguiente:

22							**Pe**
23	**Código**	**Pizza**	**Tamaño (P/M/G)**	**Precio base**	**Precio Pizza**	**Cantidad**	**Precio Parcial**
24							
25							
26							
27							
28							
29							
30							
31							
32							
33							
34							
35						**Total Pizzas**	
36						**IVA (7%)**	
37						**PVP Pizzas**	

El operario sólo tendrá que escribir valores (cuando le hagan un pedido) en las columnas *Código*, *Tamaño* y *Cantidad*, por lo que las demás celdas de cada fila deberán llevar las operaciones pertinentes:

1. La columna *Pizza* debe mostrar el nombre de la pizza. Para esto, es necesario escribir una función **SI**: si el código que escriba el operario es *1*, el nombre de la pizza es *Super Queso*, si es *2*, el nombre es *Margarita*, etc. Es necesario anidar varias funciones **SI**, es decir, colocar unas dentro de otras.

2. La columna *Precio Base* funciona como la anterior: dependiendo del código de la pizza, debe mostrar el precio de ésta. A su vez, la columna *Precio Pizza* utiliza este valor para, dependiendo del tamaño de la pizza escrito en la columna *Tamaño (P/M/G)* mostrar el precio adecuado.

Las dos aclaraciones anteriores son válidas para añadir los ingredientes y los complementos.

> **OjO** Sería una buena idea limitar los valores que el operario puede teclear en la columna *Código*. Para ello, seleccione todas las celdas de esa columna y aplíquelas una **Validación** (en el menú **Datos**). El tipo de validación es **Lista** (desplegando **Permitir**) y seleccionando como datos válidos los de las celdas que contienen los códigos de las pizzas (en nuestro ejemplo sería el rango **B3:B8**).

También añadimos una hoja que resuma todos los datos para generar la factura:

	A	B	C	D
1	Factura			
2		Cantidad	IVA	Con IVA
3	Pizzas			
4	Ingredientes			
5	Complementos			
6			Total a pagar	

Se trata de reunir los precios obtenidos en la hoja anterior duplicándolos en la columna *Cantidad*. Luego calculamos el *IVA* y sumamos ambos datos en la columna *Con IVA*.

EJERCICIO DE ACCESS (Nº 1)

1. Defina una nueva base de datos y llámela *Automóviles*.

2. Utilizando la ventana de base de datos definiremos cuatro tablas mediante el modo **Vista Diseño** (en estos casos no es muy práctico utilizar el asistente, ya que las tablas que vamos a crear contienen campos que no existen en ninguna de las tablas de ejemplo de Access).

   - Hemos escrito entre paréntesis los tipos de los campos para que le resulte más fácil la creación de estas primeras tablas; sin embargo, piense que en cada tabla que tenga que crear por su cuenta deberá decidir el tipo de campo adecuado.

   - Establezca las propiedades de cada campo según desee, no obstante es muy interesante que las defina lo más perfectamente posible, ya que de ello dependerá que las tablas tengan un mayor o menor rendimiento. Por ejemplo, no debe establecerse un tamaño excesivo para los campos de tipo texto, ya que entonces la tabla ocuparía mucho espacio en el disco. Además, algunos campos como el DNI o el número de bastidor son datos indispensables (**Requerido = Sí**) y pueden ser únicos para cada caso (por lo que serán la clave de cada tabla, activable mediante el botón).

   - Tenga en cuenta que hemos establecido que todos los códigos de la base de datos estarán formados por números exclusivamente, lo que nos permitirá utilizar el tipo **Autonumérico** para que sea Access el que vaya asignando cada código.

Si desea que sus códigos contengan otros caracteres tales como letras, deberá utilizar, naturalmente, el tipo **Texto**.

3. He aquí las tablas con los nombres que deberá crear:

a) Tabla **Vehículos**. Contendrá los datos de los vehículos disponibles en nuestro concesionario. Deberá contener los siguientes campos:

- *Código de vehículo* (Numérico: Entero largo, o Autonumérico si desea que Access dé un código a cada nuevo vehículo). Este campo es la clave de la tabla.
- *Código del fabricante* (Numérico: Entero largo).
- *Marca* (Texto). A este campo puede asignarle como **Valor predeterminado** una marca de automóviles.
- *Modelo* (Texto).
- *Cilindrada* (Numérico: Entero). A este campo puede asignarle como **Regla de validación** la condición *>500 y <6000* para que no se puedan teclear valores que se encuentren fuera de ese rango. Asimismo, puede establecer un Texto de validación que indique al usuario que no puede escribir otros valores.
- *Diesel* (Sí/No).
- *Turbo* (Sí/No).
- *Válvulas* (Numérico: Byte). A este campo puede añadirle como **Título** el dato *Número de válvulas*.
- *Colores* (Memo). Se trata de la lista completa de colores del vehículo. En un caso más real, intentaríamos colocar una fotografía que reúna varias con los distintos colores del vehículo.
- *Extras* (Memo).
- *Número de puertas* (Numérico: Byte). A este campo puede añadirle una **Regla de validación** como la siguiente: *>=3 y <=5*. Con ello conseguirá que el usuario no pueda elegir un número de puertas erróneo.
- *Velocidad máxima* (Numérico: Entero).
- *Potencia* (Numérico: Entero).
- *Consumo* (Numérico: Simple).
- *Precio* (Moneda). Seleccione un **Formato** con la moneda que desee.
- *Foto* (Objeto OLE).

b) Tabla *Clientes*. Contendrá los datos de los vehículos que hayan adquirido nuestros clientes. También contendrá un campo que relacione esta tabla con la de *Datos de clientes* que contendrá información personal de los clientes. Deberá contener los siguientes campos:

- *Número de cliente* (Numérico: Entero largo; o Autonumérico). Este campo no es la clave de la tabla debido a que podríamos tener un cliente que adquiera varios vehículos.
- *Código de vehículo* (Numérico: Entero largo).
- *Fecha de compra* (Fecha/Hora).
- *Matrícula* (Texto). Este campo es la clave de la tabla. Podríamos asignar una **Máscara de entrada** que únicamente permitiese teclear matrículas con datos correctos: *>??\ 0000\ ??? (aunque debido a que el formato de las matrículas cambia, la máscara podría resultar contraproducente).*
- *Color* (Texto).
- *Extras* (Memo).
- *Observaciones* (Memo).

c) Tabla *Datos de clientes*. Contendrá los datos personales de los clientes. Sus campos:

- *Nombre* (Texto).
- *Primer apellido* (Texto).
- *Segundo apellido* (Texto).
- *DNI* (Texto). Es de tipo Texto porque lleva una letra, tanto al final para los ciudadanos originarios del país como al principio para los nacionalizados. El **Tamaño** sería de *9* caracteres. Podríamos asignarle un **Título** para que coloque el dato *D.N.I.* como rótulo que encabece la columna.
- *Dirección* (Texto).
- *Código Postal* (Texto). En este campo podemos asignar una **Máscara de entrada** con el valor *00000* (cinco ceros) debido a que en España los códigos postales son siempre de cinco números.
- *Teléfono* (Numérico: Entero Largo). Se puede asignar una **Máscara de entrada** que permita teclear al usuario números solamente: *999999999* (en este ejemplo todas las cifras son no obligatorias).

d) Tabla *Fabricantes*. Deberá contener los siguientes campos:

- *Código del fabricante* (Numérico: Entero largo; o Autonumérico). Este campo es la clave de la tabla.
- *Marca* (Texto).
- *Teléfono* (Numérico: Simple). Asignamos el tipo **Simple** por si en el futuro se añaden fabricantes extranjeros en cuyo caso deberíamos incluir el prefijo internacional y el código del país. Para que el número de teléfono se pueda escribir más cómodamente y no aparezca abreviado estableceremos el **Formato Fijo**.

- *Fax* (Numérico: Simple). Como el número de fax es del mismo tipo que un número de teléfono, asignaremos las mismas propiedades que en el teléfono.
- *CIF* (Texto). Se puede aplicar una **Máscara de entrada** a este dato: *>L\-00000000*. Con él nos aseguramos de que en primer lugar se teclea una letra y luego varias cifras. Podríamos asignarle un **Título** para que coloque el dato *C.I.F.* como rótulo que encabece la columna.
- *Dirección* (Texto).
- *Código Postal* (Texto). En este caso no aplicamos una **Máscara de entrada** por si el código postal es de un país extranjero y no encaja con los del nuestro.
- *País* (Texto).
- *Persona de contacto* (Texto).
- *Dirección Web* (Hipervínculo).
- *E-Mail* (Texto o Hipervínculo).
- *Observaciones* (Texto).

e) Tabla *Inventario*. Contendrá datos de los vehículos de que disponemos en nuestro almacén. Deberá incluir los siguientes campos (tenga presente que ciertos datos existen debido a que podríamos disponer de vehículos de segunda mano):

- *Código del vehículo* (Numérico: Entero Largo). Este campo no es clave debido a que podríamos tener en el almacén varios vehículos iguales (con el mismo código) aunque difieran en cosas triviales como el color.
- *Fecha de fabricación* (Fecha/Hora).
- *Fecha de entrada* (Fecha/Hora).
- *Fecha de matriculación* (Fecha/Hora).
- *Multas* (Moneda). Podría no añadirse ya que actualmente un vehículo no puede venderse si antes no está libre de multas.
- *Color* (Texto).
- *Kilometraje* (Numérico: Entero Largo).
- *Extras* (Memo).
- *Número de bastidor* (Texto). Este es el campo clave de la tabla: no existen dos o más vehículos con el mismo número de bastidos.
- *Matrícula*. Lo añadimos por si el vehículo es de segunda mano. Aunque no es posible que se repitan las matrículas de los coches, este dato no es clave, ya que existirán registros en los que la matrícula esté vacía, debido a que se trata de vehículos nuevos y que, por tanto, aún no estén matriculados.
- *Observaciones* (Memo).

Detalles:

1. Los datos de los clientes los ofrecemos en dos tablas (*Clientes* y *Datos de clientes*) para evitar duplicar información que ocuparía innecesariamente espacio en el disco.

2. La base de datos podría contener más datos (o menos) repartidos en otras tablas dependiendo de cada caso concreto: la mayor parte de los concesionarios no podrán emplear al 100% la base de datos que estamos diseñando y tendrían que hacer modificaciones que se adaptarán mejor a su negocio. Por tanto, tenga presente que la base de datos que va a diseñar es únicamente un ejemplo práctico.

3. Tenga en cuenta que las máscaras de entrada permiten controlar posibles fallos que el operador de datos pueda cometer al teclear, pero sólo hasta cierto punto. Por ejemplo, en una matrícula limitamos los datos que éste podrá teclear, pero no podremos controlar si se confunde escribiendo otra equivocada.

4. La tabla *Vehículos* deberá tener como campo clave el *Código de vehículo.*

5. La tabla *Datos de clientes* deberá tener como campo clave el *Número del cliente.*

6. La tabla *Fabricantes* deberá tener como campo clave el *Código del fabricante.*

7. La tabla *Inventario* deberá tener como campo clave el *Número de bastidor.*

8. Defina las siguientes relaciones en la tabla:

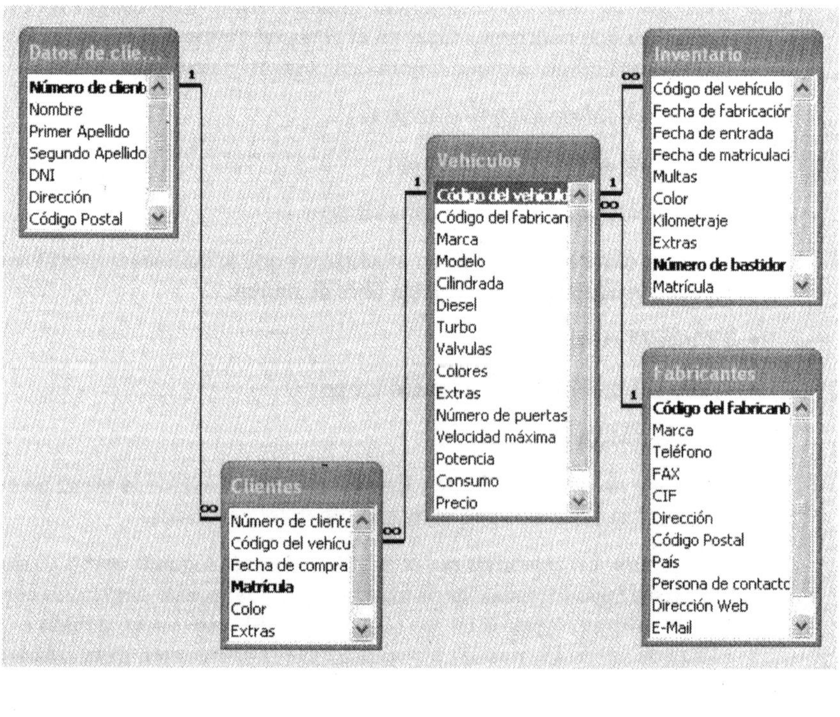

EJERCICIO DE ACCESS (Nº 2)

Diseñe las siguientes consultas para la base de datos *Automóviles*:

1. Vehículos diesel.
2. Vehículos turbo diesel.
3. Vehículos de gasolina que no excedan los 1600 cc.
4. Vehículos de más de 100 caballos de potencia.
5. Vehículos de una determinada marca (deberá preguntarnos la marca).
6. Vehículos cuyo precio oscile entre 9.015 € (1.500.000 pts.) y 12.020 € (2.000.000 pts).
7. Vehículos de cinco puertas.
8. Vehículos que consuman hasta cinco litros.
9. Clientes de fuera de Madrid (o cualquier otra provincia).
10. Lista de fabricantes de fuera de España.
11. Fabricantes que no tengan correo electrónico.
12. Lista de fabricantes clasificados por orden alfabético.
13. Vehículos en el almacén cuyo kilometraje no exceda los 30.000 kilómetros.
14. Vehículos en el almacén que fueron matriculados durante los últimos cinco años.
15. Vehículos en el almacén que tienen menos de 5.000 pts. en multas.
16. Clientes que han comprado un coche concreto (deberá preguntarnos marca y modelo del coche y mostrar también todos los datos del coche).
17. Datos del cliente cuya matrícula de coche sea X (deberá preguntarnos la matrícula).
18. Nombre, apellidos, dirección y DNI de los clientes que compraron un coche el día X (deberá preguntarnos el día).
19. Extras que solicitó un cliente (deberá preguntarnos nombre y apellidos del cliente).
20. Clientes que compraron un coche durante el año pasado.
21. Datos completos de aquellos vehículos en almacén que no superen los 35.000 kilómetros.
22. Datos de los vehículos en almacén matriculados durante los tres últimos años.
23. Datos del fabricante de un modelo de coche (debe preguntarnos el modelo).

Una aclaración. En la consulta número 20, podemos escribir una condición sencilla como la siguiente *Entre #01/01/2002# y #31/12/2002#*, pero ello nos obligaría a cambiar el número del año cada 1 de enero. En su lugar le sugerimos la siguiente:

Entre CFecha("1/1/"+Cad(Año(Fecha())-1)) y CFecha("31/12/"+Cad(Año(Fecha())-1))

Hemos empleado las siguientes funciones:

- La función **Año()** nos devuelve el año en el que nos encontremos, de ahí que le restemos un 1 (ya que buscamos el año pasado: un año menos).
- La función **Fecha()**, nos devuelve la fecha actual. Por ello la utilizamos conjuntamente con la función **Año()**, para que ésta última extraiga únicamente el año de la fecha actual.
- La función **Cad()** convierte el valor resultante del año al modo texto para poder concatenar delante de él los datos *1/1/* (uno de enero) y *31/12/* (treinta y uno de diciembre).
- La función **CFecha()** convierte toda la cadena de texto con la fecha completa en modo fecha para que Access opere ese dato correctamente. Si se quedase como texto no podría comparar las fechas de manera adecuada.

Tenga en cuenta que para que esta consulta ofrezca resultados correctos deberá disponer de clientes cuya fecha de compra sea la correcta.

Un caso similar sucede en la consulta *22*, aunque la condición es ligeramente distinta.

24. Datos de los coches de nuestro almacén que tengan un determinado color (debe preguntarnos el color).
25. Precio del vehículo que compró un determinado cliente (debe preguntarnos el nombre completo del cliente y mostrar también la marca, el modelo y la cilindrada del vehículo).
26. Datos de los vehículos que no tengan multas pendientes.
27. Lista de vehículos usados (de segunda mano) con todos sus datos.

EJERCICIO DE ACCESS (Nº 3)

A continuación, diseñaremos algunas consultas con campos calculados:

1. En primer lugar vamos a crear una consulta que muestre todos los datos de un cliente, pero ofreciendo el nombre completo en un solo campo. Este dato se calcula concatenando el *Nombre*, el *Primer Apellido* y el *Segundo Apellido* del siguiente modo:

Campo:	Nombre completo: [Nombre]+" "+[Primer Apellido]+" "+[Segundo Apellido]
Tabla:	
Orden:	
Mostrar:	☑
Criterios:	
o:	

- El operador + es el encargado de concatenar los datos.
- El espacio en blanco que añadimos entre cada campo (" ") se encarga de separar el nombre y los apellidos entre sí.

2. A continuación, vamos a mostrar los precios de los vehículos con un 10% de descuento como oferta. El resultado mostrará el valor del descuento y el precio final. Para ello, operaremos con el campo **Precio** de la siguiente forma:

Campo:	Vehículos.*	Descuento: [Precio]*10/100	Precio final: [Precio]-[Descuento]
Tabla:	Vehículos		
Orden:			
Mostrar:	☑	☑	☑
Criterios:			
o:			

- Observe que hemos llamado *Descuento* al campo calculado que nos muestra el valor a restar del precio y *Precio final* al valor del precio del vehículo una vez restado el descuento.
- El resultado ofrecerá mejor aspecto si aplicamos el formato **Euro** (o el de la moneda que se desee) a los campos calculados, para lo cual hacemos clic con el botón derecho del ratón sobre el campo, elegimos **Propiedades** en el menú que aparece y asignaremos el **Formato** en cuestión.

3. Ahora emplearemos la misma consulta anterior para establecer que el descuento deberá aplicarse sólo a los vehículos que superen los *12.000 €* . Para ello, basta aplicar ese criterio al campo *Precio*:

Descuento: [Precio]*10/100	Precio final: [Precio]-[Descuento]	Precio
		Vehículos
☑	☑	☐
		>16000

4. Para terminar, realice una consulta similar a la primera, consiguiendo que aparezcan juntos la *Marca* y el *Modelo* como resultado de una consulta aplicada a la tabla de *Vehículos*. Aplique la función que ordene el dato resultante alfabéticamente.

EJERCICIO DE ACCESS (Nº 4)

Diseñe un formulario diferente para cada tabla de la base de datos. Diseñe también informes para las consultas que ha ido realizando.

EJERCICIO DE ACCESS (Nº 5)

A continuación le ofrecemos datos para que construya una segunda base de datos completa. Deberá diseñar sus tablas, relaciones, consultas, formularios e informes:

Se trata de una base de datos que contenga información para administrar las tareas de un videoclub:

1. Sus tablas son:

Tabla *Películas*

Nombre del campo	Tipo de datos
Código de la película	Autonumérico
Título	Texto
Título original	Texto
Código de la distribuidora	Numérico
Nacionalidad	Texto
Género	Texto
Director	Texto
Actor Principal	Texto
Actriz Principal	Texto
Calificación moral	Numérico
Número de socio	Numérico
Fecha de alquiler	Fecha/Hora
Versión original	Sí/No
Idioma	Texto
Subtitulada	Texto
Duración	Numérico

Tabla *Socios*

Nombre del campo	Tipo de datos
Número de socio	Autonumérico
Nombre	Texto
Primer Apellido	Texto
Segundo Apellido	Texto
DNI	Texto
Fecha de Nacimiento	Fecha/Hora
Teléfono	Numérico
Dirección	Texto
Código Postal	Texto
Fecha de Alta	Fecha/Hora
Observaciones	Memo

Tabla *Distribuidoras*

Nombre del campo	Tipo de datos
Código de la distribuidora	Autonumérico
Distribuidora	Texto
Teléfono	Numérico
FAX	Numérico
CIF	Texto
Dirección	Texto
Código Postal	Texto
País	Texto
Persona de contacto	Texto
Dirección Web	Hipervínculo
E-Mail	Hipervínculo
Observaciones	Memo

2. Sus relaciones:

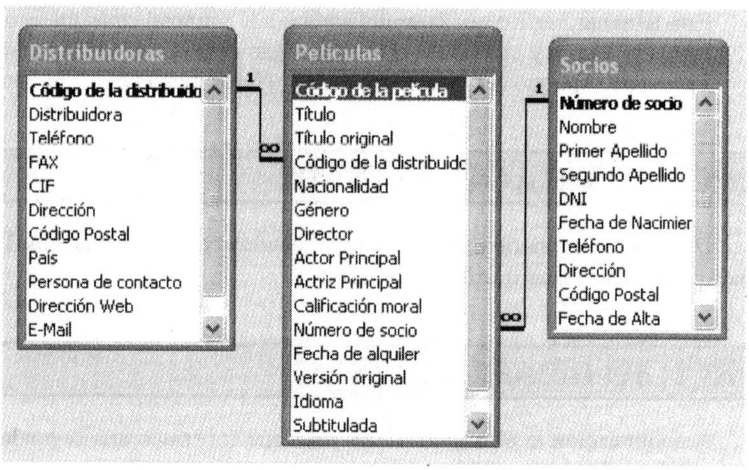

3. Sus consultas:

   - Películas de un género (deberá preguntar el género).
   - Películas de más de dos horas de duración.
   - Películas en las que intervenga un actor o una actriz como protagonista (deberá preguntarnos el actor o la actriz).
   - Películas en versión original inglés y subtituladas (en cualquier idioma).
   - Películas alquiladas.
   - Películas para niños, no alquiladas.
   - Películas de humor de más de hora y media de duración.
   - Socios con más de un año de antigüedad.
   - Socios mayores de 18 años.
   - Socios que no vivan cerca (consideraremos cerca los que se encuentren dentro del mismo código postal que nosotros).
   - Distribuidoras españolas.
   - Distribuidoras con dirección Web en Internet.
   - Dirección de correo electrónico de nuestro contacto en una distribuidora (deberá preguntarnos el nombre de esa persona).
   - Películas que haya alquilado un socio (debe preguntarnos el nombre completo del socio y mostrarnos el título y código de la película).
   - Nombre y número de teléfono del socio que tenga alquilada una película (debe preguntarnos el título de la película).
   - Datos de los socios que alquilaron una película ayer.
   - Datos de los socios que alquilaron una película en versión original ayer.
   - Datos de la distribuidora a la que pertenece una película (debe preguntarnos el título de la película).

4. No olvide diseñar formularios e informes para las tablas y consultas de la base de datos.

EJERCICIO DE POWERPOINT (Nº 1)

En la página siguiente le ofrecemos como modelo algunas imágenes que le invitamos a reproducir con PowerPoint. Aunque no se trata de convertirse en un diseñador profesional, sí de que adquiera una soltura a la hora de manejar elementos gráficos que pueda añadir a sus presentaciones. En cuanto a los colores, puesto que no se pueden distinguir, utilice los que prefiera, procurando que el resultado sea lo más natural posible.

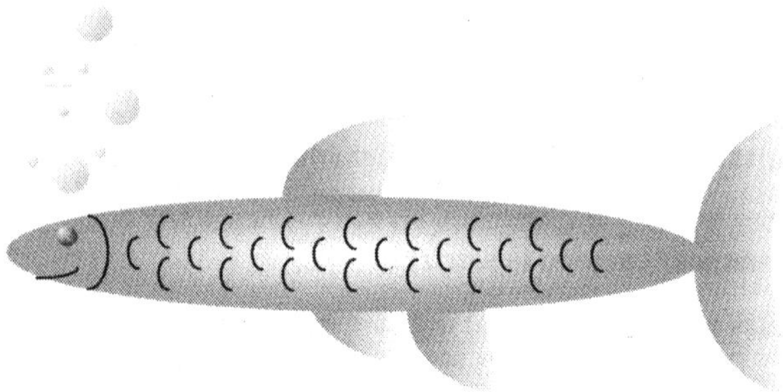

GTI

EJERCICIO DE POWERPOINT (Nº 2)

Vamos a desarrollar un ejercicio que podría ser útil en un concesionario de coches. Independientemente del tema de los coches, tenga en cuenta que lo que vamos a hacer es aplicable a otros tipos de programas. Se trata de una "aplicación interactiva" en la que un cliente podría entretenerse y obtener información sin necesidad de consultar a ningún empleado.

OjO Tenga en cuenta que la versión 2000 ofrece una cantidad de animaciones sensiblemente inferior a las otras, por lo que algunos efectos de los que vamos a ofrecer no estarán disponibles en dicha versión. Igualmente, en aquellos pasos en los que hagamos mención al panel de tareas, la versión 2000 ofrecerá un cuadro de diálogo en su lugar.

1. Para empezar, recuerde que las animaciones que vamos a realizar exigirán que las figuras se muevan por sí solas, por lo que deberá modificar la acción de inicio (en vez de **Al hacer clic**, necesitaremos **Después de la anterior** o **Con la anterior**, según los casos). Todo ello en el panel de tareas (cuando aparezca al crear la animación).

2. Comience por crear la presentación en blanco con una diapositiva de tipo **Título** en la que deberá teclear como rótulo principal *El Garaje* y como subtítulo *Vehículos usados*.

3. Aplique como **Estilo de la diapositiva** (en el menú **Formato**) el **Refinado**. Consulte la primera diapositiva del archivo ***El Garaje*** para comprobar que va haciéndolo todo bien, aunque siempre puede variar ligeramente el ejercicio ajustándolo a sus preferencias personales.

4. Añada una segunda diapositiva que le servirá de menú. En esta diapositiva colocaremos una serie de botones que nos llevarán a otras diapositivas:

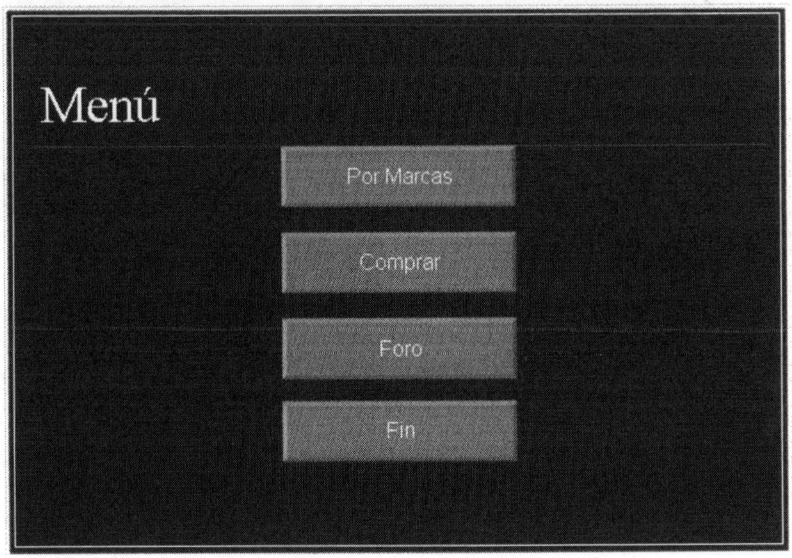

- Se trata de añadir botones de acción del tipo **Personalizar** a los que añadiremos un texto (con el botón derecho del ratón sobre uno y seleccionando **Agregar texto**).

- No olvide que lo mejor es diseñar el primer botón completamente, duplicarlo después (desde el menú **Edición**) y arrastrarlo hasta situarlo en el lugar adecuado; de este modo, todos los botones tendrán el mismo aspecto y ahorraremos trabajo.

- Estos botones tendrán como acción asociada llevarnos a otras diapositivas, por lo que iremos creándolas (mejor antes de añadir las acciones), sin embargo, el botón **Fin** se puede crear ya, puesto que no debe llevar a ninguna diapositiva sino que deberá terminar la presentación. Para ello, haga clic sobre él con el botón derecho del ratón y elija **Configuración de la acción**. En el cuadro de diálogo que aparezca active el botón **Hipervínculo a** y, desplegando su lista, elija **Fin de la presentación**.

5. La tercera diapositiva será un submenú con marcas (a la que nos llevará el botón **Marcas** de la diapositiva 2). Así pues, añada nuevos botones de acción con marcas de coches: consulte la diapositiva 3 de la presentación **El Garaje**.

6. La siguiente diapositiva ya será un listado de coches de una marca (a la que nos llevará un botón de la diapositiva 3). Añada imágenes y cuadros de texto con los nombres de los coches. Posteriormente, deberá añadir una diapositiva como esta para cada marca de coches que diseñe:

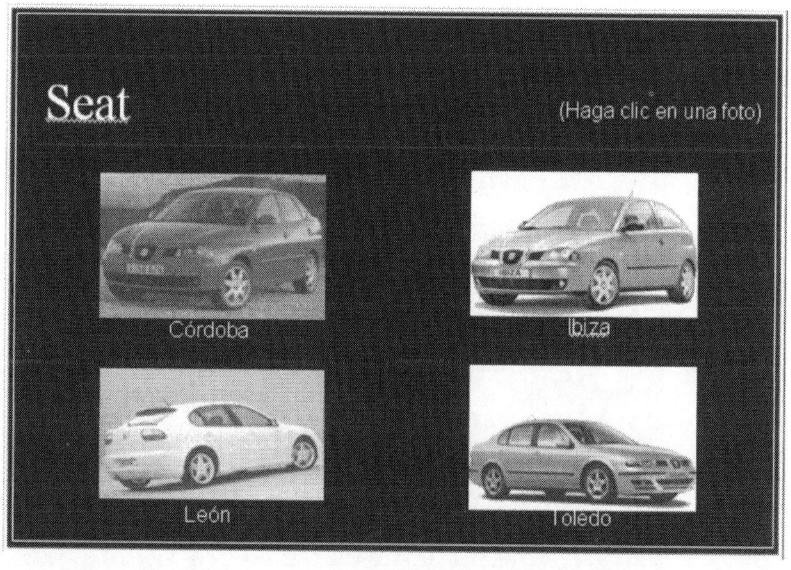

- Aplique una animación a las imágenes de los coches para dar mayor vistosidad al conjunto. Recuerde que puede aplicar la misma animación a todas las imágenes a la vez si antes las selecciona todas (haciendo clic en cada imagen manteniendo pulsada la tecla **CONTROL** (o **CTRL**).

- Tenga en cuenta que las diapositivas que emplee para otras marcas serán idénticas a esta, cambiando únicamente las diapositivas y los rótulos, por lo que resultará muy práctica duplicar esta diapositiva y hacer los cambios, con lo que se consigue unas diapositivas muy homogéneas sin realizar un gran esfuerzo. Para duplicar la diapositiva haga clic en ella en la **Ficha diapositivas** y, en el menú **Edición**, seleccione **Duplicar**.

7. Cada imagen deberá llevarnos a otra diapositiva que nos detalle cada vehículo, por lo que más adelante haremos clic con el botón derecho del ratón sobre cada foto y, en el menú que se desplegará, elegiremos configuración de la acción para que nos lleve a la diapositiva correspondiente.

8. Sólo nos quedará diseñar las diapositivas con los detalles de cada vehículo. Ejemplo:

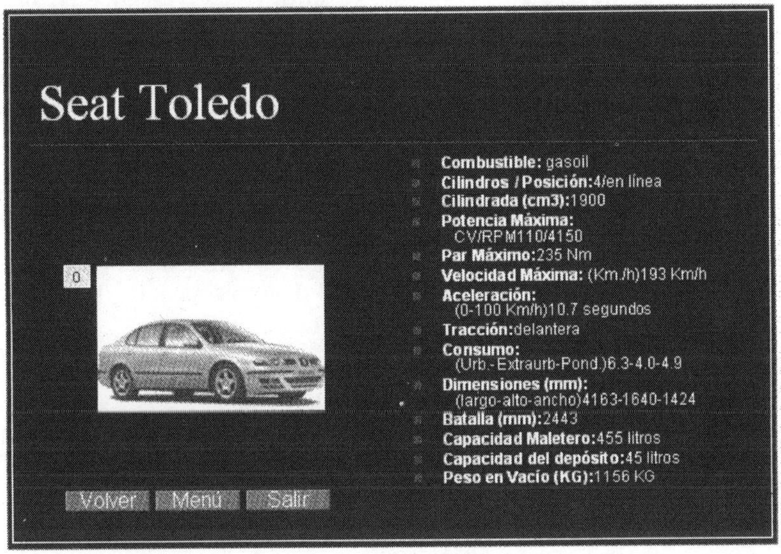

- Observe que hemos colocado a la derecha de la diapositiva un cuadro con viñetas que definen las características del vehículo.

- También hemos añadido tres botones en la parte inferior que nos permiten ir al menú, volver a la diapositiva anterior y salir de la presentación.

- Recuerde que lo mejor es que termine una diapositiva con todos sus elementos y la duplique cambiando los valores para otros vehículos, con lo que ahorrará una gran cantidad de tiempo (haciendo clic en la diapositiva dentro de la **Ficha diapositivas** y seleccionando **Duplicar** en el menú **Edición**).

9. No olvide que muchas de las diapositivas anteriores están aún sin acciones que nos lleven a los lugares correctos. Así pues, vuelva a cada diapositiva y, haciendo clic con el botón derecho del ratón sobre cada botón, elija **Configuración de la acción** para elegir a qué diapositiva debe llevar cada uno.

10. Añada una diapositiva más: la que corresponde al botón **Compras** del menú principal. Ejemplo:

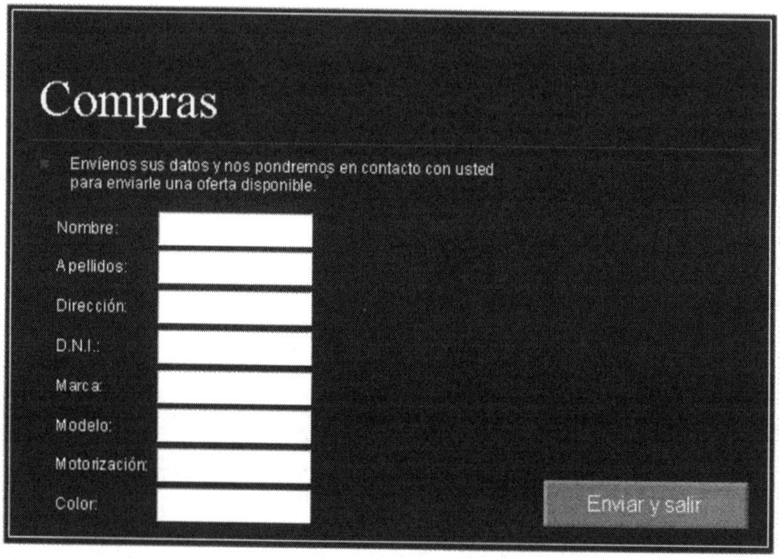

11. Los cuadros de texto podrá añadirlos activando la barra de herramientas **Cuadro de controles** (menú **Ver**, opción **Barras de herramientas**). En ella, active el botón [abl] y dibuje los cuadros de texto en la diapositiva.

12. Para mejorar la presentación en general, puede desplegar el menú **Presentación** y seleccionar la opción **Configurar Presentación**. En el cuadro que obtenga active el botón **Examinada en exposición (pantalla completa)**, ya que se trata de una presentación que manipulará un único usuario sentado frente al ordenador (esto consigue que no aparezcan los iconos de avance y retroceso así como el resto de funciones típicas para el orador —como la pluma— en las diapositivas mientras esta se encuentra en proyección). Si decide realizar esta operación, deberá colocar un botón rotulado *Iniciar* en la primera diapositiva, que lleve a la segunda. Ésta funcionará a modo de menú para acceder a las diapositivas, debido a que entonces éstas no avanzarán de una en una.

> **Ojo** Debido a las características de PowerPoint puede transformar la presentación en páginas Web de forma sencilla accediendo al menú **Archivo** y seleccionando la opción **Guardar como página Web**.

EJERCICIO DE POWERPOINT (Nº 3)

Vamos a desarrollar un ejercicio que podría ser útil en una agencia de viajes. Se trata de una presentación clásica que cualquier cliente puede ver a modo de publicidad en un local dedicado a los viajes.

Como de costumbre le vamos a iniciar en algunos pasos que puede dar:

1. Como en el ejercicio anterior, recuerde que las animaciones que vamos a realizar exigirán que las figuras se muevan por sí solas, por lo que deberá modificar la acción de inicio en el panel de tareas (en vez de **Al hacer clic**, necesitaremos **Después de la anterior** o **Con la anterior**, según los casos). Todo ello en el panel de tareas (cuando aparezca al crear la animación).

2. La primera diapositiva será, de nuevo, de tipo Título para informar del motivo de la presentación. Teclee como rótulo principal *El Garbeo* y como rótulo secundario *Viajes para todos los públicos*. También puede añadir sonidos de viaje: sonidos de avión, de tren, de playa, canciones regionales típicas, etc.

3. La segunda diapositiva será una especie de introducción general de todo lo que ofrece nuestra agencia de viajes:

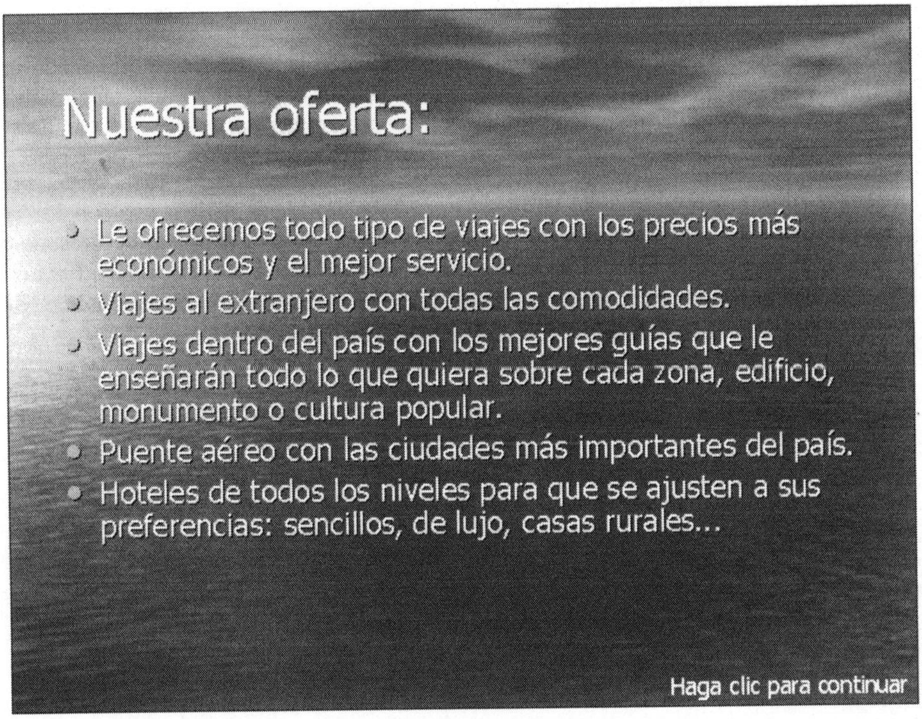

4. La tercera diapositiva contendrá imágenes y rótulos de algunos destinos extranjeros más populares (le sugerimos que las obtenga desde Internet). A sus fotografías les añadiremos una animación que resulte atractiva.

5. La cuarta es casi una copia de la tercera, por lo que deberemos duplicarla para ahorrarnos trabajo y tiempo, sustituyendo los datos por los adecuados para destinos del país.

6. La siguiente diapositiva contendrá una mención especial al puente aéreo entre dos provincias (por ejemplo, Madrid y Barcelona). En ella colocaremos un mapa en el que se vean dichas provincias.

7. Incorpore la caricatura de un ***Avión*** y aplíquele una animación especial que lo haga desplazarse de una ciudad a otra. En nuestro caso hemos incorporado la fotografía del país para que el avión se desplace entre dos de sus provincias. Para realizar la animación del avión le hemos aplicado **Trayectorias de desplazamiento**, concretamente **Dibujar desplazamiento personalizado** (una **Curva**) para trazar con el ratón el recorrido que realizará el avión entre una provincia y otra. Esta operación no puede realizarse si se emplea la versión 2000.

8. Por otra parte, el "viaje de vuelta" del avión conlleva la misma animación (aunque naturalmente trazaremos el camino del recorrido a la inversa), pero necesitaremos incorporar de nuevo la imagen, reflejarla (**Voltear horizontalmente**) y girarla ligeramente para que el aspecto del avión sea el contrario al de la "ida".

9. Nosotros dejamos el ejercicio en este punto, pero le animamos a que añada más diapositivas y animaciones atractivas con fotografías de playas paradisíacas, ciudades y edificios y otros elementos similares que podrían mejorar la presentación de esta agencia de viajes.

Un último detalle: cuando termine la presentación puede activar una función que conseguirá que ésta vuelva a empezar cuando finalice la última diapositiva, creando un ciclo que únicamente terminará si se finaliza la presentación con la tecla **ESC** . Para ello, acceda al menú **Presentación** y seleccione **Configurar presentación**. En el cuadro de diálogo que aparezca, active la casilla **Repetir el ciclo hasta presionar 'Esc'**.

ÍNDICE ALFABÉTICO

A

B

C

F

G

H

I

P

R

S

T